U0165473

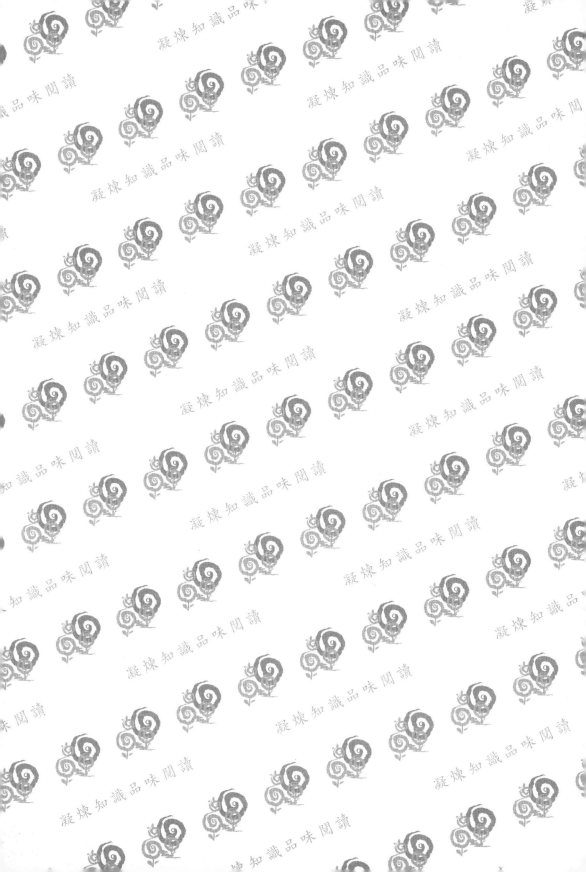

WTO 與貿易政策體制

邱政宗｜著

Key
Issues on
Trade Policy Regime
of WTO
Members

五南圖書出版公司 印行

序言

一

　　基本上，世界貿易組織（WTO）為一以規則為基礎及導向之國際組織，現有成員包括已開發、開發中及低度開發國家在內，而存在所謂「南北問題」（North-South），若干議題談判，需要折衝協調，以兼顧各方利益。該組織最近一次部長會議通過葛摩聯盟（Comoros）及東帝汶（Timor-Leste）入會案，使會員國總數增至166個。在部長會議不久，2024年4月15日，WTO在瑞士日內瓦紀念馬拉喀什協定締結三十週年，為WTO另次具有歷史意義之盛會。

　　WTO在中國（2001年12月）、我國（2002年1月）、越南（2007年1月）及俄羅斯（2012年8月）等相繼加入之後，成員對外貿易額已占全球貿易總額98%以上，且因WTO所轄領域，除商品貿易（trade in goods）以外，擴及範圍廣闊之服務貿易（trade in servicers）、智慧財產權、國際投資及高科技產品及技術等，加以在會期中，WTO各委員會平日每就成員所提出WTO各相關協定之適用疑義等議題提出討論，作成決議，使WTO發揮應有功能。以故，歐美學界有稱WTO為「經濟聯合國」（United Nations of Economy），與屬於國際政治舞臺之「聯合國」，相互輝映，並非無因，而且應是歷史之必然。

　　WTO秘書長伊衛拉（Ngozi Okonjo-Iweala）博士於2024年2月26日到3月2日在阿拉伯聯合大公國首都阿布達比（Abu Dhabi）召開第13屆WTO部長會議（MC13）時表示，美中現正試圖在非洲及亞洲部分國家地區提升經濟影響力，希望確保取得自然資源管道，並建立韌性的供應鏈，這使世人擔憂全球將分裂為二大貿易集團。長此以往，將使世界經濟造成實質損害，各會員國應非常審慎以對。伊衛拉獲提名擔任WTO秘書長時曾表明，衷心期盼與各會員國合作，制定及實施需要的政策回應，以便全球經濟重新運轉。

二

　　WTO於1995年1月成立時，不僅制定有「貿易政策檢討協定」（TPRA）；並成立「貿易政策檢討機構」（Trade Policy Review Body, TPRB），以監視會員國之貿易政策與措施，符合透明化原則，以增加其可預測性。該機構之地位，與

WTO總理事會及WTO爭端解決機構（Dispute Settlement Body, DSB）並列，爲最高決策機構WTO部長會議轄下之三大支柱之一。可見，在WTO體制運作具有甚大之重要地位。

WTO對於會員國貿易政策之監督，原採「2-4-6」模式（formula），嗣經修改爲「3-5-7」模式，即WTO成員國應依貿易總額之排名，分別每隔三年、五年或七年，就其貿易政策體制現況向WTO提報，由WTO及各會員國作集體性評估，我國現爲全球第20大貿易國須每隔五年提報，最近一次係在2023年11月，下次會議當係在2028年11月前後。

三

本書可謂係「WTO與貿易法」（與陳櫻琴教授合著）之姊妹作，因前書第14章「貿易政策檢討機制」（trade policy review mechanism, TPRM）係就WTO協定之規範內容及在WTO之運作及效益等作分析爲主，而本書則係TPRM之外溢效果，會員國依協定要求，定期向WTO所提報之「貿易政策報告」（trade policy report），當事國之法律、政策或重大措施有無違反WTO相關協定或決議，以及會員國就其關切事項與當事國之詢答對話重點作爲主軸，基於比較法觀點，計列美國、歐盟（及加拿大）、日本、香港、新加坡及越南等。各該國家均依規定，在不同時期提出貿易政策報告。

另外，對美國及中國此全球第一及第二大經濟體有關貿易議題之法律、政策或重大措施，與WTO體制運作有關或WTO會員國關切之相關議題，乃至我國爲符合WTO/TRIPS協定，我國著作權法曾經三次修正情形；以及因應WTO/GATS協定，強化國內金融機構之體質，提高資本適足率及國際競爭力之考慮，賦予成立所謂「綜合銀行」或「銀行百貨」、「銀行超市」之法源基礎，我國宜參考美、歐、日等國之立法先例，修正「銀行法」並應亦有制頒「金融機構合併法」之需要，一併探討。

四

全球二個國家所締結之雙邊「經濟合作」協定，爲數甚多，不勝枚舉。至三個國家以上之多邊甚至超多邊之經濟合作組織，在印太地區即爲中國之「一帶一路倡議」（Belt and Road Initiative）及美國主導之「印太經濟架構」（Indo-Pacific Economic Framework, IPEF），該倡議與架構實施之結果，形成全球二大貿易壁壘，有相互抗衡之跡證，斑斑可尋。美國主導之IPEF爲美國近年來最重要之印太戰略，原本即旨在抗衡中國之一帶一路倡議。對於IPEF，我國有意願加

入，亦獲美、日等國之支持。

　　中美相互抗衡，WTO秘書長伊衛拉憂心全球將分裂成二大貿易集團。誠如美國駐中國北京大使伯恩斯（R. Nicholas Burns）在2024年3月初應媒體採訪時所指出，美中關係為全球最重要，最具競爭性及最危險之關係，可謂已一語道破現階段美中關係之本質。值得世人及各國注意其未來之發展。

　　自由市場強調「競爭」，此一元素乃各國產業及世界貿易量能夠持續大幅成長之原動力。美國聯邦貿易委員會（Federal Trade Commission, FTC）主席奧立佛（Daniel Oliver）於1986年8月在紐約應美國律師協會（American Bar Association, ABA）之邀，發表主題演說時曾詮釋所謂「自由市場」經濟乃建立在：(一)競爭使社會資源作最有效之分配，並創造最大消費者福利；(二)限制競爭誤導資源之分配，並減少消費者福利；(三)政府係限制競爭之主要來源，政府之任務應在創造一個公平競爭之環境等三個基本假定之上。奧立佛之言，誠乃國際經濟法學至理名言，足見政府政策對消費者福利，各國產業與對外貿易發展，具有關鍵性地位。此所以WTO需要建立TPRM，以監視各國所採貿易政策與措施之緣故。

五

　　GATT/WTO自1948年1月創立以迄2024年底，已有七十六年，在此歷史長河之中，其所累積之文獻與資訊，可謂浩瀚無邊，波瀾壯闊。對於「WTO法」、「WTO學」或「WTO法律制度」之研究，廣義言之，似可包括六大領域：(一)GATT/WTO談判過程（史學研究）；(二)GATT/WTO各項規約（Codes）、協定（Agreements）、議定書（Protocol）及瞭解備忘錄（MOU）等（條約研究）；(三)WTO因應時代發展新生議題，將來可能成為協定（新生議題研究）；(四)GATT/WTO爭端解決案件（案例研究），此一部分資料尤其浩大，無與倫比；(五)雙邊及多邊經濟合作或區域經濟整合研究；乃至(六)各國提報WTO之經貿政策體制研究等。

　　WTO成立以後，國際經濟法學與WTO法學已相互結合發展。確切而言，WTO法學已成為國際經濟法學之重要內容。依現有資訊以觀，美國、歐盟及中國學界，強調全球化時代已經來臨。對WTO所達成各項協定、爭端解決案例及區域經濟整合各領域之研究，類多發現文獻相當豐碩，唯有關WTO成員之外貿體制研究，截至目前，則似尚付諸闕如。

六

　　經濟大國如美國、中國、歐盟及日本，除在商務部設有WTO司，並另成立

WTO資訊（信息）查詢中心（如中國），蒐集WTO會議，全球各大媒體所報導各國或國際經濟活動等相關訊息以外，並對特定議題做深入研究。據悉日本政府設有專責單位對各國貿易政策體制作研究。現我國中經院、臺大、政大、東吳、高雄大學等校，亦設有WTO中心，從事此一領域研究，應是可喜現象。

　　本書本此一宗旨，略盡棉薄，對所列國家或地區之外貿政策及相關議題作探討，或可提供國內產、官、學、研各界，作進一步研究之參考。

邱政宗　謹識

2024年9月

WTO常用相關縮語表

外文全稱	外文縮寫	中文
Abu Dhabi Ministerial Declaration		阿布達比部長宣言
Advisory Centre on WTO Law	ACWL	WTO法律諮詢中心
Aggregate Measures Support	AMS	綜合支持措施
Agreement on Government Procurement	GPA	政府採購協定
Agreement on Safeguards	SA	WTO防衛措施協定
Agreement on Technical Barriers to Trade	TBT	技術性貿易障礙協定
Agreement on Textiles and Clothing	ATC	紡織品及成衣協定
Agreement on the Application of Sanitary and Phytosanitary Measures	SPS	食品衛生檢驗與動植物檢疫措施協定
Agreement on Trade-related Aspects of Intellectual Property Rights	TRIPS	與貿易有關智慧財產權協定
Agreement on Trade-related Investment Measures	TRIMS	與貿易有關投資措施協定
American Bar Association	ABA	美國律師協會
Anti-Monlpoly Act	AMA	日本反獨占法
ASEAN Framework for Regional Comprehensive Economic Partnership	RCEP	東協區域全面經濟夥伴架構協議
ASEAN Free Trade Area	AFTA	東協自由貿易區
Asia-Europe Meeting	ASEM	歐亞會議
Asian-Pacific Economic Cooperation	APEC	亞太經濟合作會議
Association of South East Asian Nations	ASEAN	東南亞國協
Belt and Road Initiative	B&RI	中國一帶一路倡議
Bilateral Investment Treaty	BIT	雙邊投資協定
Brussels definition of value	BDV	布魯塞爾估價定義
Canada-Chile Free Trade Agreement	CCFTA	加國與智利締結之自由貿易協定

外文全稱	外文縮寫	中文
Caribbean Basin Economic Recovery Act	CBERA	加勒比海經濟復甦法
Caribbean Basin Initiative	CBI	加勒比海方案
China Railway Express/China Europe Railway Express	CR Express	中歐班列
China-Pakistan Economic Corridor	CPEC	中巴經濟走廊
Committee on Regional Trade Agreement	CRTA	區域貿易協定委員會
Committee on Rules of Origin	CRO	原產地委員會
Committee on Trade and Environment	CTE	貿易與環境委員會
Common Effective Preferential Tariff	CEPT	共同適用優惠關稅
Comprehensive and Progressive Agreement for Trans-Pacific Partnership	CPTPP	跨太平洋夥伴全面進步協定
Convention on Biological Diversity	CBD	生物多樣性公約
Convention on International Trade in Endangered Species of Wild Fauna and Flora	CITES	瀕臨絕種野生動植物國際貿易公約
Council for Mutual Economic Assistance	CMEA	經濟互助委員會
Customs Cooperation Council	CCC	關稅合作理事會
early voluntary sectoral liberalisation	EVSL	早收部門自由化
Economic and Monetary Union	EMU	經濟與貨幣聯盟
electronic commerce	e-commerce	電子商務
European Economic Area	EEA	歐洲經濟區
European Free Trade Association	EFTA	歐洲自由貿易協會
Export Administration Act (U.S.A.)	EAA	美國出口管理法
Federal Agricultural Improvement Act	FAIR	美國聯邦農業改良法
Federal Trade Commission	FTC	美國聯邦貿易委員會
foreign direct investment	FDI	外國直接投資
Free and Open Indo-Pacific	FOIPS	自由開放的印太戰略
Free Trade Agreement	FTA	自由貿易協定
Free Trade Area of the Americas	FTAA	美洲自由貿易區
General Agreement on Tariffs and Trade	GATT	關稅暨貿易總協定

外文全稱	外文縮寫	中文
General Agreement on Trade in Services	GATS	服務貿易總協定
Generalized System of Preferences	GSP	普遍化優惠關稅制度
Glass-Steagall Act	GS法	格拉斯一斯蒂格爾法
Global System of Trade Preferences	GSTP	全球貿易優惠制度
High Level Meeting, Least Developed Country	HLM (LECs)	低度開發國家高階層會議
India-Middle East-Europe Economic Corridor	IMEC	三方經濟走廊
Individual Action Plan (Japan)	IAP	日本個別行動計畫
Indo-Pacific Economic Framework	IPEF	印太經濟架構
Information Technology Agreement	ITA	資訊科技協定
Institute for International Economics (U.S.A.)	IIE	美國國際經濟研究所
intellectual property rights	IPRs	智慧財產權
International Bank for Reconstruction and Development / World Bank	IBRD / WB	國際復興開發銀行 / 世界銀行
International Centre for Settlement of Investment Dispute	ICSID	國際解決投資爭端中心
International Monetary Fund	IMF	國際貨幣基金
International Organization for Standard	ISO	國際標準組織
International Trade Administration (U.S.A)	ITA	美國商務部國際貿易總署
International Trade Organization	ITO	國際貿易組織
Investment Promotion Action Plan	IPAP	投資促進行動計畫
Japan External Trade Organization	JETRO	日本貿易振興會
Japan Fair Trade Commission	FTC	日本公正交易委員會
Japanese Agricultural Standards	JAS	日本農產品標準
Japanese Industrial Standards	JIS	日本工業標準
least developed country	LDCs	低度開發國家
Market Access Ombudsman Council	MAOC	日本市場開放審議委員會
Market Economy Status	MES	市場經濟地位
most favored nation treatment	MFN	最惠國待遇
Multi-Fibre Arrangement	MFA	多種纖維協定

外文全稱	外文縮寫	中文
Multilateral Agreement on Investments	MAI	多邊投資協定
Multilateral Investment Guarantee Agency	MIGA	多邊投資保證機構
multilateral trade negotiations	MTN	多邊貿易談判
Mutual Recognition Agreements	MRAs	相互認證協定
New Transatlantic Agenda	NTA	新泛大西洋宣言
newly industrialized country	NIC	新興工業化國家
Non-Market Economic	NME	非市場經濟
non-tariff barriers (measures)	NTBs／NTMs	非關稅障礙（措施）
North American Free Trade Agreement	NAFTA	北美自由貿易協定
North Atlantic Treaty Organization	NATO	北大西洋公約組織
Office of Trade and Investment Ombudsman	OTO	日本市場開放問題苦情處理推進本部
Official Development Assistance	ODA	政府發展協助
Omnibus Trade and Competitiveness Act of 1988		美國1988年綜合貿易暨競爭力法
Orderly Marketing Arrangement	OMA	有秩序行銷協定
Organization for Economic Cooperation and Development	OECD	經濟合作暨發展組織
Organization of American States	OAS	美洲國家組織
Overseas Private Investment Corporation	OPIC	海外私人投資公司
Partnership and Cooperation Agreement	PCA	夥伴及合作協定
Quadrilateral Security Dialogue	Quad	四邊安全對話
Reciprocal Trade Agreement Act	RTAA	互惠貿易協定法
Regionalisation Steering Committee	RSC	區域化促進委員會
Senior Officials' Meeting on Trade and Investment	SOMIT	歐亞貿易與投資資深官員會議
separate customs territory	SCT	個別關稅領域
Singapore International Chamber of Commerce	SICC	新加坡國際商會
Single European Act	SEA	歐洲單一市場法
special administrative region	SAR	特別行政區

外文全稱	外文縮寫	中文
special and differential treatment	S&D	特殊及差別待遇
special drawing rights	SDR	特別提款權
special safeguards	SSG	特別防衛措施
Structural Impediment Initiative	SII	結構性障礙倡議
Subsidies and Countervailing Measures	SCM	補貼及反補貼措施
Taiwan Intellectual Capital Research Center	TICRC	台灣智慧資本研究中心
Technical Committee on Rules of Origin	TCRO	原產地技術委員會
Textile Monitoring Body	TMB	紡織品監督機構
The Coordinating Committee on Multilateral Export Controls	COCOM	多邊輸出管制聯合委員會
The Office of the United States Trade Representative	USTR	美國貿易代表署
Trade and Investment Framework Agreement	TIFA	貿易及投資架構協定
Trade and Tariff Act (U.S.A)	TTA	美國貿易暨關稅法
Trade Facilitation Action Plan	TFAP	貿易促進行動計畫
Trans-Pacific Partnership	TPP	跨太平洋夥伴協定
Treaty of Friendship Commerce and Navigation	FCN	友好通商暨航海條約
United Nations Centre on Transnational Corporation	UNCTC	聯合國跨國公司中心
United Nations Conference on Trade and Development	UNCTAD	聯合國貿易及發展會議
Uruguay Round Agreements Act	URAA	烏拉圭回合協定法
US-Taiwan Initiative on 21st-Century Trade		美臺21世紀貿易倡議
Voluntary Export Restraints	VER	自動出口設限
Voluntary Restraint Agreement	VRA	自動限制協定
WIPO Copyright Treaty	WCT	WIPO著作權條約
WIPO Performance and Phonograms Treaty	WPPT	WIPO表演及錄音物條約
World Customs Organization	WCO	世界關稅組織
World Health Organization	WHO	世界衛生組織
World Intellectual Property Organization	WIPO	世界智慧財產權組織

外文全稱	外文縮寫	中文
World Trade Organization	WTO	世界貿易組織
WTO Dispute Settlement Body	DSB	WTO爭議解決機構
WTO dispute settlement mechanism	DSM	WTO爭端解決機制
WTO Ministerial Conference Thirteenth Session	MC13	第13屆WTO部長會議
WTO Trade Policy Review Body	TPRB	WTO貿易政策檢討機構
WTO trade policy review mechanism	TPRM	WTO貿易政策檢討機制
WTO Trade Policy Review Meeting	TPR	WTO貿易政策檢討會議

目錄

第三篇　WTO與中國

第一篇
外貿體制概說

第 1 章 ▶▶▶

美國與日本經濟與貿易政策體制檢討*

壹、概說

一、美國

美國為世界最大進出口國家，同時亦是最大國際投資者及最大接受外人直接投資之國家。根據美國政府統計，美國繼續占全球淨產量之25%至30%間，因而其經濟表現與政策對世界經濟及全球貿易制度有重大影響。近年來，美國經濟表現相當亮麗。其經濟成長率超過其他工業國家之平均成長率，通貨膨脹率則維持中度，失業率則創十年來新低。或因此故，1998年美國國會期中選舉，民主黨獲得席次不降反增，柯林頓政府仍維持居高不下之民意支持度，並不因涉及緋聞案而受影響。

目前美國聯邦預算赤字已顯著縮小，所占國內生產毛額（gross domestic product, GDP）之比重，為自1979年以來最低。對外經常帳赤字雖略有增加，則係因增加投資，為未來之經濟成長預作鋪路，不足為憂。雖然美國投資較一般工業國家為低，惟生產力仍高於「經濟合作暨發展組織」（Organisation for Economic Cooperation and Development, OECD）國家之平均水準，因而能夠支撐美國經濟持續邁向繁榮。美國經濟開放為維持生產力之重要因素。在不斷來自國內外壓力之下，將資源作最有效率之分配，有助於維持經濟榮景。此即意味，美國本身之最佳利益，在於確保市場之開放。

美國經濟活動，對外貿易占相當重要地位。貿易所占GDP之比重，1985年為17.2%；1990年為20.6%；到1995年則提高為23.6%；現又隔多年，此一比重仍有上升趨勢。美國政府以為，對外貿易之增加，可作為對付景氣循環之緩衝器。

---

* 本文原載於全國工業總會「進口救濟論叢」，第14期（1999年6月），頁155-212。2024年5月作文字修正。

1990年代初期，出口增加而緩和美國景氣衰退。我國爲降低亞洲金融風暴之衝擊，經貿單位曾經組成外銷服務團，協助廠商開拓海外市場，亦基於同一道理，避免造成經濟衰退。美國產品在健全及以規則爲導向之多邊制度下，能順利而自由進入外國市場，顯示貿易對美國之重要。後來，當美國經濟成長恢復，進口增加以因應國內大量需求，因而降低通膨及利率上升之壓力。

近年美國經濟之良好表現，反映該國經濟在國內外支持競爭（pro-competition）結構型態。美國爲世界最支持競爭市場之一，經由很多重要經濟部門之開放，而強化其經濟體質。國際權威機構常指出，美國爲世界最具競爭力之大型經濟體，美國政府亦以此爲傲。此外，美國在進口及投資方面，爲全球最開放市場，並且享有較高之平均勞工生產力水準，且較世界任何其他主要經濟體有較高之平均國民所得。聯合國貿易資料顯示，近年來美國所進口之工業產品值，約大於歐盟、日本及加拿大之總和。[1]

美國及其貿易夥伴，包括工業國家及開發中國家在內，共同締造一個眞正開放之多邊貿易體制，即世界貿易組織（World Trade Organization, WTO），已實質有效地有助於美國及其他國家之經濟成長。此等國家並不抵銷支持競爭之力量，即使一時藉由國內之管制或限制措施。再者，美國認爲全球均將逐步邁向自由市場，以往十年爲最有正面呈現經濟發展之年代之一。此種力量一向允諾拓展更佳之經濟機會及改善全世界數十億人口之生活水準。在此一發展過程之中，每個國家之利益，並不以犧牲其他國家爲代價，而是與其他國家之利益相調和。

美國承諾與其他國家合作，發揮影響力及領導地位，以執行其堅定支持競爭之發展。美國經濟利益與貿易夥伴及全球經濟福祉，具有補充作用。最終目標及最後工具乃係WTO。無論在會員國或限制全球貿易所設定之障礙及扭曲，WTO均至表關切。

二、日本

日本自1993年10月發生經濟衰退迄今，爲戰後經濟衰退歷時最長期間之一。近年來雖已有復甦跡象，惟速度仍相當緩慢。日本經濟直到1995年中葉始有小幅成長。根據WTO秘書處之研究指出，日本在此期間，經由各種預算及貨幣激勵政策，乃能維持小幅經濟成長，惟導致公共財政之惡化，中央與地方政府之整體預算赤字上升超過5%，整體政府負債則超過GDP之100%。自1996年中期以後，

---

[1] 美國提交WTO之貿易政策檢討報告指出，進口及出口之結果，增加美國平均勞動生產力，拓展本國之購買力，提高國內生活水準，並增強吸引就業與投資之機會。此外，經由解除扭曲（distortions）及障礙（impediments），以拓展貿易，對於經濟成長率之提升，有正面作用。

日本修改政策，導向所謂集合預算，在1997年4月提高消費稅，嚴重影響國內需求，同年第二季以後，國內經濟開始下滑，出口成長乃爲成長之重要來源。同一時期，日本金融業深受國內結構問題所影響，發生主要銀行及證券公司倒閉事件，若干銀行則進行緊急併購，自1997年中期在其他亞洲經濟體發生經濟危機，尤其以接受日本大量投資之泰國及韓國爲然。

1997年11月，日本政府宣布系列新措施，以減少商業管制及穩定金融市場爲主，提供帶動國內復甦而無嚴重負面預算影響之架構。包括對電信、貨運、國內航空、職業介紹所、加油站等放寬管制，有關土地使用及處分亦作若干改變，如解除土地交易價格限制，修正都會區土地使用規定，修正房屋租賃條件，變更農地使用用途，如變更爲住宅用地，提供資金在郊區興建「休閒屋」（weekend houses），穩定金融市場，改善對投資人或存款戶之保障，對證券市場放寬管制。

日本政府並宣布將檢討現行有關公司、金融及土地稅之稅制，將著眼於創造國際性具有吸引力之商業環境，促進有效之土地使用及刺激民間投資。進一步措施在同年12月中旬公布，包括10兆日圓方案，以支持銀行部門及執行1997年新所得稅之減稅計畫，達2兆日圓。

日本政府以爲大部分措施具有立竿見影之效果，估計此一方案之直接效果每年可達6兆日圓，約占日本GDP之1%，此外，租稅政策之檢討，則屬長程措施。發生在東亞地區之金融與結構危機，預料將使該地區其他經濟體之經濟成長大幅減少，對日本可能造成之影響，將較其他工業國家嚴重，乃因日本近年來之貿易與投資集中在東亞地區之緣故。日資經營之公司製造生產量，供作出口及國內市場者，現已移植到東亞其他地區，以尋求較低成本及新生市場；東亞國家對日本出口及進口所占比重繼續成長，在1996年分別占43%及36%，而在1990年時則僅占30%及28%，其成長速度頗爲驚人。

爲迎接21世紀到來，日本積極回應全球化趨勢，積極致力於政策改變，採取各種措施，強化日本經濟與國際經濟之調和。日本對國內市場進行廣泛改革，充分利用市場力量，以謀達到經濟結構之均衡。爲此，經由開放及改善市場通路途徑，執行政策改革，增加日本經濟之效率及適應性，使日本繼續在國際經濟舞臺占有重要地位。

日本在1995年公布「開放行動計畫」（Deregulation Action Program），計開放11類1,091項貨品。1996年繼續改善此一計畫，再增加596項列入開放，直接或間接對日本金融制度之自由、公平及全球化水準之提升有所助益。從而，東京市場乃能與紐約或倫敦市場並駕齊驅，使日圓能在國際市場自由流通，並邁向國際

化。

　　日本自1955年加入GATT，其間歷經WTO成立，迄今已接近七十年，向即承諾維持與強化在GATT/WTO架構下之自由及無歧視之多邊貿易制度。日本參與多邊貿易談判（multilateral trade negotiations），包括甘迺迪回合、東京回合及烏拉圭回合談判。在世界貿易制度以「規則導向」邁向自由化，使日本獲得最大利益。日本現已經由逐步自由化及消除貿易之關稅及非關稅障礙，而有助於支撐世界經濟之成長。

　　作為WTO重要會員國之一員，日本積極參與促進貿易與投資之自由化。在所謂WTO未來新生問題方面，諸如貿易與競爭政策、貿易與投資，乃至資訊科技協定（Information Technology Agreement, ITA）等，在形成共識過程中，日本均扮演重要角色。例如，在投資方面，日本積極尋求致力於達成重要協定，即OECD所主導之「多邊投資協定」（Multilateral Agreement on Investment, MAI），並且實地經由與WTO屬於開發中國家之討論，以檢視貿易與投資之關係。

　　日本認為鼓勵開發中及低度開發國家及經濟轉型期國家儘早完成加入WTO，具有重要性，蓋因彼等之加入將有助於各種經濟型態之整合，使成為多邊貿易制度之一部分，從而，乃能確保WTO制度之「普通性」（universality）。日本決定在支持申請加入之國家及經濟體加入的過程中，繼續扮演具有分量的角色。再者，日本特別強調多邊貿易制度之重要性，對此，新加坡部長宣言已再次確認其優位性（primacy）。以故，形成區域貿易協定必須抱持一種基本態度，即認為是在補充多邊制度，必須與多邊協定之規範相符合。WTO之任務無論在過去或在未來，均在經由談判、繼續達成以規則導向之貿易自由化。日本政府完全承認其責任，並準備接受在邁向更進一步自由化所可能遭遇到之各種挑戰。

貳、美國對外經濟關係展望

　　美國為一高所得國家，與世界中低所得國家均在追求很多相同之經濟目標。諸如，快速提升生產力、增加高工資就業機會、提高生活水準及強化經濟成長等。希望經由經濟成長帶動創造美國與WTO其他會員國間之共同利益願景，並藉由忠實履行已達成之協定，向前推動，解除各國尚存扭曲及對全球貿易與投資流向之障礙。美國政府重視貿易政策，認為是拓展本國經濟機會，達成經濟目標

之重要工具，各種研究顯示，美國就業之工資直接或間接爲商品出口所支持，該國經營外銷產業之工資約高於平均工資13%至16%之間。反映外銷產業具有較高勞動生產力之回報，並在國內經濟有發展潛力。

一、多邊協定關係[2]

　　美國爲WTO多邊貿易協定及複邊協定之簽約國之一，但不包括國際乳品協定。事實上，後來之演變，國際乳品協定與國際肉類協定，與東京回合達成的協定無殊，已自WTO複邊協定中刪除。

　　爲履行WTO協定義務，美國已在該協定架構之下，經由國內立法制定：「烏拉圭回合協定法」（Uruguay Round Agreement Act, URAA），以作爲執行依據。美國依WTO協定，有關商品關稅稅率，幾乎均已受到約束，而依據「服務貿易總協定」（General Agreement on Trade in Services, GATS）所作市場開放承諾，亦甚廣泛。依URAA，有關根據美國1930年關稅法第337條（涉及仿冒）案件及自巴西進口非橡膠鞋之國民待遇案件，WTO專家小組所作建議，美國將予執行。且依據烏拉圭回合協定，同意在未來授權由行政部門代表進行關稅減讓談判。

　　國際法上所謂「最惠國待遇」（most favoured nation），依美國之認知乃指「正常貿易關係」（normal trade relations）而言。美國國會現已立法將「最惠國待遇」正名爲「正常貿易關係」，惟依WTO之語言，仍習慣稱爲「最惠國待遇」。美國對各國提供最惠國待遇，但有六個國家例外：(一)阿富汗；(二)古巴；(三)寮國；(四)北韓；(五)塞爾維亞；(六)越南。URAA通過之後，美國國會初步同意給予匈牙利及羅馬尼亞永久性之最惠國待遇。另俄羅斯如被認爲完全符合1974年貿易法Jackson-Vanik修正案，得享有最惠國待遇。目前依據該修正案豁免條款之國家，尚及阿爾巴尼亞、亞美尼亞、白俄羅斯、喬治亞、哈薩克、吉爾吉斯、摩爾多瓦、塔吉克、土庫曼、烏克蘭、烏茲別克、中國及蒙古。至於伊朗、伊拉克及利比亞仍享有最惠國待遇，惟依美國的經濟禁運政策而禁止自該等地區進口。

　　此外，美國曾擬定赫姆斯－巴頓法（Helms-Burton Act），以處罰與古巴進

2　美國政府以爲，自1934年美國國會通過第一個互惠協定以來，即在尋求能使全球增加市場開放及貿易拓展之一致性政策。在1930年代，受限於全球政治情況，美國貿易政策特別重視與西半球國家談判互惠性之關稅減讓協定。二次大戰以後，美國政策偏向創造「規則導向」，以期待各國解除貿易障礙，創造眞正之多邊貿易制度。在GATT/WTO架構之下，數十年來已先後舉行九次成功回合之多邊貿易談判，美國表示支持多邊貿易制度，最重要者即在達成眞正公開及公平之全球貿易制度，而不能畏縮。

行貿易之非美國公司。該法已自1996年3月生效。美國自1962年以來,對古巴採取經濟制裁,且企圖予以國際化。除古巴之外,對伊朗及利比亞亦有制裁法,授權對在伊朗及利比亞投資之外國公司作貿易制裁。至於因此種法律所引起之「域外法權」(extra-territorial aspects)問題,則遭到美國貿易夥伴強烈質疑。例如,基於歐盟之請求,WTO曾於1996年11月成立專家小組,檢視美國赫姆斯—巴頓法與WTO協定之適法性問題,依歐盟之觀點,認為該法違反GATT第1條、第3條、第5條、第11條及第16條,及GATS第2條、第3條、第6條、第16條及第17條。而美國則依GATT第21條有關「國家安全」例外條款以為抗辯,認為該國所採取者為「國際關係之緊急行為」(emergency in international relations),應被容許。美國表示,對於違反赫姆斯—巴頓法,願依北美自由貿易協定(North American Free Trade Agreement, NAFTA)及WTO相關程序處理。[3]

美國為WTO會員國中最積極運用「爭端解決機制」(dispute settlement mechanism, DSM)解決國際爭端國家之一。截至1996年底,美國提出了19個案件要求諮商,包括17項措施所提出案件,約占WTO爭端解決案件三分之二。

烏拉圭回合服務貿易談判美國扮演重要角色,在某種意義上,談判背後代表美國之企業利益。包括電信、金融服務、航運,若干專業服務及視聽服務等之國際談判,美國具有重要利益。

後烏拉圭回合之各項談判,美國積極參與,其結果並不盡相同:

(一) 金融服務談判在1995年7月達成協議,美國依據GATS第2條之例外條款,對於外國金融機構屬於新設立或新活動,並不適用最惠國待遇之規定。在1995年7月結束談判過程中,有關自然人移動,美國並未改變承諾之初衷。

(二) 基本電信談判,美國提出要求,提供不限制之市場開放,對在本地之電信市場給予外國服務及外國服務供應商國民待遇。

(三) 海運談判,美國未提出要求。

現階段美國對農業及電信業已擬定重要改革措施。此等措施在解除很多國內限制,超過對WTO所作承諾,因而此等部門之效能很可能有較大幅度之改善。因此等領域美國居於領導地位,此一改變足以影響美國對外貿易,乃至世界市場。

再者,美國為複邊政府採購協定之簽字國,該協定已於1996年1月1日生效實施。依該新協定,美國所作承諾遠超過在東京回合政府採購規約。較為顯著者,

---

[3]　參見歐洲國際經濟法專家Kees Jan Kuilwijk, "Castro's Cuba and the U.S. Helms-Burton Act-An Interpretation of the GATT Security Exemption," *Journal of World Trade* (June 1997), 31(3): 49-61.

如將延伸很多州之公用事業，包括公共工程及服務，均有遵守採購協定之義務。基於互惠原則，其他簽約國亦適用自美國採購之市場開放原則。依該協定規定之例外情形，例如對於小型或少數人合夥事業並不適用。此點並未改變，惟已較前更為透明化，且新協定適用範圍較為廣泛。依照美國1988年綜合貿易及競爭力法之規定，美國主管當局應監督美國貿易夥伴之政府採購業務。美國主張WTO應制定新協定，以促使政府採購業務更加透明化。

美國依烏拉圭回合打開外國市場之後，可以獲得較大利益。烏拉圭回合協定長期改變貿易規則與結構，有助於實質投資長期成長。根據WTO研究，各會員國依烏拉圭回合結果執行，到2005年估計全球生產每年增加5,100億美元，其中美國所獲得利益占1,220億美元。而美國本身之研究，今後十年，估計美國GDP之成長率可能增加0.15%到0.3%，美國GDP成長將隨全球貿易制度之健全而增加。

1995年即美國執行烏拉圭回合之第一年，商品及服務之出口計增加將近13%，同年美國出口支持之就業約超過60萬個工作。此成長有很多因素。烏拉圭回合有助於減少特定障礙，並且由於為充分履行協定，美國企業開始規劃與投資，為開放之世界貿易制度帶來更為高度之確定。該回合為美國企業拓展生產，以準備增加世界需求，提供重要誘因。

因為烏拉圭回合協定之生效實施，美國政策集中於確保有效及適時執行多邊協定。為落實此一政策，美國參加WTO各種委員會、理事會，並積極運用WTO新爭端解決機制等。部分WTO會員國遲遲未履行烏拉圭回合義務，美國迅即批評此種不當行為。烏拉圭回合結果所引起有關制度執行之問題，美國無不積極與其他會員國試圖解決其困難。如義務有所忽略或逃避（sidestepped），美國即依爭端解決機制提出指控。

最後，美國所主導之新加坡部長會議，美國提出多邊貿易制度進一步自由化方案。在此同時，美國尋求確定其他方案如足以弱化烏拉圭回合所同意之規則或建議者，將使WTO協定無法有效執行，因而喪失可信度。依美國觀點，WTO必須維持為一「共識決基礎」（consensus-based）之組織，而且WTO必須是一長期具有信用之機構，其工作計畫似乎需要符合各個不同會員國利益，始能成功。

二、區域協定關係

美國承認WTO多邊貿易制度之優位性，並且相信區域協定與WTO之多邊規範應充分協調。為掌握及開拓全球貿易制度之利益，美國積極從事新市場開發之貿易推廣工作。

　　美國貿易拓展計畫在區域方面，集中在拓展主要市場之貿易，部分係經由新貿易協定之談判，亦有係執行當時之協定，包括WTO協定，並尋求在亞洲、南美洲及歐洲區域貿易拓展。此等區域貿易方案，包括NAFTA、美洲自由貿易區（Free Trade Area of the Americas, FTAA）及亞太經濟合作會議（Asia-Pacific Economic Cooperation, APEC）等。同時，經由泛大西洋宣言（Transatlantic Agenda），尋求維持及改善與歐洲國家之關係。

　　美國以爲WTO已爲區域方案進一步發展提供堅實基礎。在GATT時代貿易政策檢討會議中，美國代表清楚指出，WTO制度爲區域協定之建立已提供重要基礎，此種協定有助於進一步催生自由化。美國支持符合WTO規範之區域協定，認爲此種協定對於促使多邊制度符合會員國之利益與需要，並且以創新及強化紀律而對WTO制度有所貢獻。

　　值得重視者，美國政府認爲區域協定時常較多邊協定更能達成深刻與廣泛之經濟整合，有如鄰居一般，會員國往往有共同利益。此種區域協定可能成爲未來在新領域多邊自由化之模式，諸如服務、投資、環境與勞工標準。美國現已締結或進行之此種區域協定，茲列舉釋明如下：

(一) NAFTA

　　自1994年1月，美國開始執行全世界最大之自由貿易協定NAFTA。該自由貿易區有3億8,000萬人口，商品及服務產值達8兆美元。該協定增加美國、墨西哥及加拿大三個夥伴關係之機會，以拓展貿易及增加成長。當該區域擴大市場範圍及增強三國購買力之後，NAFTA國家之其他貿易夥伴亦可能隨北美國家經濟之穩定成長而受益。自該協定生效以來，美國政府即保證協定條款將迅速履行。該協定已包括勞工及環境保護之合作協定。

　　NAFTA締結過程，美國國內爭議不斷，成爲當時電子媒體討論重點議題之一。事實上，完成簽署之後，該協定曾協助支持北美國家邁向自由貿易之坦途。協定生效後將近一年，墨西哥醞釀發生國際債信危機，惟依美國政府統計，自1993年至1996年間，美國出口到NAFTA夥伴國家增加33%；同一時期出口到世界各國則增加35%。NAFTA爲第一個能包括與貿易有關之勞工與環境問題之完整貿易協定。此等條款保證爲拓展貿易之同時，支持勞工及環境條件之改善，並且執行北美國家之國內勞工與環境法律。

　　固然，NAFTA已依計畫履行，惟有關未確認之政府投資措施及非金融性服務之截止期限，則由原定1995年12月底，延展至1996年3月底，乃屬例外。美國自加拿大及墨西哥進口關稅，現已遠低於最惠國關稅，惟部分農產品進口則低於

最惠國稅率，卻受關稅配額限制。對於部分「敏感性產品」（sensitive product）進口關稅之消除，則展延至轉型期（transition period）之末期，即2008年1月1日始予履行。

依NAFTA第十九章規定，該協定專家小組（panel）得檢討所採取之反傾銷稅及平衡稅措施。依該一規定，進行檢討者約占該項措施之20%。依該協定第二十章所規定之爭端解決條款之雙邊諮商亦曾適用，並成立專家小組處理加拿大乳品進口關稅之法令問題。專家小組建議以符合「WTO談判稅率」（WTO-negotiated tariffs）為適當稅率。

此外，在1980年代中期美國與以色列所簽訂之自由貿易協定，據稱亦已作充分履行。依該協定，自以色列進口之若干重要美國食品及飲料，仍須課徵進口關稅。在1994年，自以色列進口享有關稅優惠者占44%，而同一時期依NAFTA，自加拿大及墨西哥進口享有關稅優惠，分別占67%及88%。

(二) FTAA

1967年美國詹森總統曾經在烏拉圭東岬會見19位拉丁美洲國家領袖。1994年12月西半球34國領袖在美國邁阿密舉行西半球領袖高峰會議，美國柯林頓總統及各與會國家領袖承諾在2005年以前結束談判，成立FTAA。

依美國觀點，FTAA顯然將支持與增強美國對多邊制度之承諾。為使烏拉圭回合能夠成功，需要更加致力於多邊制度。1995年6月，來自西半球國家之貿易部長倡言貿易自由化必須符合WTO規則及範圍。1996年3月，貿易部長再確認此一主張，並同意建構FTAA方案必須包括符合GATT第24條、烏拉圭回合瞭解書及GATS第5條。FTAA所帶來自由貿易之新觀念，將使經濟成長增加及加速開放市場，強化此一地區之民主制度，以促進發展。第3屆西半球部長會議已於1997年5月在巴西舉行。

(三) APEC

APEC係於1989年成立，迄今超過三十年。此一論壇成員包括瀕太平洋邊緣之較大型開發中及已開發國家或經濟體在內。美國對於APEC寄望甚殷，每年均積極參與，以為APEC建構區域經濟結構，作為確保繼續長期促進繁榮與穩定之重要工具。成立伊始僅有12個會員國，目前已有21個會員國，APEC為單一整合全世界最大之市場，現已逐步浮現，世界銀行（World Bank）報告認為，瀕太平洋邊緣國家之貿易自由化將提供甚大利益，其實不以此一地區為限，其結果全世界將同蒙其利。

　　1994年APEC年會在印尼茂物舉行，發表茂物宣言（Bogor Declaration），同意在未來二十五年內解除存在於會員國間之貿易與投資障礙，已開發國家則提前在2010年完成。1995年APEC年會在日本大阪舉行，研擬執行茂物宣言計畫，通過了有關貿易、投資自由化、便利及合作之「大阪行動計畫」（Osaka Action Agenda）。1996年年會在菲律賓馬尼拉舉行，對前二宣言所確立之貿易自由化目標，追蹤促使各會員國履行個別（individual）及集體（collective）行動，以及在勞工、資本、技術、基礎結構、環境保護之合作計畫。1997年年會在加拿大溫哥華舉行，討論重點包括選定自願性提前自由化部門，美國提出推動全球電子商業自由化等。1998年11月在馬來西亞之吉隆坡舉行第10屆年會，商討亞洲金融危機之因應等相關議題，因美國柯林頓總統未親自與會而略有失色。

(四) 新泛大西洋宣言

　　美國與歐洲國家間之關係原本即已相當牢靠，於締結「泛大西洋宣言」之後，則更加堅固。該計畫旨在啓動美國與歐盟間有關特定議題採取聯合行動，以深化泛大西洋國家之關係。此等議題包括更有效率地因應全球經濟、政治、人權及環境保護之挑戰。美國重要任務爲致力於適應後冷戰時期之挑戰，包括建立民主、自由市場強固之泛大西洋社會。聯合行動計畫承認一項事實，強調諸多全球性挑戰，均跨越國境，需要美國與歐盟採取共同行動，始能圓滿因應，尤其涉及龐大經費者，並非美國或歐盟可以單獨負擔，或因此故，美國制裁伊拉克之行動，每獲得英國率先響應，可謂屢試不爽。

　　聯合行動計畫亦特別包括強化多邊貿易與投資制度在內，因而主張鞏固新成立之WTO；探討降低關稅方法，如致力於消除資訊科技產品之關稅；制定保護智慧財產權及政府採購之新國際規範；並同意在OECD場合攜手合作締結MAI。我國對外投資隨貿易發展而增加，爲達到保障對外投資之目的，現已與東南亞、中南美洲、中東歐地區等數十個國家簽訂有「雙邊投資協定」（Bilateral Investment Treaty, BIT），惟爲避免逐一交涉簽訂之累，將來我國亟有積極加入MAI簽署，成爲締約國或觀察員之必要。

三、雙邊協定關係

　　事實上，除區域協定之外，美國與很多國家締結有強制性以增加市場開放與減少貿易障礙之雙邊協定。此等協定包括智慧財產權、投資及特定產品之市場開放。在智慧財產權領域，美國通常尋求較WTO架構下之與貿易有關智慧財產權協定（Agreement on Trade-Related Aspects of Intellectual Property Rights, TRIPS）

爲短之轉型期，尤其以對藥劑及農業化學品之保護爲然。自1991年以來，美國與外國締結投資協定者，乃以該外國同意簽署保護智慧財產權協定之國家爲前提條件，此已成爲美國政策之一部分，極値各國重視，從而促使欲與美國發展貿易投資之國家能重視知識產權問題。

依照雙邊協定，美國貿易夥伴所作承諾，往往成爲對WTO承擔之一部分。顯然，此一部分以包括農產品、紡織及成衣項目之雙邊協定及屬於複邊之政府採購協定所作承諾，較爲常見。

依WTO秘書處之研究報告指出，市場開放協定，依WTO爭端解決程序之談判或301條款案件調查，通常對美國政策並不需要作大幅度改變。惟有一項例外，則爲美加所簽署之原木協定（Softwood Lumber Agreement）。經過長年討論，加拿大同意木材輸美超過一定數量時，應課徵出口稅，而美國則承諾對於加拿大原木出口，不採取課徵反傾銷稅、平衡稅及採取301條款報復措施。

參、美國貿易政策體制特徵

美國貿易代表署於1999年3月31日公布年度「外國貿易障礙報告」，該份報告檢討51個國家與地區及歐盟、阿拉伯聯盟、海灣合作理事會等三個集團之貿易障礙，但其中仍以歐盟、日本與中國所占篇幅最多。[4]其中有關我國部分，1999年報告與1998年差異不大，除對我國司法制度在智慧財產權之侵權案件處理表達關切之外，美方亦重視政府採購政策使美商參與受到不公平待遇之問題。我國政府採購之公共工程部分約在百億美元之譜，由於招標程序及規格要求，不利於美商競爭。但在加入WTO要求之下，我國在1998年5月27日公布「政府採購法」，於1999年5月27日生效實施，該法諸多規定，力求符合WTO有關政府採購法爲依歸，實施之後，應可消除相關障礙。[5]依該報告指出，我國主管當局在1998年推

4　依該報告列舉我國智慧財產權、政府採購與進口政策三大貿易障礙。美方並認爲我國司法制度之缺失，致使美商遭侵權案件無法得到公平審判表達關切。所舉實例如美商普利司通公司多年來無法在臺灣獲得有效專利權保護；另美國主要微處理器製造商，在臺灣打多年官司後，已決定放棄循法律途徑尋求保護。詳見聯合報（1999.4.2），版1。

5　我國政府採購法乃爲配合加入WTO而制定，該法在採購程序、採購資訊、投標期限、廠商申訴等制度上，大體參照WTO有關政府採購協定（Government Procurement Agreement, GPA）之規定，未來我國各機關採購流程趨於一致，亦可達到歐盟、美國、加拿大、日本等先進國家之標準，我國簽署WTO採購協定之後，對外開放政府採購市場，初估約爲60億至80億美元，而各簽署國對我國開放之政府採購市場，一年總規模高達2,000億美元以上，顯示政府採購之實施，將有助於國內廠商開拓可觀之商機。詳見自由時報（1999.5.27），版1。

動保護智慧財產權在保護法律制定上有所進展，但在執行與司法制度上仍有相當差距，由於法官之不公平審判，美商往往在臺灣無法有效對付仿冒侵權案件。

有關美國對外貿易政策之特徵與趨勢方面，茲分三方面釋明如下：

一、長期性措施方面

(一) 關稅減讓

依烏拉圭回合，美國承諾至1999年貿易加權關稅減讓35%，惟亦有例外，部分產品則提前或有所延後。對於鋼鐵、藥品、紙類、家具、醫療設備、農具、營繕設備、啤酒及酒之進口完全消除關稅；另對木材，科學設備則消除部分關稅。對於化學品及非含鐵金屬參與關稅調和；對於電子、陶器、照相及攝影器材參與實施較大幅度關稅減讓。到烏拉圭回合執行減讓之末期，美國約有70%之關稅項目依據最惠國待遇稅率約在5%以下，另有美國海關關稅項目約40%享有免稅進口優惠。原來對於農產品進口所作配額限制將轉換成關稅及關稅配額；而對於紡織品及成衣之進口限制，則在WTO紡織品及成衣協定生效十年之調整期間過後消除。

在NAFTA，美以FTA、加勒比海盆地經濟復甦法，安地斯山脈（Andean）國家貿易優惠法及普遍化優惠關稅制度（Generalized System of Preferences, GSP）之下，美國實施各種貿易優惠措施。美國在1994年時對GSP是否繼續實施，曾加以擱置，1995年至1996年亦復如此。後來決定繼續實施，並且發生追溯效力。近年來，美國提供GSP國家有基於各出口國所得或競爭力需要情形而定；亦有基於是否保護智慧財產權及保護勞工權益為條件，作為是否撤回或恢復實施GSP之基礎，其情況不一而足。

(二) 原產地規則（rules of origin）

各個協定所規定之優惠待遇，與原產地規則有關，對於特定國家之紡織品配額、課徵反傾銷稅及政府採購之優惠措施，均有原產地規則之適用，而不盡相同。美國適用於紡織品及成衣之原產地規則曾作大幅度之改變。依美國現行法令，紡織品及成衣不再以加工地，而改以裁剪車縫地為原產地，已較先前嚴格。

(三) 解除出口限制

值得注意者，美國於1995年11月經由國會解除阿拉斯加石油之出口禁令。此為美國石油政策一項重大更張。1998年6月美國柯林頓總統訪問中國之後，曾派遣能源部部長李察遜及參議員穆考斯基等人到訪，參加臺美工商年會。據報導當

時穆考斯基（阿拉斯加州選出）曾向我國當局大力推銷阿拉斯加石油。多年前，我國爲降低中美間大幅貿易順差，曾提議美國開放阿拉斯加石油出口，美國並無此意願，而願將其留待後世子孫開採。如今，時移世易，美國主動開放阿拉斯加石油出口，可謂「此一時也，彼一時也」。對於能源缺乏國家，不失爲利多。爲執行烏拉圭回合協定，原由美國要求貿易夥伴所實施之「自動出口限制」（voluntary export restrictions, VERs）已取消。爲尋求便利出口，美國商務部主管當局將加速以高科技產品爲主之輸出許可證及出口管制之管理。另部分產品原有限制，如半導體、行動電話及若干軟體，則已開放出口。

(四) 推動標準化

美國制定有產品責任法，重視市場導向之標準化發展。技術規則多係根據國際規範或民營機構開發之標準而訂定，至是否符合標準則由國內外檢驗公司加以評估。少數存在需在邊境作是否符合環境要求標準之檢測。如流刺網捕獲鮪魚之方法等。

(五) 保護智慧財

美國以憲法爲依據，發展能執行之智慧財產權保護制度。根據美國URAA延展保護期限。並且對於已經過保護期間而成爲美國公共財之文學作品亦加以保護。所有權人得防止他人以平行輸入方法進口享有專利權或著作權商品，惟反托拉斯法在此方面並不鼓勵此種不合理行爲。[6]

二、暫時性措施方面

URAA在反傾銷、平衡稅、有關損害計算、防衛措施，以及因侵害智慧財產權取得進口禁令之程序方面，均作甚多重要改變。旨在使盟國生產商得因不公平競爭或進口激增而獲得保護。

(一) 301條款案件

根據WTO秘書處之研究報告指出，美國有關301條款之報復案件，對於對手國已係WTO會員國而言，目前幾乎已依照多邊爭端解決程序處理，以示對國際

---

[6] 根據報導，1998年全球軟體侵權損失達110億美元，美國公司以微軟公司損失最重，其次爲美國公司在中國、日本及德國之生產商。美國工商協會建議美國國會立法嚴處侵權廠商，加重處罰，軟體商業聯盟總裁霍萊曼（Robert Holleyman）表示，顯然需要加強教育工作及有效執行。在侵害軟體案件中，以越南、中國、印尼及俄羅斯爲侵害比率最高之國家，10家軟體公司有九家以上涉及侵權，另東歐國家之軟體侵權比率約在76%，亦是侵權嚴重地區。參見Taiwan News（1999.5.27），版14。

規範之尊重，並履行身爲WTO會員國之義務。此爲中國、日本、歐盟及加拿大等重要貿易夥伴所樂見。依照美國1988年「綜合貿易及競爭力法」第七章規定，違反超級301條款、特別301條款案件，以及1988年「電信交易法」（Telecommunications Trade Act of 1988）1374條款、1377條款，均得發動調查。[7]

　　WTO協定生效後二年期間，美國曾提起16件301條款之調查，並對先前二件調查案作成決定；適用制裁規定者僅有一件，乃對中國因未善盡保護智慧財產權而起。1996年間美國所發動七件301案件及先前二件調查案，即與歐盟之香蕉貿易案及與日本之照相軟片案，均交付依WTO爭端解決程序處理。

(二) 反傾銷及平衡稅案件

　　依WTO資訊，美國所發動反傾銷及平衡稅調查案件有急速下降趨勢，據稱可能與美國持續性經濟復甦有關。在1995年至1996年間，計進行三件防衛措施之調查案，其中僅一案經裁定認爲進口對國內產業造成損害。至基於侵害智慧財產權而禁止進口在1992年有51件，1994年降爲46件，1995年再升爲49件。

三、部門政策

(一) 農業

　　美國農產品所占該國出口之比重，每每隨國際市場需求之強弱而有起伏，當國際市場價格上揚時，可能占較大比重，例如在1992年時，國際農產品價格看漲，當年美國農產品出口占出口值達30%，而近年來則保持占出口值11%左右。在有利環境下，WTO及NAFTA二項協定有關農業規定，美國可謂均已依照執行。而1996年美國「聯邦農業改良法」（Federal Agricultural Improvement Act, FAIR）制定，將農產品之「國內價格支持」（domestic price support）轉變成爲「直接所得補助」（direct income support），對農業支持之總體水準已下降。

　　當世界農產品價格上漲，美國出口補貼下降，達低於對WTO所作承諾，而FAIR亦在消除若干出口補貼。如同其他WTO會員國一般，美國配額限制（quantitative restrictions）關稅化（tariffication）時常隱含有禁止稅之水準。「配額內關稅」（in-quota tariffs）之最惠國待遇進口，其平均關稅約爲10%，遠較「配額

---

[7] 美國柯林頓總統於1999年4月1日簽署行政命令，正式授權美國貿易代表署（United States Trade Representative, USTR）恢復實施超級301條款，並對外國政府採購政策進行年度檢討，被認定在採購政策對美國有歧視性待遇之國家，將面臨301條款之威脅。超級301條款之威力強大，以往南韓、日本均曾在此條款下被迫打開市場，未來中國被列入黑名單，將與美國經由諮商解決，諮商未果，美國得對中國採取提高關稅100%之報復性措施，惟因有許多臺商在中國投資，據稱目前經濟部正高度注意美國超級301條款對兩岸之影響。美國此一重新授權之超級301條款，自1999年起實施三年，至2001年止。

外關稅」（out-of-quota）約課徵50%者為低。惟仍較美國平均關稅率為6.3%者為高。不過，在美國有關「關稅配額」（tariff quota）通常較少使用，與同屬WTO會員國之開發中國家者有差異。

　　WTO有關檢驗及檢疫（sanitary and phytosanitary, SPS）措施對於美國農產品貿易有立即影響之效果。美國現已調整國內自烏拉圭進口肉類產品之SPS措施，並且考慮改自阿根廷進口。美國農業部曾召集會議，聽取各方對選擇若干主要SPS限制加以放寬之評論意見。另方面，主管當局以為SPS限制乃美國出口之重要障礙，曾要求WTO五度諮商四項措施，其中一項在諮商中已解決，並且成立專家小組、SPS措施據稱亦係美國與非WTO會員國間貿易關係之重要關切點。

　　1996年之FAIR取代藉由國內支持給付所採取大部分指定產品給付及保證價格，使與生產及公畝數脫鉤，且已連續七年下降，總支付金額達356億美元。主要農作物包括小麥、玉米、蜀黍、大麥、燕麥、高地棉花及稻米。除蔬菜及水果之外，農民得自由轉作其他作物，但已種植此種農作物有年者，得不受限制。

(二) 製造業

　　美國自1992年以後，製造業產值超過GDP成長率，乃因1992年至1995年間生產力增加超過3%。工業產品出口在1995年比1992年增加32%，外人在美國直接投資於製造業仍占重要地位。紡織品及成衣生產，除在美國本土生產外，從事委外加工，包括在墨西哥、加勒比海及中美洲生產。如能投入密集資本，得以獲得較大利益。紡織品及成衣進口關稅較一般工業產品高，美國依據WTO紡織品及成衣協定（Agreement on Textiles and Clothing, ATC）對自特定國家之進口實施進口配額，WTO會員國中計有25個開發中國家遭受美國採取配額限制。依ATC之要求，對WTO會員國應給予配額成長率，上述原產地規則改變，可能影響配額履行之型態。

　　工業產品進口課徵有關稅者，固不限於紡織品及成衣，少數貨品項目如卡車，其關稅稅率已創歷史新低，且關稅比一般國際水準低。在若干領域，包括藥品及半導體，美國承諾消除關稅。半導體亦係委外加工之重要項目。有關數量限制之貿易措施，如美國要求貿易夥伴所採取之VERs在WTO生效後即已消除。

　　美國與日本所簽訂之新汽車協定，對美國汽車出口已不設定數量限額目標（quantitative targets），惟對各種不同之數量承諾（quantitative commitments），提供雙邊監視（bilateral monitoring）。美國與韓國締結有瞭解備忘錄（memo-randum of understanding），尋求依最惠國待遇基礎，自由進入韓國汽車市場。又與日本所締結半導體合作協定，重新肯定市場原則，建立對政府承諾消除關稅與

企業公會間之諮商架構。符合技術規則之成本，在藥品方面較高，而汽車及其他製造品之成本則在提高之中。外國供應商之認證及檢測機構，已得到較多重視。美國聯邦當局支持雙邊協定，導致符合評估測試之國際認證標準。

(三) 服務貿易業

1995年私人服務約占美國GDP之66%及就業率之65%。如上所述，生產力之增加為整體美國生產成長及提高生活水準之一項決定因素。近年來在電信、金融及專業服務部門之發展，其生產力成長願景看好。在海運服務方面保護政策繼續實施，而空運部分則根據「開放天空協定」（Open Skies Agreements），基於雙邊互惠而逐步邁向自由化。

環境保護涉及管制問題，部分並不適用國民待遇及最惠國待遇。法律所以容許得有部分不適用，俾主管當局有權對外國供應商、投資人或所有人適用不同待遇，或為有條件禁止，或為絕對禁止。此種情形在電信、金融與海運服務等部門亦發生。惟依1996年通過之法案，將開放電信、廣播、電視網路，俾作更大競爭。此外，美國與日本締結有關保險及其他金融服務之雙邊協定，雙方均適用最惠國待遇，對WTO各會員國亦適用。

肆、日本對外經濟關係展望

一、多邊協定關係

日本為各項WTO多邊貿易協定及複邊政府採購協定之原始簽約國。日本對各會員國提供最惠國待遇。但有六個國家例外，即(一)阿爾巴尼亞；(二)赤道幾內亞；(三)黎巴嫩；(四)尼泊爾；(五)北韓；(六)越南。其中與美國採取同一步驟未提供最惠國待遇者為北韓與越南，至其餘四國，日本與美國並不一致。日本政府各項施政均在尋求能夠符合本國利益之對外政策。該國參與WTO基本電信談判、資訊科技產品貿易宣言（即所謂ITA）及金融服務談判。並參與WTO貿易與投資、貿易與競爭政策之工作小組。因其為OECD之會員國，乃參加該組織所締結之MAI。

日本政府前此在其提交WTO之「貿易政策檢討報告」中明白指出，該國已忠實履行烏拉圭回合談判之結果。其具體事證，列舉如下：

(一) 依烏拉圭回合談判結果，日本工業產品平均關稅稅率降至1.5%，林業產

品降至1%，漁業產品降至4.1%，農業產品降至9.3%；整體而言，非農業產品平均關稅稅率降至1.7%水準，為世界最低關稅之一。

(二) 1996年WTO新加坡部長會議達成ITA，該國表示已於1997年7月執行第一批關稅減讓，到2000年，日本消除此種資訊科技產品之關稅，有關藥品之關稅消除計畫，日本依據1997年7月檢討結果，擴大適用之關稅項目，約達400種之多。

(三) 有關特別關稅，如課徵反傾銷稅等，則加以修正，以符合烏拉圭回合協定。

(四) 在農產品市場開放方面，日本所採取之措施，包括：

1. 自1995年4月1日起，日本開始執行關稅減讓，以符合減讓表之規定。

2. 為符合減讓表所列舉之市場開放承諾，日本已引進關稅配額，並且依「關稅化」，建立目前之市場開放機會。

3. 現已建立稻米最低度市場開放機會，以符合農業協定附件五之規定。

為執行上列各項措施，日本國會通過修正相關國內法，包括修正關稅法、暫行關稅措施法、牛乳生產商賠償暫行法及蠶繭及原絲價格穩定法等。此外，另制頒供需穩定法及重要食品價格法。日本整體農產品之「綜合支持措施」（Aggregate Measures Support, AMS）其1995年之國內支持低於1995年減讓表所作承諾水準，主要乃由於行政費用之降低及其他因素所致。自1995年1月1日起，林業及漁業產品關稅減讓，以符合林業及漁業產品關稅減讓表之規定。

在貿易服務業方面，日本在烏拉圭回合談判及後來進行之談判中，均扮演頗為重要之角色。日本政府依烏拉圭回合談判之結論，提出一份開放程度頗高之清單，並無任何最惠國待遇之例外。開放表列有155項，其中100項作特別承諾。所包括之重要服務業包括商業服務、電訊服務、建築及相關之工程服務，經銷服務、金融服務及運輸服務。

烏拉圭回合結束後所進行之談判，尤其有關基本電信、金融服務及海運服務之談判，日本政府均事先提出要求，以利進行談判。有關基本電信服務談判，日本政府承諾消除外人投資限制，使能夠成功達成協議。日本政府對於金融服務業談判亦至表關切，曾提出開放程度頗大之承諾，並配合修改日本「外匯貿易管理法」。烏拉圭回合談判結束，日本配合修正智慧財產權之相關法令。專利法及著作權法均配合修正，以符合TRIPS。包括對屬於WTO會員國延長專利期限或延伸鄰接權（neighboring rights）之保護等。

WTO成立之後，日本正式依該架構下爭端解決程序提出四個案件，以尋求

相互滿意之結果如下：[8]

　　1. 美日間有關汽車及汽車零件之爭議。

　　2. 巴西對汽車投資所採取之限制措施。

　　3. 印尼所採取影響汽車產業之措施。

　　4. 影響美國地方政府採購之措施。

　　此外，日本亦曾以第三者之身分參與會員國間之爭端，如歐盟有關各種淺底鍋；歐盟香蕉貿易制度；匈牙利對農產品之出口補貼；美國對蝦類禁止進口；歐盟對若干電腦裝備之關稅分類；美國影響紡織品及成衣所採取之措施；美國對自韓國進口電視課徵反傾銷稅；印度對進口產品設定配額限制等。

二、區域及雙邊協定關係

　　日本乃主要貿易國家之一，經由雙邊諮商或區域計畫，如APEC及歐亞會議（Asia-Europe Meeting, ASEM）等途徑而與主要貿易夥伴維持相當密切關係。日本與其他亞洲鄰邦在經濟上具有互補互利關係，日本相信為確保開發中國家之永續發展，並使亞洲國家之貿易進一步自由化，強化金融及資本市場甚為重要。藉由工業結構及發展基礎結構之現代化，以強化經濟發展之基礎。近年泰國發生金融危機，日本應允提供大量經費救濟，已由若干亞洲國家及國際或區域開發銀行從旁協助，國際貨幣基金（International Monetary Fund, IMF）在協調過程中扮演重要角色。從此一事例，顯示日本預備與亞洲鄰邦國家合作，經由各種途徑，以達成此一地區之永續發展。

(一) APEC

　　日本深信經由論壇方式，如APEC促進與亞太地區經濟體合作之經濟關係，可以加速此一地區開放之區域經濟體之形成。從而，得刺激世界貿易之成長，而有助於全球經濟之發展。

　　APEC於1996年通過「馬尼拉行動計畫」，標榜APEC活動進入新行動階段。日本之「個別行動計畫」（Individual Action Plan, IAP）乃係依據1995年之大阪行動宣言所採取完整方案之行動，而大阪行動計畫則旨在執行1994年之茂物宣言。日本重視IAP之執行，積極與其他會員國進行諮商，其結果使IAP作最大

8　日本積極介入WTO爭端解決程序，既為原告亦常為被告。依WTO秘書處報告指出，截至1998年1月，日本要求諮商者有四個案件，而接受指控者有八個案件，另有六個案件係以第三者地位參與。有關酒精飲料稅（alcoholic beverage taxation）一案，WTO專家小組之建議，獲得上訴審（appellate body）確認，日本主管機關表達執行該一建議之意願由當事國進行諮商。*See* Trade Policy Review Body, "Japan, Report by the Secretariat-Summary Observations," *World Trade and Arbitration Materials* (April 1998), 10(2): 7-32.

程度之發揮。據稱，日本將繼續改善IAP，將建立一機動執行IAP機制，同時將民營企業之利益列入考慮，使其成爲日本及其他會員國貿易與投資自由化之最大受益者。

(二) ASEM

歐亞會議（ASEM）係於1996年3月舉行首次會議而成立。在該會議架構之下，涉及貿易政策問題之處理。依該會議設有貿易與投資之資深官員會議（Senior officials' Meeting on Trade and Investment, SOMIT）。貿易、投資及海關職官級會議每年定期舉行二次，1997年9月曾舉行財政部長會議及經濟部長會議。

會員國支持「投資促進行動計畫」（Investment Promotion Action Plan, IPAP），經濟部長會議之「貿易促進行動計畫」（Trade Facilitation Action Plan, TFAP），此等計畫在第2屆ASEM通過。商業論壇及商業會議均曾舉行，用以促進各個商業部門之交流。

(三) 美日貿易關係

美國與日本貿易逆差大幅縮減之結果，以往常發生美日貿易摩擦或關係緊張已有所改善，部分乃因美國出口到日本成長之結果，另部分則因在汽車及汽車零組件、半導體產品及保險服務等個別之貿易爭端獲得解決之結果。

近年日本對美國之貿易順差復有增加趨勢，美國方面已表示關切，據指出乃因國經濟穩定成長及日圓貶值所致。就日本政府之觀點，由於日本經濟持續性結構改變，如增加製造產品之進口，日本製造業海外生產比重增加，儘管短期內或有變動，就中期而言，日本貿易平衡似乎無法大幅增加。從全球觀點，貿易平衡甚爲重要，日本政府承諾促進進一步結構改革，包括解除管制，刺激內需以促使經濟成長。

特定部門之諮商已經舉行，包括各種不同議題，如汽車、汽車零組件、半導體及保險。[9]諮商結果適用最惠國待遇原則，即平等適用於各會員國。

9　美國USTR於1999年3月底向國會提出的「1999年外國貿易障礙年度報告」指出，雖然日本經濟省表示日本鋼鐵輸美已經減少，但要改善美日間存在之危機，必須更爲積極。該報告對日本鋼鐵輸美表達強烈不滿，強調將繼續密切注意日本鋼鐵業界違反競爭之活動徵兆，加強監視。在稻米關稅化問題，美國稻米對日出口環境惡化時，美國政府爲抗衡日本對稻米之進口課徵關稅，將保留所有可供選擇之權利，計畫加強監視稻米對日出口是否減退。至於在保險領域，該報告指出日本在核准保險新商品、保險費率過程中，欠缺透明性，強調美日保險協議之實施狀況有待改善。另有關玻璃板市場，日本大型廠商之行銷網掌控具有排他性，要求日本進一步開放市場。USTR該一年度報告係按國家別指出美國貿易夥伴在貿易層面上之問題點，諸如貿易設限、障礙等，而於每年春季向國會提出，作爲該年美國政府貿易政策之指針。

(四) 歐日經濟關係

日本與歐盟進行各種不同層次之定期會議，並交換各自經濟情勢及雙邊貿易與投資問題。如有需要處理特定議題，亦得跨部門進行諮商。其諮商結果均適用最惠國待遇原則。有關日本與歐盟之合作方案，通常需密集對話，俾有助於具有正面發展。例如，近年來歐日貿易不平衡之改善，以及以無爭議態度處理各種雙邊之貿易爭端。

日本與歐盟在歐日貿易統計專家會議（EU-Japan Experts Meeting on Trade Statistics）及歐日經銷專家對話（EU-Japan Experts Dialogue on Distribution）架構之下，共同作統計或其他客觀資料之研究，相互取得有價值之客觀分析資訊。

歐盟與中東歐國家（Central and Eastern European Countries），締結有歐洲協定，並藉締結歐洲—地中海國家協定，而將協約國地位延伸及於部分地中海貿易夥伴。日本曾向歐洲表示對此一事件之興趣與關切。在此同時，中東歐國家亦採取若干措施，對歐盟提供優惠待遇，對於第三國之利益，可能有負面影響。

日本曾向歐盟表示，日本希望歐盟之「經濟與貨幣聯盟」（Economic and Monetary Union, EMU）第三階段之調整過程能夠順利進利，並且就發行單一貨幣之「歐元」（Euro），對世界經濟之重大影響，併予考慮。

伍、日本貿易政策體制特徵

自1995年以來，日本國內進行四大重要改革：一、經濟結構改革（詳見後面說明）；二、金融制度改革：目標在使東京發展成為媲美紐約、倫敦之國際金融市場；[10]三、預算結構改革：目標在使全國及地方預算赤字對GDP之比重，下降至3%或更低；四、強化競爭政策：目標在謀求確保日本公正交易委員會對反獨占法能更有效執行。

早在1995年12月，日本提出經社結構改革計畫，重要目標有二：一、改正經

---

[10] 我國從事金融制度改革，日本數年前即已進行此一工作，日本認為金融制度必須改革，以確保1,200兆日圓住宅金融資產之回收，下個世紀新興企業已逐漸浮現。資金可能流向其他國家。日本完整金融改革，包括大幅解除管制措施，保障市場透明及可信賴之措施，以期使市場機制功能發揮，達到資源作最有效分配之目的。經由此一改革，日本尋求增加金融市場之功能，以避免造成可能之掏空，有鑑於此，日本認為日圓作為國際貨幣之一之地位，必須加以強化。日本金融制度改革，目的在使金融商品消費者受益，其計畫重點包括：1.擴大投資者與引進投資者之選擇機會；2.改善媒體服務，並且促進彼此間之競爭；3.發展更具效用之市場；4.建立可靠架構及公平、透明交易之規則。

濟之高成本結構；二、發展產業線（lines of industry），以爲未來高成長預作鋪路。日本經濟委員會爲內閣顧問機構，在1996年12月向閣僚會議提出執行改革計畫之重要報告。

　　經濟委員會於1996年7月開始審議如何促進結構改革方案，愼重篩選：一、尖端電訊；二、物流系統；三、金融制度；四、土地及住宅；五、就業與勞工；六、醫藥照顧及福利等領域之開放措施。此等領域之結構改革相當緊急，期能產生重大之經濟效果。並於同年12月向首相提出長遠改革建議，輯印成冊，稱爲六大領域結構改革報告。

　　1996年11月，日本宣布採取斷然措施及執行六大改革之整合方案，包括經濟結構改革在內。所以作此決定乃因鑑於日本工業正面臨改變，且日本人口逐漸高齡化，造成經濟成長和緩之結果。爲資回應，1996年12月日本閣僚會議通過「經濟結構改革計畫」之決策，並在1997年5月通過經濟結構改革行動計畫，以復甦日本經濟爲目標。依此，日本政府採取完善措施，創造有利新商業活動之環境，吸引國內外公司之投資。所採取系列開放措施，諸如能源供應、資訊及電信及公債負擔之限制等，均特別有助於降低日本之高成本結構。此一日本經驗，頗值得我國參考。

　　1997年3月，日本政府修正開放行動計畫，以回應政策要求。同年7月通過市場開放問題之政策行動，以便採取必要行動改善市場開放，此爲經濟結構改革之一部分。根據經濟計畫機構之評估顯示，從事經濟結構改革之結果，日本GDP每年將增加成長率0.9%，日本經濟省表示，到2001年因開放，GDP將可增加6%。

　　日本經濟政策旨在經由結構改革，解除管制及擴大內需以爲導向，而不在出口擴張。爲強化市場機制，解除管制行動計畫，自1995年3月首度宣布，每年均作修正，旨在尋求釐清及減少政府管制範圍，尤其有關金融服務、電信和國內運輸部門、大部分農業、營繕和國際運輸則屬例外，現亦有向解除管制移動跡象。

　　1995年至1996年間，日本將原屬蘇聯之14個國家列爲享有「普遍化優惠關稅」之範圍。日本跟美國及歐盟不同，並無所謂「畢業條款」，迄今未有開發中國家自享有普遍化優惠關稅計畫中畢業，僅在1997年時曾對太平洋島嶼之託管地區將託管結束，乃自普遍化優惠關稅表中刪除而已。惟現醞釀對已達開發國家程度者，亦將自表中刪除。

一、長期性及暫時性措施方面

(一) 關稅

根據WTO秘書處之研究報告指出，近數年來，日本關稅結構並未有重大改變。1997年時平均關稅稅率為9.4%，其有關稅項目約有六成稅率為5%或更低。最高稅率（tariff peaks）則見諸於農業、食品製造、紡織品及鞋類，若干蔬菜產品如蒟蒻（konnyaku tubers）有高達920%者（從價等於從量稅率），若干產品則有相當幅度之關稅級距（tariff escalation），主要發生於成品與半成品之間，特別是食品加工及原油提煉產品。

1997年間，調和關稅制度第二十五章至第九十七章所列工業產品之平均關稅稅率為4.9%。各種關稅削減，自動或依據所締結協定消除適用關稅，包括若干化學產品、紡織品及非含鐵金屬品。在1996年度，執行與WTO有關約束關稅（binding of tariffs）之減讓，並且依日本在APEC承諾，計有稅則697項礦產品及工業產製品降低關稅。原先對製造牛排之牛隻、燕麥、高級糖蜜（high-test molasses），甜酒及塔非亞（tafia）所採取之關稅配額制取消。依資訊科技產品貿易宣言，日本主張將超過半數以上（約占57%）資訊產品約束關稅降為0%，事實上，部分此等產品原即享有免稅待遇之優惠。

(二) 進口程序

日本為保持已開發國家之水準，乃改善港口設施，加速通關程序，使貨品通關時間縮短。主管機關表示，將擴大推動電腦化作業，以更加改進通關程序。日本現新增設四個自由貿易區（Foreign Access Zones, FTZ），作進口有關營運集中地，便利及簡化進口貨物之經銷。

(三) 進口限制

總數約有120項關稅項目，HS九位數，包括漁產品，若干木材產品及原油，並未受到約束。且若干項目適用進口配額。稻米、小麥及大麥、乳製品、生絲、鹽、菸草葉，工業酒精及鴉片則仍屬國營貿易。廢止原本針對中國進口絲採取的進口聯合（import cartels），在1996年時改以進口配額制度取代；日本每年均與中國舉行諮商會議。

日本對於先前承諾消除限制計畫，已通知紡織品監督機構，自南韓進口絲織品則採取「海關確認制」（customs confirmation system），蓋日本海關依法受經濟省之指揮，實施較無困難。我國進入WTO之後，日本現所採取之「海關確認制」，似為頗值得效法之作法，惟我國現行體制，經濟部並無直接指揮海關之

權。而僅是配合義務而已，此在程度上有相當大之差別。

(四) 技術性障礙

　　日本要求增加國內技術、衛生規則、標準與國際規範之協調。日本工業標準（Japanese Industrial Standards, JIS）之數目與國際規範接近，自1995年起已增加許多，預計在三年內達到1,000種標準符合國際規範爲目標，對於外國測試，驗證及核准設廠等許可範圍亦已有某種程度之增加。強制性技術規則之執行，在某些情況下執行其他自動標準，特別針對食品、藥品、肥料、電器產品及行使馬路之交通工具等有安全規則之產品。

(五) 政府採購

　　1996年日本制定政府採購施行細則，使1994之行動計畫更加公平及透明。該年日本向國外採購產品價值超過10萬特別提款權（SDR），約占採購金額18%。自1995年以後，比價及議價所占比重已下降，有助於公開招標。

(六) 臨時性措施

　　1995年，日本對來自巴基斯坦之棉紗提出反傾銷調查並課徵反傾銷稅。惟在1996年及1997年檢討時，此等反傾銷稅已降低或消除。該國迄今未採取平衡稅課徵行動或WTO之防衛措施。

(七) 進口及投資促進措施

　　日本進口及投資促進計畫，包括大幅政府獎勵，並未遭遇阻礙。現階段大部分措施以協助現有措施爲主，未作重大結構改變。進口促進措施，包括租稅獎助及財務措施，適用期延至1998年3月止。對內直接投資之促進措施，包括租稅獎勵、財務支持及技術協助，則加以擴大。

(八) 出口限制

　　依WTO規定，日本減少出口限制之數量，惟小汽車輸往歐盟仍採取VERs監督措施，爲目前碩果僅存者，在1999年底消除。自1995年以後，11項出口聯合（export cartels）現已廢止九項。現存之出口聯合與保障品質或智慧財產權有關，或因對手國實施進口獨占之結果，亦在1999年底以前廢止。

(九) 國內市場有關措施

　　日本反獨占法（Anti-Monlpoly Act, AMA）架構下之競爭法已有所修正。AMA免除容許對指定化粧品及上櫃藥品維持零售價，已在1997年取銷。例如允

許聯合行為之數目已顯著減少。改善企業併購（mergers and acquisitions）存在之障礙，被認為是政府之重要目標。一般關切外國進入日本水平整合（企業集團）與垂直整合（系列團體）之通路問題。

(十) 智慧財產權

日本為世界智慧財產權組織（World Intellectual Property Organization, WIPO）創始會員國之一，且為很多重要有關智慧財產權條約之簽字國。其後法律修正，包括減少專利局處理專利案件所需時間，並引進審查後之異議制度。從而，使專利及實用新型平均核准時間，到1995年底降到二年之內完成。為抵制違反智慧財產權通過邊境，1996年修正著作權法時，對侵害人處以標的價額3倍以下之處罰。

二、直接投資方面

根據日本財政省統計，日本對外直接投資在1996年達5兆4,094億日圓，較前一年增加9.1%，而1995年則較1994年增加15.8%。1996年以後，日本對外直接投資金額續有增加。其成長率在1995年曾高達18.2%，而1996年則下降9.7%（約等於1兆3,083億日圓），下降主要由於在中國投資急遽減縮所致，而在前一年則快速增加。對中國之投資以製造業為主，約占70%。1996年對亞洲國家製造業之投資約較上一年減少4.5%，而轉流向北美地區。對於北美地區之投資總額，1996年較1995年增加15.8%，約2兆5,933億日圓，投資到製造業持續成長，每年增加36.4%。

1996年外人直接投資到日本金額達7,707億日圓，較1995年增加108.5%，投資到製造業與非製造業均呈倍數增加，1995年外人直接投資減少，到1996年則大幅增加。從而，使「直接對外投資」與「直接對內投資」之差距，已有緩和之跡象。

三、部門政策

(一) 農業

日本農業生產量仍低，反映農業人口之快速老化及農地平均面積過小。1995年以後，農業自足率下降為42%，1996年農產品約占日本進口商品20%。最高關稅及關稅級距，連同國內加工所作大幅關稅減讓，實施農業支持總體水準仍高於OECD國家之平均水準。日本農業進口成本較高，此為造成日本食品加工業分散在河川沿岸重要原因之一。

　　日本依WTO執行「關稅化要求」（tariffication requirements）之結果，造成從量課稅（specific rates）之大幅增加。如在其他WTO會員國一般，配額之關稅化常隱含有課徵禁止性關稅水準。關稅配額常發生未能充分利用情形，而對未使用配額卻無再分配之制度。日本依據WTO協定對很多產品實施關稅化之後，發動「特別防衛」（special safeguards）措施。目前稻米進口並非依據關稅化，烏拉圭回合所同意日本稻米之特別待遇，到2000年後繼續討論此一問題。

(二) 能源及利用

　　日本主要能源90%以上均仰賴進口，穩定供應成為日本能源政策之重要目標，而各項有關能源之法令旨在鼓勵發揮效能，其結果日本能源價格普遍較其他已開發國家高。後來日本政府採取開放措施，導入若干增加競爭策略，乃政策方向改變之象徵，包括自1996年3月起，石油產品進口自由化，引進競爭，將電力批售使用公司，放寬城市瓦斯公司區域獨占協議限制等。

(三) 製造業

　　製造業約占日本GDP之24%，與其他已開發經濟體相較，比重稍高。1996年較1995年工業產品出口下降7%，日本對外直接投資製造業則繼續增加之中。大部分工業產品之關稅，創歷史新低，為國際低關稅國家之一，有關紡織品、成衣、皮革及皮革製品關稅偏高，則屬例外。1995年美日汽車及汽車零組件諮商結果，日本特別承諾依最惠國待遇基礎，增加開放市場及銷售機會，俾使外國汽車及汽車零組件得以有在日本市場競爭機會。已對若干關鍵零組件解除管制。

　　美國與日本有關半導體新諮商架構已簽署，包括政府與政府間及民間企業相互間均然。1991年美日半導體協議屆期之後，二國政府同意建立政府層次之「全球政府論壇」（Global Government Forum）及民間企業層次之「世界半導體委員會」（World Semiconductor Council）；來自歐盟及韓國之政府及業者均加入此一協議之簽署。[11]

(四) 服務業

　　1996年日本民間服務占GDP之64%及提供就業之68%，常被指為日本服務部門之生產力低於製造部門；服務部門約占GDP三分之二，顯然服務業生產力之成長為日本生活水準之決定因素。尤其輸入型服務如金融服務、電信、運輸生產

---

[11] 根據訊息，我國財政部表明願積極參與「全球政府論壇」及「世界半導體委員會」二個國際性組織，以保障我國半導體產業權利，並且配合修正「海關進口稅則」，將若干電子產品於進口關稅率降低為0%。依照世界半導體委員會進度，此等電子產品稅率應在1999年間減半，在2000年1月起全部降為零關稅。

力能發揮時，可望使其他部門降低成本。服務部門複雜規範與低生產力之密切關聯，已引起關切，在金融、電訊、航空及海上運輸服務等若干領域之立法容許主管機關有高度自由裁量之權限。依照開放原則，日本逐步降低政府干預與管制之傳統依賴，例如逐步消除在很多領域限制競爭之「供需調整」（demand-supply adjustment）規定。

金融服務與電信之發展，如能貫徹實施，具有增加生產力成長之願景。日本於1996年修正「外匯及對外貿易管理法」，為金融服務業進行結構改革措施之一部分，並且使電信更進一步自由化，凡列在解除管制行動計畫表內之其他開放措施均將使此等服務業具有更大之競爭力。

日本與美國締結有關銀行保險之雙邊協定，及其他金融服務業對各WTO會員國均適用最惠國待遇基礎。此等協定之締結連同有關保險及外匯交易之減讓，依WTO金融服務談判，日本均將受拘束。惟日本在航空及海運部分所採取之單邊改革措施，則被視為國內服務業，若干專業服務仍有保護政策存在。

陸、WTO會員國看美日貿易政策

一、美國部分

各會員國對於美國貿易政策體制提出評論者，茲分四個層面說明如下。

(一) 貿易條件與區域貿易協定

會員國贊譽美國穩固之經濟表現，呈現高成長及低通膨。注意及貿易所占美國比重之提高，會員國強調商品、服務、投資市場開放在美國經濟發展與資源分配上扮演關鍵角色。美國市場開放條件之約束亦被認為對全球貿易制度同具重要性。有關金融服務、電信及海運談判，能夠成功達成協定，美國扮演領導角色。

美國近年來進口增加，現金帳亦擴大，一般認為此種進口增加發生在其他已開發市場需要轉弱時期，有助於穩定世界經濟情況。有人擔心美國提高現金帳赤字可能導致新保護主義之壓力。部分會員國評論服務業對美國經濟之重要性，以為此一部門生產力所得對改善生活水準甚為重要。在此方面，會員國注意到美國有自邊境進口服務業提供移轉為自行提供之趨勢，並且質疑是否與該國之投資獎勵措施有關。在檢討期間，會員國認為區域主義並非美國對外貿易拓展之主要動力，與加拿大及墨西哥間貿易增加之同時，與其他貿易夥伴亦同時增加。

　　對於各會員國之建議，美國出席會議代表強調開放市場之重要，認爲有助於確保有效率之生產結構。美國利益來自開放、具有競爭力之國內環境與開放邊境措施之相互配合。美國國內很多人強調經濟之重建，近數年來，調整壓力導致美國愈愈考慮WTO之勞工標準。

　　有關關切美國儲蓄與投資不平衡、貿易與現金帳赤字之關聯性，可能腐蝕對於開放貿易政策之支持部分，美國代表表示，目前貿易赤字所占GDP之比重不及1987年時之半數，且在減少聯邦赤字預算方面亦有相當進展，其與政府預算最直接有關者，美國認爲是儲蓄，其次爲貿易赤字。

　　在服務業方面，美國代表表示很多部門已解除內部管制，並將繼續提高部門生產力，GATS談判成功，對此亦有所助益。美國相信對外投資體制之開放，提供地方商業據點之實際需要，由跨境貿易轉變爲對外投資，較諸政府獎勵投資有用。

　　至於區域貿易協定方面，美國代表表示NAFTA之整體利益遠超過原所預期。NAFTA所創造貿易，似乎較可能發生貿易轉向效果爲多，固爲龐大市場可以支持較大之經濟改革。特別是，較低美國最惠國關稅水準意味NAFTA優惠邊際較小，另近年來美國進口快速成長顯示轉向遠低於成長。

(二) 貿易運作策略

　　會員國注意到美國制定貿易政策在「多邊主義」（multilateralism）、「雙邊主義」（bilateralism）及「單邊主義」（unilateralism）之強烈交互影響。對WTO之承諾，爲美國制定貿易政策之重心，常使用爭端解決條款，即是明證。會員國對於美國繼續使用具有單邊主義色彩之301條款之立法，普遍表示並不滿意。會員國要求美國應依WTO爭端解決機構（Dispute Settlement Body）所通過「傳統汽油再提煉標準」（Standards for reformulated and conventional gasoline）一案，上訴審（Appellate Body）判定美國敗訴後，執行其所應履行之義務。

　　會員國質疑，依WTO協定，國家及地方政府均應履行一定義務，乃要求美國各州州政府之補貼，應履行WTO所規定之通知義務。會員國關切現階段美國並無貿易談判「快速立法」（fast-track）之授權。會員國要求美國代表評估缺少此種授權時之影響如何？

　　美國所締結之諸多雙邊協定，普遍受到會員國之注意。質疑此等協定是否依據最惠國待遇基礎及是否均有通知WTO，日本出席代表表示依據美國「架構協定」（Framework Agreement）所採取之措施，包括美國與日本之政策改變在內，均已依最惠國待遇基礎履行。加拿大代表表示，美國可能以貿易救濟法達

成美加雙邊原木協定。會員國強調雙邊協定之「互惠條款」（reciprocity claus-es），與多邊貿易制度採行「最惠國待遇」條款，根本格格不入，而被視為異數。

諸多會員國代表表示反對以單邊使用貿易政策工具以對付非貿易政策目標（non-trade-policy objectives）。尤其特別提到赫姆斯—巴頓法及伊朗、利比亞貿易制裁法（Iran-Libya Trade Sanctions Act）。對於此等措施是否符合WTO均提出強烈質疑。環境標準適用於進口鮪魚及蝦，其使用域外法權亦遭到批評。部分會員國提出適用GSP制度之非貿易條件之問題。雖然會員國普遍歡迎新電信立法之自由化，若干會員國則注意到對外國服務提供者可能脫離最惠國待遇，而亦包含互惠條款，並且關切美國聯邦通訊委員會（Federal Communication Commission）有關「公益」（public interest）之測試，並提及COMSAT對於主要衛星網之獨占問題。

會員國對於美國在WTO海運談判未提出修正建議，表示失望。注意及適用國內及國際海運服務之各種限制性措施。對美國依國內法採取單邊措施，要求船舶航行時懸掛美國國旗，並對美國解除阿拉斯加州石油出口禁令，均認為違反原先凍結承諾。會員國注意及自然人移動，有關移民之限制，在美國必須先有居所條款之規定。

對於會員國代表所提出質疑，美國出席代表回應強調，好的商品協定必須兼顧雙方，互蒙其利，始能可長可久。如任何會員國不盡義務，而只想「搭便車」（free ridership）並無幫助，需對優先順位先作確認。為確保符合貿易協定，有效執行相當重要。

美國代表以為該國服務貿易談判目標在市場開放及國民待遇方面已與很多國家達成實質承諾。美國雖然早已提出建議，在金融服務及電信方面仍將繼續扮演積極角色。為此，其他會員國亦需提出相當「頭期款」（down-payment），對外國服務業提供機會，並且充分反映「市場開放」（market access）、國民待遇及最惠國待遇諸原則。

美國代表表示，恢復「快速立法」（fast-track）談判授權需要與新國會廣泛諮商，有待形成共識，美國在此方面如有任何進展，願隨時知會各會員國。

(三) 主要貿易措施

按各會員國普遍歡迎美國所實施較低平均關稅稅率，同時亦注意及在若干特定部門之「最高關稅」。各會員國咸認關稅「零對零方案」（zero-for-zero initia-tives）將有助於平均關稅進一步下降。部分會員國對美國海關使用費（customs user fee）費率之提高提出質疑，認為宜以關稅收入取而代之。

　　很多會員國提到美國有關反傾銷及平衡稅立法及對特定案件之適用問題，表示歡迎此類反制案件已有減少，不過質疑有關所謂「公平貿易」（fair trade）之觀念，「本國產業」（domestic industry）之定義、「最低傾銷差額」（de mini-mis）規定之適用、「日落條款」適用之時間表、「反規避措施」之使用，乃至反傾銷與平衡稅措施與競爭政策（competition policy）之關係。尤其特別強調反傾銷與平衡稅措施對於美國經濟與貿易夥伴將付出甚高代價。

　　會員國亦指出原產地規則與標示要求用以處理各種區域貿易協定之優惠待遇方面欠缺一致性，在此方面，美國代表同意對該國財政部提議制定統一原產地規則之進行情況作一簡報。會員國對於美國依據複邊之「政府採購協定」，承諾擴大採購涵蓋範圍及在此領域尋求更大透明化表示贊賞。惟對於美國政府採購市場開放條件則提出許多質疑。購買美國貨（buy-American）及採購美國州產品（buy-State）規定，範圍過廣且不透明，遭受批評。會員國認為政府採購協定不適用於中小企業，向來如此，甚為重要，並且尋求作必要之澄清。此外，會員國關切有關標準與技術規範問題，包括進口鮪魚、蝦子及汽油有關環保過程標準之適用。至於美國制定車輛加權平均能效（Corporate Average Fuel Economy）標準之問題，亦遭受相當嚴詞批評。

　　美國代表回應表示，以往美國致力於整體關稅自由化。此一努力將繼續進行，尤其在新加坡舉行WTO第1屆部長會議，各會員國同意締結ITA，係基於美國之提議，為最重要之成就。美國認為各會員國能夠普遍採取適用廣泛之「約束關稅」相當重要。

　　WTO協定有關反傾銷及平衡稅措施部分，已有諸多改善，應是進步的象徵，美國表示歡迎。現該國國內反傾銷及平衡稅法已配合修正，將使進行程序更加透明化。至於反規避條款與WTO協定與部長會議，亦無抵觸可言。

　　美國代表表示，以往僅有少數國家真正遵守政府採購之紀律。美國現已承諾政府採購之自由化。在新加坡所舉行之政府採購談判，建議朝向透明化，有助於使參加締結GPA之會員國增加。美國政府採購雖有採購美國貨之優惠規定，惟基本上，美國政策可以預測，且為透明，採購協定並不適用於小額交易，其重要性似乎已被過度誇張，美國政府採購法仍維持「國家安全」之例外條款，其他貿易夥伴亦然。該國現有37個州同意適用政府採購協定。

　　美國積極參與WTO有關制定「原產地規則」工作。對此美國政策首在制定一項統一規則及優惠規則之適用，以符合WTO義務。美國代表強調本國與多邊之關聯性，尋求促進貿易與環境問題，曾經參考保護海龜及海豚最新國際公約。

(四) 部門產業問題

會員國歡迎美國擬定FAIR。惟會員國認為若干農產品維持較高平均關稅，此等產品依WTO農業協定對於有數量限制者，已予關稅化。雖然很多農產品進口時採取較低關稅，惟仍適用關稅配額，很多此等配額並未利用，引起貿易夥伴對於配額分配之關切，並提出質疑。會員國對於美國依FAIR法仍繼續適用出口補貼，表示遺憾。而在若干領域擴大適用，並且質疑在某些特定區域實施出口補貼之目標。SPS措施及對此等措施所提建議，亦受到嚴格檢討。

美國執行WTO之ATC承諾，受到相當多關切，會員國以為美國對進口紡織品所課關稅仍偏高。部分會員國對於美國列入第一階段整合之紡織品，並未包括原屬有配額限制之項目，至感失望。根據ATC，消除配額限制分為四個階段，而美國國內之整合方案超過此四個階段，會員國認為是嚴重之倒退。因而被認為違反ATC逐步消除所包括產品配額之精神，而可能抑制外國紡織品及成衣在美國市場之調整過程。紡織品及成衣所適用原產地規則之改變，亦遭受批評，認為有分裂國際貿易既有習慣之虞，而有關ATC防衛條款之使用，被若干會員國認為矯枉過正。

美國代表表示，FAIR促使農產品以市場為導向，超過在烏拉圭回合承諾義務。依該法農產品價格及生產補貼及關稅配額已大幅下降。國際市場條件將決定美國適用出口補貼之程度，世界貿易自由化乃係最後消除或暫時保留出口補貼之關鍵。

美國代表表示，紡織品及成衣為美國經濟最為敏感項目，特別是成衣，因僱用人數多，如不景氣勞工很容易受到傷害。美國市場為全世界最大市場，有甚高之進口穿透力。美國已盡最大努力，以履行談判義務，紡織品應在ATC所規定期限內消除配額限制。至今未有違反承諾，將繼續履行此一承諾。該國已宣布之階段性調和開放計畫，與其他貿易夥伴之利益有關，如欲變更，需要考慮貿易夥伴之意願問題，配合作努力。並表示，該國已通知在整個轉型期各項產品之整合計畫，超過ATC所要求者，俾確保美國及其貿易夥伴在美國市場之穩定。

就整體而言，WTO會員國注意美國經濟以往二年來之各種正面發展，包括貿易數量及所占比重之大幅增加。會員國特別歡迎美國制定「烏拉圭回合協定法」，屬於複邊政府採購協定之生效實施，在農業、電信方面之大幅改革，以及減少運用反傾銷措施等，會員國仍繼續關切若干問題。普遍認為美國雖然承諾履行多邊主義之既定義務，並積極運用WTO爭端解決程序，惟證據顯示，迄今美國仍常採取單邊行動。繼續強調嚴格之雙邊互惠，顯然與原已承諾之多邊主義無

法相容。很多會員國批評域外法權效力之條款。[12]

　　會員國深深以為美國依循世界貿易制度運作及保持平衡作用之重要，尋求有關對貿易救濟限制之再確認。最重要者，會員國關切確保美國符合多邊主義，並且堅定支持多邊主義，基於長期承諾，乃有能力抗拒可能發生之壓力。

二、日本部分

　　WTO會員國對於日本現行政策提出評論者，茲分三個層面說明如下：

(一) 總體經濟及結構改革

　　會員國代表強調日本在全球及區域經濟扮演重要角色，包括此次東亞若干國家所經歷之經濟危機在內。會員國歡迎日本針對擴大內需所採取之若干措施。惟仍表示懷疑此等措施是否足夠，能否迅速產生效果，以因應當前日本所面臨之經濟問題。鑑於目前發展情勢，部分會員國代表質問官方經濟成長率之預測是否應該向下修正。

　　會員國代表強調日本需要刺激內需，而非依賴出口，以恢復成長。部分代表關切最近經常帳及貿易順差之擴大。與會人士讚賞日本目前在解除管制及結構改革之進展及發表新計畫，取代原來開放措施行動計畫，因而要求日本提供新計畫之補充資訊。部分代表注意及若干部門仍維持相當管制，如農業、食品加工業、營繕、運輸、電信、金融業及經銷，乃促請擴大解除管制範圍及加速改革步調。另有部分代表歡迎日本與外國政府開放措施作比較，並提供評論之機會。會員國提出有關日本公正交易委員會執行競爭政策問題，促請日本強化其競爭政策體制，並且提到日本對外向投資與內向投資如何謀求平衡之前景問題。

　　為資回應，日本代表表示，最近日本租稅下降而使經濟成長增加約0.2%，從而消費亦有所增加。進行結構改革之後，1998年至2003年間，每年預定可以增加0.9%，經由解除管制與降低價格，致力於刺激內需，成果相當豐碩。亞洲金融危機對日本出口有負面影響，直接或間接改變競爭力，刺激自亞洲國家進口。

---

[12] 例如，瑞士對於美國外貿體制評價甚高。瑞士認為美國貿易政策建立在崇高理想及客觀基礎之上，崇尚法治，尊重市場機能，容許商品與服務得以自由流通，並對政府採取干預措施予以限制等，均為重要特徵。美國為改善國際間之貿易關係，視GATT為一重要體制，瑞士期盼美國應以長期利益為著眼，領導各締約國邁向共同目標。美國貿易政策運作時，因有關貿易法提供相當大彈性並賦予行政裁量權，有時難免不盡符合GATT規範，對於美國採取單邊行動之適法性問題，瑞士提出三項基本論點：1.由何者決定一個規則確較另一規則為優越？2.採取單邊措施之準則（criteria）為何？3.一個國家如何能自行制定規則，強制他國遵守？此三項論點，強而有力，頗可供美國及受到301條款（包括特別301條款在內）威脅之國家深思此一嚴肅而權益攸關之課題。瑞士對美國外貿體制關切問題，諸如：嚴重貿易失衡；多邊、雙邊與區域關係貿易政策承諾；特定貿易工具如301條款及政府採購等。瑞士認為以美國為世界主要貿易大國之地位，即使僅是權宜臨時性措施，亦不宜轉向雙邊或單邊主義發展。

日本可能降低在亞洲國家之投資，使國內消費與投資與出口取得平衡。

解除管制具有刺激經濟效果，而此等努力仍將持續。至結構改革之具體實例包括進口汽油之自由化，經銷與運輸需求及供應條件之消除，乃至解除外匯管制。農業、營繕工程與國際運輸並未排除在此項計畫之外。

日本行政改革委員會之工作計畫已告完成，政府已成立專門機構以促進新一階段之開放效果，已提出新三年解除管制計畫，包括各個行政領域，並且歡迎各界提出有關建言。[13]日本代表強調很多反獨占法之例外規定已廢除，剩餘者已於1998年3月加以檢討。為避免景氣衰退之例外條款及聯合行為之放寬措施在1997年12月已廢除。日本公正交易委員會與檢察官密切合作，經由行政決定及刑事處罰以執行法律。值得注意者，行政指導並不能取代反競爭規範，且貿易公會並不主張限制措施。

(二) 對外貿易政策

會員團歡迎日本強調貿易關係之多邊主義，對日本在WTO形成過程之貢獻表示欽佩。強調日本對外貿易幾乎以最惠國待遇之基礎，避免參與優惠貿易協定，保證簽訂雙邊貿易協定亦能完全適用最惠國待遇之基礎。

會員國注意到日本農產品之平均關稅高於工業產品，農產品、加工食品、紡織、皮革和鞋類產品之「最高關稅」，以及關稅級距之問題。部分會員國提及「關稅配額」之相關問題，如配額外關稅之最高稅率若干；缺乏未使用關稅配額收回再分配之機制；若干產品之進口配額；海關通關時效；日本原產地標示之使用。

會員國歡迎日本力求標準走向國際化，包括依據標準嚴格執行，通過新相互認證協定等。對於隔離檢疫程序，以增加透明性，並修正若干日本農產品標準，亦有興趣。其他尚及，檢驗與檢疫條件之複雜程序及收費；水果及蔬菜各種不同之特定檢驗程序；冷凍食品之限制性標準等，亦表關切。會員國期待日本能修正現行「食品衛生法」。

部分會員國認為日本之進口與投資促進計畫並不能適切反映投資與租稅獎勵障礙，依進口促進計畫將有利於自已開發國家工業產品之進口。會員國提到提供外國出口商設立自由貿易區之利益。會員國提及日本國營貿易之範圍，有關政府採購程序之透明化及自由化之情況。會員國注意到專利審查期限之縮短及進一步

13　日本政府於1999年4月15日確立精簡中央政府部會新名稱，送交國會審議通過後開始實施，原有1府21省廳，減至1府12省廳，自2001年實施。

行動。會員國要求提供建議修正營業祕密有關民事程序法之資訊。會員國關切日本GSP方案之產品範圍，對於低度開發國家之貿易政策，包括所舉行高階層會議之情況。

日本代表感謝與會人士肯定日本在多邊貿易制度對最惠國待遇原則之承諾，在可預見之未來仍將信守此一承諾。區域貿易協定對於貿易自由化雖有幫助，但對於最惠國待遇原則卻有潛在腐蝕之危險。日本每年對關稅稅率依外國及本國人（包括法人在內）之要求而作檢討。海關通關時限問題，因各國不同進口制度，無法相提並論，惟仍將繼續謀求改善，以免延宕。例如，對於空運貨物採取立刻通關制度，自歐盟及澳洲進口切花平均在1.8小時即可通關。

在技術性貿易障礙（Technical Barriers to Trade, TBT）方面，日本在1997年決定檢討流程，以便利進口。現已擬定執行原則送交國會完成立法，鼓勵採用國際標準。日本代表提供標準之詳細資料，包括有關JIS及JAS在內。日本現已考慮將承認外國之認證機構。

日本工業產品進口所占GDP之比重上升。可見進口促進計畫已有效運作。其基本目標並不在於獎勵，解除管制及承認外國標準均屬進口促進措施。促進進口租稅減讓制度延長至1999年，對各國提供最惠國待遇待遇，並便利出口免稅項目，而非對工業國家進口給予優惠。自自由貿易區進口成長快速，自由貿易區之基礎結構適用於自各地區之進口。

日本代表表示，整體而言，該國開放外商參與政府採購者，包括各種不同產品，較其他主要貿易夥伴多。此外，日本所履行之義務已超過GPA所規定者。有關智慧財產權方面，日本致力於縮短核准專利、商標及新式樣之審查時間，有關行政程序亦儘量簡化。

日本所提供GSP制度，包含產品範圍廣泛，據稱現有意加以簡化運用。此一制度提供低度開發國家特別優惠。GSP制度現正進行檢討，對於已達到高度發展階段之經濟體將不再列入優惠國家名單，至於低度開發國家則享有更優惠待遇，使國際資源作更有效運用。

(三) 部門產業問題

部分會員國關切日本農產品保護、支持水準及未來可能之政策選擇，包括下一回合之自由化談判。提出之問題，諸如：農產品檢驗、發證要求及豬肉貿易之管制等所存在之障礙，稻米即時買賣（simultaneous-buy-sell, SBS）制度、漁類產品仍採進口配額及黃銅製水盆採進口聯合，是否符合WTO規範之問題。以為日本農業政策並不符合政府安全存糧目標。乃建議日本有迫切需要檢討該國之

「農業基本法」。

　　會員國歡迎日本對於WTO金融服務及基本電信談判之貢獻。惟關切若干服務部門生產力偏低及開放問題，部分服務部門規範複雜及較低競爭力問題。特別關切營繕、金融、法律、會計及經銷部門。會員國尋求評估日本金融部門在貿易政策扮演較弱角色之結果。乃提到金融部門透明化及開放問題，包括發行公債等。會員國要求執行重大（big-bang）計畫之評估，尤其有關現階段之區域發展問題。

　　對於各項部門產業問題，日本代表綜合答覆如下：

1. 農產品部分

　　有關稻米，日本認為已忠實履行烏拉圭回合協定，特別是設定最低開放進口稻米價格，約低於國內稻米價格二成，促進稻米在日本市場之消費。有關未使用關稅配額之管理，在1997年以後已有改善，容許未使用配額在以後期間使用。並且提及發動特別防衛乃係以過去三年進口量為基礎。就日本觀點認為符合WTO之農業協定。漁類進口配額旨在防止周遭海域資源之耗竭，就日本觀點，認為符合GATT第11條第2項第1款之精神。

2. 工業產品部分

　　日本已在1978年消除汽車關稅，近年來進口量已有大幅增加。政府並未干預交易協定。日本代表允諾提供有關維他命、草藥及礦產品再分類之資訊，對日本關稅分類並無影響。對於鞋類及皮革設定關稅配額，乃因此部分產業有實際困難。絲織品採取事前確認制，在於確保忠實履行雙邊協定，而非在限制進口，此一措施在2004年取消。

3. 服務業部分

　　日本代表表示，服務業中如經銷有低生產力問題。服務業與製造業呈現不同生產水準，與其他國家並無重大差異。日本開放行動計畫在尋求促進服務業之透明化及簡化行政程序、通知或報告要求。近年來，日本在電信、營繕、法律及有關金融服務各領域之外國服務業提供者已有所增加。在電信及廣播各領域之自由化措施，包括將廢棄100目的地規則（100 destination rule），改善海底電纜提供者之自由交換，修正費率及外國人投資之自由化。在WTO架構下，貿易政策檢討（trade policy review）會議主席認為在日本及世界經濟相當艱困時刻，舉行此一檢討會議，意義相當重大。在此為期二日之會議中，對日本經濟及貿易政策均

有相當建設性的討論。[14]很多會員國強調市場開放及解除管制之重要性，日本在協助及解決亞洲金融危機所擔負之任務。

　　日本政府推動結構改革、解除管制及市場激勵三部曲，導致更加開放之市場，爲環繞貿易政策檢討討論之共同課題。早期，日本經濟爲世界貿易與投資之重要動力，而貿易政策檢討機構（Trade Policy Review Body, TPRB）已清楚表達希望日本經由經濟復甦及解除管制之正面影響，再度有效履行任務。

柒、結論

一、世界貿易制度之礎石或條件

　　一個公開及可預測之世界貿易制度，對於美國及日本經濟之穩定，甚爲重要。而一個公開及可預測之美國及日本經濟，對於世界貿易制度之健全，亦甚重要。

　　美國URAA引起部分貿易夥伴之關切，對諸多開發中國家而言，紡織品及成衣自由化，在開放市場之條件已有改善，惟對敏感性項目遲未自由化，仍難掩失望之情。政府採購市場之開放在很多方面仍有限制。依1996年赫姆斯－巴頓法之規定，雖有權提出訴訟，惟往往緩不濟急，當時未曾對伊朗或利比亞之投資公司宣布制裁措施。至於美國貿易法之域外適用問題，已引起國際間相當嚴重之關切。

　　美國對外關係及貿易政策之形成，使用三項主要工具：一、依烏拉圭回合以最惠國待遇爲基礎，締結多邊協定；二、區域協定，以區域自由化作爲全球自由化之基礎；三、雙邊協定，以雙邊或單邊壓力，要求第三國打開市場。無疑地，美國貿易政策堅定建立在WTO制度之上，惟事實上，上開三種工具仍繼續交互影響。

二、美國貿易政策之目標

　　美國政策目標在解除全球貿易障礙及扭曲，以增加美國及其貿易夥伴高工資

---

[14] WTO之TPRB於1988年1月30日起舉行爲期二日之檢討會，對日本而言，係在GATT/WTO架構下，第四次之日本貿易政策檢討，亦係首次依WTO協定所作檢討會議，故意義特別重大。此一討論，除由日本出席代表先作聲明之外，繼由二位與談人（discussants）參與討論。另各與會員國代表有以書面提出諸多問題，日本代表在會議席上提出說明，並且承諾會員國如有需要，願意提供更爲詳盡資料。

就業機會、所得、生活水準及成長潛力，爲能減少障礙及拓展貿易，美國利益乃由於促進經濟機會與拓展所造成之結果。

由於通訊、交通及其他領域技術快速改變，使全球商品及服務貿易所創造福祉隨之增加。各國大幅拓展貿易，帶來諸多貿易政策問題，需要全球貿易社會加以處理。烏拉圭回合在配合全球貿易結構及現行國際貿易體規範，往前跨越重大一步。各國致力於使WTO運作儘可能有效率，烏拉圭回合很多後續工作，已積極展開，杜哈回合甚至可能超越烏拉圭回合，有待未來作進一步努力。

三、各國應朝向自由市場及多邊貿易體制

以往三十年來，很多全球中低所得國家在國內外均朝向自由市場，在邊境上較少限制，對於塑造未來貿易流向相當重要。全球約有85%人口生活在中低國民所得國家之中。由於自由市場及更大外銷導向，很多國家將親自體驗生產、所得與貿易之高度成長。就美國觀點，認爲此爲全球經濟面一項重要之正面發展，對於全球大部分人口將產生新經濟機會。

面對挑戰及WTO對各國經濟發展之認知，各國理應承諾致力於維持及拓展多邊制度，需經由WTO及其他國際制度達成。美國充分承認積極參與多邊制度，並且與貿易夥伴合作，以確保所達成協定能夠充分執行。

四、日本施政之優先目標

由於科技進步，世界快速地成爲一個「地球村」（global community），並且已發生重大改變。我們將進入一新社會，人員、產品、資金及資訊均自由流通。在此同時，日本現正面臨諸多問題，包括人口快速高齡化、預算赤字危機、產業空洞化等。如將此等問題置而不問，其結果將使日本淪落於世界潮流之後。易言之，在日本社會經濟制度已顯示嚴重之限制，用以支撐戰後接近七十年時期之國家發展。

在此一新時代，邊境貿易急遽增加，而國家制度已成爲產業競爭力之決定因素，增強經濟整體之效能與彈性，爲日本政府施政之優先目標。該國承認急需作廣泛改革。日本政府現正促進廣泛改革，以創造一個嶄新日本社會經濟制度，更能與市場機制相融合，並且適應21世紀之需要。

國內從事大幅改革之同時，日本政府亦深知在多邊貿易制度之下，維持及強化其責任，對於日本相當有利。日本再確認對於多邊自由貿易制度維持與強化之長期承諾，俾與WTO其他會員國密切合作，並且在APEC及ASEM等其他架構之下，準備在此一世紀，繼續維持領先，並致力於貿易與投資進一步邁向自由化。

附論一：WTO對美國及中國新近召開「貿易政策檢討」會議概況

一、美國部分

WTO對美國所舉行最近一次，即第15次貿易政策檢討會議（Trade Policy Review Meeting），係在2022年12月14日及16日舉行。在該次檢討會議，計有65個會員國發言。包括歐盟、中國、日本、韓國、加拿大、紐西蘭、巴西、南非、土耳其等。若干會員國對美國相關貿易政策與措施會否發生系統性影響，表示關切。

中國派駐WTO大使李成鋼在會中表示，美國依其貿易法301條款，對中國輸美產品課徵高額報復性關稅；美國對部分科技產業提供高額補貼，具有歧視性；對高科技產品或技術管制或限制出口，認為美國此等政策或措施，不符合WTO之多邊貿易體制，且影響全球重要產業供應鏈之穩定等。

至於在檢討會議舉行之前，計有WTO之32個會員國，提出超過2,000個書面意見，其中包括中國分二梯次提出312個問題在內。中國表示，主動表達關注，反應企業訴求。質疑問題，其中犖犖大者，指向近年來美國所頒「晶片及科學法」及「通貨膨脹消減法」及各相關措施；美國擴大使用WTO/GATT有關「國家安全」理由，以限制貿易；乃至「購買美國貨法」有關政府採購，是否符合WTO/GPA協定問題等。中國認為美國走向所謂「單邊主義」及貿易保護主義。

依WTO/TPRA規定及實務，對於WTO會員國以書面提出問題，該受檢討之當事國在會前有書面答覆之義務。至於在檢討會議場合，會員國所提出質疑問題，除由當事國代表作綜合性答覆以外，其涉及細節或較為複雜問題，當事國亦得選擇會後在所定六週以內以書面或提供相關資料供參考，由受檢討國自行衡酌需要或實際情況而定。

二、中國部分

(一) WTO於2021年10月19日及10月21日召開對中國第八次常態性之貿易政策檢討會議

中國於2001年12月加入WTO以後，在加入初期被要求每年一次舉行屬於過渡性之政策檢討會議，其在八年之後則被要求與其他貿易大國相同，每二年（後來改為三年）舉行一次常態性之貿易政策檢討會議。中國自加入WTO之二十三

年期間，計已舉行九次過渡性會議及九次常態性之貿易政策檢討會議，合計共有18次之多。

　　事實上，中國對於WTO之貿易政策檢討會議，甚為重視。認為與WTO總理事會會負責籌劃多邊貿易談判（如烏拉圭回合談判及仍在進行中之杜哈回合談判）；貿易爭端解決機構（DSB）負責處理WTO會員國之貿易爭端案件，同具重要性，並喻為WTO之三大支柱，並從而發揮WTO所具備之三大功能。有鑑於此，中國在加入WTO之次年，即由中國商務部主導，會同各相關部會及機構參與撰擬提報WTO之「貿易政策報告」（Trade Policy Report），並負責答覆WTO會員國所提出之質疑問題。

　　中國商務部副部長兼國際貿易談判副代表王受文於WTO對中國所召開第八次貿易政策檢討會議之後，於2021年10月28日上午舉行新聞發布會時指出，此次檢討會議具有三項特色為：1.接受檢討會議次數多；2.會員國提出問題多；3.中國參與檢討工作之部門多等三多現象。並且表示WTO藉此一檢討會議，可確保會員國貿易政策達到透明化，以促進多邊貿易體制，得以平穩運作。中國商務部表示，對每次檢討會議，均作充分準備，以證明中國有履行加入承諾，以維護多邊貿易體制之決心與行動。

(二) WTO於2024年7月16日對中國舉行第九次常態性貿易政策檢討會議

　　WTO對中國所舉行第九次貿易政策檢討會議係在2024年7月16日在日內瓦舉行。在該次會議之場邊會議，中國以「從中央及地方政府層面理解中國貿易政策」為主題，用以幫助WTO各會員國理解中國之貿易政策。

　　參加該次正式會議前夕所舉辦場邊會議，除政府相關部門以外，包括學界、企業界人士及在中國投資之外資企業代表，並有來自WTO秘書處、WTO會員國、國際組織與新聞媒體百餘人參加此一交流活動。

　　中國派駐WTO大使李成鋼在此一場邊會議中表示，WTO貿易政策檢討會議，為WTO進行貿易政策監督與增添會員國政策透明度之重要途徑，更是增進理解、構建信任之重要平臺，此對WTO有效運作，至關重要。WTO秘書處貿易政策檢討司司長凱克致賀詞中，讚揚中國在此次會議之籌備工作，抱持積極開放態度，並肯定中國舉辦場邊會議對會員國瞭解中國經貿政策，達到增信釋疑之促進作用。對推動WTO會員國參與此一檢討會議及深度互動與交流，發揮重要作用。

附論二：簽署投資保證協定的再定位[15]

數十年來，臺商經由種種管道赴中國投資者遞增，兩岸敵意尚未完全消除，中國確有善意回應以前，無法作官方接觸；惟民間交流活動如有所進展，委由海基會洽商海協會簽訂，姑無論所簽訂者為協定、協議或備忘錄，達到多一層保障的目的，理當值得嘗試，且是企業界所企盼。

一、雙邊協定具有經貿層面意義

1990年代，我國與新加坡及印尼簽署投資保障協定之後，未幾，尼加拉瓜總統查莫洛夫人率領高層訪問團來臺，與我國簽訂農技合作、文化教育及投資保障等三項協定；此外，與墨西哥、巴拉圭等將洽商投資保障及租稅協定事宜，而波羅的海三國似乎亦有此一意願，顯示我國開拓對外實質關係，近年來頗有斬獲。

雙邊投資促進及保證協定是由資本輸出國及資本輸入國為保障對方投資人利益而簽訂，具有經貿層面意義，更重要者為二國友好關係（不以具有邦交為必要）增進的表徵。投資保證亦得經由單邊，如由投資母國或前往投資地主國保險公司提供保險，於約定政治風險事故發生時給予保障，獲得理賠。惟往往因投資標的過鉅，除美國等少數國家以外，實務上較少有保險公司有此意願承保，即使保險公司願意承保，投資人需要負擔高額保險費，增加營運成本而卻步。

在多邊關係方面，為保障跨國公司權益，世界銀行於1965年發起簽署華盛頓公約（Washington Convention），已有世界銀行91個會員國及瑞士簽署，並成立國際投資爭端解決中心（International Centre for Settlement of Investment Disputes, ICSID）及多邊投資擔保機構（Multilateral Investment Guarantee Agency, MIGA），分別擔負解決國際投資糾紛及協助已開發國家赴開發中國家投資，以利發展經濟的任務。

據聯合國跨國公司中心（United Nations Centre on Transnational Corporation, UNCTC）調查，截至1987年中期，各國所簽訂BIT總數遠265個，現又隔數十年，各國簽訂BIT熱情不減，應不止此數。

1960年代以前，美國盛行與貿易夥伴簽署「友好通商暨航海條約」（Treaty of Friendship Commerce and Navigation, FCN），以相互維護商民利益及保障船舶航行安全。1946年，我國在大陸時期曾與美國簽訂中美FCN，該條約並未因中美

---

[15]　本節原載於「經濟日報」（1992.3.21），版9。2024年5月略作文字修正。

嗣於1979年斷交而廢止。美國紐約曼哈頓第二巡迴上訴法院處理一樁錄影帶著作權糾紛案，曾明確承認該條約效力，並以之作為裁判基礎。

據統計，戰後至1956年期間，美國與貿易夥伴簽署FCN達16個之多。惟1960年代至1970年代間，歐洲國家如德國、英國、法國、荷蘭、瑞士等流行與開發中國家簽訂BIT，美國受此一影響，從此亦未再與其他國家簽訂FCN，自1980年代以後簽訂BIT頻率頗高，嗣美國與孟加拉、喀麥隆、格瑞那達、摩洛哥、巴拿馬、塞內加爾、土耳其、薩伊、埃及、剛果及突尼西亞等均簽有此種協定，經由外交換文或參議院通過後發生效力。

二、美簽署BIT漸走向定型化

美國對外簽署BIT有走向定型化趨勢，並且成為近年來其他國家簽署此類協定競相仿效的藍本，其主要內容及條款包括：

(一) 優惠待遇：約在二百年前，歐美國家即已有締結FCN的事實，當時已逐步孕育最惠國待遇（平等對待各外國）及國民待遇（善待外國人如本國人）理念，此二大理念後來經GATT/WTO加以發揚光大，成為重要支柱。一般而言，各國現所簽署BIT均承續相互提供此種優惠待遇，甚至在國內法上亦能見到蹤跡。例如我國「外國人投資條例」第20條規定，外國投資人所投資事業原則與本國國民經營同類事業，受同等待遇即為明證。此外，新近簽署BIT並提及公平（fair and equitable）待遇原則，至於待遇是否公平合理，則每需視國際法所確立之一般客觀標準而定。

(二) 徵收補償：對外投資最大顧慮在於投資地主國對外國人所投資資產加以徵收時的處遇。就已確立的國際規範而言，此種徵用或收購應符合：1.地主國基於公共利益或公共目的的需要，而我國「外國人投資條例」第15條則稱為國防需要，範圍較狹隘而合理；2.給予合理補償；3.此種補償應迅速（prompt）、適當（adequate）及有效（effective）；4.正當救濟程序，如對於補償金額不滿意時，得向當地司法或行政主管當局請求法律救濟。又補償時應依徵收時市場價格給付，不得遲延，且應給付支付日距徵收日間利息差額，以充分保障投資人合法權益。

(三) 資金移轉：有關投資所得，包括利潤、依貸款合約給付、讓售資產所得及因徵收所給付補償金等，均得依當時市場匯率及價格自由匯出。惟在實務上，地主國為顧及外人投資的安定性，亦有要求非經投資一定年限後，不得任意撤資者，如有此一約定，自宜在協定中明定，以免日後發生爭議。以美波BIT為例，該協定第21條規定，如美國在波蘭投資資產以得兌換貨幣出售，其資金得即時匯

回；如以波幣（Zlotys）出售，則須在投資後十年始得匯出，即其適例。

　　(四) 爭端解決：部分國家簽訂BIT時，承續傳統FCN精神，以不興訟爲原則，往往對於爭端解決方式未作規定（我國與新加坡簽訂投資保障協定屬於此種型態）。將來發生糾紛時，乃需依各該國有關法律或約定依第三國法律處理。而美國現所適用BIT範本，則增列有投資爭端解決條款，如投資人在糾紛發生六個月內未向當地法院或行政法庭（Administrative Tribunals）對地主國政府起訴時，締約國雙方同意提交ICSID或其附屬機構（Additional Facility），依該機構所訂仲裁有關法規解決雙方糾紛。

三、美已與東歐國家洽商簽協定

　　值得注意的是，各國在與經濟轉型中的東歐國家簽訂BIT時，其涉及層面較廣，以美波投資保障協定（該協定原稱「商業及經濟關係協定」，而實質內容屬於投資方面）而言，曾以附款（side-letter）方式將協定範圍擴張及於對投資者協助、觀光旅遊及旅遊有關服務、智慧財產權等方面。事實上，除波蘭外，美國與東歐其他國家，包括捷克、南斯拉夫、保加利亞、匈牙利及俄羅斯等，亦洽商簽訂此類協定。

　　鑑於雙邊投資保障協定發生於具有友好誠意國家相互間，成爲國際法上國際睦誼重要環節之一。美國向來雖爲我國廠商最主要投資據點之一，臺美間因早已簽訂有FCN爲準據，雙方有無洽簽BIT迫切，不無疑義。

　　不過，由於在大陸時期所簽FCN，距今已接近八十年，爲能配合臺美雙邊貿易發展現況，尤其高科技領域，投資金額龐大（如譽爲護國神山之台積電赴美投資半導體工廠等），爲保障雙邊投資人權益，且「美臺21世紀倡議」（首批協定）該倡議所列12項議題，[16]並未包括投資及投資保障，以故，臺美間應仍有洽簽BIT之需要。

---

[16]　行政院經貿談判辦公室發布美臺21世紀貿易倡議談判議題，如附表。

貿易便捷化 Trade Facilitation	良好法制作業 Good Regulatory Practices	服務業國內規章 Service Domestic Regulations
反貪腐 Anti-corruption	中小企業 SMEs	勞動 Labor
環境 Environment	農業 Agriculture	數位貿易 Digital Trade
標準 Standards	國營事業 State-owned Enterprises	非市場政策及作法 Non-market Policies and Practices

　　近年來，我國在雙邊貿易協定方面之最大成就，當首推完成「美臺21世紀貿易倡議」（US-Taiwan Initiative on 21st-Century Trade），該倡議為自1979年以來，臺美間最重要、最全面性之貿易協定，為臺美間經貿關係往來奠定基礎。該倡議首批協定於2023年8月完成簽署並生效實施，值得慶幸。

第 2 章

歐盟與加拿大經濟及貿易政策體制檢討*

壹、概說

一、歐盟方面

　　近年來，歐盟貿易政策之基本目標並無重大改變。就內部而言，歐盟重點集中在單一市場之凝聚，而非發展新的政策方向。值得注意者為，歐盟法律轉換成為盟員國法律之深度與廣度，並且執行政府採購，環境保護及智慧財產權等領域。就外部而言，歐盟維持其多邊方案，綜合雙邊，區域及多邊政策。

　　對於歐盟而言，單一市場為劃時代之重大計畫，該計畫為一具有持續性之龐大工程，在1992年底雖已如期初步實現，惟諸多後續工作仍待賡續進行。歐洲執委會於1996年底完成單一市場運作之通盤檢討。其結果顯示該一計畫提供歐盟經濟整合具有成效、惟頗多領域仍需再作進一步推動，以確保計畫利益之實現。1997年6月在荷蘭阿姆斯特丹舉行高峰會（European Council），通過單一市場行動計畫，充分反映此一需要。單一市場檢討報告顯示第三供應商提供商品、服務或投資到歐盟，有如歐盟內部之公司或人民一般，同將自此一市場獲利。

　　歐洲高峰會議舉行之前，歐盟於1994年通過經濟政策白皮書，其標題為「成長、競爭與就業：邁向21世紀之挑戰與途徑」（Growth, Competitiveness, and Employment: The Challenges and Ways Forward into the 21st Century），乃形成未來一系列總體經濟政策問題之核心思想。至於馬斯垂克條約則為單一貨幣——歐元（Euro）之發行提供必要之法律基礎。此一過程在歐盟內部總體經濟之形成過程扮演重要角色，有助於擴大經濟層面及經濟政策領域之繼續發展。

　　歐盟前此在WTO架構下所提出之貿易政策檢討報告，係以歐盟在轉型期所

---

* 本文原載於全國工業總會：「進口救濟論叢」，第16期（2000年6月），頁349-392。2024年6月作文字修正。

發生者為對象，依計畫所作主要改變包括三大部分，即盟員國擴充；經濟及貨幣聯盟之發展；農業及服務業等主要部門之改革。此等新發展對於歐盟及多邊體制均有強烈而無法量化之影響，因而乃有對歐盟政策移動方向及可能發生影響加以探討之必要。

近數年來，歐盟平均經濟成長約為2%，而GDP成長約為2.5%。由於部分會員國（愛爾蘭及芬蘭）持續高於平均成長率之表現，大型經濟體呈現循環發展。[1]整體而言，歐盟之平均成長不高，無法使失業獲得較大改善，雖然在此方面，各個會員國之表現有甚大不同。由於「歐洲貨幣制度」匯率之穩定，預算及貨幣政策顯示更大集中。

基於世界市場景氣復甦之刺激，出口成為經濟成長最主要因素。工業產品出口到亞洲呈現快速成長，歐盟現代科技產品之貿易仍相當高度集中，而中級科技產品則以低成長區域為主。服務業為歐盟主要產業之一，因國際自由化而受益，以科技為基礎之服務業，有長足進步並有較強市場需求。

歐盟自1999年1月1日起實施單一貨幣──歐元，凡參加經濟與貨幣聯盟（EMU）之國家，其貨幣趨於相同，乃主導大部分盟員國之總體經濟政策走向。實施歐元在1999年至2002年之三年過渡期間內，歐元與各盟員國貨幣並存，而以各盟員國貨幣簽定之合約，仍屬有效。[2]

單一貨幣實施代表歐盟經濟整合之新里程，似乎亦係未來處理歐盟對外貿易關係之主要因素。在歐元區內消除匯率，對於歐盟內部貿易直接受益，惟歐盟對內或對外貿易將因較低交易成本，單一市場較大之透明性、可預測性及貿易之安全而受益。

WTO協定已使開放多邊貿易制度具體化，為歐盟廣泛議程對外層面之重要部分。WTO之規則制度，市場開放承諾，爭端解決制度之執行及對未來談判之承諾及自由化，經載明於議程，提供協定之對外架構，執行正確之經濟政策，與內部市場方案相似方法提供規範，執行方法及歐盟內部市場進一步發展之未來架構。歐盟承諾WTO之基本目標，基於不歧視原則，使進一步邁向多邊之自由化

---

[1] 歐洲經濟發展各盟員國不盡相同，如德國、法國、荷比盧聯盟及奧地利等國之經濟成長率約為2.4%；另如愛爾蘭、芬蘭、葡萄牙，丹麥及英國經濟表現較良好，其中愛爾蘭經濟成長率高達6.2%。至於後來加入歐盟之中、東歐國家，如波蘭、捷克及土耳其，平均經濟成長率為5.1%。而匈牙利因採行較保守經濟改革，1997年經濟成長率為1.7%。

[2] 目前除英國之英磅、希臘之Drachma及瑞典之Krona未加入歐洲匯率機制（Exchange Rate Mechanism, ERM）之外，歐盟其他會員國貨幣之波動，皆需受原有ERM之規範。*See* Laurence W. Gormley et al., *Introduction to the Law of the European Communities. From Maastricht to Amsterdam* (3rd ed.), Kluwer Law International (1998), pp. 960-999.

體系。

二、加拿大方面

　　加拿大為大英國協之一員，在歷史文化方面受歐洲影響甚深。近年來加拿大經濟發展已趨穩定態勢，維持生產成長及低通膨，消除預算赤字。經濟活動反映穩定私人消費及投資，藉由審慎貨幣管理支援、刺激法令改革、緊密內部市場整合及面臨更大國際競爭之壓力，降低公共支出，從經濟成長支持預算改善，以增加預算歲入。惟該國早期預算赤字嚴重，整體負債占GDP比率幾達100%，預算容易受到利率上升或經濟活動趨緩影響，以致失業率仍屬居高不下，為一隱憂。

　　近年發展顯示，貿易為加國經濟之重要支柱，貨品外銷到美國續有成長，而創造經濟利得。美國所占加國商品出進口比重上升，出口上升83%，進口上升67%，且出口商品多樣化亦有進展，惟初級商品仍占出口三分之一，反映加國天然資源之豐富。

　　依WTO秘書處研究報告指出，亞洲國家所發生之金融危機，對加國總體經濟發展影響有限，因加國輸往亞洲地區僅占該國外銷8%，比重不大。雖然此一危機對於包括加國在內之西方國家感到突兀，惟如拖延過久，對於全球經濟亦將造成間接影響。在危機期間，加國出口部分商品價格確有所滑落。事實上，受全球金融市場活動影響，加幣存在貶值之壓力。加國主管當局乃在1997年及1998年上半年等不同時段，曾經調升利率，到1998年9月再降低，以資因應。

　　加國實施聯邦制度，貿易與投資政策分由聯邦與各邦主管，在基本原則不改變下，謀求其發展。聯邦與各邦當局均為減少內部貿易障礙而努力，且已有相當進展。加國政府於1995年曾制頒「境內貿易協定」（Agreement on Internal Trade, AIT）。此外，加國繼續內部管制過程，使用新資源及通訊技術，如網際網路，以增加效率及政府作為之透明性。據報導，我國公共採購主管機關對於有關政府採購亦採取上網，以利資訊公開，增加採購作業之透明化，應是一項可喜之發展。

　　近年加國經濟成長情況良好，乃因私人消費及投資所主導。儘管在亞洲、俄羅斯金融及經濟情況不佳，加國出口及進口繼續增加，惟速度已趨緩。加國之失業率繼續緩步下降，1998年時失業率為8.1%，為八年來最低。茲就貿易與投資二個不同層面分述如下：

　　(一) 貿易方面：近年來，加國出口商品及服務值，續有成長，進口亦有增加，乃反映國內市場之強烈需求，並且因很多亞洲國家貨幣貶值所致。1998年出口貨品到亞洲因隨該一地區經濟情勢逆轉而下降，而自亞洲國家之進口，則繼續

增加,例如:出口到泰國及印尼各分別下降41%及44%,而進口則分別增加10%及13%,加國市場開放自亞洲國家之進口有助於減緩該一地區經濟活動之衰退,並且將有助於該等地區之恢復成長,對於加國及世界經濟,均甚爲重要。

(二) 投資方面:加國健全之經濟基礎及透明之投資政策,誘導外國直接投資(foreign direct investment, FDI)之增加,1998年上半年之FDI即超過1997年全年。直接投資之流向,不管流出或流入,大部分以美國爲主要對象,並以從事金融及保險事業爲主。更重要者,加國現已成爲全球主要投資國家之一,以往二年海外直接投資,在加國經濟史上首度超過對內直接投資(inward FDI)。1997年,海外投資金額達1,940億美元,加國外國直接投資總數則爲1,888億美元。

加國意識到全球化力量之挑戰及機會,乃將經濟發展列爲主要優先工作,以確保加國能充分參與全球經濟活動,獲得利益。該國近十年來面臨經濟及預算之難題解決之後,已建立繼續成長之堅實基礎。自1969年、1970年以來,加國政府首度盈餘35億美元,已直接用於負債之償還。1996年、1997年較1998年之負債對GDP之比重已下降。加國各邦幾乎已消除預算赤字,可反映此一成就;而加國聯邦政府赤字則已完全消除。利率現已大幅下降,政府長期公債之利率亦創三十年來最低水準。

雖然當時發生全球性之經濟不確定性,加國之經濟基礎仍期能保持穩定及低通膨環境,負債與GDP比重下降,私人部門投資繼續成長。1998年成長雖低於1997年,但因鼓勵繼續擴大消費需求及商業投資,加以就業率提高,中長期利率降低,貿易穩定表現,失業率降低,預料,加國經濟未來仍將有一番景象。

貳、歐盟對外經濟關係展望

一、多邊協定關係

根據報導,自1998年開始,國際貨幣基金(IMF)將亞洲四小龍及以色列正式納入工業化國家之林,統稱爲所謂「進步經濟體」(advanced economies)。依IMF之分類,進步經濟體包括28個國家及地區,並分爲三個集團,其一爲七大工業國家集團(G7);其二爲歐盟、澳洲、紐西蘭、以色列;其三爲亞洲新興工業化國家,即亞洲四小龍。目前歐盟在東歐及土耳其等相繼加入之後,已擴充到27個國家及24種國家語言。歐盟之成員國在政治上固然各別獨立,而在經濟層面,依羅馬條約及馬斯垂克條約等,已結合成爲一集合體,形成所謂「單一市

場」及「單一貨幣」。惟英國後來退出歐元區。

歐盟因感於國際競爭力落在美國及日本之後，認為有結合同處歐洲地區各國經濟力之必要，乃積極推動單一市場，擴大經濟版圖，增強在國際舞臺發言力量。

1996年12月在新加坡舉行WTO第1屆部長會議，締結資訊科技協定（ITA）及基本電信協定，乃過去二年以來執行烏拉圭回合之結果，在此一期間，歐盟與美國、日本等國扮演重要角色。執行盟員國擴大及執行歐盟共同農業政策（Common Agricultural Policy）之改革工作均相當複雜。

同時，通過新市場開放策略及有關貿易障礙規範之後，現已能有效處理第三國市場開放障礙。歐盟部長理事會所通過之市場開放策略，有意提供一明確有效，連結歐盟多邊宣言與廣泛WTO架構下與貿易夥伴間雙邊市場開放問題方案。歐盟肯定WTO爭端解決制度之意義而有基本承諾，對於以單方面行動強制解決貿易爭端，則認為並不允妥。

歐盟在WTO爭端解決機構繼續扮演積極角色。現各國依循此一制度解決爭端案件已快速增加。跡象顯示此一制度尚能符合會員國期待，不失為爭端解決有效工具。對於貿易自由化及執行烏拉圭回合承諾有甚為重要貢獻。同時，有很多案件已獲得圓滿解決，顯示具有正面發展之意義。爭端解決機制之目的，在發現貿易夥伴相互可接受之解決方法，以符合內括協定。基本上，歐盟有意強化爭端解決制度之效力及可信度。

1996年12月，新加坡WTO部長會議，除市場開放問題之外，歐盟接受貿易與環境、投資與競爭之政策，並為ITA之成功達成談判奠定基礎。茲分述如下：

（一）投資方面：歐盟認為WTO對於近年來「經濟合作暨發展組織」（OECD）已進行擬定之「多邊投資協定」（MAI）加以檢討，為進一步整合世界經濟，確認外人投資權利規範及未來貿易發展提供一重要基礎。

（二）環境方面：歐盟原期待WTO之貿易與環境委員會（Committee on Trade and Environment, CTE）能夠依據新加坡會議結論執行，惟事與願違，在此方面並未能有大幅進展，歐盟承諾未來在WTO或其他多邊場合仍將繼續追蹤。蓋歐盟深信環保乃永續發展目標之中心課題。

（三）競爭方面：歐盟認為應依WTO新加坡會議之結論處理，以為競爭條件有助於世界經濟之加強整合，且對加速市場之開放有所助益。

（四）貿易與勞工標準方面：歐盟相信強化貿易自由化可改善主要勞工標準，加速經濟之成長與發展。歐盟拒絕使用貿易保護主義目的之勞工標準，雖原則同意基於比較利益，對於低工資經濟發展困難之開發中國家則認為應特別優予考

慮。新加坡部長會議對此已獲有結論，應予貫徹執行。

　　(五) 資訊科技方面：歐盟支持新加坡會議通過之ITA，現已執行。包括降低關稅已宣付實施。受ITA之賜，科技裝備進入市場已不受限制，包括供製造用之電子零組件，乃至保留競爭力之非資訊科技產業或服務部門，需開放資訊系統及軟體市場以維持全球競爭價格。資訊科技產業得以在關稅消除之後加速改革，以較合理基礎，邁向全球化。歐盟期待未來其他國家亦能加入ITA，歐盟願積極檢討新加坡宣言有關資訊科技產品貿易協定（ITA）附錄中所涵蓋之產品範圍及其他問題。

　　1997年WTO有關基本電信協定係延伸國際規範與市場開放之重要協定。歐盟內部電信市場之自由化已經啟動，於1998年1月完成，而WTO基本電信協定則同日生效實施。歐盟在第四次議定書對於此一實施日期已加以確認。

　　新加坡會議，歐盟支持低度開發國家（least developed country, LDCs）之行動計畫，同年10月底在日內瓦舉行低度開發國家協助之高階層會議（High Level Meeting），旨在進一步努力使低度發展國家能夠有較佳機會整合到世界經濟及多邊貿易制度。歐盟決定改善低度關發國家產品能夠進入歐盟市場之通路，乃提供普遍化優惠關稅制度（GSP）計畫，歐盟現進而考慮於2000年洛梅協定（Lomé Convention）屆滿之後，如何與ACP夥伴國家發展最佳之市場開放協定。[3]

　　根據歐盟向WTO所提出之貿易政策檢討報告指出，歐盟仍然關切低度開發國家在WTO協定中無法享有充分利益，而在世界經濟之中，逐漸成為邊緣地帶。面對此一情況，歐盟將繼續宣示未來之優先工作，確保WTO議題採取適當措施，使低度開發國家能更進一步融入。對與貿易有關「技術協助」（technical assistance）作較佳協調及簡化原產地規則，均是可能方法以和緩此等問題。WTO各會員國應廣泛承諾對於來自低度開發國家之產品應儘量降低關稅，如歐盟目前所採取者，自1998年1月1日起，歐盟為改善低度開發國家市場通路，乃對來自各低度開發國家者，比照洛梅協定國家提供相同程度市場開放之機會。

　　對於WTO階段所進行中者，諸如貿易便捷化（trade facilitation）、國家標準及技術性貿易障礙協定措施，原產地規則[4]及與貿易有關智慧財產委員會（TRIPS

---

[3]　第一階段洛梅協定簽訂於1975年，旨在提供關稅優惠，協助開發中國家發展經濟。其適用乃以非洲、加勒比海及太平洋國家，所謂ACP國家為其對象。

[4]　WTO部長會議曾允諾非優惠原產地規則之制定工作，預定在WTO協定生效之後三年之內，由WTO原產地委員會（Committee on Rules of Origin, CRO）及世界關稅組織（World Customs Organization, WCO）原產地技術委員會（Technical Committee on Rules of Origin, TCRO）共同協力完成。惟後來因遭遇種種困難，並未如期完成而有所遷延。按WTO需要制定原產地規則，俾使各會員國運用諸如最惠國待遇、反傾銷措

Council）之審議等，歐盟表示有高度配合意願之立場。

二、區域協定關係

近年來，歐盟在區域協定領域所進行之重點工作，包括完成「洛梅協定」第四次亦是最後一次之中程檢討，開始討論確定後洛梅協定之架構；[5]與北美、南美自由貿易協定（MERCOSUR，又稱南錐共同市場）及亞洲關係之新架構，與墨西哥，智利與南非貿易自由化之談判；與前蘇聯（Former Soviet Union）國家締結新夥伴與合作協定；[6]在新大西洋對話場合，與美國雙邊貿易進一步解除非關稅障礙。

此等措施有助於強化歐洲單一市場與區域及雙邊協定網路之整合，很可能對非會員國產生重要影響，以多邊制度為一整體，不僅延伸自由貿易區（FTA）免稅進入市場，加速自優惠地區紡織品及成衣之配額自由化，並經由歐盟貿易夥伴接受歐盟貿易體制，而參與原產地之新制度。

WTO於1996年初成立「區域貿易協定委員會」（Committee on Regional Trade Agreement, CRTA）之後，歐盟對於此種協定之態度，採取積極與繼續介入之政策。承認需要確保區域政策能夠充分支持多邊貿易制度，歐盟為CRTA之堅強支持者，包括考慮制度化工作，區域優惠貿易協定及WTO協定所包含之權利義務之交互影響，對於此等權利義務應加以澄清。有關本身優惠協定方面，歐盟提出清楚藍圖，對於現有承諾與要求，均予優先處理。

施、進口防衛措施、原產地標示、政府採購、GSP、任何歧視性之數量限制或關稅配額等政策工具時，有所依循。有關WTO原產地規則談判評論，參見Philippe G. Nell, "WTO Negotiations on the Harmonization of rules of Origin-A First Critical Appraisal," *Journal of World Trade* (June 1999), 33(3): 45-71.

5　現階段歐盟所締結之第四階段洛梅協定及由歐盟及其盟員國與約80個在非洲（Africa）、加勒比海（Caribbean）及太平洋（Pacific Ocean）之開發中國家，即所謂ACP國家為二造所簽訂，協定第四階段有效期間至2000年2月28日，內容相當廣泛而複雜，依該協定對於自由貿易並非採取互惠性。易言之，歐盟容許ACP國家之產品得以免稅輸入（農產品例外，適用優惠待遇制），而歐盟產品輸入ACP國家，則僅適用最惠國待遇。該協定合作範圍，所包甚廣，凡與協助發展經濟有關者均包括在內，諸如農業、漁業、工業發展、礦業、能源及環境保護等。在金融合作方面，則成立「歐洲開發基金」（European Development Fund），開辦諸多重要措施，如農產品出口穩定機制（STABEX）及對依賴採礦維生之國家提供特別金融機制（SYSMIN），對自ACP國家輸入蘭姆（Rum）烈酒，香蕉及糖提供特別進口、銷售及保證、尤其因執行開放ACP香蕉自由輸入，在國際間引起相當大之反彈及質疑，甚至被懷疑洛梅協定與GATT/WTO協定是否具有相容性之問題。事實上，美國與歐盟發生香蕉大戰，並訴請WTO貿易爭端解決機構處理者，即種因於此。*See* Laurence W. Gormley et al., *Introduction to the Law of the European Communities. From Maastricht to Amsterdam* (3rd ed.), Kluwer Law International (1998), p. 1339.

6　歐洲高峰會於1994年6月在科孚島（Corfu）舉行會議，與俄羅斯簽署「夥伴及合作協定」（Partnership and Cooperation Agreement, PCA），同年與烏克蘭、摩爾多瓦簽有協定。翌年，與亞美尼亞、亞塞拜然、喬治亞、烏茲別克簽署協定。前蘇聯在進行內部改革之初，曾與聯邦成員締結有貿易及合作協定，前蘇聯解體之後，該等協定繼續適用於俄羅斯與新獨立國家之間，此等中程協定（interim agreements）未及生效，現則由PCA所取代，並已宣付執行。*See Id.*, p. 1340.

　　近年來，歐盟發展與美國、加拿大，亞洲、地中海國家之貿易關係，並與拉丁美洲國家進行政策對話，引起美國高度關切，其未來發展，值得注意，茲分述其梗概如下：

　　(一) 與北美國家關係：歐盟與美國在1995年簽訂「新泛大西洋宣言」（New Transatlantic Agenda, NTA），在1996午12月與加國簽署「歐加聯合聲明及行動計畫」（EU-Canada Joint Declaration and Action Plan），此等協議提供與美、加間在新階段密切合作之基礎，俾適時有效表達對外交政策、全球及其他經濟層面之關切。

　　經由NTA，美國與歐盟共同確認承諾強化多邊貿易制度，此為美國所關切，並進而藉以奠定後來ITA及基本電信協定之基礎。對於此等承諾並無偏見，在此一廣大市場，歐盟與美國每以商業立場著眼，合作實現及降低貿易與投資障礙。

　　(二) 與亞洲國家關係：對於歐盟而言，亞洲夥伴已愈加重要，[7]1996年成立之「歐亞會議」（Asia-Europe Meeting, ASEM）現已成為歐盟與亞洲國家討論政治與經濟議題之永久性論壇。在貿易方面，ASEM旨在改善相互間經濟與投資機會。經由諸如最近通過之「投資促進行動計畫」（Investment Promotion Action Plan）、「貿易便捷行動計畫」（Trade Facilitation Action Plan）及有關關稅合作計畫等機制。至於歐洲與東協國家（Association of Southeast Asian Nations）關係，則經由1997年之部長會議協定而強化，依該協定，創造歐盟與東協國家關係，包括經濟在內若干領域之新機能（new dynamic）。

　　(三) 與拉丁美洲國家關係：歐盟與拉丁美洲國家間之重要性正在增加之中。以往數年來，二地區間之貿易快速增加。1995年12月締結有歐盟與MERCOSUR間合作架構協定。歐盟於1996年6月與智利締結類似協定，翌年7月與墨西哥締結經濟與合作協定。此等協定提供在政治、經濟與商業活動等廣泛領域之加強合作。[8]

　　(四) 與地中海國家關係：近年內，歐盟與地中海國家之新雙邊協定，亦經由

---

[7]　*See* Jianyu Wang, "A Critique of the Application to China of the Non-market Economy Rules of Antidumping Legislation and Practice of the European Union," *Journal of World Trade* (June 1999), 33(3): 117-145. 該文導論提及，歐盟與中國自1975年建立正式外交關係之後，雙邊貿易呈現快速成長，中國為歐盟重要供應國，歐盟自中國進口值在1980年為19億歐元（ECU）到1997年則達324億9,000萬歐元。而在出口方面，中國為歐盟重要外銷市場。

[8]　根據報導，歐盟、拉丁美洲及加勒比海地區共48國領袖，於1999年6月28日起在巴西首都里約熱內盧召開首次高峰會，尋求成立自由貿易區之可能性，以塑造足以反制美國影響之新夥伴關係。據分析，此一舉動對於一向視拉丁美洲為「後院」之美國，乃係一大挑戰，有可能衝擊美國與歐盟之關係。歐盟與拉丁美洲及加勒比海33個國家領袖在二天高峰會結束後發表「里約熱內盧宣言」，為此二個貿易團塊區未來加強經濟、政治與文化合作，擬定藍圖。同時，雙方亦將認可從改革聯合國到打擊毒品走私等之行動計畫，並呼籲制定節制國際資本流動之規範，避免金融危機再現。參見中國時報（1999.6.28），版13。

歐盟與諸多在地中海地區之貿易夥伴締結。此等協定提供政治及經濟合作全盤架構範圍內之貿易自由化，並代表未來邁向形成歐盟與地中海國家自由貿易區之第一步。

　　歐盟繼續承諾改善政府採購協定（GPA）並且增加其會員國及適用範圍。再者，歐盟參與組成小組研究政府採購程序之透明化，並扮演一積極角色。歐盟認為政府採購乃未來廣泛性全球經濟進一步自由化之重要部分，需要進行奠基工作。

三、雙邊協定關係

　　歐盟之雙邊優先政策包括經由加速中東歐國家及波羅的海國家加盟前策略（pre-accession strategy）。以強化與此等鄰國之經濟關係，並與地中海國家締結新協約國協定，逐步引進互惠之自由貿易。

　　(一) 瑞典、芬蘭及奧地利於1995年1月1日加盟之後，歐盟經貿影響已及於此三個國家。現該三國之經濟已充分整合到單一市場，而改變歐盟在WTO之對外形象，特別是該三個新會員國開始接受歐盟共同關稅。而依GATT第24條第6項規定之賠償程序，則已快速且滿意達成結論，以符合WTO規則。

　　(二) 近年來，歐盟與中東歐國家及土耳其共同致力於加盟工作，範圍廣泛，包括技術合作及經濟整合在內。歐盟依歐洲協定與10個中東歐國家及土耳其每一個進行談判。

　　歐洲執委會所提出2000年議程（Agenda 2000），以便利中東歐國家加入歐盟。2000年議程曾首度就歐盟擴充盟員國之結果加以評估，並且擇定若干國家要求在不同領域之政策作更進一步改革，如農業、結構基金及歐盟預算。

　　根據歐盟提交WTO之貿易政策檢討報告指出，執委會建議與(一)波蘭；(二)捷克；(三)匈牙利；(四)斯洛法尼亞；(五)愛沙尼亞（Estonia）等五國作公開性之談判。而對於(一)羅馬尼亞；(二)斯洛伐克；(三)拉脫維亞（Latvia）；(四)立陶宛（Lithuania）；(五)保加利亞等五國之談判則考慮儘速公開，以符合在哥本哈根所舉行歐洲高峰會所界定之條件。歐洲高峰會於1998年12月在盧森堡舉行，希望能對整體擴充盟員國過程作成必要決定。

　　上項執委會意見形成2000年議程之一部分，確立執委會對於歐盟發展之觀點，使歐盟進一步擴大及處理面對21世紀之挑戰，此等建議由歐盟當局考慮之中。基於歐盟擴大目標，有一提供嶄新、向外發展之開放政策，並在主要領域作大幅政策改革。包括建議對於農業在2000年至2006年期間之區域發展基金及預算協議。

　　歐盟整合過程，單一市場與WTO制度繼續交互影響及交錯進行。歐盟在1995年至1996年間提出2000年關稅計畫，旨在結合歐盟在WCO及WTO制度結構，並提供適當制度與技術支援，俾執委會與各盟員國主管機關之間，在整體關稅程序方面能進行合作。

參、歐盟貿易政策體制特徵

　　近數年來，歐盟對外貿易體制朝向更為自由之方向發展為不容否認之事實。依WTO履行關稅減讓及逐步消除非關稅障礙方面有相乘效果。執行資訊科技協定而擴大最惠國待遇承諾，締結電訊服務新協定及完成單一市場，均為現階段歐盟對外貿易政策之重點工作。至於新增議題方面，如調和標準及服務貿易自由化等，均獲得相互支持，其結果有助於改善非歐盟供應商之市場開放。另方面，在政府採購領域，因欠缺執行指令，對於外來供應商可能造成負面影響。

一、邊境措施

　　美國與日本為歐盟最重要貿易夥伴，1996年，歐盟自美國進口約占進口值之20%；自日本進口約占進口值之9%。歐盟所採取之邊境措施為：

　　(一) 關稅減讓：歐盟大部分進口，除屬自由貿易區及其他優惠待遇者外，採取最惠國稅率。1997年，歐盟各項產品之平均最惠國關稅約為10%，基於烏拉圭回合承諾，工業產品之平均最惠國關稅持續下降，1995年為6%，到1997年為4.9%。紡織品，汽車及消費電子產品則仍維持較高關稅，依烏拉圭回合及ITA，再進一步降低關稅，1999年底，工業產品之平均最惠國關稅降到3%以下。

　　WTO協定之結果，歐盟農產品關稅已受到約束，與先前三分之二農產品受約束者不同。先前所課徵之「進口差異金」（variable levies）及「進口限制」（import restrictions），則依農業協定實施「關稅化」，農產品平均關稅稅率高於工業產品。1995年農產品平均關稅為25%，出現最高關稅項目為穀物、肉類及肉類產品、乳酪及家禽，糖及蕃茄製品，而1997年時則降為20.8%，幅度相當有限。

　　(二) 全歐配額制：依照單一市場，很多敏感產品之市場開放條件已改善。盟員國原所維持之貿易限制現已取消，少數情形則轉換為全歐盟（community-wide）配額。例如，香蕉貿易，與日本之小汽車貿易，若干自非WTO會員國進

口產品限制等，均為其適例。

大部分此等限制，依WTO協定或雙邊協定，在1999年底前或更早以前失效，在解除大部分所謂「灰色領域措施」（小汽車除外），近年來有相當顯著效果，而紡織品及成衣第二階段自由化清單亦已依照GATT規範加以整合。

(三) 反傾銷等措施：國際觀察家以為歐盟逐步取消「自動出口限制」（voluntary export restraints, VERs）以後，勢必使反傾銷措施運用頻率大幅增加，根據WTO秘書處之調查，並未證實此點。1992年至1996年時，歐盟使用臨時性措施，頗為穩定。目前，歐盟仍居第二大反傾銷措施使用者，近二年來宣付執行之案件有增加，惟有關紡織品則發動數量已有減少。至於依WTO規定，其他貿易防衛工具，例如防衛條款及課徵平衡稅措施，則僅偶爾使用而已。

(四) 市場開放策略：1996年歐盟引進所謂「市場開放策略」（market access strategy），旨在達成對第三國市場較佳之開放，經由更為集中，制度化及協調使用可利用之貿易政策工具。執委會表示，該一策略並無意創造新貿易政策工具或危害WTO歐盟之義務。截至目前，主要具體步驟在建立基本資料及蒐集歐盟以外國家目前存在障礙之資訊。執委會有意擬定報告，列舉優先國家及貿易障礙項目之名單。

(五) 原產地規則：在歐洲完成整合之前，計有分屬「歐洲經濟區」（European Economic Area, EEA）、「歐洲自由貿易協會」（European Free Trade Association, EFTA）及「中東歐國家」共28個國家釐定有關原產地規則。原產地規則之改變與歐洲國家中此等規則之調和有關。新制度似乎有意鼓勵進一步發展「委外加工」（outward processing）及在擴大後之歐盟進行「組裝」（assembly operations），尤其有關紡織品、成衣及汽車工業有此需要。

(六) 相互認證制：近年來歐盟單一市場加緊致力於標準及技術要求之調和工作，經由與美國、澳洲、加拿大及紐西蘭締結「相互認證協定」（Mutual Recognition Agreements, MRAs），以達到國際標準。

二、影響生產與貿易措施

歐盟在整合及WTO達成協議之後，傳統上所使用之邊境保護措施已逐漸降低，而內部存在之障礙，資源分配及競爭力則更加顯著。此外，各盟員國所提供之政府協助相當龐大，據稱一年達1,000億歐幣之多，除地方政府提供其他投資獎勵及優惠措施之外，歐盟提供補貼計畫。政府採購固已逐步自由化，若干服務市場仍保有獨占性機構，對於生產商及消費者而言，需要花費較高成本。公共採購約占歐盟GDP之12%，其公開化有助於歐盟及全球採購架構之改善，惟效果仍

相當有限。

執委會繼續檢討及監視歐盟之政府協助（state aid）。複雜而不同制度反映各國所適用援助計畫數目甚多且有甚大差異。歐盟主管當局乃尋求縮小特定部門如鋼鐵、紡織與服務等領域之適用範圍。

WTO之GPA已成為歐盟體制之一部分。歐盟承諾配合GPA頒布指令，以確保能夠符合並簡化執行。依WTO秘書處之研究，單一市場在政府採購方面之立法雖已生效，但並未將各項指令充分轉換成國內法，以故對各國經濟影響仍相當有限。

近年來，歐盟競爭政策案件數目快速增加，反映在區域內跨境併購及策略聯盟興趣，已達到國際水準。競爭主管機關遭遇新挑戰，故歐盟乃尋求適應本身架構，以發展國際合作。歐盟與美國間之雙邊談判，已深化1991年競爭政策之合作協定，以致1997年二國乃同意強化適用各自競爭法之原則。歐盟認為多邊架構有利於發展競爭政策，堅持WTO工作方案應澄清貿易與競爭政策間之關係。

三、部門貿易政策

執行WTO協定與深化單一市場，歐盟幾乎可謂係在同一時期進行，但並無需為因應WTO協定，而對單一市場方案作太大改變，易言之，在進行市場整合規劃過程之中，即已將多邊談判可能結果之因素加以考慮在內。一般而言，無論對內或對外過程，均在致力於創造一個更為開放之競爭市場。單一市場完成之後，歐盟之工業顯較服務業進步。

(一) 農業：歐盟執行「共同農業政策」改革及履行WTO承諾，而使農產品市場價格居於有利地位，而增加其競爭力。歐盟平均關稅雖已下降，較高配額外關稅（out-of-quota）繼續保護敏感性產品。至於關稅配額（tariff quota）之管理，其他WTO會員國關切使用特別防衛及出口補貼問題。減少干預價格及國際價格趨勢之結果，主要與穀物及羊肉改變有關。1996年「生產者補貼等量」（producer subsidy equivalent）支持降低8.7%，以及減少「消費者補貼等量」（consumer subsidy equivalent）三分之一，對於農業所提供之融資繼續成長，惟僅占歐盟預算之小部分。提供協助發展農業之方式，改為「直接給付」，以符合WTO農業協定，歐盟農民所得繼續上升，尤其穀物及肉類生產商，而非牛肉生產商，以較高國際價格協助並改變農民支持型態。

基於預算考慮，特別是中東歐國家加入擴大後之影響，對於農民補貼勢必需要進一步作限制。歐盟措施已表達此種關切，準備依WTO農業協定第二階段之談判，在歐盟執委會2000年議程建議中，強調接受更為市場導向措施，較少

依賴價格支持機制及出口補貼,減少干預,及進一步轉向所謂「直接所得支持」（direct income support）。

(二) 製造業:通常因持續減少關稅及非關稅障礙,而使製造業受益。WTO紡織品及成衣協定（ATC）之執行、ITA之引進、單一市場措施,均將增強此一趨勢,並且增加表明保護產業,以因應國際競爭。

雖然,歐盟在若干重要部門如汽車或部分電子產業之結構呈現較為弱勢,若干產品基於國際分工,市場占有率下降,而損失部分技術利益。此等產業往往是維持高關稅、政府協助及市場,而造成適應新市場趨勢、需求與技術之遲緩。

(三) 服務業:為降低投入服務業成本,歐盟乃解除服務貿易限制,作為主要政策目標。改革方案相當明確,但改革速度則以政治因素為條件。近年來,歐盟繼續致力於關鍵服務領域之自由化,例如,經由航空,特別是電信,內部市場準備充分自由化。因多邊談判一致性方案而使內部張力有後退跡象。一般言,歐盟為晚近GATS談判之動力,提供大幅減讓或承諾,並且費盡心力鼓勵其他會員國亦能跟進。

歐盟及其盟員國承諾開放若干重要公共服務,如電子、瓦斯及郵政服務,雖然若干部門需要較長轉型期。在此等領域,需要時常維持市場開放與確保公共服務條款之平衡。在電信自由化方面,歐盟主管當局特別重視以合理價格供應之「普遍化服務」定義問題。

肆、加國對外經濟關係展望

近來加國參加區域及多邊計畫,有利於經濟進一步自由化。加國表明對於多邊貿易制度之承諾,並願積極參與WTO之各項工作。國內所採取方案包括降低內部貿易障礙、解除管制、增加透明性、進口制度之合理化,以協助加國生產商因應挑戰,並在國內外能夠更加利用市場開放之機會。不過,不可否認,部分領域事實上對於外國競爭反應冷淡,仍設定貿易或投資障礙保護,諸如農業、紡織品及成衣、小汽車及服務部門屬之。再者,加國雖然倡導「外向導向」,惟簽署很多優惠協定,可能造成貿易型態之扭曲,常遭到WTO其他會員國質疑。

一、多邊協定關係

依WTO秘書處之研究報告指出,加國對於國際貿易與投資關係乃依循「多

軌政策」（multi-track policy）方案。依此，多邊及優惠協定均有意扮演相互補強之角色。有效之多邊制度其會員國具有普遍性，包含貿易與投資規範，主管當局認為是吸引外資到加國及提供加國海外營運公司安全及公平環境之最佳工具。

有鑑於此，加國乃積極參與WTO有關各項工作，主張重點工作應在執行馬拉喀什既有議題（built-in agenda）及發展新加坡部長會議之計畫。至於未來貿易談判，加國認為應採取「群體方案」（cluster approach），就迫切議題先行談判，以期能就該等領域儘早達成協議。

加國政府繼續強調充分履行烏拉圭回合協定之重要性，支持授權對開發中及低度開發國家提供必要之技術協助，以期能依WTO協定履行應盡義務，並因參與以規則為導向制度而受益。

加國認為，依照1997年10月舉行之「低度開發國家高階層會議」（High Level Meeting on Least Developed Countries）所達成開放市場承諾履行，特別重要。因而乃將致力於使WTO具有更大之普遍性，積極催促主要貿易大國，諸如中國、臺灣、俄羅斯及越南等，加入成為會員國。

根據加國政府之分析，近年來加國致力於市場開放及強化國際貿易規範，其重要發展情形如下：[9]

(一) 簽署WTO架構下之基本電信、金融服務及資訊科技產品等多邊ITA，並且在科技協定第二階段及關稅減讓第三階段（Phanma III），扮演積極角色。

(二) 消除與美國間大部分產品關稅；自1998年1月1日起執行與墨西哥間新一階段之關稅減讓；依與智利簽訂自由貿易協定，消除廣泛範圍產品之關稅。

(三) 依亞太經濟合作會議（APEC）論壇進行貿易自由化及便捷化；與美洲國家繼續進行美洲自由貿易區（FTAA）談判；與歐洲自由貿易協會（EFTA）國家進行自由貿易談判；與歐盟（EU）繼續進行泛大西洋行動計畫。

(四) 加國將繼續促進國際貿易與投資，並且經由強化與擴張國際貿易規範，以尋求外國市場更加開放，其重點之優先工作為：

1. 加國繼續與WTO會員國積極致力於執行烏拉圭回合協定，參與尚非屬WTO會員國之入會談判，準備農業、服務業及其他領域之談判。WTO仍為加國貿易政策之礎石。

2. 與美國及美洲國家間之貿易及投資關係將繼續為加國主要優先工作。依NAFTA，加國將繼續減少在服務、政府採購及貿易救濟等方面之障礙。未來仍

---

[9]　加國政府向WTO提出之報告請見Trade Policy Review Body, "Canada," *World Trade and Arbitration Materials* (February 1999), 11(1): 99-109.

將積極參與主導FTA談判。

　　3. 貿易與投資談判對大眾公開，爲未來加國之重要方案。加國將充分與國內利益團體與個別部門團體，就各種貿易談判或方案作諮商，以促進WTO及其他貿易組織更大透明化，獲得大眾瞭解及廣泛支持，乃貿易政策能否有效發揮之關鍵。

　　WTO曾討論建立一套全新而完整之貿易談判計畫，呈現更多機會以擴展及強化規則導向制度。加國相信探究方法以適時達到結果，甚爲重要。加國有意願積極參與新一回合談判形成之各項準備工作，包括談判範圍、形式及內容等。必須考慮如何使談判，在跨部門議題得以在不同時間獲得結論。此一方案可能提供力求平衡以鼓勵參與WTO談判，能迅速往前啓動，並且達成結果，始符合各國利益。

　　要言之，此等方案顯示貿易議題將增加強化市場，在開放市場之外，反映國內管制改革議題，民主發展及良好管理。加國政府致力於達成此等目標，以創造一可預測及透明之監督結構，終能避免以不正當手段獲取利益及創造貿易商、投資者及消費者三贏，可以健全發展之環境。

二、區域及雙邊協定關係

　　加國繼續尋求雙邊及區域貿易協定，以補充多邊之不足。加國承認此等協定架構往往僅帶來一短期間利益，而不若在全球論壇推動多邊議題，可能維持廣泛基礎之貿易自由化。基本上此等區域貿易方案仍須符合WTO架構之優先性。在此方面，加國願意繼續參與WTO區域貿易協定委員會之工作，以徹底檢視區域協定是否與WTO規範及其精神均能符合。加國特別關切該一委員會對個別區域貿易協定規定應通知WTO之審查是否有具體成果，包括NAFTA在內。

　　至於加國所參與之區域或雙邊協定，茲擇其要者釋明如下：

　　(一) NAFTA：以美加自由貿易協定爲基礎，目的是消除加國與美國間大部分產品之關稅，已依預定計畫在1998年1月完成。而第五回合加國與墨西哥關稅減讓亦在同一日舉行。依NAFTA第二回合加速關稅減讓已在1998年8月執行。

　　NAFTA所提供之架構，正在執行之中，將繼續是加國貿易政策之重要部分。加國表示願意繼續致力於在服務業、政府採購及貿易救濟適用等領域之市場開放目標。其他優先工作，NAFTA成員國已表示將進一步拓展貿易與投資。

　　1998年，美加墨舉行NAFTA成立五週年慶，同時完成NAFTA運作檢討工作計畫及未來優先工作目標之規劃。對於加國而言，NAFTA強化進入美國市場條件，植基於美加所締結自由貿易協定。同時亦賦予加國及墨西哥間得以互惠方式

進入對方市場。自美加自由貿易協定於1989年生效之後，加國與美國之雙邊貿易呈現倍數增加，在1997年時達4,290億美元，而自執行NAFTA之後，加國與墨西哥之貿易增加8%，在1997年達到83億美元。

(二) FTAA：該協定談判過程中，加國在前十八個月擔任主席，初期會議由九個談判團體及三個另外機構參加，討論三項重點議題：1.電子商務；2.中小企業；3.參與民間社團（civil society）。

加國參與FTAA談判，最主要課題為如何在此區域形成過程初期階段，達成具體成果，包括使促進商業及參與民間社團獲得進展。

(三) CCFTA：加國與智利締結之自由貿易協定（Canada-Chile Free Trade Agreement, CCFTA）及與環保及勞工有關之二項合作協定，已於1997年7月生效。很多產品之關稅均將儘速消除，所餘尚保留工業產品及初級產品關稅則在五年內消除。

(四) APEC：加國於1997年舉辦APEC領袖會議，達成所謂「早收部門自由化」（early voluntary sectoral liberalisation, EVSL）方案，計有15項部門。APEC將繼續執行九項優先部門之協定，經由WTO提供促進擴大參與。

(五) 歐盟：加國將繼續尋求改善與歐盟更為有效率之關係。在此同時，加國將致力於結合三叉策略（three-pronged strategy），包括與歐盟、墨西哥及美國分別談判貿易自由化及便捷化，以便構築更為密切之架構。此外，加國與歐盟締結之泛大西洋行動計畫及關稅合作協定已在1997年簽訂，慫恿歐盟與美、加、墨談判，俾自二大區塊之合作中獲益。

(六) EFTA：加國啟動與歐協國家，包括挪威、瑞士、冰島及列支敦斯登進行自由貿易協定談判，一般預料此一談判可望有快速進展。

(七) 美國：至於個別國家部分，加國以經營與美國之關係列為首要之務。不僅加國政府本身如此認為，WTO秘書處之研究報告亦指陳此點甚為明確。迄今，美國仍為加國最大貿易夥伴及最大出口市場。根據資料顯示，1996年加國對美出口約為2,108億加幣，占總出口81.3%；自美進口約為1,587億加幣，占總進口67.6%。惟該國現亦有分散出口市場計畫，以期降低對美國市場之依賴。

伍、加國貿易政策體制特徵

加國經濟依賴貿易（trade-dependent），且增加全球整合。依加國政府向

WTO提出之「貿易政策檢討報告」指出，加國GDP之40%依賴貿易，三個工作機會中之一個直接與貿易有關，而且外人直接投資每10億美元據估計在加國可以創造多達45,000個工作機會。拓展國際貿易與投資為加國政府促進就業、成長與繁榮策略之重要因素。加國運用貿易協定作為工具，以誘導貿易與經濟利益。表面上，尋求經濟成長與就業，其結果則為出口及外向投資機會，而且由於內向投資及技術流入而增加效能及刺激增加進口競爭。

近年來，加拿大致力於拓展貿易及促進新投資，使經濟呈現穩定及健全發展。[10]根據加國政府統計，1997年，該國國內生產毛額增加3.7%，即因受強烈國內需求及穩健貿易表現之結果。加以低通膨、低利率、失業率降低，加拿大乃能持盈保泰，不受世界金融危機所憾動，而繼續積極參與世界貿易與投資活動。

1999年7月中旬應邀到我國訪問之美國知名經濟學家梭羅教授（Lester C. Thurow）提出所謂「知識經濟」之概念，渠認為全球經濟發展走到世紀轉折點上，人類正處於一個以知識為基礎之國際經濟過渡期，個人、企業或國家都將面臨新的考驗與挑戰。[11]儘管加國為商品之淨出口國，近年國際商品價格滑落，對加國經濟表現影響有限，惟商品部門占總出口之比重，已不若以往重要。1980年以資源為基礎商品所占總出口比重為60%，現則僅占35%，約相當於加國GDP之12%，此反映加國經濟正在改變，從以商品為基礎（commodities-based）向以更大「知識為基礎」（knowledge-based）之經濟型態轉變。[12]可見，加國與若干工業先進國家，在經濟領域同走在時代尖端，並與美、歐、日並列為貿易四強。惟此一情勢現已有所改變，中國自2005年起成為新貿易四巨頭之一。

有關加國貿易政策體制之特徵，充分反映在該國所採取貿易政策工具上面，茲分別說明如下：

一、關稅

加國自1998年1月起執行「關稅簡化方案」（Tariff Simplification Initiative）。此對於增加透明性及進口制度行政效率之提升甚為重要，依此，將單方

---

[10] 加國聯邦政府及各邦政府對引進外資相當重視，各邦亦訂有若干優惠措施，透過諸如融資、創業投資、貸款保證及稅捐減免等措施，鼓勵外資從事科技研發、生產機械設備及繁榮地區經濟。

[11] 梭羅認為知識經濟時代已經到來，強調知識是財富之經濟基礎，誰能掌握知識、技術，就能掌握經濟脈動，並認為新科技之應用將引爆新一波之產業革命，創新科技技術正快速改變過去創造財富之基本規則，此股勢力不但使新產業享受爆發性之成長，亦使得傳統、現存之產業進化到超出以往我們所認知之模式。渠表示，全球現正進行第三次產業革命，新科技將改變我們生活的每一個層面，包括作事之方式與工作種類，改變來的之快、之急、規模之大，難以讓任何人輕易抓住。詳請參工商時報（1999.7.12），版2。

[12] 號稱「AI教父」，美國輝達（NVIDIA）公司執行長黃仁勳，於2024年6月2日在臺大專題演講「臺灣是AI起點」之旨趣，與梭羅教授論點，不謀而合。

面降低或消除廣泛範圍之關稅，調整大部分稅率，消除低於2%以下稅率，調和若干稅率及合併關稅項目，加國並且完成「特別進口措施法」（Special Import Measures Act）之檢討。1998年3月，加國提出法案，送交國會審議，建議調整該一制度，惟大部分屬於程序方面修正，藉以改善及增加透明性。

加國依該方案實施新關稅稅則表，使進口制度大幅簡化及合理化，此亦係透明化後必然之結果。新關稅稅則融入烏拉圭回合關稅減讓，計有1,999項，統一該稅則表，並將關稅項目自11,000項目調降為8,000項目，並將原來稅率在2%以下者調整為0，未來將自動調整。幾近半數關稅項目已免稅，而在1996年時則僅三分之一，1998年簡單平均關稅稅率下降至7.7%，而二年以前平均關稅稅率則為9.2%。

該國應付稅項目之平均關約為14%，自1996年以還未改變，藉關稅保護仍然重要，包括食品、紡織及成衣、鞋類及造船。在若干部門關稅級距仍相當高，包括食品、紡織品及鞋類。此等特徵成為輸往中國之潛在障礙，蓋此等產品在開發中國家普遍具有較佳之比較利益。依新關稅表之消除及降低關稅計畫，有助於增加透明化。依新規定，容許部分公司進口小汽車免稅。

自由貿易協定（FTAs）亦規定及於關稅降低。尤其，依逐步執行之NAF-TA，與美國貿易之各個關稅將完全消除。而主要例外則為計畫供應之農產品。另加國與智利及以色列所簽訂之FTAs，為加國對外所簽訂第十個優惠關稅體制，每個協定均包含有不同優惠稅率及原產地規則。歐美國家與亞洲國家在關稅領域重大差別之一，即在於歐美國家似乎比較積極尋求對外簽訂優惠關稅協定，而亞洲國家包括中國、日本、韓國及我國等，此種情況則較為少見。

二、非關稅措施及其管制

加國一如其他工業先進國家，進口管制乃因基於國民健康、安全及環境理由。惟對於農產品、紡織及成衣之貿易限制則屬例外。近年來，與環境有關貿易之禁止遭到一定程度之挑戰，依AIT、政府對政府爭端解決規定及依NAFTA由私人公司所提起。

近年來加國運用課徵平衡稅及進口防衛措施相當節制，而採取反傾銷措施宜付執行已有下降跡象。大半有關反傾銷措施適用於敏感之鋼鐵產業。[13]反傾銷行

---

[13]　按我國輸銷加拿大之不鏽鋼圓形棒條，直徑25至570公分者，涉嫌傾銷案，加國國際貿易法庭調查結果認定已對加國產業造成實質損害，並自1999年9月4日起課徵反傾銷稅；另對我國輸加已組裝完成或未組裝之自行車，車輛直徑16吋以上者及車架，除自行車FOB售價超過325加元，車架FOB售價超過100加元者外，續課徵反傾銷稅，並於1999年2月27日重新展開調查程序，作成更新正常價格及出口價格之決定，責

為對象以美國供應商為主，乃部分反映雙邊貿易之熱絡。反傾銷被認為是北美地區貿易之潛在障礙。加國繼續尋求在NAFTA及FTAs之內儘可能消除反傾銷及平衡稅措施。按加國與智利締結FTAs中已無採取反傾銷措施規定。

加國承認標準與技術規範在國際貿易之重要影響，乃積極參與國際標準化活動，包括接受國際標準，談判相互承認協定，致力於將加國規範能與主要貿易夥伴之規範相調和。預料，此舉將使加國之各貿易夥伴，尤其調和程度最為接近者受益。

三、其他影響生產與貿易措施

加國攻府在政府採購方面承諾依WTO複邊GPA及NAFTA之規定，開放市場。惟承諾充分履行GPA卻以要求與美國所實際履行者相對等為條件，此一立場，加國自前次貿易政策檢討以來並未改變，而有可能與其他GPA簽字國繼續發生摩擦。

加國未來繼續尋求貿易促進及貿易政策之補充策略。包括進一步開放市場及開拓新市場以促進加國商業。加國政府表示，將繼續促進以規則為導向開放之國際貿易制度，建立在適用透明（transparent）、可預測（predictable）及可執行（enforceable）之多邊貿易規則。

在此同時，加國尋求傳統貿易障礙之減少，即工業產品關稅、配額及進口限制及消除無根據之非關稅障礙。加國政府表示仍將積極參與TRIPS理事會，參與貿易與競爭、貿易與投資及政府採購透明化等工作小組之作業。並致力於發展透明化及強化之爭端解決體制。[14]

加國之雙邊及區域貿易自由化反映「外向導向」策略，無論如何已創造優惠關稅及原產地規則等制度，可能引起所謂「貿易轉向」（trade diversion）之關切。再者，加國實施聯邦制度，為平衡內部壓力，區域經濟整合及多邊貿易自由化繼續使加國對外貿易關係複雜化，WTO會員國以往二年來質疑加國措施者，包括專利保護、牛乳及乳製品價格、底片經銷、定期稅、航空器之出口支持及汽車貿易制度等。

成進口商應與出口商聯繫取得適用之正常價格，以確定其反傾銷稅責任；至於我國輸加國之防水膠鞋及口袋型相簿，業經該國國際法庭重新檢討後決定，認我國輸加產品數量不足構成對加產品威脅，終止課稅判決，惟對我國輸加自黏相簿，其正常進口材料價格超過出口價格者，加國國稅部仍認應對我國出口商課徵反傾銷稅。

[14] 近年來加國與貿易夥伴發生之貿易爭端案件，例如與歐盟發生淺底鍋之標示及穀物進口稅，均由加國主動要求與歐盟進行諮商。*See* WTO, *Annual Report 1996-Volume l, Special Topic: Trade and Investment* (1996), p. 133.

四、部門產業政策

整體而言，加國除少數產業限制或禁止外人投資者外，該國市場對外投資完全開放，並給予國民待遇。至於禁止外人投資之產業，包括文化事業、金融服務業、民航業、能源及礦業、電信業、漁業、供配電事業、醫療服務業及房地產業等，惟WTO對於金融服務業及基本電信業已達成協議，加國為談判參與國，自應受該等協定之拘束而需要承諾一定程度市場之開放。

一般而言，加國經濟相當開放，為減少政策扭曲，大部分貨品或服務皆准許自由流通。而若干部門則基於歷史、政治等各種不同理由，仍保留有一定程度之干預，造成貿易與投資障礙。此等部門需要慎重檢討，不過部分現已有所改變。茲就各別產業情況分述如下：

(一) 農業

加國對於農業之公共財政支持繼續加以緊縮，包括在1997年消除出口補貼及大幅降低國內農業補貼。對於穀物及主要畜產類增加市場導向環境，而對於乳製品、家禽及蛋類則維持供應管理制度。

加國若干實務所實施之配額內進口（in-quota access）係保留僅供若干優惠協定而來，包括加國與智利、以色列所締結之FTAs。至於配額外供應（out-of-quota supplies），其關稅時常超過200%以上。顯有以價制量，限制配額外供應，以維配額制度正常運作之用意。

(二) 製造業

加國之部門產業以製造業為大宗，以1996年言，製造業占加國GDP之18.84%，金融業占16.06%居第二位。至於成長率較高者，依序為通訊業、批發業、農業、礦業及金融業。[15]加國製造業中以汽車業為最主要，並與美國汽車業進行緊密整合。自1965年加國與美國簽訂雙邊汽車協定（Auto Pact）之後，汽車業乃適用特別管理制度。小汽車及售後服務所需零件（after market parts）適用最惠國待遇關稅（most favoured nation tariffs）。當時稅率為6.7%，對汽車原始裝備則為零關稅，汽車協定特別適用於各公司，同意對加國加值物品及生產供銷售用裝備得自各地免稅進口汽車產品。自1998年政府宣布之後，汽車產品不再單方面降低最惠國待遇關稅，而改依WTO及區域協定以尋求自由化，歐盟及日本即

---

[15] 加拿大之製造業以高科技、高附加價值產業為主，如汽車製造、飛機及航太工業、通訊設備及化工，至於木材加工、造紙、食品及礦產品亦甚重要，乃因具有豐富資源之故。以1998年而言，該國經濟成長率達3%，平均國民所得接近2萬美元，出口值為2,001億美元，進口值為2,012億美元，為貿易大國之一。

要求與加國諮商有關加國汽車制度與WTO之調和問題。對於加國而言，比較關切放棄單邊，提供最惠國待遇，而有效率增加自由化，需花費較大成本，從而認為如能保留障礙，可以作為將來談判之籌碼。

依照既定進程，加國依WTO有關ATC履行產品整合計畫，包括部分具有限制性產品列入整合計畫之中，因而似較美國為少引起爭議，且有效消除部分配額並以單方面自由化之努力，增加其他市場開放。紡織品及成衣貿易亦進行區域自由化，NAFTA區域內貿易有相當幅度增加，即部分係由於原產地規則，用以確保在NAFTA成員國生產商自由貿易之利益。近年來，加國自中國及香港進口紡織品，尤其自中國進口大幅增加，中國現已成為加國進口成衣成長比重最大之來源。[16]

(三) 服務業

為保持國際競爭力，依預定計畫，加國服務部門繼續進行逐步開放之中，以面對快速技術變遷及美國供應商之競爭壓力。依GATS及NAFTA所作國際承諾，促進國內改革同時，保證外國服務提供者亦將因此一改革而受益。加國積極參與WTO所推動基本電信及金融服務談判。在視聽服務方面，加國繼續尋求國際承諾與認知，此種逐步增加之無邊界市場，需與促進文化認同取得合理平衡。此種服務業與文化業之其他活動有關，該國政府檢討開放由外國人投資之可能性。

專業性服務部門對加國商業服務出口有相當重要貢獻，加國各邦及區域機構對專業服務有嚴密規範。在各邦及聯邦機構導入專業服務公司。雖然加國地方分權制度創造此等服務貿易之障礙，包括邦與邦間之勞工移動，採取步驟。依AIT，跨邦間對於職業標準作相互承認或協調。在國際舞臺，加國依GATS對於專業服務作重要承諾，並且依雙邊及區域協定，如依NAFTA締結相互認證協定。

陸、WTO會員國看歐盟貿易政策

WTO之貿易政策檢討機構（TPRB）於1997年11月下旬對歐盟作政策檢討，

---

[16] 有關我國輸銷加國紡織品及成衣，受到配額限制，配額數量乃依二國紡品協議內容辦理。原協議於1998年底即告屆滿，經我國與加國商洽，允予延展一年，至1999年12月31日止，於延長期間，在我國加入WTO之後，則依WTO紡品成衣協定辦理。

本質上係依據「中程檢討」（interim review）架構而進行，乃以近年來貿易政策之發展爲主，而不包括各項可能存在之問題。

會員國歡迎歐盟代表有關參與承諾以WTO爲基礎多邊貿易制度之聲明，惟會員國所提出之問題，多屬歐盟貿易政策與措施之特殊層面，而足以影響其他WTO會員國者。歐盟作爲全球最大貿易體對於貿易制度有重要影響，需要受到約制，而爲會員國關切所在。茲就所提出問題分爲五大要項釋明如下：[17]

一、單一市場與多邊自由化之交互影響

諸多會員國認爲歐洲單一市場與多邊對外自由化，在很多層面相互支援，其結果改善對外供應商之市場通路，並增強歐盟經濟之競爭力。例如，歐盟因參與多邊服務貿易談判，而帶動歐盟內部改革。

惟部分會員國以爲歐盟仍保留對貿易及資源有效分配之重要障礙，對外國供應商具有潛在之負面影響。會員國提到歐盟對少數部門提供高幅度政府補助及對開放公共採購仍有限制，認爲政策目標應以WTO規則爲準，以確保各項規範能尊重透明化及不歧視原則，並依規定通知WTO，部分會員國提及歐盟最近轉而強化有關健康、安全與環境保護之措施。近數年來歐盟內部工業產品貿易所占比重增加，而外部工業產品貿易所占比重則有下降趨勢。

歐盟代表回應強調，單一市場內部調整過程邁向自由化，歐盟措施旨在消除內部貿易障礙，消除之後，第三國供應商亦將獲利。歐盟內部貿易之增加，並不以犧牲非歐盟國家爲代價。非歐盟國家約占歐盟進口總值40%，且歐盟內部對於工業產品之需求亦有上升。乃提供有關行動計畫尚待解除障礙清單，並承諾提供簡化歐盟立法提議之資訊。

歐盟代表表示修正後羅馬條約第133條，已釐清所謂「共同體權能」（community competence）之問題，回憶說明共同體在商品貿易談判有絕對權能，而盟員國在TRIPS方面，則並未保留管轄權。

二、歐盟會員國擴大與優惠協定

會員國關切歐盟會員國進一步擴充及繼續擴大區域及其他優惠協定，對第三國是否造成「貿易轉向」之問題。會員國認爲若干部門如紡織品、農業及汽車業仍保有較爲嚴重之關稅及非關稅障礙，強調區域整合必須以符合WTO規則爲前

---

[17]　有關TPRB對歐盟所作貿易政策檢討，WTO各會員國發言表示關切情形之摘要，可參Trade Policy Review Body, "Review of the European Union," *World Trade and Arbitration Materials* (February 1998), 10(1): 36-41.

提。其中一位與談人表示，歐盟需確保WTO規則能適當處理優惠及區域協定之增加及新結構。歐盟舉行部長會議亦曾提及優惠協定應慎重考慮WTO之符合問題，並釐清WTO區域貿易協定之規則。此外，尚提及歐盟優惠原產地規則之調和及累計規定（cumulation provisions）問題。

部分會員國認為歐盟依據GATT第24條第6項規定，就奧地利、芬蘭及瑞典等三個加入歐盟，能與歐盟達成補償談判，相當不易，惟部分會員國則以為此一談判尚未完全達成，應儘速達成協議。其中一會員國強調盟員國擴充談判必須優先進行。

許多開發中國家對歐盟所提供GSP，修正後以履行環境保護及照顧勞工利益為條件，乃至與打擊毒品發生關聯，認為似乎已超出WTO相關協定之要求。另對尋求部門或國家畢業條款，亦有微詞。

歐盟代表答覆稱，WTO逐步多邊自由化目標與優惠協定之間並無矛盾或牴觸可言，強調自由貿易乃僅是歐盟協定之一部分。歐盟協定所包含之範圍如：民主、經濟合作、政治及安全目標、法律同化（approximation of laws）、移民、結構改革之財政援助（financial assistance for structural reforms）等。歐盟已慎重確保所簽署協定符合WTO規範，並提供歐盟目前正在談判之優惠協定、夥伴及合作協定及依據GATT第24條第6項規定談判之詳細資料。

歐盟以為原產地規則之差異，對貿易商及海關均可能造成困擾。此一規則之統一，有其需要，不僅歐洲協定，新修正之「地中海協定」（Mediterranean Agreement）亦有規定。基本上，歐盟之原產地規則與WTO相關協定，並無不合。

歐盟代表以為歐盟之GSP方案為最完整計畫之一，歐盟當局雖享有自主權，但並非絕對，該計畫引進保護勞工權益之政策，並無不妥。所規定之特別獎勵計畫具有自動執行性質，以支持或促使各國打擊毒品貿易，並引進環境或社會政策，頗具前瞻性。

三、制度化之貿易政策問題

一般言，WTO會員國普遍承認，歐盟近年來經由執行WTO關稅承諾及消除配額、出口限制等，而邁向更加自由貿易體制，且在基本電信、資訊科技及金融服務等各項後續談判繼續扮演要角。

惟會員國關切進口保護、各項援助及部分敏感部門而保留使用臨時性措施。歐盟平均工業產品關稅已低於5%，到2000年降至3%以下，至於紡織品及成衣、汽車及部分消費電子產品則維持高關稅。農產品採取較高稅率，受影響較大者如

穀物、肉類、乳製品、家禽、糖及香菸。此外,歐盟之關稅結構繼續保留某種程度之關稅級距,具有限制貿易影響之關稅再分類已被提出。

很多會員國感到遺憾者為,歐盟反傾銷使用頻率頗高,紡織品常運用反規避(anti-circumvention)條款加以反制。紡織品既採高關稅保護復有配額限制,且密集運用反傾銷措施,保護既有市場而增加諸多市場不確定因素。部分會員國質疑歐盟反傾銷法之若干條款與相關WTO協定是否具有相容性(compatibility)之問題。

會員國表示歐盟內部措施如政府協助與貿易有所影響,而強調盟員國需有嚴格之補貼規範,另認為歐盟公共採購開放範圍過低,及應符合WTO之GPA問題。此外,強調歐盟之健康、安全及環境指令,必須不構成非必要之貿易障礙。此一方面,部分會員國關切所謂「零風險」(zero risk)方案,顯然包含在若干貿易禁止(trade prohibition)之中,對歐盟及非歐盟國家均有影響,包括肉類及有關動物產品須經由特定代理商辦理,有關「特別風險資料」(specified risk materials)之新措施已自1998年1月執行。對於歐盟「環保標章」(eco-label)計畫之管理,會員國尋求更大之透明化,各國分別採行之環保標章,如德國之藍天使標章(Blue Angel Label)、北歐國家之白天鵝標章(white Swan Label)及法國之NF環保標準。

歐盟代表除提供詳細之關稅稅則表、關務行政及有關各盟員國及歐盟之司法程序外,回答有關歐盟反傾銷規則與程序之問題。歐盟有意恢復公平貿易及與WTO規定符合,以為反傾銷指控案件數目已減少,反傾銷程序公開且透明,且未設定以特定部門產業或出口商為目標,歐盟對於開發中國家給予特別考慮,執委會僅接受對造成損害之傾銷,給予救濟。在歐盟內部之貿易,整合市場並不包括反傾銷行為,而改以執行競爭規則處理此等掠奪價格案件取代。反吸收條款容許出口價格或正常價格之再重估,如價格變更可以解除損害即不會發生。至於反傾銷法中所採取之低稅規則(lesser duty rule),其使用已制度化,且所課徵者為適度之反傾銷稅稅率。WTO協定容許,在必要時得以反制反傾銷措施之故意違規轉運。

歐盟代表強調歐盟對於政府協助(state aids)已通知WTO,感激各會員國能夠肯定歐盟各盟員國及地方政府在提供透明化所作之努力,並提供結構基金營運之詳細資料,包括特別部門,政府協助之使用必須受到限制且應透明。就長期觀點,歐盟使用政府協助已有下降跡象可循,且必將朝此方向繼續進行。

歐盟代表提供歐盟競爭政策運作之資訊,歐盟之「市場開放策略基本資料」(Market Access strategy Database)對巴西適用之貿易障礙規則、歐盟之出口促

進計畫及環保標章之使用標準，後一計畫並無歧視性，所採取步驟已將各生產商之利益加以考慮在內。公制標章符合ISO標準，且將簡化其程序。至於歐盟與美國簽署之MRAs並未包括原產地規定，乃有意延伸MRAs之範圍及於其他供應商。

歐盟代表強調歐盟亟為重視智慧財產權之問題。有關立法現正執行或列入考慮之中，並且回答如電子商務、資料庫之保護及國民待遇等特定問題。GPA在歐盟法中有充分效力。1996年7月各盟員國執行歐盟155項指令，有140項已通知歐盟，欠缺協調並不一定意味與歐盟規則或GPA有差異，例如，相互之間已頗為符合，低於歐盟及GPA門檻之契約並不需要公告，提供GPA執行之詳細資料，並於1997年12月通知WTO。

四、部門產業問題

(一) 農業：歐盟執行「共同農業政策」改革及對WTO承諾，大部分藉助有利之市場趨勢，被認為邁向正確方向，農產品平均關稅已下降，而高配額外稅率（out-of-quota rates）繼續保護敏感性產品；「生產者補貼等量」（producer subsidy equivalents）現已增加。肉類、乳製品、稻米、蔬果之進口協議繼續為關切事項。WTO會員國要求歐盟農業部門繼續作政策改革，進一步轉化為「直接給付」（direct payments）、減少依賴「價格支持」（price support）及「出口補貼」（export subsidies）。在此方面，由執委會所提出2000年議程頗受歡迎，雖然有部分會員國懷疑是否能足夠改善所謂資源分配及市場通路；並且正在蒐集歐盟各盟員國對此項建議之初步反映。

(二) 工業：會員國承認歐盟配合單一市場規定，工業產品之市場開放已有改善，關稅及非關稅措施降低，及依ITA作新承諾。惟若干會員國對於紡織品及成衣進口自由化緩慢表示失望，限制性項目則列在ATC最後整合階段。此外，會員國注意到若干部門，例如汽車業面對新市場趨勢及成本條件調整之困難，並受到高關稅保護及大幅金融協助之利益。部分會員國強調歐盟產業在中級科技產品之高度國際分工。

(三) 服務業：大部分WTO會員國讚賞歐盟致力於對內與對外服務貿易之自由化，特別在電信及金融服務方面。部分會員國質問歐盟服務自由化對已開發國家頗為有利，惟WTO下一回合，即杜哈（Doha）回合談判在服務業之外，亦將支持開發中國家在其他領域之利益。

歐盟代表表示，紡織品及成衣均在重新整合回歸GATT體系之中，歐盟之方案完全符合自由化義務，惟歐盟願意檢討第一階段整合能符合「紡織品監督機

構」（Textile Monitoring Body, TMB）之建議。解釋依歐洲協定市場開放之規定，提到適用稅率並未超過約束稅率，而最高稅率亦非屬最高（peaks），進行貿易政策檢討時，歐盟尚未依據ATC之規定，擬定第三階段之整合計畫。

歐盟代表對農、漁業範圍所提問題，提供初步回應，願意稍後提供書面答覆資料，會員國所提到問題涉及檢驗及檢疫（SPS）措施，採取該等措施旨在進一步改革共同農業政策及蔬果制度。若干情形，會員國要求參考其他WTO委員會所提供之資訊，例如有關關稅配額之管理。歐盟允諾履行WTO義務，包括取得內部支持，歐盟並未考慮干預機構如國營貿易企業，酒類之改革則在考慮之中。

歐盟代表表示，涉及服務部門之問題，若干正在進行改革，將超過WTO所承諾義務，而內部改革並不一定與對外義務有所影響，歐盟願意依貿易夥伴之要求尋求自由化，而貿易夥伴亦需履行國際承諾之效果。歐盟願提供：1.單一市場計畫及金融服務與運輸；2.非歐盟會員國之電信及媒體提供者之加值營業稅指令；3.視聽服務有關：「電視無疆界」（television without frontiers）指令等詳細資料。至有關「電子商務」（electronic commerce）目前正在檢討之中。[18]

五、歐盟與多邊貿易制度之未來

會員國關切歐盟經濟與貨幣聯盟（EMU）及新盟員國擴充可能帶來之影響，認為單一市場透明化及貿易流向歐元地區，在完全及可預測性方面，具有潛在之利益效果。歐洲EMU對非屬歐元地區之歐洲國家影響，歐盟將作進一步分析。根據媒體報導，歐元地區仍需作結構改革，如果歐元地區各國開始改革社會安全制度，增加勞動市場彈性，並降低稅率，歐元地區有可能成為全球經濟成長之中心，又據歐洲央行官員指出，歐元地帶已歷經經濟疲弱最惡劣時期，近來經濟統計數字證實，歐元地區將再度快速復甦。

會員國普遍承認單一市場完成歐洲整合之深化，實施單一貨幣及改革共同體制度，並不至於降低歐盟參與多邊制度，反之，認為歐盟致力於後烏拉圭回合談判之成功，促進運用爭端解決程序，包括接受未必有利於歐盟之專家小組報告及支持WTO議程新問題之發展。部分會員國歡迎歐盟代表之聲明，在未來任何WTO回合，應需是全盤性而非局部性談判。

---

[18] 按電子商務是WTO新回合千禧年談判重點議題之一，據經濟部指出，歐美國家推動將電子商務數據化商品免關稅，並列入承諾表，同時儘量減輕國內賦稅負擔，目前許多國際組織均在討論。如何建構電子商務之有利環境，如電子簽章、電子認證、保護個人隱私權，並重新界定智慧財產權之保護規定。據稱，為使我國可與國際規範相容，並掌握最新資訊，經濟部參與國際經貿組織專案小組，已特別設立電子商務工作分工小組，結合相關單位，將共同發展國際電子商務。

　　歐盟代表回想起開場白確認歐盟執著於多邊制度，說明已執行之計畫大綱，或依2000年議程所進行之內部改革並與申請加入歐盟政府進行入會談判。歐盟依據GATT 1994及GATS之相關規定，將遵守其義務。歐盟會員國擴充亦意味一更大之單一市場，如過去一般，內部整合與對外自由化將繼續平行進行。

　　此一貿易政策檢討已列舉歐盟對多邊貿易制度之影響及會員國所明確承認之改進，而發生二項結果。其一，會員國大都對自由化運動如單一市場持正面評價；其二，會員國強烈感受到歐盟之貿易策略或措施具有潛在之貿易扭曲。會員國相當關切歐盟之擴大效果，與鄰邦及其他國家所締結新貿易協定之發展，廣泛特定或部門問題。事實上，歐盟之貿易政策與行為，與其他WTO會員國並無不同，此在檢討會中各會員國所質疑諸多問題及會議進行之辯論中可以看出端倪。

　　雖然此次檢討僅是中程檢討，惟正當歐盟貿易政策發展之關鍵時刻，很多新的發展正在進行之中，諸如有關經濟與貨幣聯盟（將導致單一市場進一步整合及自由化），修正洛梅協定，及朝向歐盟會員國擴大。WTO架構下對歐盟所進行之貿易政策檢討，會議中各會員國所提出評論，歐盟主管當局一執委會及各盟員國能加以考慮，俾在多邊貿易制度內發展其對外關係及形成為歐盟之內部政策，以直接或間接包含在多邊貿易制度。

柒、結論

　　有關歐盟及加拿大經濟及貿易政策體制之定位及重要性，茲分五點說明如下：

一、歐盟承諾在WTO架構下繼續推動貿易自由化

　　展望未來，歐盟對外商業政策計畫重點在於以WTO制度為基調，承諾進一步自由化，所將持續進行工作，包括：

　　(一) 歐盟承諾WTO成立時所作決定結果，即所謂「既定議題」（built-in agenda），在此方面，新加坡部長會議所作增列投資、競爭及政府採購於WTO工作計畫之決定，歐盟明確承諾依所定時間表處理此等問題，並將在處理過程中扮演積極與具有建設性角色。此外，歐盟亦將積極檢討ITA所含蓋產品項目範圍。

　　(二) 貿易便捷化議題，包括標準及管制問題，原產地、通關程序及電子商務

（electronic commerce）。

(三) 對申請加入WTO為會員國者，繼續扮演充分角色，要求充分符合WTO規則，並且應相當幅度開放市場承諾為基礎。

(四) 確保傳統市場開放問題，仍將是WTO未來之優先工作。

歐盟承諾成功完成各項新議題談判，並以能充分執行為其主要目標。只要能夠得到會員國之鼎力支持，願意繼續推廣WTO多邊貿易制度，俾使各個歐盟會員國人民能夠得到貿易自由化之長遠利益，政府不應掩飾伴隨經濟變遷所發生之挑戰與困難，同時，亦不應容許以單方面態度處理貿易爭議，或以局部為基礎而不提供全球及相互利益之明確檢討。

二、歐盟承諾繼續推動WTO此一多邊貿易制度

在貿易體制特徵方面，歐盟在若干部門繼續保留使用進口保護、其他型式援助及暫時性措施，由於執行單一市場方案及履行WTO協定之結果，歐盟貿易政策及措施已導入有利方向，最近歐盟消除VERs及減少依賴關稅及非關稅措施，加以遵守WTO規範，而增加市場開放及可預性。此等趨勢可以佐證多邊架構之規範，乃構成歐盟政策益趨重要參考。

單一市場過程刺激內部競爭，對第三國供應商有時亦有利基，單一貨幣實施，預算限制，盟員國擴充遠景，在重要經濟部門如金融服務之國際談判或新協定，於進一步經濟與貿易改革似乎將維持壓力。

歐盟之擴大及歐盟優惠自由貿易協定之擴張，已引起享有最惠國待遇貿易夥伴可能造成貿易轉向之關切，WTO現亦留意此種制度效果之發展。同時，歐盟對於自由貿易區型態與WTO協定及最惠國待遇夥伴關係之深度，將再作評估。

三、歐盟要求各會員國面對市場開放之挑戰

歐盟開放過程，其固有議題與WTO工作計畫交互運作，進一步提供非平行自由化之機會，並使各個盟員國擴大參與全球經濟，歐盟深信以全面、全球方式處理之迫切需要。歐盟認為面對市場開放規則之挑戰及全球性問題，各參加國對於其經濟及其他利益應有較廣泛檢討。掌握此一機會，乃係WTO會員國在新世紀之首要工作。

四、加拿大指出能自自由貿易體制獲益原因

至於加國方面，市場依居民聚居地形成主要消費市場地點，即美、加邊界沿線及多倫多、蒙特婁與溫哥華三大主要城市。依1998年之統計，加國人口3,000

餘萬人，約為我國1.3倍而已，加國經濟規模不大，惟卻居全球貿易大國，並不容易。依該國政府所稱，該國所以能夠從自由貿易體制中獲得利益，乃建構在「規則」（rules），而非「權力」（power）之上，[19]此點甚為重要。

當加國尋求各種貿易談判及解決方案，固然面對挑戰與機會，但可以增進大眾對於所進行國際貿易議題，如貿易、投資對就業與成長之影響，乃至該國既有或未來國際承諾之瞭解。該國關切市場競爭及外人投資對國內之影響，並且能在全球金融市場危機中全身而退，加國政府以為在貿易政策談判締結協定發展過程中，反映社會及文化面之關切。

五、加拿大強調法治原則之優位性

此外，在主權、社會政策整合、環境保護，維持國家認同（national identity）及分享貿易利益等各方面，該國亦表示關切。該國保留承諾與民間及公共部門及WTO之加國貿易夥伴作密切諮商，以確保貿易與投資自由化不至於腐蝕基本價值、標準、文化或政府之權力，依國際貿易廣泛範圍之法治原則（rule of law）之優位性（primacy），以規範合法之公共利益。

加國未來工作重點現已浮現，該國表示願在下一回合（杜哈回合）多邊貿易談判繼續在有效率，強化及擴張性之世界貿易制度下充分參與分析、討論、諮商及談判，以實現更大利益及維持經濟榮景。

附論：歐洲單一市場的基本措施與影響[20]

歐盟內部市場係基於「國際分工」，強化競爭力及運作效率而生，於1992年達成整合目標。形成之後，是否將成為「歐洲保壘」（Europe fortress），並與美、日市場相抗衡，為世人所關切。顯然在此點上，開發中國家與已開發國家感受不無差異。美、日等先進國家的多國籍公司（multinational corporation），早在1985年當「單一市場法」（Single European Act, SEA）初次曝光之後，即陸續搶灘，前往歐盟投資設廠者有之，前往設置行銷公司者有之，前往設置跨國銀行、運輸、保險等服務業者亦復有之。由於早有心裡準備，先進國家對歐洲堡壘

19　原文為：“As a large trader with a relatively small economy, Canada benefits from a trade regime based on rules rather than on power.”
20　本節原載於「經濟日報」（1990.9.30），版7。2024年6月略作修正。

並無憂慮。而開發中國家或許基於市場競爭力的考慮，加以科技水準有差距，前往投資設廠的意願不高，而放慢腳步。在此一市場爭奪戰中，已開發國家顯然已占上風。

　　據世界銀行專家指出，單一市場形成之後，歐盟如未升高對外貿易的障礙，可能擴大內需，增加自國外進口，這點對於開發中國家自屬有利。但這點仍需視開發中國家與已開發國家的競爭力，以及歐盟對於開發中國家之政策如何而定。此外，歐盟目前對開發中國家所實施之GSP等優惠措施，在形成單一市場之後，預料亦將有更張，惟我國因政治因素，向未對輸歐產品享有GSP待遇，而韓國於1987年因保護智慧財產權不周緣故，亦已遭到自優惠名單中剔除，可見對我國及韓國影響不大。

　　歐盟為塑造單一市場，標榜將採取三項重大基本措施，對於非歐盟會員國，尤其開發中國家，將造成不同程度的影響，其間利弊互見，茲分別說明如下：

　　一、消除「邊境管制」（border controls）措施：歐盟對開發中國家所設定的配額措施，除有關紡織品及成長係根據「多種纖維協定」（Multifibre Agreement, MFA）所締立者，乃歐盟各會員國對開發中國家普遍所採取限制措施，對於歐盟各會員國普遍適用而外，其他個別產品遭受部分會員國設限者，例如日本輸銷歐盟的小汽車，所受到設限方式，有採取一定市場占有率（M/S），如英、法等國；有採取一定數量限制，如義大利等國，單一市場形成之後，將作如何調整。而來自中南美洲的香蕉，來自亞洲的玩具（尤其我國輸銷歐盟玩具所占比重甚大），均可能遭受影響。

　　二、取消「技術障礙」（technical barriers）措施：歐盟對於有關健康、安全及環境保護的障礙將採取「調和」措施，至於其他方面的障礙，則採取「相互承認」（mutual recognition）措施。前者採取相同標準，後者則容許個別差異，而相互承認其法律效力。從而，依後者的標準，無論是在歐盟當地產製或自外國輸入歐盟，只要在一會員國註冊或取得合法的標示，即得行銷歐盟各會員國。此一措施對於開發中國家產品輸往，取得優勢地位，無需再為各個國家不同需求而煩惱，有助於擴大生產規模；對於開發中國家而言，應為一項利多因素。

　　三、開放「公共採購」（public procurement）措施：歐盟深切明瞭開放政府採購措施對其境內經濟及工業發展，具有重要性，於1969年及1971年即曾分別頒布有關公共供給與公共工程的指令，但這兩項指令採購契約範圍僅及歐盟境內採購總額的20%而已，效果有限。直到晚近單一市場形成之後，歐盟執委會已公開表示，有關公共採購擴大及於四項重要領域：(一)能源（energy）；(二)電訊（telecommunication）；(三)運輸（transport）；(四)水資源（watersupply）供外

國參與競標。此四者均爲現行GATT架構東京回合有關「政府採購規約」所未及規範。確切而言，此四項新開放領域，涉及高度科技因素，並非一般開發中國家所長，對於已開發國家具有補償及撫慰作用，對於開發中國家並無實惠可言。

　　歐盟所採取消邊境管制措施，對我國所將產生立即而明顯的影響，最主要者爲我國之前部分輸歐產品受限於歐盟各個國家的配額限制，例如輸英鞋類、輸法鞋類、輸英電子產品、輸義大利洋傘等。歐盟究竟將取消配額限制，或從而擴大，由各別「國家配額」（national QRS）轉換成爲「歐盟配額」（community-wide QRS）。如屬前者，不再有配額限制，享有較大自主發展空間。如屬後者，則無異加大限制國，對我國產品輸銷歐盟，將產生不利影響。爲符合WTO規範，歐盟已斷然採取取消配額之方式處理。

第 3 章▶▶▶

美日貿易結構性障礙談判（SII）的回響*

　　美國眾議院因鑑於對日貿易逆差問題嚴重，從1980年僅70億美元不到，到1990年維持在500億美元不墜，認為行政部門非有突破性作法，難以為功。因而，在美日二國進行貿易「結構性障礙倡議」（Structural Impediments Initiative, SII）談判同時，即委託該國國際貿易委員會（International Trade Commission, ITC）進行該項談判利弊得失之調查研究。受訪對象除美日二國產、官、學各界人士以外，據稱尚及我國、香港及韓國學術研究機構。

壹、展開商務性談判

　　1989年5月美國依「綜合貿易暨競爭力法」有關超級301條款規定，公布貿易夥伴中實施不公平貿易行為國家名單，計有日本、印度、巴西等六國赫然在優先觀察報復行列。日本雖然不滿，一方面揚言該條款違反GATT精神，另方面與美國接觸謀求妥協。在此背景下，兩國遂於1989年7月進行SII談判預備會議。旋於1989年9月、11月、1990年2月、4月分別在東京及華府舉行第一回合至第四回合談判。俟經延會於1990年6月終於達成協議，並於7月完成最後報告。前後歷時一年之久，開創雙邊商務性談判範圍廣泛及歷時最久紀錄。

　　美國與日本均對SII談判表示關切，在1988年高峰會議席上，布希總統表示欲藉結構調整達成增加對日輸出，而將該協定列為重點工作，因而要求參與談判雙方倍加努力，俾如期完成中間及最後報告。而海部首相則慨然表示，渠已決定將結構調整列為內閣最優先工作，同時藉以提升日本國民生活品質，並繼續執行擴大內需政策，改善行銷通路及解除管制，實施所謂「消費者導向」經濟。

---

* 本文原載於「中央日報」（1991.8.12），版10。2024年5月略作文字修正。

　　由於談判議題廣泛，雙方談判陣容頗爲龐大。經雙方政府同意在協定達成後三年內定期舉行檢討會議以檢視執行進度及商討後續有關問題。

貳、日方承諾改善事項

　　依該協議，日本承諾：

　　一、公共投資方面：在今後十年內擴大在住宅及各項公共工程建設總金額高達2兆9,000億美元之鉅。對此，經濟省（原通商產業省）表示支持，而財政省（原大藏省）則惟恐過度擴張支出，帶來通貨膨脹的壓力。

　　二、土地使用政策方面：美國企業在日本拓展市場的最大隱痛在於日本地價太貴，租金過高，除非大型企業如IBM，一般中小企業欲在東京立足，並不容易。爲此，日方已同意立法降低地價，容許在郊區興建住宅，改革土地稅制，處理閒散公有地，以充分利用土地資源。

　　三、價格機能方面：同意解除管制，依據GATT規範，儘量將有自由化義務而未自由化品目開放自由輸出入，並改善輸入手續，檢討產品標準、測試，將有關行政指導措施透明化，修正放寬對外直接投資法令限制。

　　四、流通體系方面：同意在一年內修正有關零售店法，將大型零售店核准設立期限由原需十八個月縮短爲十二個月。美日二國常爲大店法適用問題發生爭議，形成經濟摩擦，因而日方同意檢討研究修正或廢止大店法。

　　五、反獨占政策方面：事實上，日本早已制定頗爲完整反獨占法律體系，諸如獨占禁止及公平交易確保法，不正競爭防止法，不當景品類及不當表示防止法等多種，惟因公正交易委員會並未嚴格執行而爲美方所詬病，美國尤其不滿對違反此類法律者，僅作行政罰處分，因而建議比照美國法院處理模式科以刑責，以收實效。

　　六、集團企業關係方面：同意提供有關「集團企業」之交易資訊。此種集團企業往往聯合行動，致力改進品質，降低成本且發展新產品，成爲日本獨特企業文化亟爲重要的一環。美國企業界對此最感頭痛，往往難以突破此一封鎖線，進入日本市場。

參、日坦承近期內難以立竿見影

據國際行銷專家指出，凡日本本地不生產，美國具有優勢地位的高科技產品，流行的時興產品（niche products）或國際著名廠牌產品在日本市場較受歡迎。多數接受ITC訪談廠商，參與談判者及日本官員均表示，在SII達成協議後近期內，無法立竿見影，大量增加對日輸出。不過，就長程觀點，如日本能依協議改善流通制度，嚴格執行反獨占法，除資本財原即具有比較利益之外，部分消費品亦有增加輸日可能。諸如烈酒、家具、運動器材、工藝品、航空器、醫療器材、休閒用品及加工食品等項，均具有發展潛力。現階段我國亦倡導開拓日本市場，此一走勢值得密切留意。

從表面來看，SII是美日兩國間的協議，似乎與第三國無關，惟當日本履約而進一步開放市場，各國都將利益均霑。就在SII完成最後報告時刻，日本經濟省貿易政策局局長接受媒體訪問時曾謂，SII進行過程備極艱辛，不過將發展成為多邊制度。而歐陸國際貿易法專家史密茲亦嘗謂，基於GATT最惠國待遇基礎，SII協議其效力將自動延伸及於第三國，而使SII成為多邊化。果然，近來聽聞歐盟已蠢蠢欲動，將比照美日諮商SII模式進行歐日類似談判，可見SII已發生連鎖效應，其震撼力或影響力正在不斷擴散中。

肆、SII效應我將逐步蒙其利

美國專家指出，SII實施之後，在消費財領域，歐盟及新興工業化國家（newly industrialized countries），最具比較利益，將是最大受惠國。可見，我國拓展日本市場時機，將隨SII執行而逐步成熟。1991年5月中旬日本經團連率領龐大代表團來訪與我國共商平衡發展臺日貿易策略，以期有效縮減逆差效果。在此期間，我國提出各項錦囊妙計，諸如要求日本加速23項工業技術移轉，加強來臺投資，協助我國廠商改善品質，擴大自我國採購，推動小歐洲計畫，關鍵零組件回銷日本，推動機械、工具機、電子及電器四大產業與日本企業聯盟，乃至成立臺日貿易平衡小組等，不但可行性高，且可信賴度亦強，據稱部分已獲日方善意回應，凡此種種，可謂是SII效應另一波段的擴散。

附論一：從法律層面看美日經貿關係[1]

　　美、日兩國的經貿關係發展，是今後我國與美國經貿發展的一面鏡子，政府應透過多種管道與國際間維持對話關係，當有助我國重返國際舞臺。依據美國華盛頓大學條約研究中心的資料顯示，歷來美國與日本締結，截至1990年底仍在有效執行的條約及協定，包括美、日安保條約，總數達102項。其中與經貿有關者，有友好通商暨航海條約（FCN）等13項。如將先前談判達成的SII協議計入，已增至14項。SII談判，影響及於未來美日經貿結構變化至深且鉅。

　　美國國會於1988年通過綜合貿易暨競爭力法時，曾提出警告，美、日經貿關係的改善，已非以往採取狹義性部門產品談判所能解決，須調整兩國總體經貿結構。美國國會發現主要關鍵在日本缺乏有效改善結構的誠意，乃建議由兩國政治領袖舉行高峰會談。有關美、日經貿關係在法律層面的架構，可分三層次說明。

一、條約基礎

　　美、日二國於1953年4月締結雙邊FCN，同意強化和平及友誼的連結，鼓勵緊密的經濟合作，促進商業往來，誘導進行相互投資，保障專利、商標、租稅、資金移動等權益，必要時並得管制貨品的輸出入。依該條約，雙方願意恪遵「國民待遇」原則，就對方公私法入、產品、航空器或其他標的物等，均應與本國人同等對待。為避免因爭端發生時興訟到國際法庭，美、日於1961年6月簽署協議，設立美日貿易與經濟事務聯合委員會，經由諮商，維持雙方公開對話的管道，藉此相互交換經貿及市場拓展的資訊，遭遇困難時，作成建議或報告，各自提交政府作決策參考。美日FCN對於貿易爭端的解決，有以雙邊取代WTO尋求多邊解決國際爭端之虞，可能影響第三國權利，因而遭受國際間若干非難。

二、多邊關係

　　美、日兩國同是WTO、OECD、聯合國貿易及發展會議（United Nations Conference on Trade and Development, UNCTAD）、IMF、世界銀行等重要國際經貿及金融組織會員國。其中尤以同係WTO會員國，最為重要。這是因WTO倡導自由及無歧視原則，美、日間經貿關係須在此一架構下運作。

　　日本通往WTO/GATT之路，並未如預期順暢。日本於1952年7月首度向

---

[1]　本節原載於「經濟日報」（1990.12.26），版9。2024年5月略作文字修正。

GATT總部提出入會申請，由於部分西歐國家的反對，未被接受。後改變策略，於1953年10月申請爲「臨時性會員國」（Provisional Member），未遭到拒絕。部分西歐國家擔心日本成爲GATT締約國後，利用最惠國待遇原則，以廉價勞工產製產品，低價傾銷，易造成市場混亂，持保留態度。但由於美國鼎力支持，幕後操控，日本終能排除困難，獲得三分之二理事國通過，於1955年9月取得GATT完整締約國的地位，如願以償。以日本的觀點，加盟GATT，爲重入國際經濟社會的起點，自然不願坐失良機。以美國的觀點，認爲日本加盟GATT，有助於日本經濟情勢的穩定。何況當時東西方集權與民主態勢分明，美國一廂情願認爲，穩定日本政經情勢，符合美國的國家利益，對支持日本加盟，不遺餘力。

三、雙邊關係

美、日兩國締結有關雙邊貿易協定，包括：1981年9月加速關稅減讓協定，1985年5月鋼鐵產品貿易協定，1986年9月半導體貿易協定，同年12月工具機貿易協定，1987年2月棉及人造纖維紡織品協定，同年10月特殊型鋼協定等，旨在限制日本將這些特定產品輸美的數量。至於小汽車輸美，自1980年代起，責由日本採取自動出口限制（VERs）方式處理，同樣達到限額輸美的目的。

曾有日本學者指出，一國的經濟實力與在國際社會的發言權成正比，日本是一個典型範例。1950年代，日本經濟還處起飛階段，欲進入GATT曾經被拒於門外，如今與美國、歐盟鼎足而三，成爲頗具影響力的國家。其間差別與變化，實在很大。

總而言之，美日經貿關係的法律架構是今後我國與美國經貿關係的一面鏡子。事實上，中美之間早在大陸時期，即已簽訂有FCN，至今仍屬有效，美國司法機關曾經引據該條約保障美國在臺現地法人的權益。在經貿領域方面所不同於日本的是缺乏多邊管道，我國政府近年來致力於尋求突破，除與OECD保持對話外，並以加盟GATT/WTO爲迫切任務。以我國當前的經濟實力，比起當年日本加盟時，有過之而無不及，理應是國際經濟社會扮演積極角色的一員。終於在2002年1月1日成爲WTO之會員國。

附論二：美日貿易摩擦問題癥結[2]

　　近代美日兩國曾遭遇二度摩擦，一次在1973年秋中東產油國削減石油產量，發生全球性能源危機之際，另次則於1979年伊朗一手造成美國人質事件，美國要求盟國聯合採取經濟制裁措施，日本基於中東石油利益，未能與美國採取同一步調而生摩擦。惟此二事件仍偏重政治層面問題。迨1980年代，美國貿易收支惡化，龐大貿易赤字成為美日貿易摩擦之根源，甚為難以解決。

　　溯自1980年代以還，美國發生嚴重貿易赤字問題，且如雪球一般，愈滾愈大。1981年美日貿易逆差尚僅181億美元，至1986年逆差則達586億美元，占美國該年全年對外貿易逆差總額三分之一以上。

一、日本成為重要債權國

　　當時日本享有外債達1,800餘億美元，已成為世界重要債權國之一，而同一時期美國則外債高築，成為最大債務國。美國國會鑑於貿易赤字之嚴重，屢有保護法案提出，應屬可以理解。參院財政委員會主席班森曾謂：「在貿易方面，美國面臨危機，國會將以立法手段矯治它。」果然，參眾兩院於年內已分別通過深具保護色彩之綜合貿易法案。

　　在1990年代日本以小汽車、照相機及手錶三寶橫掃千軍，在美國擁有極高之市場占有率。美國以一世界最大農產品生產國，要求日本開放食米、牛肉、柑橘等貨品進口限制。日本則以稻米係日本文化傳統，土產稻米品味與船來品有殊，加以婉拒，美國政府深感不滿。美國農業部部長林思曾恫言，日本勿輕忽美國現已極具爆炸性之貿易情結，並認為日本拒絕降低農產品輸入之障礙，係美日兩國全面性貿易問題之象徵。

　　日本平均關稅稅率較美國及歐盟均低，而非關稅障礙繁多，為一長久來已存在之事實。不過，美日龐大貿易赤字之形成，其因素並不單純。依照美國華府國際經濟研究所（Institute for International Economics, IIE）柏格斯坦之分析，即使日本撤除所有進口限制，美國將僅能增加輸出50億至80億美元，對於平衡貿易逆差效果有限。當時美國財政部長黎根赴日訪問，會見日本大藏大臣渡邊時，渡邊詢以：「貴國常以日本非關稅障礙見責，請告以具體事項。」黎根隨員復以：「日本人過於偏愛使用國產品。」渡邊則謂：「以我而言，身上所著西服係

2　本節原載於「中央日報」（1988.1.11），版3。2024年5月略作文字修正。

英國料，襯衫是瑞士產品、領帶為法國製、眼鏡是西德製，僅所戴精工錶屬國產品。」美國官員心裡當然明白該一辯駁係日本政府有意逃避開放市場所排放之煙幕而已。

二、與日締結提高半導體價格協定

1986年美國曾要求日本、我國及韓國等自動限制工具機及鋼鐵產品輸美，與韓國、香港及我國重新簽署限制紡織品出口協定，與日本締結應提高半導體價格之協定，並對歐盟達成限制農產品出口補貼之協定等，在在顯示美國行政部門在國會強大壓力之下，已作某種程度之妥協。嗣後，美國以日本違反該一半導體協定，雷根總統於1987年4月間，斷然宣布對日本輸美電子產品課徵100%稅率，總額達3億美元之懲罰性關稅。此一事件幾乎使二國關係瀕臨破裂，並有隨時觸發貿易戰之危險。直到後來，經由二國高階層頻頻接觸與溝通，始趨於緩和。

隨後二年，美元繼續滑落，日圓被迫持續升值達70%，日本輸出產品在國際市場價格已相對提高，而減低其國際競爭力。惟日本人係一典型經濟動物，應變能力極強，中大型企業頗能掌握國際市場之脈動，仍能維持旺盛之出口能力。日本企業界重視產業構造之調整，使其具備效率化，以提高產品品質並降低生產成本，遂能化解日圓升值帶來之衝擊。事實說明，1987年美日貿易逆差非但未見緩和，反有益趨嚴重之趨勢。可見一國對外貿易發生赤字係所謂「總體經濟」之問題，並非單純匯率調整所能濟事，誠如美國學者所指出，美國為有效促成貿易赤字之縮減，需要提高產品競爭力，增加民間儲蓄，並大幅削減聯邦赤字預算。

三、互惠互利始能達成共生共榮

各國經濟具有相互依存之關係，國際貿易必需建築在「互惠互利」之基礎上，始能達成「共生共榮」之目標。1987年6月，美國曾有一項民意調查顯示，約有44%美國人認為與日本貿易不利。可見，貿易失衡後果之嚴重性。葉落知秋，此一訊息除日本而外，頗亦值得其他對美國享有鉅額貿易順差國家或地區之警惕與深思。

第二篇
WTO與美國

第 **4** 章 ▶▶▶

美國主導「印太經濟架構」的效應

美國拜登政府所提出之「印太策略報告」明確指出，中國正在結合經濟、外交、軍事與技術力量，尋求在印太地區占有勢力範圍，企圖成為世界上最具影響力之大國。從而，印太地區現正面臨愈來愈多挑戰，尤其是來自中國。另美國國家安全顧問蘇利文（Jake Sullivan）亦曾表示，拜登政府不希望從根本上改變中國的體制，而是希望與中國共存。事實上，中國國家主席習近平亦曾向拜登總統表達太平洋甚大，足可容納大兩岸之中國與美國。

壹、背景說明

2017年6月下旬，印度總理莫迪訪問美國，二國領袖共同發表聲明指出，美國與印度雙方同意作緊密合作，俾有助於地區實現和平與穩定。同年10月當時美國川普總統出席在越南峴港舉行之亞太經濟合作會議（APEC）時提出「自由開放的印太戰略」（Free and Open Indo-Pacific, FOIPS），其目標在致力於促進印太地區國家之政治自由及航運基礎設施、貿易與投資之開放。

2018年以後，中美貿易摩擦加劇，軍事、技術等方面已矛盾加深，加以川普主張對中國產品課徵較高關稅等各項因素，而使二國關係進入冷凍期。直達2023年，因二國高層官員之互訪，而有逐漸解凍跡象。

值得注意者為，2021年1月22日美國總統拜登（Joe Biden）上任後，為抗衡中國「一帶一路」戰略，而提出印太10大行動計畫，主要包括：一、主導「印太經濟架構」（Indo-Pacific Economic Framework, IPEF）；二、提升威嚇力，加強東協國家之團結力量；三、支持印度持續崛起與區域之領導地位；四、落實美、日、印、澳之「四邊安全對話」（Quadrilateral Security Dialogue, Quad）機制；五、擴大對日本及韓國之合作等，其後拜登總統在網路線上舉行之東亞高峰

會上首次公開提出IPEF，並於2022年2月11日發布「美國印太戰略報告」（Indo-Pacific Strategy of the United States），該報告承繼歐巴馬時代之「亞太再均衡」及川普時代之「印太戰略」加以整合，並予以具體化，使其有確實之可行性。

<h1 style="text-align:center">貳、主要內容</h1>

　　IPEF是一個由美國主導的經濟架構，目前刻正與其他13個國家，即澳洲、汶萊、斐濟、菲律賓、印度、印尼、日本、馬來西亞、紐西蘭、韓國、新加坡、泰國與越南進行談判。

　　IPEF會員國於2022年9月8日至9日，在美國洛杉磯舉行的IPEF部長會議商定四項主要支柱如下：一、貿易（貿易與商業發展）；二、供應鏈（確保供應鏈之韌性）；三、清潔經濟（清潔能源及減碳）；四、公平經濟（稅收及反貪腐）。

　　在此方面，IPEF談判預計將針對每個支柱分別制定，惟印度表示不參加貿易支柱協定。IPEF的合作，強調成員國之間供應鏈的互聯性，14個成員國家的國內生產毛額（Gross Domestic Product, GDP）占世界40%，以及占全球商品與服務貿易28%。

<h1 style="text-align:center">參、談判進展</h1>

　　2023年5月26日至27日在美國密西根州底特律舉行IPEF部長級會議。IPEF取得首項成果，14個夥伴國部長宣布，針對加強供應鏈韌性與銜接的「供應鏈協定」談判已實質完成（substantial conclusion），成為全球首個供應鏈相關的多邊協定。依此一回合談判各國同意IPEF成立三個協調機構，推動夥伴國之間的合作，包括：

　　一、供應鏈委員會：制定具體領域的行動計畫，加強關鍵領域與關鍵貨物的韌性。

　　二、危機因應網絡：在供應鏈中斷時，協調政府間的緊急溝通與合作。

　　三、勞資政三方勞工權利諮詢委員會：協助促進夥伴國供應鏈中的勞工權利。

其後，經過半年，於2023年11月13日，在舊金山舉行的IPEF部長級會議，14國部長共同簽署全球首個旨在透過集體行動，加強韌性與連結性的多邊「供應鏈協定」。此外各國已實質完成針對「潔淨經濟」與「公平經濟」兩項區域合作協定的談判：

一、供應鏈支柱部分：IPEF旨在根據夥伴國的聯合聲明，爲建立讓各方進行合作的架構，包括加深對區域供應鏈的共同理解、改善因應供應鏈中斷危機的能力、推動加強供應鏈的企業聯合與投資、促進關鍵部門及貨物的供應鏈韌性，以及推動IPEF供應鏈的勞工權利與勞動力發展。所有夥伴國將繼續進行各自國內的相關程序，以批准供應鏈協定；各夥伴國亦開始在供應鏈問題上進行合作，包括共享監測供應鏈的最佳作法，並參加與網路安全與危機因應有關的桌上模擬演習。

二、潔淨經濟支柱方面：IPEF將推動區域合作，以加速部署潔淨能源技術、爲無限制的跨境電力貿易建設離岸電力基礎設施、促進碳交易市場活動、區域及國際碳捕捉、利用與封存價值鏈的合作、減少低排放及零排放貨物與服務貿易的非關稅壁壘，以及促進永續運輸等。協定亦將對調動相關投資與資金作出承諾，例如，每年舉辦「潔淨經濟投資者論壇」（Clean Economy Investor Forum），匯集夥伴國政府、投資者及私人領域等，爲項目配對基金，並加速對永續基礎設施及氣候技術的投資。新加坡應美國的邀請，於2024年上半年主辦首屆「潔淨經濟投資者論壇」。

三、公平經濟支柱方面：IPEF各夥伴國承諾促進公平及透明的區域商業環境，加強實施反貪腐措施及稅收作法，以推動商業、貿易與投資活動。各夥伴國將加大對賄賂等腐敗行爲的打擊力度，並支持提高稅收透明度、加強促進資訊交流、調動國內資源及稅務管理等方面的努力。

2007年8月，日本前首相安倍晉三訪問印度，在印度國會發表演講，提及「印太交匯」之處，乃太平洋及印度洋自由與繁榮相融會之處。其後，於2016年8月，在肯亞召開會議中發表「自由開放的印度—太平洋」演說中提倡「自由開放的印度—太平洋」理念，藉以提升亞洲與非洲之連通性，以促進該二地區之穩定與繁榮。美國主導之IPEF可謂係此一理念之落實。我國曾積極謀求加入IPEF，惟因政治因素，東協若干國家因畏懼中國反對而未能如願成爲創始會員國之一，未來能否排除不利因素而加入，仍待觀察。印度總理莫迪在任迄今達十一年，在國內治理成績斐然，發展經濟，臺商前往投資設廠之中大型公司愈來愈多，包括鴻海及宏碁等在內。事實上，目前印度已成爲全球第五大經濟體，僅次於美國、中國、德國及日本。印度在國際舞臺扮演益趨重要角色。從而，美國

之經濟戰略，從亞太國家範圍擴大爲印太國家，包括印度洋，地處南亞之印度在內。

肆、三方安全對話之醞釀

　　現階段在印太地區國家，菲律賓，日本及印度三方正醞釀推出「三方安全與經濟協定」，該三個國家，無論主觀或客觀，似乎均有作一定程度結盟之意願，成爲抗中聯盟之一部分。其遠因爲中國與印度之間有邊界糾葛，曾經引發戰火；中國與日本之間，因釣魚島（日稱尖閣郡島）主權及漁權之爭；而其近因則爲中國與菲律賓間，亦有島礁海域主權爭端延續問題存在，加以菲律賓總統馬可仕上任以後，改採親美路線，使中國北京政府大表不滿等各種因素。在菲、日、印三國之中，推動結盟最積極者應屬菲律賓，該國外交部次長拉薩洛（Maria Theresa Lazaro）於2024年3月1日在菲國智庫論壇上發表演說指出，菲日印在印太地區有相似地理組成與位置，乃認爲有很多機會發展三方合作，以強化海上安全及經濟發展。

　　對於菲國倡議，日印二國認爲原則可行，細節再作協商；目前最大共識爲，將海上安全之夥伴關係列爲優先合作項目。在三國之中，印度態度較爲保守，有關官員表示，可從較小規模及較具可行性計畫著手。至於日本，有關官員認爲菲國之倡議，與該國前首相安倍之理念相符合，表示贊同。

伍、結語

　　美國及中國分別爲全球第一大及第二大經濟體。甚至有西方智庫預測在2035年以前，中國有可能超越美國成爲全球最大之經濟體。美中二國在現階段及可預見之未來關係會如何發展，爲WTO會員國所關切。美國國務卿布林肯曾作政策性之釋疑表示，美中二國該衝突時衝突，該競爭時競爭，該合作時合作，可謂是至理名言。近年來，美中發生貿易戰，乃至軍事衝突，事例不勝枚舉，即是衝突之適例。加以美中貿易摩擦加劇，包括課徵關稅、貿易報復條款、要求人民幣升值，乃至課徵高額反傾銷稅，直到今日，美國尚未承認中國之「市場經濟地位」

等，而加深二國間之摩擦。甚至有認爲二國正在遠離對方之跡象，所指者，如美國之大企業自中國逐漸撤離，以及中國之一帶一路倡議，有將對美國之出口，轉向歐洲、東協等地區之跡象發生。

　　美國政界關心中美關係發展者，除國務卿布林肯、國家安全顧問蘇利文以外，尚有美國中情局前局長，現爲美國駐中國大使伯恩斯在內。伯恩斯於2024年2月下旬應美國哥倫比亞廣播公司之專訪中表示，美中關係是全球最重要、最具競爭性及最危險之關係。中國乃一個比當年蘇聯更爲強大之競爭對手。中國國家主席習近平在中國境內所倡導之所謂「中國夢」，欲成爲超越美國之全球主導國家，其野心及企圖已甚明顯。對於此一情勢發展，並非美國所樂見，並認爲美國人絕不願活在中國主導下之平行世界之中。以故，近年來拜登總統盡全力推動IPEF以抗衡中國「一帶一路倡議」（Belt and Road Initiative）爲核心價值，不僅具有經濟利益，並有政治、外交及軍事部署之含義在內，應當是情勢發展，無可取代之必要之舉。

　　國際貿易之發生，原本基於「比較利益」及「國際分工」之原理，使進出口國家同時獲得所需要之利益。伯恩斯指出，2003年美國農產品出口到中國金額達409億美元，約占美國全部農產品出口五分之一。中國爲美國農產品出口之最大市場，美中間具有相互競爭之利益，而平衡這些利益爲雙邊關係之現實，從而，美國必須負責任地競爭，並維護二國之和平。

第 5 章

美國對外貿易法制體系與體制概說*

壹、前言：美國在世界貿易中之地位

二次大戰以後，美國成為自由世界之領導者，美國有意乘國力鼎盛機會向全世界推銷自由貿易制度，原擬在「關稅暨貿易總協定」（GATT）成立之前設立「國際貿易組織」（International Trade Organization, ITO），俾與國際貨幣基金（IMF）及世界銀行（World Bank），鼎足而三，成為戰後布列登森林（Bretton Woods）會議所擬建構全球經濟制度之礎石。美國認為如此不僅有助於國際經貿發展，並且藉此可以確保戰後長期和平、穩定與繁榮。惟事與願違，GATT始終未經美國參議院通過，連帶ITO成立亦遙遙無期。嗣美國行政部門係依據延期適用1945年「互惠貿易協定法」之授權加入GATT，成為23個原始締約國之一。[1]

不僅關貿總協，美國同係「經濟合作暨發展組織」（OECD）、「聯合國經濟合作及發展會議」（UNCTAD）、「美洲國家組織」（Organization of American States, OAS）、IMF、「世界銀行」、「關稅合作理事會」（Customs Cooperation Council, CCC）、「多邊投資擔保機構」（MIGA）等各項國際經貿及金融組織之重要成員，且與英國、法國、德國、義大利、加拿大與日本構成現階段七大工業國家集團（G7），每年定期舉行高峰會議，討論世界重大經濟決策問題，對於全球經濟榮枯走向，有決定性影響。

除多邊組織或協定之參與及締結之外，美國與世界主要貿易夥伴亦簽訂有各項經貿或投資保證協定，以與我國而言，現仍有效執行中者，即有中美友好通商暨航海條約（FCN）、臺美貿易協定、臺美視聽著作權協定，以及最近所締結美

---

* 本文原載於經建會：「經社法制論叢」，第10期（1992年7月），頁235-266。2024年5月作文字修正。

[1] 美國成為GATT原始締約國之一，並未經美國國會批准（ratified），惟依1947年國會通過相關貿易法案，隱約暗示國會已接受GATT體制之信條（tenets）。*See* Stephen L. Lande & Craig Van Grasstek, *The Trade and Tariff Act of 1984*, Lexington Books (January 1, 1986), p. 22 note 3.

臺21世紀貿易倡議等。[2]當時由於臺美間貿易差距問題,幾乎每年均舉行一至數次各種部門產品或綜合性貿易諮商談判、臺美工商會議及貿易投資說明會乃至民間組織之文經協會等。

依據美國於1989年向GATT總部提出「貿易政策體制」(trade policy regime)報告,美國對外締結雙邊(bilateral)、區域性(regional)或優惠性(preferential)貿易協定,重要者包括與紡織品出口國所簽訂雙邊紡織品協定,提供予開發中國家受益之普遍化優惠關稅制度(GSP),依據加勒比海經濟復甦法(Caribbean Basin Economic Recovery Act, CBERA)而實施之加勒比海方案(Caribbean Basin Initiative, CBI)、美以自由貿易協定、美加自由貿易協定、美加墨自由貿易協定(NAFTA)等。

美國為一經貿大國,生產量占全球總生產量30%,貿易量則占世界貿易值16%以上,美國政府深信該國貿易體制對各國均有重大影響。美國自1965年至1988年期間,GNP每年平均成長2.9%,同一時期進口則平均增加7.1%,在1980年代期間,美國市場之開放對世界貿易成長深具助益,約胃納全球31%貿易量;美國為GATT前30位貿易大國之最大外銷市場,包括中國、歐盟、日本、加拿大、印度、其他已開發國家如澳洲、紐西蘭、新興工業化國家(newly industrialized country, NIC)及開發中國家,莫不將出口市場指向美國。

國際貿易對於美國經濟發展之重要性,已益趨顯著。1965年至1990年期間,商品貿易所占GDP比重,已由6.9%提高為16.8%,如將服務貿易計算在內,以服務業占美國經濟比重達67%,其所占GNP比重則提高為25%,且尚在增加之中。事實上,美國已成為世界經濟成長之原動力。

除有形貿易及服務業而外,美國乃外國人直接投資最大國家。外人在美國投資總額截至1989年累計超過3,290億美元,而美國在外國直接投資總資產累計亦達3,270億美元之多。[3]我國於1987年大幅放寬外匯管制之後,對外投資亦呈大幅成長,資料顯示,近五年來我國對外投資金額已達190億美元,而躍居世界第九位投資大國,在亞洲地區僅次於中國、日本,並緊追在G7之後。

近三十年來美國進口大幅成長,主要係因消費財、汽車及資本財進口增加所致,不過進口增加在近年已趨緩甚至有下降趨向。據統計,美國1990年出口值為

2　我國鋼鐵輸美原本亦受VRA限制,但設限期已於1992年3月底屆期,恢復自由出口,惟曾傳出,屆滿後美國將與我國等38個國家簽訂多邊鋼鐵協定,因進展緩慢,美國鋼鐵業自1991年底以來即對臺灣、中國、南韓、泰國等提出傾銷指控。另據南韓政府表示,鋼鐵輸美仍將自制。

3　See GATT Geneva, *Trade Policy Review: The United States of America, 1989* (March 1990), p. 322, 有關"Introductory Remarks by Representative of the United States"部分。

3,940餘億美元，進口值爲4,950餘億美元，而1991年出口值爲4,165億美元，進口值爲4,901億美元，出口有顯著成長，而進口則略有下降。

　　美國在1990年時爲世界最大進口市場，而爲第二大出口國，1991年輸出入表現，除仍爲最大進口市場外，以出口值超過德國同年出口值之4,030億美元，而重登世界最大出口國。[4]雖然貿易收支帳仍然逆差，惟國際收支經常帳，依據美國商務部發布統計資料，1991年美國因盟邦支付波斯灣軍費分擔金額由40億美元，遽增至424億美元，以及其他因素而使經常帳好轉，赤字縮減爲80億2,000萬美元，創1982年以來最低水準。[5]

貳、美國對外貿易政策目標

　　美國貿易政策，在國內方面，繼續執行貿易法，在美國市場對外開放同時，要求各國市場對美國開放，認爲美國公司不應遭受不公平競爭；在國際方面，美國認爲必須恢復世界貿易紀律，各國應信任國際貿易體系係建立在公平合理基礎上運作，GATT除商品貿易規範而外，應擴充及於服務業及投資、科技等有關層面。

　　美國頒布1988年綜合貿易法，旨在促使美國經濟持續成長，並具競爭力，美國行政部門與國會攜手致力於確保世界各國市場之開放，美國朝野逐步形成共識，追求自由、開放之貿易制度，及參與公平交易之承諾。有關美國對外貿易政策重點，茲分三方面說明如下：

一、總體經濟方面

(一) 維護自由貿易，降低國內外貿易扭曲與障礙

　　美國行政部門堅持主張自由貿易而避免採取貿易保護措施，蓋因鑑於自由貿易乃確保美國發揮整體經濟潛力之最佳途徑，俾增加出口，創造更多就業機會，

4　根據GATT年報指出，1991年全球第3、4、5位出口大國分別爲日本、法國及英國。另外香港取代俄羅斯爲第10位出口國，我國爲第12位出口國，中國則超過南韓與瑞士爲第13位出口國。現中國在加入WTO以後，進出口貿易大幅成長，已成爲全球第二大經濟體。

5　美國商務部於1992年3月17日指出，美國1991年外貿赤字大幅縮小，當時創九年來最低紀錄，乃因盟國付現分攤波斯灣戰爭經費及出口顯著成長所致。另稱經常帳是衡量一國外貿表現最寬廣指標，除與他國貨品流通外，尚及觀光旅遊活動與投資等業務往來。

增加消費者選擇，維持低通貨膨脹及提高國民所得與生活水準。而如採取貿易保護，則將摧毀美國經濟活力，阻礙競爭，將造成無效率，更多失業，並阻礙創新發明，降低美國生活水準，因而並非美國當政者所願見到。

美國貿易政策與國家政策目標一致，建立在確信法治功能，具有效率市場導向經濟基礎之上，藉消除貿易扭曲與障礙而打開各國市場，從而達到拓展對外貿易之目的。美國並表示，尋求減少外國貿易障礙同時，美國將儘量依循已確立之國際規範運作，如尚缺乏規範時，將根據公平原則判斷，以保障業者在國際市場不至於遭到歧視性待遇。

(二) 維持經濟成長，達到無通貨成長目的

鼓勵貿易自由化及恢復貿易秩序，以強化世界經濟，使持續達到無通貨膨脹成長。在聯邦支出及稅制計畫，美國尋求鼓勵投資，提高生產力及降低通貨膨脹，以確保穩定、長期、低通貨膨脹之經濟成長，因而需要確保各國商品與勞務能夠自由流動，容許並鼓勵因應經濟條件變動作市場導向調整，限制外國政府部門為獲得商業利益，以不公平方法操縱競爭條件。

美國要求貿易夥伴必須取消政府補貼或任何財物補助，蓋補助使美國商品在國際市場失去公平競爭機會，不過此點各國回響不大，在烏拉圭回合談判達成協議之前，各國對農業補貼依舊。

(三) 確立公平貿易，消除國內外不公平貿易措施

美國於1980年代出現龐大貿易赤字之後，亟力主張公平貿易原則，強調國際貿易必須建立在公平競爭之礎石，美國以往容許開發中或已開發國家關閉或半關閉本身市場，而亟力推廣在美國市場，現美國已清楚表態將無法繼續忍受此種情況存在。

美國認為凡欲在世界市場活動而受益之國家，必須將其本身市場開放於他國。從而，美國將針對外國不公平貿易措施採取行動，以維護美國商業利益。美國最具競爭力之農產品、高科技產品、通訊網路、服務業及醫藥品均具有競爭力，被拒於國際市場之外，乃因不公平競爭環境而起，認為有需要改善。

(四) 完成多邊談判，建立國際貿易新秩序

美國將完成烏拉圭回合談判列為美國貿易政策首要目標，美國貿易代表席爾斯（Carla Hills）表示，美國盼透過此回合談判達到如下目的：1.降低世界各國關稅及非關稅障礙；2.建立服務業、投資及智慧財產權保護之公平規範；3.進行農業貿易改革，以消除扭曲貿易效能之農業補貼；4.將開發中國家納入全球貿易

體系；5.強化有關爭端解決、補貼、反傾銷及進口救濟等國際規範。

　　席爾斯於1991年8月應邀在波特蘭市世界貿易中心發表演講時亦指出，現階段美國貿易政策目標在促使世界自由貿易體現，其步驟有三：1.先確保烏拉圭回合談判能圓滿達成；2.繼則成立美洲共同經濟體系；3.再促使其他國家開放市場。

二、地區策略方面

(一) 歐洲地區

　　美國成立跨部會工作小組，評估歐盟單一市場對美國之影響，目前美國最關切項目為電信、金融服務業、政府採購、商品標準與測試等項，並因應東歐政經民主化與自由化，有意將俄羅斯及東歐國家，納入全球貿易體系。促使該地區政治安定與經濟成長，達到世界共榮目標。美國於1990年間已先後與波蘭等東歐國家簽訂各項貿易與投資保障協定，除給予俄羅斯及東歐國家最惠國待遇（most favoured nation）外，對於高科技產品與技術資料之管制亦有放寬跡象。如商用電腦無關軍事用途者，已獲准輸往。

(二) 亞洲地區

　　美國拓展外貿，以往每「重歐輕亞」，一如我國以往「重美輕歐」一般，對於亞洲地區疏於經營結果，以致造成對日大幅貿易逆差，1987年對日逆差曾經達870億美元高峰，在美方壓力下雖已下降，惟仍維持在接近500億美元之譜，為改善此一情況，曾與日本舉行「貿易結構障礙計畫」（SII）談判，要求日本擴大公共投資，於十年內擴大在住宅及各項公共工程建設總金額高達2兆9,000億美元，改善行銷通路，嚴格執行反獨占政策及適度約束集團企業，提供有關交易資訊等。[6]此外，加強運用烏拉圭回合談判，要求日本遵守談判協議，開放日本市場。美國繼已打開日本牛肉及柑橘市場之後，亞洲國家包括日本、韓國及我國均有被要求開放稻米市場之壓力。至對於東協國家，美國已與馬來西亞、泰國、印尼、菲律賓、新加坡及汶萊等國簽訂貿易投資備忘錄，在年內舉行部長級會議，討論雙邊貿易投資有關問題。

---

[6] *See* Angelina Helou, "Structural Impediments Initiative - An International Strategy," *World Competition* (December 1990), 14(2): 19-38.

(三) 美洲地區

美國以美洲國家發言人自居，深諳遠親不如近鄰之理，對於美洲國家事務向極關注。此所以席爾斯夫人以成立美洲經濟共同體為美國重要貿易政策目標之一，除加拿大外，一般中南美洲國家國民所得偏低，美國為本身之安定與繁榮，委實期待中南美洲國家經濟能快速發展，以消除內戰或不流血政變，因而願意加強與中南美洲之經貿關係。除美加墨三國間之NAFTA之外，另提出長期性「美洲企業發展計畫」（Enterprise for the Americas Initiative），適用對象包括所有拉丁美洲國家。美國已與墨西哥、玻利維亞、哥倫比亞、厄瓜多及智利等簽訂投資貿易協定，美國要求各國能對拉丁美洲國家具有特別利益產品給予關稅減讓，協助其發展經濟。

由於中南美洲普遍存在嚴重外債負擔，目前美國採取所謂「以債抵換不動產」或「以債抵換天然資源」方式，解決該等國家長期來難以解決之外債問題，以免因沉重外債拖跨經濟生機。此外，在投資方面，美國與世界銀行及美洲開發銀行合作，擬定「拉丁美洲國家投資計畫」，以改善該地區對外投資障礙。

三、談判策略方面

美國於諸多場合均強烈主張支持開放市場（open market）而反對貿易保護主義，藉使市場機能（market force）自由運作，達到拓展貿易目的。依照1988年綜合貿易法上之揭示，美國對外貿易談判目標，在期能獲致：(一)更開放、公平及互惠之「市場進入」（market access）機會；(二)減少或扭曲貿易之障礙、政策或措施；(三)建立更有效率之國際貿易制度，包括規範與程式。可見美國主要貿易策略在於創造所謂「公平競爭機會」（level playing field），以消除外國貿易障礙。為執行此一政策，貿易代表署乃獲授權積極執行301條款，除基於國內業者或關係人之請求外，本身亦得主動進行調查，並依該法授權採取報復行動。

值得深思之課題為，美國雖有大幅貿易赤字，惟美國基本貿易政策乃在追求擴張出口，而非緊縮進口，即使對日本長年來處於大幅逆差之地位，亦採取此一態度。[7]此則蓋因國際貿易原本基於此較利益而發生，美國進口商以往樂意大量自日本進口，是基於進口商本身利益，而美國消費者亦同蒙其利。此一情況與我國並無二致。

---

[7]　See United States International Trade Commission, *Japan's Distribution System and Options for Improving U. S. Access.* 該研究報告分析鞭辟入裡，可見美國對拓展日本市場重視之一斑。

參、1980年代美國對外貿易法

美國自1930年代以降，迄今九十餘年來所頒有關貿易之法律甚多，以較具普遍性而非屬部門性產品之法律案，即約達十數種之多。[8]惟無論依美國行政部門或學術界見解，認為最具代表性者為近二十年來幾乎每隔四至五年為配合貿易談判授權，先後所頒1974年貿易法、1979年貿易協定法、1984年貿易暨關稅法（Trade and Tariff Act, TTA）、1988年綜合貿易暨競爭力法等四種。茲就1980年代美國所頒布有關對外貿易法，分述如下：

一、1984年TTA

美國憲法明文規定，國會有參與外交政策之權，並且任何條約均需參議院批准。直到20世紀初期，國會始容許行政部門與美國貿易夥伴談判。參議院批准提案，需對准（take it）或駁（leave it）作選擇，只要有三分之一參議員反對該項提案，條約案即無法通過。例如，美國參議院於1946年時即曾拒絕批准哈瓦那憲章，使ITO無法依照原計畫成立。[9]

美國1984年TTA在參眾兩院召開聯席會議討論前，原包含諸多頗具保護色彩規定，所幸經美國商務部與貿易代表署之亟力奔走與解說，終能採取較折衷之道通過該法案。該法初獲通過時被喻為往後十年美國對外貿易政策之指標，可見該法頗具重要性，茲分述其重點如下：[10]

(一) 擴大貿易談判授權

TTA對於貿易談判授權再予擴大，使行政部門有權與外國談判，惟事先應知

---

[8] 除四大貿易法律體系之外，尚及1930年「關稅法」（Tariff Act），1933年「農業調整法」（Agricultural Adjustment Act）及「購買美國貨法」（Buy America Act），1934年「互惠貿易協定法」（Reciprocal Trade Agreement Act），1954年「農業貿易暨助法」（Agricultural Trade and Assistance Act），1962年「貿易拓展法」（Trade Expansion Act），1979年「輸出管理法」（Export Administration Act），1978年「農產品貿易法」（Agricultural Trade Act），1982年「出口貿易公司法」（Export Trading Company Act），1985年「食品安全法」（Food Security Act）等。*See* Alam M. Stowell (Ed.), *U.S. International Trade Law*; U.S. House of Representatives (Ed.), *Overview and Compilation of U. S. Trade Statutes*.

[9] 行政部門與外國締結貿易自由化協定需要較大彈性，解決之道，即授權總統與外國簽訂協定，而無需經由參議院批准。因而乃於1934年制頒「互惠貿易協定法」，惟美國國會惟恐大權旁落，而設有期限，早期並限於關稅減讓談判之授權。依該法之授權，關稅削減幅度以50%為上限，並以三年為期。1974年貿易法規定，行政部門對外談判關稅削減幅度上限提高為60%，如現行稅率在5%或以下者，則得降至零稅率。

[10] 美國國際貿易法專家藍德（Stephen L. Lande）等針對TTA立法重點歸納為三大部分，即1.談判目標與授權（negotiating objectives and authority）；2.貿易救濟法（trade-remedy laws）；3.特定產品措施（measures relating to specific products）。*See* Stephen L. Lande & Craig Van Grasstek, *The Trade and Tariff Act of 1984*, Lexington Books (January 1, 1986), p. 22 note 3.

會國會參眾兩院主管委員會,即參議院財政委員會(Senate Finance Committee)及眾議院預算委員會(House Ways and Means Committee),如各該委員會均未反對,行政部門即可進行,如達成協定應依規定送交國會依「快速立法」(fast track)程式予以追認。依此一程式,國會不得作修正,並應於收到後九十日內完成追認手續。

依本法授權美國總統發動新一回合多邊貿易談判,其談判目標除減讓關稅、促進美國農產品出口,改善GATT爭端解決程式,使非關稅措施合理化之外,當時雷根政府有意將1980年代新生課題,即服務貿易(trade in services)、貿易有關投資(trade-related investment)、智慧財產權(intellectual property rights, IPRs)及高科技產品貿易(trade in high technology goods),一併列入談判議題,並建立新國際規範。美國政府企圖對已具有競爭力之開發中國家(competitive developing nations)及新興工業化國家施加壓力,迫使開放市場,減少其在經濟發展過程中之政府干預程度。[11]

TTA並授權總統進行雙邊關稅談判,該法第四篇特別容許總統得與以色列談判簽署自由貿易協定(FTA),且規定依FTA所作減讓並不自動適用於其他享有無條件最惠國待遇國家,美以FTA於1985年生效,於1995年消除兩國間所有關稅。當時美國國內學術界即已預測到美以FTA締立後,可能延伸及於加拿大、墨西哥及部分東協國家。美加FTA已於1989年1月生效,美加墨所締立NAFTA亦早已完成。[12]

(二) 擴張總統報復權

依TTA強化301條款有關總統報復權,授權總統對於外國「不合理」、「不公平」或有「歧視性」待遇之法令、政策或措施,得採取「任何適當可行措施」(all appropriate and feasible action)以確保在雙邊貿易協定下,美國應享有之權利。美國在1980年代運用301條款顯然遠較1970年代時爲積極而頻繁。依該法明確將服務貿易、高科技產品、智慧財產權及與貿易有關投資列入要求互惠範圍,使總統報復權隨而擴張,並進而要求外國政府應配合修改其國內政策。

依TTA,美國商務部成立專責機構負責蒐集資訊,就服務貿易提出報告,並授權美國貿易代表署(United States Trade Representative, USTR)就外國對美國

---

[11] See Id., p. 14. 依藍氏指出"The administration also hoped to put pressure on the more competitive developing nations-the newly industrialized countries (NICS)-to open their markets and reduce the role of state intervention in their economies."

[12] 美國貿易代表席爾斯於1992年4月上旬表示,儘管美國保護主義情緒日益升高,美、加、墨三國在1992年11月總統大選之前諮商完成,並簽署NAFTA。

商品、服務貿易及與貿易有關投資措施之障礙提出年度報告，在該報告中，貿易代表署應揭明對消除此等障礙所採取之行動。成為對付外國各種限制、採取報復之依據。

(三) 修正及延長實施GSP

美國依GSP給予開發中國家輸美產品免稅待遇，為期十年，於1985年1月屆滿，TTA延長GSP至1993年7月截止。在立法過程中對於GSP延長實施，若干工業團體要求不要將其生產產品列入清單或減少受惠國家。惟美國因鑑於歐盟及日本等均已相繼延長實施GSP，且開發中國家亦普遍有此要求，國會終於通過繼續延長實施八年半。為能符合GATT精神，GSP原則保持不期求互惠，惟TTA已增列可諮商（negotiability）之新條件，使已具有競爭力之受惠國自受惠名單中刪除，此即所謂「畢業」條款。事實上，第二階段實施之GSP，美國常用為要求開發中國家開放市場之籌碼，例如要求受惠國解除進口管制，政府不得有補貼措施，應尊重勞工權益及將市場開放美國投資等，列入年度檢討是否繼續給予GSP優惠考慮。依TTA規定，當一國平均國民所得超過8,500美元時，二年後該國之免稅優惠即予終止。

(四) 修正逃避條款

美國貿易法201條款對本國產業遭受外國進口貨品之競爭而受嚴重損害時得給予進口救濟，並不需要有任何不公平措施，且此種暫時性限制進口措施，並不限於某一特定國家，故與反傾銷及反補貼性質有甚大區別。

依照GATT第19條規定，締約國採取逃避條款作為救濟手段時，負有「補償」（compensation）之義務。美國201條款亦不能例外，否則即不能謂為符合。以故，美國總統如決定限制進口，則貿易對手國有權要求美國在其他方面給予自由進口作為補償，如美國不提供此一補償時，貿易對手國亦有權對美國採取「實質等量進口」（substantially equivalent amount of import）限制，作為報復。可見201條款與其他貿易救濟法不需要提供補償者有極大不同。

TTA對貿易法第201條所稱「嚴重損害」之解釋，對於造成損害原因並不限於主要損害，如庫存商品不論係屬當地製造或自外國進口，均得為造成損害之因素，因而使進口本身即潛在有造成損害可能，而不再視為對外國貨品競爭調節。不過，事實證明此一改變，並未造成過大衝擊。此外，TTA授予國會較大權力，當總統對ITC建議未予接受時，國會有權廢棄（override）總統之決定。

(五) 修正反傾銷及平衡稅法

　　TTA對美國1930年關稅法及1979年貿易協定法有關反傾銷及課繳平衡稅法作若干修正，其修正重點包括：

　　1. 增列「上游補貼」（upstream subsidy）：此在GATT並無規定，所謂上游補貼，並非指對涉嫌產品給予直接補貼，而係對該項產品某一主要成分給予補貼，例如用以造船之鋼板證實有補貼事實，即使船舶本身並未接受補貼，仍可從上游原料之補貼中獲益，因而構成課徵平衡稅。TTA廣泛授權商務部調查上游補貼權力。

　　2. 增列「持續性傾銷」（persistent dumping）：商務部認為某一外國產品有傾銷嫌疑時，應對其進口貨品予以監視，如一年內發現同一商品由二個或二個以上外國依同一模式持續傾銷，並獲有足夠證據時，應立即採取反傾銷行動。

(六) 部門產品措施

　　TTA第八篇為「鋼鐵進口穩定法」（Steel Import Stabilization Act），國會授權美國總統執行有限度保護美國鋼鐵工業計畫。請求救濟之各鋼鐵公司須在限期內提出更新計畫，且應利用盈餘，實行再投資，並在五年期限內提撥一定成數資金，從事工廠現代化及對員工從事再訓練使用。

　　TTA第九篇為「酒類平等與輸出拓展法」（Wine Equity and Export Expansion Act），依該規定，USTR得調查外國對美國酒類出口所設定之障礙，與國會及酒類業者研商消除障礙之策略及當外國不改善時依301條款採取適當報復措施。此外，美國銅業者曾向ITC提出進口救濟，ITC認為美國銅業受到進口損害，惟總統拒絕給予進口救濟，因而轉向國會陳情，國會授權總統得與外國業者諮商自動出口限制協定，將在三至五年內平衡減少外國銅年產量。此一事件對於盛產銅之智利倍感關切。

二、1988年綜合貿易暨競爭力法

　　美國國會於1988年8月3日通過「綜合貿易暨競爭力法」（Omnibus Trade and Competitiveness Act），同月23日美國當時雷根總統於加州長堤簽署該法案。新法對前頒各有關貿易法作重點修正與補充。內容包羅廣泛，茲就立法重點說明如下：

(一) 消除農業貿易障礙

　　美國係一農業大國，農產品較工業產品具有競爭力，除在烏拉圭回合談判亟力主張農產品貿易自由化外，亦經由雙邊諮商途徑，要求歐盟、日本、韓國及我

國等開放農產品市場。根據美國國會調查報告，1981年美國農產品出口值為438億美元，而1987年反降為279億美元，降幅達36%。依照美國農業部估計，每減少10億美元農產品之出口，即喪失3萬5,000個農業及6萬個非農業之就業機會。美國於1987年7月曾宣告各國應於新回合談判結束後十年內完全撤除各項農業支持計畫，即：1.消除農業補貼，包括出口補貼；2.消除農產品進口障礙；3.修正健康及衛生法規。新法第4102條揭明美國農業政策目標在強化產品出口價格競爭力，維護農產品自由及公平貿易，經由談判消除有礙開放貿易之障礙，進而對付外國限制美國農產品輸往之不公平競爭。[13]

(二) 301條款

按301條款乃美國貿易政策所暗藏之「高度政治武器」（highly political weapon）。以往美國常將對外貿易政策視為外交政策之一部分，現美國有意將貿易、外交、國防及其他因素隔離觀察，免受影響，於是乃將原由總統主導301條款之權力，移由USTR行使，不過仍受總統之監控。新法對於1974年「貿易法」301條款加以補充，祭出所謂「超級301條款」及「特別301條款」，前者乃指USTR應在1989年及1990年二年內，開始對外國不公平貿易措施作系列性調查。先確定影響出口成長之外國主要貿易障礙，然後將採取不公平貿易之國家，依其嚴重性分別按序排名，因而乃有所謂「優先」觀察及「一般」觀察名單提出，然後USTR得要求對手國在三年期間內消除，減少貿易障礙或給予補償，如不依談判所締結協議履行，USTR將發動不公平貿易調查，並依貿易法採取行動。至於特別301條款則係針對未適當或有效保護智慧財或對在美國享有智慧財之產品拒絕輸往等而起，每年由USTR作定期調查，列入優先報復國家名單中，經由諮商談判途徑要求限期改善，如未改善則施予報復。

對於違反國際規範或雙邊貿易協定者，屬於不合法（illegal）或不公正（unjustifiable）範圍，美國將採取強制性報復，對於雖非不合法，而為「不合理」（unreasonable）或不公平（unfair）措施者，包括未能平等對待美國商品、服務業或投資者，亦將審慎考慮予以報復。至於若干以出口為導向之國家設定所謂「出口目標」（export targeting）或罔顧勞工權益或實施外國企業聯合（foreign cartels）亦將視同為不合理措施，以增強外銷競爭力；所謂勞工權益包括組織工會之權利、集體談判權利、不受強制勞動之自由、童工最低工資、工時、職業安

---

[13] 請參見*Omnibus Trade and Competitiveness Act of 1988*（H.R. 4848）第四篇「農產品貿易」（Agricultural Trade）第4101條（Findings）、第4102條（Policy）、第4103條（Purpose），頁665以下。

全及健康保障；所謂外國企業聯盟乃指外國政府控制下之企業限制購買美國貨品而言。至於此等報復措施當外國不公平措施停止之後經過四年即自動終止。惟當國內產業要求繼續採取報復行動或經調查報復確有效果，且不影響美國經濟及消費者情況下，USTR將繼續採取報復行動，USTR亦得斟酌對該報復行動延長實施或修正或採取其他有效措施。

　　凡不涉及貿易協定案件，USTR通常在進行調查後十二個月內作成決定。如屬智慧財產權案件通常在六個月內作成決定，較為複雜案件則為九個月。又301條款之案件在決定後原則規定應在一個月內執行。如基於美方指控人請求或USTR認為延長有助於圓滿解決問題時得延至六個月執行。惟特別301條款之案件則最長可延為九十日內執行。另按301條款之案件並未設司法救濟途徑，此與反傾銷案或平衡稅案有甚大不同。

(三) 進口救濟

　　新法對於接受進口救濟產業必須證明301條款確實產生「正面調整」（positive adjustment）效果，即救濟後產業較具競爭力或產能改善。ITC每二年需向總統提出監視報告，在提出前得舉行公聽會，利害關係人得向ITC提出有關資訊。如發現執行無效果，總統得依據該報告修正或終止救濟措施。

　　新法對於易腐性農產品或任何易受損害之工業發生緊急狀況時得給予臨時性進口救濟（provisional relief），ITC在接到當事人提出此一申請後，應在二十一日內依據可得資訊（available information）作成初步裁定，並儘速向總統提出報告，總統在接到ITC報告七日內應宣布所採取防止或矯治造成嚴重損害之緊急救濟措施。

　　有關進口救濟方法，原規定為提高關稅、實施關稅配額、數量限制、締結有秩序行銷協定（Orderly Marketing Arrangement, OMA）、產業調整協助或上述方法之聯合，而新法除原有規定外，另增加國際談判以減少損害、拍賣配額（auction quota）、進口許可證及其他有助於產業調整在其權力範圍內之行動。[14]至於救濟期限原規定為五年，新法則規定最長為八年，包括延期一次在內。[15]惟在此一救濟期間如因特殊情況發生。例如該接受救濟產業未能適當有效調整因應進口

---

[14] 參見前揭綜合貿易法頁320以下。新法所開列進口救濟方式，包括原有在內，多達10種。

[15] 進口救濟所採取之措施，不得超過防止或矯正（remedy）嚴重損害所必要之程度。如第一次所採取救濟期間低於八年，總統有權延長一次，合計不得超過八年。綜合貿易法原文為："The duration of the period in which action taken under this section may be in effect shall not exceed 8 years"、"If the initial effective period for action taken under this section is less than 8 years, the president may extend the effective period once, but the aggregate of the initial period and extension may not exceed 8 years." 參見該法頁324以下。

競爭，或因實施結果或國內經濟有負面效果或因國內產業要求終止救濟等，均得對原救濟案作修正或終止。

(四) 反傾銷及反補貼措施

　　近十年來美國運用反傾銷及平衡稅之課徵以打擊外國不公平貿易有大量增加之趨勢。據統計1980年至1989年間即進行超過700件此類案件之調查。美國業者深諳利用提起此種指控以阻撓貿易及增加自外國進口成本，且由於美元貶值，美國國內業者每懷疑外國出口業者傾銷。專家預測，只要美國政府執法嚴格且外國競爭者在美國市場仍處強勢地位時，美國業者利用此種指控機會勢必有增無減。[16]根據美國商務部統計，美國反傾銷訴主要對象包括日本、臺灣、韓國、加拿大、巴西、德國、義大利、中國、法國及英國等。所傾銷產品以金屬、基本金屬製品、化學品、農產品及紡織品等居多數。[17]

　　美國反傾銷及平衡稅案件實施已有多年，有關進行程序，新法並未多作變動。惟增設若干新規定，包括建立新作業程式，使反傾銷法適用到第三國內實施傾銷案件；對於生命週期較短之產品，如在八年之內有連續違反規定者，加速反傾銷案件調查；對於在美國或在第三國進行加工，僅作小幅度改變，近年來所謂「洗產地」，以及未達到「實質轉型」或稅則號別變更情形，以達到規避反傾銷或平衡稅課徵者，作進一步強化取締並防止其發生。

　　新法對於為避免成品傾銷遭到課徵反傾銷稅，而進口原料或零組件者，ITC將加強監視（monitoring）。ITC對於此一監視行動應按季作成季報表公開民眾閱覽，惟指控人依據有關資訊顯示零組件並未轉向傾銷，亦未增加對美國出口時，得申請ITC停止監視。

　　新法對於國際集團企業（international consortium）如歐盟空中巴士業，無論是直接補貼或其生產、製造由各別國家補貼，依該法均包括在累積計算課徵平衡稅範圍內。又來自非市場經濟國家（nonmarket economy countries）之貨品其價格是否傾銷需加計管銷費用（general expenses）、利潤及貨櫃裝運成本等。

(五) 智慧財產權保護

　　依新法要求USTR明確指認未能適當保護美國專利權、商標權、著作權及矽晶體產品（semiconductor chip product）之國家，並主動進行不公平貿易措施調

---

[16] 請參見華府C & M International為聯合國貿易及發展委員會（UNCTAD）所撰：「美國貿易法實用手冊」（Handbook on Major United States Trade Laws）頁59以下。

[17] GATT Geneva, *Trade Policy Review: The United States of America, 1989* (March 1990), p. 178, section 95。

查，依該條款提供更爲有效率之救濟，俾保護美國智慧財不遭受外國公司侵害。新法規定，指控人得向ITC申請發給保護令（order），ITC對此一申請應在九十日內作成決定，並將其調查結果刊登聯邦公報，惟對於較複雜智慧財案件得再延長六十日，並載明理由。ITC得要求指控人提供保證金（bond），作爲是否發給保護令之前提要件。ITC亦得依據聯邦民事程序規則（Federal Rules of Civil Procedure）之規定，發給「初步裁定」（preliminary injunctions）及「臨時限制令」（temporary restraining orders）給予初步救濟。

新法規定，任何公司爲停止進口只要證明專利受侵害而無需證明經濟受損害，又國內製造業不僅得限制仿冒產品進口，同時對其專利製造在國外被非法使用因而造成損失時，亦得請求賠償。

(六) 出口管制措施

多邊輸出管制聯合委員會（The Coordinating Committee on Multilateral Export Controls, COCOM）係由除冰島以外北大西洋公約組織（North Atlantic Treaty Organization, NATO）及日本等16個國家組成，限制將高科技產品或技術資料，尤其具有軍事用途或價值者銷往俄羅斯或東歐國家，新法對於現階段已准許銷往中國屬於綠燈區之未管制項目（PRC Green Line Level）者，銷往COCOM締約國時得免附許可證，以示放寬。對於經證明實施出口管制制度已有良好績效之COCOM國家得免附許可證，總統在該法令公布後三個月內得開列此等國家清單。有關COCOM國家復運出口（reexport）產品項目，不再要求需要附有美國發給許可證。非屬COCOM國家，外國製造產品中所含美國零組件在25%或以下者，亦不需取得美國許可證。惟COCOM組織現已解散，另簽訂「瓦聖那協定」已縮小管制範圍，以恐怖主義國家爲主，包括伊拉克、伊朗及北韓等。實務上，中國亦在此一限制高科技產品與技術輸往之列，尤其2018年發生中美貿易戰之後。

美國現已大幅削減低層次科技（low-1evel technology）管制，新法有關美國出口管制清單之範圍已減少。除美國所關切或認爲需要管制產品外，新法已取消單邊基於國家安全因素所爲管制產品項目。

(七) 促進及強化輸出

新法對於依1980年行政命令所頒布，在商務部國際貿易總署（International Trade Administration, ITA）下設立美國及外國商業服務處（U.S and Foreign Commercial Service）納入正式編制，成爲常設機構。新法授權美國商務部擬定計畫，開拓非農產品之海外市場。至於農產品之拓銷計畫則早已由農業部負責辦

理。同時商務部應針對外國買主在美國多舉辦商展，以促進出口。又新法規定，商務部應成立國家貿易資料庫（national trade data bank），以提供促進出口及國際經濟動態資料。此點對於推廣外貿頗為重要，值得借鏡。其實，我國外貿協會亦設有貿易資料圖書館，其功能與貢獻，甚為接近。

(八) 國際金融

新法要求美國與主要工業國家舉行多邊談判，經由較佳總體經濟政策之協調而改善國際貿易收支及促使匯率穩定。並且要求美國財政部主動與部分因操縱其本國貨幣匯率而造成目前與美國有鉅額貿易順差之國家，包括韓國、臺灣及香港在內，舉行雙邊談判。基此，自1988年來，我國新臺幣呈大幅升值局面，即係因遭受美方壓力緣故。

(九) 科技及競爭力

新法將美國商務部國家標準局（National Bureau of Standards）改組，更名為「國立產權標準及技術研究所」（National Institute of Standards and Technology, NIST），擴大其職權，使其成為發展科技、改善美國工業產品品質及競爭力之主要機構。依該法提撥500萬美元予該研究所，建立二至三個區域性發展中心。俾移轉由該研究所所開發之技術予需要生產自動化之中小企業。

NIST將擴大對州政府之技術協助計畫，並且將加強政府與工業界合作發展先進科技（advanced technology），鼓勵聯合研究與發展合作計畫。又新法要求與外國談判，締立國際協定，以利美國國民亦得參與外國研究計畫，一如目前外國人在美國所獲得提供研究機會一般。依本法並責成國務院每年應就與主要貿易夥伴達成提供「對等機會」（symmetrical access）提出報告。此點似亦值得重視與取法。

(十) 貿易調整協助

1974年頒布「貿易法」對貿易調整協助（trade adjustment assistance）已有所規劃，本法再加以補充，該計畫對因進口增加而失去工作之勞工給予補償及再訓練機會，經延長實施期限二年至1993年9月30日止，並且擴大適用於石油及瓦斯工人，亦適用於初級產品因進口遭受損害，提供商品及服務之從業人員。依本法任何合乎條件之工人均得向政府要求提供職業再訓練之協助。

又新法規定，總統應與GATT當局諮商，容許美國課徵最高不得超過1.5‰之進口費以支應貿易調整計畫之用。如無法達成協議，則總統應決定是否徵用該一費用。此點頗值矚目。不獨有偶，我國現行「貿易法」第19條亦規定，將對出

進口人輸出入貨品價格，收取最高不得超過4.5‰之「推廣貿易服務費」，成立「推廣貿易基金」，作為拓展貿易，因應貿易情勢，支援貿易活動之用。可謂有異曲同工之妙。惟與GATT精神與規範，有無不合，則似有待進一步研究。[18]

　　美國在1989年編列9億8,000萬美元預算，推動新勞工再調整計畫，提供因結構性調整失業工人之救濟服務。該法提供經費給足以增進勞工技術與技能之新計畫，以期改善美國對外競爭力。此等新計畫包括增加閱讀能力、數學、科學、外語、工程技術、電腦資訊及高職程度技能等方面。

(十一) 第三世界國家之債務問題

　　該法要求美國財政部與其他國家商討成立一國際債務仲裁機構處理美國私立銀行與第三世界債務國間之債務關係。財政部並應研究經由國際貨幣基金特別提款權（SDR）以減少世界窮困國家之債務問題。

(十二) 其他事項

　　新法其他規範事項如在外人投資方面，依Exon-Florio修正案，總統有權阻止外國公司併購（acquisition or merger）美國公司。如該一併購行為足以威脅到美國國家安全。對於運輸方面，美國聯邦海事委員會（Federal Maritime Commission, FMC）對於美國未限制外國運輸，而該外國限制美國從事海上或空中運輸者，得採取報復行為。至於報復方式得包括限制航行、暫停關稅裁定及最高每一航次得徵收100萬美元之處罰。惟總統如認為無必要時得否決該一報復行動。此外，根據「購買美國貨法」，對拒絕互惠待遇給予美國公司之國家，美國政府將禁止向該國採購產品或服務。惟此一規定不適用於低度開發國家，以避免違反WTO/GATT精神。

肆、主要國家對美國貿易體制之評估

一、TPRM制度之建立

　　烏拉圭回合多邊貿易談判於1988年12月在加拿大蒙特婁舉行期中檢討會議

---

[18]　參見綜合貿易法原文頁367以下。按政府如編列預算，從事貿易推廣工作，依GATT精神與規範，乃被容許，屬於所謂「綠燈區」（Green Box），至於如由出進口業者自行負擔，而未超過成本所需，與GATT第8條所指輸出入規費與手續無違反，至於如屬GATT第2條所指「具有服務代價性質之規費或其他費用」，則似亦無不可。有關如超出成本負擔之適法性問題，學理上似尚不無爭議。

時，有一項重要決議，即自1989年起GATT理事會將創立「貿易政策檢討制」（TPRM）。依此，GATT各締約國之貿易政策均將分別作「定期檢討」（periodic review）。凡在世界貿易市場占有率最多之四大貿易超強（按現爲美國、中國、歐盟、日本）將每隔二年（後改爲三年）檢討一次，四大超強以外16個貿易大國每隔四年（後改爲五年）檢討一次，其他締約國則每隔六年（後改爲七年）檢討一次，至於低度開發國家則得酌加延長提報檢查之年限。[19]

TPRM之建立其目的不在於GATT締約國間之談判，亦非在於解決締約國間之貿易爭端。該制具有二個層面之重要意義：其一使各締約國之貿易體制（trade regimes）增加透明性（transparency）；其二藉由此種討論過程而加強或改善對締約國貿易運作實務之監督（surveillance）。包括美國、澳洲及摩洛哥於1989年即首批接受TPRM之檢查。

美國在該TPRM制下所提出報告（report）及有關資料達千頁之多，參與審查之締約國代表備感艱辛。在當事國所提報告之外，GATT秘書處亦就其所蒐集資料，就美國貿易政策體制之結構（structure）與架構（framework）作成補充報告（Secretariat's Report），二者一併提報理事會審查參考。在該一檢討會席中，美國代表補充說明，美國貿易政策係由總統決定，而USTR則負責談判及協調工作，貿易夥伴如有任何回應亦由USTR處理。不可否認，USTR對美國貿易政策之形成具有舉足輕重之地位。

美國爲世界經濟成長之動力，由於貿易不平衡（trade imbalance）而造成財政赤字（budget deficit），成爲眞正問題所在。惟財政赤字近年來已有下降趨勢。美國代表認爲減少財政赤字是布希政府之重要既定政策。自1983年至1986期間，美國聯邦財政赤字平均占國民生產毛額（GNP）5.4%，1987年已下降爲3.6%，1988年更下降至3%，事實上，葛雷姆—拉曼法案（Gramm-Rudman Act）強烈主張減少財政赤字，美國現已逐步體現，將可爲世界經濟之繼續成長帶來新希望。

對於美國所採取之GSP、「加勒比海經濟復甦法」（Caribbean Basin Economic Recovery Act）及「美墨自由貿易架構協定」（United States-Mexico Framework Agreement），美國代表唯恐他締約國質疑乃事先提出說明，該等方案完全合乎GATT體制之精神及規範。美國認爲此乃爲協助開發中國家發展經濟，使開發中國家亦能朝向貿易自由化（trade liberalization）發展之重要因素。

---

[19] *See* GATT Geneva, *Trade Policy Review: The United States of America, 1989* (March 1990), 有關Preface部分；邱政宗，「自由貿易體制的承諾與實踐」，經濟日報（1992.2.10），版9。

　　在GATT理事會各國代表對美國現行所採取貿易政策及措施提出批評之前，美國代表預先表明美國對自由貿易或保護主義之基本立場。據表示，美國布希政府完全支持與承諾維持開放（open）與公平（fair）貿易政策。假使美國築起高度貿易障礙而使世界經濟回到古老的恐龍時代（age of dinosaurs），屆時有誰能相信美國能解決其貿易或經濟問題。我們現在面對世界經濟整合時代，藉此將可改善各國生活水準，達到水乳交融目標。美國樂意見到各國能開放市場，使世界經濟能夠繼續成長。設如美國希望外國開放市場，而本身卻封閉（shell our-selves）市場，撤退到貿易保護主義的死胡同，則所將摧毀者不僅是美國國內經濟，世界經濟亦將受到影響。

　　美國代表強調布希政府解決貿易問題之錦囊妙計絕非「限制」（restrict），而是「拓展」貿易（expand trade），美國始終認為「壞的經濟政策不可能產生好的貿易政策」（bad economic policy does not make for good trade policy），而任何保護主義均是一種壞的經濟政策。美國代表掬誠表示，該國願與各貿易夥伴攜手合作，共同實現GATT體系之重要目標。在GATT理事會所舉辦檢討會中，對美國外貿政策體制之評估，各國因其開發程度之不同，因而感受不同，關切點亦隨而有異。綜觀各國所提出之重點，包括貿易報復、採購政策、技術障礙、農業補貼、產業調整、反傾銷及平衡稅課徵構成要件、紡織品設限、GSP受惠條件限制等。茲僅就已開發國家部分對美國貿易政策及其體制之評估情形，說明如下：

二、對美國貿易體制評估重點

(一) 歐盟

　　歐盟承認美國為最大及實施開放經濟國家之一，而且肯定美國在GATT體系下主張貿易自由化及繼續拓展世界貿易所作貢獻。歐盟對美國政府成功地完成烏拉圭回合談判列為首要貿易政策目標表示歡迎態度。歐盟評估重點為：

1. 貿易赤字問題

　　認為美國之貿易赤字必須經由適當總體經濟政策（macro-economic poli-cies）始能解決。雖然對外貿易赤字絕對值甚大，但所占GNP不高，尚非嚴重到難以收拾地步。造成赤字之原因在於儲蓄不足而投資過鉅所致。不過，近年來美國在縮小聯邦赤字預算及經常帳差距已有顯著改善，應屬可喜現象。美國如採取保護主義，將使開放貿易制度遭到腐蝕，不利於貿易夥伴之出口。

2. 301條款問題

　　歐盟代表認為多邊體系下之任何締約國不應以國內立法方式採取單邊報復行

動。現行GATT多邊體系架構未能有效執行，顯示該規範有待加強，以確實反映各締約國之利益。GATT對於有歧視性之單邊行動未有限制爲一重大缺失。認爲美國依據301條款採取報復行動，損及GATT系爲一國際組織之地位，並且造成國際間之緊張，甚至衝突局面。烏拉圭回合談判已提供矯治此一畸形發展之最後機會。俟爭端解決程序強化後，單邊行動應導入正軌。歐盟認爲美國爲消除而揭露貿易夥伴所採取「不公平貿易措施」（unfair trade practices）及觀察報復名單時，應先要符合美國對該締約國所作之承諾，俾善盡義務。

美國所認爲外國不公平貿易措施在未經多邊方式組成專案小組調查並作成建議以前即先單方面採取報復行動，顯然缺乏可信度（credibility），不足以使締約國信服。尤其依照1988年美國綜合貿易暨競爭力法變本加厲祭出所謂超級301條款，開出一系列要求貿易對手國改善措施之截止期限規定，認爲美國對外貿易政策撲朔迷離，偏離航道，使GATT運作及烏拉圭回合談判投下難以預測之變數。依照超級301條款，甚多締約國被列入觀察名單之中，需要進行調查，對於GATT體制是一項重大諷刺與挑戰，歐盟呼籲各締約國爲對付此一挑戰，必須強烈再肯定多邊主義原則。

3. 採購政策問題

美國基於國內產業策略，曾頒布購買美國貨有關法令規定，以提供國內供應商機會，各州與小型企業簽有採購協定，提供優惠條件。歐盟認爲此種措施足以扭曲貿易流向，損害及締約國利益，1988年綜合貿易法中即有關於購買美國貨法之規定，並授予單方面報復行動之能力。美國常以「國家安全」（national security）理由，限制向國外標購。據歐盟代表查證結果，美國政府採購提供其國內優惠待遇背後眞正動機仍爲經濟因素。

4. 技術障礙問題

美國若干產品或技術標準是由私人部門所制定，並不統一，而且各州所採取之技術規則並不一致，有需要強化東京回合所締結技術性貿易障礙（TBT）規約，以增加透明化，減少適用上困難。

5. 農業保護問題

美國在加入GATT之初曾經依據「臨時適用議定書」（Protocol of Provisional Application）有關所謂「祖父條款」（grandfather clause），即加入GATT之前，國內法已經存在之法律，就農產品貿易GATT規定義務，要求豁免（waiver）。此等豁免條款基本上與GATT規範並不符合，如今GATT生效已歷四十餘年，歐

盟認為美國長期來要求豁免情況，應乘此一新回合談判，重新檢討，作出新承諾，以便回歸GATT架構體系。

6. 域外權力問題

美國國內法為達到其政策目標，每將法律效力延伸及於美國並未直接參與之貿易活動領域，此種「域外權力」（extra-territorial power）如被濫用，歐盟代表認為足以影響世界貿易自由化之進展，值得各國重視與關切。

(二) 日本

日本認為美國對戰後多邊貿易體制之形成貢獻良多，而且是繼續支持GATT體制之重要力量。以美國是世界最大進口市場，日本對美國有關自由貿易之承諾特別感到關切。日本樂意見到美國外貿體制報告中，並未完全歸咎日本，承認總體經濟因素乃造成美國對外貿易不平衡之主要原因。日本評估重點為：

1. 301條款問題

日本對於美國國內法有關301條款、超級301條款及特別301條款表示不滿，認為背離GATT精神，美國雖稱係因多邊制度證明無法有效運作，為保護本國利益所不得已採取之措施。惟日本認為此一說法既不公平且危險，GATT既設有爭端解決程序應依該程序進行，在未取得締約國事先同意前，不宜採取報復措施。如果現行GATT規範證明無效果，應考慮修正。任何單邊行動均將影響烏拉圭回合談判成果。

2. 農產品進口問題

美國以GATT豁免條款對外國農產品進口得採取進口數量限制，此與一般開發中國家所採取「貿易限制」（trade-restrictive）措施無以言殊，此種措施在GATT體制下並不公平。美國維持此制已逾四十年未作檢討，將不被他締約國所接受，建議儘速修正。

3. 農產品出口問題

日本現為世界農產品之最大進口國，對於美國有關農產品之出口限制規定表示關切。依據美國「出口管理法」（Export Administration Act, EAA），總統得限制貨品或技術之出口，其原因包括國內供應短缺之因素在內。美國在1973年即曾經以生產不足為由限制黃豆（soya beans）之出口。此一措施對於仰賴農產品進口之國家如日本，亟易造成可能傷害（vulnerability）。

4. 國家安全問題

美國1962年「貿易拓展法」（Trade Expansion Act）第232條規定所稱「損害國家安全」之含義，並不明確，在有此一情況之下即得任意加以限制，亦不免發生防衛過當問題。

5. 增加規費問題

GATT專家小組既然已決定美國收取與成本不成比例之商港使用費（customs user fees）及關稅法第337條與GATT規範不符合，日本代表建議美國應儘速採取補救措施，以免減損GATT有關爭端解決程序之威信（reliability），同時交易時對經營業者所增加之鉅額負擔，如懲罰性關稅，具有禁止貿易效果（trade-prohibiting effects），顯然遠較貿易扭曲效果（trade-distorting effects）為嚴重，理當儘速解除。又美國國內法有關州政府或聯邦政府所採行購買美國貨之規定，亦屬扭曲貿易行為，亦應一併消除。

(三) 加拿大

加國承認美國是世界最開放市場之一，並且對於美國貿易自由化之承諾表示讚賞。加國評估重點為：

1. 301條款問題

加國認為美國既為多邊貿易體制之成員，採取單邊行動將造成負面效果（negative effect）。認為301條款，尤其超級301條款及特別301條款，已超出GATT或其他國際協定之範圍，而1988年綜合貿易法對於傾銷及平衡稅課徵構成要件之從寬認定，乃是對於既有國際協定單邊所作解釋，應否能夠拘束其他締約國，不無疑義，且易造成貿易緊張，反而減少尋求共同解決問題之意願。美國以此作為談判籌碼（negotiating lever），將導致多邊體制之不穩定性。不惟寧是，報復條款將引導鼓勵違反最惠國待遇原則之歧視性雙邊協定復活，腐蝕現有體制之穩定性（stability）及可預測性（predictability），而且增加美國及世界市場之成本負擔。

2. 競爭政策問題

美國既然調查外國貿易扭曲措施，卻未對其國內所採取之農業政策及政府採購等詳加檢討。美國在政府採購方面，存在若干保護主義措施，如購買美國貨法中，對於小企業之優惠，基於國家安全原因，部分採購保留給國內供應商；又美國海關在外國貨品進口時，依有關法令之適用及解釋，保有相當程度之「行政裁量」（administrative discretion）權，尤其在原產地、專利法、衛生、農業法規等

方面，法令繁多，解釋每有不一致情形，形成額外之進口障礙。美國國內農業政策因頒布「出口擴張計畫」（Export Enhancement Program）以後，已使農業市場及貿易關係降低其穩定性，此種保護結果，使國內成本增加，抬高價格，降低成長，缺乏彈性及競爭力，而使美國農產品「出口能力」（export capacity）發生負面影響。加國懷疑美國ITC及國會預算局（Congressional Budget Office）等機構曾否蒐集資訊，提出報告，檢討國內保護成本，用以對付國內保護主義之壓力。

伍、美國對外國有關評估之回應

　　USTR派駐日內瓦代表葉瑟（Rufus H. Yerxa）大使對於各國關注其貿易體制表示謝忱，認為藉貿易政策審查（trade policy review）而挑選出貿易夥伴對美國貿易政策與執行關切重點所在，且受檢查國家亦有一自我檢討機會，為一頗具有助益之課題（useful exercise）。美國係一多元性的社會（pluralistic society），依憲法規定，行政與立法各有職司，政策形成過程較為複雜，乃屬不可避免。正因複雜，所以過程更需講求「透明化」（transparency），而透明化即意味過程「公開」（openness）。有關各國對其外貿政策與體制質疑各點，美國出席代表曾作綜合性答覆，茲說明其梗概如下：

一、301條款

　　美國承諾仍將在多邊架構下運作，而無意於GATT體系外尋求問題之解決。按美國頒布1988年綜合貿易暨競爭力法時，即曾聲明在五種情況之下，將不採取貿易報復行動。即(一)GATT專家小組委員判定美國並無受到傷害；(二)該外國政府同意廢除該一貿易措施；(三)該外國政府同意給予補償；(四)如報復行動對美國本身損害超過獲得利益；(五)報復行動傷害美國國家安全。實則此五種情況中，部分乃屬當然道理，美國在其提交GATT總部有關外貿政策體制報告則僅述及在二種情況，即當GATT當局對該事件已有所定奪或GATT專家小組已裁定他國未違反貿易協定下美國權益時，美國將不採取報復行動。此一訊息，對於加入WTO/GATT之我國而言，特別感到重要。[20]值得注意者為有關超級301條款部

20　有關美國301條款之適法性問題，除已開發國家表示質疑之外，新興工業化國家、一般開發中國家，乃至第三世界國家均有強烈反應。請參美國貿易政策體制檢討，頁319-357。

分，因已實施二年（1989年及1990年）屆滿而自動失效，但有關301條款及特別301條款，迄仍屹立不搖，每年對各國構成某種程度威脅，例如1992年4月間在臺北舉行臺美綜合貿易諮商談判時，有關保護智慧財產財因談判破裂，面臨列入優先觀察名單之威脅中，需要審慎應對。所幸，有關貿易報復條款部分，美國表示願意配合烏拉圭回合談判結果及爭端解決程式之強化作適當回應。

二、防衛條款

美國運用貿易法201條款保護本國產業已有逐年下降趨勢，而反傾銷及平衡稅課徵則有逐年上升趨勢，此則因前者發生補償問題而後者則不生補償問題所致。在烏拉圭回合談判過程中，美國對於此一條款之探討似乎較低估其重要性。美國表示坦誠談判有關灰色領域措施及數量限制，以防衛本國產業。至於智利關切美國會否對其所產銅礦銷美採取進口救濟一節，美國表示任何締約國均有權依GATT第19條規定探行救濟措施，美國採取此一措施時，將力求以符合該一架構為依歸。

三、國際協定地位

部分國家質疑GATT在美國法律體系並非自動執行（因美國參議院始終未批准該一協定），因而欠缺穩定性一節，美國代表表示，美國已表明有能力及意願充分履行GATT義務。在前數回合多邊貿易談判，美國均積極參與，履行關稅減讓，及簽署東京回合所達成有關規約，已證明此一事實。以政府採購規約而言，美國為簽字國之一，烏拉圭回合談判達成協議後，以互惠為基礎，美國已充分準備依該項規範執行。

四、農產品貿易障礙

美國與歐盟對於農產品補貼消減幅度歧見甚深，成為烏拉圭回合談判圓滿達成協議之關鍵因素。在外貿政策檢討會中，美國表示包括依據GATT第25條之豁免條款在內，美國已準備與其他締約國作充分討論，以進一步減少有關農產品貿易障礙。

五、反制保護壓力

對於部分國家建議蒐集運用因保護增加國內成本以抵制貿易保護之壓力一節，美國代表表示同意加拿大意見，最好方式為由政策制定者與消費者多作溝通，並希望GATT當局能對此多作討論，以期有效解決。

六、存在雙邊協定

　　GATT多數締約國對於多邊體制固均認為扮演重要角色，惟彼等亦均簽署有雙邊協定，建立雙邊關係及若干部門產品之貿易政策。美國亦採取同一見解。基於傳統，美國與其他國家建立貿易關係。藉由烏拉圭回合談判擴大及強化有關貿易規範。每一個國家對其所頒布之法律應有權根據需要作解釋或決定適用法令之優位性。

　　至於有關貿易政策究竟走向自由化或保護主義一節，美國代表重申美國政府之政策仍在尋求貿易更自由化，並充分承諾開放多邊貿易制度。認為唯有多邊貿易自由化是促使美國及其他締約國邁向自由化之最佳途徑。

　　在該貿易政策檢討會中，美國代表結束答覆前，曾表明除非理事會對所有其他締約國之貿易政策均已作「充分評估」（full assessments），否則很難單就一個國家之貿易政策作「整體評估」（overall assessments）。平情而論，美國國內雖有貿易保護壓力，惟因行政部門堅持自由貿易，此較其他國家仍不失為較自由開放市場之一。美國代表所言，顯示美國對本身體制之執著、自信與堅持，並且寓有各締約國不宜對美國現行外貿體制多作苛求之意。

陸、結論：觀察美國對外貿易政策之演化

　　近六十餘年來，美國對外貿易政策之演化，約可粗分為保護、自由、公平及管理貿易四個時期，惟有時並不明顯，有時則重疊出現或發生，故僅具相對性而非絕對性。茲就其演化歷程說明如下：

一、保護主義

　　貿易保護主義存在之理由，據分析包括：(一)支援幼稚產業或新開創工業；(二)便利產業調整；(三)基於國家安全；(四)矯正國內扭曲（次佳干預）；(五)防止剝削勞工；(六)利用貿易條件之改變；(七)實施策略性貿易政策需要等。美國在1830年，進口關稅稅率曾經高達61.7%，創美國有史以來最高紀錄。時隔百年，1930年時進口關稅為44.7%，1932年時曾經攀升至59.1%，屬於高關稅保護時期。可見美國亦曾走過高關稅時代，現美國平均關稅稅率則僅約3.5%之譜，差距甚大。而高關稅所顯示之意義即是貿易保護。築起保護之圍牆，以免遭到外貨之競爭。至1980年代，美國國會有鑑於貿易逆差之擴大，亦常出現主張貿

易保護，惟其本質與1930年代以關稅保護手段者有所不同，其本質爲對過分自由貿易之反彈。例如美國1988年綜合貿易法通過前，國會曾提出「蓋哈特修正案」（Gephardt Amendment），對以不公平措施與美國進行貿易而享有大幅貿易順差之國家，要求每年應以10%比率逐年降低。另有「伯藍特修正案」（Bryant Amendment）要求外國投資人應辦理註冊登記。乃至諸多提案建議對現行反傾銷及平衡稅法作大幅修正，以對付外國不公平貿易措施。

二、自由貿易

自由貿易能創造最大系數之社會福祉（maximize social welfare），因而在貿易理論上最具優越性（superiority）。美國於二次大戰以後以迄1970年代之間，盛行自由貿易主義，認爲此一主義最能符合美國及世界利益，因而大力向國際社會推銷此一制度，乃有GATT體制之建立，並曾舉行多次「多邊貿易談判」，其中較重要者包括狄倫回合、甘迺迪回合及東京回合在內。此外，在1980年代，雷根總統主政初期亦亟力主張自由貿易制度，反對採取「如不能打敗外國，即與外國合作」（if you can't beat them, join them）之策略，以處理對外貿易事務。依據1981年美國貿易政策白皮書（white paper），雷根強調美國政府將堅決反對保護主義壓力，對於外國之貿易限制，最佳對付方法是使貿易制度更加自由化，而非依樣採取限制措施。因此要求美國國會繼續授權行政部門對外談判，以打開外國市場。並且認爲保護主義者以美國鉅額赤字爲由，要求實施進口附加稅或其他限制，是一錯誤論調。保護結果使少數產業獲利，而多數產業及消費者受損，因實施保護而減少進口，亦將使出口相對減少，對外貿易額則趨於萎縮，將增加消費者成本負擔，誤導經濟資源之分配。爲自由貿易之利益作最佳註腳。

三、公平貿易

何謂公平貿易？直到今日國際間並無統一而爲各國所普遍接受之定義。英國國際貿易法學者尼可萊德（Phedon Nicolaides）曾闡釋公平貿易（fair trade）具有雙重意義，靜態言，公平貿易乃國際市場之「平等分享」（equitable share），而動態言，公平貿易則爲國際貿易之「公平競爭」（fair competition）及「平等對待」（equitable treatment）。[21]

雷根總統於1985年9月應邀發表演講時指出，美國如在確保世界自由貿易體系中退縮，則該一體系勢必面臨瓦解。世界貿易體系應建立在互助合作之基礎。

---

[21] *See* Phedon Nicolaides, "How Fair is Fair Trade," *Journal of World Trade Law* (1987), 21(4): 147-162.

作為美國之貿易夥伴亦應分擔責任，支持開放貿易制度，包括消除貿易障礙，廢除補貼及其他各種不公平貿易措施。並且強調美國並不畏懼競爭，各國如能依循相同遊戲規則從事貿易，使有同等競爭機會，則美國將與其他國家有同等競爭力，對於他國目前所維持之不公平貿易措施，揚言將予反擊。近年來美國頻頻出招，祭出301條款，要求各國改善。可見，自從1980年代中期，雷根對外貿易政策，已由自由貿易政策轉而趨向公平貿易。

四、管理貿易

據美國國際貿易法專家懷德曼（Raymond J. Waldmann）之分析，從較大層面觀察，管理貿易（managed trade）旨在維持國際金融制度，防止債務國破產，協助經濟發展，提供南北關係（north-south relation）穩定及協助技術移轉等。[22]

當1988年綜合貿易法通過後，雷根總統於同年8月23日在加州長堤簽署該法案時，表明順應世界潮流，現已有愈多國家相信「自由貿易是創造未來繁榮之鑰匙」（free trade is the key to a more prosperous future）。保護貿易將無法保護任何人，即使是尋求保護最力之利益團體。其實，雷根總統卸任前所主張之「自由貿易」，已屬於「後自由貿易」時期，依渠主張，並不反對政府公權力適當之干預，因而具有管理貿易之雛形，迨布希總統於1989年接任之後，表面上承襲雷根之自由貿易政策，而布希政府若干經濟或法律智囊團，則頗有傾向於「管理」貿易，俾期能夠矯治日趨嚴重之貿易失衡問題。更何況美國國際貿易委員會（ITC）曾有研究報告指出，日本因實施管理貿易（例如在對外貿易方面，頒布有「外匯及外國貿易管理法」）因而享有大幅貿易順差，而以往美國因實施自由貿易結果，反而造成大幅貿易逆差。此一研究結論對於布希政府形成一重要心理壓力，而亟思改弦更張。

1990年3月，美國著名國際貿易法學者傑克遜教授（John H. Jackson）應邀來臺訪問，曾就美國貿易政策與烏拉圭回合談判展望發表主題演說，當時曾詢以1990年代美國貿易政策之走向，據渠表示，美國行政部門仍堅持「自由」貿易，而國會及學術界頗有人主張應採取「管理」貿易。[23]事實上，有關管理貿易

---

[22] *See* Raymond J. Waldmann, "chapter 4," in *Managed Trade* (1986), 有關The Emergence of Managed Trade部分，頁41以下。又按懷氏指出，美國政府管理對外貿易與投資之趨勢將影響在美國之任何一個人。以往美國依賴自國外進口甚深。據統計，每五部汽車中一部是進口；每十架電視機中九架是進口；鞋子一半靠進口；成衣每三件中二件是進口；尤其錄放影機（video recorder）全部是依賴進口。

[23] GATT於1992年3月對美國外貿體制所作評估報告中指出，美國貿易政策似有朝向「管理貿易」發展跡象（moved further towards managed trade）、按美國遵照GATT所建立TPRM規定，繼1989年12月首度提出外貿體制報告之後，復於1992年3月接受關貿總協第二次體制審查。事實上，因時隔僅二年，美國對外貿易基本政策，除強調加強美洲經濟事務外，變化不大。

已逐漸反映在現階段美國對外貿易之施政措施之上。例如對於高科技產品或技術之輸出，瀕臨絕種野生動植物之輸出入，加強反傾銷及平衡稅之課徵以反擊不公平貿易措施，對若干部門產品，如紡織、成衣、鋼鐵（1992年3月底屆期）、小汽車及工具機等採取配額、自動限制協定（VRA）或簽署有秩序行銷協定（OMA），乃至於相對貿易之發展，使政府介入市場交易活動等，在在屬於所謂「管理貿易」之範圍。近來此一發展趨勢已益趨明顯，因我國向以美國爲主要外銷市場之一，尤需格外警惕與重視，俾能有所因應。

附論：美國「貿易協定法」重點分析[24]

　當世界多邊貿易談判東京回合進入中期以後，美國國內亦進行有關法律之制定工作，1979年6月16日美國頒布「貿易協定法」（Trade Agreement Act），旨在配合東京回合所達成11項非關稅障礙規約相對應而制定。該法對於1921年反傾銷法、1930年關稅法及1974年貿易法已有重大修正，爲美國現行有關非關稅措施最主要之法律，在近代美國貿易體制上占有重要地位。

　美國國會通過「貿易協定法」時，提出附帶決議，完全實施，美國亦得停止實施。且爲符合東京回合有關規約，如將來尚必須修改本法時，總統應在一個月以前提出與國會諮商，並依1974年貿易法所建立之「快速立法」程序辦理。「貿易協定法」（TAA）內容多達11篇，茲僅就其中主要部分說明如下：

一、繼續推動貿易行政革新

　將原設貿易談判特別代表署（STR）改組成爲「貿易代表署」（USTR），並強化其職權；商務部經改組設立，以強化其功能，有關反傾銷及平衡稅調查案件之職權，由財政部移轉商務部管轄；並曾建議考慮設置「國際貿易及投資部」，有關駐外商務人員由商務部直接指揮監督；爲加強國內產業動向之分析能力，設立「產業分析局」等。

二、平衡稅措施

　平衡稅之課徵旨在抵銷補貼差額，該法授權商務部決定該項產品之進口在

24　本節原載於「中央日報」（1993.2.1），版10。

出口國有無接受直接或間接之補貼，而ITC則決定國內產業有無遭受實質損害或遭受實質損害之威脅。所謂「實質」損害，依該法及有關處理實務乃指該項損害非屬「無效果」、「不實質」或「不重要」，顯然與進口救濟程序要求具備造成「嚴重損害」者不同。

對平衡稅案件，商務部得依職權主動調查，國內製造業者，勞工團體或貿易公會亦得申請調查。調查程序最長期間由原規定一年縮短爲七個月，如初步調查（preliminary investigation）發現進口貨品外國有補貼情事，則責令進口商繳交保證金，始准通關。

外國政府或出口業者如同意在六個月內消除補貼或停止出口外國政府同意締結協定以抵銷補貼效果或承諾減少出口數量時，商務部得停止調查。課徵平衡稅案件，商務部在作成最後決定前，應參考有關所能取得資訊，並依最佳資訊作爲決定之依據，包括由國內製造業所提供者在內。在調查過程中，律師得依規定聲請閱卷，包括機密資料，如當事人未提出答辯，商務部得逕依有關資料決定。

三、反傾銷稅措施

商務部發現進口產品在美國銷售低於公平價格，或ITC決定國內產業遭受實質損害或有實質損害之虞時，得課徵反傾銷稅，其稅額以本國市場價格超過在美國銷售價格之差額爲準。易言之，反傾銷稅之課徵即在補足出口國市場價格與外銷價格之差額。

以往傾銷案處理期間爲九個月至十五個月間，較爲複雜案件甚至有遷延數年未決者，依本法規定，一般反傾銷案件處理期間縮短爲九個月。在該法公布前，美國海關對傾銷量及傾銷稅之估定平均長達三年，本法公布後要求在六個月內完成估價作業，在正式核定傾銷稅以前，進口傾銷產品者需負擔推定傾銷稅。如出口業者在三個月內停止裝運傾銷商品或同意依照本國市場價格提高出口價格而停止傾銷行爲，商務部得中止反傾銷案之調查。

四、關稅估價

CCC發起簽立有關海關對進口貨品估價條約，世界多數國家對進口貨品關稅課徵以起岸價格（cost, insurance, and freight, CIF）價格爲基礎，惟該條約，美國、加拿大、澳洲及紐西蘭等並未簽署。依照美國1930年關稅法第402條規定，美國對外國進口貨品以離岸價格（free on board, FOB）方式計價課徵，而由於日本及歐盟均採取CIF計價，使美國輸出貨品價格抬高，以致在外國市場處於較爲不利之競爭地位，美國對於此點耿耿於懷，在美日進行諮商談判時提出檢討，但

日本堅持以CIF計價且並未違反國際規範為由而加以拒絕。

按東京回合談判所簽署之關稅估價規約，採取所謂實際「交易價格」作為課徵關稅之基準。至於輸出貨品價格究竟以FOB或CIF方式計徵關稅，則保留予各國作自由裁量。我國在美方諮商談判要求之下，已由早期關稅法所定CIF修正為依實際交易價格作為課稅基準。而至於所謂交易價格乃指貨品銷往美國所實付或應付之價格，通常包括由買方負擔之額外費用在內，如包裝成本，銷售佣金或其他援助，如為減少產品或服務成本，約定由買方提供附屬材料、工具、設計及開發工作。

依本法決定交易價格之選擇方法為：(一)同一產品之交易價格；(二)類似產品之交易價格；(三)扣除價格（deductive value），即以類似產品價格扣除保險、運輸、稅捐及佣金等額外成本後之價格；(四)計算價格：指生產、材料、利潤、一般費用、包裝及援助之總和。如上述四種方法均無法使用時，得以「合理調整」方法加以推定適用。事實上，本法已將決定貨品價格由原所採取九種簡化為五種，對於海關關稅估價作業有所幫助。

五、政府採購

有鑑於政府採購在各國國際貿易中占有甚大比重，政府為國際貿易主顧客之一，東京回合政府採購規約乃建立四大基本原則。(一)應設定適用對象範圍。依此締約國應向GATT提報適用對象清單；(二)違反國民待遇而原由各國所維持優先購買本國貨政策應予廢止；(三)確保投標手續之公開化；(四)建立有關爭端解決程序。美國貿易協定法有關政府採購規定，即本此精神而制定。

依照美國原頒「購買美國貨法」（BAA）規定，本國投標人比外國投標人享有6%價格優惠，於小企業或勞動過剩地區享有12%價格優惠，至於國防機構採購價格優惠甚至高達50%，顯然比較有利於本國廠商。本法實施生效後，自1981年1月起，總統已宣告豁免適用BAA此一具有歧視性之採購規定，以符合國際規範。申言之，新法授權總統對於參加國際協定或實質上提供美國相當互惠待遇之國家得放棄貿易限制。

美國若干機關包括運輸能源部、田納西流域主管當局及陸軍工程營等在內對外採購，聯邦或地方政府或小企業所採購金額低於19萬美元或採購策略性產品或為支持農民，如學校學生營養午餐計畫之採購，均得不受協定法有關政府採購之拘束。

依該協定法規定，總統得禁止自非適格國家採購，惟非工業國家受禁止前有二年期間，得基於互惠原則相互提供機會參與投標。協定法要求總統在未來談判

中尋求有利於美國之出口機會。在與特定國家談判時如仍不能達到擴展採購機會之目的時，總統得下令有關聯邦機構（不以已在政府採購名單內者爲限）不得自該等國家進行採購。

六、產品標準

以不違反國家目標爲前提，聯邦或各州政府機構，在不妨礙對外貿易情況或因確保健康、安全、環境生態或消費者需要，應從速制定有關產品標準。協定法並要求聯邦機構依所制定標準對待進口產品應不得低於同類本國產品，包括所使用測試及測試所需規費或負擔，且除非基於國家安全需要，或者依循國際標準並不適當以外，應力求符合國際標準。

本法授權USTR協調與標準規約有關之國際貿易政策問題，且監視外國執行該一協定程度，在商務部及農業部各設立專責單位蒐集及出版有關標準之資訊。簽署日內瓦標準規約國家因標準問題發生糾紛時，得向USTR提出指控，USTR應經由諮商或基於雙方同意交付國際仲裁，以謀求圓滿解決。

我國在加入WTO/GATT諮商談判過程，面對東京回合所達成11項非關稅障礙及部門產品規約，究竟將比照美、歐、日等先進國家採取全盤接受，或比照其他新興工業化或開發中國家僅作部分選擇性接受，爲一頗值得愼酌問題。所幸，多年來我國致力於經貿國際化及自由化已頗具成效，基於主觀因素及客觀情勢，諸如關稅估價、輸入許可證程序、反傾銷、補貼及平衡稅、技術性貿易障礙乃至政府採購等各項規約，我國似均具有加入成爲簽字國條件。事實上，我國在加入WTO以後，已簽署屬於複邊協定之政府採購協定，並接受WTO所達成之各項協定。

第 6 章 ▶▶▶

美國快速立法制度的功能*

壹、概說

美國為一民主國家，惟仍然難免發生行政部門對外任意開出支票，而要求美國立法部門加以兌現，罔顧國會是否有此一意願，因而常造成若干嚴重困擾。貿易協定之簽署與執行，固由立法部門授權行政部門，惟如何確立規則，以供遵行，乃真正問題所在。美國自1974年貿易法確立「快速立法」（fast track）已有將近半個世紀，因此一制度之存在，而使美國對外所簽署之貿易協定，其立法及執行在美國國會得到特別待遇。行政部門較近一次所得到之快速立法授權已在1994年4月15日隨WTO各項協定各會員國完成簽署，而告屆滿。

柯林頓前總統連任期間何以未能獲得「快速立法」授權，一般將其歸咎於面對共和黨所主導之國會。其實，美國選民頗為樂見行政部門與立法部門分由不同政黨主導，以發揮最大幅度之制衡作用，故行政與立法分由不同政黨主導，在美國幾乎已成為常態，恬不為怪。新回合WTO多邊貿易談判展開，雖然小布希政府亦面對不同政黨所主導之國會，能否獲得快速立法授權，為WTO各個會員國所關切。以美國為啟動新一回合主要國家之一，為完成後烏拉圭回合談判未竟之業，使各國所承諾開放市場，大幅減讓，得以落實，小布希政府獲得國會有關快速立法授權，一般預料並非不可能。

快速立法為美國重要政策工具之一，頗為重要卻鮮為人所深入瞭解。此一制度常被認為，行政部門與外國談判結果，國會僅能在「同意」（approving）與「不同意」（disapproving）間作一簡單選擇，而無法作任何修改之一項機制。惟依美國美利堅大學范雷斯克（Craig VanGrasstek）教授之見解，則認為此一認知，並不完全正確。渠以為在「快速立法」制度之下，國會仍保有相當權限，足以影響談判之進行、承諾及履行。國會有權提出增刪意見或變更規定，而影響該一協定實質內容。[1]

---

* 本文原載於立法院：「立法院院聞」，第30卷第5期（2002年5月），頁72-94。2024年5月作文字修正。
[1] *See* Craig VanGrasstek, "Is the Fast Track Really Necessary?" *Journal of World Trade* (April 1997), 31(2): 97-123.

再者，此一制度易被認爲絕對需要，以便美國得參與與其他國家或國際組織之貿易談判，因爲此爲對美國行政部門對外所作承諾取得信賴之唯一方法，美國國會應當加以尊重。惟范雷斯克教授認爲此種認知之眞實性僅限於代表談判者；經由快速立法而限制國會常被任意誇張所致。其實，行政部門與立法部門應常保持協調與諮商，承認談判權乃跨部門之職權極爲重要之一部分，快速立法既非唯一（unique），亦非不可或缺（indispensable）之工具。不過，美國較近若干特別協定，係由行政與立法二部門通力合作而完成，則爲事實。

現國際間普遍關切，美國國會是否將就「快速立法」再作授權，范雷斯克教授認爲此一問題似乎過於狹義。在美國政策制定過程中，政府行政與立法部門之協調，乃係一項長期性工作，且協調此一名詞之適用，其存在及相沿適用已超過三個世紀之久。未來，「快速立法」是否應該「拒絕」（rejected）、「變更」（renewed）或「創新」（renovated）。倘國會不將「談判權」（negotiating authority）交付總統，有何其他替代方案則應爲問題核心所在。[2]

立法院爲配合我國加入WTO之進程，特於因選舉而停會一個月期間，於2001年11月16日召開特別會議，審議有關我國加入WTO條約案，在審議通過之前，委員發表意見，部分委員指出，其意略爲，立法院在入會案所扮演之角色不應僅限於背書，將來如何檢討改善，應値重視。

部分委員有此種感觸，無疑乃甚爲自然，行政部門代表國家對外談判，對外國或國際組織所已作之承諾，要改變既有困難，則僅能就入會案在「同意」或「不同意」之間作選擇。由於我國加入WTO，國內共識甚高，因而並未出現有任何委員反對，而獲得無異議通過。惟將來所面對之條約案，如未有共識而有所爭議時，應循如何程序進行，建立協調機制，以化解爭議，尋求最大公約數，則殊値探討。

在此需要檢討者，條約或協定固由行政部門代表對外談判，惟行政部門在與外國或國際社會談判過程之中，是否得不與國會或相關委員會事先諮商，而僅憑行政部門之意志行事，在制度上應作如何改變？始可望臻於合理及完善。矧倘若國會未同意行政部門對外國所作承諾時，行政部門很可能陷於兩難，其結果如需重開談判，外國或國際組織未必能有此一耐心及意願。爲解決此一瓶頸，美國乃建立所謂「快速立法」（fast track）制度，以資處理。惟一般人對於「快速立法」之認知，限於國會僅能在「同意」或「不同意」議案之間作選擇，而忽略在

---

[2]　其詳參見范雷斯克教授前揭文有關Should the Fast Track be Rejected, Renewed, or Renovated?部分中的「快速立法產生之問題」（Growing Problems with the Fast Track）及「未來選擇」（Options for the Future）。

談判之前或在談判過程之中，行政部門需與立法部門保持溝通與聯繫之此部分重要環節，可見一般認知並不完全正確。

依我國立法習慣，法案一旦獲得立法通過，即完全授予行政機關依法行事，而較少規定及於行政機關應定期向立法機關作報告，或再經立法機關審查備案。而此種有關權限之規定，事關責任釐清及監督功能之發揮，外國法制頗為重視與普遍，而在我國則似較為忽略。

以經貿層面而言，我國現有法律架構體系之中，規定及於「行政權」與「立法權」分際者，有二項法律較為顯著。其一，依「臺灣地區與大陸地區人民關係條例」第95條規定，主管機關關於實施臺灣地區與大陸地區直接通商，通航及大陸地區人民進入臺灣地區工作前，應經立法院決議；立法院如於會期內一個月未為決議，視為同意。其二，依「貿易法」第7條第1項規定：「主管機關或經行政院指定之機關，得就有關對外貿易事務與外國談判及簽署協定、協議。其所為談判事項涉及其他機關者，應事先協調。」同條第3項規定：「對外貿易談判所簽署之協定或協議，除屬行政裁量權者外，應報請行政院核轉立法院議決。」

無論依「臺灣地區與大陸地區人民關係條例」第95條或「貿易法」第7條之規定，事實上立法院僅具有「同意權」或「審議權」而已，其對外談判之啟動仍在行政部門，此與美國依憲法規定，國會享有對外貿易談判權，而國會將此一貿易談判權授予行政部門行使者，因而行政部門在對外談判過程聽命於國會，隨時與國會保持聯繫，甚至需要事先取得國會共識，以便將來能以「快速立法」方式通過者，其旨趣顯然有異。由於對外貿易談判之結果，無論需要配合立法與否，依賴人民遵守，或作某種負擔，美國現行「快速立法」制度，顯然有其功能，且應係解決「行政權」與「立法權」爭議問題重要途徑之一。[3]

貳、快速立法制度起源與成因

美國建國之先知先賢早已預料，如對行政部門過度授權，並不適當，尤其有

3　美國對外所簽署之協定，可分為「自動執行」（self-executing）與「非自動執行」（non-self-executing）二種。前者指協定經簽署後，無須再由國內立法予以補充規定，即得由國內行政或司法機關予以適用；而後者則指協定經簽署後，尚須經由國內立法予以補充規定，始由國內行政或司法機關予以適用。此二者區別之實益在於若干協定明文規定締約國須以立法予以執行，而若干協定則僅涉及締約國政府本身，與法人或自然人無關，如擴及法人或自然人則另需立法。美國對外簽署之貿易協定，國會所表現者愈來愈有本身不能自動執行之傾向。例如1979年之「貿易協定法」，美以FTA、NAFTA及「烏拉圭回合協定法」等，在執行立法中均規定為非自動執行協定，論者認為此係美國國會有意加強控制美國對外貿易政策之表徵。

關涉外事務認為應保持某種程度之警戒。以故，美國憲法於1787年修正時，對於政府制度之設計，到處可見乃基於「制衡」（check and balance）之理念而來，俾使不同意見者能有較多機會提出新方案。此等機會在對外事務方面尤其特別顯著。

美國憲法涉及貿易政策者，有二項重要原則，使行政與立法部門作相互之直接競爭：

其一，依據憲法第2條第2項第2款有關條約權力，賦予總統締約權，但必須得到出席參議員三分之二之同意（advice and consent）；第2條另款規定，行政部門之對外事務，應受國會之監督（review）。

其二，根據憲法第1條第8項，列舉國會之特別權利包括有權與外國及其他各國規範商業（即所謂「商業條款」）以及有權課稅、課徵進口稅及消費稅。美國貿易政策之歷史，可謂是「商業條款」與「條約權力」相互角力之過程，前者例如立法部門修正關稅稅率之政策決定；後者例如經由外交作成決策。

一、制度起源

美國學界重視1934年所頒布之「互惠貿易協定法」（Reciprocal Trade Agreement Act, RTAA），認為是美國歷史上有關對外貿易政策之轉捩點。該法乃係在經濟大蕭條（Great Depression）後所頒布之緊急措施，賦予總統有權就雙邊關稅減讓協定與外國談判，並且於公布後予以執行。RTAA規定，現行關稅稅率之降低以不超過一半為範圍，並限制權力之存續期間為三年。實際上此一暫時性之權宜措施實施長達三十年，國會在1937年至1962年之間計檢討修正RTAA達11次之多。美國羅斯福及杜魯門政府曾運用此一權力與28個國家談判及執行32個雙邊協定，並且加入暫時性之GATT組織。杜魯門到詹森總統使用新授權而參與GATT前六個回合之關稅談判。

1962年美國「貿易拓展法」（Trade Expansion ACT）為1962年至1967年舉行之GATT甘迺迪回合談判，提供執行削減關稅權力之法據。後來在很多貿易法案承認關稅下降權力，包括引進「快速立法」權，乃至基於特定目的而有限制地延長關稅減讓權。

1974年美國貿易法建立所謂「快速立法」（fast track）制度，除提供行政與立法部門所需更大協調空間之外，指派具有官方身分之「國會顧問」（official congressional advisers）參與談判，並參加私部門顧問委員會之諮商。

美國為配合執行國際協定，乃於1994年制頒「烏拉圭回合協定法」（Uruguay Round Agreement Act of 1994）賦予總統有永久權限執行關稅協定，以處理

烏拉圭回合未完成之志業。惟烏拉圭回合談判所達成之協定，並不以關稅減讓爲限，尚及諸多非關稅措施，與貿易有關之投資、服務貿易及與貿易有關智慧財產權保護等領域，並不以關稅減讓爲限，從而，重新獲得快速立法授權，仍有其需要。

　　依據美國學者范雷斯克教授所撰「快速立法是否需要？」（Is the Fast Track Really Necessary?）一文中指出，「快速立法」常被認爲是一種「立法否決權」（legislative veto）。依照該一方案，行政部門談判之任何協定將發生效力，除非國會（或亦可能是國會之貿易委員會）在一定期間內表決，對建議執行之法律未予通過。[4]事實上，在1960年及1970年代間，即曾有若干建議，創造此一工具以通過貿易協定，惟美國國會議員（尤其是參議院議員）相當關切此一方案，認爲將嚴重侵害彼等之職權。

　　實務上，除若干特別授權之外，快速立法頗類似於立法否決權，包括締結FTA之「剩餘談判權」（residual negotiating authority）及烏拉圭回合，國會並未賦予總統此一權限。再者，立法否決權自從美國最高法院在1983年Immigration and Naturalization Service V. Chadha一案所作判決，認爲該一機制可能違憲之後，現已失去效力。

　　此外，另一種理論認爲「快速立法」乃係「國會—行政協定」（Congressional-Executive Agreement）之一種，其意乃指「條約」（trcaties）與「行政協定」（executive agreements）之一種「混合物」（hybrid）。[5]在此一授權下所締結之協定，均得轉換成爲法案，並且必須修正美國法律以符合該一協定。規則之起草者承認將國際協定視爲國內立法，具有潛在之危險。其主要困難在於無法修正及在參議院緩慢之審議程序。以故，快速立法規則提供容許執行法律而無修正，國會兩院要求對法案進行投票，表示贊成或反對（up-or-down），自收到後90個「立法日」（legislative days）作成表決，[6]而與參議院對於正式條約案要求

---

[4]　美國著名國際經濟法學者，亦爲研究GATT/WTO法權威傑克遜（John H. Jackson）教授所著「世界貿易制度」（the World Trading System）第三章第五節「美國法與國際法」亦列有「國會企圖監督行政部門：立法否決程序及快速立法」專目，依渠指出，所謂「立法否決」程序乃指要求總統制定命令、規則或國際協定革約，提交國會，如國會無法在指定期間以特定多數不通過該項措施，則該項措施自動生效，並成爲有效法律。惟雖然很多外國政府或很多美國州政府使用立法否決權，惟基於美國憲法「權立分立」（Separation of power）主義，則常引起爭議。參見該書頁72以下。

[5]　依據美國法，廣義「國際協定」分爲二大類，其一爲「條約」（treaties），憲法有明文規定，需經參議院三分之二多數同意及批准；其二爲「行政協定」（executive agreements），憲法未有明文規定，不須經過國會批准。後者有時如條約般有正式文件，有時則僅互換文書而已。惟未經參院批准，未必意味重要性低，美國許多重要國際協定係採取行政協定之形式簽訂，例如1945年之雅爾達密約及1947年之關貿總協定（GATT）。

[6]　參見韓立余，美國外貿法，北京法律出版社（1999年3月）；該文作者將「立法日」譯爲「自然日」，似

「絕對多數」（super-majority）不同，此一法案僅需在眾議院及參議院獲得簡單多數之同意即可。[7]

　　美國經由快速立法機制，已先後完成五項重要對外貿易協定，包括多邊及雙邊協定在內。此五項協定分別為：(一)東京回合協定（1974-1979）；(二)美以FTA（1984-1985）；(三)美加FTA（1986-1988）；(四)烏拉圭回合協定（1986-1994）；(五)NAFTA（1991-1993）。

　　在上列五項協定中，其中三項協定係在所規定90個立法日截止期限前以大幅比數通過，顯示爭議性不大，惟眾議院通過NAFTA時，其贊成與反對比數相當接近。至於烏拉圭回合協定之反對者。要求參議院在特別會期以郵寄投票方式選舉（post-election）。此等經驗可能暗示內部機構與黨派衝突新階段之到來。最近一次承諾快速立法之授權，已在1994年4月15日屆期。柯林頓政府在其第一任期內尋求重新授權，在1994年中提出希望國會能再給予快速立法之承認，為期七年。由於此一要求在國會談判過程，包括勞工及環保問題未達成協議，而未能通過。柯林頓總統在第二任期內於1997年再行提出此一重新授權，終其卸任之前，並未獲得通過快速立法授權，相對影響WTO原規劃之千禧年多邊貿易談判（Millennium Round），未如預期進行順利。[8]

二、制度發生原因

　　1789年至1932年間，美國總統提出若干關稅降低之條約案送交參議院審議，經參議院通過者為數不多。雖然此一期間參議院大大小小共同意批准131件條約案，惟有關延長最惠國待遇案件，參議院幾乎均加以否決。在28項條約中之五項，包括承諾降低貿易障礙則獲得通過，此一經驗充分顯示，協定欲以正式條約

　　指曆年制日數。而依美國學者之詮釋，則以「立法日」乃指國會在會期（session）之實際日數。90個立法日可能持續數個月之久。法律上並未特別提供九十日之時鐘，而是召開系列委員會及院會之截止期限，總共為九十日，參見范雷斯克教授前揭文註24。

[7] 依我國現行「立法院職權行使法」規定，條約案亦屬該法第二章所稱「議案」之一種。依該法第7條規定，「立法院依憲法第63條規定所議決之議案，除法律案、預算案應經三讀會議決外，其餘均經二讀會議決之。」可見，在我國條約案僅須經二讀會程序，似乎隱含有快速作用。又依同法第6條規定，「立法院會議之決議，除法令另有規定外，以出席委員過半數之同意行之，可否同數時，取決於主席。」現行法令對條約案之通過，與憲法不同，並未有特別門檻限制，以故，條約案之通過在我國顯較在美國為容易，因採「簡單多數」，而非採「絕對多數」之故。

[8] 依據比利時魯汶（Louvain）大學克雷曼（Bart Kerremans）教授指出，1997年11月及1998年9月，美國國會未通過1974年建立「特別貿易談判授權」（special trade negotiating authority），有三項緣故值得重視，其一，此為美國自1974年建立「快速立法」制度以來，首次發生總統未能獲得國會給予快速立法授權，其二，遭受拒絕，正值美國欲與西半球鄰國締結美洲自由貿易區（FTAA）；其三，美國行政部門預定進行：「千禧年談判」。See Bart Kerremans, "The US Debate on Trade Negotiating Authority between 1994 and 1999," *Journal of World Trade* (October 1999), 33(5): 49-85.

批准，並不容易通過。

依據美國范雷斯克教授之分析，一般正式條約之通過，具有下列四項缺點：[9]

(一) 條約需經獲得參議院三分之二多數之支持，始能通過：學者布萊斯（Lard Bryce）認為此一規定無異給予關鍵少數甚大權力，將增加風險，參議院或其黨羽將以狹隘、局部及基於選舉之考量，以處理對外事務。因該一規定要求取得「絕對多數」，而將使很多協定無疾而終。據指出，美國在1789年至1929年間，計有25項貿易協定因未獲得參議院同意而未能簽訂，另有四項協定，其中二項為有關關稅減讓，則以簡單多數方式獲得通過。

(二) 參議院偏好修正條約：此為以往超過二個世紀以來，美國與其貿易夥伴發生不協調衝突之重要原因。1794年美國與英國簽訂「喬依條約」（Jay Treaty），為第一項與貿易有關之重要協定。美國參議院對該條約草案加以變更，刪除部分規定，禁止美國貿易商載運西印度貨品到歐洲。英國起先反對，嗣後卻接受該一條約修正案，從此以後，美國參議院更肆無忌憚地任意增加、刪除或修正條約之條款，或者保留條款、附帶聲明或增加但書或瞭解備忘錄。

1789年至1934年間，總統提出969項條約案中，參議院計修正173項，約有三分之一經參議院修正之條約，總統或美國之談判夥伴最後加以拒絕，惟如此仍不能阻止參議院我行我素。在上開將近一個半世紀期間，11項非關稅貿易條約中之八項失敗，乃因外國不願意接受參議院單方面改變之結果。參議院亦修正通過28項關稅條約中之四項，係由行政部門提交審議者。

(三) 參議院通過程序緩慢：美國在19世紀大部分國際協定需要延長時間，經參議院批准通過，往往需要經過數年時間，不足為奇。[10]近一世紀以來，雖已有所改善，惟改善幅度仍相當有限。因參議院少數黨甚至參議員個人均享有相當大權力，無論經由拖延政策、漠不關心，或因工作步伐之寬大被視為較有威嚴等因素，參議院通過一項並無爭議性之條約，往往需要較長時間。故論者有認為參議院之規則與傳統之重要性，不宜高估。

(四) 貿易自由化之條約，通常並非自動履行工具：按貿易條約通常需要制定他項法律案，以便對現行美國法律作必要之改變，例如修正關稅表。國際協定

9　參見范雷斯克教授前揭論文第二節有關「談判授權之演進」（evolution of negotiating authority）部分。對於正式條約批准程序之缺點，有顏周詳論析。

10　范雷斯克教授認為一般人將國會之通過程序稱為「批准」（ratify）程序，乃係對於名詞之誤用，其實，批准為專屬於總統之特權（prerogative of the President），參議院所能從事者僅是「同意」（advice and consent）而已。經參議院三分之二通過者，始為條約，此與國際法上之一般用語，凡具有國與國間法律拘束力協定（legally-binding agreements），包括美國所稱行政協定均認為是條約者，應有不同。

涉及執行法律或基金之撥用，通常需要經過眾議院之通過，參議院可以接受之協定，如在眾議院遭到否決時，將給參眾院一項方便之藉口，而不通過該項協定。

除需遵守三分之二多數同意之規則以外，事實上，對於參議院審議條約，此四項缺點並非所特有。批准國際協定必須面對處理有關修正、遲延及兩院制衝突等立法過程所存在之問題。可以預見者為，「快速立法」及其他形式談判權，均將獲得改善，惟並無法消除此等困難。

參、快速立法制度意義與功能

2001年11月在卡達舉行WTO第4屆部長會議，不僅通過中國及我國加入WTO案，亦達成即將展開WTO新一回合之多邊貿易談判。除此之外，美國近年來在國際經濟事務上有三項重要議題，亟待積極展開談判，其一為智利加入NAF-TA，在美、加、墨之外，另加入智利，產生三加一效果。其二為2005年以前成立所謂FTAA，2001年4月下旬，計有美洲34個國家元首齊聚加拿大之魁北克市舉行美洲國家元首高峰會，討論議題集中在民主與經濟之整合，與會領袖一致同意通過設立：「民主條款」，同時呼籲在2005年前成立美洲自由貿易區。[11]至於其三則為在2010年以前建立太平洋盆地之自由貿易區，則屬於較為長程之計畫。

由於美國在多邊貿易制度居於領導地位，如美國國會未通過「快速立法」之貿易談判授權，則所舉行之多邊貿易談判，將很難有重大突破之可能。

茲將美國快速立法制度之意義、內容及相關實際案例分別釋明如下：

一、意義

所謂「快速立法」乃指將「談判權」（negotiating authority）由立法部門授予行政部門之方式。從而，行政部門如未經立法部門之「認許」（permission），並不得直接對外談判，惟問題重點並不在於授權進行談判或達成協議，因此一部分屬於總統之隱含權力或固有權力（inherent powers），而在協定之通過與執行。[12]

---

[11] 依魁北克宣言，除訂立2005年自北極圈到阿根廷南端之西半球自由貿易與民主並進目標之外，並矢言2015年之前將區內極端貧窮人口減半。今後對於背離民主軌道之元首，將不受邀參加高峰會，不得成為美洲自由貿易區會員國，更得不到美洲開發銀行（IADB）貸款。參見中央日報（2001.4.24），版10。

[12] 傑克遜教授指出，雖然國會對有關國際事務有再確認權（reassert），惟總統之權力乃無可匹敵（formidable），仍居於支配地位。總統有權締結國際協定及經營國際外交。其結果，總統可依據憲法所賦予之

　　一般而言，美國國會通過立法，將其權限委託行政機關行使，並經由聽證會或其他方法以監督行政部門。依1974年貿易法所建立之「快速立法」制度或稱「快速立法」程序，乃國會監督委託授權之一種方法。此一程序原係以非關稅障礙為主，用以解決國會對外貿易之管理權及對委託授權之監督，同時並不影響總統對外談判能力及美國之誠信。申言之，快速立法程序旨在防止國會特定委員會或委員會主席任意壓制立法，而使法案不能提交院會作全體表決；同時規定每一院對條約或協定之審議及執行立法不能修改，蓋如經修改，會重新回到國際談判桌，對已經達成之國際協定重新談判；對兩院之辯論實施限制，以防止諸如冗長發言，阻礙立法。

　　該一程序之重要在於一則保證行政部門達成國際協定之快速審議及完整性，二則保留國會對行政機關達成之協定進行審查之權力。

　　依美國憲法規定以觀，國會控制對外貿易及國際經濟政策，總統在國際經濟關係領域之權力，相當有限。惟美國國會則通過立法，授予總統委託權限，該一委託權限在不同時期，其範圍並不相同。例如美國在1917年制定「對敵國貿易法」，該法適用於美國列為不友善國家，如古巴、北韓及越南等。惟後來發展，美國已與越南簽訂雙邊貿易協定，對於越南應已不適用。[13]又如美國於1977年通過「國際緊急狀態經濟權力法」，成為和平時期，總統在國際經濟事務方面所運用緊急權力之法源。依據該法總統宣布國家進入緊急狀態，有權管制外匯交易，管理涉及外國及外國國民利益之轉讓與交付，管理外國或外國國民所享有利益之財產，2001年911事件，美國總統即動用該法，以凍結賓‧拉登及阿富汗歐瑪政權在美國之資產。至於「對敵國貿易法」，則限於戰爭時適用。

　　除緊急狀態權力以外，授予總統之權限，尚及反傾銷、反補貼、301條款、不公平貿易措施、國家安全例外及出口管理等之大量權限。而事實上，總統則為行政部門之代表而已。若干權力係由相關部會行使。

權力而締結「行政協定」（executive agreements）。更重要者，多年來國會對有關國際事務，授予總統廣泛權力，因總統在國際事務上扮演重要角色，有時可能作擴大委託解釋，而能有效執行其重要之權力。See John H. Jackson, *The World Trading System* (2nd ed.), The MIT Press (1997), p. 64.

[13] 美國與越南間歷史性貿易協定已於2001年12月10日簽訂。此為美越兩國累積十年來努力之成果，有助於撫平越戰留下之傷痕。該貿易協定將為美國與最後僅存共黨國家之一——越南，建立新貿易關係，在此之前，柯林頓政府曾一再延後簽署此一協議。惟此一協議尚須經美國與越南國會通過，並經小布希總統與越南國家主席陳德良簽署。依該協定，美國將允予越南外銷美國市場之貨品享有與其他多數國家相同之低關稅。惟越南亦必須對外國公司開放其由國家控制之市場，實施新智慧財產權保護與投資規定。一般認為此等措施將迫使共黨領導階層放鬆管制，參見中央日報（2001.12.12），版10。

二、具體內容

依據1974年美國貿易法規定，貿易協定生效所必須踐履之程序，包括：美國總統在準備簽署貿易協定之前至少九十日，應通知國會參眾兩院有關其簽訂之計畫，並速將該計畫之通知刊載「聯邦公報」（Federal Register）；協定簽訂後，總統向兩院遞交包括該協定最後法律文本文件及執行法案草案，對擬採取實施該協定行政措施之說明，乃至該法案與措施對美國現有法律可能影響之解釋；進而使該執行法案成為法律。

總統簽署貿易協定，尚需在上開草簽計畫通知前至少六十日，通知眾院歲計委員會及參院財政委員會表明將舉行談判，並與該委員會諮商。如在該六十日期限內，上開二委員會未批准該協定之談判，則不適用於國會批准執行法案之「快速立法」程序。

依據1974年美國「貿易法」所建構「快速立法」制度及美國相關學術論著分析，「快速立法」程序之主要內容如下：

(一) 一般權限：對於非關稅措施談判，國會每具體規定使用快速立法程序之可能性，並規定擬議之協定必須簽署之最後期限，以適用快速立法程序。並規定總統計畫開始利用快速立法程序談判時通知國會之程序。

(二) 與國會諮商：一般情形，在簽訂國際協定前至少九十日，行政部門必須通知國會有關其簽署協定之計畫。通常行政部門將提交一份合理而完整之協定文本，以便國會對該協定進行評估，並加入國會期望之內容。國會在該期限內將舉行聽證會。在總統通知之同時或稍後時日，與所談判有關之不同顧問委員會通常會提交報告。又值注意者，上開九十日期限，在1993年烏拉圭回合則延長為一百二十日，以故在1993年12月15日完成烏拉圭回合談判，而各會員國包括美國在內，乃於1994年4月15日在北非摩洛哥首府馬拉喀什（Marrakesh）簽署最終協定。

(三) 適用範圍及立法期限：按快速立法程序乃建立在充分承認國會眾院與參院制定規則、改變規則之憲法性權力基礎之上，僅適用於協定批准或延長法案、歲收法案、兩院間之「聯合決議」（joint resolution），乃至否決部分措施之兩院聯合決議。在眾院提出之法案轉交眾議歲計委員會，在參院提出之法案轉交參院財政委員會。在快速立法制度之下，其立法期限為六十日，惟涉及財政法案則得為九十日、如委員會在法案提出後四十五日內未提出報告，則自動免除該委員會作進一步審議，進入適當議程。最後通過投票應在委員會作出報告或免除其審議後十五日內進行。

(四) 及時簽約：在法定最後期限之前，必須簽訂協定，以便利運用「快速立法」程序通過執行立法。

(五) 提交國會批准：協定簽署之後，以往並未有總統提交法案經國會審議之時間限制。通常作法係由行政部門與國會進行廣泛交換意見及協商後提出法案草案。當總統最後提交法案時，得提出自己文本，在此同時，總統亦深知偏離國會所期待之議案或法案，勢必難以得到國會之支持。在提出執行法案同時，總統提交「行政管理計畫聲明」，以闡明總統期望如何對該法作管理。有關國會批准程序，乃係快速立法程序之重要部分。

(六) 國會審議之限制：依美國憲法規定，部分法案先經眾院審議後，參院再作審議，如有關財政議案。多數法案則分別由參眾兩院進行審議，並不必然構成重疊，有時亦可能由兩院同時審議。在「快速立法」制度之下，國會審議之主要特點為：1.法案不得修改，此為最重要部分；2.委員會必須在四十五日內交出法案，以防止阻礙程序之進行；3.各院必須在一定期間內進行投票，進行有限制之辯論，惟在參院內則不得進行冗長發言。[14]

值得注意者，在美國快速立法制度之下，參眾兩院任何一院均不得對執行法案或批准決議進行修訂，不得動議延遲適用「快速立法」程序，或經由共識決方式同意主管部會官員申請延遲適用該一程序。

美國眾院或參院為審議法案及其他議案，分別訂定有各院所屬議事規則。在快速立法程序之下，眾院及參院對執行法案進行審議之動議享有不得辯論、修正或重新審議同意或不同意該動議投票表決之特權。各院對執行法案之辯論均規定不超過二十小時，並在支持與反對雙方之間平等分配。

依該一快速立法程序，眾院限制辯論之動議不得辯論，不得動議重新提交執行法案，或動議重新考慮據以同意或不同意執行法案之投票表決。眾院對審議執行法案所作延遲動議或繼續審議其他事項之動議及主席對執行法案適用之決定，均無須辯論決定。至於參院方面，參院對與執行法案有關可辯論之任何動議（debatable motions or appeals）之辯論不超過一小時，動議者與法案管理人（manager of the bill）間平等分配及控制，除非管理人支援議案，給予反對一造之時間則由少數黨領袖控制。參院並限制辯論之動議不得辯論或動議重新提交執

---

[14] 傑克遜教授亦指出，除諮商要件（consultation requirement）之外，快速立法提供三項重要規則，已形成慣例，而未有明文，茲列明如下：1.法案提出後不能修改（would not be amendable）；2.所屬委員會應在短期間內交出法案（report out the bill within a short period of time）；3.參眾兩院對法案之辯論（debate），受到限制。參見氏著前揭書頁73。

行法案。[15]凡此均係爲達到「快速立法」目的,所作特殊安排與設計,與一般美國國內法案之通過程序,較爲繁複者,顯然有所區隔。

三、運作功能

「快速立法」程序法制化之前,即已存在有若干先例(antecedents),而在1974年美國「貿易法」制定之後,尤成爲重要立法程序之一部分。茲列舉主要之實際案例如下,以顯示其實際運作功能:

(一) ITO案:二次大戰以後,美國行政部門曾提議成立ITO,俾與IMF及後來之「世界銀行」鼎足而三,並加入成爲ITO之會員國,該案卻未爲美國國會所通過,當時杜魯門政府對於依哈瓦那憲章(Havana Charters)所擬成立之ITO,未以條約方式提出,而改以在1949年初要求美國國會通過「聯合決議」(joint resolution),國會當時並未就此一事件進行投票表決,而任其因未行動而自行消案。又GATT第五回合談判,即甘迺迪回合所達成二項非關稅措施協定,亦遭受類似命運。

(二) 1974年「貿易法」:依該法授予美國總統簽署貿易協定之基本權限,即在1975年1月3日起五年內,當總統確定外國或美國現行關稅或其他進口限制足以對美國貿易不當增加負擔或對美國有所限制,如採取適當措施得達到該法之目的,則得與該外國或主管機關簽訂貿易協定。在五年期限結束後二年內,總統尚享有剩餘關稅談判權(two-year residual authority to negotiate duties)。

此外該法規定如總統確認外國或美國之國際貿易障礙或其他扭曲對美國貿易不當增加負擔或對其進行限制,對美國經濟造成不利影響,或該障礙之實施可能導致此種負擔、限制或影響,如採取措施可達到該法目的,則在1975年1月3日起十三年內,得與外國或其主管機關簽訂貿易協定、協調、降低或取消該國際貿易障礙或其他扭曲,或禁止、限制該障礙或其他扭曲之實施。又依該法明確授權得與以色列簽訂FTA。

依據貿易法美國所進行之對外貿易談判,由於該國談判代表所提出之法案,乃係行政部門與國會協商之結果,以故,如行政部門已與國會達成共識之後,其他國家將難以說服美國改變。反之,如美國談判代表願意接受其他國家所提出未爲國會同意之條款,國會亦難以批准,此對協定實施,影響甚爲深遠。從而,乃

---

[15] *See* Committee on Ways and Means U.S. House of Representatives, "Chapter 14 Organization of Trade Policy Functions," in *Overview and Compilation of U.S. Trade Statutes*, U.S. Government Printing Office Press (1987), 有關「國會」(Congress)部分。

發生外國有聘請遊說團體在華府，當美國行政部門與國會協商過程，進行遊說，並蒐集相關資訊之情形。

(三) 1979年「貿易協定法」：當1979年GATT東京回合談判達成協議之後，美國亦相應在國內制定「貿易協定法」，作爲配合實施依據。該法之通過，即係依據「快速立法」程序而通過之典型代表。

依據該一快速立法程序，美國總統在簽訂GATT東京回合談判所達成各項非關稅障礙協定前九十日通知國會，並與國會主要委員會進行協商、美國國會因明瞭整體談判過程，主要委員會亦組成對策小組，結合國會專業人員，致力於談判過程。當1979年1月，總統通知國會時，國會主事者設計一套與正常法案程序平行之協商程序。

國會各委員會與行政部門密切協商，國會成員甚至通知行政部門，希望由國會起草總統所要提出之法案文本。眾院歲計委員會與參院財政委員會先達成一致，行政部門亦參與此一過程，並施加影響。蓋總統一旦向國會正式提出法案，即不能更改。當該一國際協定在GATT總部日內瓦草簽時，行政部門準備提交國會之法案。據稱總統之行政官員幾乎全部採用國會人員準備之法案草案。

當1979年6月總統向國會提出法案時，由於基本之實質性工作已經結束，所餘問題僅是程序性之過程。在此之前，行政部門與國會之協商，總統提交之法案，在眾院以395票比7票，在參院則以90票比4票，均以懸殊比率，以壓倒多數獲得通過，此即美國1979年「貿易協定法」之通過過程。

(四) 1988年「綜合貿易暨競爭力法」：依據1974年「貿易法」，美國總統得在十三年內與外國簽訂貿易協定之談判授權到1988年初已屆滿，美國乃於1988年制頒「綜合貿易暨競爭力法」，重新授予總統新的談判權。在該一授權，以關稅措施協定而言，如總統確認外國或美國之關稅或其他進口限制不當對美國對外貿易增加負擔或對其進行限制，如採取措施可促進該法之目的、政策與目標，在1993年6月1日前，得與外國簽訂貿易協定。至於非關稅措施方面，在符合該法規定目標前提下，得於1993年前與外國簽訂貿易協定，以降低、取消障礙或扭曲，禁止、限制該障礙或其他扭曲措施，並授權總統得在1993年前在關稅及非關稅措施方面簽訂雙邊貿易協定。

值得注意者爲，依1988年美國「綜合貿易暨競爭力法」之規定，擴大快速立法程序之適用範圍，即凡國會授權簽署之協定，亦得適用快速立法程序，並規定烏拉圭回合談判之相應時間分別爲1993年12月5日及1994年4月15日，並規定，如在六十日期限內同意程序上不批准決議，如總統未依規定與國會進行諮商，或參院財政委員會或眾院歲計委員會不批准談判，則不適用快速立法程序。

　　發生特殊情形，雖然1988年「綜合貿易暨競爭力法」第1428條規定，將自進口貨價課徵15‰之費用，成立基金，以支應工人調整協助計畫，惟需由總統談判達成提供此一費用之協定，而問題乃在GATT/WTO並未談判此一協定，以故美國先行通過該一執行法律，事實上並未生效。

　　此外，1996年時，柯林頓政府建議國會通過尊重商務船及修護業正常競爭條件協定，即一般所稱OECD「造船協定」、國會貿易委員會通過該一協定之執行法律，惟反對者認為美國第104屆國會除非延長會期，否則不應通過。此一不作為使原定於1996年7月計畫執行之該項造船協定，終告功敗垂成。

　　行政部門進行談判之前，國會先行擬定協定之執行法律，以便談判達成之後，能夠宣付實施，對於國會而言，為相當不尋常之選擇。實務上，談判如係在報復或威脅下進行或為反制不公平價格措施，授由行政部門課徵特別關稅所制定之反傾銷法，有時很難以互惠基礎，區別此一方案。

　　在實務上，對外所簽署之協定，如非屬「條約」，而為「行政協定」（executive agreement）時，則無需經由美國國會通過。對於行政部門而言，自屬最為樂意見到。事實上，美國對外談判有關「軍事設施」（military bases）、「外交協助」（foreign assistance）及「稅務案件」（tax matters）資料交換，美國每以行政協定方式簽訂，而成為所採取之主要方法，[16]美國國會容許以「行政協定」為基礎，進行所謂「商務外交」（commercial diplomacy），此點極值注意。

肆、對外貿易政策形成機制

　　1988年美國「綜合貿易暨競爭力法」授權美國總統在一定範圍內得以降低關稅，並且以快速及不作修正為基礎，代表美國國會對外談判及簽署貿易協定。此一貿易談判快速立法授權之有效日期，隨著烏拉圭回合談判之進度，經過數度延

---

[16] 依據著名美國國際經濟法學者傑克遜教授之分析，就原則而言，美國以「行政協定」方式簽訂，而不需國會通過者包括四大類如下：1.先憲法性行政協定：國會通過立法授權總統簽訂國際協定，如依1974年貿易法所授予之權限；2.後憲法性行政協定：即在協定談判後，總統向國會尋求接受該協定，作為有拘束力美國義務之權限，如Bretton Woods協定；3.總統性行政協定：即依據憲法，總統所隱含權限所簽訂之協定，接受該協定作為有拘束力美國義務，而不需國會之參與，如美國依相關條款在國外部署武力，以防止侵略；4.條約行政協定：即參院批准條約之後，有關實施細節由行政部門制定，並且可能以明示或暗示方法授權總統簽訂國際協定，以完成實施。*See* John H. Jackson, William J. Davey, & Alan O. Sykes Jr., *Legal Problems of International Economic Relations* (3rd ed.), West Publishing Co. (1995), p. 118.

期至1994年4月15日，當烏拉圭回合談判最終協議各會員國在馬拉喀什簽署完成之日終止。

美國貿易政策之形成，係由美國行政部門（Executive Branch）、美國國會（U. S. Congress）及民間機構三個部門通力合作之結果。而USTR之功能，即在擔負協調工作，並負責與外國進行貿易談判。USTR策劃民間部門諮詢制度，經常與國會諮商，並且為美國行政部門有關擬定貿易政策所組成各種委員會之主席。

依據美國1974年「貿易法」之規定，國會由眾議院及參議院各選出五人，合計10人組成小組，成為對外貿易談判之「國會顧問」（congressional advisers）。[17]此外，USTR與國會議員及立法助理，經常利用機會作簡報及舉行會議，除使國會瞭解行政部門之施政之外，並藉以探悉國會所代表之民意及主要關切事項。

美國國會於1974年建立民間部門諮詢委員會制度（private sector advisory committee system），以確保美國貿易政策及貿易談判目標能夠適當反映美國商業利益（commercial interests）。諮詢委員會與美國商務部、農業部、勞工部及國防部保持聯繫及合作。目前計有諮詢顧問約1,000人，分別隸屬三組（three tiers），共有44個分會（separate committees），其性質與我國經濟部曾設有產業諮詢委員會性質頗為接近，而組織則遠較產業諮詢委員會周密龐大，長期性介入政策擬定，影響甚為深遠。

美國民間部門諮詢委員會共分三個層次如下：

一、最高層級：「貿易政策及談判諮詢委員會」（Advisory Committee for Trade Policy and Negotiation），由總統提名45人組成，任期為二年。此一委員會每衡量整體國家利益，以考量貿易政策問題。

二、第二層級：「政策層級委員會」（Policy-level Committee），由USTR提名，與各相關部會閣員級官員有聯繫管道。此一委員會包括工業、農業、勞工、國防、服務業、投資、政府間政策諮詢委員會。此等團體每基於可能特定利益者而提供建言。

---

[17] 依據美國1974年貿易法規定，在國會正常會期開始之際，眾院議長（the Speaker of the House Representatives）基於眾院歲計委員會主席之推薦，必須選出該委員會五名國會議員（其中屬於同一政黨者不得超過三人）以及參院臨時議長（the President pro tempore of the Senate）基於參院財政委員會主席之推薦，必須選出該委員會五名國會議員（其中屬於同一政黨者不得超過三人），由總統指派為美國參加國際協商，會議代表團及有關貿易協定談判期間之官方顧問（official advisers）。*See* Committee on Ways and Means U.S. House of Representatives, *Overview and Compilation of U.S. Trade Statutes*, U.S. Government Printing Office Press (1987), p. 613.

三、第三層級：由技術或部門諮詢委員會組成，分設工業、農業及勞工三個團體。由USTR、商務部、農業部及勞工部共同提名。每一委員會代表個別產業部門提供可能影響之特定或技術資料，以備行政部門參考。此外，在此一層級另設有三個功能性諮詢委員會（即標準、關稅及智慧財產權保護），以供跨部門技術諮詢參考。

至於在行政部門，根據1962年美國「貿易拓展法」，美國總統設置一跨部會貿易政策機制，以制定及執行美國貿易政策。USTR除主管對外貿易談判之外，並為在此種機制下所設各層級委員會之主席。此等委員會設置目的在擬定與協調美國政府國際貿易與投資問題之處理。

美國行政部門在貿易政策之形成過程，設有不同層級之委員會如下：

一、經濟政策委員會（Economic Policy Council, EPC）：EPC由閣員級官員（cabinet-level）組成，總統為主席，總統未出席時，財政部長擔任臨時主席（chairman protempore），其作用在尋求解決各機關間之差異。EPC討論範圍，不以國際貿易與投資為限，並及各項重大經濟問題。

二、貿易政策檢討小組（Trade Policy Review Group, TPRG）及「貿易政策幕僚委員會」（Trade Policy Staff Committee, TPSC），此二者均屬於次閣員級，並為跨部會之協調單位。TPSC由有關部門資深官員代表組成，從事第一線工作，TPSC下分設超過60個分組，分別負責特定領域，針對各種特殊問題提供意見。各個小組之結論或建議，均認為TPSC作為達成跨部會共識之基礎。如TPSC無法達成協議，或有特殊重要政策問題需要考慮，即將該案提交TPRG討論，TPRG屬於USTR副代表或次長級階層。

伍、對外貿易談判權之種類

美國對外貿易談判權，依其性質之不同，約可分為三類如下：[18]

一、最惠國待遇

貿易與國間相互提供「不歧視待遇」（nondiscriminatory treatment）由來已

---

[18] 此一分類，請參見Committee on Ways and Means U.S. House of Representatives, "Chapter 13 Trade Negotiating Authority and Objectives," in *Overview and Compilation of U.S. Trade Statutes*, U.S. Government Printing Office Press (1987).

久，已有數個世紀之譜，並且垂為GATT/WTO基本原則之一，惟此一原則之適用伴隨國際貿易日趨複雜而有所改變。不歧視原則包括「最惠國待遇」及「國民待遇」在內。最惠國待遇源自早期各國所締結之國際商業協定，規定各簽約國在貿易事務上給予對方不低於所給予其他國家之最佳待遇。其結果即每一適用此一待遇之國家均為最為受到優惠者，所以每個國家均以平等相待。現美國國內法則改稱為「正常貿易關係」。

美國關稅法上所稱「最惠國待遇」意味對享有此一待遇貨品課徵較低關稅，通常乃經由多項互惠性多邊關稅談判而達成。依照美國法不具「最惠國待遇」資格之國家則適用較高關稅。前者載列於「美國海關進口稅則」第一欄，而後者則列為第二欄。多邊組織下之關稅減讓談判，係以後者為談判之標的。

1948年1月1日美國成為GATT締約國之一，同時接受該總協定第1條規定之基本義務，給予其他簽署國所謂「無條件最惠國地位」（unconditional MFN status）。因此，給予其他國家最惠國地位不但成為美國國內法之規定，且亦屬美國之國際義務。

按無條件及無限制最惠國待遇之政策於1951年頒布美國「貿易協定延展法」中曾加以修正。現階段美國有關「最惠國待遇」規定於貿易法第126條，為施行貿易協定所宣布之關稅或其他進口限制或免稅待遇，應適用於所有直接或間接進口之外國貨品，但法律另有規定者不在此限。至於其他關稅措拖，如GSP、CBI、美以FTA、美加FTA及NAFTA，乃至對低度開發國家之免稅待遇等，在特定情況下，對適格國家及其產品適用較優惠關稅待遇。此等國家所享有之待遇，較一般給予「最惠國待遇」者，更為有利。

二、互惠貿易協定

依美國法律規定，總統與外國政府談判及締結RTAA之權限，有一定效期。事實上，此種效期得予延長，但需經一定之法律程序。依1974年「貿易法」第102條之規定，談判權限範圍包括採取步驟以調和、減少或取消非關稅障礙及其他「扭曲貿易措施」（trade-distorting measures），此項貿易協定之權應經國會允許並依特別程序制定有關施行令。

行政部門與外國談判及締結貿易協定，修改關稅或宣布變更關稅之情形包括：(一)依第102條規定之談判及締結關稅協定權限；(二)與外國締結FTA權限，諸如與以色列、加拿大及後來締結之NAFTA；(三)依第113條規定締結貿易協定，提供新減讓，作為進口救濟之補償；(四)撤回、暫停或依第125條所規定之貿易協定義務；(五)依第128條之規定締結有關「半導體」關稅待遇之貿易協

定;(六)符合特定情況,提供共產主義國家最惠國待遇。

美國與外國所締結之RTAA,約有三種不同型態如下:

(一) 關稅減讓:美國自1934年制定RTAA以來,國會時常授權總統依該協定談判並宣布關稅減讓,該權限固應符合一定條件,惟並不須得到國會同意。1974年貿易法中規定總統有談判關稅調整之「剩餘權」(residual authority)。

(二) 非關稅障礙協定:GATT東京回合談判初期對於減少「非關稅障礙」(nontariff barrier)或「扭曲貿易措施」(trade-distorting measures)如補貼等,並無太大進展。直到該回合談判後期,始完成11項非關稅障礙及特定產品之規約。美國貿易法頒布於東京回合進行談判初期,依該法第102條第1項規定及於國會對「非關稅障礙」產生不利影響之聲明,促請總統在其權限範圍內採取適當可行之步驟,如與外國進行貿易協定談判,以調和、減少及消除國際貿易之障礙。嗣經修正後,其適用範圍擴大及於對外直接投資及商品貿易。又該法授權總統在五年期間內即至1980年與外國簽訂貿易協定。1979年貿易協定法第201條將此一權限延長八年,至1988年1月3日為止。

依美國貿易法第102條之規定,非關稅貿易協定除非總統向國會報告並且協定經由施行法(implementing legislation)程序,配合修改相關國內法之後,始能成為國內法之一部分而生效。

總統在締結多邊貿易協定及依「貿易協定法」實施時,曾運用第102條所授予之權限。貿易協定法將對外談判權限延長八年,總統乃得就原有協定修正進行談判,對多邊談判未解決之其他非關稅措施諮商並締結新協定。

(三) 特別貿易協定:美國貿易法授權總統在一定情況之下得依據貿易協定而調整關稅,其情況包括:1.補償協定:依第123條規定,總統得與外國簽訂貿易協定,提供新「補償減讓」(concessions as compensation)或修改、延展現行關稅;2.終止及撤回:依第125條規定,對所簽訂協定,得於生效後三年內予以終止或撤回,如該協定在三年內未被終止或撤回者,亦得經六個月之通知終止或撤回之;3.高科技產品:1984年美國TTA授權總統在達成法定談判目標所必要範圍內,就「高科技產品」(high technology products)締結雙邊或多邊協定。為執行該等協定並得在五年期間內對特定「半導體項目」(semiconductor items)修改、消除或繼續現行關稅或給予免稅待遇。

三、自由貿易協定

截至目前為止,美國因無意放棄一國之關稅主權,而未與外國進行關稅同盟談判,而與外國締結自由貿易協定則已有數個鮮活案例。

美國貿易法授權總統與外國談判並締結貿易協定，設立自由貿易區，相互對進口貨品給予免稅待遇。美以自由貿易協定乃美國繼與加拿大就汽車工業訂立之雙邊協定後，首次談判成功之自由貿易協定，其後與加拿大締結美加自由貿易協定，嗣後墨西哥加入該一協定之簽署，美加墨三國乃簽訂NAFTA，迄今仍屬有效。當1980年代中期，我國對美國享有鉅額貿易順差年代，我國曾提出與美國簽訂自由貿易協定之要求，當時美國政府或基於政治因素之考慮，而未能同意。按NAFTA，在美國總統川普執政時期為配合限制移民及其他經濟政策需要，曾經加以修正。

又「自由貿易協定」與CBI不同，蓋依前者締約者各方約定在一定期間內（如十年或短於十年）相互免除關稅及消除非關稅障礙，而後者則僅由美國片面或單向提供免稅優惠，以協助開發中國家發展經濟。

此外，在雙邊談判授權方面依1974年美國貿易法規定，對自由貿易協定之談判，須先由外國政府提出諮商要求，行政部門方能考慮是否與之進行諮商。行政部門如認有進行談判必要時，應依規定在六十日前將其意願照會國會主管貿易之委員會，在參議院為財政委員會，在眾議院為歲計委員會，並就談判事宜與國會進行諮商，若參眾兩院均無異議，行政部門方得將此協定提交國會追加認可。此項貿易自由化談判之授權相當廣泛，對於進行諮商產品範圍、關稅減讓幅度等均有特別規定，事實上，此類FTA談判相當開放，行政部門只要設法克服，所作提案不為國會之貿易委員會否決，並使國會同意追加認可即可。

至於在多邊談判授權方面，依1984年美國TTA規定，除關稅談判授權之外，尚包括二項授權，其一為，行政部門得就有關GSP與受惠國進行談判；其二為，行政部門得對貿易自由化、調和及減少非關稅障礙與外國談判。此一條款擴大其適用範圍及於服務貿易、外國直接投資及高科技在內。依該法有關關稅及非關稅談判之授權，可縮短國會核准時間，該項授權條款有效期限至1988年1月3日，從而使當時雷根總統欲在烏拉圭回合多邊貿易談判中運用此二項授權，必須向國會提出此一授權要求。

陸、快速立法與國會權力

快速立法為平衡及創新憲法特權所需要之有效工具。依據貿易實務家之見地，認為快速立法有助於解除選民對國會形成壓力之目標，提供顯著而有效率之

創新，協調政治與外交需要，給予代表談判者與外國對手進行談判時，獲得更大之信任。從而，減少國會重複處理類似事務，使執行法律更爲順利，避免貿易自由化之法律，轉換具有保護主義之色彩。

至於政治觀察家則認爲「快速立法」是維持政治能夠和諧之有效工具，可作爲未來立法之典範。美國及外國之決策者表示，快速立法對於任何重要談判乃是不可或缺。仔細端詳，顯然快速立法過去曾經有多次勝利而未有失敗之紀錄，此一成功並非因國會保持中立所致。相反地，乃因有智慧之立法者能夠善用快速立法之故。

美國國際經濟法學者范雷斯克教授認爲，快速立法授予國會至少三項不同工具，以運用其權限：一、立法部門可能威脅到保留談判權（withhold negotiating authority），除非總統同意一項或更多條件；二、國會可能以談判未能包含若干特定事項，作爲威脅或拒絕，以影響正在進行之談判；三、尤其重要者爲，國會在將貿易協定轉換成國內法時（執行法律），享有實質權限。要之，各種不同策略，將賦予國會相當大之權力，以影響貿易協定之內容及涵意。

有關快速立法與國會權力之關聯性，茲依談判先後順序，分三個階段釋明國會可能採取之策略如下：[19]

一、談判前策略

國會最明顯之選擇爲對談判權之同意作定位。快速立法之策略並非唯一者，當美國RTAA制定時即已發生。該一法案檢討總統降低關稅之權限，國會議員藉助此一手法而執行直接或間接影響貿易政策，前者情形，如在通過之法案增列條件；後者情形，如對行政部分提案作削減。

二次大戰以後，美國總統對談判授權之要求，無論RTAA或各種快速立法，通常乃依循行政部門與立法部門所達成之協議運作。總統對於國會之要求，至少會作若干讓步。例如，雷根政府時期，美國木材業利用對授權之請求，而發動與加拿大間之FTA談判。參議院財政委員會在1986年亦常威脅要打消該一提案，而表決結果，行政部門以些微差距險勝。

參議院財政委員會容許行政部門繼續進行對外談判，惟要求雷根政府需先同意在平衡稅案中，採取所謂「自然資源補貼」（natural resource subsidies）策略，以對付加拿大木材業者，並且在美國與加拿大談判過程中，隨時與立法部門諮商，向國會提出一項新貿易法案。

---

[19] 參見美國美利堅大學范雷斯克教授所撰前揭論文第三節Congressional Power under the Fast Track。

老布希政府時期，甚至作更重大之減讓，以確保在NAFTA之談判權。當時國會在民主黨占多數席位壓力之下，白宮保證將勞工權益及環境問題列入談判議題。此一承諾有助於行政部門贏得所需要之談判權。柯林頓政府於1993年談判NAFTA之勞工與環境保護之附屬協定（side agreement）時，亦作類似之讓步。惟有關勞工權益及環境保護二者乃係美國貿易政策上最具爭議性之敏感議題，能夠列入實已開創先例。自NAFTA締結以後，柯林頓主政期間曾經二次要求「快速立法」授權，終因代表勞工、環保及農民權益有關國會議員之反對，而未能如願以償。[20]

二、談判中策略

國會議員可能尋求影響談判之結果，對於不符合彼等期望之協定，準備加以拒絕。彼等作成之決議可能有數種方法，包括致函總統，舉行公聽會，或在國會發言，希望訊息不被誤傳，而引進或通過不利於協定本身之立法。以致函總統而言，例如美國參議員包可士當年曾經致函老布希總統，希能支持我國加入GATT一案，老布希總統亦曾公開回應，使我國入會案漸入佳境。

此外，在行政部門代表國家對外談判過程中，立法部門亦可能經由秘密諮商而要求作調整。為因應國會議員可能提出之反對。GATT東京回合談判時，美國談判代表知悉貿易夥伴將對GATT架構下之政府採購法典作改變，美國立法部門關切該一修正案，認為必須能確保GATT之適法性（GATT-legality），使其不適用於小型企業，行政部門充分表示尊重。雷根政府在與以色列締結FTA時，與國會貿易委員會保持甚為密切之諮商，並將協定草案酌作調整。以回應立法部門之建議，例如行政部門同意將黃金、寶石關稅之消除，給予較長期間之調適期，均其適例。

在對外談判過程中，國會有時會訴諸很多需要面對之策略。例如GATT東京回合談判之最後時刻，參議院提出一不相關聯之法案，表示將對紡織品及成長之進口設定配額。當時卡特總統否決此一措施，惟著眼於即將到來GATT協定通過之表決，卡特乃提出一項挽救紡織業之協助方案，以緩和美國南方國會議員之情緒。

---

[20] 柯林頓總統主政期間有二次快速立法授權之機會，第一次為當1995年9月，若干國會議員向眾院提出法案，要求授予總統快速立法授權，以便利美國與智利談判有關智利加入NAFTA案，惟該案因眾院與行政部門對授權範圍看法歧異，無法協調而無結果，至於第二次則係在1997年，由總統自行提案，而參眾兩院則分別提出法案，即眾院HR 2621號法案及參院1269號法案，共有三項法案，亦復由三項法案相互衝突，難以協調，在眾院形成僵持，最後結果均不適用快速立法。對此，可參見比利時魯汶大學教授Bart Kerremans, "The U.S. Debate on Trade Negotiating Authority between 1994 and 1999," *Journal of World Trade* (1999), 33(5): 49-85. 該文分析頗為周詳。

又如美國航運業者堅決反對美加FTA草案中部分規定,將部分放寬沿岸貿易之申請,及貨運優惠立法給予加拿大航運業者。國會遊說聯盟則回應以為快速立法本身之完整遭受威脅。參議院法制委員會（Senate Rules Committee）通過一項決議答應考慮修正,以清除FTA執行法之海運問題,眾議院法制委員會（House Rules Committee）13名議員中有12名議員簽署一項文件表示抗議將海運問題納入。如果貫徹實施,可能使快速立法變成紙老虎（paper tiger）而已。美國對外談判者未喪失此一目標,在取得加拿大政府默認下,將草案中有關海上運輸部分刪除。在烏拉圭回合談判中,航空業者亦採取相同之策略。

三、談判後策略

依照快速立法程序,國會將「貿易協定」（trade agreement）轉換成為「執行法律」（implementing legislation）具有相當影響力,此與一般認知,容有所差異。總統代表行政部門擬定法律草案為一事實,而法律案經國會通過,送請總統簽署之過程,不得加以修正,亦復為事實。法案在國會作政策辯論時,即使有人對快速立法之法案提案修正,並非不可能,惟往往徒勞無功,在表決時,可能以懸殊比數被擊敗。實務上,快速立法法案之處理,與其他法案並無太大不同。其主要例外為,國會貿易委員會在總統簽署之前處理該一法案,而且在委員會通過後即直接送交總統,而非交由參眾兩院審議。此一規則目的不在消除國會之權力,而在於將其權力集中於貿易委員會或法制委員會。

眾議院歲計委員會（House Ways Means Committee）及參議院財政委員會（Senate Finance Committee）開會期間,準備法律草案,若有差異存在,可以在程序委員會（Conference Committee）開會時加以協調。立法者可以就協定本身之認知作解釋,並且在法律草案或行政聲明,即行政部門對貿易協定所採取之執行步驟,作成附帶決議。總統對於經由此種程序奠定執行法案並無義務。惟所提出之建議,如確與委員會所通過者有相當幅度之差異,並不妥適。

美國根據東京回合協定而制定之1979年「貿易協定法」為美國以快速立法程序通過之典型範例,惟該法對於有關平衡稅案件發生損害之測試,與美國以往所採取之政策不盡相同。該法案使承諾政策法典化,大部分開發中國家對於應稅貨品亦作特定承諾,以適應平衡稅案件之損害測試權。立法者確保法案之其他貿易救濟規定符合GATT相關協定,行政部門並承諾重組貿易機構,包括貿易救濟管轄權由財政部移交到商務部。另如美加FTA之執行法,其中若干規定,與烏拉圭回合協定法所規定者,亦未盡符合,惟尚不至於發生牴觸而已。

美國1993年制定NAFTA作政策辯論時,亦採取快速立法程序。事實上,在

NAFTA制定過程，墨西哥被迫與美國前後作三次談判，第一次與布希政府，第二次與柯林頓政府，第三次則與美國國會。

柯林頓政府開始時堅持該協定必須伴隨勞工權益、環境保護及進口附加捐之附帶協定（side agreement），在行政部門與加拿大、墨西哥談判達成協定之後，美國國會作更多要求。

美國國會對NAFTA進行政策辯論最後時刻，加墨二國政府與美國簽署一系列附帶文件（side-letters），影響美國對墨西哥產品如糖、柳丁汁之進口稅率，並承諾進一步談判加速消除墨西哥對若干美國產品輸往所課徵之關稅。此等文件皆旨在取得特定國會議員之支持及政府談判代表之認諾。很多規定已作成執行法律，而成為行政作為之一部分。可見，談判當時簽訂之NAFTA與實際執行時已有所出入，惟美、墨官員咸相信他們必須在改變NAFTA與拋棄NAFTA之間作一選擇。

柒、結論及建議

一、結論部分

當美國對外簽訂MFN、RTAA或FTA，乃至在國際組織簽署多邊貿易協定等，總統均經由國會賦予貿易談判授權，始克進行，足見，美國快速立法制度之建立與發展，與該國推動經貿「自由化」及「全球化」有關。

基於1988年美國「綜合貿易暨競爭力法」所為貿易談判之快速立法授權，已隨烏拉圭回合簽署協定，而於1994年4月15日屆期；今後WTO進行新一回合多邊貿易談判，仍需經由國會重新賦予談判權，始能突破障礙。論者有將柯林頓總統主政期間未能獲得「快速立法」授權，與WTO第3屆西雅圖部長會議因受反全球化主義抗爭示威而受挫，乃至OECD所主導擬定MAI草約，最後未能獲得通過，並列為近數年來國際經濟事務三大挫敗，並非無因。

比利時魯汶大學克雷曼（Bart Kerremans）教授在所撰「1994年至1999年間美國貿易談判權辯論」之結論中指出，美國採取貿易自由化政策以對付日益升高保護主義之壓力，已愈來愈困難。「自行車理論」（bicycle theory）仍然可能有效。惟該自行車已登上陡峭山丘。美國國會在1995年及1997年有關「快速立法」之辯論已明顯反映此一事實。惟並非謂自由貿易政策已較難在美國國內行銷，亦非貿易自由化已到窮途末路，更非國會對總統「快速立法」授權已成為過往雲

煙，而僅是使用較為困難而已，終將獲得重新授權。

現階段美國對外貿易之依存度，已較五十年前提高，據稱目前美國GNP三分之一與對外貿易有關。該國現已愈來愈感受到「全球化效應」（effect of global-ization）之重要、[21]而美國國會，尤其眾院，則認為總生產量之下降，係受失業率升高所致，要求保護之聲浪則愈來愈強烈。

二、建議部分

美國「快速立法」制度建立迄今已將近半個世紀，此制對我國現行立法制度之建議或啟示如何？茲列舉四點如下：

(一) 我國現行法律架構並無「快速立法」制度

基本上，我國現行憲法或其他相關法律體系並未規定對外談判屬於國會權限，亦無行政部門對外貿易談判需經由國會授權始可之觀念。因而我國向來以對外談判係行政部門之權責，屬於施政之一部分，事先並無需國會同意或授權，此與美國憲法之規定與實務，迥然有異。

在我國現制之下，易受詬病者為，行政部門代表對外經貿談判，常以涉及談判底線，事關國家機密，不可洩漏，而拒絕事先向立法部門徵詢意見，達成協定草約之後始要求國會照案通過，為避免重開談判，行政部門並以為對外國或國際組織之承諾，不能變動，其結果立法部門似僅能照單全收。在我國加入WTO之後，因對外簽訂條約之機遇已大幅增加，現制是否完善而合理，似值得檢討。

(二) 美國此一制度之精髓在於與國會作事先溝通

民主之真諦及可貴在於統治者之權力來自於被統治者之同意，政府之重要施政應傾聽人民之聲音，惟如欲聽取每個人民聲音，勢必不可能，因而乃需聽取由人民所選出之代表（即代議士）之意見，所以民主國家乃有議會制度之建立。

美國「快速立法」程序或制度之精髓，並不在於國會對總統對外簽訂之條約或協定，僅能在「同意」或「不同意」間作簡單選擇，而在於依此制度，行政部門應將預備與外國或國際組織談判原則與內容向國會作報告，事先作溝通或協

---

[21] 美國聯邦理事會（Fed）主席葛林斯班於2001年12月3日對華府喬治華盛頓大學學生演講時指出，大體而言，自由無羈之市場會造就消費者主導之社會。在此種經濟體中，口碑之價值，以商譽形式納入公司之市值計算，更能激勵公司堅持追尋品質及卓越之目標；又謂，穩定之法律基礎及市場紀律，會限制偏差行為。綜觀之，多年活力充沛之競爭，已導致市場導向經濟體之絕大多數人生活品質顯著提升，位於所得分布底層人士亦同蒙其惠。渠進而表示，「很難舉出逃避市場經濟之社會卻能自由富庶之案例」。以故，認為「貧窮國家其實需要進一步全球化，而非自全球化過程之中退縮不前」。葛氏觀點為全球化提供重要理論基礎。參見經濟日報（2001.12.5），版2。

調，徵詢意見，使國會瞭解談判進度，俾有助於未來條約案之審議，因而加快完成立法過程。否則，一旦國會未通過該一締結之條約或協定，或要求作較大幅度修正時，行政部門如何善後，將變成極為棘手。

　　我國已於2002年1月1日起成為WTO會員國，並已加入屬於「複邊協定」之「政府採購協定」及「民用航空器交易協定」，後者加入過程較為單純，不須先經雙邊談判，僅須向民用航空器貿易委員會表達我國同意簽署該協定即可；至於加入前者，我國已與相關會員國完成諮商，提出政府採購清單，行政部門於完成GPA加入程序已送由立法院完成審議。又如我國現已為WTO會員國，鑑於區域經濟盛行，為避免經濟邊陲化效應，政府有意與美、日、新加坡及紐西蘭等簽訂FTA，[22]以及屬於多邊組織之「跨太平洋夥伴全面進步協定」（Comprehensive and Progressive Agreement for Trans-Pacific Partnership, CPTPP）、「印太經濟架構」（IPEF）等。凡此協定之簽訂，影響均甚為深遠，將來是否比照加入WTO模式，邀請國會議員參與相關活動，值得觀察。

(三) 加入WTO案已建立良好運作模式

　　我國立法制度雖尚乏「快速立法」之名，惟類似此一制度之作用，已開始醞釀，以此次我國加入WTO過程而言，行政部門已邀請國會議員，以觀察員身分參與相關活動。例如在1996年12月WTO第1屆新加坡部長會議，當時「立法院財經立法促進社」曾籌組由12位委員組成之宣導團，以觀察員身分參與，行政部門曾安排與各國部長及官員舉行雙邊會談，並與墨西哥及智利達成雙邊協議。

　　又如1999年11月WTO第3屆部長會議在美國西雅圖舉行時，「推動參加WTO之立法計畫工作小組」之委員成員亦有多人參加，行政部門曾安排與各國舉行雙邊會議，並籲請各國支持我國儘早加入WTO，乃至2001年11月WTO第4屆卡達部長會議，亦有多位屬於立法院外交、經濟委員會委員參與此一會議行列。可見，已建立相當程度良好之運作模式。其實，不僅我國如此，歐、美、日本等先進國家早已如此。不過，此種以觀察員身分參與之實際效用如何？似乎仍值得檢討，較諸美國「快速立法」制度之下，以「國會顧問」名義實際參與最後階段談判達成過程者，似乎仍有相當差距。

---

[22] 我國為出口導向國家，對於國際經濟活動，需要積極參與，以提高競爭力及強化經濟體質。與我國比鄰之東協國家，組成自由貿易協定，對我國未來之經濟情勢有重要影響，東協原始成員之六國（新加坡、馬來西亞、泰國、印尼、菲律賓及汶萊），已提前自2002年起分階段提前實施「共同有效優惠關稅」，以達成自由貿易區目標；另後加入四國（越南、寮國、緬甸及東埔寨）亦於2010年實施。

(四) 移植美國快速立法制度有其實質效益

　　1999年1月我國頒布國會五大改革法案，[23]計修正「立法院組織法」、「立法院各委員會組織法」、「立法院議事規則」，並新制定：「立法院職權行使法」、「立法委員行爲法」。其中，依據「立法院職權行使法」第十二章之規定，建立「黨團協商」制度，目前立法院審議法案之速度已加快，該制施行以來所發現若干缺點，亦已檢討修正公布。該制建立之後，已消除以往發生所謂「立法懈怠」之問題。事實上，第4屆立法院所通過之法律案較前三屆任何一屆所通過之法案爲多，呈倍數成長，效果顯著，即爲明證。

　　我國現行立法制度與先進國家比較，差別不大，惟似尚欠缺二項機制，其一爲「包裹立法」或稱「綜合立法」；其二爲「快速立法」程序，中國譯爲「快軌道」程序，此二種制度在美國已建立相當長遠時間，而且運作頗爲成熟。按「包裹立法」所關涉者爲「立法技術」問題，而「快速立法」所關涉者則爲「立法程序」問題。現行「黨團協商」制度之外，如能引進「包裹立法」及「快速立法」二種機制，似當更加有助於我國現行立法效能與效率之改善。

---

[23]　此1999年國會改革法五法，旨在建立立法機構之組織、職權、議事及行爲之基本制度，此與2024年5月下旬立法院通過國會五大改革法案，涉及總統國情咨文報告方式，賦予立法委員調查權、聽證權及尊重質詢權等不同。因部分仍有爭議，仍在釋憲中。

第 **1** 章▶▶▶

美國進口救濟制度的效益*

壹、概說

一、歷史背景

　　國際間首先運用防衛措施之國家為美國，當1934年美國TAA制頒時首度設有防衛措施規定；1943年美國與墨西哥締結RTAA時亦曾加以引用。戰後於1947年時美國杜魯門總統曾經下令有關部門負責與外國諮商時均應依據美國RTAA之授權，將防衛條款之規定納人，以資遵循。該一命令嗣後雖曾經略作修正，迄1951年時，美國國會將GATT有關逃避條款之規定列入「貿易協定延展法」（Trade Agreement Extension Act）中規定。

　　美國於1962年制頒「貿易拓展法」，對於提供進口救濟規定需該一進口造成嚴重損害，且增加進口是造成貿易衰退之主要原因（major part）始為相當。美國國會以該一規定構成要件過於嚴格，而且總統對於否決提供進口救濟享有過大自由裁量權，認為有加以修正必要。其實，1962年至1969年間，當時美國關稅委員會（即ITC前身）未發現有造成嚴重損害案件之成立，而1969年至1974年間亦僅發現三件形成立法不經濟。以故，1974年貿易法（Trade Act of 1974）制定時，明定201條款提供進口救濟之外並設有貿易調整協助之規定，在美國貿易實務上，二者具有選擇性，必要時亦得兼採並行。嗣美國1984年「貿易暨關稅法」及1988年「綜合貿易暨競爭力法」對201條款曾作較大幅度修正。[1]進口救濟制度之目的在提供國內產業喘息機會，藉以恢復國際競爭力。

---

* 本文原載於全國工業總會：「進口救濟論叢」，第2期（1993年6月），頁51-84。2024年5月作文字修正。
[1] 美國1984年對201條款修正重點有二：1.該法重新訂定「嚴重損害」認定標準，使其趨於容易構成；2.國會得以聯席決議（Joint Resolutions）推翻總統裁定，以聯席決議取代原有共同決議，重新獲得推翻總統裁定之權力。詳請參藍德等著1984年「貿易暨關稅法」頁103以下。至於1988年新法對該條款修正重點有：1.接受進口救濟產業須證明確實產生「正面調整」（positive adjustment）效果；2.易腐性農產品或任何易受損害之產業發生緊急狀況時得申請給予臨時性進口救濟；3.增列數種提供進口救濟方法。

二、不歧視原則之適用

　　進口救濟案件與反傾銷及反補貼案件最大不同點在於前者應適用不歧視原則，採取之進口限制，無論以關稅或配額方式，均應適用於各締約國，而後者則因傾銷或補貼有其特定對象，對特定國家所課徵之此種特別關稅並不當然及於其他無此一不公平行為之國家，故不生適用不歧視原則之問題。惟對他國設限，如採取提高關稅措施，適用於各締約國，有關不歧視原則固較容易達成，如採取配額措施，除非係以所謂「全球性配額」（global quota system）或標售（public auction）制之方式處理，否則即難免僅對特定國家適用。不過，如採取全球性配額制，並非全無缺失，基於先到先簽，因為供過於求，使外國出口商或國內進口商往往爭先恐後，惟恐無法搶到配額利用，每在年度開始即搶先進口，而造成配額利用率集中在該年度前數個月間，年度中期及後期未有配額利用進口，易發生市場供需失調。至於如採取標售，雖可避免利用率過於集中之缺失，卻增加進口成本，並非進口商所樂見，進口商如藉以轉嫁於消費者，將增加消費者負擔，亦非全民之福。

　　在東京回合談判期間，歐盟及若干北歐國家（Scandinavian countries）曾主張容許防衛條款歧視性待遇之措施，惟卻遭到當時與會開發中國家所強烈反對，開發中國家以一新進入市場者，擔心已開發國家以開發中國家為箭靶採取防衛措施，而遭受到不利影響。事實上，學術界對於應否採取不歧視原則亦有爭議。[2]

　　數十年來關貿總協當局似已默認各國得採取歧視性之防衛措施，例如，之前各國盛行採取自動限制協定（Voluntary Restraint Agreement, VRA），本身即隱藏有歧視性質。美國所採取進口救濟措施中，採取配額方式，既非對各國而設定，即寓有歧視意味。至於美國法容許採取有秩序行銷協定（OMA）顯然亦屬歧視性措施之一種。

　　WTO/GATT對依GATT第19條規定所採取之救濟措施認為應符合最惠國待遇原則。美國對於防衛條款之立場，在東京回合談判初期，支持非歧視原則。後來曾經有所改變，配合烏拉圭回合談判之進展，再次偏向認為應有最惠國待遇原則之適用。

　　至於國際間發展趨勢，依烏拉圭回合談判，WTO防衛協定第22條規定，締約國不得尋求，採取或維持任何出口設限，OMA或任何其他針對出口或進口之「類似」措施。包括由單一締約國或二個以上締約國依據協定、協議、瞭解備

---

[2]　參見GATT秘書長1979年「多邊貿易談判東京回合」報告及補充報告；Gilbert Winham, *International Trade and the Tokyo Round Negotiation*, Princeton University Press (1986), p. 243.

忘錄所採取之行動在內。凡符合GATT相關規定之進口配額措施，得經由相互約定，由出口締約國管理。至於所謂類似措施，指提供保護作用之出口節制（export moderation）、出口價格或進口價格監視制度、出口或進口監督（surveillance）、強制性進口聯合（compulsory import cartels）或非自動輸出入許可證。

貳、進口救濟處理程序

一、一般進口救濟案件

(一) 申請主體

　　美國貿易法201條款案件係由美國國際貿易委員會（United States International Trade Commission, USITC）負責審理。ITC除得依職權主動調查之外，亦得依國內產業申請，乃至美國總統、貿易代表、或美國國會包括眾院歲計委員會、參院財政委員會聯席決議，要求ITC進行調查。惟在實務上，除少數特例，曾經由USTR（如1983年型鋼案，後詳）或參院財政委員會及眾院歲計委員會（如1977年及1985年非橡膠鞋案，後詳）要求發動調查外，絕大多數案件係由美國國內產業提出申請，發動調查。

　　ITC對於201條款應在一百二十日內完成作業。惟較複雜案件得延長為一百五十日，在調查期間，ITC需要廣泛蒐集相關資料，包括調查該項產品在國內生產狀況，外國供應商銷售到美國市場情況，並將問卷調查分送進口商、國內製造商及採購商。ITC需檢視該項貨品最近五年進口紀錄有關資料。

　　申請人應提供書面文件，表明因進口而受損害，遭受損害程度，並應聲明所將致力改善步驟或計畫，接受進口救濟之後，公司業務及生產線工人如何調適，以因應外國進口競爭。至於是否向ITC提出調整計畫，現行法並未作強制規定，申請人有自由選擇權。在一百二十日內之處理期間內，USTR亦得主動協助申請人因應進口競爭，便利產業調整。

(二) 舉行公聽會

　　ITC在調查期間應舉行公聽會（public hearing），各利害關係人均得出列席作證，提出書面聲明或以口頭陳述意見，表明其立場。實務上，在公聽會場合，美國國內生產業者每主張由於進口過多而使其產業受損，而外國供應商及進口貨品國內最終消費者則主張國內產業並未因而受損，或受損害是受其他因素影響而

非因進口過多所致，顯示不同立場。

(三) ITC建議

　　ITC之調查結果無論提供救濟與否，均需作成調查報告及建議，送請總統裁定。如ITC建議給予救濟，必須向總統提出有關防止或彌補使國內產業遭受損害之具體救濟措施之建議。在ITC作成調查報告前，由ITC委員參與投票，贊成對國內受害產業提供救濟者，應提出救濟方法及期限，而反對給予救濟者，僅需將其意見書列入ITC報告中一併送總統作裁定參考。

(四) 總統裁量權

　　ITC調查結果如為肯定，認為應提供救濟，並且作成應提高關稅或設定配額之建議時，總統應在六十日內決定是否完全接受ITC之建議，或修正或拒絕接受。總統在作此一決定時，每事先視案件性質洽會美國相關部門，如USTR、財政部、國務院、商務部、勞工部、國防部或經濟顧問委員會等，[3]俾作決策參考。

　　惟ITC調查結果如為否定，總統並無理由推翻ITC決定，任意提供業者進口救濟。至於ITC之建議提供國內產業調整協助者，總統亦不得推翻ITC之決定。可見，此一裁量權，並非毫無限制。

　　又總統如否決ITC所提建議之救濟或裁定或救濟方式與ITC所提建議不同時，美國國會得在九十日內通過所謂聯席決議（joint resolution）予以推翻。不過，總統對於國會之聯席決議享有否決權，如經總統否決，可移請國會復議，此時參眾兩院如欲推翻總統之否決，需得到三分之二以上多數同意。實務上，國會推翻總統否決之案例，未曾發生。

(五) 救濟後程序

　　美國國內產業接受進口救濟之後，ITC需要作後續發展之追蹤，包括該產業所屬公司及從業人員是否從事因應進口競爭而有所改善，乃在監視之列。ITC應將此種結果，每二年向總統提出書面報告。在準備報告之過程中，ITC得舉行公聽會，聽取利害關係人意見。

　　進口救濟期限屆滿之後，國內產業因應進口競爭所作之產業調整效果，ITC應主動調查，並予評估。此一舉動旨在檢視當初總統宣告給予進口救濟時業者所

---

[3]　因進口貨品性質之不同，對201條款可能提供意見之部會，除已例示者外，尚及農業部、能源部、內政部、司法部、交通部、預算管理局（Office of Management and Budget）、國家安全會議及國際發展合作處（International Development Cooperation Agency），俾作決策參考。

作承諾是否符合，並得再舉行公聽會。

　　值得注意者，1988年新法規定，對於同一產品提起201條款之調查，需俟先前調查屆滿一年之後始得提起。凡已經接受201條款救濟或救濟期限屆滿後案件，如再提出進口救濟則需俟與救濟相等期間過後始得提起。例如已提供五年期限之進口救濟，需俟五年之後始得提出。此一規定顯較WTO防衛協定嚴格，[4]具有抑制進口救濟案件過度擴張作用。

二、臨時進口救濟案件

　　依美國現行法得申請臨時進口救濟案件，包括二種情形：

(一) 易腐性農產品

　　美國CBI及美國與以色列所簽FTA協定，均曾規定及於進口易腐性農產品（perishable agricultural products），如有爭議時，提供快速緊急性救濟，美國國會認為國內法亦有此一需要，乃在1988年綜合貿易法中增列此一規定。眾院歲計委員會曾表明因進口突然（sudden）或「急遽增加」（unexpected surges），國內易腐性農產品生產業者易遭受傷害，此種產品需在短期在市場銷售，以免腐爛而無法食用，理應較其他產品在短期內獲得進口救濟，否則即無效果可言。

　　依照新法規定，如有不合理指標顯示進口增加可能為國內產業遭受嚴重損害或嚴重損害之虞之實質原因（substantial cause）時，USTR得要求ITC對易腐性農產品給予最長二年期間之進口監視。受害產業提出此一請求時，USTR應在二十一日內作成是否要求ITC監視之決定。至是否為易腐性農產品其考慮因素包括產品生命週期、生產季節、銷售期長短等，乃至其他州有關法令亦列入參考。

　　經ITC監視進口九十日以上者，申請人得要求以快速程序作臨時救濟（Provisional Relief），ITC應就監視期間所蒐集資料，作成初步損害（Preliminary Injury）決定及提供救濟建議。ITC應在接到請求二十一日內提供臨時救濟。並得要求美國農業部提供有助於調查之資料。

　　ITC如作成肯定之初步損害決定，建議提供進口救濟，如提高關稅，以防止或彌補損害。該一初步損害決定及臨時救濟建議需報請總統裁定，總統如認為必要，應於七日內採取行動，臨時救濟方式如提高關稅或設定配額或二者併用。實

---

[4]　依WTO防衛協定，對進口貨品採取防衛措施之相等期間內不得再對之採取同一措施，且最少在二年內不得再採取相同防衛措施。惟如遇有1.自對該進口貨品實施防衛措施已一年或2.在實施該項措施最近五年期間，未對相同產品採取超過二次以上之防衛措施者，得對該項進口產品再實施為期八十日至一百八十日之防衛措施。參見該協定第14條及第15條。

務上，以採取提高關稅較爲常見。總統依照ITC最後損害決定及救濟建議，以提高關稅方式提供進口救濟，原留置貨品應予發還，而所課徵稅應低於臨時所課徵之標準。總統提供救濟方式如爲配額，臨時救濟期間進口貨品應受數量限制。如裁定無需提供進口救濟時，已繳交之臨時稅應予退還。

依現行法，如下三種情況，臨時救濟程序得予終止：

1. ITC最後損害決定爲否定。
2. 基於情勢變遷，總統決定無庸再提供臨時救濟。
3. 依據ITC之肯定決定或報告，總統有權決定是否採取行動。

(二) 緊急情況

美國現行法所指緊急情況爲在相當短期間內進口有實質增加，包括絕對或相對增加，且因遲延結果將造成重大損害，爲避免造成無法回復或難以恢復之損害而提供之救濟。申請人在ITC作成損害報告到期前三十日提出。ITC在作損害報告時，應認定緊急情況是否存在，如提出緊急救濟在損害決定之後，ITC亦應在提出救濟建議前作成是否提供臨時救濟之決定。

如緊急情況之決定爲肯定，ITC應將其認定爲適當救濟之方式建議提報總統。總統接到應於七日內宣布救濟措施。緊急情況所提供之臨時救濟方式與易腐性農產品所提供緊急救濟（emergency relief）相同。總統於接到ITC報告而採取救濟行動同時，原臨時性救濟措施即予廢止。值得注意者，當前總統雷根主政時期，對於具有緊急情況提供臨時救濟，原持反對立場，一則顧慮有違反GATT規範之虞；二則倘若ITC最終發現並無損失時，將發生應補償（compensation）貿易夥伴所遭受損失之問題。

WTO防衛協定第4條規定，遲延將造成無法彌補之損害之緊急情況（critical circumstances）下，有明顯證據顯示，增加進口產品已造成或有造成嚴重損害之虞之初步決定，得採行臨時性防衛措施。其實施期間不得超過二百日，在該期間內所規定有關要件均應符合。其救濟宜採增加關稅方式。如經調查結果無法認定進口增加對國內產業造成嚴重損害或嚴重損害之虞時，應將所加徵之關稅退還，以資結案。

三、特殊進口救濟案件

根據美國1974年貿易法第406條規定，對於來自共產主義或其控制下國家之進口案件，因顧慮大量傾銷乃採取特別防衛措施（special escape clause）。ITC需在三個月內完成調查並提報總統。依據406條款所提救濟方式較少，並不適用貿

易調整協助之規定。自貿易法實施以還，美國曾經提出10個有關406條款申請案件，其中三個案件經由ITC作成肯定決定，二個案件經由總統裁定成立救濟，限制進口，另一個案件總統則拒絕提供救濟，另四個案件不成立。

按406條款與201條款適用最大差異在損害決定之標準。發動201條款調查，進口增加需是造成嚴重損害（serious injury）之實質原因（substantial cause），而406條款之構成，ITC需確定自共產國家之進口增加爲造成「市場瓦解」（market disruption）之「重要原因」（significant cause）。通常證明「市場瓦解」較所謂「嚴重損害」容易。且依406條款，爲獲得救濟，申請人僅須證明此種進口是一重要原因，而無須證明是唯一原因，或與造成損害之其他原因相等。例如，爲表明實質損害，僅須證實生產設備閒置，該產業工人失業或就業率下降。此與201條款需要證實生產設備嚴重閒置（significant idling）或發生該產業工人嚴重失業或失業率大幅下降者均有不同。

此外，依406條款所提供之救濟以一次爲限。而且適用對象僅限於列入調查範圍者，此與201條款並無適用次數，且基於不歧視原則，適用對象廣被各國者亦有不同。英國曾對中國輸往之鎢礦（tungsten）限制進口數量，並締結OMA者，即其適例。

參、進口救濟要件與模式

美國201條款與GATT第19條規定之立法精神頗爲接近，惟實施結果則不盡相同，乃因現有GATT規範對於防衛條款僅作原則性規定，而諸多實施細節則有賴解釋補充。烏拉圭回合談判達成協議後，已建立新防衛協定。爱就201條款與國際規範構成要件及救濟模式之異同點比較說明如下：

一、構成要件

(一) 進口增加

1. 何謂「產品」：產品之定義往往是作爲判定有無進口增加或因增加而造成國內生產相同或直接競爭產品之產業損害之決定因素。究應採取廣義或狹義，有無金額或數量限制，每易生疑義。

2. 何謂「產業」：GATT稱爲「國內製造商」（domestic producers），美國國內法則稱爲「國內產業」（domestic industry）。受損害產業之範圍如何，究

係指該特定產品全體生產業者或僅是其中部分，如指全體產業，進口救濟案件將難以構成，所占比重如何釋定為妥，成為重要課題。依照WTO防衛協定第6條第2項規定，指占該等產品國內總生產主要比例。[5]

3. 何謂「不可預見之發展」：依GATT早期案例，各締約國適用逃避條款時，被要求應基於不可預見之發展所致。惟後來之演變，已認定進口增加不以因不可預見之發展為必要，因而GATT於1962年報告，已決定將所謂「不可預見發展」（unforeseen development）之條件棄而不用。而美國國內法亦未以此為先決條件。

4. 何謂「履行GATT義務」：各締約國在加盟之前，已提供關稅減讓或非關稅消除之義務，於構成進口救濟情況之下，進口國為保護本國產業得要求暫停或撤回減讓，以避免造成損失擴大。惟各國國內法實務上並不以具有此一義務為前提條件，尤其締約國與非締約國相互間並無此一義務存在。

5. 比較基期問題：進口增加究以何一段期間為比較觀察期，WTO/GATT對此未作明確規定，而保留由各國國內法規定。例如美國1974年「貿易法」規定，ITC進行調查時，參考最近五年內之進口趨勢；WTO防衛協定第8條規定為三年；[6]我國頒行之「貨品進口救濟案件處理辦法」亦規定參考最近三年之進口紀錄。

6. 是否包括相對增加問題：GATT第19條所稱之增加究竟限於絕對增加或包括相對增加在內，原有爭議。所謂相對增加（relative increase），乃指進口之絕對值並未增加，但相對於國內消費量之減少而呈現增加之情況。根據GATT有關解釋，顯然採取肯定說，包括相對增加，如因消費者嗜好之改變，經濟之衰退等常見發生此種情況。事實上，此一解釋在1948年哈瓦那會議草擬ITO憲章時，即已將有關相對增加之理念注入。雖未載入GATT本文，各締約國已有此一共同瞭解。烏拉圭回合談判達成防衛協定，已將包括相對增加列為明文。[7]美國國內法之適用亦包括相對增加在內。

---

[5] 依協定該條款原文為："Those whose collective output of tbc like or directly competitive products constitutes a major proportion of the total domestic production of those products."

[6] 防衛措施之採取，以防止或彌補嚴重損害或便於調整之必要程度為限。如使用數量限制（配額），該項措施不得減少進口產品數量至低於最近期間者，即可取得統計數字之最近三年代表期統計數字為證之平均進口水準，除非提出明確理由表示不同水準對於防止或彌補嚴重損害有其必要。締約國應選擇達到前揭目標之最適當措施。

[7] WTO防衛協定第2條："Such Product is beng imported into its territory in such increased quantities, absolute or relative to domestic production, and under such conditions as to cause or threaten to cause serious injury to the domestic industry that products like or directly competitive products."

(二) 嚴重損害

1. 關聯程度問題：進口增加與嚴重損害之間，應達到如何之關聯，始為相當，不無疑義。

2. 何謂「嚴重損害」：GATT對於何謂「嚴重損害」（serious injury）未有明文，WTO防衛協定則指某項國內產業所受重大而全面性之損害。[8]此與反傾銷與反補貼所稱「實質損害」（material injury）程度上有顯著差異。美國貿易法繼受此二種不同用語分別於反傾銷，反補貼及進口救濟制度之中。美國1974年貿易法雖未界定，實務上所謂「嚴重損害」乃指：銷售或市場占有率減少，存貨（inventory）增加；及生產、工資、國內產業有關之就業機會等下降。

3. 何謂相同或直接競爭產品：相同產品指具有同一性質、品質及功能之同一產品而言，固無疑義，而所謂直接競爭（direct competitive）產品通常指具有取代性者而言，蘋果與橘子，黑白電視機與彩色電視機間，在消費習慣上如具有取代性，一般被認為具有直接競爭關係，又此種關係並不以同種類產品為限，非同種類產品亦可能發生。由於WTO/GATT規範對此未作明確規定，各國依據國內需要自行運作結果，往往影響及於進口救濟案件構成與否之問題，所關亦大。

(三) 實質原因

進口增加與嚴重損害之間必須具有必要之因果關係（causal link）。易生之，進口增加如未造成嚴重損害，或嚴重損害並非因進口增加而發生，均不生構成進口救濟之問題。此在WTO/GATT規範作此認定，而在美國國內法亦持相同態度。惟在美國國內法對於此二者間因果關係之認定，立法例上前後卻有程度上之差異。早期美國法律上用語為「重要原因」（major factor），1972年威廉委員會（William Commission）建議改為「主要原因」（primary cause），而1974年美國貿易法公布時，再降低原因要件程度，為所謂「實質原因」（substantial cause），其義依據美國國會之解釋乃指重要，而不低於其他之原因（a cause which is important and not less than any other cause）。部分觀察家認為美國所認定標準較WTO為嚴，需要是造成損害之重要原因始構成。由於防衛協定對此未作規定，因而尚不生美國即需配合修改國內法，以符合WTO規範之問題。

8　WTO防衛協定第6條第1項："Serious Injury Shall be Understood to Mean a Significant Overall Impairment in The Position of a Domestic Industry."

二、救濟模式

(一) 對於本國而言

　　依WTO防衛協定，此種案件一旦成立，進口國得暫停全部或一部分義務之履行或撤回或修正對該項產品所提供之關稅減讓。而美國1974年「貿易法」提供救濟之模式，包括：

　　1. 提高關稅，在法律授權之內，行政部門得提高現有關稅稅率最高達50%。

　　2. 設定關稅配額。

　　3. 設定配額，但不得低於設限代表期間內之進口數量。

　　4. 締結VER、VRA或OMA。但現已不適用。

　　5. 貿易調整協助（trade adjustment assistance, TAA）。至1988年綜合貿易暨競爭力法頒布之後，則另增列得採取。

　　6. 進行國際談判，以減輕損害。

　　7. 拍賣進口配額。

　　8. 提出立法以便利對產業作積極調整協助。

　　9. 在總統職權範圍內進行任何有關產業進口調整。

　　10. 以上方式之聯合採取。

　　ITC委員如發現損害之造成係因美國提供優惠關稅如GSP、美以FTA、NAF-TA、CBI等而起，ITC得建議暫停對該項產品之特別優惠關稅。此種暫停措施可為救濟方式之全部或部分。此種暫停減讓計畫原規定不得超過五年，惟依新法則不得超過八年，包括延長一次三年在內。

(二) 對於外國而言

　　由於防衛條款之適用，基本上並無任何不公平因素介入，採取進口救濟時，依照GATT規定，對於有關出口締約國（exporting CPS）應給予補償。例如降低進口產品之障礙或對受不利影響之出口國給予利益。進口國如未與外國諮商，或雖諮商而未達成協議，出口締約國亦有權採取暫停履行對該進口國所提供「實質相對減讓」（substantially equivalent concession）。易言之，進口救濟手段之採取，將發生補償他締約國損失之問題。惟美國處理實務，為避免發生補償問題，先前常選擇與該項產品主要供應國締結VER或OMA等。依GATT規範，防衛條款原則應適用不歧視原則，即應平等適用於各貿易夥伴，而僅對請求國給予補償。

　　依據GATT文獻，截至1985年，各締約國向GATT總部報備有案，各國採取

逃避條款案件共有123個案件，此一數字並不包括未正式知會GATT者在內，各締約國所採取之進口限制措施，如VER、VRA、OMA等措施，往往秘而不宣，非當事國並不易知曉。至於海關關員所採取阻撓造成通關瓶頸，此種隱藏性之防衛措施，更是不計其數。此一部分，在在屬於所謂「灰色領域措施」（gray area measures），現已不符合WTO規範。

肆、進口救濟案件實例舉隅

美國國會關切201條款之適用，遠在1974年貿易法制頒時，國會即表示，在某種意義上，救濟應有條件，產業本身應致力於調適，以因應進口競爭。為協助總統依據202條款及203條款之規定，決定提供救濟之方法及程度，是否以調整協助取代進口救濟，ITC需調查，業者亦應就與進口作有效競爭，向ITC報告。防衛條款目的不在保護無效率之產業，產業本身應經由提高研發及增資等途徑，改善生產力及採取其他有關恢復競爭力之措施。歷年來有關美國處理進口救濟案件較具代表性者，茲摘要釋明如下。

一、鞋類案

美國自頒布貿易法後，外國鞋類產品曾經五次遭到201條款之指控：

(一) 1976年：ITC發現損害成立，當時福特總統裁定以調整協助方式為減少產業損害之最有效方式。

(二) 1977年：ITC對於另一起鞋類案件亦發現有損害，當時卡特總統裁定與我國、韓國進行所謂OMA，我國輸美鞋類產品當時即受到數量限制，有效期間為四年。

(三) 1981年：當1977年鞋類設限協定有效期間屆滿之後，美國業者繼續要求設限，ITC調查結果認為如不延長設限可能對產業造成重大損失，該一建議為當時雷根總統所拒絕，因此並未成立。1981年紐約時報曾以大標題標示「總統終結鞋類配額」（Shoe-Import Quota Ended by President），「預測價格大幅滑落」（price drops forecast）。雷根總統之所以拒絕延長鞋類設限，乃因鑑於強化行政部門對自由貿易之承諾，並為降低鞋類零售價鋪路。雷根政府此一明智抉擇對於我國鞋類輸美是一項重大利基，在方取消後一段期間內，主管當局曾經透過公會要求鞋類業者自我節制，避免輸美鞋類再度遭到設限，效果頗為良好。

(四) 1984年7月：ITC於另一鞋類指控案件，無異議通過以國內鞋業並未遭到嚴重損害，而未給予救濟。惟ITC否定之損害認定在美國國會山莊卻激起嚴厲批評，因為依據ITC之調查報告，並不否認鞋類產品高度「進口穿透」（import penetration），諸多工廠關閉，就業率降低，國內生產及外銷降低，顯然並非無損害。惟ITC未建議救濟乃因鑑於美國鞋業經營仍達合理利潤水準，且未影響其業者生存，跡象顯示國內鞋業界已成功地調適，以因應進口競爭。

美國國會因不滿ITC該項調查報告，1984年頒布之「貿易暨關稅法」中，對201條款已作若干重要修正。其中一點要求ITC在分析損害構成要件時，應考慮工廠關閉，產能利用率降低等因素。利潤不應是認定有無損害之唯一標準。美國參議院財政委員會曾致函ITC當時主席史特恩（Stern）女士，要求在1985年1月發動另一有關201條款之調查案，並以1984年全年鞋類進口統計為準。

(五) 1985年：ITC在美國國會壓力下對鞋類進行201條款案件之調查，發現進口鞋類自1981年以來以25%成長率快速增加，到1985年ITC有較完整與較新資料，生產、產能、外銷、就業均有顯著下降趨勢，在1984年調查時尚未能預見，ITC認定進口確已造成國內產業嚴重損害，建議採取設定配額，為期五年。凡進口非橡膠鞋（non-rubber footwear）每雙完稅價格超過2.5美元者，均在限制之列。至於價格低於每雙2.5美元者，未在設定之列。乃因此一部分國內生產無法滿足國內消費者對於低成本鞋類之需求而未設定。

史特恩主席及羅爾（Rohr）委員建議將鞋類產品配額區分為三種如下：

1. 非運動鞋每雙價格超過2.5美元而低於5美元者。
2. 非運動鞋每雙價格超過5美元者。
3. 運動鞋每雙價格超過2.5美元者。

對此，出口國輸出許可證應分開填載。ITC建議採取設定配額而非採取提高關稅方式，國內產業損害乃因外貨進口「數量」問題，而非進口「價格」因素所致。

不過，總統對ITC此項建議並未採納。總統認為配額無助於使美國國內鞋業變成有競爭力。鑑於在1977年至1981年間，美國鞋類製造商接受政府保護，限制外貨進口量，產業不作結構調整，反而易受傷害，無法因應國際競爭。而當實施屆滿以後，鞋業積極從事結構調整，增加投資，改善生產技術及設備，使操作自動化及現代化，零售商亦得到較高利潤。顯然設定配額結果，消費者權益將遭到損失，而且可能引起外國供應商之報復。[9]美國總統對本案作否定裁定，不予

---

[9] See Paul C. Rosenthal & Robin H. Gilbert, "The 1988 Amendments to Section 201: It Isn't Just for Import Relief Anymore," *Law and Policy in International Business* (1989), 20(3): 403-440.

救濟前，曾徵詢美國「經濟顧問委員會」（Council of Economic Advisors）之意見，該委員會指出，如照ITC建議對外國進口鞋類產品設定五年配額固然可以挽回平均1萬4,000個工作機會，CEA估計每年得節省成本約為2億6,300萬美元，惟五年內卻將使全國消費者多付出超過29億美元之鉅。

總統未能對本案提供進口救濟，美國國會反彈甚烈，共計有39個參議員及167個眾議員支持依201條款給予救濟。諸多國會議員認為本案未提供救濟乃未適當任事用法所致。在美國參議院財政委員會頗具影響力之參議員丹佛（Danforth）即指稱總統已無異自貿易法規彙編中刪除（blue-penciled）201條款。另何林格（Hollings）參議員批評通往201條款之門過於狹窄（going the 201 Route is for suckers）。柯恩（Cohen）參議員對總統該一決定指稱顯然過於輕率且不公平（remarkably imprudent and unfair），並謂依據201條款將難以獲得救濟。政府對於國內產業造成損害未賦予應有關切。據柯恩估計，由於政府未予重視，外國非橡膠鞋在美國市場占有率在45%至50%間，而皮鞋則已占78%，認為美國政府未關心被外國競爭所作「市場穿透」（market penetration）是一項錯誤抉擇。柯恩特別提醒參院同僚，美國之鞋業被規則玩弄，認為ITC既以四對一票發現造成損害，並且基於「國家經濟政策」（national economic policy）之考慮，而通過給予救濟，並無不妥。柯氏認為現行法律應再作修正，俾能收緊（tightened up）總統自由裁量權，以免被濫用。

由於美國國會對於行政部門處理鞋類案之失望，在1985年有關貿易立法[10]提案中，建議在通過法案後八年內非橡膠鞋進口不得超過60%國內鞋類市場占有率，足見美國國會貿易保護聲浪甚為濃厚之一斑。

二、矽鐵案

ITC在1984年時曾對來自俄羅斯之矽鐵（ferrosilicon），有無造成市場瓦解進行調查。按「市場瓦解」（market disruption）為1974年貿易法第406條第5項第2款所規定。[11]依該條規定構成市場瓦解具有三項要件（criteria）：

(一) 從共產主義國家進口產品「快速增加」（increasing rapidly），包括絕對增加及相對增加在內。

(二) 由於該項產品之進口而使國內生產相同或直接競爭產品發生「實質損

---

[10] Major trade legislation of 1985 H.R. 1562. 131 Congress Rec. 33, 713.
[11] 原文："Market disruption exists within a domestic industry whenever imports of on article, like or directly competitive with an article produced by such domestic industry are increasing rapidly, either absolutely or relatively, so as to be a significant cause of material injury, or threat thereof to such domestic industry."

害」（materially injured）或有「實質損害之虞」（threatened with material injury）。

　　(三) 此種快速增加是造成實質損害或有實質損害之虞之重大原因（significant cause）。

　　在本案中，ITC認為自俄羅斯進口矽鐵是快速增加，而且國內生產矽鐵之製造業者亦確實遭到實質損害。但ITC發現此一進口並非造成實質損害或有實質損害之重大原因。易言之，ITC在本案中未發現快速增加進口，與造成實質損害或實質損害之虞間，有必要之因果關係（requisite causal connection），以故ITC乃作否定決定。

　　有關406條款所稱「快速增加」，包括絕對或相對增加，美國參院財政委員會報告指出，此一增加必須發生在最近一段時期，至於較早時期進口情形，ITC在決定時可作為參考，目前實務，美國有關406條款之適用，所依據資料為最近三年進口情形。本案在1983年6月以前，美國並未曾自俄羅斯進口矽鐵，而在該年6月至11月間則進口多達1萬6,647短噸，在1983年間市場占有率由0%而突升到3.8%，因而特別引起美國國內之關注。

三、重型機車案

　　1982年9月美國哈雷機車公司（Harley-Davidson Motor Co. Inc）向ITC請求依201條款給予救濟，對外國進口重型機車（heavy weight motorcycles）及引擎等零組件予以限制。1983年2月ITC作成決定，經委員投票以2：1比數通過對重型機車給予救濟之決定。[12]對引擎零組件部分則以3：0比數否定之。

　　哈雷公司為美國唯一不依賴日本公司擁有現代化設備及生產線製造重型機車之工廠。本案ITC委員表決結果決定在五年期間內以從價加徵關稅（ad valorem duties），達到保護產業目的。此案被譽為成功地運用201條款，達到產業結構調整之重要案例。

　　基於下列三項理由，總統原則同意依據ITC建議給予救濟。其一，哈雷公司提出調整計畫頗切實際；其二，ITC給予進口救濟之建議，在救濟期間結束之前，應有足夠時間供其作產業調整，以因應進口競爭；其三，美國行政部門有所顧慮，如否定本案而未給予救濟，惟恐誘使美國國會謀求限制201條款案件之總

12　ITC艾克主席及海格特委員贊成提供救濟，認為進口是造成嚴重損害之重大原因，而史特恩委員則認為並非實質原因。*See* John H. Jackson & William J. Davey, *Legal Problems of International Economic Relations* (2nd ed.), West Public (1986), p. 585.

統裁量權（presidential discretion）。

對於ITC建議之救濟方式，總統裁定時略有修正，將原擬在五年內從價加徵關稅，改爲五年內採取「關稅配額」（tariff-rate quota）方式處理。依照該一裁定內容爲：

(一) 對於來自德國重機車配額數爲自5,000輛作爲基數，逐年增加，依序爲6,000輛、7,000輛、8,500輛再至1萬輛。

(二) 對於來自日本之重機車配額數以6,000輛作爲基數，逐年增加，依序爲7,000輛、8,000輛、9,000輛再至1萬輛。

(三) 對於來自其他國家之重機車配額數則以4,000輛爲基數，逐年增加，依序爲5,000輛、6,000輛、7,000輛再至8,000輛。

至於ITC原建議依從價加徵關稅則僅適用於超過此一配額基準輛時適用。

美國貿易代表署在1983年4月初發表談話時，美國採取此一關稅配額措施，對於外國小型重機車製造業所造成負擔最少，即此一部分對美國產業並不認爲將造成威脅。本案乃美國以關稅配額方式處理201條款重要案件之一。我國加入WTO之後，面對日本小汽車大舉壓境，以此種方式處理，既然符合國際規範，美國此一成功案例與作法，似值得我國參考借鏡。

四、生銅案

1984年7月ITC發現生銅（unwrought copper）進口增加，對於美國國內產業造成嚴重損害，惟對於如何適當救濟卻意見頗爲分歧。其中，艾克（Ecks）、洛偉克（Lodwick）及羅爾（Rohr）三位委員意見書中指出，銅在美國國內需求減少，存貨增加，國內生產成本增加，國際價格下跌。在此一情況下，ITC面對挑戰，對於國內銅業究竟應採取保護或救濟之兩難困境。參加該案審查之五位委員中，艾克及洛偉克建議採取設定配額，期間五年，每年限額爲42萬5,000短噸，而當時史特恩主席及羅爾委員則建議採取增加關稅，對於進口生銅每磅加徵5%額外關稅。另一委員，即當時副主席萊白勒（Liebeler）雖發現有嚴重損害，以救濟方式既難以選擇，建議不作救濟，並補充說明如欲提供救濟時，渠偏向採取加徵關稅方式處理。

本案經總統裁定，拒絕ITC建議，未提供救濟乃基於如下二點理由：其一，認爲如限制生銅進口，將使美國與國際銅價發生價差，導致美國國內對生銅需求之減少而加重銅業問題。其二，如提供進口救濟，對於依賴生銅出口，賺取外匯之國家（如中南美洲之智利），將有負面影響，而此等國家多屬負債國，特別需要依賴生銅出口。此外，總統亦拒絕要求政府應尋求取得生銅主要出口國承諾每

年減少銅生產之建議。

　　美國國會對於生銅201條款案甚表關切,當總統裁定對生銅不提供救濟後,在美國國會引起軒然大波。美國眾院共有10位眾議員發動通過共同決議(concurrent resolution),不贊成總統所作裁定,並要求執行ITC所提建議。後來,在1985年有關紡織品進口法案中,眾院附帶要求總統與其他產銅國家諮商,締立協定,自動削減銅生產量至1982年水準,此一提案獲得參眾兩院通過。不料卻遭到當時雷根總統否決,眾院並未再作翻案。

五、型鋼案

　　USTR於1982年2月及8月先後應不繡鋼工具工業委員會(Tool and Stainless Steel Industry Committee)及美國鋼鐵工人公會(United Steelworkers of America)之請求,發動301條款之調查,惟雷根總統認為本案並非打開外國市場(301條款)問題,而是進口過多影響本國產業發展(201條款)問題。諸多美國型鋼業者使用現代化技術與設備作有效經營,卻仍不免受到競爭威脅,而為生存掙扎。總統認為該等產業面臨之問題,除因不景氣因素外,亦因進口增加而影響及於開工率、就業、價格及收益,乃指示USTR要求ITC改依201條款進行調查,其間過程頗為曲折。

　　本案經ITC調查結果發現生產不銹鋼片及扁條(stainless steel sheet and strip)、不銹鋼板(stainless steel plate)、不銹鋼條及桿(stainless steel bar and rod)及合金鋼工具(alloy tool steel)四種型鋼業者,因進口增加而造成嚴重損害,ITC審理本案委員中,史特恩及海格特(Haggart)建議在三年期間內給予市場占有率配額(market share-base quota),認為如果以關稅方式救濟,將無法如配額具有確定性,採取市場占有率配額之益處在於容許發揮自動調節市場需求功能。不過,作為進口基準限額及市場占有率基礎之基準期(recent representative period),[13]究竟如何擇定,委員間意見分歧,史特恩及海格特所建議之基準期長達十年,而艾克建議之基準期則僅為二年,艾氏認為渠建議者較為可行,並符合ITC處理模式。

　　總統對本案所提供進口救濟裁定分別採取關稅及配額方式,且救濟期間由三年延長為四年,俾給予較充裕期間完成重要投資計畫,改善生產力及獲利能力。

---

[13] 所謂基準期,依美國1974年貿易法規定,任何配額或有秩序行銷協定,應容許設限產品之量或價,維持不低於最近期間內(most recent period)輸入美國之量或價,此一期間為總統決定該項產品進口之代表(representative)。例如我國輸美紡品遭到設限,即以設限前一年或前二年為給予我國配額總數作為計算基礎。

對於不銹鋼片、扁條及板部分提高進口關稅，因總統認為扁軋（flat-rolled）製品之生產者較其他型鋼生產者較少受到競爭壓力，何況當時扁軋生產者已成功地運用反傾銷法及平衡稅法對來自三個主要出口國要求美國政府課徵抵銷競爭優勢之關稅。[14]而對於不銹鋼條、桿及合金鋼工具則設定配額，依ITC建議在第一年給予基準配額（minimum quota）數，以後每年增加3%。

有關不銹鋼條、桿及合金鋼工具進口部分，後來由當時美國貿易代表布洛克（Brock）與七個主要供應國簽訂配額協議（quota arrangement），此七個國家中包括歐盟在內。歐盟對此一事件有所反彈採取報復措施，限制美國其他產品出口。至於有關碳鋼、合金鋼之進口部分、總統宣布對鋼鐵業之基本政策（national policy），乃與歐盟、澳洲、奧地利、巴西、捷克、芬蘭、德國、匈牙利、日本、墨西哥、中國、波蘭、葡萄牙、羅馬尼亞、南非、南韓、西班牙、委內瑞拉及南斯拉夫等國簽訂協定。

六、小汽車案

美國汽車工人公會（United Auto Workers of America）及福特汽車公司於1980年夏天請求依201條款給予救濟。申請人主張日本進口小汽車增加為造成美國汽車業嚴重損害之實質原因。經過ITC調查結果認為進口確有增加，亦有嚴重損害，惟進口並非造成損害之實質原因。更重要者，ITC認為造成嚴重損害，主要是因消費者偏好轉向省油小汽車以及因不景氣而造成整體需求之下降所致。

由於ITC未同意給予救濟，申請人乃轉向美國國會求援。國會議員反映民意，給予同情之考慮，建議採取立法保護，其中以參議員丹佛（Danforth）為首，提議自日本進口小汽車在三年內，即1981年至1983年，限在160萬輛，而美國行政部門亦有意配合貿易保護潮流（protectionist tide），對小汽車進口流向作一控制，惟如採取立法保護，行政部門則期期以為不可，蓋擔心被指為違反GATT規範及整體對外貿易形象。

基此認識，行政部門乃與日本進行諮商，要求日本自行設限，日本乃於1981年5月宣布在未來三年內自動限制小汽車輸美。追溯自1981年4月1日生效，第一年設限數量為168萬輛；第二年維持同一數量，外加銷售美國產製車數量16.5%；第三年之設限數量另作諮商。

為消除美國國會有關配額法案之威脅，日本表示自行削減小汽車輸美量7.7%之意願。自動設限於1984年屆滿後，日本宣布第四年輸美小汽車至185萬

---

[14]　參見雷根總統致眾院議長及參院主席有關型鋼進口救濟案件函件。

輛。鑑於限制自日本進口小汽車發生一定效果，1984年美國汽車工業獲利增加，且就業機會亦增加，雷根總統乃於1985年3月宣布第五年起無需繼續實施小汽車自動設限。

自1985年起，日本輸美小汽車雖已無正式約定採取自動配額制，惟日本業者及政府為滿足美國國會及行政部門之關切，仍繼續作自我節制。事實證明，當日本於1985宣布，日本小汽車今後將比往年增加25%數量輸美時，美國國會立即反應，表示即將舉行之雙邊貿易談判如不能符合美國利益，美國將施以報復。

根據1985年4月初美國參議院財政委員會通過決議要求美總統對日本不公平貿易施以報復，參議院議長暗示，如美日貿易談判失敗，將保留發言權，促使該決議通過立法。又根據同年5月28日華盛頓郵報刊載，美國參議院以92：0通過附帶決議（Nonbinding Resolution）要求對日本之貿易行為報復。事隔六日，美國眾議院亦通過相同措施。

伍、貿易調整協助

一、調整協助之意義

GATT曾組成委員會研究產業結構調整問題。1980年11月，GATT理事會設立結構調整工作小組。1982年11月，GATT締約國部長會議時，締約國大會決定繼續研究結構調整，並將問題集中於結構調整與實踐GATT目標之關聯性問題。蓋依GATT第36條至第38條規定，已開發國家對於開發中國家經濟發展應提供必要協助，並且不得期求互惠，俾便利開發中國家具有比較利益產品之出口，以改善其經濟生活條件。已開發國家如動輒採取防衛措施，以進口救濟手段提高關稅，設定配額乃至要求出口國採取自動出口限制（VER）等，勢必影響及於此一目標之達成。

就自由貿易理論觀點，進口限制對於產業發展並非絕對有利，有時需要付出較大社會成本，無競爭力產業要維持繼續生產，每需藉助補貼。有鑑於此，諸多經濟學者轉而建議由政府提供財物協助，以協助無競爭力產業調整結構。如今，市場經濟國家尤其工業先進國家均甚重視有關產業結構調整之立法及相關業務之推動。

調整協助與進口救濟不同，將直接增加消費者負擔。不過，經由調整協助，可以改善企業體質，訓練具有較高技術能力之工人，對於整體經濟仍屬有利。調

整協助如能成功，可以抵銷部分或全部納稅人所增加之負擔。1962年美國「貿易拓展法」（Trade Expansion Act），首先創用「調整協助」（adjustment assistance）制度。對於由於進口而造成工廠關閉之工人給予金錢給付。對於產業經營者，給予租稅優惠或其他協助。不過，當時因爲規定受惠條件嚴格，實際上得到救助之案例並不多。1971年威廉委員會（Williams Commission）建議放寬調整協助受惠條件。1974年貿易法制頒時，有關調整協助依該項建議作修正，受惠條件較爲容易構成。受進口影響之工人取得所屬工廠在職證明，可望獲得救助。並且在勞工或其他福利方面作若干改善，包括按週發放失業補助金，及提供種種補貼，如再訓練、就職、轉業等。1980年言，美國爲救助53萬失業工人計付出16億美元。爲減輕財政負擔，1985年雷根總統原擬廢止調整協助，惟因美國國會對於調整協助寄望甚殷，並未同意廢止，美國國會於1986年通過，決定繼續延長實施六年。

二、1988年修正重點

1988年美國綜合貿易暨競爭力法對於貿易調整協助強調「調整目標」（adjustment goal），並作諸多點修正，茲分別說明如下：

(一) 促進調整

美國參院財政委員會相信受害產業要求政府給予救濟時，該產業必須在接受救濟後積極致力於有效之調整工作，鼓勵美國國內產業利用此一措施作適當選擇。美國眾議院歲計委員會亦稱在進口救濟期間，很多規定均在督促產業採取步驟，積極調整。政府提供此一保護，其目的並非供業者「搭便車」（free ride）。

(二) 調整計畫

實務上，申請調整協助之業者是否提出調整計畫，有選擇自由。立法過程，美國國會立場，鼓勵申請人能提出具體調整計畫及承諾，雖然法律上並無強制明文。參院財政委員會鼓勵受害產業與ITC及USTR進行諮商，而眾院歲計委員會則強調應依當事人之請求進行諮商。其目的之一在於協助調整措施能夠符合進口救濟之需求，使國內產業能增強長期競爭力。

(三) 救助建議

依新法規定，ITC除建議採取進口救濟或調整協助之外，尚包括：
1. 進行國際談判或減輕損害措施。

2. 其他法律授權因應進口競爭之便利調整措施。例如，ITC得建議總統採取步驟，減少對產業之干預或管制。

又如ITC如發現產業受到嚴重損害是肇因於稅率偏高，或因環保要求標準過高所引起，ITC可能建議降低稅率或減少環保管制規定。有關調整計畫及承諾，乃至ITC為便利調整建議所採取救濟措施，在在顯示美國國會對於產業調整利益之重視。

(四) 總統裁定標準

依照新法規定，總統應依其職權採行所有「適當而可行行動」（appropriate and feasible action），便利進口競爭而採取正面調整，以符較大經濟及社會利益。新法重視總統之救濟裁定在於調整。此外，總統可能採取之行動，包括與外國進行諮商，向國會提案立法，以便利本國產業調整，因應進口競爭。

(五) 監視與改善

新法對於調整要件作二項補充規定，其一為監視（monitoring）進口計畫，綜合貿易法要求ITC監視產業調整情形，並每二年提出發展報告；其二為改善（refiling）措施，新法授權總統在調整協助二年後，經檢討後減少、修正或終止調整，或者基於情勢變遷（changed circumstance）原則減少，修正或終止。雖然總統及ITC有權監視或終止救濟措施，對於產業如不致力於調整者，為免造成資源浪費，新法鼓勵作積極監視及增加終止救濟之機會。美國參院財政委員會強調救濟後之表現較救濟前之承諾來得重要。依照舊法、產業須在救濟期間屆滿後二年始得再申請救濟。惟依新法，則如提供救濟期限為八年，則須俟屆滿八年後始得再申請救濟。[15]

(六) 增加救濟方式

總統如認為提供救濟不符合國家經濟利益（national economic interest）得拒絕救濟。美國參院財政委員會認為應限制總統裁量權，而給申請人較大保障，當符合法規所規定救濟條件時，即應給予適當救濟。以故，乃要求申請人應提供調整計畫與承諾。至於美國眾院歲計委員會則建議，進口救濟之裁定權應由總統移由USTR行使，USTR必須防止或彌補嚴重損害，以便利調整。該委員會建議在ITC對嚴重損害作成肯定決定之後，應建立更為簡明標準，作為是否提供救濟依

---

[15] WTO防衛協定第10條規定，防衛條款僅得於防止或彌補嚴重損害或便於調整之必要情形下實施，其期間不得超過四年。又第12條規定，該項防衛措施之總計期間，包括實施臨時性措施之期間及原已採行期間，最長不得超過八年。

據，蓋因依美國現行貿易法對於如何情況下構成所謂「國家經濟利益」並無明確定義與標準。不過，新法最後並未將此一權限移由USTR行使，亦未消除總統裁量權。

雖然，消減總統裁量權並未成為事實，惟依1988年新法，似乎已使ITC有更能作成肯定之損害認定。例如新法要求ITC在對國內產業作界定及決定嚴重損害時，僅需考慮國內生產設施，此外，新法要求ITC在決定進口是否造成嚴重損害之實質原因時，應考慮產業條件，而非僅僅造成需求減少，即為損害唯一原因。並且將造成損害之虞之範圍，擴張及於市場占有率之減少；國內生產者無能力作適當投資，使生產設備現代化，或維持研發之一定水準，乃至於因他國之貿易限制而使外國出口轉向輸往美國等。

陸、結論

一、防衛條款與烏拉圭回合談判

「防衛條款」（Safeguard Clause）亦稱「逃避條款」（Escape Clause），是WTO/GATT體制下之一種「完全閥」（safety valve），容許締約國暫時性逃避一定義務之履行，此等義務為彼等在WTO體制下對貿易夥伴所作承諾。因為美國國會關切部分產業可能因貿易自由化之結果，而受到不可預見之負面影響，在美國堅持下，將防衛條款列入WTO/GATT規範。

1973年9月東京回合部長宣言，原即有意締結防衛條款規約（code），藉以強化防衛條款適用時之國際紀律，惟當時由於若干基本問題，包括何謂嚴重損害，提供救濟期間，是否適用不歧視原則，多邊監督，爭端解決及結構調整等無法獲得共識，而未建立規範，1982年11月GATT舉行部長會議，對於防衛條款曾提出若干重點，包括：

(一) 透明化。

(二) 適用範圍。

(三) 行動客觀規則，如嚴重損害或嚴重損害之虞概念。

(四) 暫時性（temporary nature）、遞減性（degressivity）及結構調整。

(五) 補償（compensation）與報復（retaliation）。

(六) 通知（notification）、諮商（consultation）、多邊監督（multilateral surveillance）及爭端解決。

1986年9月烏拉圭回合談判開議，防衛條款經列入15項重大議題之一，經過多年商討，達成WTO防衛協定。按該協定計分九章，共38條條文。[16]其重點為：

(一) 界定嚴重損害，嚴重損害之虞及「國內產業」含義。

(二) 根據不歧視原則，適用於各來源國。

(三) 明定採行防衛措施及臨時性措施之構成要件。

(四) 設定採行防衛措施所應考慮之基本因素。

(五) 實施期限及漸進自由化原則。

(六) 諮商及補償義務，並限制報復措施之採行。

(七) 開發中國家採行防衛措施之放寬規定。

(八) 限期消除灰色領域措施（如VER、VRA、OMA等）。

(九) 採行此一措施通知WTO當局之義務。

(十) 建立多邊監督體制。

根據外電報導，當時美國克林頓總統與歐洲執委會主席狄洛在1993年5月7日舉行高峰會議，會中除討論雙方有關貿易問題外，咸認完成烏拉圭回合談判有助於全球經濟發展。並且重申，美國與歐盟將攜手合作，促成烏拉圭回合談判早日完成。該一回合談判於1994年結束，WTO於1995年1月成立，談判前後歷時八年，打破東京回合談判長達六年之歷史紀錄。

值得注意者，依WTO防衛協定第21條規定，對於現行GATT第19條之基本立場為締約國應於防衛措施首度使用之後八年，或在本協定生效日後五年，二者以日期在後者為準，終止所有現行依據GATT第19條採行之防衛措施。依此以觀，與新協定不吻合之防衛措施在過渡時期之後回歸WTO/GATT自由貿易體制。目前各國已無法再藉助VER、VRA或OMA等措施要求出口國採取VER；使貿易自由化往前推進一大步。

二、美國進口救濟制度之檢討

美國201條款建立進口救濟制度，基本上與WTO/GATT第19條規定頗為接近。惟在實施手段或效果，由於WTO現有規範未臻完備，而美國有關進口救濟制度規劃較為完整，烏拉圭回合談判達成協議，為符合國際規範，美國國內法有關201條款需否作若干技術性調整，不無疑問。無論如何，美國201條款在該國對外貿易體制上占有舉足輕重之地位，在一定期間內，用以保護國內產業免於遭受

---

[16] WTO防衛協定（Agreement on Safeguard），除前言外，共分：總則、適用條件、減讓及其他義務、開發中國家、現行第19條措施、特定措施之禁止與消除、通知與諮商、監督及爭端解決等九章。

外國強烈競爭，使其能夠恢復國際競爭力，與301條款用以打開外國市場，一進一出，交相運用，確實已發揮相當效果。茲就美國進口救濟制度之利弊得失檢討如下：

(一) 總統裁量權問題

美國有關進口救濟案件固然是由USITC負責審理，所行使者具有準司法權之效力。惟美國總統對於ITC之建議，採取與否，卻享有甚大自由裁量權，此與301條款案件，美國USTR享有較大自主性者，似有不同。

根據美國國際貿易法專家藍德（Stephen L. Lande）指出，美國福特、卡特及雷根三位前總統對於運用201條款之行事風格各有不同。福特偏好採取調整協助，反之，卡特從未提供公司或工人調整協助；至於雷根在位時則對進口救濟與調整協助兼容並蓄，任內計提供進口救濟三次，延伸及於調整協助一次，並有一次未給予救濟。不過，實務上，自1977年以後，據說申請201條款案件有下降趨勢，可能與此類案件成功率偏低有關。[17]

201條款在美國未來發展趨勢，一則國會有意削減總統享有過大之裁量權。二則申請人鑑於進口救濟所要求造成損害程度之標準較高，因而有轉向以反傾銷及反補貼途徑尋求救濟之跡象。

(二) 貿易調整協助問題

美國對因受外國進口競爭而受害產業提供進口救濟或貿易調整協助。此二者在法令解釋，固得同時採取或僅採其一（and/or），而在處理實務上，二者具有選擇性，往往提供進口救濟，即不再提供調整協助，反之亦然。提供進口救濟，涉及以進口限制方式處理，無論提高關稅或設定配額等，均影響及於出口國之權益；而提供調整協助則屬美國國內法層面問題，對出口國家或出口人並無直接影響。一般而言，行政部門偏向採取進口救濟模式，此因貿易調整協助成本較高，美國作法提供職業訓練、輔導轉業、就業，提供技術協助（如協助廠商執行其經濟調整計畫、協助廠商實施該計畫或二者同時協助）、財務協助（包括直接貸款或保證貸款）、社區調整協助之外，尚發放工人失業救濟金，造成國家財政上重大負擔。惟依1988年綜合貿易法，總統應與GATT當局諮商，容許美國課徵不得超過1.5‰之進口費，以支應貿易調整計畫之用。惟此點與GATT規範是否符合，似乎並非無爭議。

---

[17] *See* Stephen L. Lande & Craig Vangrasstek, *The Trade and Tariff Act of 1984*, Lexington Books (1986), p. 102.

(三) OMA適法性問題

　　自美國以往處理201條款所提供救濟方式以觀，以提高關稅、關稅配額、設定配額或與外國諮商OMA等為主，在所採取措施中，除OMA外，既屬締約國撤回減讓或暫停履行GATT義務之一種型態或方式，如無歧視問題存在，應與GATT規範初無不合。至於採取OMA，基本質屬於所謂「出口限制協定」（Export Restraint Arrangement, ERAs）之一種，與VER、VRA同屬所謂「灰色領域」地帶，其適法性在烏圭回合談判過程中遭到質疑。多數國際貿易法學者認為ERA模式不符合GATT第11條有關自由貿易原則。何況，此等措施之採取往往並未公開，缺乏透明性，甚至未經各該國國會審議，他締約國欲取得該項資料咸感困難。

　　各國所締結ERAs有三種基本型態，其一為兩國政府與政府間所簽協定或協議，其二為兩國民間產業或產業公會相互所締結，其三為一國政府與他國產業或產業公會間所締結。美國與外國所簽訂OMA通常多由政府出面締結，而歐盟國家，如英國與日本所簽訂之小汽車VER則委由公會出面簽訂。按WTO規範之適用，以各會員國政府，而非以各會員國國內民間企業為對象。一般而言，政府與政府間締結之ERAs措施較為公開，而民間或公會所簽訂ERAs則較富隱密性，若未正式通知WTO當局，往往並無案可稽。由於民間產業或公會所簽訂者不受WTO規範所拘束，而造成ERAs日趨嚴重，成為WTO體制之一大漏失。惟WTO成立以後，無論由政府或公會所締結，均已不被允許。

附件

Some Section 201 Cases (U.S.A)

Product	ITC Finding	Relief Provided
Bolts, Nuts, & Large Screws (1978)	Injury	The President imposed import relief in the form of tariffs on all suppliers
Certain Machine Needles (1978)	No Injury	
Nonelectric Cookware (1979)	Injury	The President imposed import relief in the form of tariffs on imports from all suppliers
Leather Wearing Apparel (1979)	Injury	The President denied import relief
Certain Fish (1979)	No Injury	

Product	ITC Finding	Relief Provided
Fresh Cut Roses (1979)	No Injury	
Mushrooms (1980)	Injury	The President imposed import relief in the form of tariffs on imports from all suppliers
Certain Motor Vehicles and Chassis Bodies (1980)	No Injury	Japan agreed to negotiate a on auto exports to avoid legislation Congress threatened to introduce to limit imports
Fishing Rods & Parts (1981)	No Injury	
Tubeless Tire Valves (1982)	No Injury	
Motorcycles (1982)	Injury	The President imposed import relief in the form of increased duties and tariff-rate quotas on imports from all suppliers
Stainless Steel and Alloy Tool Steel (1982)	Injury	The President imposed import relief in the form of increased duties on some products and quotas on other products
Stainless Steel Table Flatware (1983)	No Injury	
Non-rubber Footwear (1984)	No Injury	
Carbon and Certain Alloy Steel Products (1984)	Injury	The President determined that import relief was not in the national economic interest. Instead, he negotiated VRAs with 21 major steel suppliers
Unwrought Copper (1984)	Injury	The President determined that import relief was not in the national economic interest
Certain Canned Tuna Fish (1984)	No Injury	
Potassium Permangate (1984)	No Injury	
Non-rubber Footwear (1985)	Injury	The President determined that import relief was not in the national economic interest
Wood Shakes and Shingles (1985)	Injury	The President imposed import relief in the form of a tariff on imports form all suppliers
Electric Shavers and Parts (1985)	No Injury	
Certain Metal Castings (1985)	No Injury	
Apple Juice (1985)	No Injury	
Steel Fork Arms (1986)	No Injury	
Certain Knives (1988)	No Injury	

資料來源：UNCTAD, *Handbook on Major United States Trade Laws*, UN (April 1989).

第三篇
WTO與中國

第 **8** 章 ▶▶▶

中國「一帶一路倡議」及「中巴經濟走廊」經濟效益的評估

壹、概說

一、緣起

中國國家主席習近平於2013年9月7日在哈薩克納扎爾巴耶夫大學演說時，提出共同建設「絲綢之路經濟帶」的倡議，表示為使歐亞各國經濟聯繫更加緊密，相互合作更加深入，發展空間更加廣闊，可以用創新之合作模式，共同建設「絲綢之路經濟帶」，認為此係造福沿途各國人民之大事業。中國要加強五通：(一)政策溝通；(二)道路聯通；(三)貿易暢通；(四)貨幣流通；(五)民心流通。以點帶面，從線到片，逐步形成區域大合作。

其後，國家主席習近平於2013年10月3日在印尼國會演講時，另提出共同建設「21世紀海上絲綢之路」，倡導籌建「亞洲基礎設施投資銀行」（簡稱亞投行），表示東南亞地區自古以來就是海上絲綢之路的重要樞紐，中國願與東協國家加強海上合作，攜手建設更為緊密的中國與東協國家之命運共同體，中國願意致力於加強與東協國家互聯互通建設。[1]

二、意義與目標

(一) 意義

「一帶一路倡議」（Belt and Road Initiative）提出之初，英國國家廣播公司（BBC），譽其為「現代版的馬歇爾計畫」。[2]中國國內外媒體則稱其為新版的

---

[1]　一帶一路倡議，距離習近平國家主席上任不過半年有餘，因該倡議宏大而影響深遠，應非一朝一夕之功，據中國安邦智庫創辦人陳功之觀察，該一倡議發軔於胡錦濤時代，從醞釀、催化、討論再到執行，週期較長。

[2]　英國廣播公司報導，一帶一路開展之初，情勢看好，亞投行有願多西方國家加入，該一倡議被譽為「中國版馬歇爾計畫」，惟後來因疫情、中美貿易戰、全球供應鏈破碎等因素，而不利於該一建設計畫。

絲路。中國方面稱其爲國際經濟合作之新模式。所稱「一帶」指「絲綢之路經濟帶」（Silk Road Economic Belt）；所稱「一路」指海上「21世紀海上絲綢之路」（21st Century Mariline Silk），二者合併稱爲「一帶一路」（One Belt and One Road）。

(二) 目標

中國稱該一帶一路倡議，旨在「加強區域互聯互通，擁抱更美好的未來」，應屬企圖實現「中國夢」（Chinese dream）之一部分。在中美貿易戰發生之後，中國政府對外貿易之目標市場有由美國移動到歐洲之跡象。該倡議本質上是一項宣付實施之執行計畫。其目標旨在推動市場的深廣度融合，並加強市場經濟與非市場經濟二個不同經濟體間之聯繫，使亞洲與世界其他地區國家間之資金、商業、服務流動注入新動力。該項倡議或稱計畫，中國視爲「大國外交」戰略的核心部分。

該項計畫自2014年1月開始執行，至2049年截止，長達三十五年之久。而2049年爲中國（共）建國（建政）一百週年，預定於一百週年同慶祝。依該計畫，從亞洲（包括西亞、南亞及中亞）周邊國家開始，到歐洲、非洲、中南美洲再到大洋洲等地，無論從時間或空間而言，在國際經濟發展史上，似乎均屬空前之舉。不過，事實上含有軍事部署之用意，美、歐、日、印、澳等早已洞察機先。

依該計畫，對於參與計畫國家，提供長期較高利息投資，其建設項目，包括鐵路、公路、水壩、發電廠、港口等基礎設施等，從而亦得將其國內堆積或生產過剩之產品、設備，乃至勞工及技術等予以輸出，以擴大其出口貿易，且建設工程往往由國內過剩勞工支應，解決部分就業問題，並藉此以增加中國在國際社會之影響力，可謂一舉數得。據估計，此一計畫規範包括70個國家，涉及全球約45億人口，占全球人口數63%，整體經濟規模，約占全國GDP 29%。[3]

三、路徑圖

依該計畫，中國之構想，認爲可以爲全球經濟帶來新機遇，使跨國公司或中小企業得以開拓新興市場，並與東協、中東、中歐及東歐等地區擴展商機，並進而藉以推升中國在全球經貿地位以及國際話語權之重要戰略。

---

[3] 歐美國家及一般輿論，每批評一帶一路是中國所設置之「債務陷阱」，造成該倡議參與國之債務危機，導致中國現已成爲全球最大債主。據統計，2016年至2021年，美國在全球所占債權比例已降至2.4%，而中國則飆升至30.4%。

依該倡議，一帶為陸路，由西安、蘭州、烏魯木齊，經過中亞、中東、中歐、東歐之線路，而一路為海線，由福州、泉州、廣州，經南海，橫跨印度洋，非洲到歐洲義大利威尼斯，再到中南美洲等地區。甚至有傳說中國「一帶一路」將延伸到北極地帶。[4]論者有認為美國較關切海線。其實，陸線經過中東油源豐沛地區，而石油為重要之戰略物資，似亦不容忽視（如圖8-1）。

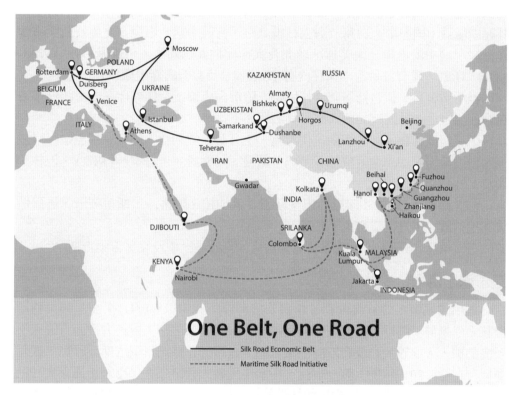

圖8-1 一帶一路

資料來源：Shutterstock。

說明：2013年習近平剛上任沒多久，便在演講中談到了「一帶一路」的概念。

---

[4] 依據中央社記者呂佳蓉北京報導，中國之一帶一路從亞洲周邊國家開始，一路輻射到歐陸、非洲，一些文件甚至出現要到北極的構想。一帶一路經過十年，大基建在一些國家興建，同時帶來爭論與攻訐。

貳、倡議參與國及退出國

一、參與國家

　　一帶一路倡議，係以區域合作為目標，其類型屬於跨國經濟帶，在國際法上之法律地位，則仍在籌建中，並未經聯合國大會決議通過。成立時間在2014年，其範圍涵蓋中國歷史上絲路及海上絲綢之路，行經中國、中亞、北亞及西亞印度洋沿岸、地中海沿岸、南美洲、非洲及大西洋地區之國家。依維基百科（Wikipedia）所載，現有會員含中國在內有153個國家及32個國際組織。

　　惟所謂會員，似包括簽有合作協定、瞭解備忘錄或合作夥伴在內。該倡議簽有合作協定之會員國有30個國家，其名單如下：

　　(一) 西亞（16國）：伊朗、伊拉克、土耳其、敘利亞、約旦、黎巴嫩、以色列、巴勒斯坦、沙烏地阿拉伯、葉門、阿曼、阿聯酋、卡塔爾、科威特、巴林、埃及。

　　(二) 南亞（9國）：印度、巴基斯坦、孟加拉、阿富汗、斯里蘭卡、馬爾地夫、尼泊爾、不丹、東帝汶。

　　(三) 中亞（5國）：哈薩克、烏茲別克、土庫曼、塔及克、吉爾吉斯。

二、退出國家

　　退出國家中，計有義大利、希臘及澳洲等，其中以屬於G7集團之義大利退出該一倡議最受矚目。美國在中國推動一帶一路倡議之初，曾經力勸西方國家不要妄動加入。而義大利或鑑於該倡議之海上絲路，在歐洲以威尼斯為終點，或有商機存在而於2019年加入該一倡議。中國現為義大利第二大供應國，而義大利則為中國第24位供應國。中國影響力進入義大利之港口設施，控制5G的數位基礎設施，令歐洲國家質疑。

　　加以義大利對中國之貿易逆差有增無減，由200億歐元增加到480億歐元，且因鑑於中國原有之承諾不如預期，於2023年新上任義大利總理梅洛尼（Giorgia Meloni）採取親美及親大西洋路線，她認為義大利加入該一倡議為一嚴重錯誤，該協定將於2024年3月到期，如果未提前三個月提出異議，協議將自動續簽五年。乃利用參加G20會議時，向中國國務院新任總理李強提出退出該一倡議之決定，確定於2023年底退出。

　　中共中央黨校梁亞濱教授，對於一帶一路倡議持肯定態度，認為該一倡議，不是單純資本輸出及商品交換，而是依托基礎設施建設為新型態經濟奠定基礎，

打破地緣政治上之高風險國家普遍存在之貧窮與動盪，互爲因果之惡性循環。此一說法於義大利並不適用。

參、一帶一路倡議投資開發地區及效應

根據中國官方統計，截至2023年6月，計有152個國家與中國簽署一帶一路合作文件，中國與合作國家之貿易額，自2013年之1兆美元，增加到2兆美元。中國對這些國家共投資3,000多個項目，[5]非金融性投資達到9,859億美元，其中大部分變成當地之港口、鐵路、公路、橋梁及工業園區等。因投資項目多達3,000餘項，不及備載，僅就其中具有指標性作用之投資建設項目，分四個地區說明如下：

一、歐洲地區

中歐班列（China Railway Express/China Europe Railway Express, CR Express）乃指往返中國與歐洲間之貨運班列，此一班列乃依固定車次、線路、班期及全程運輸時刻開行，往來於中國與歐洲及一帶一路沿線各國之貨櫃國際鐵路聯運班列，較早路線，爲由中國西安到歐洲地區。

中國爲加強與歐洲國家之商業貿易聯繫，中國政府及中國國家鐵路集團與中亞及歐洲各國鐵路系統合作，自重慶到德國杜伊斯堡，發展到國內通達城市82個，國外通達歐亞國家160多個城市，形成阿拉山口、霍爾果斯、二連浩特、滿洲里、綏芬河五大出境口岸；以及重慶、成都、西安、鄭州、烏魯木齊五大集結中心。開行經中國到達倫敦、漢堡等地之國際聯運列車。

CR Express全長13,052公里鐵路，在中國境內行駛4,500公里，號稱爲「鋼鐵駝隊」。不僅是貨運途徑，亦有助於中歐間之經貿交流，成爲供應鏈穩定之戰略通路，中歐各大小城市物流之經貿網路。

此一班列，具有代表性之路線，由浙江義烏出發途經哈薩克、俄羅斯、白俄羅斯、波蘭、德國、法國，終點站在西班牙首都馬德里，爲全球最長之貨運鐵路線。穿越八個國家，60多位中外司機接力駕駛，最快十七天可以到達。

5　一帶一路建設項目，包括採礦業在內。中國對於鋰礦之開採甚爲重視，乃斥鉅額投資，因鋰礦對於電動車之電池製造甚爲重要，中國在世界各地建設電池工廠，包括在歐洲地區。

　　CR Express開通十年，為沿線城市帶來繁榮之物流業，帶動漢堡、布達佩斯、馬德里、華沙等城市多種行業之發展，包括金融及公共服務業在內。在歐洲原先落後之邊境小城，因鐵路開通而發展起來，成為歐洲物流轉運之集散地。就此一層面而言，堪稱為中國對外投資開發較為成功之案例，不發生債務無法清償之問題。據稱，CR Express現已成為中國政府推動與他國經貿合作及一帶一路之重要推手與助力。

　　現階段，經CR Express「東通道」列車已通達歐洲14個國家，連通國內60餘個城市，通行路線有24條，運輸貨品，包括電器產品、日用百貨、工業機械、農副產品等12大品類。根據中國鐵路哈爾濱集團有限公司於2024年4月1日發布訊息指出，本年第一季，CR Express通道滿洲里、綏芬河、同江鐵路口岸累計通行1,443列，運送貨物15.1萬標準箱，創歷史同期新高，班列已呈現穩定成長。

　　嚴格而言，CR Express創立於2008年，較中國提出一帶一路倡議早，惟中歐班列路線分期建設，自2014年以後之建設，即與一帶一路計畫相結合發展。

二、非洲地區

　　中國在非洲之影響力與日俱增，一帶一路在非洲國家之投資建設，包含水力發電、機場、港口、鐵道等各種基礎設施建設，甚至有傳聞，中國有意在非洲大撒幣，買下非洲之野心。

　　非洲各國普遍歡迎中國之貸款及基礎建設項目，惟是否有能力擔負龐大債務，乃是一嚴肅課題，非洲國家之利比亞在2020年成為第一個違約之非洲國家。其後，迦納、肯亞、衣索比亞等其他非洲國家，情況亦相若。

　　現在確實有諸多國家包含非洲國家、中南亞國家乃至東南亞國家，尤其是非洲國家引領企盼，等待中國一次將所欠貸款免除。以往，常每隔五年或十年就會有免除債務機會，惟卻是可遇不可求。未來，中國所要援助地區或國家，據稱已非非洲國家，而是比較具有戰略價值之東南亞地區及南太平洋島國等。對中國而言，非洲似乎已依賴中國成性，不太可能改變。數年之後，當中國經濟轉趨復甦，或許仍會考慮免除貸款問題。

三、東南亞地區

　　基於地緣政治及地緣經濟之關係，中國現似比較偏重在東南亞國家之投資專案建設。根據習近平主席在一帶一路國際合作論壇上之談話及2023年11月24日發布「堅定不移推進共建一帶一路高質量發展走深走實的願景與行動——共建一帶一路未來十年發展展望」中顯示，進入第二個十年的一帶一路將落實更多小而

美的項目與標誌性項目，包括建設好中泰鐵路，有序推進皎漂港，運營好雅萬高鐵，穩步推動柬埔寨吳哥窟國際機場，同時亦將由過去強調硬聯通擴展到軟聯通。[6]

　　新加坡尤索夫伊薩東南亞研究所於2024年4月2日發布「東南亞態勢報告2024」顯示，中國持續在經濟、政治與戰略上對東南亞最具影響力之國家，本年更有過半受訪者被要求在中美之間選邊站隊時，選擇中國，這是此題增設五年來，選擇中國人數首次超越美國。就個別國家以觀，在中國一帶一路倡議下受益之馬來西亞、印尼，選擇中國人數增加約20%，寮國則從親美轉向傾中，相較之下，受訪者親美者以在南海議題與中國有主權爭議之菲律賓為主。另因南海緊張局勢導致，東協國家除寮國以外，其他九國不信任中國的人多於信任的人，對中國不信任最高者為菲律賓、緬甸及越南。[7]

　　在一帶一路倡議下，中國對東南亞地區國家之投資建設，包括鐵路（含高鐵、輕軌）、港口及經濟特區等。茲就建設項目及其有關評估情形列明如下：

(一) 中寮鐵路

　　2021年12月初旬，中寮鐵路開通，此為中國對外所興建之第一條高鐵路線，自雲南昆明至寮國永珍，全長1,035公里，造價59億美元。該條鐵路運載寮國農產品、橡膠等產品輸入中國，而中國則向寮國輸出化肥、家用電器等，自跨境客運列車開通以後，寮國境內來自中國之旅客顯著增加。寮國為此一鐵路建設債欠中國35.4億美元債務。根據寮國政府估算，需營運二十三年後才能獲利。其間存在很多不確定因素。若獲利不如預期，寮國將陷入嚴重債務問題。

(二) 中泰鐵路

　　中國斥資54億美元打造中泰鐵路，自2013年開始所謂「大米換高鐵」計畫以來，爭議不斷，直到2017年底才正式動工。但動工以後，面臨疫情，土地徵收等因素影響，進度嚴重落後，完工日期遠不如預期。

(三) 印尼雅萬鐵路

　　印尼雅萬鐵路，現已通車，由雅加達到萬隆，全長143.2公里，由中國技術

---

[6] 據新華社報導，第1屆中歐班列國際合作論壇於2023年9月15日在江蘇連雲港舉行。中國官方在紅海危機前夕，展現布局中歐班列之合作態度。

[7] 自2013年推動一帶一路已歷經十年，中國於2023年10月17日至18日舉行「第3屆一帶一路國際合作高峰論壇」，共有來自東南亞之寮國、泰國、印尼、越南及柬埔寨等國領導人親自出席，上開五個國家在此十年過程中積極參與一帶一路計畫，並成為宣傳樣板。

製造，為東南亞首條高速鐵路，原本預定2018年底完工，亦因疫情與土地糾紛問題而延宕。該條鐵路因延宕而使造價升高，原先估算55億美元，最後超支12億美元，印尼政府乃動用國家預算協助工程進行。興建過程因損壞民宅、環保及場站位置設計不良等問題，而發生很多爭議。尤其因為超支過大，風波不斷，專家評論將使印尼陷入所謂「沉默成本謬誤」陷阱。

(四) 越南河內輕軌二號線

該輕軌二號線於2011年開始興建，2021年11月6日啓用，全長13.5公里，共設12個車站，耗資8.68億美元，亦存在工期延宕及預算超支問題。其場站建設規模龐大，惟大部分河內民眾習慣使用摩托車，加上路網未建立，使用率不大，連帶導致河內地鐵公司虧損超過3兆越南盾，增加營運困難。

(五) 柬埔寨西港經濟特區

該一經濟特區帶來大批投入博弈產業與詐騙集團之境外人士，導致當地環境污染、治安敗壞及物價高漲，使西港及金邊之民眾苦不堪言，並且由西港向外擴充，引發詐騙亂象，更是引起兩岸與緬北等地之嚴重社會與政治問題。有關金融投資詐騙現象橫行，我國亦係受害國之一。

(六) 斯里蘭卡港口

斯里蘭卡本來因內戰關係向中國及其他國家貸款高額債務，而擔負沉重負擔。中國為該國興建戰略性港口，貸款14億美元，斯國表示無力償還，乃將新建港口租借給中國，為期長達九十九年，為中國在印度洋取得一重要戰略基地。又藉一帶一路在當地關建一座全新國際機場，卻因未有交通聯繫，使用率不高，設置會議中心，亦常閒置，增加該國之外債負擔，應屬一帶一路倡議失敗案例。

(七) 緬甸皎漂深水港

中國為緬甸在孟加拉灣興建皎漂深水港，貸款90億美元，緬甸政府希望能降低建港成本。此一深水港具有戰略意義，可控制麻六甲海峽航運，同時亦係中國南部自印度洋國家取得石油最短距離之管道。

四、中南亞地區

中亞與南亞地區與中國西部省分相鄰接，中國為發展中國大西部計畫，對該地區所投入之資金甚為龐大，中國與巴基斯坦之關係轉趨良好，巴國為全球首先承認中共政權建國之國家。中國在此一地區，最大之投資開發案，首推「中巴經

濟走廊」，詳如下述。

　　國際間深度參與中國一帶一路之國家，以中、低度開發國家爲主。因積欠中國債務，在四個因素加疊下，其國內經濟變差，此四個因素：(一)受疫情長達三年影響，債務壓力增加；(二)中國提供融資，規模大，利率高；(三)美國聯準會升息，使融資成本高漲；(四)債務國本身欠缺健全財政管理制度。[8]此外，根據美國民間智庫「觀察家研究基金會」之研究報告指出，中國一帶一路計畫具有下列缺點：(一)未關注參與國當地之需求；(二)缺乏透明度；(三)不尊重參與國之主權地位；(四)對合作地區環境造成污染；(五)出現貪腐及缺乏健全之財務監督及管理等，不一而已，爲中國當局始料不及。

肆、中巴經濟走廊（CPEC）的意義與目標

一、意義

　　中巴經濟走廊（China-Pakistan Economic Corridor, CPEC），係指一系列中國與巴基斯坦合作之大型工程計畫，乃中國時任總理李克強於2013年5月訪問巴基斯坦時所提出。旨在加強中巴兩國間之交通、能源、海洋等領域之交流與合作，促進二國共同發展。該計畫自2015年4月20日啓動。[9]

　　CPEC全長3,000公里，北起中國新疆喀什，南至巴基斯坦出海口瓜達爾（Gwadar）。爲中國一帶一路倡議之旗艦項目，亦爲先行試點區、示範區及創新區。該建設計畫，自2015年啓動至2030年完成，達十五年之久。目前該一建設已取得階段性成果，不過仍面臨諸多風險與挑戰，仍待克服。

二、目標

　　CPEC連接中國西部新疆等地與阿拉伯海，位於巴國西南方之俾路支省之瓜達爾港，由中國租借經營，國際觀察家認爲，北京政府顯然蓄意強化中亞及南亞的運輸與貿易，以抗衡美國及印度在此地區之影響。

8　新加坡該一調查同時顯示，東南亞人根本無意選邊站，僅有8%受訪者認爲必須在中美競逐間作出選擇，近半數人認爲，東協國家應該優先增強自身之韌性與團結，以應對來自美、中的壓力。這應是理性的態度。參見聯合報（2024.4.3），版2。

9　積欠中國外債之國家，迫於無奈，最後只能與債權國展開「債務重組」談判，其談判對象爲北京政府。例如寮國，其經濟規模低於200億美元，因與中國合建鐵路而背債逾14億美元，鐵路還未通車，就必須尋求北京當局債務減免。

　　2014年2月巴國總統侯賽因訪問中國，二國同意加速推動CPEC之建設，並發表聯合聲明指出，CPEC符合二國發展戰略，有助於二國發展經濟、改善民生及促進區域的共同發展與繁榮，雙方應確保該一建設儘快成型，取得實質成果。

　　2015年3月，中國國務院發布「推動共建絲綢之路經濟帶和21世紀海上絲綢之路的願景與行動」明確指出，中巴及中印孟緬二個經濟走廊與推進一帶一路建設關聯緊密，要進一步推動合作，取得更大進展。同年中巴關係由戰略合作夥伴關係，提升爲「全天候」戰略合作夥伴關係。從而，乃以CPEC爲主軸，並以瓜達爾港、能源、交通建設及產業合作爲重點項目。形成所謂1+4的經濟合作型態的布局。[10]

三、路徑圖

　　CPEC項目共分東、中、西三線，經過巴基斯坦國內各派協調確定以西線爲優先路線。CPEC西線起始於瓜達爾，經俾路支省的圖爾伯德（Turbat）、本傑古爾（Panjgur）、納格（Nag）、巴斯瑪（Basima）、索拉巴（Sorab）、卡拉特（Qalat）、奎塔（Quetta）、基拉賽福拉（Qilla Saifullah）、茲霍布（Zhob）

圖8-2　中巴經濟走廊

資料來源：新華絲路網，https://www.imsilkroad.com/news/p/78207.html

[10] 2015年，該走廊進入實質性建設階段，中巴二國貿易總額爲189.3億美元，同比增加18.2%，巴國爲吸引外資公布多種稅收及土地優惠政策，並支持外資最高100%之持股比例，投資人所獲利益得全額匯出。

進入圖伯爾－普林圖赫瓦省的德拉伊斯梅爾汗（Dera Ismail Khan）、Hassan Abdal，最後到達伊斯蘭堡。[11]東線方案出喀喇崑崙公路的曼瑟拉（Mansehra），經伊斯蘭堡（Istamabad）進旁遮普省（Punjab），過拉合爾（Lahore）直至木爾坦（Multan），然後，沿木爾坦－海德拉巴（Hyderabad）及海德拉巴－卡拉奇（Karachi）M-9高速公路前進，最後沿信德省卡拉奇至瓜達爾港的沿海高速N-10到達瓜達爾港。

伍、中巴經濟走廊的建設項目

巴基斯坦伊斯蘭堡政策研究所學者哈姆札（Hamzah Rifaat Hussain）於2023年7月10日，在歐亞評論中指出，CPEC中之基礎設施為巴國發展多元產業立下基石，中國在經濟發展方面之成功經驗移植巴國，可幫助巴國走出經濟困境，依該項計畫；包括對人類發展及社會治理的關注，相信該一合作計畫架構可幫助解決巴國在「地緣安全」問題的困擾，實現「地緣經濟」的繁榮。該計畫包括下列八部分主要項目：

一、瓜達爾（Guadar）建港

瓜達爾原為一個小漁村，現在則變成擁有約200萬人口之繁華城市。瓜達爾港之建設為CPEC之重要組成部分，於2016年11月已正式開航，開港之初原由新加坡港務集團經營，嗣因該集團擴大業務失敗，乃於2013年將特許經營權轉讓給中國海外港口控股公司營運。該一港口之建設由中國國有銀行提供貸款興建。該工程合約估價為10.2億美元。

二、能源項目

CPEC計畫，早期收穫項目，主要集中在能源項目，除緩解電力供應短缺外，亦有創造就業機會之功能。此一建設項目下，包括11項子計畫：(一)水電站3處（卡略特、阿札德帕、達蘇）；(二)燃煤電廠4處（塔爾、卡西姆港、月布、薩希瓦爾）；(三)風電1處（大沃）；(四)其他3處（光伏、默蒂亞里－拉合爾直

---

11 就中國方面之觀點，該走廊建設完成之後，可改善中國西部與外界之聯繫，克服以往交通不便局面，提高新疆維吾爾自治區吸引外資能力，為中國西部大發展計畫之一部分，且因鑑於巴國為南方聯盟之成員國，與阿拉伯聯合大公國及沙烏地阿拉伯等波斯灣國家經貿關係密切，可藉巴國為轉口貿易之基地。

流輸電、濱佳勝三期電塔）等。其中，較值注意者為：

（一）卡西姆港燃煤電站：建設完成將成為巴國南部重要之火電基地，滿足巴國中北部400萬戶用電需求，緩解該國電力短缺，為CPEC之優先實施項目，年均發電量90億度，總投資額為20.85億美元。該電廠已於2017年正式投產發電。

（二）薩希瓦爾燃煤電站：該站位於旁遮普省，已於2017年7月初全面投產發電，設有2臺660兆瓦發電機組，可望填補巴國四分之一之用電缺口，廠區種植樹木及花卉，綠化環境甚佳。[12]

三、鐵路建設

鐵路建設計分短、中、長三期計畫，第一階段在哈維建造乾貨碼頭（Dry Port）及完成ML-1鐵路升級於2000年完成；第二階段完成ML-2鐵路升級及擴建，於2025年完成，第三階段包括完成哈維連至紅旗拉甫鐵路建設，全長682公里，預定2030年完成。

四、公路建設

（一）喀喇崑崙公路：又稱「中巴友誼公路」，可見中巴二國對該條公路之重視。該條公路之建設難度頗高，東起中國新疆喀什，穿越喀喇崑崙、興都庫什及喜馬拉雅山三大山脈，經過中巴邊境口岸紅其拉甫山口，直達巴國北部城鎮塔科特，全長1,224公里，全線海拔600至4,700公尺，乃CPEC陸路通道之核心路段。

（二）巴基斯坦PKM高速公路：該條公路由白沙瓦至卡拉奇。2019年11月初舉行由蘇庫爾至木爾坦段之落成典禮，路線全長392公里，設計時速120公里為六線車道之高速公路，通車後二地行車時間由十一個小時降低至四小時內，總投資約28.9億美元。

（三）瓜達爾港東灣快速道路：該公路之興建有助於便利港口之貨物運輸，2022年6月初舉行通車典禮，將該港區對外連接道路打通。該快速路全長19.49公里，終點與巴國10號國道相連，乃該走廊早期收穫項目之一。

五、農業項目

農業與民生問題有關，受到巴國人民重視。依該計畫項下，巴國提供種子、化肥及農藥到中國企業經營農場及農產品加工，再到從事農產品之倉儲及運輸之

---

[12] 據稱中巴二國考慮成立常設之中巴經濟走廊管理委員會，下設專門機構，處理日常營運及可能發生爭議問題，並藉以促進巴國之工業化進展，強化本身體質。

物流公司。依該項下計畫將農業機械化、畜牧科技、雜交品種研發及精細灌溉技術引進巴國，爲農業發展注入動力。

六、衛生教育

2014年至2016年間，中國港控公司設立中國港控獎學金，資助巴國學生到中國學習或研修，另中國和平發展基金會捐建瓜達爾地區中巴法曲爾小學交付使用。

2017年至2019年，瓜達爾中巴博愛醫療急救中心落成，其後中國紅十字援外志願醫療隊12名隊員入駐瓜達爾港從事二年醫療服務。中國援助巴國建瓜達爾醫院項目總建築面積約1.2萬平方公尺，將原僅有50床位擴建爲150床位之綜合醫院，配置相應醫療設備。2023年12月初，瓜達爾港中巴友誼醫院竣工。此外，中國爲巴國建瓜達爾職業技術學院項目總建築面積7,500多平方公尺，包括教室、實驗室、圖書閱覽室及學生、教職工宿舍，該校於2021年10月1日竣工。同年1月，中國建築PKM項目爲沿線村落修建學校11所及一帶一路圖書館二處。

七、機場建設

2019年11月2日，瓜達爾國際機場項目正式開工，項目占地約18平方公里，除機場業務工程外，還配套建醫院、學校、家屬區等設施，總投資近17億人民幣，乃中國自1949年建國（建政）以來，對外無償援助最大筆金額項目。可見，無償援助，並非無前例，在此情況下，即不會發生所謂「債務陷阱」問題。

八、經濟園區

2016年瓜達爾自由貿易區正式啓動，總占地面積約爲923公頃，分四期建設，其第一期工程，所謂起步區於2018年1月完工啓用。另中國於2021年5月下旬在拉沙卡伊建特別經濟區項目之第一期建設工程。此外建設工程項目尙及通訊設備，2020年7月，自中國紅其拉甫至巴國伊斯蘭堡之光纜線路已投入營運。

陸、中巴經濟走廊經濟效益評估

巴基斯坦位於南亞之西北部，領土面積803,940平方公里，約爲臺灣22倍，人口達23,372萬人，平均國民所得爲5,973美元，爲全球第40大經濟體，不失爲亞洲大國之一。中國與巴國啓動CPEC之建設，巴國於2023年7月31日在巴國首都伊

斯蘭堡（Islamabad）舉行十週年慶祝會，中國由國務院副總理何立峰擔任特使代表出席。

中國國家主席習近平書面賀詞指出，CPEC為一帶一路重要先行先試項目，自2013年啓動以來，兩國秉持「共商共建共享」原則，推動走廊建設，形成一批早期收穫，為巴國經濟社會發展增添新動力，亦為地區之互聯互通及經濟整合（中國稱一體化）進程奠定良好基礎。

不過，因巴國積欠中國之債務問題，新近發展已發生變化，在CPEC聯合合作委員會第11次會議上，巴國建議增加更多與能源、氣候變遷、輸電線路、觀光旅遊及瓜達爾港之輸電等相關建設新項目，均已遭受中方拒絕。

一、中國立場[13]

2015年4月，中巴簽署460億美元之投資合作協議，此一金額約占巴國GDP 20%。此一計畫之執行，中方認為可幫助巴國改善人民生活，縮小地區發展差距。

(一) 肯定說

依中方估計，CPEC建設項目全部完成之後，將在2015年至2030年間為巴國創造70多萬個就業機會，並使經濟成長率提高2%至2.5%。其次，巴國可利用中國之資金及技術，打造貫通全境之通訊及交通網路，激發沿線地區之經濟活力，並可將瓜達爾港建設為國際自由貿易港及交通運輸之樞紐。[14]

(二) 否定說

持相反意見者，以中國國內之智庫及專家學者為主。論者常認為CPEC開發困難度高，成本高而利用度低。並且務實指出，該一走廊之開發是否超出二國實際所能承受之能力，高投入低收益項目。該一走廊之公路、鐵路及油氣管建設路線長，途經地區之地形複雜，尤其還需要穿過氣候與土壤條件惡劣，地質災害頻發之喀喇崑崙山脈，這些基礎設施建設難度大，建設週期長，需要投入巨大之人力、物力及財力，且具有相當不確定性。專家之意見認為，只有對此一走廊面臨之風險與挑戰，進行全面瞭解及充分評估，取得更多實質性成果，惠及該地區國

---

[13]　參見香港中國評論新聞於2023年7月14日之報導。（http:/hk.contt.com網站）

[14]　以薩希瓦爾燃煤電站（Sahiwal coal power plant）為例，中國斥資約19億美元興建，目前巴國約有1.9億美元欠款未償還。根據北大國際戰略傳播研究院研究員胡亦南指出，2015年5月下旬該燃煤電站1號機組投產發電為標記，走廊建設從全面實施階段進入早期收穫階段，雙方自說自話，各唱各調，雙方認知存在諸多「盲區」與「誤區」。是否造成巴國欠款未還原因之一，不得而知。

家及人民，進而達成戰略價值之實現。

二、巴國立場[15]

該一走廊之建設項目，經過二國政府協商而興建，巴國對於中國之評估，表示肯認與尊重，並希望能達成預定目標，惟巴國國內智庫或相關學者專家之見解則異其說。[16]

(一) 肯定說

2023年為一帶一路倡議十週年，其間CPEC建設為巴國之基礎設施發展、能源生產、社會經濟發展帶來相當程度之變化。在接受中國人民網採訪時，巴國專家：1.哈山‧達烏德表示，巴國今日有6,000兆瓦電力1,585公里路網，800公里輸電路線，從中國新疆邊境至伊斯蘭堡之光纖，還有瓜達爾港、國際機場、醫院、學校、培訓中心等，均是CPEC之賜；2.沙基爾‧拉邁表示，CPEC將外國投資者之信心帶進巴國市場，與之前外資不來情況改善甚多，認為此係該一走廊最大貢獻所在；[17]3.澤米爾‧阿萬表示，由於該一建設使巴國進入新階段，工業化、農業化及貿易方面合作，經濟效益可以預見，希望二國合作更順利。另沙基爾‧拉邁表示，希望中巴二國應該推進軟體方面之合作，如文化交流等層面。尤其對巴國很重要領域，如人工智能（AI）、資訊技術及農業，巴國很希望與中國加強合作。至於中國方面是否有此意願，則尚待觀察。

(二) 否定說

對於該一建設持反對態度者認為，其一，巴國當地人之農田及生態系統遭到破壞，雖然有種植新樹木，惟為建設，自賴科特（Raikot）到伊斯蘭堡之高速公路，巴國境內森林中數以萬計之樹木遭受砍伐，而有關初步環境影響評估，缺乏有關環境成本之資訊，被認為不夠專業。其二，2016年巴國政府宣布禁止建設使用進口煤碳之新電廠，惟有報導顯示，中巴共同商定項目或該一走廊確定項目則不在禁令之內。出現政策矛盾現象，專家提出質疑，且與國際趨勢要求減碳，

---

[15] 就中國之立場而言，該一走廊具有經濟、政治及戰略三重使命。除經濟上，擴大雙邊貿易額以外，在政治上，中巴已提升為所謂「全天候」戰略合作夥伴關係。至於在戰略上，則肩負疏解馬六甲海峽困局。以故，中國態度堅決，認為一定要建，且一定建成。

[16] 英國廣播公司之觀點，各國對該一走廊之爭論，造成一定程度之干擾與困難，儘管如此，亦正因如此，作為著眼於長遠合作架構，該走廊建成之後，亦應在地區和平與穩定，發生一定之作用。

[17] 香港貿易發展局研究報告指出，CPEC啟動視為一個改變巴國經濟命運的機會。然而，該走廊亦引起相當大爭議，看好該一走廊前景之巴國人同意中國之觀點，認為對巴國有甚大助益。參見白立邦，「中巴經濟走廊——步步驚心的鋼索還是通往繁榮的康莊大道？」，HKTDC Research經貿研究，2020年3月25日，https://research.hktdc.com/tc/article/Mzk1MDgzMzIx

背道而馳。[18]其三，因瓜達爾之建設，附近漁民可能被迫遷移，而影響其生計。且因瓜達爾市現遭受日趨嚴重水源危機，很多當地居民無法獲得清潔之飲用水，而增加投資又造成更多供水壓力。其四，所謂創造當地就業機會，並不如預期，因現有諸多建設項目，中國主要使用來自中國已熟練勞工，並未大量僱用當地工人。

三、抗爭活動

CPEC此一建設計畫究竟是成功或失敗，歷史自將有所公斷。惟可以確定者為，該一建設計畫已遭受巴國國內很多批評，則為事實，有從民族主義之政治光譜為著眼，亦有自確有福國利民為主要考慮。乃至巴國如無法清償貸款時，會否發生事事聽命中國，而成為中國之附庸國等顧慮。該計畫執行結果，後來發展針對二國政府執行項目方式，巴國境內已爆發多起抗議活動，其中已出現所謂「反新霸權主義」及「反對中國帝國主義」等各種聲浪，值得中國與巴國政府重視。

巴國為償還該國南部瓜達爾建港之貸款，已於2015年將瓜達爾港（Gwadar Post）租給中國四十三年，在此期間港口收入91%歸中方所有，僅9%歸巴國。當地出現抗議活動，發起所謂「瓜達爾權利運動」，示威民眾靜坐圍堵港口，要中國人離開。而中國則要當地政府保障中國人員安全可靠之要求。

鑑於當前巴國境內政局動盪，2022年4月，當時擔任巴國總理伊姆蘭汗（Imran Khan）因解散國會遭控違憲而被捕後，示威及騷亂不斷，巴國武裝團體近年多次攻擊中國在當地之設施及人員。[19]現中國對於在巴國持續投資基礎設施建設，已趨於保守。

四、國際評論意見

各國有關國際關係之學者專家，對於CPEC之目標、作用及成敗等問題，所提出之觀察及評論，可歸納數項重點如下：

(一) 中國對巴國之投資建設，乃為加強巴國已經頗為強大之軍事存在，而非為提高巴國之國際地位。中國已將瓜達爾港打造成一個重要深水港，其最終目標

---

[18] 該一走廊在巴國國內發生相當大爭議，認同者認為該一走廊將成為巴國經濟之「遊戲規則改變者」，刺激其工業及技術發展，推動巴國企業向全球價值鏈上游發展，而持相反觀點者，認為該走廊之設計預示著中國之野心，將該項建設當作「新東印度公司」（New East India Company）使用。為此，巴國可能成為中國之附庸國，無法擺脫鉅額外債，並因中國隱藏之軍事及政治目的，而遭受剝消。可謂不論贊成或反對者，均各有所見，且可能發生。

[19] 國際觀察家指出，21世紀以來，西方國家對伊拉克及阿富汗之反恐戰爭，加上基地組織（Al Qaeda）領袖賓·拉登（Osama bin Laden）被擊斃地點在巴國，此等事實影響外國投資者信心。從而使巴國對於中國推動一帶一路建設，視為改變經濟命運之機會。原非不可理解。

乃在建立一個海軍基地。以便中國在必要時在瓜達爾展開軍事行動。[20]在平時亦得在南亞及中東地區宣示中國之實力。

(二) 中國與巴基斯坦在2006年即已締結雙邊FTA因交通阻隔效果不佳，在該一經濟走廊建設，巴國對中國進一步開放市場之後，並無法達到雙邊貿易平衡之效果，可以預見者，爲大量中國工業產品輸往巴國，而巴國較強之農產品、礦產品或初階工業產品，如紡織品、水泥、化肥、鋼鐵等輸往中國之數量則相當有限。如該一走廊未能實現巴國所期望之經濟利益，許多積極推動社會變革之潛力將會失所附麗。

(三) 捷克布拉格經濟及商業大學之國際關係學者賈里克（Jeremy Garlick）表示，巴國的確社會秩序混亂，暴力事件頻傳，雖然中國出於地緣政治因素，需要巴國此一夥伴，惟中國除必要資源外，已無意再投入更多資金。中方人員頻遭攻擊，中國對在巴國相關建設之經濟效益已經有所疑慮及警惕。

(四) 新加坡拉惹勒南國際關係學院學者杜西（James M. Dorsey）指出，巴國近年來之暴力動亂，對於投資環境造成不利影響，中國人認爲在巴國之人員及資產安全受到威脅，巴國甚至表示，不惜動用防彈車輛保護並載運中國工人，可見其事態之嚴重程度。

國際觀察家有認爲，中國國家主席習近平，有高度樂觀主義傾向，很想有所作爲，有野心實現所謂「中國夢」，企圖展現古代中國「大唐盛世」之盛況。以爲中國已富可敵國，可讓因一帶一路倡議獲益國家之人民前來中國修習。惟後來發展顯示，中國帶著其國內勞工及原物料到其他國家支援基礎建設，抱持「幫助你們，應該感恩」心態，並未增加在他國勞工之工作機會。反使當地國陷入債務危機。[21]

柒、問題與挑戰

一、美歐反制策略

美國爲抗衡乃至反制中國於2014年所啓動之「一帶一路倡議」，當時美國

---

[20] 中巴合作興建燃煤電站多處，或與巴國煤礦盛產有關，惟巴國既參與「聯合國氣候變化架構公約」，負有應逐步減碳排放之國際義務。

[21] 中巴經濟走廊之建設，存在諸多挑戰與風險，巴國國內政治動盪不安，武裝異議分子暴亂，以及喀什米爾地區主權爭議，在在考驗中巴二國。參見https://nccur.libnccu.edu.tw.handle網站。

歐巴馬政府提出「亞太再均衡」戰略，有意將戰略中心由歐洲移向亞洲。2017年川普政府時代，提出「印太戰略」，並由美國、日本、印度及澳洲四個國家組成QUAD機制。迨2021年1月拜登（Joe Biden）總統上任，延續川普印太戰略，並加以具體化及行動化，提出印太戰略十大行動，首要行動在成立IPEF，此外，印度總理莫迪（Narendra Modi）在與美國拜登總統商議後，宣布成立「三方經濟走廊」（India-Middle East-Europe Economic Corridor, IMEC），所稱三方指印度、中東及歐洲三方。該一走廊旨在經由鐵路及航運網路，加強歐洲與亞洲間之運輸及通信聯繫。亦為美國促使下而成立，成為美國外交戰略之一部分。此外，G7集團亦曾組成聯盟，以抗衡中國。

論者有認為IMEC，僅屬一中等規格之經貿走廊，並非中國一帶一路之競爭對手。至於在歐洲部分，歐盟提出所謂「全球門戶」（Global Gateway）之戰略目標，用以抗衡中國崛起及一帶一路戰略。

二、中國新南向策略

我國發展新南向政策，在政府輔導協助下，臺商原先在中國之投資，在2018年發生中美貿易戰，2020年發生Covid-19疫情，乃至在中國因推動一帶一路對外國進行投資開發，流出大筆外匯，造成國內經濟放緩及嚴重失業問題之後，很多臺商乃轉往東南亞國家，甚或到達南亞之印度，又或回臺投資之跡象甚為明顯。

而中國之新南向政策發生之原因，主要乃因一帶一路計畫早期在非洲及中南亞投資開發之結果，造成諸多接受協助建設國家之財務困難，無力償還之債務陷阱。中國在這些地區之投資開發，並不順利，乃轉而向東南亞國家發展，可見兩岸新南向政策之動機、目的及作用，並非完全相同。

中國所指新南向重點國家：(一)印尼；(二)印度；(三)泰國；(四)菲律賓；(五)馬來西亞；(六)越南等六國。惟事實上，中國在柬埔寨、汶萊、孟加拉、巴基斯坦、尼泊爾及不丹等，亦均有不同程度之開發項目。例如巴基斯坦的CPEC為中國所稱之先行試點區。

三、瓜達爾建港具有戰略價值

巴國南部的瓜達爾（Gwadar）港為CPEC建設之起始點，為CPEC最先啟動建設之優先項目，該港靠近波斯灣與霍爾木茲海峽（Strait of Hormuz），此一世界石油輸出之大動脈，可縮短中國自海灣國家輸入石油及天然氣之運輸路線。目前中國石油進口80%需通過有美國海軍巡邏之麻六甲海峽，此條路線可能受到南海主權爭議之影響，並有可能遭受印度之監視。蓋因印度擔心中國正在通過「珍

珠鏈戰略」，對印度洋進行滲透，以故，瓜達爾港，就美方的觀點，認為具有非比尋常之戰略企圖在內。[22]

而在中國方面，中國向巴國輸出資金、技術、設備及建設工程人員，表示歡迎第三國，包括巴基斯坦周圍國家如印度、阿富汗及沙烏地阿拉伯等各方參與CPEC之建設，[23]希望瓜達爾港與伊朗之恰巴哈爾港等互補合作，而非商業競爭，並不在巴國謀求土地或設立海外軍事基地。對於中國此一訴求，印度已嚴詞拒絕。乃因該一走廊途經巴國控制之喀什米爾（Kashmir）地區，而此一地區涉及領土主權之爭議，[24]數十年來印巴爭議不斷，中國亦介入此一紛爭，並且為此而發生武力衝突，包括印中、印巴間，印度乃對中巴經濟走廊抱持高度警戒。[25]即使有關瓜達爾港之建港事實上具有高度軍事戰略地位與價值者，亦不例外。當美巴關係因反恐事件而愈走愈遠，而中巴關係則因協助開發而愈走愈近。

捌、結論及建議

中國一帶一路倡議實施結果，事實證明在中南亞、非洲、東南亞等地區，其失敗案例多於成功案例。國際觀察家有認為該一倡議已走到末路，即使在中國國內之民間智庫亦出現有此一論調。[26]

依該倡議執行計畫，協助中、低度開發國發展經濟之同時，具有政治、外交及軍事部署之意味濃厚，對於當地國人民生活之福利以及所創造之工作機會，往往不如預期，且因受協助國財務規劃不佳，在高利息貸款（high interest loans）

---

[22] 中國官方雖一再表示，一帶一路乃帶著和平意圖之經濟建設項目，惟依據中國對巴國計畫以觀，中國首度明確將一帶一路表明具有軍事目的，證實美國、歐洲、日本、印度、澳洲等國懷疑該走廊基礎設施建設之最終目標，乃在幫助中國部署武裝力量。又根據一項未經證實之訊息，中國將在走廊建立一個經濟特區，生產新一代戰鬥機。二國並將首次在巴國建造導航系統、雷達系統及艦載武器等。

[23] 巴國中央銀行曾公布該國外債總額為2,150億美元，其中950億由外部持有。該一走廊現已完成過半，巴國現欠中國230億美元，依巴方提出未來擴充計畫，將欠中國620億美元，如加上利息，欠債總額將突破900億美元之鉅。

[24] 印度總理莫迪提出，該一走廊通過吉爾吉特到巴爾蒂斯坦之項目，不可接受，因該項目乃在印巴有爭議領土上進行建設，並對中國建設該一走廊目的提出質疑，認為中國並非為巴國之經濟利益，而是出於擴張海權，以對印度進行包圍之戰略意圖。

[25] 喀什米爾地區位於中國、印度及巴國交界處，目前這三國各占有部分區域，惟一直存在主權爭議，且在2000年印度曾明確告訴中國，該地主權屬於印度。參見一帶一路論壇網站。

[26] 中國北京安邦智庫創辦人陳功指出，「可以大致判斷，一帶一路確實失敗。至於多大程度失敗，可以討論」。蓋因該倡議後續發展與原先構想，差別很大。開始時各地方政府都規劃參與或融入，後來則紛紛退出不再參與，其結果成為央企之基建項目。

之壓力下，無力或無法依期償還，造成嚴重之「債務陷阱」（debt-trap）如何善後，每引起二國之歧見。在某些地區如巴基斯坦等已出現要中國人離開之抵制行動，影響當事國（包括中國及受協助國）之國際形象甚大。[27]2024年3月10日至11日，中國舉行二中全會，即中國全國政協會議及中國全國人民代表大會，在政治議題，通過所謂「共同推進祖國和平統一進程」之外，在經濟議題部分，其所作之決議，對於「一帶一路倡議」啓動之初，原所標榜之所謂「大國外交」之大戰略，似並未再作特別強調。[28]

晚近，中國領導階層及美國智庫對一帶一路倡議之興革或評估，茲說明三點如下：

一、依據中國國家主席習近平在一帶一路屆滿十週年之慶祝會，答覆記者詢問時表示，一帶一路倡議進入第二階段時，將採取「小而美」模式，注重建設項目之質量及可持續性。[29]中國復旦大學綠色金融研究中心研究報告所提統計指出，基本上一帶一路在2017年已經到達尖峰，其後所提供之資金只能達當初時約65%水準，且投資項目已明顯縮小之中。平均投資規模約爲3.92億美元，比2018年之水準低48%。[30]

二、依據美國維吉尼亞援助數據分析中心（Aid Da）統計約有31%一帶一路項目在實施中遇到難以解決之瓶頸問題，包括(一)腐敗醜聞；(二)違反勞動法；(三)破壞環境，造成污染；(四)民眾抗議；乃至(五)債務陷阱成爲重大隱憂。並指出，約有四分之一貸款，屬於不良債款，發生債務國無力償還之問題。

三、中國現爲處理財務規劃，新的融資方式已產生。除原來之中資銀行，包括亞洲基礎設施投資銀行或中國輸出入銀行提供貸款之外，現已有愈來愈多中國私營企業與外國投資商開始充當投資人，以分散風險。由於中國與中東國家顯

---

[27] 在2023年10月中旬舉行第3屆一帶一路高峰論壇會後記者會上，有記者問，「中國被積欠的既有債務將如何處理？」中方答覆，甚爲關鍵，亦爲今後執行該一計畫之指標。答覆原文如下：「確實有很多國家還不起錢，所以中國會開始挑選繼續資助的國家，通常會優先選擇有特殊的稀有資源、礦產，或是能源管線位置比較重要的國家，比如蒙古、緬甸都占有原物料管線的地理優勢；又或者海港具有軍港優勢。如果沒有這些條件，那很抱歉，他可能就會把水龍頭給關緊。中國透過這些作法，把原本站在第一線的角度退居到第二線，第一線就是由絲綢基金跟大家投資的亞投行來作基礎建設的投資評估。」

[28] 習近平國家主席知道大撒幣之一帶一路不是長久之計，且面臨到通貨膨脹造成之中國國內經濟問題，再加上一帶一路造成他必須不斷援助很多國家，但這些國家好像沒有意思要還錢，所以他現在把水龍頭給慢慢地鎖緊。

[29] 在2023年第3屆一帶一路峰會，習近平主席回應輿論，他說：第一，作一帶一路，中國是有賺錢；第二，中國及沿線國家也都互惠互利，所以大家都有賺錢，第三，未來一帶一路的方向會從過去的基礎建設，慢慢轉型到高質量，小而美的民生經濟。

[30] 據報導，中國旅居美國不具名之中國智庫學者指出，一帶一路導致失敗原因，在於中國的政治體制支持不了此種全球性之大規模計畫。並且認爲深度參與一帶一路的諸多國家未受其利，反而債臺高築，可說痛感更強。此外，中國上海復旦大學黃仁偉教授表示，展望下個十年，中國是否還會將一帶一路推行下去，還是適時調整，以適應緊張地緣戰略關係，及國際經濟之放緩。均頗值反思。

有改善跡象，若干中東國家，如沙烏地阿拉伯及阿拉伯聯合大公國等扮演日趨重要角色。例如在CPEC一案，巴基斯坦要求紓困時，沙烏地阿拉伯慨允提供60億美元金援給巴國應急。隨著中國與中東國家間之合作關係擴大，中國對外投資對象，有由東南亞再逐步轉向阿拉伯國家之跡象，中國計畫投資在風電及太陽能等領域。

　　未來在國家財政能夠支應時，消除所謂「沉沒成本謬誤」或「債務陷阱」最佳之策，應使債務不發生，或使債務消失於無形。中國與其採取「小而美」計畫，縮小規模，而失去投資效益，或採取「債務重組」，採取租借港口使用權，或以地下天然資源或稀有地下礦物（如稀土或鋰電池原料），以作為抵償或開採為條件取得補償，易引起新霸權主義或帝國主義疑慮，而有損國際形象，為避免此類現象發生，似可改採無償捐助，比照聯合國國際開發總署，要求已開發國家，美國、日本、歐盟（含各會員國）、加拿大、澳州等，每年依其GDP提撥一定比率政府捐助成立基金，稱為「政府協助」（State aid），作為援助低度或中度開發中國家，以發展該等國家經濟，並從而改善人民生活水準。否則，似亦非不得適時適地選擇解約、中止或放棄原來之投資開發項目計畫，甚或一帶一路倡議，不失為根本解決之道。

　　中國在前國家主席胡錦濤時代，提出建立「和諧社會」，到習近平主席上任後，進而提出完成「中國夢」之理想。

　　習近平主席於2021年、2022年及2023年先後曾分別提出「全球發展倡議」（Global Development Initiative）、「全球安全倡議」（Global Security Initiative）及「全球文明倡議」（Global Civilization Initiative）等三大倡議，[31]旨在使中國加入更多全球合作，賦予理念基礎。如果能夠以該新三個倡議，取代「一帶一路倡議」，避免造成諸多接受中國協助之中、低開發國家，因加入「一帶一路」之執行計畫，而陷入「債務陷阱」之深淵，不失為斧底抽薪的辦法。

31　按「發展」倡議，強調經濟發展優先人權考慮；「安全」倡議，強調以對話及協商解決衝突；至於「文明」倡議，則要求尊重各國原有政治體制及經濟模式。參見美國前喬治城大學林中斌教授，「『一帶一路』美國輕忽續集已出」，聯合報（2024.8.9），版A13。

第 9 章

中國爭取「市場經濟地位」（MES）待遇的機會*

壹、概說

中國加入GATT/WTO前後歷經十五年四個月，在加入之前，曾與美國、歐盟等37個國家談判，而在多邊談判方面，則共歷經38個回合工作小組會議，因中國處於經濟轉型階段，各國深表關切。其加入歷程艱辛較我國猶有過之，而無不及。在獲准加入之前，中國簽署包括「中國加入WTO議定書」及「中國加入WTO工作小組報告書」等在內之重要法律文件。

中國自1997年起成為世界十大貿易國以還，尤其加入WTO以後，中國對外貿易呈現大幅成長。依據WTO統計，2004年中國出進口總額，出口貿易額及進口貿易額，均列為全球第三位，該年出進口總額為1兆1,500億美元，較2003年成長35.7%，相當於2001年全年出進口總額2.3倍。約占世界商品貿易總額6.2%，其中出口成長6.5%，進口成長5.9%。中國現有貿易規模已超過日本，而成為全球第二大經濟體。

另依中國國家統計局於2006年1月25日所公布之資訊，2005年對外貿易繼續快速成長，利用外資仍多。2005年全年出進口總額達1兆4,221億美元，較2004年成長23.2%；順差達1,019億美元，較2004年增加699億美元。全年實際使用外商直接投資603億美元，下降0.5%。[1]

中國為貿易大國，惟是否亦為貿易強國。按美國、日本、德國、英國、法國等不僅是貿易大國，而且亦是貿易強國，中國商務部研究院中國對外貿易部研究員金柏松認為，中國貿易規模之量變已經引起中國貿易地位之質變。中國國際經濟法學者張漢林教授認為，貿易結構較貿易數量為一更為重要之指標，中國目前

---

* 本文原載於立法院：「立法院院聞」，第34卷第8期（2006年8月），頁69-95。2024年6月作文字修正。
[1] 中國商務部於2006年4月26日發布「中國對外貿易形勢報告（2006年春季）」中預測，中國商品進出口於2006年仍將保持較快成長，全年進出口總額將超過1兆6,000億美元，成長速度可能超過15%。

加工貿易仍占甚大比例，達6,000多億美元，外來加工之出口貿易占全部出口額58%，因而並不認為中國已是貿易強國。

此外，中國現代國際關係研究院全球化研究中心副主任張遠成指出判斷是否貿易強國之重要指標除貿易數量以外，尚須觀察是否具有國際定價權，以及制定國際貿易規則之參與權。渠認為中國在國際貿易談判上，尚未占據有利地位。反之，日本在美國多方面壓力下，仍能抗拒進口美國牛肉，而認定日本是一貿易強國。[2]

至於中國應否降低對外貿易依存度，及在國內擴大內需。如中國商務部所預測，2005年對外貿易順差將突破1,000億美元，而達1,019億美元，較2004年對外貿易順差320億美元，增加699億美元，其成長率越過200%以上。已引起國內外廣泛注意。

部分中國經濟學者指出出現鉅額貿易順差，對中國未來之經濟發展未必有利。不斷增加之貿易順差雖可帶動經濟成長，增加外匯準備，惟亦將引發新的貿易摩擦，為中國經濟成長帶來不確定性；因而順差造成過多外匯準備，將迫使人民幣升值及帶來金融風險。其更深層影響，將加劇中國對外貿易依存度，同時並不利於外貿成長方式之轉變。

中國所以造成鉅額貿易順差之原因，依據中國商務部之研究，其原因包括：一、世界經濟發展不平衡：「世界市場」主要集中在美國；而「世界工廠」則主要集中在中國。亞洲國家尤其中國因國內需求，難以消化快速成長之生產能力，必然擴大出口，造成大幅順差；二、中國處於加工貿易製造基地位置，很多亞洲國家之出口，經過中國組裝；三、中國之貿易順差，外商投資企業所占比重較高；四、中國出口快速成長過程之中，擴大進口受到限制，中國國內市場目前需要進口較多高技術產品，但工業先進國家對高科技產品或技術之出口，設定限制。

中國出口貿易所發生之結構性問題，包括自主智財權及自有品牌少、下游產品多、缺乏核心競爭力，出口商品仍存在高污染、高物耗及高耗能產品；機電產品及高科技產品所占出口比重不高；出口市場過於集中歐美地區，乃至出口廠商

---

[2] 美國農業部於2006年3月13日宣布，阿拉巴馬州一頭肉牛證實患有狂牛症，此為美國發現第三宗狂牛病症案例，惟該一病牛證實並未進入肉品市場，亦未被製成飼料販賣。我國衛生署表示，除非該牧場又發生狂牛症病例，否則，我國不會因此一個案即採取禁止美國牛肉進口。茲將我國、日本與南韓對美國牛肉處理態度比較如下：1.我國於2004年首次禁止美國牛肉進口，2005年4月開放，6月再禁止進口，2006年1月25日再恢復進口；2.日本於2005年底恢復進口，但2006年1月在美國牛肉中發現脊椎有問題，再度禁止進口，美國官員正努力說服日本重新開放美國牛肉；3.南韓本來預計近期內開放美國牛肉進口，惟最近宣稱，如再發現一例狂牛症，就不再開放美國牛肉進口。參見聯合晚報（2006.3.15），版1。

有惡性削價競爭情況發生等，以故，中國商務研究單位認為，緩和貿易順差，降低對外貿易依存度之關鍵在於轉變出口成長方式，而非遏阻出口成長。尤其需要加速擴大內需。

根據分析，中國現階段內需不足，並非由於投資太弱，而是因儲蓄太高，消費需求嚴重不足而起。2005年貿易順差出現空前成長，乃反映中國內需不足所致，包括在醫療、教育等多項改革未達成，社會安全體系不健全、證券市場長期低迷，使民眾缺乏放心消費之信心，乃認為中國經濟發展到現在階段，出口數量成長，已非追求之主要目標，提高產業之核心競爭力，提升產品品質及附加價值，加強出口應由「數量型」向「質量型」轉變，始為當務之急。

2005年中國對外所發生之貿易爭端為數頗多，紡織品及成衣僅是其中一端而已，在中國出進口貿易繼續快速成長同時，其與美國、歐盟、日本，乃至與開發中國家之印度、巴西、墨西哥、土耳其等主要貿易夥伴之貿易摩擦亦與時俱增，中國商務部已表明中國已正式進入與外國發生貿易摩擦之高峰期。[3]

在21世紀到來之前，中國雖為「世界銀行」及IMF之會員國，卻未加入WTO成為會員國，對於加入該一組織充滿期待。中國普遍稱加入WTO為「入世」，象徵中國面臨新時代經濟之機會與挑戰。由於中國係屬經濟轉型國家之一，為與國際接軌，符合WTO規範，WTO會員國要求中國開放市場之條件較多，且較一般市場經濟國家加入該一組織者為嚴格。

中國入世之後發現加入議定書中，原承諾對美國在十五年期間中，處理反傾銷案件時，對中國得以「非市場經濟地位」視之，對中國出口造成極為不利影響。而該一附加條款，基於WTO架構之最惠國待遇，不僅美國有權主張，WTO其他會員國亦得作相同主張。

入世一年之後，自2003年1月起，中國當局即欲速謀補救，對各國進行遊說，甚至包括向非WTO會員國在內。不僅對外館發出緊急動員令，要求就近遊說當地政府，並利用中國高層官員赴國外訪問、出席會議或諮商談判等各種場合向外國政府提出，亦利用外國高層官員到中國訪問或出席會議等場合提出要求給予中國完全市場經濟地位承認。

3　不僅中國商務部，中國學者亦作如是觀，以往中國似乎存在認為對臺灣貿易逆差無足輕重，以及解決兩岸經貿問題應採取協商方式處理，而不宜訴諸WTO爭端解決機制。據稱其原因乃為避免涉及國家主權，導致臺灣問題國際化。惟中國國際經濟法學者劉力教授則主張如任由對臺灣鉅額貿易逆差存在，未來可能嚴重影響中國國民經濟之穩定；至於後者，劉力認為兩岸為WTO之二個成員，相互將對方申訴到WTO，頗為正常。劉力對於後一問題之見解，應屬正確，為臺灣方面所樂觀其成。至於對於前一問題，有關我國對中國享有鉅額貿易順差問題，則似應與臺灣單向對中國作鉅額投資予以同時考慮。當時行政院決定開放中國人民到臺灣觀光，據稱中國方面已有善意回應，有助於觀光及周邊產業之發展，應是一項利多因素。

中國當局深切感受到此一問題之嚴重性，認爲中國如未能取得完全市場經濟地位時，不能謂爲眞正已加入WTO，至多僅能謂加入一半。以故，有認爲取得完全市場經濟地位之承認，爲中國之「第二次入世」，學界或媒體則稱其爲「入市」。觀察家甚至有認爲「入市」較「入世」之過程爲繁複、曲折及艱鉅者。如依中國政府當局目前作法，採取個個擊破方式處理，勢必需要與WTO其他各個會員國逐一遊說、諮商或談判，較入世時與37個主要貿易夥伴諮商談判者，在談判對象上顯有差別。

中國當局認爲，不承認其爲市場經濟國家之結果，嚴重背離中國經濟發展之現實，並不公平。其緣故包括：一、因未將中國視爲市場經濟國家，而無法計算中國企業之生產成本，貿易對手國乃採取第三國代替方法。例如在1993年時，中國尚未加入WTO，歐盟對中國彩色電視機之反傾銷案件中，乃以新加坡作爲替代國以計算成本，而當時新加坡之勞動成本據估計約爲中國20倍以上，中國外銷產品自然易被判定傾銷，而課徵高額反傾銷稅；[4]二、中國認爲歐美國家所設定非市場經濟國家之標準過高，以此要求中國此一所謂經濟轉型國家，其代價未免太高，而認爲並不公平，而不合理；三、中國與俄羅斯之經濟型態相似，中國改革開放較俄羅斯早，歐盟於1998年修正「反傾銷法」時，同時將中國及俄羅斯自法定「非市場經濟國家」名單中刪除，未幾歐盟即正式承認俄羅斯爲市場經濟國家，而在實務上，幾經中國亟力爭取，歐盟有意採取拖延策略，迄今仍視中國或中國企業不具市場經濟地位，而僅在個案之處理上，在當事人能作完全舉證之情況下，曾經認定若干企業或廠商具有市場經濟地位，中國商務部並不滿意。

貳、中國入世承諾與履行進度

一、中國入世特別承諾條款

中國入世時與一般屬於市場經濟國家加入者，其最大之不同，在於加入WTO前，簽署四項頗爲特殊之四項附加條款。蓋WTO會員國深恐中國挾持其低價產品之優勢向其他國家，尤其美、歐、日、加拿大等貿易大國銷售或傾銷有關。

4　如墨西哥對於自中國進口15個稅號之皮革及鞋類產品於2005年4月進行反傾銷調查，其結果，墨國政府認定構成傾銷，所課徵稅率高達1000%以上，導致中國目前甚少將此類產品直接出口到墨國，即爲遭受課徵高額反傾銷稅之案例。

茲將此四項特別承諾條款，分別列明如下：[5]

(一) 在反傾銷案件，WTO會員國得視中國為「非市場經濟國家」，期限長達十五年：

依據中國加入WTO議定書第15條規定，確定補貼及傾銷價格之可比性如下：

1. 在根據GATT 1994第6條及「反傾銷協定」確定價格可比性時，該WTO進口成員應依據下列規則，使用接受調查產業之中國價格或成本，或者使用不依據與中國國內價格或成本進行嚴格比較之方法：

(1) 如受調查之生產者能夠明確證明，生產該同類產品之產業在製造、生產及銷售該產品方面具備市場經濟條件，則該WTO進口成員在確定價格可比性時，應使用受調查產業之中國價格或成本。

(2) 如受調查之生產者不能明確證明生產該同類產品之產業在製造、生產及銷售該產品方面具備市場經濟條件，則該WTO進口成員可使用不依據與中國國內價格或成本進行嚴格比較之方法。

2. （略）

3. （略）

4. 一旦中國根據該WTO進口成員之國內法證實其是一個市場經濟體，則1項之規定即應終止，但截至加入之日，該WTO進口成員之國內法中須包含有關市場經濟之標準。無論如何，1項(2)款之規定應在加入之日後十五年終止。此外，如中國根據該WTO進口成員之國內法證實一特定產業或部門具備市場經濟條件，則1項中之非市場經濟條款不得再對該產業或部門適用。

(二) 特定產品過渡性防衛機制，期限為十二年：依據中國加入WTO議定書第16條規定，在中國加入WTO之日後十二年內，其他WTO會員國可以對造成本國市場擾亂之中國產品實行防衛措施。依該條規定如下：

1. 如原產於中國之產品在進口至任何WTO成員領土時，其增加之數量或所依據之條件對生產同類產品或直接競爭產品之國內生產者造成或威脅造成市場擾亂，則受此影響之WTO成員可請求與中國進行諮商，以期尋求雙方滿意之解決方法，包括受影響之成員是否應根據「防衛措施協定」採取措施。

2. 如在這些雙邊諮商過程中，雙方同意原產於中國之進口產品是造成此種情

---

[5] 中國學者有稱此四項特別承諾條款之前三項條款，即反傾銷中確定傾銷時之價格可比性、特定產品過渡性防衛機制及紡織品及成衣特殊防衛措施三者為中國入世法律文件檔之「安全漏洞」，建議中國今後應該通過多邊或雙邊之談判，以修補此等安全漏洞。參見劉力，中國：直面國際經摩擦，中國大百科全書出版社（2004年6月）。

況之原因並有必要採取行動，則中國應採取行動以防止或補救此種市場擾亂。

3. 如諮商未能使中國與有關WTO成員在收到諮商請求後六十天內達成協議，則受影響之WTO成員有權在防止或補救此種市場擾亂所必需之限度內，對此類產品撤銷減讓或限制進口。

4. 市場擾亂應在下列情況下存在：一項產品之進口快速增加，無論是絕對增加或相對增加，從而構成對生產同類產品或直接競爭產品之國內產業造成實質損害或實質損害威脅之一個重要原因。在認定是否存在市場擾亂時，受影響之WTO成員應考慮客觀因素，包括進口量、進口產品對同類產品或直接競爭產品價格之影響以及此類進口產品對生產同類產品或直接競爭產品之國內產業之影響。

5. 在根據第3款採取措施之前，採取此項行動之WTO成員應向所有利害關係人提供合理之公告，並應向進口商、出口商及其他利害關係人提供充分機會，供其就擬議措施之適當性及是否符合公眾利益提出意見及證據。該WTO成員應提供關於採取措施決定之書面通知，包括採取該措施之理由及其範圍與期限。

6. 一WTO成員只能在防止及補救市場擾亂所必需之時限內根據本條採取措施。如一措施是由於進口水準之相對增加而採取，而且如該項措施持續有效期限超過二年，則中國有權針對實施該措施之WTO成員之貿易暫停實施GATT 1994項下實質相當之減讓或義務。但是，如一措施是由於進口之絕對增加而採取，而且如該措施持續有效期限超過三年，則中國有權針對實施該措施之WTO成員之貿易暫停實施GATT 1994項下實質相當之減讓與義務。

7. 在遲延會造成難以補救損害之緊急情況下，受影響之WTO成員可根據一項有關進口產品已經造成或威脅造成市場擾亂之初步認定，採取臨時防衛措施。在此種情況下，應在採取措施後立即向防衛措施委員會作出有關所採取措施之通知，並提出進行雙邊諮商之請求、臨時措施之期限不得超過二百日，在此期間，應符合第1款、第2款及第5款之有關要求。任何臨時措施之期限應計入第6款下規定之期限。

8. 如一WTO成員認為根據第2款，第3款或第7款採取之行動造成威脅造成進入其市場之重大貿易轉移，則該成員可請求與中國及（或）有關WTO成員進行諮商。此類諮商應在向防衛措施委員會作出通知後三十日內舉行。如此類諮商未能在作出通知後六十日內使中國與一個或多個有關WTO成員達成協議，則請求進行諮商之WTO成員在防止或補救此類貿易轉移所必需限度內，有權針對該產品撤銷減讓或限制自中國之進口。

9. 本條之適用應在加入之日後十二年終止。各方之任何請求或行動均應立即

通知WTO防衛措施委員會。

(三) 對於中國紡織品及成衣外銷，WTO會員國得採取「特別防衛措施」，期限爲八年：依中國加入WTO工作小組報告書第242段，乃屬有關「紡織品特殊限制措施」之規定。

中國代表同意下列規定將適用於紡織品及成衣貿易，直至2008年12月31日，並成爲中國加入條款及條件之一部分：[6]

1. 如一WTO成員認爲ATC所涵蓋原產於中國之紡織品及成衣產品自「WTO協定」生效之日起，由於市場擾亂，威脅阻礙這些產品貿易之有序發展，則該成員可請求與中國進行諮商，以期減輕或避免此市場擾亂。請求進行諮商之成員在提出諮商請求時，應向中國提供關於諮商請求之原因及理由之詳細事實聲明，並附提出諮商請求成員認爲能夠證明下列內容之現行數據：(1)市場擾亂之存在或威脅；(2)在該市場擾亂中原產於中國產品之作用。

2. 諮商將在收到諮商請求後三十日內進行。雙方將在收到此種請求九十天內，盡一切努力就雙方滿意之解決辦法達成協議，除非雙方同意延長該期限。

3. 在收到諮商請求後，中國同意將對這些諮商所涉及提出諮商請求成員一個或多個類別之紡織品或紡織製成品之裝運貨物，控制在不超過提出諮商請求當月前之最近十四個月中前十二個月進入該成員數量之7.5%（羊毛產品類別爲6%）之水準。

4. 如在九十日諮商期內，未能達成雙方滿意解決辦法，則諮商將繼續進行，提出諮商請求成員可繼續根據三項對諮商涉及之一個或多個類別紡織品或紡織製成品實行限制。

5. 根據4項設立之任何限制條件將自提出諮商請求之日起至提出諮商請求當年12月31日止之期限有效，或如提出請求時該年只餘三個月或更少時間，則對提出諮商請求後十二個月結束之期限有效。

6. 根據本規定採取行動之有效期限不得超過一年，且不得重新實施，除非有關成員與中國之間另有議定。

7. 不得根據本規定及議定書第16條之規定對同一產品同時適用措施。

(四) WTO得對中國進行TPRM之審查，每年檢討一次，期限爲八年。

6　我國雲林毛巾業受到中國毛巾大量進口損害案，經濟部貿易調查委員會於2006年4月11日作出裁定。先前傳出腹案傾向對中國毛巾採行爲期三年之關稅配額措施，配額外關稅，最高稅率初估在110%以下，然後逐年調降。該項進口救濟措施建議最高稅率，與國內毛巾業者要求稅率至少在189%，仍有段距離。經濟部於完成進口救濟建議後，將透過我駐WTO代表處，向中國官方發出諮商通知，一般預料，兩岸在WTO架構下之互動將正式搬上檯面。按此爲我方首度依據WTO規定向中國提請進口救濟，亦爲全球第一件援引中國加入WTO議定書第16條有關特別防衛條款，對中國採行進口救濟成案之案例。

惟中國現因2004年全年之貿易總額首次超過加拿大，自2005年起，與美國、歐盟及日本並列為新貿易四強（亦稱貿易四巨頭），以故，WTO當局已決定提前結束要求中國履行該一承諾。而改為與美國、歐盟、日本相同，每二年審查一次。現WTO當局已安排在2006年4月上旬對中國作改制後之第一次審查，而我國現亦加入WTO四年有餘，亦業經排定在WTO之2006年議事行程，在2006年6月下旬對我國作入會以後第一次之貿易政策檢討，值得國人關切其發展。[7]

談判原本是談判雙方「取與給」之過程，而在WTO多邊談判過程，亦復如是。有人認為談判是一項系統工程，有得有失，本難避免。中國在入世談判過程，為期能儘速成為WTO會員國，而作諸多讓步，惟仍拒絕承諾以已開發國家之地位加入，多數承諾尚能得到社會各界，包括企業界在內之諒解。不過，據稱承諾以非市場經濟地位長達十五年看待一節，當時即被企業界頻頻議論。

中國學術界認為中國此四項附加條款，存在歧視性，對於中國擴展對外貿易造成極為不利之影響，雖然WTO架構下之ATC已自2005年1月1日起因實施屆滿十年而不適用，惟歐盟及美國因鑑於中國紡織品因不受原有配額限制之後，中國外銷歐盟及美國之紡織品及成衣有大幅成長，造成歐盟及美國紡織工人失業，因此經過諮商及談判，繼續要求就中國特定類別之紡織品及成衣之出口予以數量限制。除美國及歐盟以外，部分開發中國家，包括巴西及土耳其等在內，亦曾要求與中國進行紡織品配額談判，或簽署紡織品協定。

該等承諾載入「中國加入WTO議定書」中，該議定書屬於WTO有效法律文件之一部分，除非經過WTO各會員國以共識決之方法加以認可，實質上並無法自動消除或變更，由於牽涉到各主要貿易國家利益之均衡問題，如欲謀求以此一途徑解決，簡直是緣木求魚。由此可見，各申請加入國在與WTO會員國進行雙邊或工作小組會議之多邊談判時，其所作出之承諾，應當慎重，並預先衡量其可能造成之影響及後果。

二、入世承諾履行進度

在經濟發展上，中國入世被認為是一項重要分水嶺或轉換點，入世多年以

---

[7] 依WTO行事曆，在2006年內計有18個WTO會員國將接受貿易政策與措施檢討，包括我國及中國在內。依WTO秘書處排定，中國係在4月4日至4月6日，而我國則在6月20日至6月22日。該一貿易政策檢討，旨在促使各會員國之貿易政策實現透明度，要求各會員國務必遵守多邊規則、紀律與承諾。按WTO會員國參加該項會議，被視為作為會員國享有重要權利之一，藉由該會議之參與，可以全面明瞭被檢討會員國現行對外貿易體制與具體政策措施，並利用多邊檢討機會，公開指出被檢討國違反WTO規則之貿易政策與具體措施，以反映本國政府與企業利益，要求被檢討國作出解釋、澄清，乃至政策調整。從而，促使存在問題，能夠獲得解決。惟值注意者，貿易政策檢討機制（TPRM）與爭端解決不同，如存在爭端，需另循爭端解決機制解決。

來，最大成效即在於對外貿易之大幅成長，中國於2001年加入WTO當年，其出進口總額為5,098億美元，居世界第六位貿易大國，所占GDP之比重，亦即所謂貿易依存度為44%而已，而到2004年，即加入後三年，其出進口總額已突破1兆美元，而達1兆1,500億美元，其外貿依存度達69.6%；其後，2005年上半年，外貿依存度提高到77.5%，預計2005年下半年可能達到80%，為中國歷史上之新高紀錄。

　　不過，中國對外貿易之過度快速成長，中國經濟學者則憂喜參半，喜者認為固可提升中國平均國民所得，而憂者為貿易依存度偏重，意味過度依賴國際市場，一旦國際市場不景氣，將造成產能過剩及大量工人失業之社會問題，有識之士已體認到此一潛在危機，而呼籲應向「內需性經濟」轉型，以故於2005年10月舉行之中共第16屆五中全會通過所謂「十一五」規劃，提出中國經濟成長，應由「外向型經濟」、「投資帶動型經濟」向所謂「內需帶動型經濟」轉變，顯有改弦更張之意向。[8]

　　中國入世以來，對於大部分之承諾，確需履行，從而為改革開放，提供必要之動力。依照中國商務部所披露之訊息，履行入世承諾可分四部分說明如下：

　　(一) 法規透明度部分：自1999年至2005年底，全國人大及其常務委員會共制定、修正與貿易有關法律20種，包括「對外貿易法」等法律之修正。國務院制定及修正行政法規47種，並對2000年底以前頒布756項行政法規進行整理，於2001年公布整理結果。在此同時，國務院通知各地，要求對與貿易有關之地方法規、規章、政策或措施進行整理。

　　中國現已將部分WTO規則轉化成為國內法，不僅可以履行承諾，增加透明度，亦可直接與國際規範接軌，有助於進行體制改革，又在此一期間，中國頒布「行政許可法」，有類於我國頒布之「行政程序法」，對於要求各級政府「依法行政」有法律依據可憑。[9]

　　(二) 商品貿易部分：一國是否開放市場，與其所承諾之關稅減讓及非關稅障

8　所謂「十一五」乃指中國國民經濟與社會發展第十一個五年規劃綱要。依該規劃有六項發展重點：1.轉變經濟成長方式；2.調整改善產業結構；3.解決三農（農村、農民、農業）問題；4.推動城市化健康發展；5.促進區域協調發展；6.切實加強和諧社會建設。在「十一五」期間，中國面對社會公平、體制障礙、社會結構、區域分工、政治參與、資源限制、外部壓力、城鄉差距、創新不足、反貪肅賄等各項挑戰。以體制障礙而言，中國市場化程度提高，固然足以激發市場發展活力。但生產力發展目前仍面臨諸多體制性與機制性障礙。

9　中國商務部WTO司司長張向晨曾表示，「一諾千金，有諾必踐」，意味中國入世時所承諾，將克盡履行之責。過渡期後，中國需履行承諾已減少很多，惟應應對之事情卻有千頭萬緒。據稱中國已建立有關機制，使任何企業、個人在認為法律、法規、規章及其他政策措施之間存在不統一時，皆得向有關報備機關提出審議之建議。

礙或措施之消除有關。2005年為中國大部分商品承諾減讓之終點，故2005年為中國市場開放幅度最大之一年，亦號稱為中國經濟快速融入世界經濟具有指標意義頗為重要之一年。

以平均關稅而言，中國已從入世前15.3%逐步降為9.9%。其中工業產品之平均關稅由14.8%降為9.3%；而農產品則由入世前23.2%降為15.3%；到2006年，另有少部分產品關稅需依承諾表繼續降低關稅；到2007年及2008年，則僅剩個別產品需依承諾調降關稅。據稱入世以還，中國已依約定取消對424個稅號之產品實施進口配額及輸出入許可證之核發管理。

在非關稅措施部分，入世以後，中國對糧食、棉花、石油、糖類及化學肥料等有關民生之大宗物資之進口，逐步完成實施關稅配額之管理體制，俾符合對外承諾及WTO相關規則。每年按時公布該一年度之關稅配額數量、申請資格及相關申請程序等。除化學肥料、植物油以外，2004年為其他實施關稅配額數量擴大之終點，據稱以後進口數量之絕對值將維持在2004年之水準，而不會再作增加。

此外，中國在此期間，於2004年4月6日經第10屆人代會第8次會議通過修正「對外貿易法」，商務部於2004年6月頒布「對外貿易經營者備案登記辦法」，於同年7月1日起同步實施。依該法之修正而開放民間經營對外貿易權，影響亟為深遠。

表9-1　商品貿易承諾開放時間表

編號	項目	全面開放時間	備註
1	關稅	加入之日起平均關稅降為15%。	目前已降至9.9%。
2	非關稅障礙	進口配額在2005年前逐步取消	
3	農業	入世後農業補貼上限為8.5%；取消大麥等七項農產品之進口關稅配額。	
4	貿易權	2004年12月11日。	開放民間經營對外貿易權提前於2004年7月1日實施。

資料來源：中國商務部。

(三) 服務貿易部分：中國為履行在服務貿易領域所作市場准入之承諾，在此期間修正及制定系列加速開放之法規及相關衍生規章。所謂服務貿易包含甚廣，略述如下：

1. 金融服務業：中國入世之初，即已開放銀行得以承辦外匯業務，現已將得以開辦人民幣業務地區擴大到25個城市，部分城市並已依原承諾時間表完成，包

表9-2　服務貿易承諾開放時間表

編號	項目	全面開放時間	備註
1	銀行業	2006年12月11日	
2	保險業	2005年12月11日以前	
3	證券	2004年12月11日以前	
4	商業服務業	2004年12月11日	
5	電信業	2007年12月11日	
6	通信、網際網路	2007年12月11日以前	
7	郵遞服務	2005年12月11日	
8	交通	2007年12月11日	
9	海上運輸	2001年12月11日	
10	貨運代理	2005年12月11日	
11	倉儲	2004年12月11日	
12	流通領域	2006年12月11日	
13	特許經營	2004年12月11日後將無限制	
14	資產管理	2004年12月11日以前	
15	專業服務	2004年12月11日以前	
16	企業服務	2004年12月11日以前	
17	音像	2004年12月11日以前	
18	建築業	2004年12月11日	
19	旅遊業	2004年12月11日以前	
20	教育	2004年12月11日	

資料來源：中國商務部。

括西安、瀋陽、哈爾濱、長春、蘭州、銀川、南寧等。開辦人民幣業務對象，除外資企業、外國人、港澳人民以外，現已及內資企業。外資銀行在法令規定範圍內得以經營項目增加，且市場准入標準及程式亦較入世時為簡化。

　　中國為鼓勵合格之境外投資者參與國內金融機構之重組，並將單個外資機構入股中資商業銀行之比例，由原來15%，提高為20%：截至2005年12月，外資銀行在中國共設立營業性機構226家、代表處249家、外資汽車金融公司亦有五家獲准進行籌建。

　　2. 證券業：中國已核准上海證券交易所、深圳證券交易所境外特別會員各三家，境外證券經營機構在此二家交易所分別有B股席位46個及21個；已核准外資參股證券公司三家；外資參股基金管理公司20家。另爲開放資本市場，有限度引進外資，中國於2002年12月頒布「合格境外機構投資者境內證券投資者管理暫行辦法」，即所謂QFII制度，以因應人民幣尚未完全得以自由兌換之需要。[10]

　　3. 保險業：准許外資保險公司得在中國任何城市設立據點；外資壽險公司亦得向中國及外國公民提供健康險、團體險及養老金或年金險服務，截至2005年10月底止，現有15個國家及地區之44家保險公司在中國設立100個營業性機構。

　　4. 經銷業：截至2005年8月底止，中國計核准設立從事經銷業務之外資企業已超過900家，全球大型跨國零售公司如沃爾瑪（Wal-Mart）、家樂福（Carre-four）、麥得隆等均已進入中國，並且得到快速發展，我國之統一企業經營零售業者亦在中國廣布據點。

　　5. 電信業：據稱八家申請設立外資電信企業者獲得核准，其中有四家企業進而獲得電信業務經營許可證。

　　6. 其他：海運業部分，中國未作此方面之承諾，加以當時WTO有關海運服務開放並未達成協議。其他專業性服務業，如法律、會計、醫療、教育、觀光旅遊等。當時在中國之境外律師事務所代表機構已有195家；外資會計事務所在中國營運者有七家，其分支機構18家，中外合資或合作醫療項目52項；中外合作辦學機構及項目851個；中外合資之旅行社11家，外資經營旅行社7家等。現因事隔近二十年，各核准家數應已有所變動。

　　(四) 智慧財產權保護部分：智慧財產權（intellectual property rights, IPRs）中國稱爲「知識產權」，爲近年來WTO會員國，尤其歐美先進國家所關切重點議題之一，中國在入世之前及之後，曾經先後推動有關「專利法」、「商標法」、「著作權法」等法律之修正工作，除擴大權利保護範圍及釐清各關係人或當事人之權義關係之外，強化司法審查制，並授予海關得以查扣侵權商品。

　　2005年之間，中國推動所謂「保護知識產權──我們在行動」之系列活動在全國各地同時展開，惟效果似乎仍然有限，歐美國家在中國之商會之感受，並不滿意，值得中國當局再作檢討，以免遭到歐美國家逕向WTO提出指控，或逕作貿易制裁。

---

[10] 所謂「QFII」乃指「合格境外機構投資者」，中國證監會於2006年4月12日公布，包括澳洲安保資本公司、加拿大豐業銀行等四家公司獲頒QFII資格。據稱此爲中國推出QFII制度以來，一次批准最多者，顯示證監會正在加速各種資金投入中國股市。另按富通銀行、美林國際、瑞士信貸、第一波士頓等13家QFII，相繼獲得新增或新批額度，現有QFII規模因此增至59.7億美元。參見經濟日報（2006.4.13），版7。

　　據稱爲回應歐美國家對於保護IPRs之關切，2004年間，中國專門成立由所有與保護IPRs有關之司法、行政部門組成國家保護IPRs之專案工作小組，以督辦重大侵權案件。

參、國際對中國爭取市場經濟地位（MES）的立場

　　中國在入世議定書中承諾，WTO會員國得在十五年內視中國爲非常市場經濟國家，以利督促中國向市場經濟體制轉型。加以國際社會亦有意利用此一工具作爲貿易諮商或談判籌碼，各會員國對於中國要求承認其市場經濟地位之諮商，並未一味回絕。若干開發中國家及低度開發國家，乃至少數已開發國家在內，在中國遊說之下，截至2006年3月底，已有51個國家承認中國之完全市場經濟國家地位，其中包括近年已成爲WTO會員國之俄羅斯及越南等在內。

一、中國爭取「市場經濟地位」（MES）原因

　　中國何以需要爭取外國承認其具有「市場經濟地位」（market economy status, MES），似乎並不局限於經濟原因，俾在反傾銷案件成立時取得較爲有利地位，不至於被課徵高額反傾銷稅一端而已，而具有經濟目的以外之政治及外交利益，包括：

　　(一) 以締結雙邊FTA或研究締結FTA可行性爲誘因：例如澳洲承認中國爲一市場經濟國家，即因中國表示願意與澳洲簽訂FTA，有此誘因而使澳洲改變初衷，由不支持轉變爲支持態度。

　　(二) 擴大雙邊經貿關係：如因客觀條件不適合簽訂FTA，則表示願意與對手國加強經貿合作，並提出時程，預定在五至八年內使雙邊貿易額達到倍增目標。例如韓國承認中國市場經濟地位之後，胡錦濤表示，2005年中韓雙邊貿易達1,000億餘美元，預定至2012年雙邊貿易可達2,000億美元爲目標。

　　(三) 允諾成爲戰略夥伴或投資戰略夥伴關係：例如中國與俄羅斯相互承認完全市場經濟地位時，中國總理溫家寶即表示，中國爲俄羅斯之重要戰略夥伴，將對俄羅斯關係列爲外交優先國。至於成爲投資戰略夥伴關係者，例如中國欲秘魯承認其市場經濟地位時、秘魯則相對要求中國應宣告秘魯爲中國在中南美（拉美）地區之投資戰略夥伴。

　　(四) 要求不得對中國使用「中國加入WTO議定書」第15條及第16條，乃至

「中國加入WTO工作小組報告書」第242段。按後者亦稱爲242條款，該一承諾乃針對中國紡織品之出口而設定，進口國所得採取之「特別防衛措施」（special safeguard）。依該項規定，如相關會員國認爲中國紡織品及成衣之出口過度激增，以致對該會員國內造成市場干擾或威脅時，該會員國可以逐對相關之出口增加速度控制在7.5%之幅度以內。一旦放棄行使此一權利，自不得再主張對中國紡織品及成衣採取特別防衛措施。例如，有鑑於越南之工資水準較中國低，越南紡織品及成衣甚具競爭力，中國與越南相互承認對方爲完全市場經濟地位時，中國即提出此一放棄主張之要求。

(五) 加強在WTO架構下之合作：此亦爲中國在要求他國承認其市場經濟地位時所提供之誘因。當所要求承認其此一地位之國家，並不適合簽訂FTA或有效增加雙邊貿易額時，中國乃祭出此一工具，作爲交換條件。此屬一項較爲廣泛概念，具體合作項目，則依諮商而定。例如，蓋亞那承認中國之完全市場經濟地位時，該國商工部長納迪爾表示，希二國加強經貿合作及在WTO相互協調。

(六) 要求遵行「一個中國」原則：阿根廷已承認中國之完全市場經濟地位，在中國願意提供降低外債之利誘下，阿根廷總統基什內爾多次表示支持一個中國原則，胡錦濤前往訪問時則表示支持阿根廷政府與中國重新談判高達拖欠中國630億美元之外債。另中國對秘魯除要求承認市場經濟地位之外，亦提出遵行「一個中國」之要求。

二、目前已表態承認中國市場經濟地位國家

現已表態承認中國市場經濟地位之國家或地區，已有51個，接近WTO現有會員國數三分之一。茲列舉六個較具代表性之國家或地區如下：

(一) 紐西蘭

紐西蘭爲WTO會員國之中，第一個承認中國市場經濟地位之國家。2004年4月14日，中紐二國官員在北京對「中國一紐西蘭貿易與經濟合作架構協定」達成協議。依此，紐西蘭正式承認中國已經建立市場經濟體制，中紐二國將展開二國簽定FTA之可行性研究，並進行談判，雙方表示願意就具有潛力領域部分進行合作。該一經貿合作之架構協定之談判圓滿結束，並已簽署生效實施。

(二) 澳洲

中國與澳洲於2005年4月18日在北京簽署中澳雙方關於承認中國完全市場經濟地位，並正式啓動中澳自由貿易協定談判之瞭解備忘錄。澳洲成爲繼紐西蘭之後，第二個承認中國此一地位之已開發國家。

　　據中國商務部研究院官員表示，中國政府一直堅持，與澳洲FTA談判之前提條件為澳洲必須先承認中國之MES。其理由為，如此二國才能站在平等之地位進行談判。並謂澳洲之產業與中國具有相當程度之互補性，澳洲主要出口產品中之鐵礦砂、農產品、羊毛等在中國之需求量甚大，因此二國簽訂FTA，具有積極意義。中國目前為澳洲第三大貿易夥伴，而澳洲則為中國之第九大貿易夥伴。

　　由於中國要求澳洲政府在開始FTA談判之前，承認中國之MES，澳洲製造業相當顧慮此一承認將削弱反傾銷之作用。惟據稱，澳洲外交貿易部及海關多次聲明，澳洲反傾銷法乃以WTO相關規定為依據，與中國入世議定書不同，所以承認中國之市場經濟地位並不意味著不能使用替代國價格，亦不會消弱對中國提起反傾銷之力度。此外，與中國簽訂FTA有利於消除雙方貿易之不平衡。

　　據稱在澳洲承認中國之MES之前，曾有來自歐美之壓力。美國曾試圖阻止澳洲作此一承認，惟澳洲貿易部發言人表示，澳洲與其他國家之雙邊關係乃基於自身利益作出決定，與美國無關。此外，歐盟亦正式公布關於中國市場經濟地位之嚴格標準，澳洲官方表示，將用自己標準以衡量中國市場經濟。

(三) 東協國家

　　東協國家承認中國之完全市場經濟地位，與仍在發展中之亞洲區域經濟整合有關，無論是「東協加一」或「東協加三」，中國均為不可或缺之成員，東協國家為促成此一整合成型，以強化亞洲國家在國際舞臺之發言力量，在亞洲國家之中，率先承認中國之MES，並不難理解，包括新加坡、馬來西亞、泰國等。各別成員向中國表示承認其MES。

　　以東協集體而言，東協於2004年11月29日在寮國萬象舉行第10屆東協與中國領導人會議上，東協宣布，其所有10個成員國，包括印尼、馬來西亞、泰國、新加坡、汶萊、菲律賓、越南、寮國、柬埔寨、緬甸在內，承認中國為一完全市場經濟體。在該一會議上，中國與東協正式簽訂「全面經濟合作架構協議——貨物貿易協議」。

(四) 韓國

　　前中國國家主席胡錦濤藉參加APEC領袖會議，於2005年11月16日赴韓國訪問，在韓國首都首爾與韓國總統盧武鉉舉行會談，會談結束後，盧武鉉宣布，韓國承認中國之完全市場經濟地位。胡錦濤表示，韓國此一決定將有利於推動中韓二國之經貿合作及雙邊關係之發展。並謂二國在政治上將增進互信，經濟上加強合作，人文上相互借鑑，在國際事務上加強溝通。對於二國2005年雙邊貿易額預估可突破1,000億美元表示滿意，據稱雙方將採取措施，於2012年使雙邊貿易額

增加1倍，達到2,000億美元。盧武鉉亦表示，將以承認中國此一地位為契機，推動雙邊經貿合作關係進一步發展。

　　韓國商人在中國進行投資設廠所遭遇之困難，據分析包括：1.投資計畫進行時，常遇到障礙，包括簽訂協議時中國官方承諾未履行；2.知識產權IPRs保護問題，韓商在中國代工生產之產品，不久便在市場上發現仿冒品；3.韓商投資地點以東部沿岸為主，近期趨勢為技術工人學會技術之後容易跳槽，韓商需要支付更高工資才能聘用到技術工人，從而增高生產成本。此種情形，臺商到中國投資設廠，亦常有同樣感受。

　　根據韓國資源部之分析，現階段韓國商人很矛盾，一方面想分享中國此一世界工廠之優勢，另一方面則又將眼光調向東南亞等成本更低地方。我國為鼓勵分散市場、布局全球，亦曾經倡導「南向政策」，直到最近又重新被提起，值得注意其未來之發展。

(五) 巴西

　　巴西與中國、俄羅斯及印度同列為所謂「金磚四國」（BRIC nations）之一，可見其具有相當重大之影響力。巴西於2004年11月12日正式承認中國為市場經濟國家。二國簽署涉及貿易、農產品交易及飛機製造等在內之11項協議及備忘錄。中國承諾到2007年在巴西投資100億美元，未來三年內雙邊貿易額將由目前100億美元擴大為200億美元。

(六) 俄羅斯

　　俄羅斯總統普丁與中國國家主席胡錦濤於2004年10月15日在北京簽署「中俄聯合聲明」，俄羅斯宣布承認中國為完全市場經濟國家。雙方在聲明中表示，中國堅決支持俄羅斯儘快加入WTO，並相互承認對方為完全市場經濟國家。二國元首就結束俄羅斯加入WTO之市場准入談判予以簽署相關文件。雙方認為此係中俄戰略合作夥伴關係之重要體現。在俄羅斯於2012年8月下旬加入WTO後，本著相互尊重、平等互利原則，加強在該組織架構下合作。

三、目前仍未表態支持主要國家

　　雖經中國官方高層奔走各國大力遊說，主要貿易夥伴，包括歐盟、美國、日本、加拿大（澳洲、紐西蘭等除外）等貿易大國並未承認中國市場經濟地位。茲以歐美為例，說明其立場如下：

(一) 歐盟

　　歐盟於1998年4月修正「反傾銷法」，針對市場經濟問題設定五項認定標準，包括：1.市場經濟決定價格、成本及投資；2.企業有符合國際會計標準之基礎會計帳簿；3.企業生產成本與財務情況不受前非市場經濟體制扭曲；4.確保破產法及企業財產法適用於企業；及5.匯率變化由市場供求決定。若能符合該五項標準者，即認定具有MES，以該企業之正常價格計算，決定是否構成傾銷及所應課徵之傾銷差額或幅度，否則，凡被認定不具備MES者，則改以所選定之替代國正常價格作爲計價依據。

　　歐盟依法令之規定設定有「非市場經濟」（Non-Market Economic, NME）國家清單，多數屬於前社會主義國家尚未融入世界貿易體制者。其中，中國及俄羅斯未列入該一名單中，而在符合一定條件下得被賦予市場經濟國家之待遇，而此一條件，即上開五項認定標準，此一規定與美國作法略有不同，美國現除已將俄羅斯自NME名單中刪除之外，對於中國並未另作例外規定。

　　歐盟爲中國最大貿易夥伴，而中國則爲歐盟僅次於美國之第二大貿易夥伴，雙邊關係甚爲密切，惟因歐盟爲現階段對中國提起反傾銷調查最多之地區，中國對歐盟如能儘早承認中國市場經濟國家之地位，甚爲關切，認爲具有指標性意義。中國在2003年6月首次向歐盟提出要求給予MES之承認。中國曾應歐盟要求於2003年9月及2004年初先後提供基礎文件及相關資料，以供歐盟執委會於2004年6月底前完成初步評估報告之用。

表9-3　主要反傾銷國家指定「非市場經濟國家」名單

國家名稱	法源依據	「非市場經濟」（NME）國家
美國	案例	白俄羅斯、摩爾多瓦、中國、愛沙尼亞、立陶宛、土庫曼、烏克蘭、烏茲別克、越南
歐盟	法令	阿爾巴尼亞、亞美尼亞、亞塞拜然、白俄羅斯、喬治亞、哈薩克、北韓、吉爾吉斯、摩爾多瓦、蒙古、塔吉克、土庫曼、烏克蘭、烏茲別克、越南
加拿大	案例	中國、古巴、烏克蘭
印度	法令	阿爾巴尼亞、亞美尼亞、亞塞拜然、白俄羅斯、中國、喬治亞、哈薩克、北韓、吉爾吉斯、庫爾多瓦、蒙古、俄羅斯、塔吉克、土庫曼、烏克蘭
澳洲	案例	俄羅斯

資料來源：WTO秘書處。

歐盟於2004年6月27日向中國遞交關於中國MES之初步評估報告，據指出，中國在：1.政府對經濟介入；2.透明及非歧視性公司法；3.透明之法律制度；4.獨立於政府運作之金融業等四項關鍵領域，仍存在不足，因而表明歐盟現階段仍無法承認中國之MES。

歐盟表示，中國只有在這些方面履行承諾，才能獲得市場經濟地位。惟該一報告並非針對中國經濟發展狀況之評判，而僅是一份「技術分析」，只與在貿易調查中如何決定公司之成本與價格相關聯，並表示將持續觀察中國對此一議題之改革誠意，再作調整。並未完全切斷中國對此一問題之可能與希望。

(二) 美國

美國法所指「NME國家」，乃指不依市場成本及價格規律運作之國家。析言之，包括六項具體標準如下：1.貨幣具有自由兌換性；2.勞資雙方可進行工資談判；3.自由設立合資企業或外資企業；4.政府減少對生產之控制程度；5.政府減少對資源配置、企業生產及商品價格之干預；6.其他商務部認為合適之判斷因素。

不過，在實務上，美國商務部很少慎重其事對NME地位作成決定。實例上所見，很少特別提及NME地位之問題。此與歐盟每須強調是否符合MES之認定標準，從而決定是否享有此待遇者，有顯著不同。美國商務部作法，對於事先認定為NME國家者，每僅解釋「替代國」（surrogate country）之選擇，而接受NME決定，在初步認定時即已完成。

美國係一民主國家，對於中國要求給予MES待遇，美國商務部曾專就此一議題舉行聽證會，以聽取各界對此一議題之意見作為決策參考。

當時美國商務部長埃文斯在中國北京美國商會發表演講時表示，在中國完全轉型成一個市場導向之經濟體前，中國必須顯著地減少政府對經濟之微觀管理，並注入更高之透明度，出售更多國有資產及收縮甚為普遍之政府控制行為，並在IPRs保護及人民幣匯率體制上與美國作更加合作。

在埃文斯前往中國訪問之前，於2004年4月，美國商務部同意與中國商務部成立一工作小組，研究該一問題，已引起美國進口高敏感度產業，如鋼鐵、紡織及成衣、家具等行業之憂心，擔心美國有可能很快會給予中國之MES。事實上由於近年來，美國對中國貿易逆差之持續擴大，此種可能性似乎不大。

肆、結論及建議

一、結論部分

(一) 現階段中國經濟發展亟需擴大內需

　　中國入世以後，各國對於中國貨品或服務之限制措施逐步解除，中國貨品或服務輸往歐美乃至亞洲國家等地更為順暢，而使對外貿易大幅增加，由於WTO會員國感受到中國貨品或服務大量入侵之事實，不得不祭出WTO規範所允許之各項進口救濟措施，包括防衛條款、反傾銷措施，乃至中國入世時所提出四項特別承諾條款等，中國與外國間之對外貿易摩擦乃因而加劇，有愈演愈烈之勢。

　　為降低對外貿易摩擦之頻率，中國當前首要之務，在於擴大內需，而非繼續擴大對外貿易成長幅度。[11]由於中國入世以來對外貿易突飛猛進，由入世前之第六大貿易大國到2005年底，其對外貿易額突破1兆1,000億美元為止，為全球第三大貿易國，已超越日本，僅次於美國及德國，現更進而超過德國，成為全球第二大經濟體，大幅擴張貿易之結果，雖為中國沿海地區帶來財富，卻同時拉大貧富差距，尤其因人民幣被低估，常常遭受到美歐國家乃至日本之高度關切與指責。

　　美國學界有認為人民幣被低估之幅度達15%至40%者，產業界甚至認為被低估達50%以上者。美國國會亦關切此一問題，美國國會議員舒默等人曾建議美國行政部門應對中國貨品之輸入加徵27.5%特別關稅者，該一提案並未完全平息，每當中國對美國貿易順差持續擴大之時，該案每常被提起，而有可能復活之跡象，此點中國當局似不能不正視此一問題之嚴重性。

(二) 要求美歐國家提前承認市場經濟地位可能性不大

　　中國在入世時所作承諾，自入世起十五年內，WTO會員國得視中國為NME國家，中國當局對於當初在國際壓力下所作此一承諾，似乎甚為後悔，WTO可利用此一條款，在發動反傾銷調查時，常選擇替代國價格，用以取代中國貨品之出口價格，而常有對產品生產成本高估情形，因而常被課徵高額反傾銷率，對於中國產品之出口處於不利地位。

---

[11] 近十年來中國經濟發展模式，呈現投資與貿易強勁，而內需消費偏弱之扭曲情況，易言之，經濟之發展，並未普遍大幅提升人民之生活水準。而中國所提出之「十一五規劃」則致力於將「投資、貿易與消費」三者並駕齊驅，等速前進，將自吸引外資流入、進行出口加工貿易帶動經濟成長模式，轉向增強內需消費市場。

　　起初，中國曾經試圖說服貿易四強，包括美國、歐盟、日本及加拿大等，放棄此一主張，亦曾試圖要求WTO當局能夠同意修改該一承諾，不料均未得到善意回應。其實，該一承諾載明於「中國加入WTO議定書」之中，該議定書乃係WTO有效之法律文件，如未經WTO總理會及多數會員國之同意，無法任意改變。

　　中國不得已乃退而求其次，對WTO現有會員國或申請國，採取各個擊破方式要求給予中國所謂MES或「完全市場經濟地位」之承認。不過，包括歐盟、美國、日本對於中國提出此一要求，反應冷淡。歐盟於2004年7月作成「初步評估」報告，拒絕給予中國MES之後，雖表示願意就此一問題根據中國所提供足夠資訊，確已轉型為市場經濟之後再作考慮，而美國在2004年4月間，美國雖應允與中國成立聯合工作小組研此一問題，惟同年6月上旬，美國商務部舉行聽證會，聽取美國國內產、官、學意見，卻呈現反對聲浪，美國為一民主國家，自應予尊重。

　　何況，美國對中國貿易逆差擴大，在中國承諾十五年期間屆滿之前，似乎不可能承認中國MES，至於日本及加拿大等，則以美國馬首是瞻，勢必與美國站在同一陣線。從而，可見要求中國主要貿易夥伴提前承認具有MES，或認定為「市場經濟國家」，其可能之機遇率，似乎不大。[12]

(三) 爭取此一地位承認具有政治或外交利益之目的

　　雖說實質上，MES之承認或認定，僅與反傾銷調查或所採取措施，如所課徵反傾銷稅率之高低有關。惟在實際運作上，中國爭取此一MES之承認，似乎除經濟效益之外，另有政治及外交目的存在。中國似乎並非不知目前在WTO會員國之中提起反傾銷指控者，以原貿易四強為主，此外尚包括若干開發中國家，如印度、巴西、墨西哥、土耳其、南非等。其中，巴西及南非已承認中國之MES。

　　事實上，現階段在WTO會員國，依WTO統計，約僅20個至30個國家之間，而並非各個WTO會員國均提起反傾銷指控，由於提起反傾銷尚須經過縝密之調查程序，舉行公聽會或聽證會等，乃至派人實地核查，其成本甚高，一般開發中國家可能以採取其他措施取代，達到相同之限制效果。

　　中國爭取已開發、開發中乃至低度開發國家承認其MES，顯然具有經濟效

---

[12] 歐盟外交部長理事會於2005年7月18日在布魯塞爾舉行會議，為期二天，會議時曾討論2005年9月初在中國北京舉行中歐高峰會議之準備情況，當時有關方面曾透漏，歐盟很可能在中歐高峰會中，循對越南作法，給予「臨時市場經濟地位」，作為峰會之獻禮，或稱「重要成果」，惟後來發展，因種種緣故，並未成為事實。

益以外利益之考慮，包括政治或外交目的在內。例如在爭取中南美洲（拉美）國家承認該一地位時，曾祭出要求奉行「一個中國」或成爲投資之戰略夥伴等。要求澳洲承認中國此一地位時，則提出願與澳洲締結FTA爲誘因等，可見其目的並不單純。

二、建議部分

(一) 我國應善加利用中國入世時各項特別承諾

　　2006年3月初我國對原產於中國之毛巾提起進口救濟措施，當時對於我國究應採取「防衛措施」（safeguard）、「特別防衛措施」或「反傾銷」（anti-dumping）調查，國內產官學及中央民意代表之意見並不一致，而有所爭議。嗣經行政院出面協調，決定雙管齊下，防衛措施與反傾銷同時進行。其實，最後必須面對選擇，擇一對我國爲最有利者採行。[13]

　　中國入世時承諾之「特別防衛措施」，學者有稱爲「242條款」者，即依中國加入WTO工作小組報告書第242段規定，中國紡織品及成衣在入世後八年之內，當進口國如認定自中國進口急遽增加，造成國內產業之嚴重損害時，得要求其進口成長率控制或保持在7.5%以內，此一條款之適用門檻可謂最低，容或最爲有利，不過引據該一條款時，雙方尚需經過諮商或談判過程，否則容易遭受貿易報復，此與採取反傾銷因係基於不公平貿易而啓動者，無須經過諮商且不生報復問題者，自有不同。[14]

(二) 我國應在國際規範下運用反傾銷調查，並配合公告相關措施

　　爲避免國內產業動輒因未具國際競爭力，而將生產基地外移，影響我國人力運用及造成嚴重失業問題，未來我國應多善加運用國際規範所允許之各項進口救濟措施，尤其是WTO架構下之反傾銷協定。如被指控國爲中國，則應併同中國入世時所特別承諾，在2016年底以前得視中國爲「NME國家」，對產品出口價格之認定，不以出口國爲準，而選擇第三國作爲替代國，以替代國之同類產品價

---

[13] 依據經濟部於2006年3月31日致函立法院經濟及能源委員會副本指出，有關我國雲林毛巾業者申請進口救濟一案，雖已於2006年3月17日作成決議，尚需依據「貨品進口救濟案件處理辦法」相關規定進行聽證等程序，方得採行進口救濟措施，尚無與中國協商必要。

[14] 按採取中國入世時所特別承諾之「特別防衛措施」時，以其本質仍爲WTO架構下所指「防衛措施」之一種，除對象特定爲中國以外，仍應符合採取防衛措施之一般原則，包括：1.針對性（針對造成進口損害之產品而採取）；2.適度性（以防止造成損害必需之程度及時間內）；3.遞減性（採取對應措施應隨損害之減輕而下降）；4.通知及諮商義務。以第四個原則而言，包括應通知WTO及受影響之出口國，並且應就所擬採取之措施，與出口國進行諮商，以便達成協議，包括要求進口國提供補償措施，如未達成協議，並不排除遭受出口國實施貿易報復之風險。

格計算，對於我國最爲有利。

　　惟未來爲避免發生爭議，宜仿美國、歐盟及加拿大作法，訂出MES之認定標準，以資適用，俾使被指控國得以信服。另我國應亦可依法令或先例，公告我國認定「非市場經濟國家或地區名單」，通知WTO各會員國，凡此，對我國未來啓動反傾銷調查，以保護國內產業之生根與發展，應具有莫大助益。

(三) 妥爲改善對中國貿易所存在差別待遇問題

　　WTO當局於2006年6月20日至22日審查我國對外貿易政策。WTO秘書處人員早在2005年2月及10月底二次來臺訪查，作成貿易政策檢討報告，連同我國政府所提供之報告，分送給WTO各會員國，徵詢各國之書面意見，我國在審查會議召開前一週收到各國之評論意見，對於因我國現時貿易措施受到影響之國家，可能提出質疑。WTO對我國最近一次貿易政策檢討已於2023年11月舉行（詳附錄二）。

　　在貨品貿易方面，我國限制中國貨品進口，尤其是對中國農產品之進口採取限制措施，被認爲並不符合MFN原則，另在服務業方面，在四個開放模式之中，我國禁止中資色彩之服務業來臺，乃至限制跨國企業內部中國籍人士調動等，被認爲並未符合加入WTO時之承諾，均可能遭受相關WTO會員國之質疑。

　　對於有異於其他WTO會員國，對中國農工產品或服務貿易所設定而尚未解除之限制或附加條件之限制，國際間一時或許尚不難理解係因政治因素，兩岸未進行諮商或談判所致，惟基本上，WTO爲經濟組織而非政治組織，要求不歧視爲GATT/WTO所確立之基石，且我國加入WTO談判過程並未引用「排除條款」，目前作法似乎仍有改善空間，否則，長此以往難免發生爭議。

　　何況，因爲我國對中國之貨品或服務採取差別待遇之結果，其影響可能及於在中國投資之外商，除臺商之外，尚有日商、韓商、美商、歐商、澳商等，其在中國生產之產品外銷到臺灣會否遭受影響，從而向WTO提出指控，似乎並無法排除其可能性。

第 10 章

中國發生對外貿易摩擦基本類型*

壹、概說

中國商務部所作分析指出,中國當前所遭遇之國際壓力,包括四個層面:一、貿易大國對於貿易平衡之要求;二、國際競爭能力受到影響;三、WTO履行承諾之任務相當艱鉅;四、對外貿易摩擦有增無減。其實,前三個壓力是「因」,而最後一個壓力則是「果」。易言之,造成中國對外貿易摩擦不斷發生之緣故,乃是前三項壓力所蓄積之因所造成。

由於近年來中國對外貿易迭創新高,其與美國、歐盟、日本等貿易大國間所發生之貿易摩擦(trade friction),已有愈來愈多且愈嚴重之趨勢。中國商務部研究部門曾提出警告稱,中國對外貿易現已正式進入與外國發生貿易摩擦之高峰期,確有脈絡可尋。

所謂「貿易摩擦」,其發生並不限於外國頻頻對中國採取反傾銷措施一端而已,中國因被視為「非市場國家地位」,而較少受到採取反補貼措施以外,舉凡WTO規範所容許之其他措施,包括防衛措施、特別防衛措施、技術性貿易障礙、保護智慧財產權,乃至人民幣升值等,在中國均在不斷發生,而與主要貿易夥伴發生摩擦。

貳、中國遭受反傾銷調查特徵及案例

一、反傾銷調查特徵

中國成為遭受反傾銷調查之主要對象,不僅與中國尚未能取得MES有關,亦與中國近十年來對外貿易之大幅擴張,而呈比例發展亦屬息息相關。即當某一

---

* 本文原載於立法院:「立法院院聞」,第34卷第9期(2006年9月),頁107-130。2024年6月作文字修正。

地區或國家感受到對中國處於鉅額貿易逆差時，其所遭受之反傾銷指控亦隨而增加，不僅為中國最大貿易夥伴之歐盟如此，美國亦復如此。歐盟與美國列名為中國二大貿易夥伴，亦為對中國提起反傾銷指控最多之國家。[1]

2001年11月中國入世時，承諾自加入時起在十五年內，WTO其他會員國有權視中國為NME國家，此一承諾確對中國低價出口產品處於極為不利地位。另據中國商務部之分析，所以迭遭受反傾銷指控，其主要原因包括：(一)中國對出口秩序監督不力；(二)出口企業國外營銷策略不當；(三)國際經濟總體形勢不景氣；(四)國內企業對於反傾銷應訴不力等。

綜觀WTO成立以來，中國遭受反傾銷指控，具有六項主要特徵如下：

(一) 涉案產品價格，以低價勞力密集產品為主，惟近年來已有科技產品涉入。

(二) 涉案產品範圍，不斷擴大。

(三) 涉案產品數量，快速上升。

(四) 提出指控國家，繼續增加。

(五) 被課徵反傾銷稅率，普遍偏高，中國認為具有歧視性。

(六) 替代國係由指控國選擇，出口價格之決定，中國認為帶有主觀性及隨意性。

以美國企業對原產於中國之濃縮蘋果汁提起反傾銷指控一案為例，美國商務部對中國企業進行立案調查時，由於美國不承認其MES，乃選用印度作為替代國，確定中國企業產品之生產成本，而替代國之勞動力等成本遠高於中國，其替代價格之參考價格為中國之2倍以上，導致中國企業在初裁時即被課以高額之臨時反傾銷稅。

至於在歐盟部分，經過中國政府長期交涉，歐盟曾於1998年修訂反傾銷規則，對中國企業之應訴，在個案之基礎上給予市場經濟地位，惟該修正案及實施之結果，因仍設定有五項頗為嚴格以認定MES之標準，因此之故，大多數企業在應訴時，仍未能就該一修正案中獲益。截至目前為止，實際能夠獲得MES者，為數不多，其效果仍甚有限，以故，中國商務部仍繼續要求歐盟能承認其MES。

---

[1]   WTO, "WTO Secretariat Reports Continuing Declines in Both New Anti-dumping Investigations and New Final Anti-dumping Measures," Press/418 (October 24, 2005), https://www.wto.org/english/news_e/pres05_e/pr418_e.htm; 反傾銷半年度報告全文另參WTO (G/ADP/N/132)。

二、反傾銷調查案例舉隅

依WTO統計，中國為全球2005年反傾銷措施之最大受害國，在提起反傾銷調查之96件案件中，涉及中國產品者有22件，不過已較2004年同期減少三件，涉及我國（臺灣）產品者有九件，較2004年同期減少五件，位居第二位；涉及印度產品者八件，位居第三位；涉及美國產品有七件，應居第四位；涉及印度及泰國者各六件；涉及韓國及馬來西亞者各有五件。

至於採取最終反傾銷措施53件案件中，中國產品遭受此一措施反制者有18件，居首位，與2004年同期件數相同；美國有六件，居第二位，較2004年同期增加五件；韓國有四件，居第三位，與2004年同期之件數相同。此外，我國、印尼、日本、法國、泰國、越南、巴西、厄瓜多、歐盟、印度、伊朗、馬來西亞、俄羅斯、沙烏地阿拉伯、西班牙及聯合大公國則各有三件或少於三件。茲以歐美國家對中國課徵反傾銷稅案件為例，說明如下：

〔案例1〕歐盟對中國皮面鞋初裁決定課徵平均反傾銷稅案：該案涉及中國皮鞋廠家多達130餘家，歐盟抽查其中13家，結果對於13家鞋業均否定其「市場經濟地位」，而該涉案之130餘家應訴企業希望爭取裁定反傾銷稅時，能採取個別稅率。其實，該案歐盟內部對中國製鞋仍有不同意見，北歐抱持反對意見，而義大利等中南歐國家則堅持應課徵反傾銷稅。

據分析，該案有數項特徵：(一)指控對象達130餘家，與以往多在10家企業以內者不同；(二)該案建議中國皮鞋關稅由4%，在五個月內提高為19.4%，且均課徵相同稅率，有別於反傾銷針對不同企業課徵個別稅率。惟童鞋及高機能運動鞋排除在此案之外。有關本案，歐盟歐洲委員會貿易救濟司與中國商務部於2006年3月14日進行諮商，商討中國製鞋反傾銷稅案。

歐盟對中國製鞋業採取相同稅率，非常特殊。可能係因應訴企業過多，無法一一列舉，公告時乃採用平均稅率。

歐盟認定中國為NME國家，因而在判定中國商品是否以低於成本價在歐洲傾銷時，並非以中國某類產品之內銷價格為基準，而是以第三國之同類產品價格作比較，極易被認定有反傾銷事實，而且被課徵較高額之反傾銷稅，此乃為中國皮鞋業積極企求取得MES之重要原因。

據悉，歐盟公布中國「皮面鞋」傾銷初裁決定，被指控廠商中，包括寶成、萬邦等多家臺資著名鞋廠，均被裁定NME，另廣東現有八家大廠已緊急成立「歐盟對中國鞋產品反傾銷應對聯盟」，未來還將跨省串聯，與歐盟力爭，以期能夠取得較有利地位。

〔**案例2**〕美國指控中國木製臥室家具反傾銷案：美國商務部於2004年12月9日作成終裁決定，在各應訴企業中，七家受強制抽樣企業分別獲得0.79%、2.22%、5.07%、6.95%、15.24%、16.70%、198.08%之單獨稅率；而填寫A問卷企業有115家獲得8.64%之加權平均稅率，另有數十家被拒；至於未應訴企業一律獲得198.08%之懲罰性全國統一稅率。業者單獨稅率有不同程度之調整，整體上呈現下降趨勢。中國115家A問卷企業之加權平均稅率由原來8.64%調降為6.65%，對於未參加應訴企業仍維持課徵198.08%之懲罰性統一稅率。美國商務部已依照此次修改之終裁結果，於2004年12月27日簽署反傾銷令，美國海關據以對來自中國之木製臥室家具徵收現金保證金。不獨有偶，加拿大及歐盟（因波蘭要求），亦相繼對中國該一產品提出反傾銷調查申請，歐盟之理由為該一產品在歐盟發展速度過快。

參、中國防衛及特別防衛措施爭端

一、防衛措施爭端

〔**案例1**〕日本對中國數項農產品緊急限制進口措施案：日本於2000年4月23日對中國出口之大蔥、鮮香菇及草蓆等三項農產品實施緊急限制進口措施，期間達半年之久，二國政府於同年6月上旬曾在北京舉行諮商，惟未能達成共識。中國乃於6月下旬採取報復性措施，對部分日本工業產品包括汽車、無線電話、冷氣機，加徵100%之特別關稅。直到2001年12月中旬二國達成協議，日本同意不啟動對該三項農產品之正式防衛措施，中國亦決定撤銷該三項工業產品之進口特別關稅，此一貿易摩擦始告落幕。

〔**案例2**〕美國對中國鋼鐵進口啟動貿易法201條款調查案：美國於2002年3月5日宣布，為扶持正在艱苦經營之美國鋼鐵業，乃啟動美國貿易法201條款，對進口鋼鐵實施為期三個月之關稅配額限制或稅率8%至30%不等之關稅。由於採取防衛措施主要是針對「特別產品」，而非針對「特定國家」，美國此一舉措影響及於向美國輸出鋼鐵之各個貿易夥伴，其中包括中國在內，美國採取該一措施之後，遭受各主要鋼鐵出口國家之反對，幾乎引發全球性之鋼鐵戰爭。

值得注意者為，依美國反傾銷法規定，0.79%因低於1%以下，視同零稅率。至於課徵198.08%者，與因未應訴者所課徵稅率相同，因此二部分並不在加權平均稅率之計算範圍，以故115家應訴企業獲得8.64%之加權平均稅率，乃依據其餘

五家受強制抽樣企業之單獨稅率計算而得。

　　據分析，中國對美國出口家具之利潤率約在三成至四成之間，除未應訴企業將難在美國家具市場生存之外，獲得加權平均稅率之企業影響較小。此案美國終裁決定與初裁有較大變化。其中天津之美克公司獲得零稅率。該公司在初裁時單獨稅率為8.38%。與該公司提供數據完整詳實有關，而Tech Lane家具製造公司初裁時獲29.72%單獨稅率，終裁時修正為198.08%之懲罰性稅率，乃因未依美方要求之時間提供相關數據有關。

　　依美國政府公告ITC於2004年12月23日就涉案產品是否對美國同類行業造成實質性損害作出終裁。如果ITC終裁為肯定，美國商務部之終裁結果即予以維持，美國海關將據此徵收反傾銷稅。對於本案，中國政府表達甚為關切，認為對中國公司並不公平，亦與WTO協定所規定美國義務相違背。而要求美國商務部調降所課徵高額關稅，美國為資回應，美國商務部於2004年12月28日發布公告，就對中國木製臥室家具所課徵反傾銷稅之終裁結果作部分修改。

二、特別防衛措施爭端

　　2003年11月18日，美國商務部宣稱，決定對來自中國之胸罩、長袍、針織品等三大類紡織品設立新的配額限制，其原因乃中國此等紡織品對美國輸出激增。美國紡織業界聲稱，該年前九個月，中國對美國輸出之棉製胸罩及人工纖維胸罩分別成長53%及78%；針織品出口成長39%，棉袍及人工纖維袍分別成長1.4%及85%之故。

　　中國商務部表示，美國依據中國加入WTO之相關協議，頻頻對中國紡織品及成衣實施限制，為二國紡織業者帶來極不穩定之經營環境，影響貿易正常有序之發展。於是，中國及美國業界乃強烈要求二國政府通過諮商，並締結協議，創造穩定及可預見之貿易環境，維護雙邊經貿關係及發展。

　　美國對中國紡織品及成衣之限制，在ATC於2005年1月1日實施十年屆滿之後，由於中國出口增加超過五成，不僅美國，歐盟及其他已開發或開發中國家，均深感吃不消，而亟欲有所限制。

　　中國先是與最大貿易夥伴之歐盟進行雙邊談判，繼則與美國進行諮商談判，惟與歐盟達成協議之模式，並不完全可適用於美國。中國與美國先後經過七回合艱苦談判，終於在2005年11月8日達成協議。當時中國商務部長薄熙來及美國貿易代表波特曼簽署雙邊「紡織品及成衣諒解備忘錄」，在雙方各有所退讓情況

下，達成到2008年以前，未來三年二國之間穩定之貿易環境。[2]

依據該項協議，該一設限措施已自2006年1月1日起正式生效，至2008年12月31日終止。雙方同意在協議期限內，中國對美國輸出之棉製褲子等21個類別產品實施數量（配額）管理，包括11個類別成衣產品及10個類別之紡織產品，其中16個類別為2005年產品，另5個類別為2002年以前產品。

此次中國遭受美國設限之產品，以棉及毛類為大宗，除棉質針織衫、胸罩、內衣及棉質褲等14類敏感紡織品外，尚包括襪子、毛衣、針織布、特種布、毛布等類之紡織品在內。

對於中國設限紡織品及成衣出口之年增率限制，較中國入世議定書中防衛措施所承諾之年增率為7.5%者寬鬆，依該協議，年增率在2006年為10%至15%；2007年為12.5%至16%；2008年則為15%至17%，至於14項敏感紡織品之成長率則低於中國承諾防衛措施之規定。

針對二國達成協議所舉行之聯合記者會席上，波特曼表示，此為一公平協議，顯示雙方有能力解決貿易爭端，而薄熙來之態度則較為保留，不否認達成雙方雙贏之結果，惟並不認為達到中國方面之預期。由於在中國以紡織為業之工人數超過2,000萬人以上，此一協議之達成，影響亟其深遠。據在中國之臺商表示，中國在與歐盟協議之後，與美國達成協議，主要影響者為中國紡織品中之低附加價值產品，其因應措施，應避開生產可能被限制進口之成品，諸如棉褲、襯衫等產品，轉而生產附加價值高之產品，以求自我生存之道。

肆、中國技術性貿易障礙爭端

所謂「技術性貿易障礙」（TBT）為一相當廣泛之概念，包括技術法規、技術標準、品質認證、數量認證、價格認證、商品包裝及標籤、度量衡制度、檢驗程序及手續、檢疫制度，乃至各種「綠色壁壘」所造成之障礙等。[3]

---

[2] 美國與中國達成雙邊紡織品貿易協議之後，勢必牽動美中臺三邊紡織業者利益。中國紡織業者可以恢復穩定出口；而美國進口商可恢復下單，成衣業及織布業恢復生機後，化纖業可望受益。一旦中國紡織業動能恢復後，勢必增加特殊、功能纖維及化纖原料之進口量，對臺灣化纖業及化纖原料業者而言，應是改善營運之契機。

[3] 據調查，中國對外貿易摩擦現正加劇之中，2006年1月至3月間，計有11個國家對中國發起21件貿易救濟措施。惟中國企業最棘手者，並非貿易救濟案件，而是技術標準、綠色貿易壁壘等非關稅貿易障礙。此等障礙被視為新型之貿易壁壘。中國部分企業可能因難以達到歐美國家訂定之環境要求、技術標準等而喪失部分市場，並可能自2006年起幾年內將愈趨嚴重。參見經濟日報（2006.4.28），版7。

其中有關「技術法規」之內涵，包括勞動安全、衛生健康、環境保護、電波干擾、節約能源與材料等。而所謂「技術標準」，包括生產標準、試驗、檢驗方法標準及安全衛生標準等，適用於工業產品者有工業標準，如日本有所謂JIS，適用於農產品者有農業品標準。

至於「綠色壁壘」之範圍，亦甚廣泛，包括有毒物質含量指標、綠色技術標準及綠色環保標章等，每藉保護人類及動物植物之衛生、安全、健康及環境保護之名，以達到限制進口之目的。此外，尚有所謂「綠色包裝制度」及「綠色衛生檢疫制度」。前者乃指為節約資源、減少廢棄物、使用後易於回收再利用或再生產，使其易於分解，不污染環境之包裝，例如歐洲國家推動以紙袋取代塑膠袋等，而後者為已開發國家所重視，每用以限制自開發中國家進口產品之工具，例如已開發國家頗為重視食品之安全衛生問題，尤其對於農藥殘留量、放射性物質殘留量、重金屬含量之要求，日趨嚴格。茲舉二例如下：

〔案例1〕中日稻米輸入技術法規爭端案：日本衛生部（厚生省）於1993年制定稻米質量之市場准入之技術法規，規定凡進入日本市場之稻米需通過46項目之檢驗，並在1999年增加到104項，到2000年再增加到114項。進入日本市場之稻米，均有該一規定之適用。天津出產之稻米於1993年開始對日本出口，日本政府要求每批輸日稻米，不問數量多寡，檢驗部門需要依照有關標準取樣，寄交日本檢驗部門檢測農藥殘留量，經認為合格後，出口公司始能加工，裝船前日本尚須派人再次檢驗，合格後方允許出口。此等要求造成出口商重大負擔，為進入日本市場設立障礙，此一規定既適用於中國國內各稻米供應商，亦適用於各國對日本之出口商，並未違反國民待遇及最惠國待遇，因此被認為欲打破此一障礙，並不容易。

〔案例2〕中美基因改造產業輸入措施爭端案：中國國務院於2001年5月9日頒布「農業轉基因生物安全管理條例」，對轉基因農產品之進口實施安全分級管理評價及強制性標識制度。該條例原規定自頒布之日起實施，惟由於該條例實施細則並未同時公布，遭到部分國家之質疑。美國即提出該條例實施方式與WTO所強調之可預測性及透明度原則不符合。依照WTO規範，任何貿易法令均應先行公布，經過一段期間後始行實施，以使可能受法規政策影響之企業或個人有充分之準備或作調適。因而，迫使該條例二度延期實施，事實上，該條例並未立即實施。其後，中國農業部依據該條例之授權，頒布「農業轉基因生物安全管理辦法」、「農業轉基因生物進口安全管理辦法」及「農業轉基因生物標識管理辦法」等三項行政法規。該等法規遭受美國批評為技術性貿易障礙，既不透明，且不可預期，加大市場之不確定性，使美國種植大豆業者、貨運商及貿易業者在

2001年至2002年間之營銷業績損失超過2億美元。迨2004年2月24日，中國農業部經過長達二年轉基因農產品安全性測試後，正式宣布，對多種基因農產品發給「安全許可證」，對此種產品作合理管理之後，而結束該一爭議。

除中國以外，歐盟及所屬成員國，包括法國、德國、奧地利、義大利、盧森堡及希臘等六國亦曾禁止基因改造產品進口銷售。爲此，國際間基因改造生產大國，諸如美國、加拿大及阿根廷等，曾爲此向WTO提出指控。認爲歐盟並未有科學根據即凍結基改產品進口，對他們之出口造成傷害，而歐盟則辯稱，並未正式宣布凍結進口。對於本案，WTO當局已於2006年2月7日作成初步裁定，認爲歐盟及其六個成員國過去不准基因改造毒作物與食品進口，並不符合WTO規定。[4]

對於WTO當局該一裁定，各國生物科技產業頗爲期待，認爲有助於基改產品銷歐。國際生命作物協會執行長維舒爾倫表示，WTO已發出明確訊號，任何保護動物、人類與植物健康之措施，均需要有正確之科學依據。

伍、中國發生智慧財產權保護爭端

智慧財產權（IPRs）中國稱爲「知識產權」，爲近年來WTO會員國，尤其歐美先進國家所關切重點議題之一，中國在入世之前及之後，曾經先後推動有關「專利法」、「商標法」、「著作權法」等法律之修正工作，除擴大權利保護範圍及釐清各關係人或當事人之權義關係之外，強化司法審查制，並授予海關得以查扣侵權商品。

2005年之間，中國推動所謂「保護知識產權——我們在行動」之系列活動在全國各地同時展開，惟效果似仍然有限，歐美國家在中國之商會並不滿意。中國當局宜再作檢討，以免遭到向WTO提出指控，或逕作貿易制裁。

據稱爲回應歐美國家對於保護IPRs之關切，2004年間，中國專門成立由所有與保護IPRs有關之司法、行政部門組成國家保護IPRs之專案工作小組，以督辦重大侵權案件。此爲中國與美國自1990年代初期以來長久存在之問題。隨中國對外貿易之大幅成長，其所遭遇歐美國家要求保護智財權之要求，愈爲強烈，或由於

---

[4]　WTO對於該案之裁定報告，據稱長達1,000頁。該報告指出，歐盟於1999年6月至2003年8月幾乎完全凍結基因改造產品進口，而WTO規定，未有明確科學證據，並不得凍結產品進口。

執行力度不足，並未有顯著改善。[5]允宜作有效改善，以免對國際形象有負面影響。

當1991年4月26日，美國首度宣布將中國列為特別301條款之優先觀察名單，不久即對中國進行為期六個月之調查，如雙方未能達成協議，美國依據1988年頒布「綜合貿易及競爭法」，得施加貿易制裁。由於雙方談判未果，美國乃於同年12月3日公布價值15億美元之報復清單。隨後，中國亦公布價值約12億美元之反報復清單。再經過雙方進一步談判，於1992年1月中旬達成雙邊「關於保護智慧財產權諒解備忘錄」，而暫告平息。

其後，美國有鑑於中國執行保護智財權不力，於1994年6月30日再對中國進行特別301條款調查。直到翌年2月26日，二國達成雙邊中美智慧財產權協議而結束爭議。

迨1996年4月30日，美國第三次宣布對中國進行特別301條款調查，同年5月15日美國宣布價值30億美元之報復清單，中國亦宣布反報復清單，同年6月17日，雙方達成協議，而中止爭端。

陸、美歐要求中國人民幣升值爭議

人民幣升值與農產品市場開放、保護智慧財產權為中國與美國近年來經貿談判之三項主軸議題。為此，美國貿易談判、商務、財政、農業等高層官員僕僕風塵前往中國進行諮商及談判。

對中國施壓要求人民幣升值之國家，包括美國、歐盟及日本等主要貿易夥伴在內。其中，美國與歐盟對中國均處於大幅貿易逆差，而日本則不然。

一、美國態度與立場

包括美國政府部門及企業界均不約而同要求對中國施壓，促使人民幣升值。

---

[5] 美國貿易代表署（USTR）於2006年4月28日公布新年度特別301條款年度報告。依該報告，計有中國、俄羅斯、阿根廷、貝里斯、巴西、埃及、印度、印尼、以色列、黎巴嫩、土耳其、烏克蘭及委內瑞拉等13個國家被列名為新年度優先觀察名單。報告中特別強調中國之侵權問題，對中國各地執行保護智權情況不理想，表示已達「無法接受」程度，並考慮將中國之侵權問題提交WTO處理。惟有關此點，後來之訊息指出，美國將再督促中國政府落實作出一系列承諾，而暫不就此一問題向WTO提出指控。美國貿易代表波特曼在該年度報告發布後曾表示，要維持美國對外貿易競爭力，保護IPRs乃是非常重要之關鍵。該報告估計，中國及俄羅斯之侵權行為，造成美國業界在2005年損失40多億美元營業額。

　　美國前白宮首席經濟顧問林西在2003年1月表示，美國政府應該說服中國放棄人民幣釘住美元之匯率制度，否則美國製造業將難以與中國製造業競爭。乃建議布希政府應促使中國重新評估人民幣匯率，以使其反映中國生產力之大幅成長，渠認為中國廉價商品進入美國市場勢必帶來通貨緊縮壓力。[6]

　　美國財政部長史諾認同林西對於人民幣匯率之觀點，於2003年6月26日促使中國政府放寬或拉大人民幣匯率活動區間，進一步對中國政府施加壓力要求加速貨幣政策之改革。渠認為中國應讓匯率自由浮動，以體現市場力量，創造更好之價格機能，俾適應自由貿易制度之需要。

　　當時美國布希總統於2003年9月2日表態，公開指責中國貨幣政策不公平。在接受美國財經頻道（CNBC）訪問時指出，希望美國之貿易夥伴能對美國製造商、工人及農民公平對待。任何國家之政府操縱貨幣匯率，並不公平。並且認為貨幣政策應由市場調節與控制，並真實反映一國之經濟狀態。

　　在企業界，美國摩根史坦利（Morgan Stanley）公司首席經濟顧問羅奇（Stephen Roach）於2002年10月發表「中國因素」報告時，即認為中國正經由商品出口，將通貨緊縮政策推向全球。其論據指出，中國之經濟高度成長同時，出現通貨緊縮，國內消費嚴重不足，人民幣釘住美元，使中國出口商品價格偏低，其他國家貨幣壓力加大，造成惡性循環。

　　此外，另由美國製造業、農業及勞工業等40餘個團體所組成之「公平貨幣聯盟」（The Fair Currency Alliance）亦於2003年10月要求USTR對中國提出301條款調查。該聯盟表示，中國操縱貨幣相當嚴重，人民幣匯率低估達40%，導致中國對美國出口商品之價格低廉。從而造成人為之貿易優勢，影響美國製造業及工人之就業機會，因而乃提出要求中國必須改變貨幣政策，與美國製造商及工人在平等條件下競爭。

二、歐盟態度與立場

　　長期以來歐盟對中國之貿易處於逆差地位，對於強烈要求人民幣升值，與美國之立場原頗為接近。惟最近之發展，似乎已出現戲劇性變化，歐盟對人民幣應否快速、大幅、一次到位升值，現持較為保留態度，此或因與歐盟對中國之貿易

---

[6]　另2003年諾貝爾經濟學獎得主恩格爾博士（Robert F. Engle）於2005年11月下旬應邀來臺訪問，當時陳水扁總統曾當面諮詢若干兩岸金融與經貿議題之意見，包括：1.人民幣升值與否之影響；2.中國引進外資改革國有銀行，卻無法釋出經營權，對中國國有銀行之影響；3.熱錢進出臺灣，將造成何種衝擊；4.當時我國正推動二次金改等。對於第一項議題，恩格爾表示，人民幣若升值將有助於降低全球市場風險；若未升值，最後將導致中國內部通貨膨脹，將因物價升高，而降低貨品之出口競爭性，終將導致成為中國經濟發展之瓶頸。參見經濟日報（2005.11.29），版6。

逆差，未若美國如此龐大，且因在中國之投資，較美國爲多有關。

　　根據報導，自2006年2月起，中國之外匯準備（外匯存底）高達8,536億美元，已超過日本，而成爲全球外匯存底最多之國家。此一結果現又引起各國高度關切。對此，中國人民銀行副行長吳曉靈表示，中國外匯準備快速累積之原因在於：(一)政府長期以來採取鼓勵外資流入政策；(二)鼓勵對外出口；(三)在外匯管理上採取「寬進嚴出」政策，而造成此一結果。惟認爲順差太多亦有不利，中國應進行經濟結構之調整。

　　2006年4月初，歐盟經濟及金融事務理事會向歐盟當局提交有關中國匯率走向影響之評估報告，認爲中國應該以漸進方式推行人民幣自由浮動機制。依該報告指出，若人民幣與美元突然脫鉤，將導致資本向美國回流，而發生美元對歐元匯率跌落之後果。而人民幣如快速升值，將使美元大幅縮小，最後將造成歐元飆升。外國權威研究機構曾指出，中國新的匯率政策可能出現，屆時人民幣匯率浮動將更具彈性。中國人民銀行將著力提高人民幣匯率之彈性，人民幣在2006年底前升值2.9%。

柒、結語

　　國際觀察家以爲2035年以前，中國有可能由貿易大國轉向貿易強國，此一過程之中，中國除在紡織品及成衣、鞋類、家具、電視機等產品與其他國家發生貿易爭端外，更多高附加價值產品亦將與美歐國家發生貿易摩擦。

　　中國在未來，確有可能亦有機會超越美國成爲世界第一大經濟體。此可由近十、二十年來中國國內之基礎設施建設進步快速，見其端倪。惟自「一帶一路倡議」執行以後，協助低、中度開發中國家之基礎設施建設，需要動輒動用數億、數十億，乃至於數百億美元提供融資，而受協助之當地國無力償還，造成「債務陷阱」，極爲嚴重。執行此一計畫，可能影響中國經濟成長率，使成爲全球第一大經濟體之「中國夢」往後遷延。

第 11 章

中國反傾銷法制體系及構成要件分析*

壹、國際反傾銷態勢

　　近年來中國因經濟快速成長，對外貿易總額迭有大幅成長。發生天安門事件當年，1989年出進口總額列爲全球第十五位，1997年香港回歸時爲第十位，2001年爲第六位，加入WTO後第一年即2002年已列入第五位；2003年再躍升爲第四位。中國現已成爲「世界工廠」、「世界農場」或「亞洲農場」，其經濟實力及市場地位，洵不容忽視。[1]

　　依據日本方面之研判，中國成爲世界貿易大國之後，將步日本之後塵，成爲國際間貿易摩擦之要角。其一，來自美國、歐盟等已開發國家，因近年中國對美國貿易順差急遽增加，美國與中國間之貿易摩擦已白熱化。在中國加入WTO後，以高科技半導體產品退稅問題爲開端，今後美國頻頻就與中國之爭端向WTO指控。其二，來自東南亞等開發中國家，基本上，中國與此等地區之國家，包括我國及東協國家在內，存在著相互吸引外資進入之競爭。其三，來自WTO杜哈回合談判，中國堅持不再承諾新義務，惟中國貿易總額正急遽成長，將影響談判進程。各項談判勢必牽涉中國談判立場問題，並可能引發新的衝突。[2]

---

* 本文原載於全國工業總會：「貿易政策論叢」，第1期（2004年9月），頁109-151。2024年6月作文字修正。

[1] 在中國逐漸成爲「世界工廠」之同時，部分外商認爲中國之農業發展具有願景，希望利用大陸廉價之農村勞動力、大量可耕地、多樣之地理環境，爲世界尤其亞洲毗鄰之日本、韓國等地提供高質量農產品，成爲「世界農場」，至少有可能成爲「亞洲農場」云云。

[2] 2003年大陸企業遭遇出口應訴案件及啓動反傾銷案之涉案金額，分別達25億9,300萬美元及18億7,500萬美元，分別較上年遽增228.5%及315%。中國進出口公平貿易局局長王世春表示，由此可見中國已進入貿易摩擦多發期。爲因應歐美各國之貿易戰，渠謂應繼續把握好法律性與政策性、短期利益與長期利益、局部利益與全部利益、進口與出口、多邊與雙邊之「五個結合」，積極從容應對貿易摩擦。據稱中國在短期間內已派出赴美採購團，採購訂單金額達107億美元。在人民幣匯率上升開始作出妥協。媒體報導，中美已就人民幣升值達成共識，2004年底將升值5%。參見工商時報（2004.2.23），版5。

　　至於在兩岸貿易方面，2003年我國對中國之商品貿易總額為463.2億美元，貿易順差達243.96億美元，創下新高紀錄，超過對日本貿易之445.5億美元，對美國貿易之427.6億美元。現中國不僅是我國最大之出口市場，而且超過美國及日本成為我國最大貿易國家。[3]惟正因我國對中國出口強勁，近年來，尤其在兩岸均成為WTO會員國之後，中國對我國出口產品啓動反傾銷指控者，亦隨同增加，值得重視。

　　國際間反傾銷指控有隨全球經濟成長而快速增加之趨勢，最近二年全球反傾銷案件雖有下降，乃對以往過度膨脹之反彈，應屬例外，根據WTO統計，中國現為全球受到反傾銷調查最多之國家。若干開發中國家，在亞洲包括中國、印度、泰國及印尼等，在頻頻遭受已開發國家之反傾銷指控之後，現已積極反擊，對外國產品低價輸入，提出反傾銷調查。

　　WTO成立以後，現每隔半年發布全球反傾銷調查報告，依2003年5月2日發布2002年下半年報告指出，在2002年7月至12月間計有17個國家針對來自43個國家（地區）之出口產品提出149件反傾銷調查，較2001年同一時期有23個國家發動210件者已有下降。其中40件由已開發國家發動，另109件由開發中國家提出。

　　據中國官方資訊，目前中國在全球出口總額中所占比重約4%，而自1995年至2001年，針對中國啓動反傾銷數量在全球總量中所占比重為14%，高居首位。[4]其中68.6%之調查被採取反傾銷措施，較全球平均比例高出8.2%。涉案產品擴及礦產、化工、輕工產品、紡織品、畜牧、機械電子、醫藥保健等4,000多種商品，截至目前，計有30餘個國家（地區）對中國出口產品啓動約500件反傾銷調查，直接影響出口金額達100億美元以上。

　　依中方分析，中國出口產品屢遭反傾銷之基本原因在於：一、出口產品結構及市場結構過於集中；二、出口秩序混亂，企業低價競銷；三、產業轉移帶來貿易摩擦；四、對外國貿易保護主義之反擊能力有限。中國承認此等因素，難以期待在短期內改變，加以中國在加入時被要求在十五年內仍將被視為「非市場經濟」，[5]以故，一般預料，針對中國出口產品啓動反傾銷調查案件之數量，可能

---

[3] 中國自2002年成為我國最大出口市場，僅相距一年，躍升成為我國最大貿易國家，顯示兩岸貿易持續擴張，已經成為不可遏阻之趨勢。參見經濟日報（2004.3.2），版10。

[4] 根據中國商務部主管部門表示，2003年外國對中國提起反傾銷調查者，有二個特點：其一，大案明顯增多，如美國指控彩色電視機傾銷案金額達4.8億美元，歐盟指控聚酯切片傾銷案金額超過8,000萬美元；其二，開發中國家指控傾銷案金額較小，卻占總件數80%。

[5] 根據中國加入WTO所作承諾，中國面臨十五年非市場經濟國家之待遇，因而WTO成員國當局有權否認中國出口企業之經濟制度是在市場經濟體制下運作。中國之企業及出口產品在面臨進口國成員之反傾銷指控時，實際上將處於較為不利之地位，中國上海WTO事務諮詢中心資深專家馮軍認為，非市場經濟條件造成之歧視待遇在短期內會減緩大陸對外貿易之成長速度。

會有增無減，由於臺商在中國投資，此一發展，值得關切。

　　展望未來，2004年為中國加入WTO後，履行有關承諾甚具關鍵性之一年。中國所實施大部分過渡措施在2004年底屆滿。其實，自2003年12月起，中國有關服務貿易項目，包括經銷、保險、銀行、電訊、廣告等，不僅准入門檻降低，開放地區擴大，而且外資持股比例亦告增加，2004年取消油品、天然橡膠、部分汽車及零組件等50個稅號產品之非關稅措施，加以農產品及化學肥料之關稅配額將進一步增加。凡此，將是中國加入WTO以後即將面臨頗為艱鉅之任務。[6]

貳、中國反傾銷法制體系概況

一、法制體系架構

　　加入WTO之後，需遵守入會議定書及所作承諾，調降關稅及消除具有扭曲貿易效果之非關稅措施，雖然中國以一開發中國家之地位加入，依入會承諾，亦需在2005年1月1日以前取消包括汽車在內所有產品之進口配額許可證管理。[7]其實，並不限於中國，新加入會員國中包括我國在內，當國內市場開放以後，WTO規範所允許之反傾銷措施，勢必將成為各加入國保護國內產業之重要工具。

　　中國反傾銷法制之體系架構，係由全國人民代表大會立法通過屬於「法律」層次之「對外貿易法」，再由國務院依據「對外貿易法」頒布屬於「行政法規」層次之「反傾銷及反補貼條例」，嗣該條例經分割，由國務院分別頒布「反傾銷條例」及「反補貼條例」，而後經由主管機關——前外經貿部（現為商務部）根據「反傾銷案例」之授權，制定屬於「部委規定」層次之各項有關反傾銷各個階段配套之各項執行規則，本質上屬於反傾銷之子法。茲依法令位階，分別說明如下：

(一) 對外貿易法

　　中國全國人大常委會於1994年5月12日頒布「對外貿易法」，並於同年7月1日實施。依該法第30條規定，產品以低於正常價值方式進口，並由此對國內已建

---

[6]　中國商務部於2003年10月下旬發布對外貿易形勢報告指出出口退稅機制、貿易保護主義、加入WTO過渡期調整及貿易平衡狀況等四大因素之影響，不容忽視。

[7]　中國副總理吳儀在2004年4月下旬赴美與美國進行雙邊貿易諮商時，在美國商會表示，中國將自2005年1月1日起，取消包括汽車在內所有產品之進口配額許可證管理。中國加入WTO以後，除訂定每年關稅調降比例外，亦承諾逐年降低非關稅障礙。並指謂，中國將根據經濟運行情況及國際收支狀況，進一步完善人民幣匯率形成機制，逐步取消不適宜之外匯管制措施，最終實現人民幣資本項目可兌換。據報導，中美此次經貿諮商時，中國方面並未就晶片增值稅不當補貼問題作出讓步。參見工商時報（2004.4.23），版6。

立之相關產業造成實質損害或產生實質損害之威脅，或對國內建立相關產業造成
實質阻礙時，可以採取必要措施，消除或減輕此種損害或損害之威脅或阻礙。該
條規定雖未使用「反傾銷」字眼，實質上賦予「反傾銷調查」之法源基礎。新修
正法，對此未作大幅變動。[8]

在該法頒布之後，以迄1997年3月頒布「反傾銷及反補貼條例」約三年期
間，因欠缺配套規範，加以中國國內缺乏此一領域之經驗，並未嘗真有啟動反傾
銷調查之事實。

中國在該法實施十年之後，於2004年4月5日經由全國人代會通過修正，中國
商務部副部長曾表示，該法之修正在於適應貿易發展，市場經濟之形塑，履行入
會承諾及加速依法治國之需要。[9]

對外貿易法修正之後，中國有意將向「市場經濟」轉型，似乎淡化社會主義
路線，並承諾各企業及自然人均享有經營外貿權，此為該法極大之改變。新法強
調中國作為WTO成員所享有之權利，如對外貿夥伴進行調查，以減輕企業貿易
負擔之權利。又新法突顯對智財權保護，乃以專章規定與貿易有關智財權保護。
從而，使對外貿易之領域，不僅包括商品貿易、技術進出口、服務貿易，並及於
智財權保護，此一體例與WTO規範，允無不合。

依新法第1條規定，為擴大對外開放，發展對外貿易，維護對外貿易秩序，
保護對外貿易經營者之合法權益，促進社會主義市場經濟之健康發展，制定本
法。與修正前比較，計增列：「擴大對外開放」及「保護對外貿易經營者之合法
權益」，事實上，此二者正為此次修法之二大宗旨。另依新法第2條規定，本法
適用於對外貿易以及與對外貿易有關之知識產權保護（第1項）；本法所稱對外
貿易，乃指貨物、進出口、技術進出口及國際服務貿易（第2項）。與修正前比
較，第1項擴及與貿易有關知識產權保護為新增列者。

最值重視者，在加入WTO之後，中國表明參加區域經濟組織。依新法第5條
規定，該國根據平等互利原則，促進及發展與其他國家及地區之貿易關係，締結
或參加關稅同盟協定、自由貿易協定等區域經濟貿易協定、參加區域經濟組織。
與修正前比較，該條後段有關參加各類型區域經濟組織，顯示其對外貿易之政策

---

[8]　修正前「對外貿易法」第30條規定，於修正後改列為第41條，並增列第42條，分別規定對中國市場及對第
三國市場之傾銷行為。至於構成要件，與修正前並無差別。至於對第三國市場傾銷時，增列主管機關可以
與該第三國政府進行諮商，要求其採取適當措施。

[9]　該法修正後最受爭議者，當係依新法第69條仍規定，單獨關稅區不適用本法（修正前列為第43條）。亦即
排除香港及澳門之適用，從而使依據「對外貿易法」而制定之「反傾銷條例」亦不適用於港澳地區。惟外
國產品每經由港澳間接傾銷到中國，尤其香港轉口貿易占有重要地位，中國成為香港轉口貨物之最大市
場，在此情況之下，外國產品傾銷香港，再到中國，將使大陸相關產業造成損害，如何處理此一問題；中
國專家認為此係現行「反傾銷條例」之立法空白，值得注意。

方向。

　　根據中國商務部資料顯示，中國對外貿易中高科技及機電產品之出口，已占外貿出口金額5%以上，2002年中國71%之出口企業，39%受到外國技術障礙之限制，損失高達170億美元。同時，中國國家外匯管理局統計顯示，2000年至2002年，中國對外支付之專利使用費及特許費，遠高於外國支付中國之費用，其逆差金額達30億美元。

　　此外，據稱中國商務部將根據新法，制定配套法規執行新法，以促進貿易之便捷化。隨著中國經濟之發展，以往十年之間，中國外貿快速成長。2003年中國對外貿易總額達851.2億美元，中美雙邊貿易額為1,264億美元，中國對美國享有約600億美元之貿易順差，新修正「對外貿易法」，定自2004年7月1日起實施。

(二) 反傾銷及反補貼條例

　　中國國務院於1997年3月25日頒布「反傾銷及反補貼條例」，如法規名稱所顯示，該條例係將「反傾銷」及「反補貼」二種行為合併規範，以求立法經濟。事實上，反傾銷與反補貼為二種下同之概念，僅因若干調查程序相同或類似而合併規定。亞洲國家中如日本、韓國等在早期制定此種救濟法案時，常將二者合併立法，惟後來隨GATT/WTO規範將二者分立，而採取各別立法方式處理，直到今日，我國現行「平衡稅及反傾銷稅課徵實施辦法」，仍將「反傾銷」與「反補貼」二者合併規定。

　　自1997年3月頒布「反傾銷及反補貼條例」，以迄2001年11月頒布「反傾銷條例」而廢止約三年半期間，據統計中國啟動12件反傾銷調查案件，其中部分已作成初裁決定或終裁決定，另部分則尚在繼續處理之中，因「反傾銷及反補貼條例」已失效，不擬多贅。

(三) 反傾銷條例

　　中國國務院於2001年11月26日頒布「反傾銷條例」，明定自翌年1月1日起實施；此外，於2002年1月1日頒布「反補貼條例」，明定自公布日起實施，該二條例之頒布，取代原頒「反傾銷及反補貼條例」，用意甚為明顯。中國頒布「反傾銷條例」時，事先已確定成為WTO會員國，因而在制定該條例時已考慮到與WTO反傾銷協定之配合問題，惟仍存在若干差異性。

　　該條例計分：1.總則；2.傾銷與損害；3.反傾銷調查；4.反傾銷措施；5.反傾銷及價格承諾期限與復審；6.附則等六章，共59條條文。2004年4月中旬修正該條例時，對此一基礎架構及總條文數目均未作變動。

　　依該條例第1條規定，為維護對外貿易秩序及公平競爭，根據對外貿易法有

關規定，制定本條例。該條例第2條規定，進口產品以傾銷方式進入中國市場，並對已建立之國內產業造成實質損害或產生實質損害威脅，或對建立國內產業造成實質阻礙，依照本條例之規定進行調查，採取反傾銷措施。該條對因傾銷造成損害，明定採取「反傾銷措施」，較諸「對外貿易法」第30條規定所稱「採取必要措施」為具體而明確。

中國國務院於2004年4月15日修正「反傾銷條例」；4月16日修正「反補貼條例」；4月17日修正「保障措施條例」，此三種措施為GATT/WTO規範所容許進口救濟措施。中國所稱「保障措施」者，我國稱為「進口防衛措施」。即指GATT 1994第19條所規定者。中國此次修正「反傾銷條例」，嚴格而言，修改幅度不大。其一，修正該條例第37條，明定徵收反傾銷稅應當符合「公共利益」之條件需求。其二，因外經貿部及隸屬於國務院之國家經貿委已合併成立「商務部」，配合中央體制改造，而配合修改該條例相關各條文。

例如，修正前「反傾銷條例」第3條第2項規定，對傾銷之調查及確定，由對外貿易經濟合作部（簡稱外經貿部）負責，現則改為由商務部負責。該條例第7條第2項規定，對損害之調查及確定，由國家經濟貿易委員會（簡稱國家經貿委）負責，其中，涉及農產品反傾銷國內產業損害調查，由國家經貿委會同農業部進行。現則修正為由商務部負責，至於農產品部分由商務部會同農業部進行，均其適例。易言之，依修正後該條例明定「傾銷」與「損害」之調查與確定，合併交由商務部統一負責，WTO並無相反規定，故並無不可。至於經過調查確定反傾銷成立之後，由商務部提出建議，國務院關稅稅則委員會根據商務部之建議，作出決定，由商務部公告，海關則自公告規定實施之日起執行。依此以觀，程序簡化之後，反傾銷所涉主要政府部門，包括商務部、國務院關稅稅則委員會及海關，如為農產品，尚涉及農業部。

中國在2004年4月15日頒布新修正「反傾銷條例」前夕，美國曾提出質疑，認為該新條例與WTO反傾銷協定存有潛在性衝突問題。對此，中國當局表示，該條例係根據WTO規則及原則制定，彼此間並不衝突。中國向各WTO會員國保證該條例符合WTO要求，所存在反傾銷及反補貼調查中提交之秘密商業資訊，均將予保密。

中國當局證實，新條例已經廢除及刪除反傾銷規則中之部分規定，包括反傾銷調查中使用者與消費者提供「公共利益」資訊之規定，以及對實際上已排除於反傾銷、反補貼關稅令之外產品，如調查機關認為對損害分析適當，得繼續包括在數量及價格數據之規定。此外，中國當局證實，一旦傾銷及損害裁決為否定，任何與目標產品有關之價格承諾將自動終止。如裁決為肯定，只要特定反傾銷措

施正在實施，有關調查之公共檔案即可獲得。

(四) 反傾銷各項子法

　　中國相關政府部門在國務院頒布「反傾銷條例」之後，於2002年2月至3月間陸續頒布反傾銷有關之各項子法，其性質屬於所謂「部委規定」，包括「反傾銷調查立案暫行規則」等達13種之多，其中「反傾銷調查立案暫行規則」等11種係由前外經貿部（現為商務部）所頒布；「反傾銷損害調查與裁決規定」一種係前國家經貿委（現亦併入商務部）所頒布，至於作為進行反傾銷「司法審查」重要依據之「關於審理反傾銷行政案件應用法律若干問題的規定」一種，則係由中國最高人民法院所頒布，屬於「司法解釋」性質。[10]茲列表如表11-1：

表11-1　中國反傾銷法各項子法表

編號	法規名稱	頒布機關	頒布日期	實施日期
1	反傾銷調查立案暫行規則	外經貿部	2002.02.10	2002.03.13
2	反傾銷問卷調查暫行規則	外經貿部	2002.03.13	2002.04.15
3	反傾銷調查抽樣暫行規則	外經貿部	2002.03.13	2002.04.15
4	反傾銷調查實地核查暫行規則	外經貿部	2002.03.13	2002.04.15
5	反傾銷調查信息披露暫行規則	外經貿部	2002.03.13	2002.04.15
6	反傾銷調查公開信息查閱暫行規則	外經貿部	2002.03.13	2002.04.15
7	反傾銷調查公聽會暫行規則	外經貿部條法司	2002.06.02	2002.06.02
8	反傾銷價格承諾暫行規則	外經貿部	2002.03.13	2002.04.15
9	反傾銷退稅暫行規則	外經貿部	2002.03.13	2002.04.15
10	反傾銷新出口商復審暫行規則	外經貿部	2002.03.13	2002.04.15
11	反傾銷產業損害調查與裁定規定	國家經貿委	2002.12.13	2003.01.15
12	關於反傾銷產品範圍調整程序的暫行規則	外經貿部	2002.12.13	2002.12.23
13	關於審理反傾銷行政案件應用法律若干問題的規定	最高人民法院	2002.12.21	2003.01.01

資料來源：中國商務部。

---

[10] 該一規定前言指出，為依法公正地審理反傾銷行政案件，根據中國行政訴訟法及其他有關法律之規定，制定本規定。依此一規定以觀，此類案件除適用「反傾銷條例」之外，亦有「行政訴訟法」之適用。且因行政訴訟法為法律，在法律適用上，似將優先適用「行政訴訟法」，由此益見，「反傾銷條例」誠有儘早提升立法層次之必要。

二、法制體系運用

中國於1997年3月頒布「反傾銷及反補貼條例」之後，針對原產於加拿大、韓國及美國進口新聞紙，於1997年12月10日啓動中第一個反傾銷調查，並於1999年6月1日由中國海關總署發布徵收反傾銷稅通知。在該條例實施將近四年期間，中國啓動12件反傾銷調查，其後，中國於2001年11月頒布「反傾銷條例」，於2002年1月1日開始實施，並由相關部會陸續頒布反傾銷各項子法，使反傾銷體制趨於完備，依WTO資訊，中國於2002年期間共啓動10件反傾銷調查，而2003年上半年啓動11件反傾銷調查，一年約20至30件間，顯示已呈倍數成長。

中國於2001年12月中旬加入WTO，所啓動反傾銷調查案件，茲擇比較具有代表性者，分「立案調查」、「初裁決定」、「終裁決定」及「終止調查」等四部分說明如下：

(一) 立案調查

此一部分爲數較多，且原先立案調查後，多數已經過初裁決定，終裁決定乃至撤銷調查等各種情形，茲僅就截至2004年5月仍處於立案調查階段，而具有指標意義案件例示。包括：1.商務部公告對日本紫菜進口管理措施進行貿易障礙調查，爲期六至九個月（2004年4月20日）；2.商務部公告決定對原產於美國、韓國、泰國及我國（臺灣）之進口未漂白牛皮箱紙板進行反傾銷立案調查（2004年3月31日）；3.商務部公告對原產於我國之尼龍原絲及尼龍加工絲進行反傾銷調查，我國生產業者計畫參加應訴，以避免被課徵高額反傾銷稅（2003年11月20日）；4.商務部公告對原產於日本、美國、歐盟之進口氯丁橡膠（Chloroprene Rubber）進行反傾銷立案調查（2003年11月10日）；5.商務部公告對原產於我國之進口錦綸6.66長絲進行反傾銷立案調查（2003年10月31日），此項調查通常情況下在一年內（即2004年10月31日前）結束，特殊情況下可延長半年（至2005年4月30日）。值得注意者，所列五件中，涉及我國者即多達三件，亟值我國業者關切此一情勢發展。

(二) 初裁決定

此一階段亦屬中間過程，調查機關在作成肯定初步裁定，徵收臨時反傾銷稅之後，通常仍繼續進一步調查，而後作成終裁決定或撤銷調查，目前處於此一階段之案件，包括：1.商務部公告對原產於歐盟、韓國、美國、印度之進口三氯甲烷（Chloroform）反傾銷調查之初裁決定，並決定對該產品採取現金保證金形式之臨時反傾銷措施（2004年4月8日）；2.商務部公告對原產於日本、美國、德

國、伊朗、馬來西亞、墨西哥及我國（臺灣）之進口乙醇胺反傾銷調查之初裁決定，並決定對該被調查產品採取臨時反傾銷措施（2004年3月25日）；3.調查機關對原產於韓國、馬來西亞、新加坡、印尼之進口丙烯酸酯反傾銷調查之初裁決定（2002年12月5日）；4.調查機關對原產於日本、韓國之進口不鏽鋼冷軋薄板反傾銷調查之初裁決定；5.調查機關對原產於日本、美國、德國之進口丙烯酸酯反傾銷調查之初裁決定（2004年11月23日）。值得注意者，其中第二案有關乙醇胺進口涉及我國。

(三) 終裁決定

　　由於早先立案調查者，經過初裁決定，而到終裁決定，因中國加入WTO後積極運用反傾銷機制，現已完成終裁決定之案件較多。茲列舉四例如下：1.商務部公告對原產於日本、韓國、美國及我國（臺灣）之進口苯酚反傾銷調查之終裁決定，決定自2004年2月1日起，對自各該地區進口苯酚徵收反傾銷稅，期限爲五年（2004年2月18日）；2.商務部公告對原產於俄羅斯、韓國、烏克蘭、哈薩克及我國（臺灣）之進口冶軋板卷恢復徵收反傾銷稅（2004年1月14日），該案情況較特殊，在恢復徵收前，於2003年9月23日商務部公告終裁決定有案；3.商務部公告對原產於日本、韓國、美國之進口甲苯二異氰酸酯（TDI）之反傾銷調查終裁決定，自2003年11月22日公告起爲期五年（2003年11月22日）；4.商務部公告對原產於美國、韓國、日本、俄羅斯及我國（臺灣）之進口聚氯乙烯（Polyvinyl Chloride）反傾銷調查之終裁決定，決定對該被調查產品徵收反傾銷稅，自2003年9月29日起爲期五年（2003年9月29日）。

　　值得注意者，上開四件終裁決定案件，其中第一案有關苯酚、第二案有關冶軋板卷及第四案有關聚氯乙烯之反傾銷，均涉及我國業者出口中國市場之利益，遭受課徵確定之反傾銷稅，且期間長達五年之久，影響甚爲深遠。

(四) 終止調查

　　此種情形包括在立案調查，初裁或終裁階段，調查機關依職權所作「終止調查」或因申請終止調查，由主管機關作「撤銷調查」二種情形在內。前者，例如在商務部公告自原產於日本、美國、德國、伊朗、馬來西亞、墨西哥及我國（臺灣）之進口乙醇胺反傾銷調查之初裁決定，因調查機關發現自德國進口之乙醇胺數量有限，符合可忽略不計標準，而決定僅就德國進口乙醇胺部分終止調查，其他國家進口部分則不受影響，徵收臨時反傾銷稅。至於後者，則爲比較常態性之終止調查，由當事人提出，經調查確實後，其處理情況略同。

參、中國反傾銷調查構成要件分析

中國現行「對外貿易法」第41條及第42條與「反傾銷條例」第2條,對於傾銷構成要件,分別設有規定,二者在條文文字不盡相同,前者以較宏觀角度規範,稱「產品以低於正常價值方式進口」,而後者則以較具體要件界定,而逕稱「產品以傾銷方式進入市場」,惟對於基本構成要件並無差異,即傾銷、損害及傾銷與損害之間因果關係存在之三段論模式,基本上,此與WTO反傾銷協定及各國有關反傾銷法之立法例,並無不同。

中國調查機關在具體反傾銷案件之處理上,如認為確定構成傾銷者,亦必先確認傾銷、損害與因果關係。例如中國調查機關於2003年2月3日公告關於原產於韓國的進口聚酯切片反傾銷調查之終裁決定,對外貿易經濟合作部終裁決定傾銷,國家經濟貿易委員會終裁決定被調查產品對國內產業造成實質損害,兩部委共同認為傾銷及實質損害之間存在因果關係。即為適例。

一、傾銷定義

何謂「傾銷」?此為構成反傾銷措施所面對之首要課題,對此,中國「反傾銷條例」第3條第1項有原則性界定,乃指在「正常貿易過程」中進口產品以低於其「正常價值」之「出口價格」進入中國市場。此一定義,中國國務院於2001年11月制定該條例時,即已明定,2004年4月修正該條例時未作任何變動。依此,含有二項基本概念,其一,交易應在所謂「正常貿易過程」(ordinary course of trade)完成,否則難以作價格比較;其二,反傾銷調查應在有產品實際進入國內市場時發生,如尚未進口,不得採取反傾銷措施,以故本質上並非預防措施。又同條第2項規定,對傾銷之調查與確定,由商務部負責。目前商務部下已經設立「進出口公平貿易局」及「產業損害調查局」,分別實際擔負傾銷與產業損害之調查工作。

中國雖對「傾銷」之含義有所界定,惟對於界定「傾銷」所指之「正常貿易過程」之範圍則未作界說,因而仍使「傾銷」之概念不盡明確。一般通說,認為「正常貿易過程」係指在不完全競爭市場,即使不免發生壟斷或最低限價情形,市場條件發生作用,在銷售價格仍高於生產成本之情況下,即可認為在正常貿易過程之中。惟WTO反傾銷協定及歐美反傾銷法對於「正常貿易過程」乃係採取排除法,即指出何者非屬正常貿易過程,以界說正常貿易過程之範圍。依WTO反傾銷協定第2條第2項第1款及第2條第3項規定,包括低於單位成本之銷售及向

關聯公司之銷售屬於非正常貿易過程。因此二種情形將造成人爲壓低產品價格，並使之偏離生產成本之可能，以故不能作爲「正常貿易過程」，由此形成之價格不能認定爲正常價值。論者有建議中國主管機關應當借鏡「反傾銷協定」之作法，對「正常貿易過程」有所規定。可在實施細則或對「反傾銷條例」作出補充解釋，以排除法確定正常貿易過程。[11]

二、正常價值之確定

中國「反傾銷條例」第4條規定，進口產品之正常價值，應當區別情況，按照下列方法確定：

(一) 國內市場價格：進口產品之同類產品在出口國（地區）國內市場之正常交易過程中有「可比價格」（我國稱爲「比較價格」）者，以該可比價格爲正常價格。

(二) 第三國價格：進口產品之同類產品在出口國（地區）之正常貿易過程中未有銷售或該同類產品之價格、數量不能據以進行公平比較者，以該同類產品出口到一個適當第三國（地區）之可比價格爲正常價值。

(三) 推定價格：進口產品之同類產品在出口國（地區）國內市場之正常貿易過程中沒有銷售或該同類產品之價格、數量不能據以公平比較者，以該同類產品在原產國（地區）之生產成本加合理費用、利潤爲正常價值。

(四) 轉口價格：進口產品不直接來自原產國（地區）者，原則上依國內市場價格確定其正常價值，惟在產品僅通過出口國（地區）轉運、產品在出口國（地區）無生產或在出口國（地區）中不存在可比價格等情形下，可以該同類產品在原產國（地區）之價格爲正常價值，按舊條例對於「轉口價格」未作規定，「反傾銷條例」則有此一規定，乃係參考WTO反傾銷協定第2條第5項規定而增列。

與WTO反傾銷協定比較，中國「反傾銷條例」所規定有關「正常價值」之確定，較爲簡單，所規範者似限於基本原則而已，而對於牽涉之若干更具體之方法及相關因素，則諸多不備，以故，中國研究國際反傾銷法之學者，乃建議未來修正「反傾銷條例」或制定相關實施細則時，宜作適度補充，以便於操作。茲將

---

[11] 依WTO反傾銷協定第2條第1項規定，下列情況之銷售，可能視爲非屬正常貿易過程，而不適用「正常價值」之確定，例如：次級品（off-quality）；非依正常規格（unusual specifications）之生產；以異常價格（aberrant prices）銷售；未依正常買賣條件（unusual terms of sale）銷售；不依一般價格銷售給關聯公司。中國「反傾銷條例」所稱「正常貿易過程」，可能造成不符合WTO標準之問題。因大陸主管當局在計算正常價值時，可能包含各種不屬於「正常貿易過程」之銷售在內，自然比較容易構成傾銷。中國直到現今並未指明認定之標準何在，而令人憂心。See Kermit W. Almstedt & Patrick M. Norton, "China's Antidumping Laws and the WTO Antidumping Agreement (Including Comments on China's Early Enforcement of its Antidumping Laws)," *Journal of World Trade* (December 2000), 34(6): 75-114.

所存在問題分述如下：[12]

(一) 「同類產品」定義明確化問題

　　現行「反傾銷條例」第12條規定，同類產品乃指與傾銷進口產品相同之產品，未有相同產品者，以與傾銷進口產品特性最相似之產品為同類產品。

　　按有關「同類產品」之界定，關涉反傾銷對象之範圍，顯示保護國內產業之力度。WTO反傾銷協定對同類產品本質上係著眼於從整體外觀之物理特徵加以判斷。中國「反傾銷條例」第12條規定，雖符合WTO規定，惟論者認為該條所謂「特性最相似」之「特性」，含義不明確，究竟為物理特性或化學特性，容易發生疑義。各主要貿易國家之反傾銷實務，通常對產品之基本物理特性、化學特性、外觀特徵、生產技術、過程、性質、相互競爭性及產品可交換性等進行綜合觀察，因而認為中國有適當放寬同類產品範圍之必要。

　　〔案例1〕中國調查機關對原產於韓國之進口聚酯切片反傾銷調查終裁決定，調查機關在考察產品之基本物理及化學特性、生產技術、產品用途、產品替代性及相互競爭性等方面之因素後，認定韓國出口到中國之聚酯切片與中國生產之聚酯切片屬於同類產品，具有可比性，又該案裁定後，有關利害關係人向調查機關提出PETG聚酯切片（glycol-modified PET）不應包括在被調查產品範圍之申請。調查機關徵求申請人意見，並舉行專家座談會，經過調查，調查機關認為原產於韓國之進口PETG聚酯切片無論在物理特徵或化學性能上均與初步裁定公告中描述之被調查產品有明顯不同，因此調查機關確認PETG聚酯切片不屬於該次反傾銷之被調查產品。據上，中國認定同類產品實務上不限於物理特性。

(二) 「比較價格」之量化標準問題

　　現行「反傾銷條例」第4條第1項第1款僅規定，在出口國（地區）國內市場之正常貿易過程中有可比價格者，以該可比價格為正常價值。該規定對於同類產品在出口國國內市場銷量之最低數量如何，並未作規定。

　　依WTO「反傾銷協定」第2條第2項之註解指出，出口國國內市場同類產品之消費量通常得視為決定價格所需之足夠數量，但須此同類產品之銷售量占其輸出至進口會員國數量5%或以上者。如有證據證明國內雖銷售較低之比例，卻可作為適當比較之足夠數量者，則比較低之比例亦可被接受。依此規定以觀，可比

12　中國監察部法規室官員王暉建議修正「反傾銷條例」時尚須對非正常貿易過程中產品正常價值之確定方法作出規定；並對產品非直接自原產地進口時正常價值予以確定。所論甚詳，可供中國再修法時參考。參見王暉，中國反傾銷法對傾銷的確定及完善，中國法律（2003年12月）。

價格在正常貿易過程中，用於國內消費時之價格，應具有代表性，且應有一定量化標準，始爲相當。

　　該一註解之目的乃爲防止出口商經由較小之國內銷售量，企圖人爲操作，抬高正常價格，降低傾銷幅度或使傾銷不存在。蓋因國內銷售價格與出口價格之間存在許多調整項目，不具可比性，在適用5%數量標準時，低於生產成本之部分國內銷售不能計入，而且此5%以上之國內銷售必須供國內銷售使用，如國內銷售以出口爲目的，售給外銷公司，則在國內銷售時應予排除。

　　論者認爲現行條例未規定及可比價格之量化標準，有所未足，應滿足WTO反傾銷協定有關5%之標準，並進一步對何種價格爲可比價格，何種價格不具可比性予以詳細規定，以便於操作。[13]

(三)　「第三國」標準明確化問題

　　反傾銷條例第4條第1項第2款規定，以該同類產品出口到一個適當第三國（地區）之可比價格爲正常價值，至於「適當第三國」之條件或標準則未規定，以致實務處理上依法無據。

　　依WTO「反傾銷協定」第2條第2項規定，以同類產品外銷至某一適當可資比較且具代表性之價格，較中國「反傾銷條例」所稱適當第三國，並未及「具代表性」之條件，似有未足。惟所謂「適當」及「具代表性」，均不易選定，尚須視第三國是否有意願合作而定。易言之，國際規範在此部分仍未盡明確，因而乃有需參考歐美先進國家之作法。

　　論者或有認爲可採取歐盟作法，即當有數個第三國存在時，選擇其中價格最高者，俾有利於認定傾銷之成立。惟按影響價格之因素包括銷售數量、產品質量等，如概以最高價格作爲正常價值，對於開發中國家而言，並不盡有利。至於美國「反傾銷法」規定，其對第三國所選擇之標準爲，與出口到美國之產品相比，出口到該國之產品較出口到其他國家之產品具有更大相似性；或產品在該國銷售已達到一定規模，與其他國家相比，其銷售數量最大；該第三國之市場組織及發展程度與美國最爲相似等，在此方面，以美國所採行之制度最爲合理，且具有可操作性。WTO反傾銷協定及美國反傾銷法之規定，可供參考。

(四)　「推定價格」之構成要件問題

　　反傾銷條例第4條第1項第2款後段規定，以該同類產品在原產國（地區）之

---

[13]　參見中國學者王新奎、劉光溪主編，WTO與反傾銷、反補貼爭端，上海人民出版社（2001年7月），頁301。

生產成本加合理費用、利潤，為正常價值。至於如何確定生產成本、合理費用及利潤則無明確規定。

在國際反傾銷實務中，各國傾向以「推定價格」作為確定正常價值。此則因認定第三國價格有時困難或不公允，易生對生產成本高估情形。依WTO反傾銷協定第2條第2項後段規定，以原產國之生產成本加上合理之管理、銷售及一般費用及利潤作為可資比較價格。

生產成本通常以被調查之出口商或生產者保存之紀錄符合出口國一般公認之會計原則，並合理反映與被調查產品有關之生產及銷售成本。易言之，當進口國與出口國在生產成本計算上不一時，以優先採用出口國規則為原則。管理、銷售及一般費用及利潤之金額應依據被調查之出口商或生產者在正常貿易過程中生產及銷售同類產品之實際數據。

如仍無法依上開標準計算金額者，可依下列基礎計算確定，即依所涉出口商或生產者在原產國國內市場中生產及銷售同一大類產品所產生及實現之實際金額；依被調查其他出口商或生產者在原產國國內市場中生產及銷售同類產品所產生之加權平均實際金額；依任何其他合理方法，惟依此確定之利潤額不得超過其他出口商或生產者在原產國國內市場中銷售同一大類產品所實現之利潤額。論者認為中國「反傾銷條例」應參考WTO反傾銷協定對推定價格之各項構成因素作補充規定。

三、出口價格之確定

依據中國國務院頒布「反傾銷條例」第5條規定，進口產品之出口價格，應當區別不同情況，按照下列方法確定：

(一) 實際支付或應當支付價格：進口產品有實際支付或應當支付（actually paid/payable）之價格者，以該價格為出口價格。

(二) 推定價格：進口產品沒有出口價格或其價格不可靠者，以根據該進口產品首次轉售於獨立購買人之價格推定之價格為出口價格。

(三) 合理價格：該進口產品未轉售給獨立購買人或未按進口時之狀態轉售者，可以商務部根據合理基礎推定之價格為出口價格。依此規定，該條例賦予主管機關在確定出口價格時，有較大自由裁量空間，此與WTO反傾銷協定第2條第5項規定略同。

依WTO「反傾銷協定」第2條第3項規定，若無出口價格（如在易貨貿易或相對貿易之情況），或主管機關鑑於出口商與進口商或第三者之間有特殊關係或有補償性約定之安排，認為該價格不可靠，可根據進口產品首次轉售予獨立買主

之價格，推算出口價格。如產品未轉售予獨立買主，或非以進口方式轉售，則主管機關可按其認定之合理基礎決定出口價格。此一規定頗為模糊，賦予主管機關有較大之裁量權，因對出口價格之確定有甚大彈性，裁決結果往往有利於進口國之申請人，而不利於出口商。主管機關很可能對價格拒絕作必要調整，而造成不公平現象。

論者認為對「應當支付之價格」以已存在之契約條款為準，應作明確規定，而對於出口價格之「合理基礎」亦應作補充規定，以增加運作之透明度。對於貿易過程經由代理商或貿易商者，原則上應視出口商或代理商與貿易商之間是否有關而定。

〔案例2〕外經貿部曾拒絕香港Atofina公司與中國進口商間之交易價格，而主張以法國Atofina公司與中國進口商間之實際交易價格為準，因根據該部調查結果，產品係在香港Atofina公司進口，香港此一公司為法國Atofina公司之關係企業。

四、價格比較時調整因素

現行「反傾銷條例」第6條第2項規定，對進口產品之出口價格與正常價格，應考慮影響價格之各種可比因素，按照公平、合理方式進行比較。該條規定所謂「公平、合理方式」為一抽象概念，如何比較？方為公平合理，缺乏具體標準，易使作價格比較時過於彈性，而欠缺可操作性。由於主管機關裁量下，可能存在黑箱作業，而影響反傾銷功能之發揮。

依WTO「反傾銷協定」第2條第4項規定，出口價格與正常價值間之比較應公平為之。其比較應基於相同之交易層次，以出廠層次為準，且儘可能以相同時期之銷售作為比較，同時依個案考量實際狀況，包括銷售條件及條款，稅賦、交易層次、數量、物理特性等差異，及其他影響價格比較之不同因素，予以調整。

中國有需要參考WTO「反傾銷協定」該一規定，以具體、明確地規定正常價值與出口價格之比較方法，充分考慮常見影響價格之可比性因素，以及在具體案件中應考慮之其他影響價格之可比性因素。實務上，中國在具體案件上已作此一考慮。

〔案例3〕中國對原產於日本、韓國之進口不鏽鋼冷軋薄板反傾銷調查之初裁決定，外經貿部將每個應訴公司之正常價格與出口價格在出口國出廠價之基礎上予以比較。根據法令規定，外經貿部採用公平合理之方式進行比較，對提供相關證明資料之以下因素進行調整，包括運輸費用、保險費用、裝卸費用、港口費用、包裝費、庫存費用、擔保費、通關費用、信用費用、稅費以及折扣或回扣等

因素，惟法令上，目前仍未有明文規定在比較價格時所應考慮之調整因素，此或因視個案情況之不同，所需考慮之因素或條件不盡相同，而未作統一規定。

五、傾銷及傾銷幅度

　　現行「反傾銷條例」第6條第1項對所謂「傾銷幅度」（dumping margin）有所界定，乃指進口產品之出口價格低於其正常價值之幅度。此一名詞我國稱為「傾銷差額」，傾銷幅度之多寡可謂係反傾銷調查案件一旦成立以後，被指控傾銷者最為關心之問題。而且傾銷幅度因不同出口商之不同情況而異，調查機關係根據各別情況，分別計列各個應訴公司之傾銷幅度。有關計算基準，同條第2項設有一般性規定，即對進口產品之出口價格及正常價值，應當考慮影響價格之各種可比因素，按照公平、合理之方式進行比較。至於在比較複雜，不限於一筆之傾銷案件中，其傾銷幅度之計算，應採加權平均計算方法如下：
　　(一) 將加權平均正常價值與全部可比出口交易之加權平均價格進行比較。
　　(二) 將正常價格與出口價格在逐筆交易之基礎上進行比較。
　　(三) 出口價格在不同購買人、地區、時期之間存在很大差異，可將加權平均正常價值與單一出口交易之價格進行比較。
　　〔案例4〕中國於2003年2月公告對原產於韓國進口聚酯切片反傾銷調查之終裁決定，該案在作價格比較與調整方面，外經貿部將各應訴公司之正常價值與出口價格在出口國出廠價之基礎上予以比較。該一案件，對於某些應提供證據而沒有證據支持之費用，外經貿部依據現有材料進行調整，惟據稱利害關係人事先未被告知調整，頗不諒解。同時，該案外經貿部在計算傾銷幅度時，將加權平均正常價值及加權平均出口價格進行比較，計算出傾銷幅度。對於生產並銷售不同型號被調查產品之公司，外經貿部對不同型號之加權平均正常價值與加權平均出口價格分別進行比較，得出各型號之傾銷幅度，各型號傾銷幅度之加權平均為該公司之傾銷幅度。
　　中國反傾銷調查之實務，其徵收反傾銷稅之計算，乃以海關審定之成交價格為基礎之CIF作為計稅價格從價計徵，其計徵公式如下：
　　反傾銷稅稅額＝海關完稅價格×反傾銷稅稅率。

六、損害及損害程度

　　反傾銷條例第7條對於「損害」有明確界定，乃指傾銷對已建立之國內產業造成(一)實質損害；(二)產生實質損害威脅；或(三)建立國內產業造成實質阻礙。此條規定與WTO反傾銷協定所認知之損害一致。所謂「實質」損害，係用以與

構成進口防衛救濟需係遭受「嚴重損害」，有程度上之差別。

依同條例第8條規定，在確定傾銷對國內產業造成之損害時，應審查事項如下：

(一) 傾銷進口產品數量：包括傾銷進口產品之絕對數量或相對於國內同類產品生產或消費數量是否大量增加或大量增加之可能性。

(二) 傾銷進口產品價格：包括傾銷進口產品價格削減或對國內同類產品價格產生大幅度抑制、壓低等影響。

(三) 傾銷進口產品對國內產業之相關經濟因素及指標之影響。

(四) 傾銷進口產品之出口國（地區）、原產國（地區）之生產能力、出口能力、被調查產品之庫存情況。

(五) 造成國內產業損害之其他因素。

此一規定與WTO反傾銷協定第3條規定所列舉應予考慮之因素略同。為履行WTO義務，中國適用很多詳細規定以確定損害。依該條例第8條第2項及第3項規定，對所謂「實質損害威脅」之確定，要求應根據事實，不得僅憑「指控」（allegation），「臆測」（conjunctive）或「極小可能性」（remote possibility），此係繼受自WTO反傾銷協定第3條第7項前段之規定。又損害決定必須依「肯定證據」（positive evidence），而不得將非傾銷因素歸因於傾銷。

〔案例5〕中國對原產於韓國進口聚酯切片反傾銷調查之終裁決定，調查機關對中國化學纖維工業協會提供12家國內聚酯切片代表企業之相關數據及指標進行調查及綜合評估，並據此對中國國內聚酯切片產業所受損害及損害程度進行認定。依現有證據表明若干客觀事實如下：(一)調查期內中國國內聚酯切片表面消費量成長幅度較大。(二)調查期內，被調查產品進口數量變動幅度較大。(三)被調查產品價格呈下降趨勢，其結果抑制國內同類產品價格上升，並導致價格呈現明顯下降趨勢。(四)被調查產品對中國國內產業之影響，包括國內產業銷售量成長緩慢增幅大幅波動並急劇下降；國內產業銷售收入不穩，並呈下降趨勢；國內產業稅前利潤轉為下降，出現嚴重虧損；國內產業同類產品生產增長受到壓制；國內產業同類產品市場占有率下降較大；國內產業勞動生產率增幅呈下降趨勢；國內產業投資收益下降並出現負成長；國內產業開工率不足，增幅趨緩並呈現停滯狀態。[14]

---

[14] 該一終裁決定係於2003年2月3日公告，距離該案初裁決定於2002年10月29日作成，約隔三個月有餘。所列有關產業損害及損害程度，僅屬認定而已，事實上，裁定書上列有具體數據，例如調查期內，韓國向中國出口之聚酯切片占中國進口總量之比重，載明1998年、1999年、2000年及2001年上半年自韓國進口量占同期總進口量之比重分別為73.85%、69.4%、51.31%及49.1%。

〔**案例6**〕中國對原產於英國、美國、荷蘭、法國、德國及韓國之進口二氯甲烷進行反傾銷調查之終裁決定，調查機關對該二氯甲烷在中國境內產業所受損害及損害程度進行調查，現有證據表明：(一)被調查產品無論進口數量及市場占有率均呈逐年上升之趨勢；(二)被調查產品進口價格總體呈現下降趨勢，因而抑制國內同類產品價格；(三)被調查產品對中國國內產業之影響，包括：國內產業產量成長、銷售量及銷售收入成長不足、國內產業嚴重虧損、市場占有率下降等。

值得注意者，中國反傾銷調查除調查傾銷及傾銷幅度之外，並作損害及損害程度之調查，似係仿效歐盟作法，惟歐盟國家係以傾銷幅度或損害幅度何者為低作為課徵基礎，以符「低稅」原則。中國雖作損害及損害程度調查，課徵反傾銷稅仍以傾銷幅度為準，在法律邏輯上似未盡一貫。

七、傾銷與損害之因果關係

反傾銷條例第2條規定，進口產品以傾銷方式進入中國市場，並已對已經建立之國內產業造成實質損害或產生實質損害威脅，或對已建立國內產業造成實質阻礙者，依照本條例之規定進行調查，採取反傾銷措施。基本上，該條規定與WTO反傾銷協定所界定構成傾銷之基本要件，並無差異。即必須具備傾銷，損害及二者間因果關係之存在。如外國產品以低價出口，對國內產業未造成損害，或未有國內產業遭受損害，在進口國國內行銷，以嘉惠進口國之一般消費者，政府並無需介入課徵特別稅，以抬高市場價格之必要；反之，進口產品雖對國內產業造成損害，惟係以一般正常價值出口，並未有低價出口之傾銷情事，課徵反傾銷稅自無正當理由。可見，反傾銷稅之構成要件，傾銷與損害之間必須具有因果關係為要件，始為相當，不僅國際規範如此，各國立法例亦大多從同，惟對於如何證明二者之間具有因果關係，在反傾銷實務上，各國大多採取排除法，即指明並未由列舉之因素所造成，以反證方式，證明二者間之因果關係存在。

〔**案例7**〕中國前外經貿部於2002年12月5日公告對原產於韓國，馬來西亞、新加坡及印尼之進口丙稀酸酯反傾銷調查之初裁決定，在傾銷與損害因果關係方面，初步證據表明，韓國、馬來西亞、新加坡及印尼等四國向中國大量低價出口被調查產品乃造成中國丙烯酸酯產業實質損害之直接原因；調查機關對可能使中國丙烯酸酯產業受到損害之其他因素進行調查，現有證據表明，中國丙烯酸酯產業之損害，並非由下列因素造成：[15]

15　該一初裁決定係於2002年12月5日公告，距離該案立案調查於2001年10月10日發布，約隔一年二個月。依

（一）來自其他國家（地區）之進口產品：依證據顯示，原產於韓國等四國之丙烯酸酯向中國出口量占中國總進口量比例逐年大幅上升，到2001年上半年已達63.65%，而來自其他國家（地區）之進口量仍甚有限，因此認定是造成國內產業實質損害之直接原因。

（二）國內需求情況：調查期內，國內塗料、皮革、黏合劑、化纖及紡織等相關行業亦得到迅速發展，國內對丙烯酸酯之需求大幅上升，但未給國內產業帶來負面影響。

（三）國內消費模式變化：調查期內，丙烯酸酯之消費模式無明顯變化，未發現其他可替代產品。

（四）國內外競爭狀況：調查期內，國際石油價格波動及金融風波對世界各地丙烯酸酯市場之影響相同，競爭條件仍然處於平等競爭狀態。國內外產品之正常競爭不會造成該一產業之實質損害。

（五）國內產業政策之影響：調查期內，據稱中國公布相關產業政策對推動該產業之發展有所助益，未造成任何不利之影響。

（六）不可抗力因素：調查期內，中國丙烯酸酯產業未發生嚴重自然災害或其他不可抗力事件，企業管理嚴格、生產設備運行狀況良好。

以故，上述因素，調查機關認定不會給中國丙烯酸酯業者造成實質損害，而韓國、馬來西亞、新加坡及印尼等四國向中國低價出口丙烯酸酯乃造成中國丙烯酸酯產業實質損害之直接原因。因而裁定傾銷與損害間存在因果關係。

八、累積評估及微量條款

反傾銷條例第9條規定，傾銷進口產品來自二個以上國家（地區），並且同時滿足下列條件者，可就傾銷進口產品對國內產業造成之影響進行累積評估：(一)來自每一國家（地區）之傾銷進口產品之傾銷幅度不小於2%，並且其進口量不屬於可忽略不計者；(二)根據傾銷進口產品之間及傾銷進口產品與國內同類產品之間競爭條件，進行累積評估為適當者。而所謂可忽略不計乃指來自一個國家（地區）傾銷進口產品之數量占同類產品總進口量比例低於3%，但低於3%之若干國家（地區）之總進口量超過同類產品總進口量7%者除外。

本條有關累積評估之門檻標準與WTO反傾銷協定之規定約略相當，以國際規範為標準，最可減少外國利害關係人之爭議。值得注意者為，依本條第1項第1

該初裁決定採用現金保證金形式實施臨時反傾銷措施，自2002年12月5日起，進口經營者在進口原產於韓國等四國被調查產品時，應依據初裁決定時所確定之各公司傾銷幅度向大陸海關提供相應之現金保證金。

款及第2項之反面規定，即為所謂「微量條款」之規定，即傾銷進口產品之傾銷幅度小於2%，或自一個國家（地區）傾銷進口產品數量占同類產品總進口量比例低於3%，或低於3%之若干國家（地區）總進口量未達同類產品進口量7%者，均屬於可忽略不計，在此情況下，不徵收反傾銷稅，以資合理，並節省稽徵成本。此一規定，符合WTO規範之要求。

〔案例8〕中國對原產於韓國、美國、日本及芬蘭進口銅板紙反傾銷調查一案，發現自韓國、美國、日本進口銅板紙構成反傾銷條件，而對芬蘭出口之被調查產品占中國銅板紙總進口量比例低於1.5%，經外經貿部認該出口數量屬可忽略不計，乃決定對芬蘭該項產品之反傾銷終止調查。

肆、結論及建議

一、結論部分

WTO「反傾銷協定」為現階段各國有關反傾銷調查所遵守之共同規範，該一協定因仍屬國際間已開發國家與開發中國家在烏拉圭回合談判過程中各國利益權衡妥協下之產物。雖非盡善盡美，仍有檢討改善空間，在新杜哈回合談判中仍在討論尚未定案，惟無論如何，不可否認，現行反傾銷協定已較以往東京回合所達成之反傾銷規約，或更早以前有關反傾銷之協定，更為周延，而具可操作性。

對於WTO會員國而言，該一協定是否能夠直接完全適用於國內之出進口經營者，或相關政府部門，包括司法機構在內，法院在裁判時能否直接引用，抑或須由國內立法機關完成國內法之立法程序之後，再約束國內之出進口業者或相關政府部門，此在大陸法系國家及英美法系國家固有差異。一般而言，英美法系國家普遍認為國際條約乃用以約束國與國間之關係者，至於人民與政府之間仍需經由國內立法加以規範。而與大陸法系國家認為國際條約，經政府簽署之後，即可直接適用於國內人民及相關政府部門者並不相同。惟現今之演變，英美法系國家對於國際條約效力之觀點，已漸為大陸法系國家所接受。

由於反傾銷調查涉及層面甚廣，極富技術性，加以影響深遠，且WTO反傾銷協定之目標在於作為國際間反傾銷調查之最低標準，並不反對各國在不違背協定原則之情況下，配合國情與需要，從事國內反傾銷之立法。以故，多數貿易先進國家，包括美國、歐盟、日本、加拿大、澳洲、紐西蘭等國家類多制定有反傾銷法一類之法案，作為規範反傾銷調查行動之依據。

現有WTO各項協定之中，容許採取所謂「用盡當地救濟」（exhaustion of local remedies）原則者，以「反傾銷協定」為主。通常反傾銷案件，當事國先作處理，包括行政處理、行政復議及司法審查在內，對於不服當事國對於反傾銷調查之最終裁定或法院之判決者，始轉而向「WTO爭端解決機構」（Dispute Settlement Body, DSB）尋求救濟，此與違反WTO其他協定，由受害國逕向DSB尋求解決者，有程度上及程序上之差別。

綜觀中國現行反傾銷制度，最受訾議者，當如美國華府著名法律事務所O'Melveny & Myers LLP.律師Kermit W. Almstedt與Patrick M. Norton所撰"China's Antidumping Laws and the WTO Antidumping Agreement"一文結論中所指出，中國反傾銷程序欠缺透明度，對於提出證據，公布機密資訊欠缺明確規則；最重要者，在於中國反傾銷決定，易流於武斷，證據來源未註明出處，以及較少法律理由，對於被指控者所提出之法律立場或證據如與中國指控者有不同時，較少或沒有回應。中國主管當局似乎並不願意公開他們作成裁定時之必要基礎。[16]

中國國際經濟法專家Lei Wang等在所撰「中國反傾銷條例──改善以符合WTO規則」一文結論中指出，中國在加入WTO之後，國內產業及主管當局已更加關切進口競爭。在高關稅及進口配額等傳統工具解構之後，現已迅速轉換運用反傾銷及防衛措施等，以因應競爭。固然，國際反傾銷體制形成之歷史尚短，中國反傾銷條例及其執行，向來要求能夠符合由主要貿易強權如美國、歐盟長期運作之WTO反傾銷協定。中國專家並不諱言，中國反傾銷條例及其執行，現階段仍處於「嬰兒期」（infancy）。或因此故，中國所進行之反傾銷調查仍常發生疑問（doubts）、關切（concerns）及批評（criticism）。最重要者，無論如何，中國已重建及發展此一貿易體制，在「正確軌道」（right track）及「正確方向」（right direction）上制定反傾銷法律。[17]

---

[16] *See* Kermit W. Almstedt & Patrick M. Norton, "China's Antidumping Laws and the WTO Antidumping Agreement (Including Comments on China's Early Enforcement of its Antidumping Laws)," *Journal of World Trade* (December 2000), 34(6): 75-114. 該文結論指出「中國反傾銷制度」三項缺點，原文如下：" (1)Chinese antidumping proceedings lack transparency and have no clear rules for the submission or evaluation of evidence including the release (where appropriate) of confidential information; (2)Chinese agencies have frequently made demands that foreign companies produce information in unreasonable quantities and on unreasonable schedules, in some instances where the information would not be relevant under WTO standards; and (3)most significantly, Chinese antidumping determinations are almost wholly conclusory, with no evidentiary sources cited, little legal reasoning, and little or no responses to respondents' legal positions or evidence contradicting the position of the Chinese parties. Chinese authorities seem reluctant to disclose the specific basis upon which their decisions are made."

[17] 原文："Looking at China's anti-dumping law and its in its infancy with regard to the anti-dumping rules. Understandably, its anti-dumping practice from time to time gives rise to doubts, concerns and criticism. Most importantly, however, China is restructuring and developing its trade regime, including anti-dumping law on the right track and in the right direction." *See* Lei Wang & Shengxing Yu, "China's New Anti-dumping Regulations *Improvements to Comply with the World Trade Organization Rules*," *Journal of World Trade* (October 2002), 36(5): 903-920.

二、建議部分

(一) 對於中國而言

1. 提升立法層次，制定反傾銷法

　　中國現行「反傾銷條例」係由國務院頒布，未經立法程序，其本質屬於中國所謂「行政法規」，並非「法律」，此與我國立法習慣，稱爲「條例」者亦屬法律之一種者有殊。且因作爲會員國，中國有遵守WTO反傾銷協定之義務，而該協定本質上屬於「國際條約」，而非「行政協定」，相對於國內法之法律地位，國內法亦應以法律制定方式規範反傾銷調查，以確保執法之效果。以故，中國現行「反傾銷條例」，爲符合國際慣例，有提升立法層次，由「行政法規」提升爲「法律」之必要，以落實確立中國適用之反傾銷調查制度。[18]從而，有需要制定「反傾銷法」，有關傾銷調查改爲逕以「反傾銷法」爲法源。由國務院依該法制頒「實施細則」，再由商務部依據該法之授權，制頒各項屬於「反傾銷法」子法性質之各項規則。以建構較爲完整，及堅強法律基礎，且可長可久之反傾銷制度。

　　而中國在制定「反傾銷法」之過程，並非僅將「反傾銷條例」易名，再經立法程序而已，應對2004年4月中旬修正頒布「反傾銷條例」，配合WTO反傾銷協定予以檢討，凡條文內容過於單純化、抽象、含義模糊、缺乏可操作性者，宜多參考「反傾銷協定」及歐美反傾銷調查實務及國內實施經驗，檢討改善，以使趨於完整、周延，而具有可操作性。

2. 各項子法應儘早完成建制化

　　中國國務院所頒布之「反傾銷條例」，屬於「行政法規」，而根據「反傾銷條例」，由前外經貿部或國家經貿委所頒布之「反傾銷調查立案暫行規則」等13種規則，則屬「部委規定」，依中國之體制，「行政法規」似爲「部委規定」之上位法規。其實，無論「行政法規」或「部委規定」，其本質均屬行政命令，一般法治國理念，除屬於職權命令者外，行政命令之頒布應依據法律之授權，由「行政命令」（行政法規係廣義行政命令之一種）授權頒布「行政命令」，並不

---

[18] 王暉在前揭文指出，中國「反傾銷條例」應提高立法層次之理由爲：1.立法層次較低：傾銷之確定爲一項複雜工作，作爲國務院行政法規之該條例，難以調動各種社會資源充分有效地進行反傾銷調查；2.條文內容過於簡單、抽象、含糊、缺乏可操作性，若干規定尚未與國際規則完全接軌，又賦予行政機關較強自由裁量權，易使反傾銷權利被利用，導致在WTO被訴；3.現行「對外貿易法」對於反傾銷僅作原則規定，「反傾銷條例」之實施細則尚未出爐，該條例本身存在若干缺陷，使反傾銷工作開展帶來困難。

盡符合「依法行政」之要求。何況,由前外經貿部所頒各項暫行規則,並非職權命令,而為典型之法規命令,其實其本質與行政法規之地位無殊,不宜僅因係由部會層級所頒布,而否定其為行政法規之地位。可見,中國國務院所頒「反傾銷條例」,有提升立法層次,並予法制化之必要,否則其性質甚難與現行各項「暫行規則」之地位相區隔。

其次,現行有關反傾銷調查之各項暫行規則,包括立案調查、資訊披露、公開資訊查閱、抽樣調查、價格承諾、產品範圍調整程序等,均以「暫行」為名,並非常態。蓋所謂「暫行」者,每寓有試辦性質,經過嘗試錯誤後再作修正之意。由於無論立案調查、初裁決定或終裁決定,其所依據者,除現行「反傾銷條例」之外,尚及相關之暫行規則,如所引據法令,僅是暫行規則,易予國內外利害關係人以不確定感,是否隨時可能再作修正,而影響其權益,以各該等規則多係於2002年2月至3月間頒布,為時已久,允宜參考歐美國家立法先例以及中國近年來進行反傾銷調查實務經驗,將各該規則檢討改善後,制定正式規則,俾有助於建立健全之反傾銷法制體系。再者,各該暫行規則之主管機關,現仍沿舊稱,亦宜修正,以期名實相符。

(二) 對於我國而言

1. 參與杜哈新回合談判反傾銷協定之修正會議

有鑑於近年來各國濫用反傾銷措施,變相實施保護主義漸增,WTO已於2004年3月11日起在日內瓦就修正WTO反傾銷協定進行談判,由於我國目前遭受他國反傾銷指控之案件達100件以上,其中來自美國者18件,來自歐盟者14件,來自其他國家者68件,為全球遭受反傾銷調查頻繁國家之一,僅次於中國、韓國、印度,而列為全球第四位,值得警惕。

由於烏拉圭回合談判所達成之「反傾銷協定」,若干規定不盡明確,使得各國濫用情況有日趨嚴重現象。原來用以制衡不公平貿易之反傾銷措施,已成為保護本國產業之手段,引起部分WTO會員國表示不滿。具體言之,現行協定會員國主管機關之裁量權並不明確,使得傾銷成立要件,生產成本之認定,易被高估,從而使反傾銷調查容易成立。我國主張未來修訂該協定時,應重新檢視原有要件外,並應就協定之實務運作中覓得最易造成貿易扭曲效果之議題,優先進行談判。據日本經濟新聞報導,日本現已結合韓國、巴西、瑞士、挪威、新加坡、泰國、哥斯大黎加、哥倫比亞、我國(臺灣)及香港等10國組成所謂「反傾銷之友」之團體,聯名提出修正該協定之建議。其中,日本之立場建議應明確界定調

查範圍，以結束目前未有根據之反傾銷稅稅率之計算方式。[19]

2. 慎重遴派DSB專家小組成員

我國已於2004年3月9日正式成為「WTO法律諮詢中心」（Advisory Centre on WTO Law，ACWL）會員國，對我國未來處理日益迫切之WTO法律事務，特別是貿易爭端案件之解決，具有重大意義。按ACWL與WTO並無直接關聯，主要目標在於提供開發中國家之法律諮詢服務，其主要功能在提供WTO法律建議、人才培訓及協助WTO之爭端解決案件。[20]

據WTO估計，現有爭端解決案件中，屬於反傾銷案件約占16%以上，易言之，約六件爭端案件即有一件屬於反傾銷引起之爭端，可見二者關係相當密切。DSB現任七名成員中，其中二人為亞洲籍，事實上欲成為上訴機構成員，需具有國際聲望，並為國際經濟法領域之學者專家，較易勝任，絕非容易。

前不久，中國已向WTO提出爭端解決機構專家小組成員（panellist）名單，DSB於2004年2月17日召開例行會議中，通過中國所提三名專家小組成員候選人名單即：(1)張玉卿（曾任商務部條約法律司司長）；(2)曾令良（武漢大學法學院院長）；(3)朱欖葉（華東政法學院教授）。我國似亦宜先自選派DSB專家小組成員著手，我國既為WTO會員國，自有此一權利提出名單，以備列冊候用。

3. 建立完善反傾銷法制體系

WTO反傾銷協定為「國際條約」，並非「行政協定」，相對於國內法，亦應制定「反傾銷法」。依我國「中央法規標準法」第5條第2款規定，關於人民之權利義務者，應以法律定之。此為法治國家所普遍奉行之圭臬。事實上，不僅反傾銷調查之過程，涉及國內外商民之權益，即以反傾銷調查之結果，如構成傾銷，無論作價格具結、課徵臨時反傾銷稅或確定反傾銷稅，均在在與國內外之利害關係人之權益有關。以故，一般貿易先進國家，包括美國、歐盟、日本、加拿大、澳洲、紐西蘭等均制定有法律效果之反傾銷法，作為執法之依據，避免行政

---

[19] 參見工商時報（2004.3.11），版15，及由WTO及UNCTAD支持成立之「WTO信息查詢中心」（設在中國海南改革發展研究院）同日資訊。

[20] 按ACWL會員國區分為已開發國家、開發中國家及低度開發國家，其中開發中國家以世界貿易占有率及平均國民所得又分為A、B、C三類，我國（臺灣）為該中心第35個會員國。我國與香港為開發中國家之A類會員，需繳一次性入會費30萬美元，所享有之權利包括，一定時數免費法律諮詢服務、特定訴訟及法律諮商優惠價格，及參與該中心為WTO會員國代表團團員開辦之法律訓練課程。ACWL並計畫提供各會員國首府負責WTO事務官員實習機會，每年約有三個名額，為期約九個月。該中心除提供實習人員法律訓練外，每月亦提供6,000瑞郎津貼。至於B類及C類開發中國家之入會費分別為10萬及5萬美元，聯合國或WTO之低度開發國家即使未加入該聯盟，亦得要求協助或服務。參見地球村網站：中央社日內瓦2004年3月9日專電。

部門有過大自由裁量權。

　　我國迄今並未制定「反傾銷法」，數十年來，僅依據由財政部及經濟部會銜發布之「平衡稅及反傾銷稅課徵實施辦法」一種，作爲處理外國反傾銷案件之依據。以行政命令規範涉及國內外廠商權益乃至公共利益之案件，顯有未足與未洽。何況，我國現已加入WTO，除應遵守WTO反傾銷協定之外，我國是否即以該協定作爲國內法，或在該協定容許範圍內，制定符合我國國情與需要之反傾銷法，即不無愼酌之餘地。除「反傾銷法」外，由於反傾銷調查所牽涉之程序甚多，對於啓動調查、公開資訊、舉行聽證、價格具結、產品範圍調整，乃至退稅等均確有釐定執行規範之必要，我國除應制定反傾銷基本法以外，亦須參酌外國立法例及國內實施反傾銷之實務經驗，彙集國內此一領域之學者專家，共同擬定各種有關反傾銷之子法，以建立我國完整之反傾銷法制體系。不可否認，在我國現有法律體系中，「反傾銷」領域，極待開發，不宜長期處於較爲脆弱之一環。

　　此外，有關我國現行貿易調查機構之組織，似亦有調整必要。目前隸屬於經濟部之貿易調查委員會係依據行政院頒訂之組織規程而設立及運作，不僅機構有完成法制化必要，其員額編制亦有適當擴充之需要，否則一旦反傾銷案件增加，勢必難以負荷。立法院於2004年6月11日在第5屆第5會期休會以前，已三讀通過「中央行政機關組織基準法」，基於精簡政府機關之原則，如無法大幅擴充貿易調查委員會之人員編制，似得考慮將其與國際貿易局合併運作，俾能整合資源，發揮其功能。以中國爲例，商務部下分別設立「進出口公平貿易局」負責傾銷調查，及「產業損害調查局」負責損害調查。我國似亦可參考此一作法，除由經合併運作後之國際貿易署負責傾銷調查之外，有關產業受損害調查部分，則分別責由工業發展署（工業產品部分）及農業部（農業產品部分）處理。按最近之發展，行政院有關部會改組，貿調會已於2023年9月改編納入經濟部國際貿易署之內。

4. 培養反傾銷調查人才

　　爲因應加入WTO之需要，我國除應培植各專業領域如商品貿易、服務貿易、國際投資、競爭政策、智慧財產權、檢驗及檢疫、勞工標準、氣候變遷、環境保護及電子商務等之貿易談判人才之外，亦需培養爭端解決案件及反傾銷案件之處理人才，各國在履行WTO要求開放市場義務之後，無論已開發國家或開發中國家，均已將反傾銷措施視爲保護國內產業最重要之政策工具，其重要性超過反補貼及進口防衛措施。

　　今後我國依入會承諾，進一步開放市場之後，有關現階段仍維持之關稅配

額及輸出入許可證等措施，均將面臨與中國相同之境遇，將逐年減少或消除。屆時，所可使用，而且爲WTO規範所容許者，厥爲反傾銷工具。爲資培養，宜從養成教育著手，大專院校及研究所除一般課程如「國際經濟法」、「WTO法」之外，應加開「WTO爭端解決制度」及「反傾銷法」、「WTO反傾銷案例研究」等專業課程。

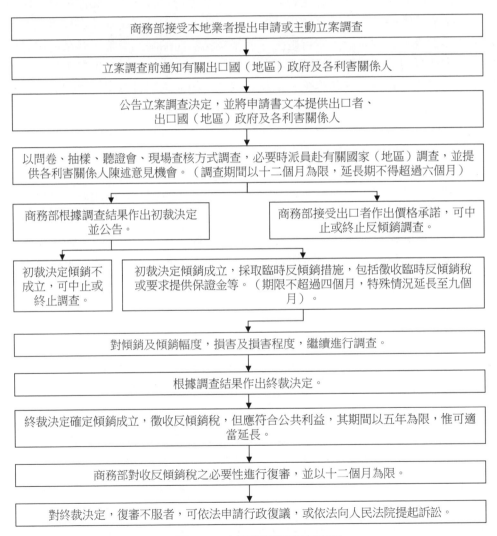

圖11-1　中國反傾銷調查流程

資料來源：中國「反傾銷條例」（2004年4月15日）。

第 12 章

中國因應加入WTO著作權法修正旨趣*

壹、前言

　　歐美國家對於智慧財產權（intellectual property rights, IPRs）之認知，採取所謂「私人財產說」，認為侵犯IPRs即係侵權行為，不僅應遭受譴責而已，而且有賠償及刑責問題。表面上，IPRs所侵犯者可能是私營企業或個人利益，惟私營企業或個人利益亦為國家利益之一部分，至少私營企業或個人利益受損，亦將影響國家之稅收，何況如屬高科技產業，不僅是民間或私人資產，亦屬國家資產，為國家科技創新發展之需要，亦需保護IPRs。

　　WTO杜哈新一回合談判議題甚多，有關IPRs保護亦列為重點談判議題之一，不僅如此，已開發國家亦每經由諮商及談判途徑要求與特定之開發中國家進行雙邊談判，現階段除美國有所謂特別301條款之外，歐盟現亦提出所謂「重點國家」名單，亦係針對IPRs保護而來，要求貿易夥伴改善IPRs保護，否則均可能施加報復。

　　以往已開發國家所關切之紡織品及成衣配額問題，已因WTO「紡織品及成衣協定」（ATC）實施十年期限屆滿，而已於2005年1月1日起如期解除配額限制之外，與貿易有關智慧財產權協定（Agreement on Trade-Related Aspects of Intellectual Property Rights, TRIPS）則為一長期性協定，並無期限限制，目前在國際貿易實務上，已開發國家關切之重點，已聚焦在IPRs之保護。

　　從西方國家之觀點，保護IPRs，不僅符合已開發國家之利益，亦符合開發中國家長遠之利益。歐盟前貿易委員（European Union Trade Commissioner）拉米（Pascal Lamy）卸任後自2005年9月1日起擔任WTO秘書長，[1]渠在「TRIPS執

---

* 本文原載於全國工業總會：「貿易政策論叢」，第3期（2005年8月），頁157-189。2024年6月略作文字修正。

[1] 2005年3月間傳出參與下屆WTO秘書長競選之四位候選人分別為：1.歐盟前貿易委員拉米；2.烏拉圭前

行十年之後」（Trade-Related Aspects of Intellectual Property Rights - Ten Years Later）一文中，對此有深入之評述。渠謂，我們需要有對國際IPRs制度前瞻之辯論，以支持發展，並且符合現代科技之發展。此一挑戰在於如何確認此種制度能夠爲具有不同利益、不同發展程度及對IPRs制度處理不同經驗國家所能夠執行。倘若我們欲使IPRs全球化能夠運作，我們有需要將開發中國家表示之關切列入考慮，並給予他們有所有權人之感覺（a sense of ownership）。[2]

拉米進而指出，藉由公開及不武斷地辯論，兼顧各方之利益，一則符合產業界利益，因爲產業界可自被各參與者認爲正當之IPRs制度獲益；二則符合開發中國家利益，因爲他們可以使用IPRs制度以支持經濟政策目標；三則亦符合已開發國家之利益。我們確信此種在市民社會、學術界、企業界及政策制定者（policy-makers）間之熱烈討論及合作，將可奠定符合企求宗旨與目標IPRs制度之基礎。[3]

二次大戰以後，經過一段期間發展，日本在亞洲崛起。迨1985年以後，美國在高科技產業方面面對日本與歐盟各結盟國家之競爭，而在傳統產業方面則遭受新興工業化國家及開發中國家之競爭，除柯林頓總統主政時期，國內經濟曾有改善之外，長年來美國發生財政與貿易之雙赤字問題，頗爲嚴重，[4]造成無論美國

駐WTO大使卡斯蒂羅（Carlos Perez del Castillo）；3.巴西駐WTO大使科雷亞（Luiz Felipe de Seixas Corrêa）；4.毛里西斯外貿部部長卡塔里（Jaya Krishna Cuttaree）。四位候選人中除拉米來自已開發國家外，其他三人來自開發中國家。當時外電訊息顯示，美國支持拉米；日本支持拉米或卡斯蒂羅；歐盟25國當然支持拉米；中國則僅表明支持開發中國家之候選人，至於具體人選，則未表明。根據2002年之既定程序，選舉將採取淘汰制。即先將支持率最低者予以淘汰，如此依序進行，直到僅最後一候選人得到共識決後結束。如WTO成員對任何一個候選人之當選均未達成共識，則投票決定最終人選，一般依照取得絕對多數票者當選。此一選舉最後一輪在2005年5月舉行，如WTO會員國對任何一候選人未達成共識決時，則允許使用投票表決作爲最後之處理手段，惟無論如何，不會再發生上一任秘書長出現的二人分享任期情形。最後選舉結果，確定由拉米出線。

2　該文結論原文："No global system of IP can work unless most of the governments of the world agree to enforce it. Governments will only agree to enforce it if they are convinced that it works in their interests. Therefore, we need a forward-looking debate on an international IP system that supports development and that is in line with the development of modern technologies. The challenge is how to make sure that this instrument can be implemented by countries with differing interests, different levels of development and different experiences in managing IP systems. If we want this globalization of IP to work, we will need to take into account the concerns expressed by developing countries, and give them a sense of ownership." *See* Pascal Lamy, "Trade-Related Aspects of Intellectual Property Rights - Ten Years Later," *Journal of World Trade* (December 2004), 38(6): 923-934.

3　原文："Such an open and undogmatic debate is in the interest of all. It is in the interests of industry because it will benefit from an IP system that is considered legitimate by all its participants. It is in the interest of developing countries because they can use the IP system to support their economic policy objectives. It is, last but not least, also in the interest of the developed countries. I am convinced that enlightened discussion and cooperation between civil society, academics, business, and policy-makers can lay the foundations of an IP system that lives up to its purpose and aims." *See Id.*

4　美國布希總統表示，第二任期內最重要之任務爲改革稅法及社會安全體系。惟據稱美國多數經濟學家認爲布希政府所面對最大挑戰爲巨額財政赤字，應優先解決。美國2004年財政年度之赤字高達4,130億美元，約占美GDP之3.6%，此一比例到2005年9月之財政年度可望降至3.1%；到2008年降至2.5%。惟從長程觀點，財政赤字將是美國經濟面臨之長期性問題。

商品或服務在國際市場占有率下降及失業率之居高不下。

　　美國認爲該國競爭力之下降，與其IPRs遭到外國侵害有密切關係，有關IPRs未受合理保護所遭受利益損失，估計約在430億至610億美元之間，經由各種雙邊或多邊管道，乃亟力要求各國執行WTO架構下之TRIPS，並修改各國有關國內法，以加強取締仿冒產品及盜版光碟等。

　　現WTO/TRIPS簽署至今，將屆滿三十年，美國除要求外國遵守TRIPS之外，對於外國侵權問題，美國在國內繼續執行所謂特別301條款，以雙軌進行，雙管齊下方式謀求改善保護IPRs環境，對於盜版及其他侵權之打擊，無論民主黨或共和黨執政，均爲經貿領域施政重點之一部分。

　　因中國對美國享有鉅額貿易順差，而成爲美國最大施壓對象。依美方估計，2003年中國對美國順差爲1,030億美元，較中方海關估計600餘億美元者高出甚多，2004年則將達1,240億美元，將創美國對外貿易逆差各別國家歷來之新高紀錄。不僅美國行政部門時常施壓，要求中國改善，美國國會亦同表關切，甚至揚言，如不改善即應施加制裁，而不應稍予寬貸。[5]實際上，若干美國國會議員爲實證主義者，其所重視者不是承諾，而是具體行動及效果。部分國會議員認爲，中國政府顯然沒有眞正決心對付盜版問題。否則何以無法對付違反IPRs法律者，並批評布希政府在督促中國保護IPRs過程不力，在監督、調查及阻止盜版及仿冒行爲之功效不大。

　　美國行政部門受到國會要求改善與中國貿易逆差之壓力，近年來，美國貿易談判、商務、財政、農業等相關部門官員前往中國訪問、諮商、談判，以謀求改善IPRs保護，要求人民幣升值以降低雙邊貿易差距等相關問題者，可謂絡繹於途。[6]

5　2004年7月中旬美國眾議院以壓倒性多數通過一項決議案，促請中國加強保護IPRs。該項決議案之起草者指責中國企業侵犯IPRs之深度及廣度已屬空前地步，對美國企業造成重大經濟損失，並謂中國製造產品約有15%至20%爲仿冒品，約占中國GDP之8%；美國海關及移民署所查獲之盜版及仿冒品，其中約有60%來自中國，此等統計數字令人震驚。另有國會議員在表決前表示，龐大之非法盜版活動使持有專利權之美國公司很難在中國立足。而中國公司盜用美國著作權，製造仿冒品向第三國輸出，使美國公司蒙受第二度經濟損失，美國公司已將製造業之數百萬個工作機會送給中國，在此情況下，美國國會不會容忍中國大規模盜取美國IPRs之行爲。

6　爲資證實，茲舉二例說明如下：

　1. 美國副貿易代表席娜（Josette Sheeran Shiner）在2003年10月至11月間曾三度訪問中國，與中國相關部會諮商有關非法盜版及美國農產品輸入中國之問題。席娜在一份聲明中曾表示，美國之製造商、演藝人員、工程師及科學家繼續在創新與發明上領先其他國家，他們之發明、商標及商品名譽之法律權利，受到美國貿易夥伴之尊重與保護，甚爲重要。

　2. 2004年6月下旬，美國商務部長埃文斯（Donald Louis Evans）訪問中國時，應媒體訪問時表示，美國繼續對中國及世界其他國家強調，執行IPRs保護法規及對違法者給予嚴屬處罰至爲重要，渠希望確保中國履行在2004年4月間所達成之諒解備忘錄，即應強化IPRs保護之法律及對違法者給予嚴屬懲罰。

　　據稱曾有美國學者聲稱，中國人民幣匯率被低估15%至40%之間。因而乃有美國民主黨與共和黨參議員在國會指責中國當局為壓低人民幣匯率，從而使出口商品更具競爭力。渠等將美國製造業喪失工作機會歸咎於中國，認為美國製造業在以往三年喪失270萬個工作機會。以故，部分美國參議員揚言將提案，如中國不改變現行人民幣匯率制度，建議對來自中國之進口商品加收27.5%之關稅。不過美國分析家認為，此項議案要獲得美國參議院通過之困難度相當高，該一提議如果真獲得通過，勢必將引起中國甚大之反彈。

　　2005年7月下旬，中國無預警地突然宣布人民幣調升2%，惟美歐各先進國家認為其與應該調整之目標區距離太遠，並不滿意。此一調升反而引來各主要貿易夥伴之同聲譴責。

　　除美國之外，歐盟對中國侵害IPRs問題，亦同表關切。歐盟於2004年11月上旬宣布，歐盟將建立一個盜版與涉及仿冒最多之「重點國家」名單，將俟機採取報復行動。[7]按歐盟現為中國最大貿易夥伴，以2004年1月至10月，雙邊貿易額達1,421.1億美元，超過中國與美國間一年之雙邊貿易額。歐盟海關查獲之盜版及仿冒品中，部分來自中國，依歐盟執委會發布之IPRs執行調查報告，中國被視為IPRs領域問題最多國家。雖然，歐盟所稱侵權重點國家名單尚未出爐，惟由於擇定重點國家與雙邊貿易額之多寡有關，國際觀察家認為中國列入該一所謂「重點國家」之可能性很大。可見，歐盟現亦對中國施壓。此外，在歐盟該一宣布未久，時任歐盟貿易委員拉米曾表示，中國侵權及盜版行為每年均持續增加，形成產業，由犯罪集團操控，認為是中國政府必須嚴肅面對之問題。[8]

---

[7]　對此，中國商務部研究院副院長陳文敬曾作回應，略以在當今世界裡，知識產權之保護已成為國際貿易領域中最為重要問題之一，根據商務部訊息，中國2004年貿易總額將突破1兆美元，成為世界第三大貿易國，隨著中國在國際貿易中地位之不斷提升，各國對於中國知識產權保護工作愈發關注。並謂，只要有貿易存在，就會有發生此一糾紛之機會。正因中國在國際貿易中占有重要市占率，而歐美又是中國較大貿易夥伴，所以歐美國家才會對IPRs保護工作格外關注。據WTO統計，貿易總額由1,000億美元到1兆美元，美國花費二十年，德國則花費二十六年，中國花費十六年達成。足見，中國近年來經濟之快速成長。

[8]　拉米於2004年11月中旬曾指出，中國、烏克蘭及俄羅斯為當時世界上生產盜版產品最猖獗地方，此等盜版產品小到手提包、水龍頭，大到汽車在內。又謂歐盟希望針對生產假冒產品國家制定新政策，除上開三個國家之外，包括泰國、臺灣、菲律賓、印尼、香港、巴西及韓國在內，能夠使它們認真履行國際貿易協定中關於打擊盜版之義務。拉米甚至揚言，一旦此等國家不採取有效行動，歐盟將與美國、日本與加拿大等，向WTO提出指控。如仍拒絕執行國際貿易協定中有關反盜版規定，歐盟將採取制裁，而且渠表示假冒產品可能嚴重危害廣大消費者之利益。

貳、中國入世前著作權法修正背景

一、中國入世承諾

中國於2001年12月加入WTO，根據加入議定書，中國應在加入八年內完全融入WTO所有規則，其間每年將對其履行相關承諾之情況，進行過渡性檢討，在此意義上，此種過渡性檢討，較諸貿易四強，即美國、歐盟、日本及加拿大，依規定應每二年提出貿易政策檢討報告者，更為嚴格。

其實，以2004年出進口貿易總額而言，WTO之總計現已出爐，有如一般預料，中國已超過日本，成為世界第三大經濟體，[9]而與美國、歐盟及日本並列為新貿易四強，在入世過渡期以後，依正常狀況，中國將來似乎應回歸每二年作一次貿易政策檢討行列。

根據WTO資訊，自2003年9月起，WTO商品貿易委員會、服務貿易委員會、與貿易有關智慧財產權委員會等16個委員會分別在相關領域，對中國進行貿易政策檢討，並將報告提交WTO總理事會。

總理事會於2003年12月起對中國加入WTO後作第二次過渡性檢討。包括美國、歐盟、日本、韓國、澳洲、智利等會員國均曾對中國在履行承諾方面提出建議及評論。

美國出席代表指出，該次評估進展相對比較順利，在降低進口配額及外國企業進入中國保險市場之最低資本額下降方面出現進展，惟中國在保護IPRs領域方面，仍有待加強。並謂中國生產之電腦軟體、音樂及電影產品約有90%為盜版品，一張盜版好萊塢新出品影片售價不到1美元。

此外，歐盟及日本代表亦曾針對IPRs保護提出與美國類似批評，並對外國銀行、電信企業及建築公司在進入中國市場受到限制，表示不滿。日本代表並指出，中國在汽車零組件方面存在高關稅問題等。

中國於1992年加入「伯恩公約」，為履行該公約之義務，國家版權局乃頒布「實施國際著作權條約的規定」，依該規定，中國對外國著作權人乃依伯恩公約之規定，其保護標準較中國1991年6月施行之「著作權法」，對本國著作權人之

---

[9]　據中國商務部發布訊息，預計2004年外貿總額達到1兆1,000億美元，將晉升為全球第三大貿易國：2004年對美國進出口將超過1,670億美元，對歐洲將突破1,900億美元，對亞洲達6,000億美元。自對國民經濟之作用以觀，中國出口占GDP比率，1978年改革開放以前僅占4.6%；2004年預計達到30%以上，帶動經濟成長約2%；2004年進出口稅收收占所有稅收總額18%；涉外企業稅收占全國稅收之收入比重則超過五分之一，與外貿直接相關從業人員達到8,000萬人。參見工商時報（2005.1.5），版7。

保護爲高，在國內學術界引起相當大之反彈，迭有促請主管當局儘早修改該法之議。依中國加入WTO議定書所載，中國承諾修改相關法律及法規，以期能夠完全符合TRIPS。

中國所以修改著作權法，洵與其入世承諾有關。探究中國著作權法之修改情況，宜先對中國在IPRs領域所作承諾有所瞭解，爰對中國在此領域之承諾列明如下：

(一) 修改與IPRs有關之法律及法規

爲與TRIPS相一致，中國承諾在入世之前將調整、修改、廢止與IPRs有關之法律及法規。除在入世前，已先修改專利法之外，承諾在加入時完成「著作權法」、「商標法」及其他相關法案之修改，以全面實施該一協定。

(二) 提供外國權利人最惠國及國民待遇

「最惠國待遇」及「國民待遇」不僅是GATT 1994之基本原則，同時亦爲TRIPS所確立，中國在入世時表示願意遵守。對外國人IPRs保護將依照雙方均參加之國際公約、雙邊協定或協議，或根據互惠原則對待。因而承諾修改既有相關法律、法規及其他措施，以保證外國權利人在所有IPRs領域之國民待遇及最惠國待遇，以全面符合TRIPS，包括地方版權局涉及外國權利人之版權執行行爲時，將不再要求由北京之國家版權局授權，以簡化手續，並縮短流程。

(三) 確立保護實體標準

中國除對TRIPS所列舉保護IPRs實體標準作說明之外，承諾將修改部分與該協定要求不一致部分。其中，著作權保護方面，中國承諾修改「著作權法實施細則」及「實施國際著作權條約的規定」，至於專利權保護方面，中國承諾修改「專利法實施細則」，對違反社會公共道德之發明，拒絕授予專利權，使其與TRIPS相符合。

(四) 防止濫用IPRs措施

中國承諾將遵守TRIPS對許可契約中限制競爭行爲進行控制之義務，尤其是與其他會員國進行諮商之要求，此一規則將普遍適用於各項不同之IPRs。

(五) 對IPRs保護之執行

1. 行政及救濟程序方面：中國承諾繼續加強執行努力，包括採取更有效之行政處罰措施。鼓勵國家工商局、國家品質檢驗局及版權局等有關部門行使查繳、保全存貨及文件等侵權證據之權力。行政主管機關將有權實施充分之處罰措施，

以防止或遏止進一步侵權行為。對於特定案件如涉及累犯及故意盜版及假冒案件，將被移交有關主管機關依照刑法規定起訴。

　　2. IPRs邊境措施方面：中國承諾將向IPRs所有人提供與TRIPS之規定完全一致，由海關保護之邊境措施。

　　3. 民事救濟程序方面：中國承諾將根據民事訴訟之司法規則，有效實施TRIPS公平合理之民事訴訟程序及當事人雙方提供證據之有關要求（該協定第12條參照），並承諾修改有關實施細則，使IPRs侵權損害賠償之規定與該協定完全一致，中國承諾司法部門採取之臨時措施將以完全符合TRIPS有關臨時性措施條款規定之方式實施，並通過修改「專利法實施細則」，以明確「專利法」第61條中所稱「合理證據」之含義。

　　4. 刑事救濟程序方面：中國行政部門將建議司法部門作必要調整，以降低提起刑事訴訟之現行適用之侵權金額標準，以使刑事訴訟能有效遏止日後之盜版及假冒行為，並自加入時起，中國承諾將全面適用TRIPS之規定。

二、美國商會評估報告

　　美國係一商業國家，美國商會號稱為世界最大之工商聯合會，其會員包括美國各地區及各行業之大型、中型及小型企業在內，現有會員總數據稱在300多萬個以上。美國商會於2004年9月下旬發表有關中國入世以後，在執行WTO承諾進展情況之評估或稱狀況報告。該一報告充分反映該商會成員在與中國進行商業貿易往來所遭遇之問題。對於美國國務院、USTR、商務部、農業部、財政部等各相關部會，乃至美國參眾兩院之決議，均產生舉足輕重之影響力，而為各國所重視。

　　依該報告指出，目前中國仍為世界盜版產品主要來源之一，而外商依然受盜版問題所困擾，認為美國與中國間近年來最突出之問題，即為IPRs保護問題。在此方面，雖然在中國之本國公司或外國公司均認為此一問題已較中國方入世之前有所進步，惟進步或改善之力道，仍然不足或遲緩。

　　根據美方估計，美國每年因盜版受到之損失，達數十億美元以上，在中國市場仿冒品甚為普遍，而且猖獗。例如美國行政部門[10]或商會均發現，在北京街頭，一本美國前任總統柯林頓回憶錄之售價僅4至5美元，一片美國好萊塢新出品

---

[10] 據稱USTR已進行改組，2004年4月中旬美國布希總統宣布新成立一個專門用以因應美國與中國間不斷發展貿易關係之辦公室，該辦公室隸屬於USTR。為改組需要，美國國會已向USTR額外撥款200萬美元，用以聘用更多對中國企業侵犯美國著作權及專利權，乃至對中國製造業政策有研究之貿易及法律專家。

之電影光碟售價僅1美元，顯然均屬盜版或盜拷產品。

　　事實上，美國商會發現盜版盜拷活動，不以書籍或影片（DVD）為限，尚及日常生活所見之汽車零組件、豪華商品，甚至洗髮乳等，涉及中國市場之各個生產領域。[11]此等仿冒品不僅在中國國內市場充斥，且將其用於大量出口，對美國及其他國家之公司造成二度損失，及名譽傷害，成為全球值得共同關切之問題。[12]

　　依該報告指出，美中現階段之經貿及商業往來，發生七項值得重視現象如下：[13]

　　(一) 美國認為，在雙方努力之下，中國對WTO所作出承諾之落實，已產生一定程度之積極作用。

　　(二) 中國在進步或改善同時，出現反復無常情形，其所採取之若干新措施，有發生阻礙市場開放之虞。

　　(三) 中國在保護IPRs方面不力，認為係一頗為頑固的問題。

　　(四) 中國法令及相關措施，其透明度偏低，使美國商會成員頗感頭痛不已。

　　(五) 中國確保在2004年12月中旬給予外國獨資公司自由進行進出口貿易與商品銷售之權利，具有相當重大之意義。

　　(六) 中國應當積極採取措施，依照WTO精神，開放市場。

　　(七) 美國企業依然願意與中國方面共同致力於積極尋求解決雙邊貿易爭端之辦法。

　　美國商會負責亞洲事務副會長布里蘭特在該評估報告完成後，曾召開記者會表示，雖然經過美國與中國雙方共同努力，中國副總理吳儀於2004年4月到美國訪問時，承諾將對盜版行為加大懲罰力度，強化針對盜版活動之法律規定等，但直到今日，盜版問題依然非常嚴重。渠表示，中國現在之問題為執法方面缺乏效

---

[11] 依美國近期「商業週刊」指出，仿冒工業成為全球成長最快速產業之一，2004年全球仿冒工業之產值約5,120億美元，美國海關查獲仿冒品較2003年成長46%，全球仿冒品有三分之二來自中國，中國已成為全球最大仿冒王國。由於仿冒技術愈來愈進步，跨國仿冒組織使仿冒品從區域性問題躍升為全球性威脅。以往五年來，全球仿冒品大量增加，幾乎已達失控狀態。例如輝瑞藥廠之藍色小藥丸威而鋼，推出不久後遭到仿冒，一個月內查獲1,600多萬顆。現仿冒品愈來愈猖獗，從電腦晶片、精品、救命藥品到日常生活品，均有可能出現仿冒品。參見中國時報（2005.1.31），版13。

[12] 據稱走在北京長安大街靠近繁華使館區街上，小販沿路兜售盜版DVD、冒牌POLO襯衫、鑲假鑽之滿天星錶，北京人已見怪不怪。儘管美國如何制裁與威脅，名牌廠商如何裝腔作勢，北京市政府亦有意雷厲風行打擊，盜版業者似乎均當作耳邊風，照樣我行我素。在加強取締仿冒同時，中國政府曾經不准一般商家賣名牌。2004年9月北京市工商局在160個市場張貼通告，列出25種禁賣之國際名牌，包括LV、香奈兒、紀梵希及Prada在內之名牌。參見中國時報（2005.1.31），版13。

[13] 總體而言，美國商會該一評估報告認為，中國在若干方面已取得明顯進展。惟在保護IPRs方面之問題，仍相當嚴重。該報告重點參見中國（海南）改革發展研究院所屬WTO信息查詢中心「美國商會發表中國落實WTO承諾狀況報告」（2004.9.27）訊息。

率，因而法律難以顯現出足夠之嚇阻作用。

　　布里蘭特指出，最近三年來，中美雙邊商業關係有重大改變，中國對美國出口成長75%；而2003年，美國對中國出口成長29%，以2003年言，美國為中國第二大貿易夥伴，中國則為美國第三大貿易夥伴。雙邊經貿關係之快速成長所帶來之問題，包括貿易赤字、人民幣匯率升值及反傾銷等問題。

　　美國認為要求中國落實入世承諾，如遵守WTO所建立之各項規範，中國市場之如期開放，乃為解決雙邊重大貿易爭議之根本辦法，美國商會表示，將在近期內派人到中國常駐，以便就近加強中國在落實WTO承諾之監督工作。

參、中國入世前著作權法修正要旨

　　中國為履行加入WTO之承諾，並符合TRIPS之要求，乃對「著作權法」、「商標法」、「專利法」、「計算機軟件保護條例」、「著作權法實施細則」、「專利法實施細則」等主要IPRs保護之法律與法規進行修改，並由國務院頒布新制定「集成電路布圖設計保護條例」等行政法規。新修正著作權法於中國簽署加入WTO前夕，於2001年10月27日經第9屆人代會常務委員會第24次會議通過後頒布。新修正「著作權法」亦分六章，共60條條文，較修正前有所增加，原第五章「法律責任」現改稱為「法律責任與執行措施」，其餘章名未改變。修正旨意之一在於強化執法措施，以回應美國與歐盟等先進國家對於保護IPRs權益之強烈要求。[14]有關該法之修正重點，茲分別釋明如下：

一、解決中國與外國著作權人權利保護不平衡問題

　　中國著作權人權利之保護，在修正該法之前，乃依原著作權法之規定，而對於外國著作權人權利之保護，因中國已加入「伯恩公約」，而依國家版權局所頒布之「實施國際著作權條約的規定」，給予外國人較高標準之保護，在中國國內常遭受疵議。

　　此次修正後，已將此種外國著作權人享有「超國民待遇」之不合理情況予

---

[14] 著作權法為保護私權重要法律之一，據稱，該法之修改頗引人注目，乃因該法涉及與創作活動有關之諸多領域，不僅涉及如何與著作權國際化保護相互協調之許多問題，更重要者，在於涉及中國著作權法如何將立法十年來理論界及司法實務界對作者權利保護之新思維、新觀念在法律之修改中加以體現。參見中國學者費安妮論文之開場白。

以消除，對於本國及外國著作權人之作品，均給予同等保護。依新修正法第2條規定，外國人、無國籍人之作品根據其作者所屬國或經常居住地國與中國簽訂之協議或共同參加之國際條約享有之著作權，受本法保護（第2項）；外國人、無國籍人之作品首先在中國境內出版者，依照本法享有著作權（第3項）；未與中國簽訂協議或共同參加國際條約國家之作者及無國籍人之作品，首次在中國參加之國際條約成員國出版，或在成員國及非成員國同時出版者，受本法保護（第4項）。

二、增加保護著作財產權利種類

依修正後該法第10條規定，有關「人身權」（我國稱為「人格權」）部分，並未修正，仍包括發表權、署名權、修改權及保護作品完整權等四種。此一「人身權」，中國學界著作亦有稱為「精神權利」者。[15]至於財產權，因應新科技發展之需要，現已有所增加，即除原規定各項權利之外，現計增加出租權（第10條第1項第7款）、放映權（第10條第1項第10款）及資訊網路傳播權（按中國稱「資訊」為「信息」，第10條第1項第12款），另擴大表演權之廣播權之適用範圍。修正後，表演權包括現場表演及機械表演，而廣播權則包括廣播、轉播及向大眾傳播在內。其中，最值注意者乃係增列「資訊網路傳播權」，乃為配合數位化國際網路環境之需要。

我國著作權法於2003年7月修正時，對於著作權之權利種類，則增列公開傳輸權及散布權、錄音著作公開演出之報酬請求權、表演人之出租權等各項權利。其中有關「公開傳輸權」主要即針對「網路」而言。[16]至於出租權及放映權在我國較早之著作權法之中即有所規範。

三、明定對網路作者權利保護

著作權法制定時，網路尚未發達，所面臨之法律問題亦不明顯，而未有任何規定。現因時隔十餘年，近年來科技突飛猛進，不僅國內網路，國際網路已甚普遍，網路經濟、網路環境乃至網路時代已儼然成形，如何解決網路環境下之作者

---

[15] 學界有稱「人身權」為「精神權利」（moral right），而「財產權」為「經濟權利」者。所謂「精神權利」指作品為作者人格之體現，在作品中包含作者之思想、氣質與性格。因此，對精神權利之尊重即對作者人格之尊重。至於所謂「經濟權利」指作者通過許可他人使用作品而從中獲得報酬，與作品不同使用方式有關。參見龍永圖主編，入世與知識產權保護，中國對外經濟貿易出版社（2000年9月），頁280以下。

[16] 依我國現行著作權法第3條第10款所規定之「公開傳輸」，乃指以有線電、無線電之網路或其他通訊方法，藉聲音或影像向公眾提供或傳達著作內容，包括使公眾得於其各自選定之時間或地點，以上述方法接收著作內容。此一定義與中國「著作權法」所指「資訊網路傳播」，甚為接近。

權利保護問題，成為新修正法首需面對考慮之重點課題之一。為強化對網路作者權利之保護，該法權利體系內容之中，乃增列「資訊網路傳播權」，即指以有線或無線方式向公眾提供作品，使公眾可以在其個人選定時間及地點獲得作品之權利。

此外，依中國國務院所頒「計算機軟件保護條例」中明定，軟體（中國稱為「軟件」）著作權人可以辦理軟體登記，軟體是否登記，權利人可以選擇，且登記證明文件僅是登記事項之初步證明。

四、釐清表演者與製作者之權利

依修正第37條第1項第3款、第5款及第6款規定，表演者許可他人從現場直播及公開傳送其現場表演，並獲得報酬，表演者許可他人複製、發行錄有其表演之錄音、錄影製品，並獲得報酬；表演者許可他人通過資訊網路向公眾傳播其表演，並獲得報酬，多屬新增加規定。

依修正第41條，增列錄音、錄影製作者許可他人出租及通過資訊網路傳播其錄音錄影製品之權利。

依修正第44條規定，廣播電臺、電視臺有權禁止未經許可將其播放之廣播、電視進行轉播、錄製及複製其音影載體。前項規定權利之保護期為五十年，截止於該廣播、電視首次播放後第五十年之12月31日。

五、明定作者權利優於錄音製品播放者利益

修正前第42條規定，廣播電臺、電視臺非營業性播放已經出版之錄音製品，可以不經著作權人、表演者、錄音製作者許可，不向其支付報酬。該一規定對於權利人並不公平，而有保護不周之虞，當初作此規定，原係基於公益性及從事非營利性活動著眼，論者認為此乃係計畫經濟下之產物，市場經濟下難以覓得客觀支撐依據。何況，在錄音製作品播放者與作者之間，作者顯然居於弱者地位，為保護作者，此一修改有其必要。又修正後第43條規定，對於播放已經出版之錄音製品，可以不經著作權人許可，但應當支付報酬，當事人另有約定者除外。顯然已較修正前合理，可以化解因不合理可能造成之爭議，從而，達到加強保護著作權人、表演者等之權利。

六、明定著作權集體管理機構受託行使權利

中國「著作權法」稱為著作權「集體管理機構」者，我國法稱為著作權「仲介機構」，中國新修正法第8條增列此一規定。此一「集體管理機構」定位為基

於作者與其他著作權人授權進行保護著作權活動之非營利性組織。此一機構存在之目的乃為協助弱勢之作者，以對抗可能為強勢之侵權人。在著作權法修正之後，現已取得正式之法律地位。在制度上，應係進一步保護著作權人之有效措施。惟不容否認，該機構如無法取得與作者間之良好協調時，將難以達到預定之目的，甚至可能適得其反。

七、協調作者權利與實施義務教育有關教科書關係

中國現亦推動九年義務教育，需要大量教科書，由於教科書編撰需要大量使用作者之作品，著作權法修正前，對此未作規定，對於作者權利未設有保護規定，導致在教科書使用作品常發生作者權利遭到侵害情事。以故，修正後該法乃明定教科書使用作者作品之範圍與條件。依第23條規定，為實施九年制義務教育及國家教育規劃而編寫出版教科書，除作者事先聲明不許使用者外，可以不經著作權人許可，在教科書中彙編已經發表之作品片段或短小之文字作品、音樂作品或單幅美術作品、攝影作品，但應當按照規定支付報酬，指明作者姓名、作品名稱，並且不得侵犯著作權人依照本法享有之其他權利。依該規定，作者可以事先聲明不得使用其作品，有關教學參考書、非義務教育用教材，並不適用該規定，且一旦列入教科書，使用者有向權利人支付報酬，以及享有著作人格權之權利。

八、明定侵權法定賠償額之具體標準

依照修正後第48條第1項規定，侵犯著作權或著作權有關權利者，侵權人應當按照權利人之實際損失給予賠償，實際損失難以計算者，可以按照侵權人之違法所得給予賠償。賠償數額還應包括權利人為制止侵權行為所支付之合理開支。依此規定以觀，中國著作權法所確立之民事賠償原則，乃以權利人「實際損失」為第一標準，以侵權人「違法所得」為第二標準。

至於上開二原則均無法適用之情況下，權利人之實際損失或侵權人之違法所得不能確定者，則採取第三標準，依同條第2項規定，由人民法院根據侵權行為之情節，判決給予人民幣50萬元（約折合新臺幣220萬元）以下之賠償。

中國著作權法該條規定與我國著作權法之規定，頗為接近。惟我國著作權法第88條第2項第1款及第2款規定之賠償原則，包括(一)以被害人「所受損害」為準；(二)以侵害人「所得利益」為準，係由被害人擇一請求，並無優先順序，具有較大彈性。至於不易證明實際損害額之情況下，依同條第3項規定，其具體金額標準為，由法院依侵害情節，在新臺幣1萬元以上，100萬元以下酌定賠償額，如損害行為屬故意且情節重大者，賠償額得增至新臺幣500萬元。可見，我國所

規定賠償金額較高,洵與平均國民所得較高有關,惟不可否認者為,中國幅員遼闊,行銷市場較大,造成之損害可能相對提高。

九、明定財產及證據保全之臨時措施

修正後該法第49條規定,著作權人或著作權有關之權利人有證據證明他人正在實施或即將實施侵犯其權利之行為,如不及時制止將會使其合法權益受到難以彌補之損害者,可以在起訴前向人民法院申請採取責令停止有關行為及財產保全之措施。人民法院處理此一申請,適用民事訴訟法第93條至第96條及第99條之規定。又該法第50條規定,為制止侵權行為,在證據可能滅失或以後難以取得情況下,著作權人或著作權有關之權利人可以在起訴前向人民法院申請保全證據。人民法院接受申請後,必須在四十八小時內作出裁定;裁定採取保全措施者,應當立即開始執行。人民法院可以責令申請人提供擔保,申請人不提供擔保者,駁回申請。申請人在人民法院改採取保全措施後十五日內不起訴者,人民法院應當解除保全措施。

該二條有關財產保全及證據保全之規定,可謂係參考民法有關「緊急避難」之基本法理而制定,乃TRIPS積極鼓勵各會員國在國內法採取此一措施,以期能有效制止日益嚴重IPRs侵權行為之無限擴張與蔓延。

我國著作權法於2004年9月修正頒布之後,第90條之1亦經參考TRIPS第58條之規定,增列海關對疑似侵權之貨物,得採暫不放行措施之規定。依該增列規定,海關於執行職務時,發現進出口貨物外觀顯有侵害著作權之嫌者,得於一個工作日內通知權利人並通知進出口人提供授權資料。權利人接獲通知後對於空運出口貨物應於四小時內,空運進口及海運進出口貨物應於一個工作日內至海關協助認定。權利人不明或無法通知,或權利人未於通知期限內至海關協助認定,或經權利人認定系爭標的物未侵權者,若無違反其他通關規定,海關應即放行(第11項)。經認定疑似侵權之貨物,海關應即採行不放行措施(第12項)。海關採行暫不放行措施後,權利人於三個工作日內,未依第1項至第10項向海關申請查扣,或未採行保護權利之民事、刑事訴訟程序,若無違反其他通關規定,海關應即放行(第13項)。

兩岸在邊境措施方面,對於疑似侵權之貨物之處理,我國著作權法逕以規定海關得以採取暫不放行措施;而中國著作權法則規定由受害權利人向法院申請依民事保全程序處理,另由國務院頒訂「知識產權海關保護條例」,達到邊境管制目的。

十、加重對損害公共利益之行政處罰

　　修正前該法第45條規定，有侵權行爲者，應當根據情況，承擔停止侵害、消除影響、公開賠償道歉、賠償損失等民事責任。而修正後第47條則在原規定下增列，同時損害公共利益者，可以由著作權行政管理部門責令停止侵權行爲，沒收違法所得、沒收銷毀侵權複製品，並可處以罰款；情節嚴重者，尚可以沒收主要用於製作侵權複製品之材料、工具、設備等；構成犯罪者，依法追究刑事責任。按中國著作權法本身並未作刑責規定，而於刑法列有「侵犯智識產權罪」專章，如構成刑責者，依刑法規定處罰。[17]

　　依修正後第51條規定，人民法院審理案件，對於侵犯著作權或著作權有關權利者，可以沒收違法所得、侵權複製品及進行違法活動之財物。另修正後第52條規定，複製品之出版者、製作者不能證明其出版、製作有合法授權者，複製品之發行者或電影作品或以類似攝製電影之方法創作之作品、電腦（中國稱爲「計算機」）軟體、錄音錄影製品之複製品之出租者，不能證明其發行、出租之複製品有合法來源者，應當承擔法律責任。凡此規定，均爲有效執法所必需，修正後著作權法予以增列，以期加強執行保護著作權人權益，有法源依據。惟該條僅稱不能證明有合法來源時，應承擔「法律責任」，至於如何程度之法律責任，並未明定。[18]

肆、兩岸著作權法制架構比較

　　IPRs領域包括專利、商標、著作權、積體電路布局、營業秘密等在內，由於國際間對於此等智慧財產權簽署有諸多相關國際公約，包括巴黎公約、伯恩公約、羅馬公約及華盛頓公約等在內。各國簽署之後，既有遵守之義務，而在國內法層面，爲與國際規範相符，以避免內外國法形成衝突，將如何適用法律問題，

---

[17] 其中與侵害著作權有關者爲刑法第217條及第218條。依第217條規定，以營利爲目的，有下列侵犯著作權情形之一，違法所得數額較大或者有其他嚴重情節者，處三年以下有期徒刑或者拘役，並處或者單處罰金；違法所得數額巨大或者有其他特別嚴重情節者，處三年以上七年以下有期徒刑，並處罰金：1.未經著作權人許可，複製發行其文字作品、音樂、電影、電視、影像作品、電腦軟體及其他作品；2.出版他人享有專有出版權之圖書；3.未經錄音錄影製作者許可，複製發行其製作之錄音錄影者；4.製作、出售假冒他人冒名之美術作品者。另第218條規定，以營利爲目的，銷售明知是本法第217條規定之侵權複製品，違法所得數額巨大者，處三年以下有期徒刑或拘役，並處或者單處罰金。

[18] 就立法之完整性而言，似應明定依本法何條規定處理，以明確其責任。

乃相應配合修正，而使各國有關IPRs之立法，有邁向國際化之趨勢。尤其，在WTO締結TRIPS之後，因該協定屬於多邊協定，而非複邊協定，具有強制性，凡加入WTO成為會員國者，均應遵守。WTO現有164個會員國（包括地區在內），益加迫使各國之相關立法邁向符合TRIPS。從而，使各國有關IPRs之立法相接近，則為事實，兩岸著作權法亦不例外。申言之，凡TRIPS有明確規定或要求符合者，兩岸法律規定差異不大。此係就主要原則如最惠國及國民待遇原則或基本規範，如保護期限及法律責任等而言，惟因各國國情及奉行經濟理論及需要等之不同，在若干法制基本架構層面，包括立法精神等，仍顯現有不同程度之差異存在，茲分述如下：

一、立法精神方面

中國實施「社會主義」，不僅在中國憲法上揭明，即在著作權法上亦強調社會主義文明及文化，該法第1條所揭示之立法宗旨，包括：(一)鼓勵有益於社會主義精神文明、物資文明建設作品之創作與傳播；(二)促進社會主義文化與科學事業之發展與繁榮。而我國實施「民生主義」，其本質與西方文明所實施「資本主義」之理論較為接近。該法第1條表明在「調和社會公益」及「促進國家文化發展」。我國法所表明者，具有較大之文化包容力，有助於社會多元文化之形成，使社會呈現較為鮮明活潑之動力。

值得注意者，中國著作權法既強調社會主義之文明與文化，則凡與社會主義精神不符合之著作物，中國是否准許進口及在市面流通，則不無疑義。事實上，中國1980年代初期改革開放以後，對於闡述西方文明及資本主義社會所出版之著作物，並不排斥。我國原亦禁止闡揚馬克思及共產主義之出版物流通，惟我國在出版法廢止之後，隨著社會更加開放，原列為禁書者已解禁，國內已有專門店進口中國醫藥、經濟、法律、文化、藝術等不同領域之出版物在臺銷售。

二、權利種類方面

中國著作權法第10條明定，著作人格權（人身權）種類為：(一)發表權；(二)署名權；(三)修改權；(四)保護作品完整權。對於著作財產權為：(一)複製權；(二)發行權；(三)出租權；(四)展覽權；(五)表演權；(六)放映權；(七)廣播權；（八）資訊網路傳播權；(九)攝製權；(十)改編權；(十一)翻譯權；(十二)匯編權；(十三)應當由著作權人享有之其他權利。我國法對於著作人格權之種類雖未列舉，而分別規定，包括第15條第1項規定，著作人就其著作享有公開發表之權利，即「發表權」。第16條第1項規定，著作人於著作原件或其重製物上或於

著作公開發表時，有表示其本名、別名或不具名之權利，即指「署名權」。又第17條規定，著作人享有禁止他人以歪曲、割裂、竄改、或其他方法改變其著作之內容、形式或名目致損害其名譽之權利，即指「保護作品完整權」而言。惟我國法並未明定有關著作人格權之「修改權」，而在著作財產權中則規定有改作成衍生著作之「改作權」，與中國法所稱之「修改權」，在實質含義上，並不相同。[19]

在著作財產權之比較，中國法列舉著作財產權之種類或內容，包括複製權在內等13種，其中第13種屬於「概括條款」，而凡應當由著作權人享有之其他權利，均包括在內。可見，中國法賦予著作權人之財產權，可依需要作延伸。我國法雖未如中國法以專條列舉，惟亦設有著作財產權之專節規定，該法自第22條至第29條之1中規定「重製權」、「公開口述權」、「公開播送權」、「公開上映權」、「公開演出權」、「公開傳輸權」、「公開展示權」、「改作權」、「編輯權」、「移轉散布權」、「出租權」及「僱用人或出資人取得各項權利」等12項。

就兩岸法制加以比較，中國法所稱之「發行權」、「攝制權」及「翻譯權」為我國法所無，而我國法所規定之「公開口述權」及「移轉散布權」則為中國法所無。至於概括條款部分，中國法所稱「著作權人應享之其他權利」，則較我國法所稱「僱用人或出資人取得各項權利」之範圍為廣。茲列表比較如表12-1。

表12-1　兩岸著作財產權種類比較表

兩岸編號	中國法	我國法	備註
1	複製權	重製權	
2	發行權	-	
3	出租權	出租權	
4	展覽權	公開展示權	
5	表演權	公開演出權	
6	放映權	公開上映權	
7	廣播權	公開播送權	

---

[19] 依我國著作權法第3條第1項第10款所稱「改作」，乃指以翻譯、編曲、改寫、拍攝影片或其他方法就原著作另為創作。至於中國法所指「修改權」，則指作者有權修改自己創作之作品，或有權授權他人修改自己之作品。可見，其內涵不同。

表12-1 兩岸著作財產權種類比較表（續）

編號／兩岸	中國法	我國法	備註
8	資訊網路傳播權	（公開傳輸權）	
9	攝制權	改作權	
10	改編權	-	
11	翻譯權	（改作權）	惟我國法所稱改作含義較廣，不限於翻譯而已，尚及編曲、改寫、拍攝影片或其他方法就原著作另為創作。
12	匯編權	編輯權	
13	-	公開口述權	
14	-	移轉散布權	
15	應享之其他權利	-	
16	-	僱用人或出資人取得各項權利	

資料來源：作者整理。

三、權利保護及限制方面

兩岸著作權法在此方面之差異似在，中國法比較強調社會公益之維護與支持，尤其當社會公益與私人權益相衝突時，寧可犧牲個人權益而成就社會公益。以故，該法第4條後段乃規定，著作權人行使著作權，不得違反憲法與法律，不得損害公共利益。而我國法則比較偏重保護著作權人之權益，此與兩岸所奉行之經濟理論不同所致。從而，在法律架構上之區別，中國法強調權利之歸屬與分配問題。中國法在第三章「著作權許可使用與轉讓契約」及第四章「出版、表演、錄音錄影、播放」中，每規定及有關是否支付報酬之規定。例如該法第29條規定，圖書出版者出版圖書應當與著作權人訂立出版契約，並支付報酬。第31條第3項規定，圖書出版者重印、再版作品，應當通知著作權人，並支付報酬。第36條規定，使用他人作品演出，表演者（演員、演出單位）應當取得著作權人許可，並支付報酬。使用改編、翻譯、註釋、整理已有作品而產生之作品進行演出，應當取得改編、翻譯、註釋、整理作品著作權人及原作品著作權人許可，並支付報酬。

在此方面，我國法基於尊重「契約自由原則」，則較少作此規定，顯示公權力並不輕易介入態度。例如，我國法第37條規定，著作權人得授權他人利用著

作，其授權利用之地域、時間、內容、利用方法或其他事項，依當事人之約定，其約定不明部分，推定爲未授權。此外，我國法爲達到調和社會公益之目的，乃設定諸多有關「合理使用」之規定，作爲著作物歸屬著作人所有或使用之例外規定，雖論者有稱此爲「黑洞」條款者，惟卻不能避免。例如我國法在第三章第四節第四款有關「著作財產權之限制」中，自該法第44條至第66條，總共23條條文中，每使用「合理範圍內」或「合理使用」之用語，以排除侵權之可能性。而此種情形在中國法僅偶有出現而已。[20]

四、保護期限方面

依中國著作權法第20條規定，作者之署名權、修改權、保護作品完整權之保護期不受限制。又第21條規定，公民之作品，其發表權及著作財產權（本法第10條第1項第5款至第17款規定）之保護期爲作者終生及其死亡後五十年（下略）。依此，該法所指人格權保護期不受限制者，乃指永久而言。所以古人之著作可以留存至今，如司馬遷之「史記」，名垂千古，並不因千百年之後而消失。

至於著作財產權之保護期限，中國法與我國法所規定之著作權存續期限，在自然人、法人與合作作品間，保護期限相當，同爲著作人之生存期間及其死亡後五十年。所差異者在於我國法對於五十年期間之計算，係依民法之規定，稱爲五十年者，以週年爲準，如2001年7月1日至2050年6月30日即屆滿五十年，保護期限即爲屆至。中國法之規定，則以屆期年之年終（12月31日）爲止，如2001年7月1日至2050年12月31日止，始爲屆至，對於權利人而言，較爲有利。由於五十年期間爲一頗爲長久之期間，應無嚴格要求權利人遵行必要，中國法在此方面之規定，頗爲合理，似可供我國未來修法界定五十年期間，採取從優原則之參考。

五、法律責任方面

中國法對於侵害著作權行爲者之處罰似乎偏重在民事責任，該法第五章「法律責任與執行措施」，自第46條至第55條之規定，多屬民事責任之規範。如依第46條規定，對於具有「未經著作權人許可，發表其作品」等11種侵權行爲者，規定應根據情況，承擔停止侵害、消除影響、賠禮道歉、賠償損失等民事責任。又依第47條規定，對於具有「未經著作權人許可、複製、發行、表演、放映、

---

[20] 各國著作權法多規定在一定條件下，爲個人學習或從事科學研究目的，或爲教學活動、學術研究、公共借閱、宗教或慈善性質之活動等社會利益，可以不經著作權人之同意，亦不必向其支付報酬而自己使用，此種以法律明定允許之自由使用，稱爲「合理使用」。中國「著作權法」有關「權利限制」，即該法第22條及第23條所規定情形，屬於「合理使用」。中國學者亦作如此解釋。

廣播、匯編、通過資訊網路向公眾傳播作品等八種侵權行爲者，除依前項方式處理外，其同時損害公共利益者，可以由著作權行政管理部門責令停止侵權行爲，沒收違法所得、沒收、銷毀侵權複製品，並可處以罰款；情節嚴重者，著作權行政管理部門尚可沒收主要用於製作侵權複製品之材料、工具、設備等；構成犯罪者，依法追究刑事責任。中國另於刑法中設有「侵害知識產權罪」之規定，僅有二條條文規範。

我國法對於侵害著作權分別設有第六章「權利侵害之救濟」及第七章「罰則」。前者爲民事責任，自該法第84條至第90條之1，計有13條，後者爲刑事責任，自該法第91條至第103條，計有16條。顯然，對於侵權責任之追究，刑罰處罰反居於比較被關切之地位。

六、邊境管制措施方面

中國著作權法未設有關涉及IPRs問題產品由海關作邊境管制措施之規定，而由國務院另訂「知識產權海關保護條例」，作爲處理依據。按該條例自中國國務院於1995年10月1日頒行以來，已發揮若干功效，包括保護知識產權權利人之利益，維護市場經濟秩序及促進出口貿易之健康發展等，惟當時頒訂之該一條例，部分規定與TRIPS並不一致，海關承擔較重職責，主管當局予以檢討，國務院常務會議於2003年11月下旬通過修正，於同年12月上旬公布，自2004年3月1日起施行。

依照修正後「知識產權海關保護條例」，擴大權利人請求海關扣留侵權嫌疑貨物之擔保方式，除擔保金並及於不超過貨物等值之擔保，包括銀行之保證函在內。依修正後第19條規定，縮小憑擔保放行貨物之範圍，僅允許憑擔保放行涉嫌侵犯專利權之貨物，而不及涉嫌侵犯商標權及著作權之貨物，依修正後第13條規定，提高申請扣留進出口貨物之條件，即申請人向海關提出扣留侵權嫌疑貨物應當提交申請書及相關證明文件，並提供足以證明侵權事實明顯存在之證據。又依修正後第17條規定，經海關同意，知識產權權利人、收貨人或發貨人可以查看有關貨物。

惟依中國「立法法」之規定，「條例」並非「法律」，而係行政法規，而我國有關邊境管制措施則直接在「著作權法」中規定，具有法律規範之效力。依我國於2004年9月修正「著作權法」第91條之1第10項規定，海關於執行職務時，發現進出口貨物外觀顯有侵害著作權者，得於一個工作日內通知權利人並通知進出口人提供授權資料。權利人接獲通知後對於空運出口貨物應於四小時內，空運進口及海運進出口貨物應於一個工作日內至海關協助認定（下略）。在執行細節部

分，兩岸規定容有若干差異，惟基本精神，藉以保障合法權利人之權益，則無異致。

伍、中國著作權法與TRIPS之差距

一、符合協定義務之必要

　　GATT/WTO烏拉圭回合談判過程中，北方國家（已開發國家）與南方國家（開發中國家）在IPRs議題上，出現頗為歧異立場。北方國家認為IPRs問題應在GATT/WTO架構內處理，主張制定保護IPRs之準則與標準，以避免國際貿易遭受扭曲。而南方國家則主張GATT/WTO並非處理IPRs問題之適當場合，而應將其回歸「世界智慧財產權組織」（World Intellectual Property Organization, WIPO），此一屬於聯合國專門機構之組織裡，GATT則應以處理商品貿易自由化為限。從而，主張GATT僅能處理澄清GATT關於IPRs之規則與條款，並依具體情況制定旨在減少對國際貿易之扭曲與障礙之新規則與紀律。茲分述如下：

(一) 北方國家立場

　　以美國、歐盟、日本及瑞士為代表。瑞士主張在GATT建立一般規範原則之施行程序，並提出三項原則：1.應避免對IPRs作過度、不充分或缺乏保護而導致貿易扭曲；2.應避免在IPRs方面給予外國產品較低待遇及實行任何新差別待遇；3.對IPRs實施適當保護。美國及日本主張在GATT中應包括詳細說明各國國內應遵循IPRs標準，作為附錄，加以約束。歐盟則主張談判目的不在使各國國內法一致，而應是得到各國新產生實體性保護標準之原則達成協議。

　　對於IPRs之保護範圍，已開發國家之主張包括專利、商標、著作權及積體電路布局，而美國則依其國內法主張尚應及於營業秘密之保護，歐盟提出對地理標誌及電腦軟體之保護。至於著作權保護期限方面，美國及日本主張應包括電腦軟體，其期限為作者有生之年加五十年，歐盟則主張電腦軟體保護期限應不少於二十五年，而且並不一定以著作權方式加以保護。又歐盟、瑞士及日本要求GATT所確立之國民待遇及最惠國待遇原則應適用於IPRs領域。可見，北方國家所主張加強IPRs保護較既有保護IPRs之國際公約，如伯恩公約或世界著作權公約、羅馬公約等之保護水準為高，且其範圍亦較以往國際公約為廣。

(二) 南方國家立場

　　開發中及低度開發國家則普遍認為，依北方國家要求，如制定IPRs新協定，將使其承擔與已開發國家國內立法一致之義務，並不公平，且將喪失依其社會及經濟發展情況，建立本身需要之IPRs制度之權利，且因現階段對資訊技術、電腦程式設計、半導體及生物技術等最合適之保護方式尚未達成一致意見，要求開發中及低度開發國家採取較高標準之保護，並不合適，尤其如加強IPRs保護將帶給開發中國家沉重之財政及行政程序之負擔。

　　烏拉圭回合談判有關TRIPS在已開發國家之堅持下及部分開發中國家基於策略性考慮，同意就與貿易有關之IPRs保護制定新的規則與標準，終能達成協議，可見乃係已開發國家與開發中國家妥協結果之產物。就TRIPS與已開發國家之主張加以比對，可見多數已開發國家之主張，已轉化納入TRIPS之中。惟開發中國家所提出之相應建議，與著作權有關者，如避免對許可協議之不公平或有任何權利濫用行為；根據著作權法對電腦軟體保護範圍之限制；應有利於促進向開發中國家技術轉讓之規定等，與專利權有關者如要求動植物品種、食品及藥品及其生產方法不得取得專利；進口國獲得專利權之產品進口及應給予開發中國家特殊待遇問題。對於類似進口許可及權利終止問題等，亦均納入TRIPS之中，事實上，雙方現已各取所需。

　　各國著作權法究竟應與WTO/TRIPS「完全一致」、「大體一致」或「部分一致」問題，就WTO之立場而言，由於TRIPS為「多邊協定」，並非「複邊協定」，加入WTO為會員國者均應遵守，會員國並無選擇性可言。以故，各國之著作權法應有符合TRIPS之義務。

　　中國在入世之前，聲稱其著作權法在2001年10月修正之後，將與WTO/TRIPS「完全一致」。此則因中國於1992年時加入「伯恩公約」，在國內法方面，由國家出版局發布「實施國際著作權條約的規定」，造成保護外國著作權人之程度，高於中國依「著作權法」保護之本國著作權人。在中國國內造成相當程度修法之壓力，以及為配合加入WTO需要，乃於2001年10月修正「著作權法」。

　　不過，直到今日，中國官方文獻及學者著作仍指稱中國著作權法與TRIPS尚有相當差距，有待進一步改善，以期能夠完全符合TRIPS。

　　我國直到目前因政治因素，尚未能加入「伯恩公約」，成為該公約之簽署國，而TRIPS在著作權之實體部分乃係以伯恩公約為基礎，表明遵守該公約第1條至第21條之規定。我國經過2004年9月修正著作權法以後，雖尚難謂完全符合TRIPS，而至少可謂「大體符合」TRIPS，將來加入「伯恩公約」之後，應以完

全符合TRIPS為目標。

二、現存差距情形

中國於1991年頒布之「著作權法」，與TRIPS及伯恩公約等存在相當大差距，而該法在2001年10月修正頒布之後，此一差距顯然已有所改善，惟仍並非如中國主管當局所稱，入世後，在IPRs保護方面將與TRIPS「完全一致」之境地。有關現階段中國修正後之著作權法與該協定存在之差距，茲分述如下：

(一) 對於外國著作權人權益之保護未完全採取「自動保護」原則

依修正前著作權法第2條第2項規定，外國人之作品首先在中國境內「發表」者，依照本法享有著作權，至於對未「發表」之既成外國作品保護與否，則未作規定。修正後對此雖有所改變，將所稱「發表」修改為「出版」，依修正後第2條第3項規定，外國人、無國籍人之作品首先在中國境內出版者，依照本法享有著作權，此與著作權之享有乃基於創作主義之精神，即TRIPS及伯恩公約，均採自動保護原則者，仍存在一定之差距。

(二) 對於著作權人之作品保護範圍與國際公約略有差別

中國著作權法對各類IPRs之保護內容與保護水準與TRIPS存在不同程度之差距，其主要者中國尚未對網路域名商標、資訊產品、積體電路布局設計提供專門法律保護。惟現中國國務院已頒布「集成電路布圖設計保護條例」等，惟該條例，依中國立法慣例係屬行政法規，並非法律，此與我國以條例亦屬法律形式一種者不同。

另TRIPS將電腦程序列為文學作品，以著作權加以保護，而中國國務院則另訂「計算機軟件保護條例」予以保護，因係行政法規性質，其保護力度，自較法律為低。又TRIPS將匯集作品之數據庫等列為著作權保護範圍，而中國著作權法未及於此。另伯恩公約將機械表演、按照施工設計及產品設計圖進行實施作為複製行為，中國著作權法修正之前，未規定及此，而在2001年10月修正之後，已將此二者納入，作為著作權保護範圍。

(三) 缺乏對濫用IPRs作必要及完善之限制措施

中國有關各項IPRs之法律，每各行其是，而未能形成一部統一完整之IPRs法律體系，中國研究「知識產權」法律學者對此有所疵議，而認為與TRIPS要求，與其他國際公約之條款內容存在若干距離。而且現除積體電路布圖設計，已制定保護條例，有關數據庫保護、營業秘密法、反壟斷法之制定，均仍有待中國主管

當局加緊立法。[21]

(四) 過分強調出版業者之「專有出版」權利

按專有出版權為著作權人權利之延伸，乃經由簽訂出版契約，由著作權人授予圖書出版者，圖書出版商享有專有出版權，論者有認為並不公平，且無必要。目前，中國之著作權人（尤其是作者）之地位遠不及出版者，修正前著作權法第30條規定，契約約定圖書出版者享有專有出版權之期限不得超過十年，契約期滿可以續訂。實務上，出版者對著作權人之作品享有近乎無限制之專有出版權，使著作權人處於不公平地位。該法修正後，現已無年限規定。依修正後第30條規定，圖書出版者對著作權人交付出版之作品，按照契約享有之專有出版權受法律保護，他人不得出版該作品，已較修正前合理。

(五) IPRs取得與維持程序方面，與TRIPS等仍有距離

中國著作權有關鄰接權之規定，損害並影響對文藝作品著作權之保護，與TRIPS規定相衝突。修正前著作權法第43條規定，廣播電臺、電視臺可以不支付報酬播送已經出版之錄音製品，顯然與TRIPS及其他國際公約之精神不符合，惟修正後之著作權法已作適當改變，明定應支付報酬。

又中國著作權法將非自願許可制度範圍過於擴大，修正前將非自願許可制度擴大及於廣播電視組織及報刊轉載機構利用他人作品製作節目及出版，與伯恩公約規定，並不符合。此外，在鄰接權方面，中國著作權法亦存在多處與TRIPS及伯恩公約精神不符之規定。

(六) 對於盜版取締力度不足問題

中國研究「知識產權」學者李順德指出，有關中國著作權與TRIPS之差距，體現在多個層面，包括對部分有關IPRs之行政終局決定，缺乏必要之司法審查與監督；對IPRs之侵權行為，特別是對仿冒品及盜版行為打擊力度不足，對受害人之救濟措施尚未完善，對著作權利人權利之限制，仍有過多與過寬之虞，而不合理地損害權利人之合法權益，仍有待改善。

可見，不僅觀察執行有無效果之歐美國家認為中國打擊盜版及仿冒不力而已，中國有識之士亦作如是觀。由於此一問題影響甚大，歐美國家甚為關切。美國前貿易代表，後為副國務卿佐立克（Robert Zoellick）前在美國參議院國際關

21　參見夏先良，中國知識產權保護理論的發展及其與TRIPS的差距，載於中國對外經貿理論前沿Ⅱ，社會科學文獻出版社（2001年6月）。李順德，TRIPS與我國的知識產權法律制度（上／下），科技成果縱橫，第1期（2002年），頁15-17；第2期（2002年），頁15-19；該文標題所稱我國，是指中國而言。

係委員會於2005年2月中旬舉行提名聽證會中表示，IPRs保護為美國與中國間最重要之議題。並謂，美國應協助中國融入國際社會。[22]

陸、結論：中國著作權法制展望

中國著作權法直到1991年始行頒布，而於2001年修正，其頒布時機稍遲，而修正則相隔十年之久。國際觀察家，包括中國國內研究「知識產權法」之學者在內，一般認為中國2001年修正後之「著作權法」，似仍限於基礎架構，宜再作細化規範，以便於運作。中國著作權法制展望，茲分三部分綜述如下：

一、著作權與憲法之關係

中國對著作權之保障提升至憲法之層次，此觀諸著作權法第1條之規定自明。個中原因似與憲法保障私有財產到何種程度有關。中國在2004年3月修改憲法之前，憲法第13條原規定：「國家保護公民的合法的收入、儲蓄、房屋和其它合法財產的所有權」，「國家依照法律規定保護公民的私有財產的繼承權」，當時並未以明文保障「私有財產權」，此與「共產主義」或後來所實施「社會主義」之基本理論有關。而在2004年3月憲改之後，憲法第13條修正為：「公民的合法的私有財產不受侵犯。國家依照法律規定保護公民的私有財產權和繼承權。國家為了公共利益的需要，可以依照法律規定對公民的私有財產實行徵收或者徵用並給予補償。」中國憲法此一保障私有財產之宣告，將產生誘因，對於外國人或臺商到中國投資或從事貿易，均將獲得一定程度之保障。

中國除在「對外貿易法」、「著作權法」等，強調「社會主義」之外，在其上層建築之憲法序言中，亦作此宣告，惟在2004年3月憲改之後，已將原稱「沿著建設有中國特色社會主義的道路」修正為「沿著中國特色社會主義道路」，可見，強調「社會主義」路線之基調，並未改變，而且變本加屬，實施社會主

---

[22] 在同一聽證會上，美國阿拉斯加州參議員穆考斯基指出，中國預定制定「反分裂國家法」（該法於同年3月通過），乃屬片面改變現況，與美國政策不謀，乃詢問佐立克看法及美國執行臺灣關係法之能力。對此佐立克答覆指出，美國不鼓勵「反分裂國家法」之類動作，美國鼓勵兩岸對話，不希望任何一方改變現狀。梁謂，美國之目標是和平解決，希望兩岸歧異以兩岸人民都可接受之方式和平解決。最近兩岸有一些如直航之互動，希望繼續朝此方向發展。另美國與日本於2005年2月19日在華府舉行兩國部長級美日安保諮商委員會（Security Consultative Committee, SCC）會議，會後共同發表聲明，其中首次提及臺灣海峽問題，並將「和平解決臺灣海峽問題」列為美日兩國之「共同戰略目標」（common strategic objectives）。分別參見聯合報（2005.2.16），版13；中國時報（2005.2.21），版2。

義已不侷限於建設層面而已，而將擴張到其他層面。中國在2004年3月14日第10屆全國人民代表大會第2次會議通過「中華人民共和國憲法修正案」，被認為是中國憲政史上具有指標性意義之盛事。如就我國時下用語，似可稱其為「3月憲改」。修正內容重點達13項之多。[23] 上開強調社會主義路線及確認私有財產權不可侵犯，僅是其中部分而已。

　　中國研究IPRs學者，社科院法學所研究員鄭成思教授在所撰「憲法修正案與中國的知識產權戰略」一文中指出，中國憲法2004年修正案，明確對私有財產之保護，此在國內外均引起巨大反響，作為私權之知識產權乃私有財產權之一部分，並且是私有財產權最重要之一部分。2004年憲法修正案之前，中國憲法僅明文規定「公有財產」之不可侵犯性；2004年憲法修正案之後，各種合法財產之不可侵犯性及公私財產權之保護，均有明文規定。不過一般人比較容易注意到有形財產，而忽略知識產權。渠認為一旦忽略知識產權，則中國在國際競爭中將永遠不可能處於主動地位。[24] 或因私有財產權之憲法地位問題，使中國之「著作權法」之制定，直到1991年6月始行頒布，在中國法制史上，「著作權法」被視為最為「難產」法案之一，並非無因。[25]

　　按中國稱為「知識產權」，我國稱為「智慧財產權」，本係私有財產之一種，2004年3月憲改後，中國憲法第13條所稱「合法私有財產權不受侵犯」此一法律命題甚為重要，解釋上應包括屬於無體財產權之「知識產權」在內，殆無疑義。

二、中國面臨挑戰與因應

　　中國面臨加強取締仿冒行為及盜版光碟甚為嚴峻之壓力。中國自2001年12月加入WTO以後，至2004年12月已屆滿三年，在IPRs領域，中國承諾調適符合

---

[23] 中國2004年3月憲改之主要內容旨意如下：1.確立江澤民所指「三個代表」重要思想在國家政治與社會生活中之指導地位（憲法序言）；2.增加推動物質文明、政治文明及精神文明協調發展之內容（序言）；3.在統一戰線表述中增加社會主義事業之建設者（序言）；4.表明依法對土地實行徵收或徵用，並給予補償（第10條第3項）；5.進一步明確對發展非公有經濟之方針（第11條第2項）；6.完善對私有財產保護之規定，表明其不可侵犯性（第13條）；7.增加建立健全社會保障制度之規定（第14條第4項）；8.增加尊重及保障人權之規定（第23條）；9.完善全國人民代表大會組成之規定（第59條第1項）；10.關於宣布進入緊急狀態之規定（第67條、第80條及第89條）；11.關於國家主席職權之規定，增列進行國事活動（第81條）；12.修改鄉鎮政權任期之規定，地方各級人民代表大會每屆任期五年（第98條）；13.增列對國歌之規定，明定為義勇軍進行曲（第136條）。

[24] 參見中國學者鄭成思教授所撰「憲法修正案與中國的知識產權戰略」一文結論。

[25] 導致中國著作權法難產之主要原因，根據中國學者之分析，在於中國究竟如何將作者權利與作品使用者之間利益加以平衡，面臨之困境在於是否繼續計畫經濟體制下形成，且為人們已習慣強化對作者權利限制之思路，抑或應當適用社會經濟市場之規律，牢固樹立以作者權利保護為立法核心之思想。參見中國法政大學費安玲教授論文有關「對修改前著作權法中作者權利保護之評價」部分。

WTO/TRIPS之緩衝期已告結束。美國布希政府已進入第2任任期與企業團體均認為中國之外貿體制應與WTO規範一致，美國企業現已普遍覺醒，將向白宮施加更大壓力，要求政府採取較以往更加強硬措施，以資反制。美國對外貿易委員會（Foreign Trade Council）主席雷斯奇（Bill Reinsch）曾作此一表示，並謂中國在以往三年期間之緩衝期內已獲得巨大利益。[26]

而在業界方面，對於政府經貿政策享有巨大影響力之美國商會（U.S. Chamber of Commerce）預定在2005年發動前所未有之美國產品保衛戰，將2005年定為打擊盜版及仿冒年，首要目標指向中國。並且準備在北京成立以中國為核心保護IPRs全球中心之遊說機構，並撥補專人撥配專款，作長期作戰準備。[27]

至於在美國政府部門，美國商務部長埃文斯（Donald Evans）卸任前，在2005年1月中旬前往北京訪問，其目的即在實地瞭解中國如何落實保護IPRs之承諾，表示布希政府仍要求中國對盜版業施以刑事重罰，華府將持續施壓，直到有實際行動及效果為止。雖然中國已表示將採取具體步驟打擊盜版，惟美國認為並未見到顯著起訴案例。[28]

開發中國家包括中國在內，普遍認為基於發展中之事實，其保護IPRs之標準應較已開發國家為低，惟進入經濟全球化之後，已開發國家並不認同此一觀點，GATT烏拉圭回合談判達成TRIPS，已正式否定開發中國家此一要求。事實上，亦不因實施「資本主義」或「社會主義」而有差別待遇。對於所謂「經濟轉型期」國家，在該協定所規定或所承諾之調適期過後，所要求保護IPRs程度與一般實施資本主義國家無殊。近年來，美國特別301條款調查報告將中國列為306條款監測（或稱監視）名單之中，認為中國政府未能保障外國之IPRs，已違反TRIPS，可不再諮商，而施加報復。

中國國務院副總理吳儀於2004年4月到美國訪問時，在美方高度關切下，曾經承諾對於侵害著作權行為將降低刑事處罰門檻，並加強打擊盜版力度云云，美國方面曾經數度要求中國履行此一承諾，而中國卻遲遲未能兌現，直到2004年12月21日國務院舉行新聞發布會，由中國最高人民法院及最高人民檢察署聯合發

---

[26] 據稱主要乃因美國公司理解到中國在將其法律制度調整到與WTO規範一致，需要長期努力所致。

[27] 據中國商務部取得之資訊，國內媒體亦曾間接報導此一訊息。現階段由於我國網路侵權行為愈發嚴重，軟體及網路業者乃宣示將2005年訂為「網路反盜版元年」，而經濟部亦將成立專門在網路上查緝盜版行為之網際網路侵權聯合查輯專案小組，加強在P2P、FTP及網站上之查緝。參見中時晚報（2005.2.22），版1。

[28] 除中國國務院之政治姿態之外，亦與中國未能真正落實「司法獨立」有關。一則中國地方法院之財政仰賴地方行政機關撥給，造成地方行政官員之意志足以影響地方法院法官之裁判結果，據稱在中國，地方法院法官在司法判決之前向高等法院詢問審判意見，乃被允許；二則因司法系統之貪腐，並不少見，亦容易造成當事人很難實現公平權益。

布「關於辦理侵犯知識產權刑事案件具體應用法律若干問題的解釋」，作出善意回應。該法院副院長曹建明表示，保護知識產權不僅爲中國履行國際承諾，創造良好貿易與投資環境，提高對外開放需要，更是中國促進科技創新，規範市場經濟，促進國民經濟整體素質及競爭力所需。中國各級法院在依法審理知識產權糾紛中維護相關權利人之合法利益，懲治侵犯知識產權犯罪等方面不斷加大審判工作之力度。預料在該一解釋頒布之後，將有所進展。[29]

按該一「解釋」共有17條條文，前七條分別對刑法第213條至第219條規定之七種侵犯知識產權犯罪之定罪量刑標準作具體規定（惟其中涉及著作權侵權者僅有二條）。主要解決實務上存在之立法比較原則，缺乏可操作性，未有具體定罪量刑標準等問題。該解釋規定假冒註冊商標罪，與原有之司法解釋及追訴標準比較，七種侵犯IPRs犯罪中之四種犯罪之定罪量刑標準已作較大幅度調整。

一般而言，該一解釋所改變者，一則降低定罪門檻；二則加大打擊力度。依該解釋，計有三項要點：(一)對於非法出版物，將侵犯著作權罪之定罪標準由20萬元人民幣降低到5萬元人民幣，其違法所得亦由5萬元人民幣降爲3萬元人民幣；(二)對於侵犯商標權之追訴標準，由原定非法經營金額之10萬元及20萬元人民幣降爲5萬元人民幣，同時增加違法所得達3萬元人民幣，亦將定罪；(三)對於單位（機構）犯罪定罪之金額標準，由原來個人犯罪標準之5倍降爲3倍。凡此修正旨在利於構成侵權之處罰條件。

我國著作權法於2004年9月修正之後，已取消侵權在五件（五份）及新臺幣3萬元以上之刑責處罰門檻，而中國在修改之後則僅是降低構成處罰門檻，在修改策略與方向上並不盡相同。再者，中國爲降低構成處罰門檻，並未再修正著作權法或修改刑法有關侵犯知識產權罪章，而以由司法機關頒布解釋令方式處理，頗爲特殊。蓋按法律保留或空白事項，應以法律規定，解釋令僅能作補充，而不能取代或改變法律規定。中國以解釋令取代法律修改，或因在中國法制上，似尚欠缺一項基本概念，即涉及人民權利義務事項，應以法律規定之法治原則所致。

三、科技立基趨勢

誠如WTO秘書長拉米先前在「TRIPS執行十年之後」一文中提出一項頗爲重

---

[29] 當時最高人民法院研究室負責人亦曾表示，就司法實務而言，原頒「最高人民檢察院、公安部關於經濟犯罪案件追訴標準之若干規定」及「非法出版物解釋」中規定制裁標準過高，乃導致此類案件追究刑責較少之原因。就查處案件而言，知識產權犯罪具有智能化、隱蔽性強之特點，公安機關取證難度很大，執法部門認定困難，降低門檻有利於提高打擊此類犯罪之力度。此外，降低「門檻」爲中國對加入WTO所作承諾之兌現。參見中國（海南）改革發展研究院所設WTO信息查詢中心（2004.12.23）訊息。

要有關IPRs之「全球治理制度」（a system of global governance）之基本概念。
渠謂，容許各國發展IPRs制度，TRIPS為產生在「知識」（knowledge）與「技術」（Technology）領域全球治理（global governance）制度之主要成分。隨同其他制度，共同處理有關「發展」（development）、貿易（trade）、IPRs及「技術移轉」（technology transfer）等問題。未有良好發展之全球治理，IPRs全球體制仍然很難執行。[30]

　　無論如何，兩岸現皆為WTO會員國，均有遵守WTO協定之義務。兩岸著作權法在邁入21世紀之後，中國已在2001年10月，即入世前修正著作權法一次，我國則在加入前於2001年9月，以及加入後於2003年7月、2004年9月共修正著作權法三次。不可諱言，各次修正均以力求符合TRIPS為目標。

　　雖然目前兩岸著作權法之立法精神，不盡相同，惟所面對遭受歐美國家指控侵權之問題，則無本質上之差異，同受美國特別301條款調查之壓力。自歐美國家之觀點，兩岸在IPRs領域，有待改善，加強取締盜版及仿冒，無可逃避，亦責無旁貸。

　　亞洲國家中，日本亦曾走過「農業時代」，由「農業時代」到「工業時代」，再由「工業時代」邁入「知識時代」。在工業時代初期，日本仿冒之風亦曾頗為盛行，而進入知識時代之後，重視創新與研發，而加以揚棄。不久前，日本內閣官房「知識財產戰略推動事務局」局長荒井壽光在日本橫濱舉行光電展研討會中強調知識經濟時代之到來，以及在此時代中保護IPRs之重要。認為能夠征服IPRs者，將是市場最後之勝利者。並表示過去日本以「電子立國」，未來將以「智財立國」。[31]

　　中國如欲由「開發中國家」逐步邁向「已開發國家」，需要尋求科技立基，在此同時，著作權法律規範，除符合TRIPS之外，亦需配合科技化及現代化，而後較易在知識經濟時代發揮國際競爭力。而我國如欲由現處於「先進開發中國家」地位邁入「已開發國家」之林，以往我國號稱「貿易大國」之一，仍有未足，應發展成為「經濟大國」，同步重視「服務貿易」業之發展，在此同時，亦

---

[30] 原文：“To the extent that it allows countries to gear their IP systems towards development, the TRIPs Agreement is the first component of an emerging system of global governance in the field of knowledge and technology, alongside other institutions dealing with development, trade, IP and technology transfer. However, there is still a large gulf between the stated objective of TRIPs (i.e. a world where everybody can benefit from innovation and knowledge, and the reality on the ground). Without well-developed global governance, a global regime of IPRs remains difficult to implement.” *See* Pascal Lamy, “Trade-Related Aspects of Intellectual Property Rights - Ten Years Later,” *Journal of World Trade* (December 2004), 38(6): 923-934.
[31] 參見「風雨欲來，日對台面板施智財權撒手鐧」，工商時報（2004.10.23），版1。

應步日本後塵，兼顧「智慧財立國」，持續發展精密高科技產業，以累積智慧資本。

在美國高度關切下，我國著作權法在加入WTO前後，作三次修正。在1990年代之修正「著作權法」，引進所謂「第一次銷售」理論，即除錄音及電腦程式等二項著作外，已取得合法著作重製物之所有權者，依法得予出租、出借或出售該重製物；並將原屬於鄰接權部分之「表演」、「錄音」納入著作權保護。美國學者以為我國現行著作權法與先進國有五年至十年時間落差者，應已可改觀。至於後來我國著作權去之修正重點詳如後述。

從國際間普遍對於智慧財產權要求確切保護之觀點，提供專利權、商標權及著作權乃至矽晶體及營業秘密之保護，已成為一個進步與文明國家無可旁貸之職責；美國加州大學史坦伯利教授所謂「創意」是國際貿易最後之主戰場，且人類未來將從事於「創意」貿易，可謂信而有徵。

第四篇
WTO與亞太國家

第 13 章 ▶▶▶

後烏拉圭回合日本貿易政策與措施調整*

壹、概說

一、經貿環境現況

日本經濟在歷經1991年至1993年間之不景氣之後，於1994年開始復甦。在不景氣期間，日本政府導入若干財政獎勵計畫，並配合適度之貨幣政策，以積極尋求結構改變，包括貿易自由化與開放措施。日本對外商品貿易盈餘繼續成長，於1992年達到高峰，而於1993年及1994年則略有下降。據國際觀察家指出，近年來日本貿易與投資之重心，已指向亞洲地區，值得關切。

因應失業率增加及不景氣，日本政府所採取之財政與貨幣之獎勵措施，包括低利率及補貼住宅信用貸款，俾有助於刺激建築業，而達到增加個人消費之目的。為配合住宅金融債權管理機構為加強土地流動化對策，據稱將修改「不動產特定共同事業法」，自1997年度起付諸實施，期使金融機構及不動產公司易於投資不動產事業，以活絡不動產之流通。[1]

雖然，吸引外資到日本投資之法律，並未作基本改變，日本在1992年間曾提出促進措施之重要計畫，原先所採取之事先通知制已改為事後報告制，對於外國投資人提供各種租稅獎勵，其他支援措施亦經強化，此等措施在1994年仍繼續執行中。雖未促使新外資流入，惟流入之外資有所增加，則為事實，約為1980年代中期以來流入外資之4倍之譜。

---

* 本文原載於全國工業總會：「進口救濟論叢」，第9期（1996年12月），頁141-184。2024年6月作文字修正。

[1] 現行日本「不動產特定共同事業法」規定，投資人參加不動產共同投資事業，通常在十至十五年內不得將所有權（持分）轉賣給第三人，此一轉讓限制將在修改該法時廢除，俾利投資人得自由買賣。另按國際間率先將不動產所有權「小型化」，使其成為投資商品之標的者為美國。在日本，三菱銀行於1995年7月引進此制，首次將擔保不動產證券化。當不動產證券化及共同投資之方法趨於擴大之後，將促使金融機構及不動產公司持有之閒置土地，加速流通。參見工商時報（1996.8.7），版7。

　　當前日本經濟政策已重新定位，由依賴國內市場，以取代以往之外銷導向。自1992年開始，日本在第十二期五年經濟計畫之下，乃致力於結構調整，如解除管制與貿易自由化。日本先後於1993年4月及9月提出解除管制具體計畫，於1994年6月試圖減少其適用範圍，解除政府限制，特別是在經銷方面，並在1993年10月發布新進口促進指導原則。

　　日本之對外貿易與對外投資，近年來已有所轉變，而與地緣因素有所關聯。該國之出口、進口與對外投資，亞洲國家所占比重有顯著成長，其中與中國與東協集團之雙邊貿易成長特別快速。此亦反映東南亞國家經濟之起飛及若干產品之製造，已由日本移轉到其他亞洲地區，以尋求減低成本。[2]日本自美國輸入仍呈穩定成長，而外銷美國所占之比重則有顯著下降；至於對於歐洲之出口或進口，則均呈下降走勢。

　　受到日圓升值之影響，1994年日本製造業之對外投資較往年大幅增加，就地區別而言，對亞洲、中南美及美國之投資金額不斷成長；尤以對菲律賓、越南、印尼及印度之增幅最為明顯。另對中國之投資雖未減少，惟其成長率較1993年度下降，顯示日本企業之「中國熱」，已有退燒跡象。

二、加入WTO效應

　　WTO於1995年1月1日成立，WTO所締結之各項協定亦大都均自同日生效。WTO各會員國積極調整其對外貿易政策體制，日本係WTO創始會員國，亦不例外。按日本國會係於1994年12月8日通過WTO協定，並同意日本加入WTO成為創始會員國，並相應配合修改日本國內法，以符合WTO協定各項規範。[3]

　　依據日本國際貿易法學者阿基塞德（Aki Saito）於所撰「WTO協定與相關日本國內法」一文之備註欄中指出，有一種解釋認為WTO協定在國內法之執行力，WTO作為一國際條約，在國內法並無強制力，每一個國家必須另行擬定一項國內法，以執行該一條約。惟日本憲法在前言及第73條等處規定，基於國際

---

[2]　根據日本貿易振興會新近一項研究報告指出，我國對日本出口結構，工業產品比率已自1985年時所占56%，大幅提高至1995年所占73.7%，1995年我國輸日工業產品價值已逾100億美元。另據指出，如將進口原油排除在外，1985年時，日本工業產品之進口比率為25%，同年自亞洲新興國家工業產品之進品比率，分別為香港85%，韓國70%，我國56%，新加坡40%。而時隔十年之後，即1995年時，日本自亞洲新興國家工業產品之進口比率均有增加，分別為香港89%，新加坡83.4%，韓國83.1%，我國74%。按近年來我國輸日之主力工業產品為不銹鋼半製品、文字處理機、自行車、金屬製具品、個人電腦（PC）、電腦相關零件、IC、高爾夫球用品及汽車零件等。逐漸脫離以農漁產品為主要輸日產品項目，應屬一項可喜之發展。

[3]　*See* Aki Saito, "The WTO Agreement and the Relevant Japanese Domestic Laws," *Journal of World Trade* (June 1996), 30(3): 87-108.

化，內閣獲得國會通過，有權締結條約。又日本憲法第98條第2項明文規定，日本所締結之條約及國家所制定之法律，均應忠實履行。以故，日本憲法通說認為，條約在國內有執行力，並不需要另行頒訂另一項國內法。又阿基氏在同一文中表示，根據多邊貿易協定規定，國內法或其他國內措施，有部分需要配合修正，有部分則無此一需要，此種情形各國不盡相同。以日本而言，因既已接受WTO協定而自動使該一協定在國內法有執行力。以故，如日本國內法與WTO任一規定有所抵觸時，即必須修改國內法。如無衝突存在，即無需履行此一程序，除非該一協定明文規定，應配合擬定相關國內法。[4]此一見地與作者之瞭解，洵相符合。

　　日本在成為WTO之創始會員國以後，除因各國開放市場，增加出口而獲得利益，及因較佳IPRs保護環境之外，乃期待在WTO架構下，強化國際貿易體制，尤其有關反傾銷、與貿易有關之投資措施（trade-related investment measures）及爭端解決。

　　日本在烏拉圭回合承諾對工業產品約束關稅之範圍，由97%增加至99%，對工業產品從量課徵關稅之比重降為56%，且依農業協定，除稻米一項外，將農產品之非關稅措施轉換為關稅配額，對於超過配額之關稅提高至600%。稻米進口目前仍不適用關稅化（tariffication）；依烏拉圭回合談判之結果，對於稻米繼續給予特別待遇之問題，於2000年再作談判。日本除對基本電信及國際海運運輸將繼續談判外，對於其他各個服務貿易領域已作實質承諾。歐盟、日本及諸多國家均亟力主張應儘速開放，而美國則認為應先達成雙邊共識後再議。後來海運運輸之談判已達成協議。

　　近年來，日本關稅結構並未有重大政變，1993年平均關稅稅率為7.1%，其中關稅稅率為2%者，超過30%，關稅稅率為5%或以下者，約占60%。對於鞋類、紡織品及成衣、皮革製品、食品及飲料、糖類產品則課徵高關稅（tariff peaks），稅率有從價高達174%者，至於初級原料及半成品，特別是食品及其加

4　有關WTO協定與國內法之關係，此一法律命題甚為重要。Aki Saito在前揭論文中，有顏為深入之分析，據渠指出："Therefore, if a Japanese domestic law conflicts with one of the WTO Agreement, it is necessary to amend that domestic law. If no such conflict exists, this procedure is not necessary unless the Agreement clearly requires the enactment of a domestic law with respect to that Annex. However, even where amendment or enactment of a domestic law is not required, a Member country of the WTO may desire to restate the contents of certain of the Annexes in a domestic law for clarification purposes. Also, a Member country may wish to enact a domestic law in order to provide for a measure more generous with respect to trade than the contents of the WTO Agreement. Further, a Member may adopt an amendment which does not directly relate to the WTO Agreement, at the same time availing itself of the opportunity to adopt amendments relating to matters so far only internally discussed but about which amendments had sooner or later to be enacted. The revisions and adoption of the Japanese laws include all these types of amendment."

工品則有採取關稅級距（tariff escalation）情形。

　　工業產品之平均關稅依烏拉圭回合談判之關稅減讓，將下降為4.6%，以進口加權（import-weighted）為基礎，平均關稅稅率將由3.9%，下降至1.7%。依照美、歐、日、加四強在1993年7月所達成之協議，履行烏拉圭回合談判結果，包括化學品、建築及醫療器材及啤酒之關稅及非關稅措施基於MFN之基礎而消除，另有關鋼鐵、蒸餾酒精、家具、農業設備、紙及紙漿、玩具之關稅亦將消除，惟容許有例外。此外，有關陶器、玻璃、紡織品及成衣亦達成協議，將以邁向最高減讓50%關稅為目標。

　　1993年及1994年間，日本主動或依據有關達成之協定，降低關稅，包括啤酒、洋芋片（potato flakes）、製糖用之玉蜀黍及汽車零組件等。另有關重燃料油之關稅配額制度已取消。大部分之從量或價量混合稅率現已被從價稅率所取代。另按啤酒一項，行政機關被授權得收取25%之臨時附加捐（emergency surcharge）之規定，目前仍屬有效。

　　日本之關稅固為全球最低，惟有關非關稅措施因常介入所謂「行政指導」，而常為各國所詬病。因此，在WTO開始運作之後，日本亦亟思有所調整，以和緩因貿易大幅順差所帶來之國際緊張情勢。依日本本身之說法，該國港埠及通關程序現已有改善，貨品抵達港口之通關時間已縮短三分之一，目前朝向擴大電腦化，以加速通關程序。日本實施通關自動化較我國為早，且頗著績效。另有關自由貿易區（free access zone, FAZ）設置之數目，亦迭有增加。

　　1994年日本對進口促進措施之範圍再加擴大，旨在回應政治上之需要與認知。事實上，據國際觀察家指出，此等措施其性質多屬僅具選擇性，適用免稅進口，可能增加對不具競爭力產品之保護。

　　依據烏拉圭回合談判之結果，日本現已減少限制出口之項目與範圍。例如有關自動出口限制（VERs），包括輸美工具機、汽車、鋼鐵產品及輸歐盟之工具機，均已在1993年或1994年初消除。其他長期以來之輸美陶瓷器及金屬製餐具外銷美國遭到設限，亦已於1994年底屆期。至於小汽車外銷歐盟之監視協議，亦將於1999年消除。日本實施出口聯合（export cartels）原有28項，自1992年來，其中17項現已廢除，而其他11項已減少其適用範圍。而現仍保留之出口聯合，多屬與VERs有關，旨在保障品質或智慧財，或因貿易對手國實施進口獨占，與1999年消除VERs之目標，一併檢討改善。

貳、日本貿易法令與組織架構

一、貿易法令基礎架構

日本國內法有關規範貿易方面之法令架構（legal framework），包含甚多，諸如「外匯及外國貿易管理法」、「輸出貿易管理規則」、「輸入貿易管理規則」、「輸出入交易法」、「貿易保險法」、「關稅法」、「關稅定率法」、「關稅暫定措置法」等。在此八項法令中，烏拉圭回合談判達成協議之後，以及配合日本國內經貿環境變遷，需要配合修正者為「關稅定率法」、「輸出貿易管理規則」及「貿易保險法」等三項，至其餘五項法令，因並無抵觸，故日本政府並無修正計畫。茲僅就近年來修正部分，說明如下：

(一) 關稅定率法

鑑於日本國內幫派使用槍械泛濫，意外事故頻傳，與槍械未加嚴格管制有關，因而關稅定率法增加槍支一項，列為禁止進口之貨品項目。

(二) 輸出貿易管理規則

基於維持世界和平與安全，對於下列貨品列為限制輸出貨品項目，即：1.軍備及其零組件；2.有大量催毀性之武器，如核子、化學及生化武器；3.有大量催毀性之飛彈；4.後COCOM時期即聖瓦那協議之管制項目。此等貨品項目之輸出，並未完全禁止進口，而係列為管制項目，輸出此等項目需要事先取得經濟省核發之輸出許可證。

(三) 貿易保險法

此法原稱為「輸出保險法」，嗣為擴大其適用範圍，增加對輸入貿易行為提供保障，而改稱為「貿易保險法」。該法旨在對付因外匯交易（exchange transaction）限制，而可能影響到貿易及其他資金交易行為，以及其他未能包括在一般保險之間所產生之風險，藉該法提供此種保障，以促進商品貿易及其他資金交易行為之健全發展。

貿易保險制度乃對特定事故發生，造成損失時，提供賠償之制度。此等事故，包括：1.外匯交易限制及其他緊急風險；2.貿易夥伴破產或因輸出、輸入、仲介貿易、海外投資及其他資金交易所發生之信用風險。

有關貿易保險在日本係由經濟省之貿易局負責操作，其會計帳另設貿易保險特別帳，與政府預算之一般經常帳劃分處理。該法在1993年加以修正，除原有

八項保險種類外，現另增加「國外事業營運資金融資保險」一種。[5]此種保險，乃指日本國內之金融機構或廠商對正在進行有助於開發中國家經濟發展計畫之事業，直接從國內提供長期營運之融資資金，而融資貸款因政治危險或信用危險事故發生，以致無法獲得償還，或是請求履行保證債務而無法獲得債務償還，所遭致之損失由政府補償。本保險制定之目的，主要在促進國內金融機構對進行開發中國家經濟發展計畫之事業提供融資，以加速開發中國家之經濟發展。

二、貿易有關機關組織調整

日本政府組織之中，與貿易政策形成有關之機構，並不以經濟省爲限，依日本政府1995年3月7日提交WTO秘書處之「貿易政策報告」中指出，計包括：(一)貿易會議；(二)經濟事務閣僚會議；(三)市場開放問題苦情處理推進本部；(四)內閣官房長官對外事務辦公廳；(五)經濟企劃廳；(六)經濟委員會；(七)外務省；(八)財政省；(九)關稅稅率委員會；(十)農林水產省；(十一)經濟省；(十二)公正交易委員會；(十三)日本投資委員會。其中，日本投資委員會爲新增設。大部分機構之功能並未有太大變動，而因應WTO協定達成協議，組織任務略有調整者，爲經濟省等五個機構及新增設之「日本投資委員會」，分述如下：[6]

(一) 經濟省

烏拉圭回合貿易談判達成協議之後，爲確保WTO各項協定之執行，WTO各會員國代表在瑞士日內瓦密集開會。事實上，貿易協定在一國之貿易與工業政策上將扮演一極爲重要之角色。基於此一體認，經濟省於1993年10月在「貿易政策局」成立「貿易協定管理處」（Trade Agreement Administration Division），以擔負執行企劃、政策形成及履行世界貿易協定之功能。

在此同時，經濟省在貿易協定管理處設立貿易政策檢討組（The Office for Trade Policy Review），以研究各國之貿易政策及與貿易有關之措施，以便監視WTO會員國履行世界貿易協定之情形。可見日本對於各國貿易政策之重視。

抑有進者，經濟省在產業結構委員會內成立研究WTO之分會（subcommittee），以蒐集產業界、學術界或部外專家之意見，以便在基本貿易政策之企劃及形成過程，能作適時反映。

---

[5]　詳請參經濟部委託台灣經濟研究院所撰「日本辦理輸出保險，輸出融資保險之發展經過與績效」專題研究報告（1996年6月）。

[6]　根據日本經濟新聞報導，日本首相橋本龍太郎提出所謂「橋本行政改革藍圖」，決定推動行政部門大規模之再造工程，現有22個中央部會（日稱省廳），將縮編爲14個部，其中最受矚目者當推財經都會之改組，現有大藏省與通商產業省將改組，將改稱經濟省、財政省、服務產業省與生產流通省，以專司其責。

(二) 外務省（**Ministry of Foreign Affairs**）

　　有鑑於服務業部門在國際貿易中之地位已愈加重要，烏拉圭回合談判即首次將「服務貿易」（trade in services）搬上談判桌，此在GATT多邊貿易談判歷史為一重要里程碑。為服務業市場之開放，奠定根基。

　　烏拉圭回合談判之結果，各會員國締結「服務貿易總協定」（General Agreement on Trade in Services, GATS），該協定為一強制性之多邊協定，凡加入成為WTO會員國者，均需遵守，並在加入成為會員國之前，提出初始承諾表，以示開放服務貿易市場之誠意。

　　為處理服務貿易有關問題，日本外務省在烏拉圭回合談判過程中，即已在所轄經濟事務司（Economic Affairs Bureau）有關國際組織第一處（First International-al Organization Division）下，成立「服務貿易組」（Office of Trade Service）。外務省該一專責單位主管有關服務貿易事項，包括締結解釋協定，經營管理及執行GATS，其主要功能包括代表日本政府參與或於必要時協調相關部會參與服務貿易談判工作。

(三) 經濟委員會（**Economic Council**）

　　此一機構其行政體制隸屬於經濟企劃廳（Economic Planning Agency），其任務在當日本首相要求時，向其提出長程經濟計畫並且審議有關經濟政策之重要事項，必要時，該委員會亦得直接向首相提出報告。惟依改革藍圖，經濟企劃廳將裁撤。

　　該一委員會之成員，由首相任命，委員上限為30人，每一任任期二年，包括來自卸任之政府官員或學術界、企業界、勞工界及媒體之專家。事實上，目前僅有委員26人，當實際擬定計畫或追蹤執行時，每指定數名專家成立專案研究小組或分會，以研究特定議題。

　　現階段，有關經濟委員會之審議工作，乃成立四個工作小組，討論日本中長期重要工作，包括：1.依據市場力量，刺激經濟景氣；2.改善國民住宅及機關領域之基礎設施及改善社會基礎結構，包括人力資源發展及基礎科學之促進；3.擬定因應高齡化社會來臨之綜合性措施；4.研究因應WTO有關措施及包括與亞洲國家關係之世界經濟。

(四) 市場開放問題苦情處理推進本部（**Office of Trade and Investment Ombudsman, OTO**）

　　此一機構是在1982年1月，依據經濟事務閣僚會議之決定而設置。該一機構

之設置旨在接受及處理有關市場開放問題之指控，給予外國企業或政府有一申訴管道。目前由副首長級官員（deputy minister-level）所組成。有關此等指控範圍，包括甚廣，幾乎牽涉到各相關部會之職掌，其中較主要者為：1.有關進口程序之問題；2.有關在日本投資程序之問題；3.有關服務貿易程序之問題；4.有關政府採購之問題；5.有關如何便利進口之問題等。

OTO成立之初，組成層級較低，往往難以作成決定。有鑑於此，依據1994年2月內閣決定，成員層級已有所提升。新OTO之組成，包括：1.市場開放本部（Office of Market Access），由首相擔任主席，並由被指定之相關部會首長為委員；2.市場開放申訴委員會（Market Access Ombudsman Council），則包含民間企業部門之專家，應基於公平立場向市場開放本部提出報告。

除接受申訴及處理問題之原有工作之外，對於外國公司或法人所提出之問題，參考市場開放申訴委員會所作建議，草擬決定採取之政策措施。在1993年4月12日受理申訴委員會曾完成第一份報告，內容計有26項主題之研究成果，其中包括：建議對食品建立標示日期制度（date-marking system）以及外國律師在日本執業之限制規定加以放寬等。嗣後，受理申訴委員會於1994年5月13日提出第二次報告，對21項問題提出對策，包括放寬對大型二輪機車駕駛執行之認可限制，以及對於汽車完成檢驗增加彈性等。對於受理申訴委員會之各項建議，大都均己獲得政府之同意，而決定採取對應措施。受理申訴委員會繼續在進行第三份報告準備之中。可見，OTO之設置，對於處理跨國貿易糾紛或爭端，有所助益。

(五) 經濟事務閣僚會議（Ministerial Conference on Economic Measures）

日本因係採內閣制之國家，內閣因而成為日本政府最高決策機關。基於綜合協調經濟政策之實際需要，內閣成立經濟事務閣僚會議，乃為因應國內外經濟情勢之變化，有效率並彈性執行其經濟政策。每一會計年度開始，提出「經濟展望及經濟管理之基本政策立場」（Economic Outlook and Basic Policy Stance on Economic Management），予以通過，並對各種綜合經濟措施及經濟政策之基本重要問題作成決定。按閣僚會議以經濟企劃廳官長（Minister of State for Economic Planning）為主席，並以各部會大臣為成員。此外，包括執政黨幹事長、日本銀行總裁及公正交易委員會主任委員均參與此一會議。

(六) 日本投資委員會（Japan Investment Council）

日本內閣在1994年3月通過對外改革措施大綱（Outline of External Reform

Measures），嗣在同年7月舉行之閣僚會議乃決定成立「日本投資委員會」，直隸首相辦公室，以促進在日本之投資爲目標。該委員會之任務，在聯絡及協調政府相關部會，蒐集有關改善投資環境之意見與建議，以及將日本政府所採取改善投資政策措施之訊息加以傳布，以便利外國人在日本投資。該一委員會由內閣部長級官員所組成，並由首相及經濟企劃廳長官分別擔任該一委員會之主席與副主席。

　　日本投資委員會在1994年9月舉行第一次會議，並且直接聽取外國企業代表意見以及有關促進在日本投資之建議。此外，在該一委員會之下設有所謂「專家委員會」（Expert Committee），以促進在日本之投資，其成員包括相關之政府官員、民間企業、學術界人士及外國專家，專家委員會在1994年11月召開會議，聽取有關促進在日本投資之意見及建議，並且傳播在日本促進投資有關政策措施之訊息。

參、日本貿易政策之主要趨勢

一、執行解除管制措施

　　近年來，日本行政部門先後發布諸多次執行「解除管制」（deregulation）之法令或措施，其中如矯正貨品或服務業國內外之價差，以改善市場通路。無疑地，解除管制乃是促進進口亟爲重要之一環。日本內閣在1994年7月頒布「今後促進開放政策措施」（Regarding the Policy for Promoting Deregulation Hereafter）爲一影響頗爲深遠之決策措施。依該項決策，將促進進口（import promotion）、經銷及市場開放改善等列爲開放措施之優先政策。

　　日本政府認爲，「解除管制」是國家政策頗爲重要之一部分。目前仍持續進行開放措施之努力。最近，日本政府曾宣布超過1,000項之產品項目，將分三個步驟解除管制。其一爲根據1993年9月16日經濟措施部長會議之決定，採取緊急經濟措施；其二爲依據1994年2月15日內閣決定，採取促進行政革新政策有關措施；其三爲1994年7月5日內閣決定，採取今後促進開放政策有關措施三項基本文件。

　　1994年3月29日閣僚會議決定通過「對外改革措施大綱」，爲強化市場機能及改善進入日本市場跨出極爲重要之一步。依此，將解除管制之根本改革列爲最優先政策。該一大綱列舉：(一)土地及住宅；(二)資訊及交通；(三)促進進口、

市場開放改善及經銷；(四)金融、證券及保險。爲四大重點項目。其中第一項及第三項主題，在行政革新促進本部成立工作小組（working committee），由外國及日本國內專家組成，作爲本部特別諮詢單位。其結果，依開放促進大綱，篩選279項產品開放。

　　該一開放政策，據日本政府表示，乃經過審慎評估並聽取國內外利害關係人之請求及意見後擬定。包括範圍廣泛，對於開放及執行期間儘可能規定明確。對於產品分類加以界定，且對特定條件亦作列舉，日本允諾將開放措施列爲中程計畫，俾有助於消費者、外國及日本國內企業及有關各界能有足夠時間回應開放措施。日本藉此以改善其經濟結構，並盡力促進與國際規範並駕齊驅。在國內外獲得頗爲崇高之評價。

二、標準與認證國際化

　　日本與貿易有關之部會，分別依據不同之法令規章，以執行對外貿易政策，其目的在於保護人體之生命與健康、消費者利益及生活環境。此等法律，據日本政府指出，包括：車輛行駛法（Road Vehicles Law）、藥劑法（Pharmaceutical Affairs Law）、電力裝備及材料管制法（Electrical Appliance and Material Control Law）及資源回收促進法（Law for the Promotion of Recycled Resources）等，均爲適例。

　　根據美國現行法律，因交通規則行人及車輛靠右行駛，在美國國內乃禁止進口或銷售右側駕駛盤之車輛，而日本交通規則行人及車輛則靠左行駛，日本內銷車其駕駛盤在右側。惟據稱日本現已展示最大誠意，接受進口及銷售左側駕駛盤車。應是一項重大突破，值得注意。[7]

　　基於GATT技術性貿易障礙協定之精神，各會員國所制定有關標準、技術規則及確認制度之法律，均應作事先通知（prior notification）。日本依照此一規定，通知GATT/WTO秘書處，並且提供各種出版物之資訊，包括經濟省之公報及貿易弘報等。事實上，日本正謀求國家標準能夠符合國際標準，以提高對外國檢驗與檢測資料之接受度。日本依規定將在六十日之期限內向GATT秘書處提供意見，以期能夠完全符合規定。其結果，日本之標準及確認制度，與其他國家在透明度及符合國際標準方面可以媲美。

---

[7] See Aki Saito, "The WTO Agreement and the Relevant Japanese Domestic Laws," *Journal of World Trade* (June 1996), 30(3): 87-108, 有關The Agreement on Technical Barriers to Trade部分。

三、實施進口促進政策

日本自1992年10月以來，相繼推出經濟政策計畫，包括在1993年4月及9月，1994年2月及3月頒布所謂政府促進進口行動計畫等在內，作爲日本對外經濟改革措施之一部分。此等政策乃借助租稅、融資等，以促進進口，由於得到外國公司及政府之支持，而增加對日本之出口，從而能夠改善進口促進之基礎結構。

自1992年10月以來，日本政府所採取之進口促進政策列明如下：

(一) 延長租稅優惠適用期間並擴大適用範圍：依所頒布租稅改革措施，放寬有關進口成長率適用之構成要件；授予外國製造商之銷售分支機構得使用租稅抵減或給予信用度；延長適用之有效期間，原於1995年3月底屆滿，再延長至1997年3月底止；增列醫療產品及汽車零組件得適用此一制度。前二措施乃依1993年之租稅改革方案，至後二者則係依據1995年租稅改革方案而推動實施。

(二) 擴大融資適用範圍：由日本開發銀行提供金融支援，以強化改善進口之基礎架構，從而使現有促進進口之金融制度更加健全；由日本輸出入銀行對工業產品進口所需要之金融支援，擴大其適用範圍；由中小企業銀行及民營金融公司提供暫時性之低利融資及貸款措施，以便利進口銷售。

(三) 日本貿易振興會（Japan External Trade Organization, JETRO）擴大辦理進口促進活動；設立貿易展示中心（Business Support Center），提供免費之辦公場所等，以協助外國貿易商到日本拓展出口；設立綜合性進口促進中心及地方性之進口促進中心，俾在東京以外地區及重要城市，促進展示及銷售進口產品；成立永久性之進口展示區。

(四) 設立FAZ：自1993年3月以來，在日本已有13個地區，包括大阪、神戶、長崎、橫濱等主要據點，依據地方進口促進計畫通過設立自由貿易區，通常設在港口、航站及其周邊地帶。因收交易集中之便，在有計畫促進進口之下，輸入已有顯著成長之跡象。

四、嚴格執行競爭政策

早期日本認爲競爭政策（competition policy）未必符合日本之經濟利益，而未加嚴格要求該國企業界履行符合該一政策所應克盡之法律及國際義務。惟由於美日貿易結構障礙談判（SII）及WTO及APEC等國際組織近年來均高舉競爭政策之大旗，要求會員國重視此一問題。日本已認爲嚴格執行競爭政策，長期符合日本之國家利益，乃積極採取相關之配合措施。

近年來，日本最重要之目標，在於經由開放及其他配合措施以促進國內之經濟改革，使市場機能得以充分運作，消費者選擇多樣化，進而提高國民之生活

水準。從而，塑造一個有活力及創造力之經濟社會。爲達到此一目標，有效及適當地執行「反獨占法」（Anti-monopoly Act）乃愈發重要，俾促進國內與外國公司間之公平與自由之競爭，並確保使消費者獲得利益。1994年3月日本政府公布「對外經濟改革措施大綱」，同年7月頒布「今後促進開放政策措施」計畫，日本政府承諾接受一項理念，乃積極發展競爭政策。

　　日本公正交易委員會（Japan Fair Trade Commission, FTC）對被指控違反反獨占法者進行調查，一旦發現違法屬實，FTC即採取措施，予以消除。通常先提出建議，要求改善。近年來，FTC要求改善案件每年約在30餘件之譜。惟美國對此仍表示不滿，認爲處罰過輕，而乏取締效果，在美日所舉行之SII談判中，曾提及此。

　　依照日本於1993年1月15日生效實施之修正反獨占法規定，對違反者科處罰金額度，由500萬日圓提高其上限至1億日圓，調整幅度達20倍之多，受處罰之對象包括公司、貿易公會從事私人獨占或不合理之貿易限制行爲，如聯合行動等。並與實際從事違法之受僱人之罰鍰並列，分別擔負責任。日本在最近數年內曾經二次修改反獨占法，在1991年之修正案中，將附加捐之收取金額提高4倍，事實上，已達到有效赫阻違反反獨占法之效果。此外，FTC對於認爲有惡意或嚴重違反反獨占法案件，已廣泛影響國民生活者，得主動要求法院對違法者科以刑責。1991年1月，地檢署成立刑事追訴聯合會報（Liaison Meeting on Criminal Accusations）與FTC保持聯繫，以便交換意見及資訊。

　　日本FTC充分瞭解國際協調及有關競爭政策合作之重要性。FTC定期與其他相關部會交換意見，以監視歐盟、美國及其他國家之競爭政策，加深相互瞭解，並進而發展合作關係。在相互關係方面，FTC參與OECD「競爭法律與政策委員會」（Committee on Competition Law and Policy）有關競爭政策範圍及競爭政策與貿易政策交互影響等問題之探討。

　　FTC常致力於與亞太國家競爭政策主管機關之加強加合作，1994年11月9日及10日在東京舉行第5屆亞太國家競爭政策會議。同年11月7日至24日，依「政府發展協助」（Official Development Assistance, ODA）計畫，日本之國際合作機關同時舉行以反獨占法及競爭政策爲主題之技術訓練研討會，參與者爲來自亞洲國家中層反獨占法官員。FTC對此提供諸多協助。[8]

---

[8]　1996年8月中旬在菲律賓舉行APEC會議，有關「競爭政策與解除管制研討會」，國際化企業對競爭政策產生新衝擊，爲研討主題之一。我國出席代表應邀演講時指出，我國現階段公平會尚未被要求檢討公平交易法所允許之轉售價格之限制行爲，此種立場若開放，足以調和大型連鎖店及量販店帶來之低價競爭衝擊。又目前我國國內98%之事業屬於中小企業，在勞工成本增高，經濟國際化等新環境下，面臨嚴格之挑戰。請參經濟日報（1996.8.20），版19。

　　日本FTC為積極消除違反反獨占法案件，正致力於蒐集有關違反該一法律之資訊，包括聯合行為、轉售價格維持及不合理限制與進口有關貨品之平行輸入，並且尋求消除此等違反行為，因為日本官方認為此等不合理之障礙，事實上往往成為消費者難以因應日圓強勁升值之原因所在。

　　FTC對於價格變動、貿易情況及鋼原料及石化市場結構之實際狀況加以觀察，所以挑選此等項目，乃因彼等受日圓升值影響最大，且因對於外國原料依賴最深所致。此外，FTC對於消費產品，包括食品（咖啡、茶、功克力等）、化粧品（唇膏等）及運動器材（如網球等），亦同在進行監視之列。

肆、日本經貿措施之調整與執行

　　日本制頒有「外匯及外國貿易管理法」，惟事實上，日本對於外匯進出、資本流動相當寬鬆，且因有大幅貿易順差，並無管制外匯之需要與理由。實務上，外匯與貿易相互間似乎已愈行愈遠。而在此同時，關稅則成為貿易管理方式之一，以故，茲所指經貿規範，乃以日本之關稅及非關稅措施為主軸，以觀察日本近年來在此一方面之遞嬗變化。在關稅方面，包括約束關稅、特惠關稅及關稅配額三者，至於在非關稅措施方面，則包括出口限制、配額、政府採購、國營貿易、反傾銷及平衡稅措施及保稅區制度等，茲分述如下。

一、關稅

　　(一) 基本立場：為使自由貿易制能夠維持及強化，並且有助於對外經濟關係之和諧，日本認為持續促進國內市場開放為重要之工作。有鑑於此，日本乃積極參與GATT後續諸多回合之談判，並藉由市場開放及其他配合措施之行動計畫（action program），執行此一系列之關稅減讓（tariff reductions）措施。

　　事實上，日本現行一般關稅稅率已相當低。無論如何，在烏拉圭回合談判達成協議之後，日本決定依該一協議之結果，進一步執行降低關稅稅率。按日本在1967年甘酒迪回合談判之後，其關稅稅率約為7.3%；而在1992年則下降至3.4%；在烏拉圭回合談判之後，到2000年以前，依協議結果降至1.5%。

　　(二) 修正程序：有關關稅制度之研究、計畫及政策之形成，在行政體系上，歸由財政省關稅局主管。該局參考有關部會提出之建議，就個別貿易項目檢視國內與國外市場之價格差異、供應情形、合理生產狀況及其他因素，提出建議報告。

關稅稅率委員會經過審愼考慮提出建議之後，財政省關稅總局乃據以擬定「關稅定率法」及「關稅暫定措置法」之修正草案，由內閣提交日本國會（Diet），經國會審議通過後正式生效實施。一般而言，暫行稅率有效期間為一年。以故，習慣上每年需要修改稅率法一次。新的修正稅率與每年會計年度同，自每年4月1日起生效。

二、特惠關稅

日本繼歐盟之後，於1971年8月實施「普遍化優惠關稅」（Generalized System of Preferences, GSP），所謂GSP在日本稱為「特惠關稅」。對於自開發中國家之進口，適用優惠關稅稅率。此一稅率低於適用於自已開發國家進口之有效稅率。其目的在協助增加開發中國家之出口及出口所得，以達到促進工業化（industrialization）及經濟發展。該制自實施以來，先後於1981年及1991年延期十年。最近一次於1991年屆滿後再延長適用至2001年3月31日止。

(一) 受惠國家及地區：截至目前，受惠國家約有134個國家及25個地區，列為此制之受惠對象。

(二) 受惠產品項目及優惠稅率：

1. 農漁產品（HS第1章至第24章）：以HS前四碼為準，包括漁產品、甲殼類動物及其他共有77項產品項目，適用此一優惠稅率。其優惠程度，低於一般有效稅率10%至100%間。

2. 工礦產品（HS第25章至第97章）：以HS前四碼為準，除第27項產品項目之外，幾乎均適用GSP。此種優惠稅率原則上為零。惟亦有例外，約有67項貨品項目（以HS前四碼為準），則以有效稅率之半數，作為優惠稅率。

(三) 適用方法：

1. 農漁產品（HS第1章至第24章）：在緊急情況下，如適用優惠關稅可能傷害本國產業時，乃引用防衛條款之制度，以暫停適用GSP。並且在必要時，內閣得發布命令，指定特定產品項目、出口國家及其他相關事項。

2. 工礦產品（HS第25章至第97章）：原則上，工礦產品適用防衛條款制度。惟特定最高限額制度（specific ceiling quota system）則適用於125項產品項目，原則上，當超過最高限額時，即暫行適用GSP。

(四) 對低度開發國家之特別待遇：原則上，日本遵照聯合國總會之決議，對於低度開發國家乃考慮給予特別優惠。在日本GSP制度下，列為低度開發國家之受益國，截至目前計有41個國家。自此等國家進口，均依特惠關稅稅率處理，不課徵關稅。而且，自此等國家進口之產品採取防衛措施時，適用最高限額制度。

　(五) 輸入程序：適用優惠關稅外銷到日本之產品，應提報由日本海關所開發之特惠關稅產地證明書（certificate of origin），即所謂Form A，並且在進口報關時，向海關提出。

　(六) 進口實績：日本所實施之GSP制度，受惠國家依該制受惠總額，以1993年爲例，達1兆5,000億日圓。茲將受惠國家或地區、受惠產品、受惠金額及所占比重，分別列表如表13-1：[9]

表13-1　日本輸入貨品特惠關稅表（單位：1億日圓）

受惠國家（地區）	農產品[a]	工業及礦產品[b]	受惠金額	占比
韓國	379	2,744	3,123	21%
中國	789	2,022	2,811	19%
臺灣	606	1,894	2,500	17%
巴西	55	731	786	5%
馬來西亞	267	508	776	5%
泰國	225	544	769	5%
菲律賓	459	177	636	4%
印尼	120	515	635	4%
智利	44	241	285	2%
新加坡	32	203	235	2%
其他（未開發國家）	563	1,900	2,462	16%
總數	3,539	11,480	15,020	100%

說明：a HS Chapter 1-24.
　　　b HS Chapter 25-97.
資料來源：日本經濟省。

三、關稅配額

　日本有關「關稅配額」（Tariff quota）乃規定在「關稅暫定措置法」中，適用關稅配額者計有12項產品項目，其名稱及所適用之「基本稅率」（primary tariff rates）及超過一定數額時之較高稅率，即「二次稅率」（secondary tariff

9　引自前揭"Trade Policy Review Mechanism-Japan, Report by the Government," 該報告中Generalized System of Preference有關Import performance of products subject to the GSP (FY 1993)，頁27。

rates）。[10]

表13-2　日本輸入貨品關稅配額表

貨品名稱	基本稅率	二次稅率
1. 乳牛（breeding cattle for beef）	0	每頭45,000日圓
2. 自然乳酪（natural cheese）	0	35%
3. 燕麥（oats）	0	10%
4. 穀物（corn）	0或其他稅率	50%或每公斤12日圓
5. 麥芽（malt）	0	每公斤25日圓
6. 製酒用糖密（molasses for the manufacture of alcohol）	0	25%或其他稅率
7. 可可調配物（cocoa preparations for the manufacture of chocolate）	0	25%
8. 蕃茄濃湯及蕃茄糊（tomoto puree and tomato paste）	0	25%
9. 鳳梨罐頭（canned pineapple）	0	30%
10. 部分提煉酒精（partially refined alcohol for alcoholic drinks）	0	17.9%及其他稅率
11. 皮革（leather）	15%及其他稅率	60%
12. 皮鞋（leather shoes）	21%及其他稅率	60%或每雙4,800日圓

資料來源：日本經濟省。

四、出口限制（export restrictions）

　　近年來，日本在出口限制方面之改變，包括將原設定有出口限制者加以解除，亦有基於種種客觀環境而新增設，列爲出口限制項目者。前者如對於紡織品及雜項產品之特殊解決方法，以及電極石墨（graphite electrodes）、軸承等均自1993年7月起；另輸美工具機之VER措施及輸南非之四輪傳動車，自1994年1月起均已取消出口管制。再者，包括外銷到各地之金屬餐具及輸銷歐盟之拖吊車（forklift truck）等總數達16種之出口聯合（export cartels），現均已取消。

　　至於後者，有關新增列之出口限制項目，包括三種主要原因或來源：

---

[10]　參見前揭："Trade Policy Review Mechanism-Japan, Report by the Government"中有關"Tariff quota"部分。該報告頁28。

(一) 維持世界和平與安全，執行出口管制：自1994年6月，即後COCOM時期所作暫時性之出口管制。國際社會為終止原有COCOM，於1994年3月舉行高階層會議（High Level Meeting, HLM）達成共識，為遵守此一共識，直到後COCOM之出口管制之聖瓦那協議制定以前，日本乃依據外匯及外國貿易管理法之規定繼續執行管制具有敏感性之軍民兩用貨品與技術之輸出。依輸出貿易管理規則及外匯貿理令暨有關附件，所有此等產品及技術之出口，均強制需要取得經濟省之許可或同意始可。

自1993年12月，日本對於與核子有關軍民兩用之裝備、物資及相關技術已作出口管制，至於對於具有軍事用途之生化武器代理商或軍民兩用之生化裝備，則自1992年7月起，即予出口管制。

(二) 遵照聯合國安理會決議執行出口管制：根據聯合國安理會第820號決議，自1993年5月起，對輸往克羅埃西亞、波士尼亞等特定地區之所有產品作出口管制；又根據聯合國安理會第883號決議，自1993年12月起，對輸往利比亞與石油有關之裝備或物資作出口管制；另根據聯合國安理會第917號及第944號決議，日本在1994年5月至10月間，曾經對輸往海地之各項產品，予以出口管制。

(三) 依照國際條約執行出口管制：自1992年12月開始，日本依據蒙特婁公約（Montreal Protocol）對CFC（Chlorofluorocarbons）等予以出口管制；又自1993年8月，日本依據蒙特婁公約對「海龍」（halon）作出口管制；另自1993年12月，依據巴塞爾公約（Basel Convention）等，對有害廢棄物作出口管制，均為適例。

五、數量限制（配額）

日本對於進口貨品設定「數量限制」（quantitative restrictions）之法源乃係依據「輸入貿易管理規則」，而非依據「外匯及外國貿易管理法」。據日本於1995年3月所提交WTO秘書處之「貿易政策檢討機制」報告指出，設定配額乃因基於確保「國家安全」（national security）、保護人類及其他動植物之生命與健康，乃對本國生產之農漁產品加以限制，以及維護一國之有限自然資源，對於若干產品限由國營貿易機構進行。在現階段仍有其一定程度之必要性及合理性。

六、政府採購

WTO協定中有關政府採購協定，日本國會已審查通過，並正式簽署。該協定適用範圍現已擴大，舉凡任何需要訂定契約方式之採購，均適用該協定，包括產品及服務在內。日本遵照該協定附件一，在國內法層面乃規定：(一)日本政府

組織法中中央政府機構，包括所屬單位、獨立機關、附屬組織及地方分支機構均適用；(二)地方自治法所規定各縣政府及指定城市，包括各所屬單位、附屬組織及分支機構，亦均適用；(三)此外，日本依特別法所成立之84個單位，亦適用政府採購協定之規定，其中21個單位屬於WTO政府採購協定規定，所要求應適用者。

　　爲使具有競爭力之外國供應商能夠進入日本市場，增加透明度及市場機會，日本政府現已通過超乎WTO要求之單邊措施，規定中央政府及其相關單位，採購電信及醫療技術之產品及服務，原則上均適用政府採購協定。申言之，此一措施旨在於發布投標通知之前，能夠儘早得到採購訊息，對於計畫中之重要採購能於會計年度開始之初期，即發出公告，使有意投標之國內外廠商均有同等獲知訊息之機會。此種規定，對於高額採購之電信及醫療技術之產品及服務，尤其重要。現有關建築服務之採購，亦適用此一模式處理。要之，日本爲維持符合WTO政府採購協定，所採取之措施乃需基於不歧視基礎。

七、國營貿易企業（state trading enterprise）

　　自1995年會計年度開始，依照烏拉圭回合談判結果所達成之農業協定，日本對於國營事業經營稻米、小麥、大麥、黑小麥、乳製品及原絲，有意致力於增加其透明性。現階段日本所從事之改善措施，包括：(一)承諾依據馬拉喀什議定書附件，所列舉之減讓承諾表，提供進入該國市場之機會；(二)對於有關之進口產品將依照所承諾之最高稅率，受到拘束；(三)自1995年會計年度開始，有關原所承諾之小麥、大麥、黑小麥及乳製品之最高稅率，在未來六年內（自1995年起算），將減少15%。

八、反傾銷及平衡稅措施

　　據報導，由於日本紡織業者持續向政府反應，中國廉價之紡織品大量流入，使其利潤嚴重受損。日本經濟省乃宣布對中國進口之紡織品展開調查，俾決定是否實施進口限制，以保護國內紡織業。近年來，日本已有實際案例對於外國傾銷進口之貨品採取課徵反傾銷稅，以達到反制作用。惟截至目前，日本迄未啓動有關課徵平衡稅之措施，至於GATT第19條之防衛條款部分，在達成WTO協定之後，現已釐定相關規範，以資導循。日本近年所採取之反傾銷措施，舉例說明如下：

　　(一) 對來自中國、挪威及南非外銷日本之矽錳鐵（ferro-silicon-manganese）進行調查案：該案係由日本鐵合金協會於1991年10月8日申請調查，同年11月25

日日本政府乃依據相關法律之規定進行調查。依據調查結果，構成反傾銷，日本政府接受中國二家出口商於1993年1月所要求之價格具結，但仍自1993年2月課徵反傾銷稅，對來自中國其他出口業者進口之矽錳鐵均有其適用。

(二) 對來自巴基斯坦之棉絲（cotton yarn）進行調查案：該案係由日本針織協會於1993年12月20日提出申請，日本政府於1994年2月18日依據相關法律之規定進行調查。並由日本財政省及經濟省官員組成調查小組，同年8月29日，日本政府決定除非情況有任何重大改變，不採取臨時性措施。該一決定於1994年8月30日公告，在此同時，該一調查小組繼續進行調查。

日本進口救濟、平衡稅及反傾銷稅案件，頗為有限，惟卻常成為其他工業先進國家或開發中國家指控傾銷之對象。日本已經執行反傾銷、平衡稅及進口救濟措施，並無專責單位，而由財政省、經濟省及產業主管機關共同組成調查小組；直到1995年10月以後，始由專責單位負責調查。在部會間之分工情況為，由財政省關稅局、關稅稅率審議會負責傾銷或補貼調查；經濟省貿易局之貿易調查課進行損害調查，包括進口救濟、反傾銷稅及平衡稅案件，亦辦理農產品及紡織品等之防衛措施之調查。[11]

九、保稅區制度（bonded area system）

日本於1992年開始引進所謂「綜合保稅區制度」（integrated bonded area system），以便利進口。該制旨在綜合運用各種不同之保稅功能，包括外國貨品之儲存、製造、展示，並且得以簡化關稅程序。在此一區域內，各種不同之進口基礎結構，較為集中。

現階段，自1994年4月以還，在大阪成立之亞太貿易中心（Asia Pacific Trade Center）已經以一綜合保稅倉庫之型態開始運作，此種保稅區之設置，目前正在擴充之中，其他區域之各個保稅區，其基礎設施正在加強建設之中，以期有助於便利進口。

11　據經濟部貿易調查委員會之考察，就日本與韓國有關反傾銷及平衡稅制度加以比較，有如下特色：1.在組織功能方面，日本有朝向傾銷與損害調查分工趨勢，而韓國則由貿易委員會一併辦理；2.在調查步驟方面，日本不分階段，而韓國則仿美國之例，分初步調查與最終調查二個階段；3.韓國貿易委員會聘有行政會計師協助調查，在委員會中設有常任委員主導案件調查；4.日本及韓國因同係WTO之會員國，現均依照烏拉圭回合之反傾銷稅、補貼及平衡稅、防衛協定修改相關法規。參見經濟日報（1996.8.19），版14。

伍、日本貿易政策與措施

　　各國鑑於日本已係國際間主要經濟大國之一，對日本在新WTO架構下所作調整及開放市場等措施要求標準，顯較一般開發中國家爲高。因我國既以已開發國家之地位申請加入，日本所作調整措施，似可供我國參考與借鏡。而各國在WTO此一國際論壇場合，所提各項質疑，以及日本所作回應，顯示當今國際經貿問題之重心所在。

　　有關WTO會員國在對日本所提出之「貿易政策檢討機制」報告，所作評估，提出諸多具有建設性意見，值得重視，茲分數層面說明之。

一、總體經濟發展方面

　　WTO各會員國對於日本於1994年下半年經濟開始復甦，表示欣慰。日本經濟能夠快速復甦，部分乃因日本持續接受變遷中對外環境之能力。各國對於日圓持續升值，可能發生總體經濟之效果，以及神戶大地震所造成經濟之影響，表示關切。

　　各國歡迎日本政府當局所作開放措施，由出口導向轉變爲內需導向成長，感到鼓舞。會員國要求日本提供有關日圓升值對國內經濟結構之影響、對外貿易與投資型態等進一步資訊。部分問題則爲日圓升值對於國內物價影響多大。部分會員國認爲日本對外貿易與投資型態，並不均勻（asymmetries）。而且日本物價水準偏高，與其他國家之物價有頗大間距，反映進入日本市場仍困難重重。部分會員國認爲由於日本對貿易與投資仍有限制，與在農業、建築及其他服務業部門之生產力偏低現象，不無關聯。

　　另有部分會員國對於日本對外貿易與投資在地理區域及部門結構之改變，尤其將注意力集中在亞洲地區亦有微詞。曾提出日圓升值是否將加速對外投資，以及中國是否將繼續成爲具有吸引力之目的地。

　　對此，日本代表之回應爲，工廠及設備之投資顯示景氣逐漸復甦跡象。目前日圓升值與神戶大地震之影響包括正面與負面，對整體經濟之影響仍未明朗。

　　日本代表表示，日圓升值對國內物價造成之壓力，尚稱和緩，通貨膨脹比率低而穩定，使進口物價下降。解除管制亦有助於降低物價，日本國內物價雖被認爲偏高，惟匯率變動並未影響購買力水準。

　　日本對亞洲國家之投資比重增加，其結果導致自亞洲地區之進口亦增加，尤其是製造產品。至於外資進入日本較少，與日本土地價格昂貴，投資利潤回收期

限較長以及傳統就業習慣有關。

二、結構性問題

WTO各會員國所提出日本有關結構性問題，重點如下：

(一) 貿易順差問題：部分會員國認為近年來日本對外貿易與經常帳順差已有縮小之趨勢，亦有質問相對於日圓升值之快速，日本國內結構調整步調，顯然稍嫌緩慢。對此，日本代表表示，日本經常帳順差現已低於GDP 25%以下，因美元之下跌，如以日圓計算，1994年之貿易順差已低於10%。

(二) 強化OTO問題：會員國歡迎強化有關貿易制度結構，包括OTO及貿易會議。惟對於功能需否再加擴張，則不無疑義。會員國要求日本提出以往解除管制計畫具體成效之資訊，並且歡迎新的解除管制計畫，強調應採取積極措施。不過，亦曾討論日本解除管制與社會目標可能發生衝突之問題。

基於市場開放之結果，OTO之市場開放審議委員會（Market Access Ombudsman Council, MAOC），建議日本現行法均應配合修改。事實上，OTO現已強化其功能。惟會員國對於OTO之效能，包括法律規定較弱及執行力不足，以及該一機構在促進與貿易夥伴良好關係所扮演角色，仍存有潛在之疑慮。

日本代表表示，解除管制是政府部門之優先工作，改革措施發生經濟上之具體效果，需要時間，始克有濟。解除管制旨在藉由促進競爭，改善市場通路及擴大消費者選擇，以活絡經濟。

(三) 促進進口及競爭政策問題：部分會員國表示歡迎日本進口促進成效，惟亦有認在採取選擇性適用情況下，此等措施可能帶來之扭曲效果。會員國強調嚴格執行競爭政策之重要性，包括擴大適用競爭範圍，應及於經銷制度所實施之垂直聯盟。

日本承諾積極執行競爭政策。該國公正交易委員會強調取締違背反獨占法，增強法律執行之透明及檢討現行規制。而會員國則強調開放市場需要更快與更明確，尤其在適用新計畫時，需要更周詳規範，並且獲得商業部門之支持。

(四) 開放市場行動計畫：日本在1995年3月31日宣布開放市場行動計畫（Deregulation Action Program），所含範圍如經銷、標準、證明及進口程序等。經濟活動之自由化為該項計畫之基本原則，社會規範之本質，應以符合適當之政策目標為最低標準，該項計畫應視需要，每年作檢討與修正。WTO會員國作此建議。

三、部門產業政策問題

(一) 質疑問題

　　會員國認為日本對於烏拉圭回合各領域之談判，確有重要貢獻。並且認為日本關稅減讓幅度最大，其關切點在於部分產品，如皮革、鞋類及加工食品仍保有高關稅及關稅級距。

　　1. 對於日本將GSP實施再延長十年，會員國表示歡迎，並認為對開發中國家有利，應將進口產品之最高稅解除。基本上，日本對農業之承諾，會員國表示可以理解，惟認為農業之繼續保護，在貿易方面有負面影響，尤其不以關稅配額方式處理，而維持高關稅，特別關切。部分會員國認為糧食安全應經由市場開放而加強，並且應分散供應來源，經由執行烏拉圭回合有關出口禁止及限制之規範而達成。

　　2. 部分會員國對於烏拉圭回合談判有關漁業未納入應受約束關稅範圍之內，表示遺憾，並且關切日本漁業政策繼續以配額為基礎及高關稅，彼等期盼在此一部門亦能儘速邁向自由化。此外，會員國尚重視有關對乳品、小麥、肉類及水果輸銷日本，仍維持國營貿易或嚴格之檢驗與檢疫（SPS）規定之問題。乃要求日本能夠承諾充分履行WTO各相關協定，並應適用國際上之共同標準。

　　3. 有關洋酒稅，日本現仍繼續採取不同稅率，部分國家則有所訾議，建議應完全適用先前GATT專家小組所提建議執行。會員國並且注意及日本工業標準對貿易具有影響效果，包括建築法規在內。因而提醒日本注意，僅少數標準符合國際規格。此點與日本之認識，顯然有甚大落差。

　　4. 政府採購方面，雖說已解除諸多束縛，外國公司目前仍面臨進入日本市場之困難；投標資格要件，很難完全符合，若干非明文之要求甚為普遍，且對違反規定之處罰顯然不足。另有關小汽車外銷歐盟，日本所作承諾，在會中亦曾遭到質問。

　　5. 會員國對於絲織品外銷日本，需要得到事先同意之制度，其所造成限制效果提出質疑，要求能夠儘速取消，部分會員國同時要求日本應避免使用ATC之防衛措施。

　　6. 會員國對於日本所締結有關金融服務業自由化措施之雙邊協定，表示相當歡迎，並建議應將此種雙邊協定多邊化。准許自然人移動，如投資移民或外勞問題。會員國建議日本應充分考慮開發中國家之利益。

(二) 日本回應

日本代表對於各國所提出之質疑表示，日本之關稅結構在烏拉圭回合談判已有討論，關稅稅率一定依照所承諾水準減讓。在1995年會計年度，日本已擴大GSP配額，增加受益國數目，並且減少12項熱帶產品之稅率。

在農業方面，日本認為邊境措施（border measures）有其需要，以維持最低國內生產。農產品價格水準旨在反映供需，並便利結構調整。與其他已開發國家相比較，日本糧食自給率（self-sufficiency）已是最低。根據烏拉圭回合談判，日本所作承諾，將擴大市場機會，並建立「關稅化」（tariffication）制度。國營貿易公司乃用以確保符合日本所作採購承諾。國營公司並不介入超過配額進口之行銷或經銷。以稻米而言，糧食主管機關並未歧視本國或外國之進口公司。至於特定乳製品配額將依規定在近期內通知WTO。

日本對於植物油及木材產品已作關稅減讓承諾；合板關稅稅率之不同，乃為反映與日本國內產品競爭程度之不同。進口熱帶合板快速增加，已嚴重影響日本產業。日本農產品標準（Japanese Agricultural Standards, JAS）乃依日本氣候適合木材建築材料而釐定，並未歧視國內與外國供應。

有關SPS措施，有其科學根據，並將符合既有國際標準，包括危險評估技術在內。至於魚類進口配額已作彈性運用。近數年來，配額並未用罄。烏拉圭回合談判所同意之關稅減讓，將作適當執行。

絲織品之事先同意制並不具限制性與歧視性；依新ATC，其取消計畫於1995年6月底以前通知。至對於紡織品是否主張防衛措施，尚未最後決定。

至於洋酒稅，日本表示已依照GATT專家小組所作建議調整。其稅率之不同，並不至於造成市場開放之障礙，而且進口威士忌酒之消費，正快速成長之中。至於汽車外銷歐盟之監視並非屬於強制性者，如歐盟所稱屬於所謂灰色領域措施，外銷量現皆低於預估水準。將在1999年底達成完全自由化。

日本所採取之金融服務措施，將依最惠國基礎執行。其承諾表已於1995年6月提出。

近年來，日本諸多單邊之政府採購自由化措施，現已依不歧視基礎執行。日本部分技術規範雖是參考「日本工業標準」（Japanese Industrial Standards, JIS）而釐定，但JIS本身並不具強制性。在某些情形，目前並無可適用之國際標準，另則日本標準與國際規範並無實質差異。此外，日本皮革及鞋類業，雖較弱勢，惟仍將依照烏拉圭回合談判之結果，作關稅減讓。

陸、結論與建議

一、結論部分

　　WTO會員國強調，日本作為大國之一，對於使國際貿易制度能夠順利運作，並發揮功能，負有重大責任，包括執行烏拉圭回合談判之結果在內，WTO會員國歡迎日本能夠恪遵最惠國待遇之原則，此對於日本、小型貿易國家及對整體制度頗具重要性。部分會員國與日本均關切「內向發展」（inword-looking）之「區域主義」（regionalism），並歡迎APEC會員國在「茂物宣言」（Bogar Declaration）之聲明。

　　日本被要求繼續保證各種雙邊同意措施適用最惠國待遇。會員國並強調需要充分透明化及各貿易夥伴參與。對此，日本代表表示，該國充分瞭解多邊貿易制度之責任；日本對於成功達成烏拉圭回合談判，已盡最大努力。並且基於同一精神，為能強化WTO之運作，日本亦願克盡其責。

　　該國堅定承諾最惠國待遇原則。固然亦常參與雙邊談判，惟談判之結果，仍將適用以最惠國待遇為基礎。日本認為區域協議是最惠國待遇之例外。1995年APEC會議，日本為主辦國，該國政府秉持此一原則，並且確保APEC之本質為開放，區域合作為宗旨，並且主張貿易與投資自由化，應符合WTO規定。

　　近年來，日本採取步驟調整結構，以便融入全球經濟。其中最主要者，包括國內開放措施與國會批准通過WTO協定。開放以尋求經濟之外向，而非出口導向，促進對國內需求之較大依賴。為堅持此一進程之繼續，即使發生不景氣時亦加以扶持，以便能改善外國貨品或服務，進入日本市場之通路。

　　事實上，日本執行烏拉圭回合協議，亦等於是改善日本市場之通路。至於對工業與需要扶助農業所產生之不平衡，能否作有效之改善，其結果目前仍不明瞭。無疑地，農業進一步自由化，將能促進整體國內之效能。烏拉圭回合所達成之各項貿易規範之強化，包括爭端解決機制之改善，將有利於日本經濟發展。在結合國內與對外發展之後，將使日本自以往強調貿易關係之雙邊主義，朝向容許確認多邊貿易制度之較大整合。

　　日本強烈希望在WTO架構之下，世界貿易能夠繼續更加拓展。從而，帶來全球更大之繁榮。為達到此等目標，日本政府表示，決定作出正面之貢獻。烏拉圭回合目的之一，即在強化爭端解決制度（dispute settlement system），日本之基本政策認為與貿易有關之爭端，應當在WTO架構下，以多邊規則為基礎，尋求合理解決。日本表示，有意繼續致力於改善及執行此等規則。自WTO成立以

還，設在日內瓦之WTO總部，討論發生在各會員國間之爭端解決案件，而且參加該項會議之各國代表，層次普遍較高，顯示對該項會議之重視。

　　而在另一方面，日本表示願意與美國及歐盟進行雙邊談判，此等談判有助於改善自由貿易與經濟活動。相信此等基於最惠國待遇爲基礎之談判，將使整個世界分享其果實，而有助於全球經濟之發展。日本同時認爲，透過APEC此一論壇，以促進亞太地區國家經濟關係之合作，必須加速在此一地區開放經濟共同體之成長。從而，得以刺激世界貿易及對全球經濟之發展。

二、建議部分

　　綜觀日本之對外貿易政策體制走向，茲提出三點建議如下：

　　(一) 自1986年以來，日本對外貿易因享有大幅順差，在美國及歐盟強大壓力之下，不得不更張其原所堅持「外銷導向」之貿易政策，而改以「擴大內需」爲主。在此基調之下，日本鼓勵業者進口，並協助外商，尤其美歐國家之外商，擴大在日本市場行銷之可能性。此時亦應是我國擴大對日本外銷之良好時機，以縮減對日貿易逆差。

　　(二) 由於我國與日本在產業結構上之差異，多年來我國對日本長期處於貿易逆差之狀態，1995年我國對日貿易逆差已突破170億美元高峰。臺日貿易之基本課題，因爲歷史、語言、生活習慣、地緣關係等種種原因，業者似乎頗習慣且樂於自日本進口（何況日貨產品價格確實具有國際競爭力），惟問題不在對日本之進口，而在對日本之出口。尤其，當我國加入WTO之後，已無法再採取未加入WTO之前的歧視措施（如對特定產品限向日本以外地區採購）。因而，如不加強對日本之拓銷，此一逆差情況，可能更加惡化。所幸，政府現已洞悉此一發展情勢，臺日商務協議會於1996年8月初舉行，日方允諾協助我方拓展日本十大地域市場，並配合支援啓動之我國大型貿易、投資、技術商談訪日團，以及日本大型企業對臺技術移轉商談會等之舉辦，而當有所助益。[12]

　　(三) 我國經濟發展模式與日本相接近，不僅日本經濟發展經驗，值得我國參考，日本成爲經濟大國之後，在國際間所遭受之種種問題，以及進入經濟成熟階段，朝向鼓勵進口措施，值得我國業界關注，而在行政部門宜早作籌謀。古人所謂：「後之視今，猶今之視昔」，現早已邁入21世紀，日本所面對之問題，包括

---

[12] 據稱中日商務協議會在日本經團連、日華商務協議會及日本商工議所等相關單位支援下，我國已籌組二次大型訪日團赴日本東京、大阪拓銷，主導國內五大進出口公會赴名古屋等日本18個地方城市舉辦臺灣商品商談會，並主辦多次臺日技術引進技術會。該等對日促銷活動據稱預估在一年內成交金額可達9億5,000萬美元。

促進進口政策，重視標準國際化、嚴格執行競爭政策、乃至尊重多邊架構等，可以預見亦將是未來我國可能需要面對之問題。以故，日本之對外貿易政策與措施走向，對於我國而言具有借鏡作用，值得重視。

附則：跨太平洋夥伴全面進步協定（CPTPP）概況

一、背景說明

CPTPP全名為跨太平洋夥伴全面進步協定（Comprehensive and Progressive Agreement for Trans-Pacific Partnership），[13]前身為跨太平洋夥伴協定（Trans-Pacific Partnership, TPP），在美國川普政府時代退出後，由其餘11個國家接續推動完成。惟據稱美國將來仍有再加入之可能。

CPTPP是一個全面性的區域貿易協定，目前成員包括澳洲、汶萊、加拿大、智利、日本、馬來西亞、墨西哥、紐西蘭、秘魯、新加坡及越南等11國，英國另於2023年7月16日正式簽署加入，預計2024年底生效，成為第12個會員國；協定涵蓋人口將在英國入會正式生效後達5.7億，GDP合計將占全球15%。

CPTPP區域經濟占我國貿易總額四分之一，其中的日本、新加坡、馬來西亞等均為我國的前十大貿易夥伴。未來隨著成員國之增加，貿易總額和雙邊投資比重也會提高，因此未來加入CPTPP之後將有利於我國在全球經貿之布局。按CPTPP為高標準的自由貿易協定，探討議題包括電子商務、競爭政策、政府控制事業、勞工、環境、法規調和、透明化及反貪腐等。我國現已申請加入CPTPP，加入後可以加速與國際接軌，為成為已開發國家作準備。

二、可能影響

我國目前已與瓜地馬拉、貝里斯、紐西蘭、新加坡、巴拉圭、哥斯大黎加、史瓦帝尼、馬紹爾及巴拿馬等國簽有雙邊FTA，其中巴拿馬及哥斯大黎加等已斷交，現除新加坡、紐西蘭以外，因地緣關係相距遙遠，加以消費人口數有限，所能創造之貿易亦相對受到侷限。一般而言，區域經濟整合或經濟合作，其參與或加入，以多邊經貿組織所要求自由化之程度較高，且談判議題亦較廣泛，多邊之

---

[13]　協定內容可參見經濟部國際貿易署網站，https://cptpp.trade.gov.tw/Information?Source=MHJeetLzIJb%20 lP8VPPNzCQ%3D%3D

經濟整合，遠較雙邊之FTA為不易。

在我國於2021年9月下旬提出申請加入CPTPP之後，據稱經濟部曾提出評估報告，如未能儘早加入CPTPP，其後果將面臨貿易障礙衝擊，產值與出口成長率下滑，對於國內經營石化、鋼鐵金屬、塑膠、化學與建材業等之發展不利，而服務業亦將因內需受衝擊而影響產值。

如今，「美臺21世紀貿易倡議」首批協定，已經雙方國會審查通過，並自2023年7月26日生效實施。該倡議所列談判議題廣泛，且具前瞻性，全部議題達成協議之後，有助於我國自由貿易制度之進化與提升，今後我國與他國簽訂雙邊FTA或參與CPTPP與IPEF等多邊貿易組織，亦有助益。

三、未來遠景

當時蔡總統英文應邀專訪時曾指出我國已於2021年9月22日向紐西蘭正式申請加入CPTPP。我國自2016年起，陸續推動5＋2產業創新計畫、新南向政策、六大核心戰略產業，調整產業經濟體質。因應全球供應鏈轉型，引導臺商升級轉型、回臺投資。並自2018年起，與各大產業公會、農業、勞工團體，針對加入CPTPP議題交換意見，並且在2019年作出影響評估。

依據CPTPP的協議內容，我國已經陸續完成9項法律修訂，後續尚有少數修法行動持續進行，依照加入進度，我國已與各會員國進行諮商，表達參與意願。

蔡總統表示，目前我國是全球25大經濟體，亦為全球供應鏈中不可或缺的一員，亞洲開發銀行曾預測2021年我國經濟成長率預估提高為6.2%。另外，根據WTO及OECD建構的產業價值鏈分析，以我國在全球價值鏈的參與，與CPTPP的成員相較，並不遜色。CPTPP有我國參與，不僅影響力會更大，對高品質的全球自由貿易亦將有更多貢獻。

第 **14** 章 ▶▶▶

香港經貿與投資法律政策檢討*

壹、概說

　　1970年代後期，中國從事改革開放，香港成為中國最大外資來源，並為中國實施開放政策最大受益者，在此之前，香港經濟並不耀眼，主要商業以漁業及輕工業為主。香港經濟於1980年代初期開始起飛，此後即突飛猛進；目前香港被譽為重要之國際金融、經濟與貿易及運輸中心，並非偶然。

　　目前幾乎全球各地大型企業及銀行，在香港均設有分支機構。例如據稱全世界100大銀行中，計有85家銀行在香港設有營業據點或從事營業活動。香港為全球第五大銀行中心及外匯市場。

　　據統計，1996年底在香港股票交易所登記有案之證券商計有1,270家，總資產值達3兆4,760億港幣。較前成長達48%。「國際管理發展研究所」（International Institute for Management Development）及「世界經濟論壇」（World Economic Forum）所出版1995年「世界競爭力報告」，將香港列為僅次於美國及新加坡，全球第三大最具競爭力之地區。另「傳統基金會」（Heritage Foundation）則將香港列為全球經濟最自由地區之首位。香港儘管出口數量溫和，與往年相較，頗為接近，1997年第一季經濟成長達6.1%之多，在諸多因素之中，乃因香港持續繁榮所致，惟最重要者，據香港學者分析，香港公平之法律制度及其符合現代及有利之法律，為一重要關鍵所在。[1]

　　近年來，中國東南沿海地區迅速發展，香港與此一地區發生緊密結合之勢，已經形成。無論貿易或投資均成長快速。將低附加價值及製造業之加工裝配移往中國東南部，而香港本地則逐漸增加「服務導向」（service-oriented）之需求。據指出，1979年香港之服務業占香港本地生產總值64%，至1997年已增至

---

* 本文原載於立法院：「立法院院聞」，第28卷第7期（2000年7月），頁82-98。2024年6月略作文字修正。

[1] 原文："Among the factors contributing to the prosperity of Hong Kong, the most important are Hong Kong's fair and just legal system and its modern and favourable laws." *See* Guiguo Wang, "The Investment Laws of Hong Kong under 'One Country, Two Systems'," *Journal of World Trade* (December 1997), 31(6): 99-122.

85.2%，使香港成為全球服務業占經濟比重最大之經濟體。惟事實上此等服務業諸多與貿易及製造業有關。香港服務貿易成長快速，且為服務貿易淨輸出者，1998年服務貿易盈餘高達114億美元。此一持續由製造業轉向服務業，充分反映在香港進出口結構之上。

　　金融危機對港幣造成相當大壓力，港幣自1983年起，經由特殊安排即釘住美元，港幣需要外匯準備之充分支持。釘住美元結果使港幣隨美元而升值，因而發生削弱香港出口之競爭力。惟香港政府認為此一措施，對於維持成為國際金融中心相當重要，且就長期而言，亦有助於維持經濟之穩定。

貳、一國二制框架

　　香港於1997年7月1日起回歸中國，成為所謂「特別行政區」（special administrative region, SAR），依照「香港基本法」在所謂一國（one country）二制（tow systems）架構之下，享有經濟及其他方面之高度自治權。

　　依據中國與英國所簽署之聯合聲明及香港基本法，香港現行之資本制度自1997年起維持五十年不變，鄧小平先前一項重要發明，提出所謂「一國兩制」政策，事實上，五十年只是原則，並無絕對性，其間尚有頗大之彈性運用空間，國際觀察家認為即使五十年後，中國對香港之政策未必即有改變。惟無論如何，五十年之內，一國二制不可能改變，何況亦無需作改變。此一前提為五十年後，香港經濟繁榮及國民所得仍然超過中國情況之下，中國將欠缺理由要求香港居民不同甘而共苦，放棄資本主義而實施社會主義。

　　在主權移交前後，香港新華社曾經有一則報導，據稱曾參與香港回歸之資深官員私下曾披露，中國當局準備容許香港得以「不定期」（indefinite period）維持資本主義制度，無論如何，由於缺乏一國二制之「實施期限」（life-span），因此乃決定給予確定五十年之保證。[2]此一訊息，關涉香港之長遠發展，似乎深值國內關切香港前途者注意。

　　有關一國二制，中國已將之入憲，依中國憲法第31條規定，國家於必要時得設特別行政區。憲法上此一規定之意義在於提供中國政府接受此一政策之必要法

---

[2]　參見南華早報（1997.7.18），頁19，據透露：“Chinese government was ready to allow Hong Kong to maintain the Capitalist system for an indefinite period. However, due to the lack of a clear life-span for 'One country, two systems,' it was decide to give a definite 50 years' guarantee.”

源，從而，執行中英聯合聲明及香港基本法，方始不至於遭遇任何法律之障礙與困境。

其實，「特別行政區」簡稱「特區」，並非新創，而來自「自治區」（autonomous regions）概念之延伸，其意即讓「地方政府」（local government）有某種程度處理地方事務（local affairs）之「自治權」（autonomy）。自治區域得以通過地方規章及執行與中國其他地區不同之地方政策。依中英聯合聲明，香港享有「高度自治權」（a high degree of autonomy），其目的在維持「一個國家」之內有「二種制度」。可見，香港成為特區之後，享有較一般「自治區」者，有較多之自治權。[3]

依香港基本法第17條規定，香港享有制定法律之權能，惟在程序上，需向中國人代會常務委員會報備，此種報備並不影響該等法律之效力。易言之，中國人代會並無權修正或否定香港立法會所通過之法令。按依中國法律規定，各省人代會及自治區所通過之地方規章，人代會常務委員會有權宣告無效。可見，在此方面，香港基本法有不同安排，反映中國決定賦予香港較高度之自治權。

至於在司法方面，香港回歸後，原有司法制度繼續發揮功能。此外，香港成立終審法院（Court of Final Appeal），取代原來由英國樞密院（Privy Council）職司發生在香港司法案件最終裁判之功能。1995年6月香港政府擬定終審法院條例，該條例嗣與香港回歸同日生效實施。中英曾組成聯合聯絡小組（Joint Liaison Group）於1991年9月舉行會議，達成成立終審法院之協議，其目的在於終審法院於香港回歸之前，能夠得到實務經驗。按在香港回歸中國之前，香港法院所處理之案件，得上訴遠在英國之樞密院作最後裁判，而在回歸之後，所有案件之最終裁判則均在香港本地，由終審法院受理進行。

香港平均國民所得在1998年約為2萬5,000美元，為全球高所得地區之一，並無任何跡象顯示，香港因回歸而受影響。現階段香港之經濟體制，依WTO秘書處研究報告所指出，乃是「運作照常」（business as usual）。[4]

香港基本法規定政治與法律架構，以確保現今之社會及經濟制度之持續，例如香港仍是國際金融、貿易及航運中心。按香港自1986年4月加入GATT以來，為一「個別關稅領域」（separate customs territory, SCT）。此一地位並不因轉換成

---

[3] 在一國二制下，中國允許香港享有高度自治之特區地位，中國承諾「港人治港」及「五十年不變」。參見周煦，「透視一國兩制的項莊舞劍」，中央日報（86.7.12），版3。

[4] 原文：“There is no indication that Hong Kong's traditional openness to trade and foreign investment has been affected by reunification, and as such, the present economic regime may be broadly characterized as 'business as usual'." See Trade Policy Review Body, "Hong Kong, China," *World Trade and Arbitration Materials* (February 1999), 11(1): 92-98.

為WTO會員國而有所改變,亦未因回歸而受影響。

香港各種私有財產權利,包括有關取得、使用、處理、繼承及法律規定損害之賠償,均將依法受到保護。基本法並規定,港幣在該地區仍具有法償能力(legal tender)。港幣仍將繼續自由兌換。除外,香港以前所執行之法律,除與香港基本法牴觸者外,包括普通法、衡平規則、條例、行政規則及目前仍執行之習慣法在香港仍繼續有效。

參、經濟及貿易政策

一、與中國經濟相互依存

香港主權於1997年7月1日回歸中國之後,香港與中國在經濟及貿易上成為密切及重要之貿易夥伴。香港基本法保證香港現有之經濟及法律制度不改變。一般認為,香港經濟成功乃得力於中國對內及對外之改革與開放,除提供香港本地製造業之生產外,亦創造該地區廣泛服務業活動之機會,包括貨物運輸、電信、銀行、房地產發展、及各種專業服務,如法律、會計及保險服務,自1980年代中期以後,香港經濟已進一步導向服務業發展。

中國之經濟改革帶動亞太地區經濟之高度成長。1980年代期間,香港與亞太地區,尤其是中國間之貿易有非常顯著地增加。使香港成為國際間重要之轉口港(entrepot),為亞太地區提供貿易服務。據統計,幾乎占90%之再出口係以香港為發貨地或目的地,而中國為香港再出口之最大來源。或因在中國營運之香港公司下單,而使出口比重增加。統計資料顯示,將近73%香港本地出口到中國,並約有43%香港之再出口乃供作委外加工(outward processing)之用。中國現成為香港最大貿易夥伴,約占香港對外貿易總值35%。

中國於2001年12月、我國於2002年1月加入WTO,且我國總統大選之後,新政府開放三通,輸往中國之產品,不受特別限制,而與其他一般地區無殊,以免有違最惠國原則及國民待遇原則,且已無需經由香港轉口,兩岸三邊之貿易發生變化,尤其我國與中國之雙邊貿易額將呈現快速成長。

香港為中國重要外資來源之一,在中國之直接投資以輕工業、房地產、旅館及與觀光旅遊有關設施為主。在南中國尤其廣東一帶經濟發展與我國一般,扮演重要角色。香港與中國相互間具有甚高之互補性。雖然,美、加、墨所締結之NAFTA,亦係開發中與已開發國家所組成,惟其相互依賴性並未若香港與中國

高。當然，香港與中國爲同文同種，相互分享傳統、文化、語言、觀念、價值，甚至宗教，亦有助於雙方之合作。[5]

香港扮演中國對外在世界之窗戶，引進中國所需要之外國技術、資本及管理方法，對於中國之經濟發展有所助益。並有利於外商瞭解中國文化、制度、人際關係及經營策略。以金融部門爲例，中國農業銀行、中國工商銀行、中國建設銀行等於1995年在香港獲准設立，香港被視爲中國重要服務業中心。包括港口及機場及金融、商業服務。而且香港成爲赴中國經商或觀光旅遊之重要門戶。此外，中國經濟改革初期，無論新設立或原來公司對於市場經濟及企業管理，較不熱衷，香港自然成爲傳承經驗與知識之媒介。[6]

二、香港貿易政策體制

依據WTO秘書處研究報告指出，近數年來，香港之貿易與相關政策有若干顯著發展，包括：(一)修正稻米管制計畫；(二)加入WTO政府採購協定；(三)嚴格執行智慧財產權法令；(四)強化競爭政策。惟值得注意者爲，自主權移轉之後，香港之貿易政策體制並未有重大改變。香港基本政策仍在使貿易與投資市場自由與開放之運作。以故，並不尋求促進或挽救個別企業，甚至面對亞洲金融危機時刻亦然。[7]

香港經濟開放最顯著者爲，幾乎各個貨品輸入此一地區均免稅，遑論課出口稅。惟在WTO檔案裡，香港所適用「約束關稅」（tariff bindings）不及關稅項目之半數。且亦甚少有所謂非關稅措施（non-tariff measures, NTMS）；少數非關稅措施之存在，主要在履行香港之各種國際承諾義務，或基於人體健康、安全、安定或環境保護理由或爲保護智慧財產權之緣故。[8]

香港爲自由港，在一般情形下，香港政府並不干預貨品之進出口及資金之流動，據資料顯示，目前僅對獨占行業（如公共交通工具、電燈、煤氣等），敏感性行業（如武器、軍備、藥劑、毒藥、菸、酒等）之生產，須向特定部門申請特

---

[5] *See* Guiguo Wang, "The Investment Laws of Hong Kong under 'One Country, Two Systems'," *Journal of World Trade* (December 1997), 31(6): 115.

[6] 中國在經濟改革與建立市場經濟發展過程中，需要適當之法律制度。基此，近年來中國已通過諸多法律，包括公司法、銀行法、證券交易法、房地產法律、對外貿易法及談判工具有關之法律。中國草擬此等法律時，起草人曾研究香港之法律制度，並曾經就香港現行法律及法律概念加以移植。

[7] 參見Trade Policy Review Body前揭文有關「貿易與投資政策與實務」（Trade and Investment Policies and Practices）部分。

[8] 我國貿易法第11條第1項規定：「貨品應准許自由輸出入。但因國際條約、貿易協定或基於國防、治安、文化、衛生、環境與生態保護或政策需要，得予限制。」與香港目前之實務，在法律規定精神頗爲接近，惟不可諱言，香港係一國際自由港，其市場開放程度在實務運用上較我國爲大。

別牌照，乃至製菸、釀酒需設倉庫，以便海關派人查核，環保生產事業需向有關部門申請並受監督等有特別之規定而已。

　　香港最顯著之非關稅措施為「稻米管制計畫」，依該計畫，申請稻米進口需要取得主管機關核發輸入許可證，此與維持稻米安全存量有關。其目的在使供應穩定，此一政策並不因香港回歸而受影響。顯然該計畫容許對進口商之市場選擇，有關經濟收益反映支付參與安全存量計算之成本，惟價格可能因而上漲。香港政府於1997年檢討該項計畫，嗣引進選擇性之配額制度，以鼓勵進口商之競爭。消費者委員會慫恿政府在發給進口證時，引進「競爭條款」，以防衛及對付反競爭行為。1998年稻米安全存量已由原來4萬5,000公噸下降到4萬公噸。

　　實務上，目前香港除依WTO之ATC，乃至聯合國會議決議採取之制裁行動（此一部分現則改由中央政府負責），而有所限制之處，通常對於出口貨品項目或目的，並未作管制。再者，香港現並不訴諸單方行動，而依WTO規定，尋求以貿易爭端機制解決問題。

　　香港對於內向投資很少作限制，亦甚少對任何特定部門採取措施，以構成獎勵對外投資。惟有一重要例外為，若干國際航運服務之利得得以免稅。香港對於外人投資開放，以配合健全之總體經濟政策。香港透明，且以規則為導向之法律環境，提供金融設施及基礎結構，有技術及可依靠之勞動市場，並且接近其他主要市場，如中國。其簡易及可預測之租稅制度，有助於香港吸引商業投資。又值得注意者為，在主權移轉之前，香港加入WTO之GPA，自1997年6月19日生效。

　　近年來，香港政府堅定承諾「最少干預，最大支持」（minimum intervention and maximum support）之政策。再者，在自由市場架構之下顯示，香港尋求工業支持政策，支持及促進製造業及服務業之生產力及國際競爭力。此一政策之目的，不在對特定產業或公司提供獎勵措施，以挑選優勝者，而在尋求確保產業之環境，俾有助於產業之結構調整、投資及成長。香港政府強調提升科技水準，鼓勵開發新產品，解除基礎結構及土地限制，放寬管理，提高基本產業生產，以奠定經濟基礎。

　　面對亞洲金融危機造成之特殊困境，香港貨幣司於1998年8月介入，以穩定香港之股票市場，香港貨幣司所占香港三大企業集團之股份，已超過10%以上，值得注意者為，無論如何謹慎將事，干預可能對部分參與者不利。例如，可以維持股價在一定水準之上，恆生指數表上之上市公司較非上市公司取得資金之成本有利。

　　WTO審查香港貿易政策體制過程中，香港政府強調並無意干預政府占有股份有限公司之經營與管理，至於可能造成利益衝突問題，主管當局宣布，1998年

9月成立「外匯基金投資公司」（Exchange Fund Investment Limited, EFI），以管理此部分股份，避開政府干預，EFI董事會三分之一董事則改由政府指派。在檢討期間，主管當局執行相關法案，旨在確保香港能符合TRIPS。最近，香港在美方壓力之下採取步驟，強化法律執行，以保護智慧財產權。

　　就政府觀點，競爭為最佳策略，應容許市場力量自由運作，使干預降到最低程度。以故，政府曾考慮制定一套較廣泛之競爭法；主管當局確信貿易與外人投資之高度開放，強烈信賴市場力量，對於各特定部門之規制、行政管理，立法措施均足以確保商品及服務市場之高度競爭。此一方案香港消費者委員會曾提出質疑，認為包括住宅、零售、批發及經銷、銀行、電信及能源欠缺競爭力。無論如何，香港政府採取措施以強化若干競爭政策。如成立專責單位以處理反競爭行為之糾紛，並制定相關法令，以利推動。此外，試圖在基本電信、法律服務乃至能源等部門，增強其國際競爭力。

肆、投資法律特徵

　　香港在回歸中國之前乃遵照自由市場經濟及自由貿易政策之原則。對於任何特定領域之投資或貿易行為均未禁止或有所獎勵。以故，外國投資人可充分自由選擇投資任何經濟部門。香港政府並不要求就資本移動提出報告，對於投資資金流向，無論內向或外向，並未作監視。在香港並未有法令要求公司對外投資應通知香港政府。很多公司並未公布此等資訊。雖然，香港工業發展局保有製造公司對外投資之紀錄，惟其目的乃基於與製造業者間之聯繫，並自媒體報導、工商雜誌及其他來源蒐集資訊加以補充。政府任務旨在便利香港本地或來自外國之投資人。易言之，乃遵照所謂「最少干預，最大支持」之基調。持平而言，香港被譽為「投資天堂」，並非無因。

　　香港對於外資極具吸引力，依中國學者Guiguo Wang在所撰「一國二制下之香港投資法律」一文中指出，包括：「低稅」（low tax）、「衡平」（equality）、「法令透明」（transparency of laws and regulations）及「法律及司法制度公正」（impartial legal and judicial system）等四項，[9]而依我國遠東貿易中心駐香

9　參見中國國際經濟法學者Guiguo Wang前揭文有關「香港法律制度」（The Hong Kong Legal System）部分。

港辦事處之分析，認爲其原因包括：一、低稅制；二、高度自由市場；三、政府之廉政；四、人民法治精神；五、資訊流通迅速；及六、高效率之服務業等。所見可謂約同。而此種情況並不因於1997年7月1日回歸中國而有所改變。凡此，洵爲香港足以自豪，而傲視全球經貿界者。

有關香港投資法律之特徵，茲分三層面釋明如下：

一、不歧視原則

香港係國際自由港，且因係GATT/WTO會員國之一，向即堅守國民待遇及最惠國待遇原則，最能體現GATT精神，而被譽爲GATT體制下之模範生。此種情況並不因主權回歸中國，而受任何影響。以故，特區政府持續根據傳統，對企業經營採取不干預政策。對待國內與外國公司並無差別待遇。

外國人在香港設立公司或商業，並無任何限制。外國人在香港設立公司並無需獲得政府任何之核准。公司或企業得以完全由外國人斥資經營。在香港註冊所依據之法律與程序，平等適用於本地人與外國人。據統計，目前在香港註冊公司之總數達47萬餘家之多。未有任何法律或政策給予特別待遇予任何投資團體或投資部門。投資者得自行選擇及決定所要投資領域或部門。公司如在海外營運者，應憑該地區設立登記文件在一個月以內辦理登記。

1995年6月，香港修正銀行法，規定成立銀行需取得香港貨幣司之許可證。對於銀行發證之授權原則，不論當地或海外申請者均大體相同。惟本地申請者在香港經營，原則需由香港權利人享有或經香港貨幣司證明與香港有關。本地人申請時，需具備最低實收資本（paid-up capital）1億5,000萬，並從事貿易十年以上，資產則需有40億以上，且有30億存款。境外銀行欲在香港設立分行，需資本額160億以上，惟即使資產未符合標準，許可證仍繼續有效，但需經香港貨幣司認定有助於促進香港利益始可，以利香港作爲國際金融中心。

香港對於海外銀行在境內究竟以港幣或其他貨幣交易，並未作限制。1978年至1993年間，海外銀行原本僅准設立一家分行。嗣在1994年9月放寬此一限制。現階段外國銀行容許在不同地點開設區域銀行（regional office），以進行策略計畫活動。此乃爲協助外國銀行降低經營成本，以便讓外國銀行得以移動到租金較低地區營運。

香港現已採取重要步驟朝向開放金融服務市場，開放金融業以配合WTO所要求金融自由化、依照此等措施，雖然限制新設銀行，但容許設立局部性業務之零售銀行（retail banking）及開設分行，進行傳統零售銀行業務。且需持有至少可經營十年之限制性許可證，與香港密切聯合有關。

　　除銀行業外，香港爲亞洲重要保險中心，曾於1997年1月修訂保險法。香港具有自由及良好發展保險市場之環境。爲私人或公司提供一般及長期保險及投資管理之服務。香港在區域再保市場具有競爭力，有助於亞洲之經濟發展。政府熱衷於促進再保及專業保險業務。現正逐步放寬若干管制要求，以利此類型保險公司之設立。

二、維持低稅政策

　　外國投資人在一地區實行投資，每以該地區所課繳稅賦作爲最重要之考慮依據。香港簡單之租稅結構、低稅率及良好行政效率提供投資者最佳獎勵及工作環境。一般而言，投資者在香港認爲可以得到較佳之投資回報。其低稅政策普遍受到全球投資者之青睞。此一政策已載明於香港基本法，意味今後仍將繼續執行。此外，在主權移交之後，中國中央政府並未被授權得以在香港特別行政區徵稅。此點極值注意。反之，香港特別行政區享有獨立運作之稅制。對於在香港投資之外國投資人係一重要保障。

　　現階段香港實施計畫型租稅制度（schedular tax system），乃依各種不同型態之收入，課徵財產稅（property tax）、薪資所得稅（salaries tax）及利得稅（profit tax）。此外，香港亦課徵印花稅（stamp tax）及房地產稅（estate duty）。計畫性租稅制度之益處在於依上開租稅分類下，納稅人所得到收入較爲有利，不至於發生減少之結果。例如，香港並未課徵資本利益稅（capital gains tax），而此種稅在其他國家乃爲主要歲入來源。

　　香港租稅制度之另一益處在於納稅係以在香港來源地之所得爲主要課徵對象。易言之，如某一香港公司僅自外國取得所得，則在香港不予課徵，以避免發生重複課稅之不合理情況。國際間A國與B國爲避免因對外直接投資發生重複課稅，往往需要經過雙邊之諮商談判、簽訂協定，始執行避免重複課徵，而在香港則無需經過此一繁複手續，自然較有利於外國投資人。惟需加注意者爲，投資納稅人爲得到此一益處，必須證明其所得來源不在香港。易言之，舉證責任在納稅義務人。又所謂「所得來源地」（source of income）決定如何適用問題，香港現行法令並未作界定，如有任何爭議，僅能委諸判例法，以資解決。香港依普通法所作裁判，與判例法（case laws）或成文法有同等效力。以故，有關所得來源之問題，得依判例法爲基礎作決定。

　　香港所得稅率較低。個人利得稅及非公司組織之商業，其標準稅率爲15%，而公司組織其課徵稅率爲16.5%。雖然稅率較低，在1996年至1997年間，財政司（Inland Revenue Department）所徵收之利得稅一項即高達500億港幣，相當於總

歲入24%。香港之利得稅向來偏低。自1980年至1996年之十六年期間,公司利
得稅率僅自16.5%上升至18%;相較於新加坡公司利得稅最近自27%降為26%,
菲律賓自35%降為30%,其目的均在吸引外來商業及投資。而個人或非公司組織
之利得稅在1996年則為15%到17%之間。無疑地,依照國際標準,此種稅率相當
低。因基本法導入低稅政策(low tax policy),可以預見,未來仍將維持低稅。
因而,香港政府編擬預算時,不得不視歲入情況支出,以力求達到收支平衡,避
免造成赤字,並通過預算法案。香港政府因享有此種權力,且在自治範圍內,乃
能維持此一低稅率政策。

　　事實上,香港租稅結構透明,可以預期之租稅,對於投資人從事長期性投資
計畫,相當有助益。據稱,香港稅務司與其他國家不盡相同,對待納稅義務人相
當禮遇,以達到合理化之要求。稅務司如未發現納稅義務人確有逃稅嫌疑之前,
並不輕易採取行動,如發現確有疑義,每容許納稅人得與稅收當局討論,以謀解
決。稅務當局發行有稅務法規註解,可供作投資人作長期投資計畫參考。

　　香港特區成立後未久,政府發出問卷,徵詢有關利得稅通盤檢討之意見調
查,俾使香港稅制及商業環境,更具競爭力。修正重點在於降低利得稅稅率。雖
然,香港之稅率在亞洲地區已屬最低,為維持國際競爭力,香港政府仍在檢討稅
率下探之可能空間,目前國際觀察家認為,香港利得稅至少將再降低1%,對於
外國投資人為一重要福音。

三、貫徹法治精神

　　香港承襲英國民主與法治傳統,不僅政府徹底厲行法治,人民亦有堅強信守
法律之觀念,使社會之公平與正義充分體現,秩序正常運作,並獲得維持。此亦
為香港能夠吸引外資投入之重要原因。此種法治精神可在下列三方面加以體察,
茲分述之:

　　(一) 法令透明化:香港有關經貿與投資法令相當溫和,且均曾明令公布,以
利周知。並不容許有內部或秘密規定,此與中國存在諸多內規,一般人尤其外國
人無法明其究裡者,有甚大差異。法令之透明,可以提供投資人信心,對於有意
與之貿易或前往投資者甚為重要。

　　以金融部門為例,香港未作外匯管制,自1983年10月17日起透過特定機制之
安排,採取固定匯率,1美元相當於7.8港幣。與其他採取浮動匯率國家,每日匯
率隨市場供求而變動者有所不同。對此方面,論者認為香港對外國投資者提供較
佳之經濟環境。

　　香港於1995年時即曾採取步驟,對授權機構之金融報告改善其透明度。現尚

由香港貨幣司（Hong Kong Monetary Authority, HKMA），香港股票交易所（The Stock Exchange of Hong Kong Ltd., SEHK）及證券及期貨監理委員會（Securities and Futures Commission, SFC）繼續檢討之中。2004年7月，我國在財政部之外，另成立金融監督管理委員會，主管金融事務，設有金融局、證券及期貨局、保險局及檢查局等四大部門。目標在維持金融穩定，落實金融改革，協助產業發展。

　　HKMA及SFC每半年集會一次，會同交換金融機構營運資料及相關資訊。其目的在維持金融機構之透明性，並提供投資人必要之資訊與知識。對於健全金融與投資環境，具有相當效果。

　　(二) 適時修正法令：香港政府深信古代法家明訓「法與時轉則治」之理，除倫理性法規具有較大穩定性以外，對於技術性法規，尤其有關財經及金融方面之法規，則以須適時檢討修正，以符合時代與環境變遷及經濟發展過程之需要。避免過時之法令，成為進步之阻力。

　　茲以國際間所普遍關切有關智慧財產權保護制度之建立為例。香港政府於1997年6月27日，即在主權回歸前數日，歷史上首度頒布「著作權條例」（Copyright Ordinance）、「專利條例」（Patent Ordinance）、「設計登錄條例」（Registered Design Ordinance），從此香港根據本身需要建立一套完備、獨立運作及合乎現代要求之智慧財產制度，如能嚴格執行，當可避免美國所謂「特別301條款」，列入報復名單之壓力。[10]

　　依香港之專利制度，凡經取得中國專利局、英國專利局或歐洲專利局核准專利者，均得申請在香港取得專利權，專利權期間為二十年，與WTO之TRIPS相同。香港政府認為如此安排，有利於香港，以國際尊重之專利機構之認可為標準，即無需重複投入建立本身之審查制度，可以節省人力及物力。事實上，此一制度亦係回歸以前即已實施。除長期專利外，依照香港專利條例之規定，尚有為期八年之短期專利，以適應產品生命週期較短之發明。另有關香港所建立之設計登錄制度，對於設計在視覺上足以引起興趣，且可用於工業製造者，經審查後即准予登錄。[11]

10　中國於1997年6月知會世界智慧財產權組織（WIPO）秘書長中國於1970年6月所簽署，其後於1979年9月、1984年2月修正之「專利合作條約」（Patent Cooperation Treaty），自1997年7月1日起適用於香港特區。

11　香港適時修正之法律，除有關IPR者外，尚及公司法等。香港現正檢討修正公司法。其目的在與其他法律一致，解除不需要之複雜，維持對投資人之保護，為商業經營者帶來效益。完成該項檢討後，香港公司法將能符合現代需求。且便於使用。新公司法將明確界定企業之產生、經營及結果。資本市場管理、破產、個人財產安全利益，均必須自公司法中抽離。香港新公司法體制將提供快速公司設立（incorporation），並且於簡單申請之後，發給設立之執照。亦曾考慮參考新加坡作法，准許設立一人公司。另建議使用會計標準及清算需要。強制要求註冊公司遇有不法或經營艱難應申請清算。私人公司容許至少有一名董事，較

(三) 公正司法制度：一國或一地區之政經體制具有交互影響作用。政治安定有助於經濟發展。而司法制度之健全與公正，對於發展市場經濟，亦提供助力。香港司法制度之主要目標在維持法治（rule of law）原則之優位性。易言之，在法治原則之下，無任何人在法律之上，而每個人，無論外國人或本地人在法律之前，均屬平等。普通法（common law）、平等規則（rule of equity）、條例（ordinance）、法律授權命令（subordinate legislation）及習慣法（customary laws）等，均屬在具體案件中，法院決定當事人權利義務之基礎。如案件任何一造不服法院之判決，得向上一層法院提起上訴。以往香港以英國之樞密院為最高上訴法院，自回歸中國以後，則改向設在香港之終審法院提起，由終審法院受理終局判決。外國人與本地人均有權向法院對個人或政府提出指控，以尋求救濟。在普通法制度之下，政府與個人立於平等地位，政府並不置於較個人有利地位，此一觀念特別重要，以免被指為官官相護，此為香港法治實施成功之所在，凡個人與政府間經濟活動所產生之問題，香港法院乃以平等條件相對待，以實現社會之公平。

除傳統訴訟方法之外，有關商務糾紛得以仲裁（arbitration）、和解（conciliation）、調解（mediation）及談判（negotiation）等方式解決。香港可謂係在此方面全球最佳適合解決地點之一。事實上，亞洲仲裁地之中，以香港所處理之仲裁案件最多。且要求仲裁之當事人並不以香港本地人為限。香港有二大著名仲裁機構，其一為香港國際仲裁中心（Hong Kong International Arbitration Center）；其二為香港仲裁人協會（Chartered Institute of Arbitrators Hong Kong）。其仲裁既便捷又有效。乃因該二機構具備適格之仲裁人，所作判斷普遍獲得信任有以致之。該等仲裁機構以聯合國國際貿易法委員會所訂頒之「國際商務仲裁標準法」（Model Law on International Commercial Arbitration）為準據法。其所作判斷幾乎在全球各地之法院，均得聲請執行。主權回歸前香港所作成之判斷在中國可以執行，因中國亦為紐約公約之簽字國之故。據稱中國有意以中國法律規定取代紐約公約。此外，香港並設有土地審裁處、勞資審裁處、小額錢債審裁處，以處理若干專業領域之法律糾紛，以減輕日益繁重法院審理案件之訟源。

具爭議者為，香港之公司均容許經營出口及進口貿易。依修正案，外國公司得依新法在香港再設立，無需辦理清算或解散，以避免造成經營中斷。

伍、國際關切重點

　　WTO貿易政策檢討機構（TPRB）於1998年12月上旬曾以二日期間，就香港貿易政策檢討報告作第三次檢討。會議主席曾就討論主題歸納成三項重點如下：[12]

一、經濟環境

　　WTO會員國對香港主權和平移轉，過程平順及在亞洲金融風暴中能安然度過，頗為欣慰。香港目前經濟體制，可謂「運作照常」（business as usual）。不容懷疑，香港經濟現仍為WTO會員國中較為開放者之一，使香港成為全球享有較高生活水準者之一，雖然目前經濟遭逢困境尚未完全消失，GDP顯著減少，且失業率增加。惟香港仍能維持貿易與投資之開放，且未採取任何足以影響進口或外人投資之激烈措施，顯示對WTO優位性具有繼續承諾之誠意，乃認為對WTO有其重要貢獻。

　　檢討會議上，會員國質疑問題，包括：(一)香港特別行政區之特殊任務及地位；(二)亞洲金融危機對香港之影響；(三)中國總體經濟之情形；(四)匯率制度及預算政策；(五)現階段股市干預措施；及(六)香港經濟與貿易結構之改變等，不一而足。

　　香港代表所作回應，感謝會員國對香港之支持，中國政策承諾香港繼續運作照常，在香港基本法之架構下，香港特別行政區保證繼續尋求自由及開放之經濟政策。現階段香港總體經濟表現雖不令人滿意，惟確信經濟基礎健全，香港將反映本地需要及對外情況，經濟為香港之命脈，將再作改善。在目前艱難時刻下，如遽然放棄現有固定之匯率政策，並不妥當，固定匯率政策使香港成為國際金融中心，促進國際貿易，有助於經濟之對外導向。此外，香港政府目前並無負債，現有外匯準備9,124萬美元，政策維持審慎預算立場，將有助於經濟快速復甦。

　　至於部分會員國質疑香港政府曾於金融風暴來襲時介入股市，據渠表示，此為一時之例外，並不意味與長期以來所建立之貿易自由及經濟開放政策相背離。其目的在維持穩定並整合金融制度。另製造業與房地產不景氣，政府無意扭曲市場，寧願以此作為激勵，確信香港有引進高科技之必要，以因應環境變遷帶來之挑戰。

---

[12]　參見Trade Policy Review Body前揭文有關Concluding remarks by the Chairperson部分。

二、貿易政策與措施

WTO會員國認為香港之貿易自由化及經貿投資體制之透明化為能夠吸引外資流入之重要原因。會員國歡迎加入WTO之「政府採購協定」，並儘早完成執行TRIPS相關之立法修正工作。對於香港採取所謂「最少干預，最大支持」政策，認為有助於企業之正常發展。

在此方面，會員國提及問題尚及：(一)目前香港「約束關稅」低於關稅項目之半數，未來有無提高比重可能；(二)反傾銷措施；(三)政府採購之投標制度能否有效實施；(四)對企業維持不干預主義；(五)雖已強化保護智慧財產權立法，惟仿冒商標及侵害著作權仍是嚴重之問題；(六)競爭政策應否立法問題等。

香港代表答覆表示，香港看不出需要加速約束關稅計畫，如依資訊科技協定已採取重要措施。香港並未制定反傾銷法、平衡稅及防衛條款，蓋因香港並不認為此等措施真正可以保護國內產業。香港加入政府採購協定，並未改變政府採購實施公開及無歧視政策、香港認為各個層面均有創新技術需要，以提供必需及完善之基礎設施，而非單挑某一特定部門為已足。香港已經有效執行TRIPS之規定，並且採取嚴格執行行動。香港承諾經由全面性、透明化之競爭政策，促進競爭及經濟效能，對香港而言，目前尚不需要制定一般性之競爭法。將香港型塑成一個小而美、小而能，以對外為導向，具有高度競爭力之經濟。此一實施經驗，不無可供我國加入WTO後，面對各項政策調整時參考與借鏡。

三、部門產業問題

WTO會員國在檢討會中，對於香港之製造、貿易、服務均能邁向市場導向體制，並以健全法令架構，提供作正確指導及彈性因應，印象深刻。會員國讚許香港接受GATS有關電信及金融服務之第四號及第五號議定書，承諾及履行談判所達成之結果。

此外，香港政府稻米管制計畫，造成稻米價格提高，限制若干服務部門，如外國銀行開設，電信及運輸等之營運問題，會員國均表示關切。

香港代表答覆表示，香港已採取步驟，使稻米貿易自由化，並且積極考慮強化競爭。香港大部分之服務市場已朝向自由及開放。承諾銀行制度進一步自由化，僅在必要時，始作管制。現有規範並不至於造成外國銀行進入市場之困難，因並未限制外國直接投資此一部門。在電信方面，政府現正進行開放此一部門，且已超過在GATS第四號議定書所作承諾。依據香港基本法，已清楚界定香港將維持原有海運經營及管理制度。香港作為中國商港之一，並未享有特殊優惠。

　　WTO貿易政策報告檢討之會議主席，在作總結時表示，香港在回歸中國及歷經亞洲金融風暴之後，仍能維持可預測之貿易及投資體制，不僅貿易與投資政策維持「自由市場」原則，且依循「法治」原則運作，未有任何改變，甚為難得。會員國表示對香港經濟政策之信任，將可快速恢復體質良好及支撐經濟成長。並表示WTO會員國普遍認為香港仍為全球最為開放經濟體地區之一，未來香港尚須改善者包括提高約束關稅比重，及對GATS承諾之履行。會員國咸願看到香港繼續以身作則，在WTO架構下，進一步致力於強化多邊貿易制度。

　　曾經有一則訊息指出，雖然香港輿論界普遍認為臺灣比香港更民主，惟當時在加拿大訪問之香港特別行政區行政長官董建華卻表示，由於港府受到司法機關與媒體之監督，政府施政透明度及責任性均相當高，且根據嶺南大學所作調查，香港之法律制度穩健，亦認為政府透明度高，且不發生嚴重之黑金問題，因而大部分香港人均認為香港比臺灣民主。[13]董氏重申香港係一個法治及司法獨立之社會，此點似乎亟值得我國加以警惕。

陸、結論

　　誠如國際觀察家所言，香港之未來決定在三個基本條件之上，其一為香港本身；其二為中國經濟表現；其三為香港與中國之關係。[14]香港從一小漁村而能發展成為國際金融及貿易中心，展現創造力及有能力接受新環境挑戰。在1997年之後，維持現有制度與香港未來之持續繁榮，甚為重要。惟香港近年因受亞洲金融風暴影響，實質GDP顯著下降，失業大幅增加，主要乃受對外貿易減少及本地需求下降之影響。對外貿易所以減少，因面對若干亞洲國家貨幣大幅貶值而增強出口競爭力有關，至於本地需求之下降，則因提高利率，使消費者及商業貸款成本，造成股市下滑及房地產市場需求不振。

　　我國與香港在經貿層面所存在之問題，如我國廠商在香港投資設立公司，依香港政府規定，工作人員需辦理工作居留證，當地規定須先前往律師事務所取

13　「自由」是香港之「引擎」，而香港亦是中國駛向現代文明之引擎。香港失去自由，香港就會失去動力；而中國若治港失敗，中國之現代化亦將脫班誤點。參見聯合報（86.7.1）：「香港仍是東方明珠嗎？」系列社論，載該報第2版。

14　原文："The future of Hong Kong depends on Hong Kong itself, the economic performance of China and the relationship between Hong Kong and China." 參見Guiguo Wang前揭文有關「展望」（Prospects）部分。

得身分證明文件，我方認為不僅攜帶不便，且容易損壞，經我國駐港單位積極交涉，據稱港方已允諾研究改善。另有關香港產製香菸迄未能如願輸銷我國，歷年來香港經由各種管道要求我國開放進口。此外，要求我國降低紡織品關稅及放寬中資機構持股比率等，經過諮商後，可望在我國與中國同時加入WTO後獲得解決。

我國加入WTO之雙邊諮商談判，除香港之外，早已與其他25個國家完成諮商，並簽署同意入會議定書，而與香港雖已完成諮商，其間適逢香港主權移轉而藉故，遲遲無法簽署，香港未回歸之前，曾揚言不會是最終一個與我簽署入會議定書，言猶在耳，顯然並未履行承諾，其間中國政治因素介入，不言可喻。雖說1997年後之香港，運作照常，事實上，若干層面尤其在諸多重要國際場合及兩岸關係之互動等方面，香港立場已深受中國所影響。

一般相信，在中國執行第九個五年計畫時期（1996年至2000年），中國與香港之經貿合作仍將持續進行，中國強調「一國二制」基調依舊，對香港之承諾應未作改變。依中國所發布處理香港與中國貿易關係之基本原則與政策，有關貿易統計、保護智慧財產權，乃至香港參與國際貿易組織，如WTO、APEC等，均將建立所謂「協調機制」（coordination mechanism）。此一機制意味便利中國相關部會與香港相關政府部門之溝通。而指導方針則依循一國二制政策及香港基本法之規定。

中國商務部曾經表示，中國將繼續視香港企業為外來投資者，香港公司將繼續享有海外公司相同之獎勵。中國在香港之投資將視為海外基金，所有中國斥資公司，即所謂中資機構在香港之營運，均需遵循香港之法律規定。此一措施反映香港特別行政區將繼續扮演中國與世界之一重要窗口及橋梁之功能。惟值得注意者為，現中國已於2001年12月加入WTO，此種差別性獎勵措施會否修正或減縮，有待觀察。惟無論如何，依已在聯合國備案之中美聯合聲明，自1997年7月1日起五十年之內，其為WTO之成員地位，並不會改變。

第 15 章 ▶▶▶

新加坡經濟及貿易政策體制檢討[*]

壹、概說

　　近年來，新加坡為僅次於美國，最具國際競爭力之國家。該國政府之經營哲學，其一，強調所有經濟政策，在鼓勵所有民營企業具有國際競爭能力，乃主張開放及自由貿易體制，而無意藉由關稅或種種非關稅措施，保護國內產業。其二，容許市場機能決定貿易型態，因而儘量力求簡化貿易文件及通關手續。

　　以往四十餘年來，新加坡持續而快速之經濟成長，主要乃歸功於該國採取開放之貿易體制，謹慎而明確地引導經濟運作，並且由於地處歐亞區域市場中心，優越之地埋位置所致。政治之穩定及良好之基礎建設，配合高儲蓄率及投資，以及具有吸引力之投資獎勵，使該國快速地成為在國際上頗具強勢之經濟體。[1]

　　根據WTO對新加坡貿易政策體制所作研究報告指出，星國經濟政策之目標旨在基於自由市場制度，經由實質與穩定之經濟成長，而促進並創造國家財富。在經濟發展過程中，民間企業亦扮演一重要角色，政府提供民間企業一個良好之發展環境。由於外人投資之大量流入，實施開放貿易體制，加以政治穩定，及良好之基礎建設，而奠定經濟發展之堅實根基。

　　星國為維持國際貿易與商業中心之地位，政府乃採取各種措施，如設立「國際貿易獎」（international trade award），以鼓勵在對外貿易有卓越貢獻之本地及外國公司，獲獎公司可獲得二年宣傳優待，此項獎據稱有助於推動星國公司將目標放在國際市場上，此與我國表揚績優廠商及有助於我國拓展對特定國家外銷之外國公司或人士，有異曲同工之妙。惟星國作法有實質獎勵之優惠，似乎比較具

---

[*] 本文原載於全國工業總會：「進口救濟論叢」，第10期（1997年6月），頁159-199。2024年6月略作文字修正。

[1] 星國貿易發展局（TDB）指出，該國政府一高層委員會計畫將新加坡發展成全球電子商業樞紐，並加強貿易基礎建設及服務。生產全球化、貿易自由化、科技、運輸及通訊日新月異，使國際貿易潛力提升，亦使更多國家在世界貿易市場更加活躍，進而加劇各國間之競爭。星國為亞洲國家中最具國際競爭力者，惟卻並不自滿，存在危機意識，該國有識之士認為亞太國家之國際競爭力快速提升，與該國競爭力之差距正在縮小，新加坡傳統上在國際貿易中為轉口及轉運中心之角色亦面臨被淘汰之風險，參見經濟日報（1997.2.25），版11。

有誘因，值得我國學習效法。

　　星國政府自1980年代中期開始改變經濟發展策略，其所採取之一系列措施，旨在減少對於製造業部門之依賴，轉而鼓勵發展服務業部門，作為1990年代經濟成長之動力。惟無論如何，現階段政府主管當局仍將製造業及服務業視為經濟之二大支柱。而自1985年代以後，製造業所占GDP之比重已下降，約占27%。而服務業則占GDP之64%。

　　一、在製造業部分，該國財政部同意撥款43億星幣，以實現2000年之所謂「經濟大遠景」，依該項計畫將獎勵設置所謂「製造業總部」（Manufacturing Headquarters, MHQ）以爭取已在該國擁有相當製造規模，並有能力為區域內生產提供支援性服務之公司，取得「製造業總部」地位之公司，可享「營業總部」（OHQ）及「商業總部」（BHQ）相同之租稅優惠。

　　二、在服務業部分，星國篩選在1995年表現最佳之三項服務業，即展覽會、特許經營及基礎建設三項給予輔導獎勵。對於展覽會成立工作小組推出各項活動，使星國發展成為一個世界級之展覽城市；對於特許經營，協助本地公司取得世界級特許經營權；對於基礎設施，整合專業服務共同向區域拓展市場，並與西方國家高水準之服務公司攜手在亞洲投資。[2]

　　不過，不可否認者為，星國繼續拓展之主要限制在於幅員不廣及資源短缺。強勢之經濟成長導致提高生產成本，如租金及勞動成本。長期以來，星國成長比率高達7%至8%間，主管當局為克服發展之瓶頸，乃採取各種方法，包括促進教育及訓練，僱用更多兼職及老人，鼓勵研發以提升技術水準，乃至排水溝及其他基礎建設工作。

貳、現階段經濟發展策略與措施

一、重視科技發展

　　星國1995年平均國民所得為2萬4,300美元，約為我國之2倍。[3]該國為維持國際競爭之優勢，特別重視科技發展。星國國際科技局提撥並設立5,000萬星幣之

[2]　請參經濟部國際貿易局、中華民國對外貿易發展協會：「海外市場經貿年報」（1996～1997），亞太篇新加坡，頁253以下。
[3]　1997年新加坡平均國民所得為31,000美元，到2005年達48,000美元與屆時日本之49,000美元相接近。據分析與星國高生產率、優秀勞工品質、強勢幣值與廉能有效率政府等因素有關。

「科技發展基金」（Technology Development Fund），以資助及培養具有潛能之科技公司，協助商業研究上之創新項目，發展到能夠吸引傳統之創業基金投資或取得銀行貸款，並將經由現有聯絡網，與美、德、中、俄及以色列合作，以促進本地與海外公司之夥伴關係。並將在五年內每年提撥鉅款改進環境基礎設施，俾使星國成為「區域環境科技中心」或「科技島」。[4]

二、重視環保問題

星國已將環保問題列為優先考慮之政策。以往二十餘年來即致力於改善環境之基礎設施，包括下水道及廢棄物清理制度。環境政策基調之一即在廢棄物減量，星國目前空氣污染程度均在「世界衛生組織」（World Health Organization, WHO）及美國環境保護局（United States Environmental Protection Agency, USEPA）所規定標準之內。對於未來十年，星國政府現已擬定所謂「新加坡綠化計畫」（Singapore Green Plan）。[5]

三、提高生產力措施

提高總體經濟生產力對於資源缺乏之國家，特別具有重要性。根據星國1991年頒布之「國家技術發展計畫」，已經確立促進研發，提升技術之方向。依據該項計畫將提高研發經費支出比重，並鼓勵民間企業從事研發工作。

為提升技術水準，擬藉由改善勞工之教育水準，如在職計畫，以提高勞動生產力。該國政府鼓勵企業能充分利用有限人力資源，僱用更多業務及退休而有專長之老人，繼續奉獻心力。星國1993年之退休年齡法已將原定退休年齡由55歲提高為60歲，以增加人力供應。我國考試院銓敘部參考新加坡作法，原亦有將退休年齡提高之構想，惟又恐阻塞人事升遷管道。星國政府同時嘗試吸引具有技術之外國人士，特別是從事研發工作之工程師。

---

[4]　星國提出所謂「新加坡一計畫」（Singapore one）。據指出現已有14家著名跨國公司，包括IBM、微軟、摩托羅拉在內將合作投資1億元以上星幣（折合7,000萬美元）參與此一計畫，對於及早參與在星國全島鋪設高科技纜線，使其轉型為科技島之外商將提供租稅優惠。而所謂「一計畫」乃指星國所有人均可共用一網路之計畫，將以一條可傳送聲音、資料、影像至電腦中之高載量纜線系統，將星國之家庭、辦公室、商業設施與政府辦公室全部連線。

[5]　根據WTO秘書處（1996年5月7日）研究報告 *Trade Policy Review-Singapore*（WT/TPR/S/14）指出："The Singapore Green Plan which was prepared by the Government of Singapore sets our the strategic policies that are needed to sustain and further improve on the environment of Singapore. The vision of the Singapore Green Plan is that of a Green City; i.e. a city with high standards of public health, a pleasant working and living environment and with a population that is environmentally conscious and pro-active."

四、推動私有化措施

星國自1980年代後期，為便與政府有關企業能提高生產力，乃積極推動私有化工作。為此，星國於1986年1月成立「國營企業私有化委員會」（Public Sector Divestment Committee），以推動特定企業私有化。自1987年以來，政府自行解除52家公營企業之股份，包括造船、石化、電信及國防有關之工業。根據主管當局指出，政府已經由拋售、償付或增資方式，充分或部分減少所占股份。

五、租稅改革措施

星國租稅政策之既定目標，在於降低所得稅稅率，以降低任何可能造成妨害之效果，並且提供租稅減讓，以吸引投資。公司所得稅在1997年預定逐步調降為26%，而個人所得稅則維持不變。1994年4月，星國政府引進對貨品與服務均課徵3%稅率制，為增進在星國營運之競爭力。

近年星國租稅制度並未作大幅更張，租稅中約37%至38%來自所得稅。近年來，關稅及消費稅，以及對汽車稅所占政府歲收之比重有略微下降之趨勢。而其他規費之收入則呈倍數增加。規費所占政府歲收之比重大幅提高，其目的乃藉由價格機制（price mechanism），以約制若干經濟活動。例如對於汽車所有人所收取之規費。

六、放寬資本移動及落實貿易自由化

有關星幣對外匯匯率之決定，係由新加坡金融局（Monetary Authority of Singapore, MAS）主管。星國未有外匯管制，對於經常帳交易未作限制，亦未有外匯辦理結購售或登記之要求。對於非屬當地居民之外國人或旅居外國者，有關資本移動或投資，亦未作限制。惟為降低大筆資金外流之影響，依金融法令規定，凡非居民或居民匯出超過500萬星幣，需先與MAS，進行諮商。

星國之出口結構，已轉變為以工業產製品為主。近數年來，能源所占出口比重顯著減少，主要乃因油價下跌所致。而機械及運輸器材所占比重則增加，電子產品及零件之出口比十年以前顯然較為重要。

在貿易夥伴方面，1995年間，馬來西亞、日本、美國及歐盟為星國之四大貿易夥伴。尤其與馬國之貿易，近年來增加特別快速。星國與日本之貿易，具有大幅貿易逆差，與我國頗為相似。我國無論出口或進口均為新加坡第六大貿易夥伴。

星國之四大進口來源亦為日本、馬來西亞、歐盟與美國。在1994年間，該四個國家分別占星國進口之21%、15%、13%及15%。近五年來，自日本、馬國及

泰國進口之比重增加，而自美國及沙烏地進口則呈減少之勢。1995年自ASEAN
國家之進口約占總進口值22%以上。

　　東協為星國之主要出口市場，1995年間約占總出口值之28%，此意味星國與
鄰近國家欲建立頗為密切之關係，以及轉口貿易（entrepot trade）地位之重要。
自1990年以後，馬國已成為星國最重要之出口市場，約占總出口值19%，超過對
美國所占18%、對歐所占13%。我國加入WTO之後，如完全開放對中國貿易，而
不採取保留條款，則中國勢必成為我國最大貿易夥伴。此仍因一國對外最大貿易
夥伴往往是鄰近國家之故。後來發展現中國已取代美國成為我國最大之貿易夥
伴。

參、對外貿易政策架構與目標

一、政府基本體制

　　星國為一實施議會制度之國家。依據其憲法規定，總統享有最高行政權，
由人民直接選出，任期六年，為國家元首。總統自國會多數黨議員遴選一人為總
理，並由國會議員中，依總統之提名，而指派內閣閣員。總統依總理之提議，有
權解散國會。另設有總統顧問委員會，對總統提供諮詢意見。

　　星國議會實施單院制。並無參眾院之分，共有81名國會議員，行使立法權。
國會議員有來自選舉產生者，亦有經由黨提名產生者。提名議員人數不得超過六
人，由總統提名產生。依憲法規定，除因解散國會緣故，國會議員任期為五年。

　　內閣行使行政權，以總理為主席，目前內閣共有14個部長。各部部長主管所
轄部會政策之形成與執行。各部會有權依據法律規定，頒布各項行政規章，並刊
登政府公報。總理及各部會首長代表內閣，提出法案及預算案到國會，包括有關
外交及貿易事務在內。另設資深部長（senior minister），相當於我國所稱之政務
委員，則得對各部會所主管事項，提供意見。

二、貿易政策目標與機關任務

　　星國政府之經營哲學，在於讓市場力量決定其基本經濟結構。依此，星國之
貿易政策方案，在維持市場導向及外向發展。政府試圖確保貿易儘可能僅以關稅
及邊境措施處理，給予鬆綁，且其通關及貿易文件程序則儘量簡化，以便使貿易
業者之不便，降至最低度。

　　依據WTO之研究報告，及新加坡政府所提出之貿易政策檢討報告指出，星國貿易政策之具體目標在於：(一)致力於強化一個自由、開放及穩定之多邊貿易制度；(二)將新加坡發展成為一個「國際貿易中心」；[6](三)在維持現有市場之同時，開拓新市場；(四)防衛及分散進口來源；(五)增加服務貿易之出口。

　　茲將該國主管貿易及與貿易直接有關之機關職掌與任務，分別說明如下：

(一) 貿工部

　　星國貿工部（Ministry of Trade and Industry, MTI）負責貿易政策之形成。該國之「貿易發展局」（TDB），負責執行貿易發展之政策、措施之計畫。而「經濟發展局」（EDB）則依法負責執行吸引投資之政策。EDB將與新成立之「生產及標準局」（Singapore Productivity and Standards Board）合作，後者負責人員訓練、生產及地方性，有關中小企業之發展。EDB及國家科技局（National Science and Technology Board, NSTB）均擔負有促進研發之任務。新加坡之標準及工業研究所（SISER）負責有關各項工業標準，包括電器、電子、機械、營繕、建築、工業安全、化學及食品包裝等部門在內。

(二) 財政部

　　星國財政部監督海關及MAS，海關主管徵收進口貨物之關稅及服務稅。MAS則規範金融制度。在政府一般經濟政策範圍內，促進貨幣穩定及債信、外匯條件，俾有助於經濟成長，監督金融制度，除未發行現鈔之外，執行中央銀行之功能。

(三) 公用事業局

　　星國公用事業局負責制定有關電器安全產品之技術規範。環境部則對食品、加工食品及特定危險之化學產品設定規範。至於國家發展部之主要生產部門則在設定技術規範及對有關魚類、肉類、蔬果之貿易管制。

(四) 服務貿易主管機關問題

　　星國對於貿易服務之管理，迄未設有主管機關。而在日本，則將GATS之諮商談判歸由外務省主管，其在我國之情形，則由經建會統籌有關GATS之業務。星國服務業政策並不集中於中央，由各部會及專業機構主管。MTI及TDB作為依

6　星國TDB推出提升出口競爭力之計畫，宣稱要建設新加坡成為「全球國際貿易城市」，加強發展服務業及製造業，使成為電子商業區域中心，國際會議展覽中心，並維持貿易、船運及後勤中心之地位。為提升作為貿易中心之競爭力，TDB計畫推出Trade Net Plus，並在2000年以前全面運作。

據GATS有關服務業事項之協調機關。EDB設有服務發展部門，提供服務部門新投資機會，並且透過EDB國際網路，加以促進。

(五) 顧問及檢討機構

我國政府部門視與企業界維持良好關係爲畏途，以避免瓜田李下，發生所謂「利益輸送」或「官商勾結」之疑慮，而在新加坡，以貿工部而言，與企業界領袖及專家常保持聯繫，此種作法以便使業界能夠瞭解政府之各種施政，及聽取業界有關拓展市場所遭遇之困難問題，發生雙向溝通之效果。此種差異，完全是心態不同所造成。

MTI率先於1990年設立「經濟計畫委員會」（Economic Planning Committee）提供政府官員與民間企業部門形成與協調發展計畫與策略之場所。MTI與新加坡商工協進會，包括新加坡國際商會（Singapore International Chamber of Commerce, SICC）爲會員者，及新加坡製造業協會等在內，定期開會商討，以促進政府與民間部門之對話。

有關新加坡貿工部之組織架構，可供與我國經濟部之組織作比較，爰如圖15-1。

三、貿易法規體系

星國有關出進口交易之主要法律爲1995年頒布之「輸出入管理法」（Regulation of Import and Export Act），依該法，主管機關於必要時得藉輸出或輸入許可證之核發及其他與貿易有關措施，管制指定貨品之輸出入。另關稅法則以財政部爲主管機關，得處理各項與關稅有關之措施，如關稅估價及課徵關稅。

1994年頒布之「經濟拓展獎勵法」給予所得稅抵減，及1995年之修正法，均包括鼓勵投資措施及生產與出口之租稅抵減。其他與貿易有關法律均在補充此等措施之不足。

星國財政部負責有關公司法及商業登記法之管理，辦理公司行號之登記業務，此與我國係由經濟部商業發展署及地方建設廳局主管此項業務者，有所不同。

貿工部將烏拉圭回合協定提交內閣批准。新加坡自1995年1月1日起成爲WTO之創始會員國。以新加坡係ASEAN之一員，在WTO場域則由ASEAN代表發言。

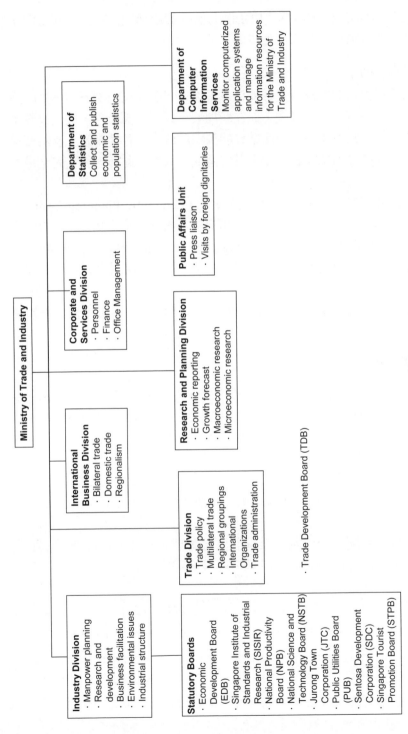

圖15-1 新加坡貿工部組織結構

資料來源：新加坡政府網站。

四、多邊及雙邊協定

(一) 多邊協定

　　星國並非GATT原始締約國，而係於1973年8月加入，成為締約國後，該國簽署於1979年達成協議東京回合相關協定，包括為技術性貿易障礙、政府採購、輸入發證及反傾銷四個協定之簽字國，並為關稅估價、補貼及平衡稅及民航飛行等三個協定之觀察員。作為WTO之一創始會員國，星國承諾遵守多邊貿易協定。星國對於屬WTO會員國或非屬WTO會員國均提供最惠國待遇。對於同屬東協國家則提供更大優惠。第1屆WTO部長級會議於1996年12月在新加坡舉行，大幅提升星國之國際知名度。

　　該國為天然膠生產國協會（Association of Natural Rubber Producing Countries, ANRPC）之會員國。亦是國際咖啡組織之會員國；惟該國並未加入在1995年重組之國際咖啡組織。星國同時為與貿易有關多邊組織如APEC、CPTPP、IPEF、RCEP、UNCTAD、世界銀行、國際貨幣基金及亞洲開發銀行之會員國。

(二) 雙邊協定

　　新加坡與很多國家締結有雙邊協定。該國與美國所締結之貿易與投資架構協定（Trade and Investment Framework Agreement, TIFA），強調二國相互期盼採取步驟，以增進及便利雙邊之貿易關係。依據TIFA成立貿易與投資聯合委員會，作為諮商雙邊問題之主要機構。該委員會之目標，包括：

　　1. 觀察貿易與投資關係。
　　2. 對特定貿易與投資利益有關事項，進行諮商，並締結協定。
　　3. 消除貿易與投資流向之障礙，並從而拓展此等流向。

　　根據WTO秘書處資料顯示，星國於1992年已批准與波蘭、越南及墨西哥簽訂全面性之租稅協定，並與沙烏地阿拉伯簽訂航空租稅協定，與智利簽訂航空租稅協定等。

(三) 優惠貿易

　　據星國表示，該國參與區域性經濟協定，乃基於「開放性區域主義」（open regionalism）之理念。經由區域之經濟整合，星國尋求克服小型經濟體之限制，並且建立對外經濟關係。星國主管當局表示，區域貿易自由化為邁向多邊貿易自由化之礎石（building block）。

　　星國為1967年成立ASEAN創始會員國之一，東協會員國於1992年1月同意成立AFTA，以促進此一區域之貿易與投資。並且在1993年1月，釐定「共同適用優

惠關稅」（Common Effective Preferential Tariff, CEPT），作爲執行機制。

1995年東協高峰會議制定新計畫，有關AFTA將提前於2003年完成，取代原擬於2008年完成而且擴大，ASEAN經濟合作之範圍及於服務業及智慧財產權。[7]AFTA產品範圍則擴大及於未加工之農產品。再者，原列爲「臨時除外表」（temporary exclusive list, TEL），將分五年，每年以20%，轉換成爲包括表內（inclusion list, IL），自1996年1月開始，至2000年截止。

(四) 區域合作

APEC係在1989年成立，用以達到亞太區域國家之自由、公開之貿易與投資。由於此等目標符合星國自由貿易與投資體制之目標，星國乃充分支持APEC之目標，並且積極參與APEC之活動。[8]

1994年11月，APEC「茂物宣言」（Bogor Declaration），承諾履行此一地區貿易與投資之自由與公開，提供會員國彈性執行貿易自由化之承諾。依該宣言，執行步調將對APEC各個經濟體之不同經濟發展情形併予考慮。工業化國家在2001年以前，而開發中國家則在2020年以前，達到貿易與投資自由與開放之目標。茂物宣言列出APEC論壇三項主要工作計畫爲：

1. 貿易便利（trade facilitation）。
2. 貿易自由化（trade liberalization）。
3. 經濟與技術合作（economic and technical cooperation）。

1995年11月在日本大阪舉行之APEC高峰會議，其結果通過「行動綱領」（action agenda），確立APEC未來活動之架構，並且提供一套執行茂物宣言特別行動之原則。大阪會議結果，同時宣布採取初步行動所應履行之「頭期款」（down-payments），包括對外貿易與投資進一步自由化及便捷化之措施。大阪初始行動強調採取調和報關文件，通過共同產品安全標準、解除管制、關稅減讓及消除其他特定之貿易障礙。

爲達到資源利用之互補，對於此一地區地理位置相接近產生成長之金三角，將新加坡與鄰近馬來西亞之柔佛（Johor）及印尼之廖內省（Riau）連結起來。此一成長之金三角理念，爲新加坡於1989年所率先提出，可使星國減少土地與

---

[7] 外電報導，ASEAN可望提前三年，在2000年時達成自由貿易區（AFTA）計畫，以便在境內成立開放投資區（AIA），以促進投資，並塑造東協成爲具國際競爭力之全球化投資地區。

[8] 除APEC之外，美國、日本、中國、新加坡、澳洲及香港等六國資深財經及央行官員於1997年3月上旬在日本東京集會，擬仿效七大工業國家集團（G7），成立一個亞洲六國集團（G6）之組織，以推動亞洲經濟與市場之整體發展。其成立目的據稱在協調總體經濟政策、金融市場及匯率之發展與監督，並發揮金融調度之機能。

勞工短少之壓力，而印尼及馬來西亞則可得到來自新加坡增加投資所帶來之利
益。[9]

肆、對外貿易基本規範與措施

一、關稅制度方面

(一) 關稅估價

　　星國對關稅估價係依據「布魯塞爾估價定義」（Brussels definition of value,
BDV）。課徵價乃依據貨品進口港或地點之正常價格或進口價格為準。關稅項
目從量課徵乃依據貨品之重量、數量或數目，如混合課徵者，則依從量或從價二
者中課徵較高者付稅。

　　該國關稅通常依CIF價格課徵。從價關稅係依CIF價加處理費用（CIF價之
1%）。貨品通關時，海關如低估關稅，關稅局得予追加課徵。不服海關之處分
者，得向關稅局聲明異議。不服關稅局審定者，得向財政部訴願。如再有不服，
得向法院請求賠償。此一救濟模式，法院適時介入，似較我國現制為佳，值得參
考。

(二) 關稅及附加捐

　　星國進口貨品課徵關稅者，僅限於少數項目，約僅占關稅項目1.4%，而其
他大多數進口均屬免稅，該國於1994年1月發布取消406項貨品進口關稅，已生效
實施。

　　商業樣品如無商業價值、非用以銷售、消費、不作正常使用，不在星國出租
或取償者，得享有免稅待遇。[10]惟酒類、菸草樣品不視為商業樣品。對於少數產
品之廣告資料，包括菸草及酒類在內，則應納稅。

　　星國所課徵關稅，包括從量（specific）、從價（ad valorem）或混合制（兼

9　WTO秘書處前揭對新加坡貿易政策檢討所作研究報告指出："The Growth Triangle concept was first mooted
　　by Singapore in 1989. It was intended to capitalise on the geographical proximity and complementary strengths
　　of contiguous sub-regions within ASEAN with a view to increasing cross-border trade and investment flows. By
　　building on natural sub-regional synergies, it was felt that the pace of intra-ASEAN economic co-operation and
　　integration could be accelerated and its scope expanded significantly."
10　新加坡國際商會（SICC）簽發暫准通關證明（ATA Carnets）以便展覽品、廣告品、商業樣品及專業設
　　備，無需繳交關稅，即得暫時進口。我國早在1990年以前亦曾與星國簽有此種協定。

具從量及從價）三種。從價課徵關稅限於屬於汽車之23種關稅項目。另53項有關酒類及菸草關稅項目，及一項柴油關稅項目，則依從量課徵關稅。至於六項有關汽車油精（motor spirits），則採混合制課徵。該國並未採用季節性關稅（seasonal tariffs）。

(三) 關稅優惠

星國爲開發中國家所締結「全球貿易優惠制度」（Global System of Trade Preferences, GSTP）之簽字國。依據GSTP，星國對手工具之進口，提供關稅減讓，對所課徵最高關稅約束在5%。

依據東協國家所簽訂CEPT計畫，星國將提供5,656項貨品免稅進口，其中2,183項關稅項目列在「快速」（fast track）優惠清單中。依CEPT計畫，在第十年，即2003年，關稅稅率將限在0%至5%之間。至於其他項目，則列在「正常」（normal trade）優惠清單中。到2008年達到此一水準。並無任何產品列在臨時性除外清單之中。

二、貿易管理制度方面

(一) 登記制

依據星國1995年「進出口管理法」（Regulation of Import and Export Act），貿易發展局報經貿工部核准，對登記、管理與管制貨品之進口、出口及經由星國轉船或轉口（transit），得加以規範。各進口人或出口人均需向貿易發展局登記，取得統一註冊號碼（central registration number）。各公司行號欲進口貨品需要取得進口許可，其目的在於作爲貿易統計之用。至於欲出口貨品亦同。對於大多數貨品，每筆交易均需作簡單申請。多數申請透過貿易網路（trade net），以電子傳輸完成。除屬於管制貨品項目外，出口商得先輸出貨品，再於出口後三日內，申請輸出許可證，凡非屬需要簽辦國際進口證明書（I/C）或抵達證明書（D/V）之列管高科技貨品，許可證例均同意核發。另貨品存放在自由貿易區，以轉運其他國家者，既無需許可，亦無需報關，且卸貨後可在港口停放一日。

(二) 輸出貿易管理

星國政府對於輸出貨品並未課徵關稅、規費或附加捐。該國橡膠協會（RAS）前曾對橡膠自星國出口徵收規費，惟當RAS於1992年民營化以後，已停止徵收。

1. 出口禁止

依照「進出口管理法」，對若干產品禁止出口到某些特定國家。例如禁止各項產品輸往伊拉克、安哥拉、盧安達及利比亞。基於公共健康、公共安全及環境保護原因，亦作若干輸出禁止或限制。此等措施乃為符合星國之國際義務。諸如防止破壞臭氧層之蒙特婁議定書（Montreal Protocol）及聯合國安理會所作決議。又如為防止物種滅種危險，對於「瀕臨絕種野生動植物國際貿易公約」（Convention on International Trade in Endangered Species of Wild Fauna and Flora, CITES）表上所列舉者，包括象牙、老虎骨及犀牛角等在內，自1990年1月起均已禁止進出口。

2. 輸出許可證

依據1990年頒布之出口管制令規定，需要領取輸出許可證之產品項目，主要係基於策略性產品、公共健康、公共安全或環境保護之考慮。諸如武器、軍火及戰爭之裝備、原子能材料及器材，除非已得到星國警政署武器及爆裂物局核發許可證，否則不能出口。產品出口需要保證（endorsement for export）之產品項目，包括成衣、鋼盔、鋼鐵、玩具槍及手銬。

基於國際間共同控制疾病及保護瀕臨絕種之野生品種，星國乃與進口國合作，對若干農產品作出口管制。如屬CITES所列管之野生動植物，依初級產業生產部門之要求，應取得出口許可。屬於蒙特婁議定書有關保護臭氧層之管制物資之消費與出口，則以環境理由加以管制。依據ASEAN之CEPT，出口享有關稅優惠者，必須由TDB發給原產地證明，以便在進口國能夠取得優惠。

3. 出口限制

依據烏拉圭回合協定有關ATC，星國目前仍與加拿大、歐盟、挪威及美國維持有四項雙邊出口限制協定。TDB負責主管紡織品出口配額之分配，其中80%屬於基本配額，另有20%則提供標售，但無論屬於何種，此種配額均不得出售。未能利用出口之配額應繳回TDB，供再作分配。依照國際協議，紡織品配額限制已在十年之後取消。此外，該國並未採取任何VER或VRA之措施。

4. 出口聯合

星國政府對於組成「出口聯合」（export cartels）並未作鼓勵。行政部門並無有關此種聯合行為存在之任何資料。

5. 出口補貼

星國之出口補貼，包括TDB之對外貿易獎勵，重複課稅抵減（double tax

deduction）及EDB之出口獎勵生產（production for export incentive）。此三項屬於補貼之外，星國並未有WTO有關補貼及平衡稅措施協定第1條第1項所稱之補貼，而是屬於該協定第2條所指特定之範圍。

(三) 輸入貿易管理

1. 進口禁止或限制

依據星國1995年「進出口管理法」規定，TDB報經貿工部核准，得絕對或有條件禁止或限制貨品之輸入。該國限制貨品輸入或要求核發許可證，乃基於公共安全（public safety）、公共健康（public health）、環境考慮（environmental considerations）、國家安全（national security）及履行國際協定之義務，乃至聯合國安全理事會之決議。該條之規定，與我國貿易法第11條之規定，在法律架構上頗爲類似。

根據CITES之規定，禁止進口象牙及虎骨。另依聯合國安全理事會之決議，該國禁止自伊拉克輸入貨品或將貨品輸往伊拉克。此外，依據雙邊或區域協定，對於一般之禁止或限制，並未設免除規定。該國未曾採取季節性或附條件進口限制。

2. 輸入許可證

星國並未藉發證實施配額限制。該國之政策，控制使用輸入許可證到最低度。1994年，該國憑輸入許可證進口貨品值101億300萬星幣，僅占進口總值6%。該國主管當局表示，凡國內有生產之產品，未採取輸入許可證。

平均申請核發輸入許可證所需時間在二日以內。一般而言，輸入許可證之有效期限依不同交易需要而有所差異。由一個月有效期限到二年之最長效期。許可證費用因效期不同而有區別。一個月效期者爲1,000星幣，而二年效期者爲1,500星幣。至領取輸入許可證後未加使用，未設處罰規定。發證單位因不同產品而分屬於各個不同之部會或機構。以故，有關訴願案件應分別向不同部會或機構提出。

爲應緊急之需，星國對於稻米維持安全量計畫。對自各國進口稻米適用進口之特別許可證制度。而其他產品則分別適用自動與非自動許可證制。

3. 進口配額

該國輸入貨品並無配額制度之適用。進口配額或禁止適用於管制破壞臭氧層物質（ozone-depleting substances, ODS）。星國未與外國政府締結任何協定，以限制貨品輸往星國之金額或數量。我國對於准許自由輸出入之貨品，亦未設有輸

入金額或數量之限制。

4. 進口監視及進口聯合（import cartels）問題

該國除對部分產品採取核發輸入許可證之外，未對任何產品採取進口監視措施。又星國並無獨占或反托拉斯之立法。金融服務業之競爭由貨幣局作監督；電信服務由電信局作管理；而電力及瓦斯管線服務則由公用事業局（PUB）作管理。

(四) 國營貿易

星國並未成立如GATT第17條解釋瞭解備忘錄所界定之國營貿易企業。該國政府唯一註冊成立之一家貿易公司，負有特別任務，在促進星國工業產品之出口。該公司稱為Intraco Ltd.，其活動包括貿易、製造及以資源為基礎之投資活動。

(五) 相對貿易

該國主管機關表示，星國政府並未參與相對貿易。以故，並無此方面之資料。至於民間部門有無參與並簽署類似協定，則無案可稽。惟星國訂有租稅獎勵計畫，以維持發展民營企業相對貿易，企業尋求享有五年免稅獎勵，以符合TDB所定條件。為享受免稅待遇，企業須另立個別公司單獨進行相對貿易，建立國際貿易網，並聘僱訓練有素之專業人才，以利操作。

(六) 高科技貿易

進口敏感產品項目或高科技產品，需依出口國之出口管制，向貿易發展局（TDB）申請核發國際進口證明書（I/C）及抵達證明書（D/V）。進口商必須確認該一產品輸入星國而不違規轉運到其他國家或地區。

(七) 自由貿易區

星國設有七個FTZ，貿易商得免費進儲貨品、重包裝及再出口，海關未作干預。星國港務局（Port of Singapore Authority, PSA），主管六個海運貨物之自由貿易區，而星國民航局（Civil Aviation Authority of Singapore, CAAS）則主管在樟宜機場空運貨物之自由貿易區。進入自由貿易區之貨物通常並不經過該國海關，除非貨品由自由貿易區進入星國境內。

使用自由貿易區之主要誘因，據分析包括：

1. 進出口之一般貨物及貨櫃貨物均得七十二小時內自由進儲。
2. 外銷之貨櫃貨物得在七日內自由進儲。

3. 轉運或再出口貨物得在二十八日內自由進儲。

4. 貨物留在自由貿易區內時免繳關稅及無需辦理通關文件。

5. 在市場條件轉爲有利時再出口或星國境內使用時，得繼續儲存。

6. 容許貨品得以陳列。

7. 容許在區內得以銷售。

三、工業管理制度方面

(一) 標準與其他技術要求

　　星國之標準與設定標準之程序，符合國際間所常用者。據稱尚未發現不符合國際標準之案例。所訂標準包括維持安全、健康及環境保護目的之技術規範。標準並不歧視進口貨品，或對來自不同地區之進口貨品有何歧視。

　　該國承認在出口國所作之測試程序，如此種測試在出口國是依據國際所認同之測試程序執行。星國之國家標準係由星國標準研究所（Singapore Institute Standard）協調工業研究所（Industrial Research），二者簡稱SISIR所擬定。星國標準委員會及負責星國標準之制度，而該二機構則作爲該一委員會之秘書處。SISIR主持若干計畫以維持產品品質、結構、資訊技術、控制破壞臭氧層物質及評估科學實驗室，該國頒訂諸多有關測試標準之法令。

(二) 標準、測試及證明書

　　星國國家標準政策旨在促進產品與服務之安全與品質。該國爲「國際標準組織」（International Organization for Standard, ISO）與國際電氣技術委員會（International Electrotechnical Commission, IEC）之會員國。星國之基本政策乃以國際標準作爲國家標準，參考制定成爲星國標準，對於邁向國際化乃是一大助力。截至1995年10月，共有698種國家標準，主要爲電氣技術、建築與通信工業，其中有123項係以ISO/IEC標準爲其依據，可見星國落實國際化不遺餘力。

　　爲保護及改善空氣品質，星國對於汽車廢氣之排放標準已作修正，凡所有柴油引擎車必須符合UN/ECE所訂R24.03之排放標準；所有汽油引擎車則必須符合歐盟於1991年所訂第91/441/EEC指令或日本汽車道路駕駛安全規則第31條所訂之耗盡排放標準；所有摩托車或小型機車則必須符合美國聯邦法典（40CFR）第86.410-80排放標準。

(三) 工業標準

　　星國營繕工程所適用之工業標準通常以國際標準爲基礎。大部分工商企業

均適用反污染（anti-pollution）立法。乘坐汽車、計程車、六人座以下箱型車規定，前座需要繫安全帶。小汽車則需有前後座艙。

(四) 健康與安全要求

進口食品在抵達星國時或國內所產製食品在市場銷售時，應先向環保部之食品管理局登記。進口有毒化學物質需要取得環保部污染管制局之許可。藥品之販賣依藥事法之規定，必須經過衛生部通過，並辦理登記。自1996年中期，化粧品亦依藥事法管理，化粧品因對公眾之安全甚為重要，所以需要登記，批發商或進口商均需取得執照，始得營業。

該國為有關防止破壞臭氧層二項國際條約之簽字國，其一為「維也納公約」，用以保護臭氧層；其二為「蒙特婁議定書」，有關管制冷媒之排放。依照該二條約規定，星國將定期廢除使用冷媒。1995年，此等產品輸入星國之數量有2,275噸。自1996年1月1日起，星國已禁止管制貨品CFCs之進口。依該計畫亦禁止非藥劑煙霧產品之進口與製造，包括管制CFC、聚苯乙烯片及管制CFC所製成之產品。進口CFC、海龍2402、海龍1211及海龍1301亦加以禁止，以符條約下之廢除計畫。

四、檢驗及檢疫制度方面

對於活動物及物品所訂定之檢驗規則，係以動物及鳥類法（Animals and Birds Act）為法源。依該法，國家發展部得禁止任何有關動物產品及鳥類可能傳染疾病者之進口及轉運。動物及動物產品之進口係經由1996年動物及鳥類進口命令所規範。依據動物與鳥類隔離規則，由初級生產部門主管決定及主導進口農產品之隔離規則。

進口植物之檢疫規則乃依據農產品黑死病法而訂定。依該法，國家發展部得訂定規則，以防止黑死病進入星國。依照1989年之農產品黑死病規則，限未染黑死病之植物始得輸入星國。依植物管制法，進口若干植物需要經過許可手續。

五、政府採購制度方面

(一) 政府採購

雖然目前星國並非1994年政府採購協定之會員國，惟該國為WTO政府採購委員會之觀察員，並且正在談判加入該一協定。目前該國仍為1979年東京回合政府採購規約之會員國。

通常登記為政府採購貨品或服務之供應商，其所必須具備之前提為該供應商

先依公司法或商業登記法辦理登記,而且供應商需具備一定淨資本額,包括實收資本(paid-up capital)及公積金(accumulated reserves),至少須占所登記適用金融類(financial category)5%以上。

　　星國對於政府採購之基本政策,依該國稱乃在追求公開(open)、公平(fair)及競爭(competitive)之投標。投標包括公開招標、選擇性招標及限制性招標三種,與我國現況並無不同。公開招標之投標人必須採購超過3萬星幣者始適用。目前價位1美元約等於1.4星幣。而選擇性招標,其投標金額則通常低於此一門檻。在例外情形,選擇性招標適用於機密或敏感之採購計畫。得標者需要符合各項招標條件,並且由最低價者得標。財政部預算局如認為有需要時,得調查來自供應商之指控或請求,並且採取任何救濟行動。

　　值得關切者,在ASEAN優惠貿易協定之架構下,東協國家享有2.5%之優惠差額,但每一投標之優惠值以不超過4萬美元為限。對於政府採購,星國並未給國內供應商以其他特定之優惠。

(二) 自製率要求

　　星國未採取任何有關自製率(local content)措施,政府並未鼓勵採購本國產品。

(三) 原產地規則

　　為享有優惠關稅,星國海關乃要求進口人提出產品證明。東協國家所執行之CEPT計畫,必須含有最低40%為以東協國家為產地,始為適格。

　　星國為「世界關稅組織」(World Customs Organization, WCO)技術委員會(technical committee)之會員國。該組織負責在特定期間非優惠貿易有關原產地規則之調和。在烏拉圭回合有關原產地規則協定簽署之後,該國原有原產地規則尚無須作變動。

六、貿易救濟制度方面

　　星國迄今未制頒有關防衛措施之國內相關法令。星國政府依照WTO協定,最近曾完成有關反傾銷及因補貼課徵平衡稅之立法工作。

　　該國未因防衛或課徵稅而採取進口救濟,惟曾對自馬來西亞及土耳其進口之強化鋼條(steel reinforcement bars)課徵反傾銷稅。1995年7月29日,財政部對自馬國進口之強化鋼條每噸課徵反傾銷稅星幣54元。同年12月2日對自土耳其進口之同一產品,依不同生產工廠,分別課徵每噸星幣16元至星幣69元,至原來依行政命令所超收之臨時稅則予退還。

伍、外人投資政策方向與趨勢

一、外人投資政策方向

　　星國之政策在於以租稅或非租稅之獎勵手段以鼓勵直接投資（FDI），對外國人或本國公司均同等對待。此一政策與星國之自由外匯體制相輔相成，星國對外匯未有管制，資本移動以任何外匯或到任何國家均未作限制。除外，政治穩定，高效率之運輸及電信制度，良好之基礎設施，熱誠之工作態度，使新加坡成為一個外人投資之良好環境。

　　星國對於外人投資電信，金融服務及國內航空之外資有所限制為例外情形以外，對於本國投資以及外人投資，基本上法律上未作區別。外國人購買土地需先得到該國法務部居民財產官員之同意始可。事實上，外國人不得經營公用事業、武器及彈藥。

　　星國有關租稅獎勵係由經濟發展局主管，根據該國主管機關表示，現有獎勵措施中，並未有自製率、出口實績、技術移轉等特別義務之要求。

　　面對勞工成本提高及土地資源不足，星國尋求「區域化」政策，並鼓勵企業能自勞力密集產業中脫胎換骨。政府成立「區域化促進委員會」（Regionalisation Steering Committee, RSC），以帶動該國之區域化政策之實現。[11]星國區域化政策之目標市場，除東協以外，據稱尚及印度、中國等。

二、內向或外向投資之趨勢

　　星國外資主要來自美國、日本及歐盟。自1989年以後，美國之投資比重增加，而來自日本及歐盟之投資則有相對下降之趨勢。1994年來自美國之資本約占57%，而日本及歐盟則各約占21%。

　　到1994年底止，星國投資於印尼、馬來西亞及新加坡（Singapore-Johor-Riau）之金三角成長之金額已超過5億星幣，並且以投資於廖內省為主。新加坡與柔佛之關聯，正在加強，星國公司投資在柔佛據稱已超過15億馬來西亞幣。

　　基於區域主義政策，星國頗重視中國之重要性。星國於中國蘇州有建立工業城之龐大計畫。在1994年2月已簽約，該計畫預定吸引200億美元投資，並興建可

---

[11]　依新加坡政府提供WTO秘書處之資訊指出：“The Ministry of Trade and Industry (MTI) spearheads Singapore's regionalization programme. To this end. MTI and its statutory boards have actively worked towards establishing a framework for economic co-operation with target countries, in order to facilitate the private sector's regionalization efforts.”

供60萬人居住之房舍。另一項龐大計畫預定設在無錫。近年則又將注意力集中在印度。星國計花費2億5,000萬星幣,協助在邦加羅爾(Bangalore)建立資訊科技園區。

陸、星國貿易政策體制之評估

WTO之「貿易政策檢討機構」(Trade Policy Review Body)在1996年6月4日已完成新加坡貿易政策之第二次檢討報告工作。在此一國際論壇場合,各會員國對星國之貿易政策提出若干問題,歸納而言,包括三個要項:

一、開放貿易政策及發展

自1992年以來,新加坡之經濟能夠快速成長,各會員國普遍認為係因該國倡導開放、自由及市場導向體制,且享有高競爭力及低失業率所造成。該國低通貨膨脹、高儲蓄及投資率乃造成穩定之總體經濟環境。部分會員國關切在匯率不斷升值情形下,星國持盈保泰,在世界經濟仍能維持高競爭力,表示艷羨與好奇。

會員國提到有關星國自由貿易目標與其積極工業政策間之關係,包括投資策略性計畫之「工業群」(industrial cluster)。詢及經濟發展局所主導之投資獎勵及出口補貼是否符合WTO有關TRIMS及補貼實務?注意到亞洲國家貿易之快速發展,部分會員國鼓勵星國與其他地區區域之國家建立更為密切關係,包括拉丁美洲國家及其他經濟轉型期之國家。

對此,星國代表表示,在協助經濟面臨轉型及變遷之國際環境下,政府扮演一極為關鍵性之角色。星國充分尊重自由市場機制,對於非屬私人企業部門,政府絕不猶豫、克盡其責。雖然難免發生如何取得平衡點問題,政府與民營企業仍密切合作,以促進經濟發展。目前,星國經濟已愈加成熟,政府正加速推動民營化。

星國代表表示,該國之匯率政策並不以維持經常帳或貿易平衡為目標,而貨幣政策則旨在抵銷進口通貨膨脹。無論如何,星國之低通貨膨脹及強勢通貨均是審慎金融政策之結果。執行法令之部門與民營公司均願意遵守商業活動之嚴格紀律。

星國目前致力於與外國簽訂投資保障協定及避免雙重課稅協定,已為將貿易與投資市場分散到拉丁美洲及經濟轉型期國家,奠定良好經濟合作基礎。

　　星國代表表示該國已向WTO之補貼委員會（Committee on Subsidies）遞送通知之相關詳細資料，並且表示將逐步消除出口補貼。投資獎勵仍相當普遍。對於自由貿易區則不適用金融獎勵。

二、在多邊及區域貿易之地位

　　WTO嘉許星國之參與烏拉圭回合談判，鑑於該國所扮演積極角色及對多邊貿易制度之承諾，第1屆WTO部長會議（Ministerial Conference）在星國舉行被認為頗為適當。[12]會員國表示星國為開發中國家成功典範之一，將來一旦進入已開發國家之列，在國際舞臺宜善盡其責任。

　　基於多數產品輸入均已免稅之認知，很多會員國主張星國在烏拉圭回合所承諾關稅約束之範圍，約為關稅項目70%，可以再作提高。會員國要求星國應對該國是否接受WTO有關關稅估價協定，應作澄清，至於目前正在擬定中之課徵反傾銷稅及平衡稅措施之立法重點，能作說明。會員國並要求星國新擬定之專利法，能夠採取何種措施，以確保符合TRIPS協定。

　　會員國希望能夠取得有關貿易及服務貿易主管機關任務之資訊，並質疑金融與電信服務業之開放，並且提到有關外國銀行到星國國內金融服務市場通路之限制，以及對基本電信服務業有關外國所有人資格之限制等問題。

　　會員國並提及有關到2003年，東協國家內部貿易計畫將各項關稅降至0%至5%關稅稅率之問題。會員國促請東協國家，包括新加坡在內，能夠確保AFTA能夠維持對外開放，並且在該一地區維繫自由貿易之取向。會員國提到區域貿易自由以達到多邊貿易自由化，並且要求星國說明AFTA有關「開放區域主義」（open regionalism）之目標與目的。會員國同時要求星國說明優惠原產地規則之主要特徵。有關星國貿易與投資之「區域化政策」，會員國要求星國說明此一政策在貿易活動上之影響。

　　星國代表表示，星國將依所作承諾執行烏拉圭回合協定，尤其願意履行下列各點：

　　(一) 修正專利法，以符合TRIPs協定，並自1996年1月1日起執行。其他有關智慧財領域之法律亦將併予檢討。新商標法及東協國家有關智慧財合作方案，將能包括各個會員國所關切事項。

---

[12] *See* Trade Policy Review Body, "Review of Singapore," *World Trade and Arbitration Materials* (August 1996), 8(4): 23-26. 該報告指出：" In view of Singapore's active role and its commitment to the multilateral trading system, it was fitting that the first WTO Ministerial conference be held in Singapore."

(二) 星國將研究修正關稅法，以充分符合WTO關稅估價協定。

(三) 星國願意在未來多邊談判中，談判增加關稅約束項目。

(四) 新反傾銷法案除送星國國會審議外，並願提供詳細資料。

至於有關服務業部分，星國代表提到有關國內公司移轉及專門服務業，外國律師事務所得以在星國承接境外法（offshore law）案件業務。現有限制在GATS架構下，提出檢討，以便進一步自由化。在金融服務方面，外資比率較其他國家屬高，惟基於貨幣政策理由，星國當局認為容許外國機關獨占金融業並不妥當。國內銀行及保險公司已經飽和，惟星國對外國公司經營境外銀行、商業銀行及保險公司仍持開放態度，以符合GATS規範。

在電信方面，星國代表強調，星國已依GATS談判所提出之承諾，到2002年有關基本電信之獨占屆滿，多數國家外資比重可達49%，而使其更加自由化。[13]

在區域貿易方面，星國代表表示，AFTA所採取之共同對外優惠關稅已依授權條款通知WTO，原產地規則之適用，必須占40%為產自東協國家。

三、特定問題部分

在此一審查星國對外貿易政策體制之場合，除前開二大項目之外，所提及之特定個別問題方面，尚包括四個子題如下：

(一) 消費稅過高問題

會員國提到星國雖然絕大部分產品進口免稅，惟星國政府之財政收入來自關稅及消費稅者，仍占較高之比重。尤其，對酒類課徵頗為高幅度之消費稅，部分會員國質疑可能影響觀光事業。

(二) 輸入許可證之目的

會員國質疑有關星國維持採用輸入許可制之目的何在？並且要求提出有關若干產品核發進口許可證及收取進口許可證規費之標準。

(三) 環保標章計畫之標準

會員國對於星國考慮實施「環保標章計畫」（Green Labelling Scheme）是否

---

[13] 全球電信自由化協定於1997年2月中旬在瑞士日內瓦達成協議，被譽為歷史性之里程碑，惟全球電信市場要確實達成自由化目標，仍需克服許多棘手問題。為配合我國加入WTO，所稱交通部已作出重大政策決定，包括電信設備及高速鐵路發電機系統在內之十餘項原屬排除外購項目，現已全部容許對外採購。此項放寬措施，將使長期來WTO入會諮商中之電信、對外採購部分之爭執點降至最低，有助於我國日後談判之進行。

已建立任何標準，並且對非屬產品有關製造過程及生產方法，取得標章之準則，要求提供相關資訊。並且對於外國供應商在該計畫下設定標記、標章及包裝需要之程序要求作說明，並且要求澄清國際承認之測試程序（internationally approved testing procedures）。

(四) 有關TRIMs問題

會員國要求星國對於TRIMs適用作說明。此外，會員國質疑星國既未制定競爭法，如何處理違反公平競爭案件。

星國代表對此等特殊問題，提出說明，有關自行車、菸酒產品課徵高關稅，旨在不鼓勵其消費，稅收並非主要考慮或目的。輸入許可證制度目的在登記，並非作為保護之工具。輸入許可證之核發乃依國際協定或基於公共健康、國家安全或道德、環境保護等理由；至於所課徵之規費乃以所提供服務成本為基礎。

星國代表並對標準、測試及發證條款，包括自動綠色標章計畫等提供詳細資料。依渠表示，星國並未採取任何TRIMs，並且表示將依照WTO各個協定之要求，如採取任何限制性措施時通知WTO，以符合規定。

整體而言，會員國對於星國之經貿體制採取開放及機動體制，可謂印象深刻。最近在製造業及服務業部門之成長率，尤其值得注意。星國在很多重要部門所推動之創新政策及改革方案，均值得激賞。

部分國家對於星國所採取之通盤方案，條件政策及經濟之認同感，頗感興趣。星國以一開發中國家之地位，卻享有極高之平均國民所得。至於對約束關稅範圍及目前仍維持之金融服務部門限制之降低，則認為尚有足夠空間，再作進一步改善。

最後，會員國表示期待星國能夠在WTO繼續扮演一重要角色。各國對於1996年12月在新加坡舉行第1屆部長會議之成功及星國所提供之重要貢獻，深表謝意。

柒、結論

基本上，新加坡尋求貨品及服務之自由貿易政策，以為資源分配及經濟政策之決定，應由市場負擔主要責任。現有超過98%之貨品項目免稅進口，與香港並列為亞洲重要之自由港，號稱為實施自由貿易典範地區之一。烏拉圭回合談判之

後，星國受關稅約束項目已由原來0.5%，增加至將近70%，國際間則要求再予提高。

　　新加坡為一頗為自由之貿易地區，惟並不意味無任何貿易管理措施。在輸出方面，出口管制措施主要係基於公共健康、安全及環境之考慮，或為履行國際義務。基於雙邊紡織品協定，紡織品及成衣之出口，受到配額限制，與我國情況相同。對於製造品及服務業之出口得適用公司稅抵減。部分星國工業產品出口享有GSP（輸往美國除外），部分產品之出口，遭受若干工業國之貿易制裁。

　　在輸入方面，輸入許可證及管制規定，主要用以維持履行星國基於公共健康、環境及安全考慮所作國際承諾之義務。標準與設定標準之程序，亦力求符合國際規範。嚴格之檢驗與檢疫規則，用以防衛該國之衛生地位。政府採購除係依東協組織之優惠貿易協定之外，對國內經營業者未提供任何優惠。又該國未依防衛條款提供進口救濟或平衡稅措施，與為自由港之本質有關。

　　其次，星國很多政府部門對於工業發展之優先工作，均扮演觸媒角色。其所提供之協助，主要在於支持新計畫，以導致科技發展或高附加價值之活動，主要政策措施包括投資獎勵及研發協助，支持中小企業採購機器及購地，提供貸款及技術合作。

　　再者，就GDP，平均國民所得等指標與其他已開發國家作比較，新加坡GDP之成長率為全球之冠。依照新加坡金融局之估計，中期之生產成長率約為7%至8%，即使國內單位成本增加，亦將帶動未來三年之大幅成長，未來該國之經濟前景，仍甚為樂觀。

　　在1990年代邁向2000年代之當口，該國有意發展教育之技術水準，擴大經濟活動領域，並且改進生產力及生活水準。為達到此一目標，政府計畫加強在職教育，訓練及再訓練方面之投資，並藉以在2000年到來之前，將年輕一代接受第二專長教育（post-secondary training）之比重能提高到85%。

　　抑有進者，誠如著名國際經濟法學者伯莫斯特（Edwin Vermulst）所言，國際貿易談判是一場永不休止之過程（never-ending process），儘管在某一階段之談判已有所進展，永遠仍將面對未來之挑戰（there is always a challenge ahead）。[14]有關各國貿易政策與重大措施，現已成為WTO貿易政策檢討會議討論之議題。經由此一檢討過程，各國之經貿政策體制是否符合WTO有關各項協定所建構之國際規範，將相當透明。

---

[14]　*See* Angelos Pangratis & Edwin Vermulst, "Injury in Anti-Dumping Proceedings-The Need to Look Beyond the Uruguay Round Results," *Journal of World Trade* (October 1994), 28(5): 61-96.

附則：區域全面經濟夥伴協定（RCEP）概況[15]

一、背景說明

　　2011年11月第19屆東協高峰會議通過東協區域全面經濟夥伴架構協議（ASEAN Framework for Regional Comprehensive Economic Partnership, RCEP），邀請中國、日本、韓國、印度、紐西蘭及澳洲等六個對話夥伴參與，於2013年啓動談判；同年3月東協經濟部長會議決議成立「貿易談判委員會」（Trade Negotiation Committee, TNC），TNC於同年5月在汶萊舉行第一回合談判，至協定簽署前共進行31回合談判；2019年11月4日舉行第3屆RCEP峰會，會後印度宣布退出RCEP，由15個國家宣布完成談判；2020年11月15日在RCEP領袖峰會以視訊方式簽署，並於2022年1月1日生效。現15個會員國已完成國內之批准程序，其會員國結構之呈現東協10國加非東協國家五國即「東協＋5」之狀態。

　　(一) 東協成員國：新加坡、柬埔寨、汶萊、寮國、泰國、越南、馬來西亞、印尼、緬甸、菲律賓。

　　(二) 非東協成員國：日本、中國、澳洲、紐西蘭、韓國。

二、內容概要

　　(一) 協定章節包括：1.初始條款及一般定義；2.貨品貿易；3.原產地原則，包括產品特定規則之附件；4.關務程序與貿易便捷化；5.食品安全檢驗與動植物防疫檢疫措施；6.標準、技術法規及符合性評鑑程序；7.貿易救濟；8.服務貿易，包括金融服務、電信服務和專業服務之附件；9.自然人移動；10.投資；11.智慧財產權；12.電子商務；13.競爭；14.中小企業；15.經濟與技術合作；16.政府採購；17.一般規則與例外；18.體制性安排；19.爭端解決；20.最終條款。

　　(二) RCEP強調以東協爲中心（ASEAN centrality），由東協主導，以四個「東協＋1」FTA爲基礎，進一步深化整合各個FTA的自由化程度，目標盼建立一個現代化、廣泛、高品質的區域自由貿易協定。由於RCEP各成員間經濟發展水準之差異，RCEP亦給予成員特殊與差別待遇（special and differential treatment），及不同執行期。

---

[15]　經濟部國際貿易署網站，https://www.trade.gov.tw/Pages/Detail.aspx?nodeID=1567&pid=555772

(三) 15個成員GDP約26.2兆美元（占全球約30%）；出口約5.5兆美元（占全球30%）；15個成員約涵蓋全球22億人口（占全球約30%）；RCEP成員占我國總貿易值約58%。

按ASEAN分別與中國、日本、韓國、印度及澳洲簽訂有雙邊性質之FTA仍繼續有效，並不因RCEP成立而受影響。RCEP協定生效後十八個月開放供任何國家或個別關稅領域加入。印度自協定生效日起即開放其加入，無需等待十八個月。

第 16 章

越南加入WTO體制的問題與解決*

壹、概說

　　越南加入WTO所面對者，不僅是產業結構之調整問題，而且更是經濟轉型，由「中央計畫經濟」轉化為「市場經濟」之問題。越南與中國加入此一組織，具有甚高之同質性，惟中國以一龐大之經濟體，加入後對世界經濟情勢目前所維持之均勢與均衡，可能造成之震撼，遠較越南為深遠，中國因轉型緣故所需要面對調整及存在之問題亦遠較越南為多，而更為WTO現有各會員國所普遍高度關切。

　　從越南申請加入之過程，及其國內所需要面臨之調整，可以瞭解中國在其轉型調整過程所存在之問題，越南現階段之經濟情況可謂是中國之縮影，所謂「具體而微」，見微所以知著。

　　歷史上，越南曾經是中國領土之一部分，受中國文化之薰陶甚深。法國一度占領越南，將其納為殖民地，故亦受法國文化影響。統一後之越南，有意融入世界經濟制度，成為各國公認主要新興市場之一，我國與越南雖無邦交，為利臺商開拓此一市場，乃提供經援，協助該國發展經濟。事實上，越南在我國「南向政策」指引之下，現已成為我國在東亞地區重點投資與貿易地區之一。有鑑於此，我國與越南早在1992年4月下旬即簽訂有雙邊投資保障協定，臺商在越南之投資，已受到協定之保障。

　　1995年我國為越南第四大貿易夥伴，該年越南自我國進口10億1,500萬美元（1996年為11億7,600萬美元），較前一年成長36.5%，占越南該年進口總額13.5%；同年越南出口到我國總額為2億7,000萬美元（1996年為3億1,650萬美元），較前一年成長23.4%，占越南全年出口總額15.17%。至於在投資方面，我

---

* 本文原載於全國工業總會：「進口救濟論叢」，第12期（1998年6月），頁197-240。2024年6月略作文字修正。

國曾經居外商在越南投資值之第一位,惟近年來,日本及歐洲強權積極介入此一市場之投資活動,已有所變動,而互有消長。越南政府現已規劃出經建發展計畫,預定於2020年實現國家工業化目標。此一期限恰與APEC所確認該地區開發中國家實現貿易自由化時間表,不謀而合。

1997年9月初,越南慶祝五十二週年國慶,發表統計數字顯示,該年上半年有23個國家與地區在越南進行投資,日本有34個投資案,總金額達3億2,650萬美元,占第一位;荷蘭有九個投資案,總金額爲2億6,000萬美元,居第二位;而我國則有13個投資案,投資金額爲1億5,000萬美元,爲第三位。[1]

越南在申請加入WTO之同時,已於1995年7月28日正式成爲東協之完全會員國。有助於該國在區域及全球經濟與安全事務上扮演一重要角色,並且對於加入成爲WTO會員國,亦有相當助益。

越南參與WTO及東協活動,爲該國1990年代後期貿易政策之重心所在,爲即將到來21世紀之挑戰,奠定基礎。特別是越南及早申請加入WTO,爲越南政府未來所將面對頗爲重要且具有宏觀角度之問題。如果成功,則越南與WTO其他會員國之貿易與經濟關係,主要將依循WTO既有規範與原則運作。

同時,加入WTO談判過程中,越南勢必將強化該國之經濟改革,開放經濟,政府組織架構亦納入此一改革範圍。何況,要充分參與WTO,需要重新調整組織架構,越南政府官員需接受新知與技能,並培養企業經營人才。

無論如何,長期來越南隔離於世界經濟制度之外,大部分越南人對於GATT/WTO及世界貿易制度之功能,有關背景及認知不足。越南申請加入WTO,涉及在法律、經濟及政治等各層面應作如何調整,以資肆應之問題。現越南早於俄羅斯五年半之前,於2007年1月成爲WTO會員國。

貳、越南經濟發展之歷史背景

一、歷史發展

越南並非GATT之原始締約國,而與GATT並無直接淵源,惟因越南曾經是法屬殖民地,因法國爲GATT於1947年10月簽署之原始締約國之一,當時法國政

---

[1] See "Focus on Vietnam: 'Foreign Direct Investments in Vietnam Surge in 1997'," *The China Post* (September 2, 1997), A12.

府代表印度支那（Indochina），包括現有之越南、寮國及柬埔寨及其他法屬殖民地簽署該一總協定，並提出該地區之關稅減讓表，依該一特別安排，基於事實（de facto）基礎，而使GATT自1948年起暫時性地適用於越南。

自1945年至1975年之三十年間，越南長期陷於內戰與政爭之混亂秩序之中。事實上，在此一階段，GATT適用於越南之機會並不多。二次大戰結束之後，越南在胡志明領導下，於1945年9月2日爭取獨立。而法國則重回越南，謀求控制越南，直到1954年止。在此段期間，法國有效控制該一地區，因而使GATT規範臨時性地適用於印度支那。

後來法國戰敗，於1954年7月20日簽署日內瓦協定，承認越南獨立，主權及領土完整。依該一協定，越南即暫時以17度線為界，劃分為北越（North Vietnam）及南越（South Vietnam），並承認在二年內舉行大選，以求統一。惟當時美國並未簽署日內瓦協定。未久，美國取代法國成為南越之保護國，支持成立新南越共和國。後來，美國越陷越深，自1965年到1975年所發生之越戰，越南人民及美國人均付出極為慘痛之代價。

美軍在1975年自越南撤退之後，北越併吞南越而統一，成為社會主義越南共和國，採取中央控制經濟制度。統一以後之前十年，在政治與經濟方面與前蘇聯均有緊密合作，接受蘇聯大量之援助，並且成為當時共產圈國家所組成之「經濟互助委員會」（Council for Mutual Economic Assistance, CMEA），亦稱COMECON之成員國。該一集團乃由前蘇聯所主導。直到1986年，越南政府作一重大決定，改革經濟制度，並對外開放市場。

自從改革開放十年來，越南政府已體認，越南將由參與以GATT/WTO為重心之世界貿易制度而受益。當研究烏拉圭回合協定之後，越南政府於1995年1月，決定申請成為WTO會員國。此一決定，有助於該國自中央計畫體制轉向市場經濟體制。同時，此一決定，亦將強化越南與其他國家之貿易與經濟關係。

二、國內政經發展

越南決定融入世界貿易制度之後，導致越南國內經濟與政治生態之重大變化。最近十年之經濟改革，越南在經濟層面，顯然已頗有進展。不過，儘管成就令人印象深刻，越南仍為一貧窮國家，約有半數之人口，仍生活在低於「國際貧窮線」（international poverty line）之下。越南平均國民所得偏低與以往長期陷於戰爭有關。1996年，該國平均國民所得為280美元，約為中國之半數，而與同屬東協國家其他會員國相較，尤顯得相形見絀。

無論如何，越南最近之經濟表現，顯示越南經濟正在快速變遷。自1992年至

1996年間,其GDP每年平均成長率爲9%,工業平均每年成長率爲14%,農業平均每年成長率爲5%,服務業平均每年成長率爲9.5%。通貨膨脹率在1988年高達400%,到1995年則控制在10%以下。自1988年以來,外人投資金額達到200億美元,由於該國享有勤奮勞工及良好教育之勞動力,加以快速之經濟成果,現已成爲外人投資重點國家之一。國際觀察家認爲,越南如照目前經濟發展情況,不久將來有成爲亞洲另一條小龍之可能。惟其基本前提條件爲:[2]

(一) 持續之經濟改革。

(二) 相當高品質,充分及廉價之勞動力。

(三) 高經濟成長及低通貨膨脹。

(四) 積極參與區域性或全球性之貿易協定,包括爲東協、WTO及APEC之成員。

越南發展經濟,預定在2020年成爲工業化國家,到時GDP將較1990年成長達10倍之多。該國最近經濟之表現,乃基於該國政府在1980年代後期決定放棄中央計畫經濟制度。由該一重大歷史性決策,而採取一系列政策改革,使越南逐步邁向市場經濟。在該一改革計畫下,農業部門不再集中化,價格自由化,且國營事業補貼已大幅減少。越南國會最近在河內舉行會議,雖認爲宜採取愼重步驟,惟確認經濟改革將持續進行,越南向世界貿易制度之整合,將往前推動。

三、國際環境影響

越南在1986年從事經濟改革之前,相當依賴前蘇聯協助,以發展經濟。在此期間,越南及東歐國家之貿易與經濟,依據COMECON協定,由前蘇聯所主導。由於此等國家經濟普遍處於困境,對於越南之財政援助,漸顯疲態。且由於此等國家普遍嚴重缺乏外匯,與COMECON國家之貿易協定,亦感受困難。

在另方面,由於鄰近中國,在1979年以後,已著手進行經濟改革及門戶開放政策,越南政府乃以爲借鏡,雖然當時越南與中國常有邊境糾紛,雙方關係並不良好,惟二國實施之制度相同,有共通理念及相似社會結構。爲吸取中國經驗,越南領導階層乃決定於1986年起從事經濟改革。前蘇聯解體之後,COMECON於1990年解散,越南加速向市場經濟轉型,以期將該國經濟整合到全球經濟架構之下。

---

[2] *See* Wenguo Cai & Michael Hart, Vietnam's accession to the World Trade Organization : Background and Issues, *Journal of World Trade* (December 1996), 30(6): 75-102, 有關Historical, Economic, and Political Background部分。

　　越南1995年輸出成衣到歐盟各國，達3,500萬美元，約占越南成衣出口總額之半數，歐盟議會於1996年2月上旬對歐盟與越南簽署之經貿合作協定，已予批准，越南成衣出口業者將因而蒙利。

　　另外，越南於1995年7月加入東協，成為東協第七個會員國家。並且在同年12月15日，越南簽署東協自由貿易區（ASEAN Free Trade Area, AFTA）之加入議定書。依該一議定書，越南自1996年1月1日起十年以內，對東協會員國降低進口關稅到0%至5%關稅之間。越南成為東協會員國，對於加入WTO，增強信心。

　　再者，越南政府認為，該國應該把握烏拉圭回合結果此一史無前例機會，邁向貿易自由化。對於先前在GATT架構下管制部門，例如紡織品及農業，WTO協定已大幅將其自由化，而此等部門，越南具有甚大出口潛力。

參、越南入會過程與法律關係

一、越南加入WTO程序

　　一獨立主權國家或一單獨關稅領域加入GATT/WTO有二條途徑：(一)依據GATT第35條；(二)依據GATT第26條第5項第3款，經由地主國推薦。其依第一種途徑加入者，必須取決於申請國與締約國大會之合意，並得到締約國大會三分之二多數會員國同意之決定。至於依第二種途徑加入者，則容許一關稅領域在既有會員國之推薦下，成為會員國。

　　WTO協定第12條有關加入條款，原則上依GATT第33條之精神。依該條規定，任何國家或單獨關稅領域，符合本協定及多邊貿易協定，在對外商業關係及相關事項有充分自主權者，得依本協定及WTO規定條件，申請加入本協定。此外，該條並規定，加入之決定必須取決於部長會議（Ministerial Conference）。部長會議通過此一加入，必須經由WTO會員國三分之二多數同意。

　　基於越南與GATT歷史上之關係及GATT之臨時適用，越南既於1994年取得GATT觀察員地位，加入GATT無論依總協定第35條或第26條第5項第3款，在理論上似均無不可。事實上，近年來很多原為關稅領域者，基於事實之基礎，願意依GATT第26條第5項第3款規定，視同GATT會員國，至於是否加入WTO，有自由選擇權。惟當WTO於1995年1月開始運作之後，對於以國家或單獨關稅領域加入為WTO會員國者，均平等對待。目前越南是依據WTO協定第13條之規定，於1995年1月再行提出申請加入WTO之意願。

　　越南與一般現為市場經濟國家申請加入WTO所進行之程序，基本上並無不同。我國申請入會，亦經過相同過程。茲將越南申請加入之程序及步驟，分述如下：

(一) 正式提出申請

　　任何非會員國及單獨關稅領域均得以自己名義申請加入WTO，正式提出申請為進行各項加入談判之第一步。在1995年初，越南派駐在日內瓦之聯合國代表團大使Nguyen Luong代表越南政府正式向WTO秘書長提出申請函，申請依據WTO協定第12條之規定加入WTO，表示越南有意融入世界經濟。以故，將由「中央計畫經濟」轉型為「市場經濟」。並且表示，該國當時正在申請加入東協（現已成為東協會員國之一），將與加入WTO同時進行。

(二) 成立工作小組

　　當WTO秘書處接到越南正式申請之後，WTO「總理事會」（General Council）乃決定成立工作小組以檢視是否接受加入之申請。工作小組是由主席一人及主要貿易國家與越南有利益之其他會員國代表所組成。工作小組負責有關所將進行入會談判之安排及草擬入會議定書。同時工作小組負責審查申請加入國之貿易政策與措施，在接受越南政府提出申請之後，WTO總理事會即成立越南加入WTO之工作小組。

(三) 提出對外貿易體制備忘錄

　　申請國在提出加入WTO申請後，應向WTO儘速提出對外貿易體制備忘錄，俾利WTO作慎重審查。該一備忘錄應包括各項貿易工具，諸如1.關稅；2.非關稅限制；3.進出口法規；4.外匯管制；5.投資政策與法規；6.服務部門法規；7.智慧財產權保護；8.國內法規未來貿易自由化步驟等。經由入會談判之進行，申請加入國有較佳機會，使對外貿易體制更加透明化，在1995年8月，越南提出該國對外貿易體制備忘錄，由工作小組及WTO有關會員國審查。

(四) 答覆對備忘錄之質疑

　　工作小組接到對外貿易體制備忘錄之後，即傳送WTO各會員國，俾利提出書面有關質疑。工作小組將各國所提出問題蒐集整理後送交申請國。由申請國就所提問題提出答覆。以中國申請加入案為例，申請後十年來各國所提出之質疑問題，總數逾3,000題之多，交由中國作答覆。

　　根據1997年8月5日紐約時報社論指出，西方國家並未要求中國立即消除國

營事業,如西方國家一般將其民營化,惟要求中國,應比照其他WTO會員國終止對國營企業之補貼,以免藉補貼促進「出口」,管制「進口」。中國遲未接受WTO所提出之此一條件,西方國家只好擱置,直到中國願意作此一改變。此正顯示中國未能儘速加入WTO之癥結之一。[3]

至於俄羅斯申請加入案,自1993年以來,各會員國所提出之問題亦多達1,250題。雖然,越南對外貿易體制備忘錄同需接受各會員國提出質疑,惟根據越南談判代表表示,WTO各會員國所提出問題數目亦相當可觀,此乃因越南對外貿易體制相當複雜之緣故。

(五) 工作小組排定檢討會議

對於檢視備忘錄及入會談判所提出之質疑或問題,由工作小組安排會期加以審查。通常,工作小組主席定期安排會議,正常狀態一年有二至四次會期,亦得基於申請國或其他會員國之請求,而安排特別會期以審查對外貿易體制之特別問題,或解決談判過程之特定問題。

以中國入會案為例,在超過十年過程中,工作小組曾舉行20次正式會議及三次非正式會議。到1996年6月,俄羅斯工作小組已舉行三次會議。我國入會案,工作小組已舉行九次會議,於1998年10月或11月舉行第十次會議,根據報導,當時中國與我國均已進入草擬入會議定書階段。

(六) 三項減讓表之談判

工作小組審查申請國之貿易政策與措施過程中,WTO有關會員國得與申請國進行以多邊基礎(需在工作小組指導下)或雙邊基礎(通常主要貿易國家如美國、加拿大、日本或貿易集團如歐盟及東協等)之關稅及其他減讓之談判,即所謂需要購買「入場券」(a ticket of admission)。實際上,入場券之用意在於提供WTO會員國某種程度之「互惠利益」(reciprocal benefits),以交換申請國加入後享有之利益。[4]

申請國必須準備減讓清單,此部分將作為入會議定書之一部分,其一為工業產品清單;其二為農業產品清單;其三為服務業市場開放清單。對此,在加入談判過程中,越南貿易部必須與其他相關部會,特別是農糧部、越南國家銀行、郵電交通部等保持密切聯繫,以準備及修正該等清單。

---

[3] "China's Resistance to Fair Trade Prevent WTO Entry," *China News* (August 6, 1997), 轉載自紐約時報社論。

[4] Wenguo Cai與Michael Harts在前揭文頁85以下指出:"The admission ticket is, in effect, intend to provide WTO Members with a certain degree of reciprocal benefits in return for the benefits extended to the acceding country."

(七) 申請入會之核准

　　工作小組在完成申請加盟國貿易政策與措施之審查及三項清單及其他減讓談判結果之後，WTO將決定是否接受申請國之加入。入會之決定取決於部長會議，需要取得WTO會員國三分之二以上多數同意。WTO當時有會員國132個，越南加入WTO，需要至少88個以上WTO會員國同意。

　　根據加拿大貿易政策與法律中心主任哈特（Michael Hart）之預測，越南加入WTO最可能之日期，應是WTO第2屆或第3屆部長會議在1998年或2000年舉行之時。惟如到第3屆部長會議，WTO會員國之總數可望再有增加。而在各個WTO會員國之中，越南如能得到主要貿易國家，特別是美國、歐盟、日本及加拿大，即所謂WTO四巨頭（quadrilateral parties）之支持，無疑是相當重要。[5]此種情形在我國入會案亦然。

(八) 草擬入會議定書

　　入會申請被接受，隨即談判入會議定書。該議定書載明申請國所同意之條件。在若干案例，議定書亦有包含其他特定條件，表明申請入會國對特定問題未來之處理，以便符合WTO義務。

　　入會議定書開放供申請入會國與WTO會員國簽署，至於申請入會國所提出之減讓清單，則附屬於WTO協定，當入會議定書存放在WTO秘書長時，申請國政府已被視為WTO會員國，並將被正式通知接受該一入會議定書。在入會議定書通過之前，仍得修正。在通過之前，為期臻於完整，既得提出修正，對於申請入會國應屬有利。

二、越南入會後之權利與義務

　　以往越南為共產集團中之一員，其貿易夥伴以COMECON會員國為主，惟當成為WTO會員國之後，除經依互不適用條款之規定提出保留者外，與各WTO會員國已建立官方關係，除有助於鞏固該國之經濟改革，及享有工業國家所提供之普遍化優惠關稅（GSP）之外，其享有之一般性利益，諸如：(一)無條件最惠國待遇；(二)出口到外國享有較低關稅；(三)大幅改善越南出口產品之市場通路；(四)強化爭端解決機制，以處理與主要貿易夥伴之糾紛。而就另一角度觀察，越

5　Wenguo Cai與Michael Hart在前揭文頁86以下指出：“Since the WTO will continue the practice of decision-making by consensus followed under GATT 1947, except as otherwise provided, it will be import for Vietnam to generate support for its WTO membership from the major trading nations, particularly the United States, the EU, Canada and Japan, the so-called quadrilateral parties to the GATT/WTO.”

南亦需相對提供此種利益予WTO其他會員國，自不待言。

(一) 權利部分

WTO會員國之貿易，在中國、我國、越南及俄羅斯加入後，約占全球貿易98%以上。越南成為WTO會員國以後，勢必強化與其他國家之貿易與經濟關係，並以WTO會員國之地位，在全球經濟政治事務上，扮演愈趨重要角色。依據WTO相關協定，越南享有之具體利益，包括：

1. 越南將隨擴大關稅減讓而受益，特別是勞力密集工業產品。[6]因在此方面，越南具有比較利益，越南現有人口數達7,700萬人，人力資源可謂相當充沛。

2. 越南將以一低國民所得之開發中國家地位而受益。一般預料，在越南加入WTO之後，越南可望以一低國民所得之開發中國家而得到若干特別待遇。例如，貧窮之開發中國家，如越南情形，因遠低於國際間所訂低於平均國民所得在1,000美元以下，得不適用禁止「出口補貼」（export subsidies）之規定。惟當其產品具有競爭力，此種不適用之例外，依規定應在八年內廢除之。

3. WTO要求各會員國應增加對外貿易制度之透明化及齊一該國之對外貿易政策與法律，越南亦將因此而間接受益。蓋因而得逐步消除貿易扭曲，促進經濟制度改革及加速由中央計畫經濟向市場經濟轉型。

4. 當處理與主要貿易強權之糾紛時，越南將因WTO強化爭端解決機制而受益。加入WTO之後，將容許越南強化在貿易談判之地位，得以取得較有效途徑，並依公平規則解決貿易爭端。

5. 根據我國駐越南代表處傳回訊息，越南稻米生產連續五年豐收，1995年達2,750萬公噸，外銷202萬公噸，僅次於美國、泰國及印度之後，居全球第四位。依照WTO農業協定，稻米及其他農產品均有開放市場之義務，對於原先所設定之配額限制，均將關稅化，即轉化成為關稅，而關稅則逐年下降。以故，越南終將因世界稻米市場之開放而受益，尤其可望大幅增加對日本及韓國之銷售。

6. 越南製造紡織品及成衣之工業發達，持續多年為該國最大創匯產業之一，1995年紡織品及成衣外銷值約7億5,000萬美元，多數輸往歐盟、日本及北美國

---

[6] 就越南與其他開發中國家比較，烏拉圭回合結果可能使越南受益，有二個原因：1.在越南方面，因以往未同其他開發中國家享有GSP或洛梅協定（Lome' convention）或歐盟所提供之特別區域關稅優惠，新回合MFN之關稅減讓，將降低此等國家所接受優惠關稅差額之利益；2.在其他開發中國家方面，彼等出口初級原料占有較大比重，而此等產品每為零關稅或低關稅，故並未因新回合貿易自由化而真正受益；其結果，由於其他開發中國家所享有優惠相對減少而發生「貿易轉向」（trade diversion），將造成越南出口之受益。

家。依照WTO「紡織品及成衣協定」（ATC），原「多種纖維協定」（MFA）在十年之內廢除，在此過渡期間，紡織品及成衣之出口，將分三個階段回歸GATT規範，進口國無法再以MFA之規範，限制越南紡織品及成衣產品之出口，對於越南而言，應係一項利多。

(二) 義務部分

依據WTO相關協定，越南應履行之義務，包括：

1. 降低進口關稅：有關關稅減讓表，由越南政府與WTO越南入會工作小組談判，並且列為越南「入會議定書」（Protocol of Accession）之內，為一項具有拘束力之承諾。

2. 開放服務業市場：包括銀行、保險、運輸、電信、工程及顧問公司。此一服務貿易之開放表，亦需與其他會員國諮商，明白宣告開放市場，並且作為入會議定書之附件。

3. 提供智慧財產權所有人之適當保護：包括商標、專利、著作權、電腦程式及錄影帶等，並配合修改國內相關法律，以符合「與貿易有關智慧財產權協定」（TRIPS）。

4. 建立外人投資政策：凡不符合「與貿易有關投資措施協定」（TRIMS）之相關投資法令與措施，應予修正，以履行國民待遇義務，並且減少或消除有關對外投資之限制。

5. 持續經濟改革：包括價格制度、進出口體制、財政與租稅制度、國營企業貿易、智慧財產權立法及執行。

6. 其他義務：越南應盡之國際義務，尚及(1)貿易體制之透明化；(2)全國貿易政策之統一適用；(3)企業或個人經營對外貿易權利之承認；[7](4)越南經濟改革之時間表;(5)越南國營貿易公司活動之限制。此等義務，連同越南加入WTO權利，均將載明於越南入會議定書之中。此一議定書簽署之後，對於越南及WTO會員國，均具有拘束力。

---

[7] 美國關切外國對於「外貿經營權」（foreign trading rights）限制問題。美方觀點認為即使關稅降低，如限制外貿經營權，亦將嚴重阻礙外國產品之市場進入機會。不能進入市場遠較課徵高關稅嚴重。並認為如僅容許享有外貿經營權之公司（在社會主義國家，國營貿易公司甚為普遍）始得經營，為對外國產品之歧視行為。我國加入WTO談判過程，美國強烈要求刪除有關登記為出進口廠商須具備資本額新臺幣500萬元以上之規定，並認係違反「國民待遇」行為，我國現已配合刪除該一項規定。而越南及中國境內國營貿易公司普遍，勢必同將遭受更大挑戰。

肆、越南經貿政策體制問題之調整

　　越南入會必須充分尊重WTO規範，並且應當準備解決諸多問題，例如歧視貿易、高關稅、進口禁止及配額、欠缺透明性、國營貿易、服務業限制、投資條件及侵害智慧財產權等。甚至在越南加入WTO之前，諸多WTO之要求必須先符合，越南並且需要將此等規範納入國內法，以便能夠確保充分適用WTO協定。有關越南入會，其國內在經貿體制調整之課題，茲分六項釋明如下：

一、對外貿易體制走向透明化

　　對外貿易體制之透明化成為WTO會員國其中一項重要條件。為達到此一目標，WTO要求會員國對於各項貿易政策與措施之資訊，均應公開。例如關稅估價、課稅程序及原產地證明。各個WTO會員國之貿易政策及法律有任何改變時，必須迅即通知WTO，為增進會員國對外貿易體制之透明化，WTO已建立恆久性之「貿易政策檢討機制」（trade policy review mechanism, TPRM），依該一機制，要求每個WTO會員國應該就其貿易政策與措施定期向WTO提出報告，以供檢討。

　　對於越南而言，要求貿易體制透明化，可能觸及問題癥結所在。乃因越南近年來之經濟改革及市場開放仍欠缺一套完整之法規，以有效處理對外貿易及投資問題。惟論者有認為即使制定有此方面之法規，不一定即能解決問題，此因越南行政干預及政府廉潔度不夠，而常無法落實法令規定，有法宛如無法，而降低外國人嘗試蒐集此方面資訊之意願。越南在處理透明化之問題時，應記取中國因國內內規充斥遭受批評之經驗，以免遭到WTO會員國之質疑。[8]

二、市場開放與貿易障礙消除

　　越南之市場開放與貿易障礙為入會過程中另一個值得關切之議題。市場開放與工業、農業產品之關稅減讓表及商品、服務之非關稅障礙有關。關稅減讓意指對於特定產品項目所得課徵之最高稅率。工作小組舉行關稅減讓談判之後，經由WTO通過，成為越南入會議定書之一部分，越南即有義務加以遵守。

---

[8]　此種情形與中國頗相類似。中國每在法規之外，另有內規（internal documents），而此等內規與法令同具有拘束力。因內規並未經明令發布，一般人不得而知。中國貿易夥伴要求中國應符合透明化要求，應屬合理。在中國加入GATT/WTO談判過程中，中國表示願意中止使用影響在中國從事貿易與投資之內規，並使現有各項內規能夠符合相關法令規定，對於本國及外國之貿易商或投資人公開，至於未納入法規之內規，未經正式發布者，則考慮予以失效或廢棄。

越南所使用之非關稅障礙，如數量限制、進口許可程序、禁止進口、技術障礙及證明書要求等。至於在中國情形，雖已表示自1993年起消除配額、輸入許可證要求，並將公開招標。不過，直到目前仍有諸多限制，並不符合WTO規範。中國應訂定時間表，完全消除配額限制。現有措施中具有限制貿易效果者，包括指定貨品項目之暫停進口，及對出口產品配額之標售等。

自1986年越南經濟改革以還，已降低部分產品關稅。不過，整體關稅水準仍偏高。目前，越南加權平均關稅稅率約為30%；較開發中國家平均關稅稅率約在23%，如中國現則將平均關稅自1997年10月1日起調降至17%者為高。至於已開發國家平均關稅則僅在4%至5%之間而已。

此外，越南需要解除諸多數量限制措施。對於公司經營外貿取得許可證之程序，必須加以簡化，減少經營商業之行政負擔及消除國營貿易公司之政府補貼。蓋WTO架構下之貿易自由化主要目標，乃在提供民間企業在國內及國際市場較佳之市場通路。

三、國內法規修正及適用問題

基於政策性保護及鼓勵工業發展因素，越南政府直到今日仍常不定期調整特定產品進出口稅率及限制。除稅率外，海關並對進口產品設有課稅參考價格，且產品來自不同國家之進口稅亦有所差異。經營業者在拓展當地市場時，宜先掌握有關資訊，據以研判產品之競爭力。

經改以前，越南不折不扣是一個中央計畫經濟之國家。不過，經改以後，在貿易自由化及國際整合方面，已有所進展。越南政府能在短期間內奠定新的對外貿易制度之堅強基礎，已屬並不容易。包括國內經營對外貿易之公司，接受外貿所需之銀行制度，創造外人投資自由體制及建立進口關稅結構。更重要者，越南外匯自由化亦頗成功，以往是貿易改革頗為困難之一部分。

四、選擇性防衛措施

GATT/WTO已包含有一般性之防衛條款（GATT第19條），以對付進口扭曲，即通稱所謂「逃避條款」（escape clause）。防衛條款規定，對特定產品之增加進口，造成國內生產者之損害或有損害之虞，則得採取緊急之救濟行動。進口國得全部或一部中止義務之履行，撤回或修改其減讓。在採取此一措施時，除另有規定外，應基於最惠國之基礎。惟在以往GATT成立將近半世紀過程中，部分締約國曾經使用防衛條款，作為灰色領域貿易政策之一部分，在東京及烏拉圭回合貿易談判時，曾引起甚大關切。越南因享有充沛之年輕勞工，為諸多勞力密

集產業，如紡織、鞋類及玩具之潛在大生產者。此等產品對於西方國家而言，具有高度政治敏感性，並且被認為可能造成「市場瓦解」之結果。

烏拉圭回合談判之結果，達成防衛協定，澄清使用防衛措施之條件。新協定仍規定會員國得採取防衛措施，惟須是該項產品進口數量增加，包括對國內生產值之絕對或相對增加，對國內生產類似產品或直接競爭產品之產業造成嚴重損害或有嚴重損害之虞，始得適用。此外防衛措施必須適用於產品之進口，並不問其來源地如何。又防衛協定強調防衛措施不適用於來自開發中國家之產品，只要在進口國之市場占有率不超過3%，或來自開發中國家之產品市場占有率雖低於3%，惟相關產品之總進口不超過9%者皆可排除在外。

國際間在考慮中國加入WTO之同時，曾經提出一項建議，要求中國之「入會議定書」能將「選擇性防衛措施」（selective safeguards clause）納入。依該條款，其他WTO會員國得選擇性對中國採取行動。此種選擇性防衛條款與GATT第19條所規定之防衛條款，有極大之不同，即僅能對中國主張，而無最惠國待遇之適用。

由於越南經濟與中國頗為類似，其他WTO會員國有可能要求越南在入會議定書上亦引進選擇性防衛條款。越南貿易談判代表亦深知此一條款納入議定書之後果。此一條款對越南頗為不利。因其貿易夥伴可能引據該一條款而有效封鎖越南勞力密集產品之出口。而且，其結果使越南成為WTO會員國後所獲得之利益，將大受影響。

五、智慧財產產權保護

保護智慧財產權似乎是亞洲國家不論是市場或非市場經濟國家加入WTO所共同面臨之問題。我國加入WTO，保護IPRs為美國所關切。而中國加入WTO亦面臨此一問題之重大考驗。WTO中國入會小組認為中國對著名商標及電腦軟體欠缺提供充分保障。在美國特別301條款之下，中國雖已與美國簽訂保護IPRs協定，惟美國仍然認為中國並未切實履行協定。例如，美國發現中國盜版CD（compact disk）工廠仍然存在，而取締往往僅是應付美方壓力而已。[9]越南雖為三項國際保護智財權協定之簽字國：(一)巴黎公約；(二)馬德里協定；(三)斯德哥爾摩公約。惟對於多數之越南人民而言，保護智慧財產權為一相當新穎之觀念。統一後越南第一部保護IPRs之法律為「商標法」，於1982年12月經由內閣會議後

---

[9]　*See* A. Neil Tait & Kui-Wai Li, "Trade Regimes and China's Accession to the World Trade Organization," *Journal of World Trade* (June 1997), 31(3): 93-111, 有關The case of China's Accession中之Other Issues部分。

所通過公布。1986年11月由內閣會議通過「著作權法」，承認對作者著作權之保護，保護期間為作者終身加三十年，1988年5月，保護工業設計之相關法規亦經首次公布。現階段在越南，對於視聽錄影帶及電腦軟體，則尚未立法保護。

國際社會已愈關切在越南有關智慧財產權之保護與執行問題。鑑於智慧財產權現已成為WTO不可分割之一部分，在越南申請加入WTO談判及其他雙邊貿易談判之場合，WTO會員國勢必對越南之改革IPRs制度及監視IPR法律之執行施壓。

無疑地，與我國情況相若，美國勢必利用此一機會與越南洽談雙邊貿易協定，包括通盤性之貿易協定，將IPRs問題納入，或就越南IPRs問題簽訂各別協定。越南必須瞭解，美國可能依據1988年「綜合貿易及競爭力法」第301條款，將越南列入所謂「優先報復名單」（priority foreign country），列入此一名單之國家將遭受美國持續之壓力，以改善其保護IPRs之紀錄。否則，勢必亦將遭到來自美國貿易制裁之威脅。

結果，顯而易見，有關IPRs保護之問題，無論在加入WTO談判或美越雙邊貿易協定，均將是一項重要議題。越南對外貿易談判，外國勢必針對此一問題提出諸多質疑，越南著實需要在此一方面多作準備，以資肆應。

六、服務貿易自由化

烏拉圭回合之後，貿易自由化已延伸至服務貿易。服務貿易總協定（GATS）乃在多邊貿易規則下，第一個嘗試建立之架構規範。作為WTO不可分割之一部分，GATS提供服務貿易一般性之義務及特定要求。該協定包含諸多概念、原則及規則，容許開發中國家在服務貿易自由化過程享有較大之調整彈性。烏拉圭回合多邊貿易談判過程中，計有11項主要服務部門，即商業、運輸、營繕、金融、觀光旅遊、電信、經銷、教育、環保、衛生及休閒娛樂列入談判。

現階段，越南之服務市場仍相當保護。僅有少數之服務貿易容許在越南經營，並需符合越南之規定。對於外國人經營之服務業，並不承認當然享有「國民待遇」。外國人公司在越南營運繼續受到相當之行政限制。此外，在其他服務部門欠缺透明化及健全之法規結構，對於現有法規之認知亦欠不足，而造成阻礙服務貿易進入越南市場。

越南入會談判過程中，有關服務部門市場開放，應提出承諾清單。WTO會員國很可能對越南開放服務業務部門施壓，特別是在金融、保險及電信領域。越南政府應研究服務貿易自由化對其經濟之影響，並就何種服務貿易得開放外國競爭到如何程度或仍需提供保護，作成決定。

　　例如，中國為謀求成為WTO創始會員國，在1994年12月曾提出服務業開放清單，表明中國願意開放部分服務業，諸如商業、交通、營繕、金融及觀光旅遊。至於部分服務業，如電信、經銷、教育、環保、衛生及娛樂之是否開放，則須視與其他WTO會員國談判結果而定。而GATT/WTO會員國發現不可能接受中國所提條件。以故，中國要成為WTO創始會員國，終告功敗垂成。有關中國服務業談判，以金融談判為例，外國銀行得在中國13個城市實驗性地容許開設分行，被認為並非完全承諾。

　　鑑於一般性之義務，如「最惠國待遇」及「透明化」要求，拘束各個WTO會員國，越南必須接受此等義務。至於如「國民待遇」及「市場開放」，則僅對選擇承諾在「初始承諾表」（schedules of initial commitments）之簽字國具有拘束力。越南得選擇其在本國市場較有競爭力之服務業開放。由於越南享有充沛及廉價勞力，應得考慮進一步開放專門職業、營繕、交通及觀光旅遊業，並逐步開放金融、保險、電信、環保、衛生及教育。

　　越南得依據GATS第19條及其他相關規定，對服務貿易採取逐步自由化措施，以便適當兼顧開發中國家之國家政策目標。如越南以一開發中國家加入WTO，而在若干服務業部門發展程度仍低，則得與其他WTO會員國談判，僅開放少數服務業部門，就部分交易型態自由化或配合越南發展情況，以漸進方式開放市場，並無不可。

伍、與中國入會程序及問題比較

　　中國領導階層心目中，認為美國乃阻撓中國早日成為WTO會員國之主要障礙。[10]尤其美國要求中國加強保護IPRs，改善人權，並且以已開發國家之地位加入WTO，以後者最難為中國當局所接受。[11]蓋如以開發中國家加入，可享受若干較為優惠之調適期，而如以已開發國家地位加入，或無調適期，或僅有較短之

10　美國與中國所發生之貿易爭端，尚及傾銷及獄工產製品之出口問題。針對被指控傾銷，中國回應為，出口多屬勞力密集產品，在國際市場並無競爭力，傾銷並非不可能，至於有關獄工產製品之外銷，依據暸解備忘錄，與美國政府已在1992年8月達成協議。

11　美國與中國之貿易，主要乃受美國1974年貿易法406條款，即有條件最惠國待遇之拘束。此一條款亦稱為Jackson-Vanik修正案。該條款否定給予非市場經濟國家以最惠國待遇。除非美國總統豁免要求能夠完全符合。而且每年必須重新檢討。美國柯林頓總統對中國每年豁免之額外條件為，中國必須在人權方面有顯著改善。直到1994年6月，柯林頓政府決定給予「貿易優惠」（trade privileges）與人權（human rights）不再合併考慮（de-link）。惟在入會方面，並未放棄對人權要求。

適應期而已。所幸，此部分在新近之談判中，已取得共識，即部分適用已開發國家標準，另部分適用開發中國家標準。當初，美國所以要求中國以已開發國家地位加入，據國際觀察家指出，乃因IMF在1993年曾經完成一份報告「中國：21世紀世界經濟巨人浮現」（China-Emerging Economic Powerhouse of the 21st Century），[12]將中國列為全球第三大經濟體所致。其實近年來中國已超越日本，成為全球第二大經濟體。

一、WTO審查程序

中國WTO入會工作小組自1992年10月即採取「雙軌」程序（two track process）。其第一軌程序旨在檢視中國貿易政策體制問題。中國必須答覆有關透明化、貿易體制統一適用、關稅及非關稅措施（包括配額、許可證、標準及檢驗）、農產品政策、工業政策、國營貿易、企業自主以及外貿經營權、價格改革、外匯體制、服務業體制及轉型程序，包括定期檢討承諾議定書及特別防衛措施在內。

至於第二軌程序旨在討論加入議定書問題。大部分經由非正式會議討論檢查清單（checking list）問題。自1994年中期以來即探討此等問題，以期能夠達成妥協以草擬加入議定書，非正式之多邊諮商及雙邊市場開放談判繼續舉行，工作小組主席將修正後草擬議定書條件傳送，此一草擬文件，可作為工作小組審查達到最後階段之有效談判工具。

美國提出諸多要求，並且尋求中國開放市場承諾，貿易經營權及特別防衛措施載明於加入議定書。華府關切與中國雙邊貿易赤字之大幅成長，在1994年已達300億美元，強烈提出能進入中國市場要求，迫得中國派出赴美採購團。基於此一貿易自由化，美國希望看到中國加入WTO，但必須以大幅貿易自由化作為代價。[13]

二、WTO關切課題

1992年中國與美國達成第一個IPRs法律架構協定之後，現已制定法律保護品

---

[12] 以故，美國乃認中國應視為一已開發國家。一份有關香港報告指出，根據1992年統計資料顯示，出口到美國享有最惠國待遇與未享有最惠國待遇在關稅支付方面，差異甚大，在玩具一項，關稅相差5.8倍，而在男褲一項，則相差多達12.8倍之多。中國質疑IMF報告及其計算基礎。

[13] 中國加入WTO，可擴大中國經改層面，蓋貿易乃經濟成長之動力（engine of growth）。並且可以促進外人投資。由於貿易拓展，匯率更進一步自由化，成為必要條件。為提高所得與消費，應有完善稅制，而且最好能以「彈性預算」（soft budget）以取代較為嚴格之財政結構。中國加入WTO，應當具有正面意義，隨貿易拓展之結果，而更加要求作經濟改革。

牌（brand-names）及發行權（publication rights），且已成為數種不同國際智慧財產權組織，例如巴黎公約（Paris Convention）之會員國。[14]另稱自1994年9月，各種與貿易有關服務業，已步上逐漸開放之途，包括銀行、保險、法律、會計、醫療服務、教育、翻譯、房地產、廣告、航運、交通等。

WTO規則建立在市場經濟之原則，並且依循支持競爭（pro-competition）及不歧視（non-discrimination）之理念。WTO會員國同意保障貿易事務之「透明化」（transparency）及「可預測性」（predictability）。中國實施所謂「社會主義市場經濟」（socialist market economy），仍然有很多方面不符合市場經濟原則。

中國加入WTO之條件，需要降低貨品關稅稅率及減少服務、投資障礙及消除貿易限制，執行透明及統一之貿易體制。工作小組認為中國需要在六大方面作改善，茲分別釋明如下：

(一) 數量限制措施：雖然自1993年以來，中國之政策方向即在消除配額，進口許可證及公開招標，不過仍有很多貿易限制並不符合WTO規範。包括中國必須提供明確時間表，完全消除數量限制。現有限制措施，如指定產品之暫時管制，及出口產品配額之標售等。

(二) 國民待遇問題：所涉主要問題有三：

1. 外貿經營權：目前得經營對外貿易者限於部分業者。乃被認為即使關稅降低，亦將嚴重限制外國產品進入中國市場。進口產品僅能由具有外貿經營權之公司被認為具有歧視性，中國現已表明有意改善此一制度，成為自動登記制度。惟仍被認為是對自由貿易之限制。

殷鑑不遠，我國與美國所進行之入會談判中，美國要求我國廢棄原有「出進口廠商」登記必須先具備新臺幣500萬元以上之最低資本額之規定，為避免有限制貿易效果之指控，現已取消。此外，在經銷階段，中國法令目前僅准本國之製造商得成立銷售分支機構，亦被認為是歧視行為。

2. 標準及認證歧視：例如進口化學產品，要求需要符合環保及安全管制之限制。而對本國產品則未有此一要求。並且在若干情形收取登記費。至於認證方面，1994年規定消費性電子產品需符合強制性之品質認證，歧視進口產品，因

---

[14] 中國當局指出，有關保護IPRs，時間尚短，經驗不足，1994年11月，美國政府要求中國採取一系列行動，包括：1.關閉20家生產仿冒CDs之工廠；2.對於仿冒工廠，中國採取行動，向美國簡報；3.修正相關法令；4.消除經營外貿權；5.成立獨立發行公司等。中國當局回應，表示願與美國政府進行諮商：1.美國與中國均同意執行有效工具以保護IPRs；2.中國將執行發行權，容許在中國之外國投資者生產與雷射有關產品，管制視聽設備之進口；3.美國應當在過程中，協助中國保護IPRs，包括人才訓練及法律知識之提供，相互交換執行IPRs經驗，並且在1995至1997年之三年中，每年舉行二次IPRs之諮商談判。

本國產品並不需要經過檢查。不過,此點中國已於1995年10月對進口產品賦予相同之認證標準,以回應國際間之批評。再者,不同產品之檢驗由不同主管機關負責,共同程序與標準並不適用於認證,而進口產品則較本國產品受更嚴格之檢驗。

　　3. 公開招標:1994年1月,中國將171項工業及電機產品改採公開招標制度。依此,任何人欲進口此等指定產品必須適用公開招標。惟此一制度並不適用於本國產品,此種歧視對於銷售進口與本國產品具有競爭條件者有重大影響。此外,以優惠待遇或要求出口比例,對外國企業有差別待遇。另在外匯、稅制及其他服務業部門採取雙重不同標準之稅率,亦受到關切。

　　(三) 工業政策問題:中國必須改善現況,將互惠及不歧視適用於各個層面之貿易活動,以便符合多邊貿易之精神。茲以中國在1994年7月宣布之汽車工業政策為例,其所採取之措施,並不符合WTO要求者,據分析計包括下列數點:

　　1. 給予國內生產之部分零組件享有優惠。

　　2. 每年汽車進口數量及型式,須經國務院審批。

　　3. 申請貸款等優惠措施,須先承諾出口比例。

　　4. 符合自製率規定者,始得享受優惠關稅稅率。

　　(四) 市場開放問題:在商品方面,各國關切者為高關稅稅率,1995年在日本舉行APEC會議時,中國已宣布自動關稅減讓,但並非入會談判時所討論之約束稅率,而屬於實際稅率。

　　至在服務貿易方面,中國之服務貿易談判,以金融服務業為例,容許外國銀行在中國13個城市開設分行,同時,外國企業進入中國經銷亦受到限制。以故,依WTO立場,認為有需要進一步自由化。另根據1996年9月25日香港南華早報報導,中國有意開放航空業供外國公司投資。

　　(五) 智慧財產權保護問題:中國WTO入會工作小組認為中國對於著名商標及IC設計,缺乏足夠保護。在美國特別301條款程序運作之下,中國與美國已達成有關IPRs之雙邊協定。不過,美國並不滿意,認為中國並未真正履行該一協定。美國認為中國取締仿冒CD(compact disk)工廠之態度,並不積極。

　　(六) 引進外資問題:1995年6月,中國宣布新外資法令,依各種不同產業,將外資分別列為鼓勵(encouraged)、限制(restricted)或完全禁止(entirely banned)等三種,WTO會員國之反應認為,此一措施之結果,對於已在中國投資之外國投資人頗為不利。中國外資之主要來源來自香港,1995年計占53.4%,

而香港之外資大部分則來自海外，包括臺灣在內，[15]基本上，其來自亞洲之投資超過西方國家。

　　要之，有關中國入會問題，國際間有二種不同論點，一說主張平衡與彈性方案，認爲中國加入WTO，僅需原則符合，有關技術細節可要求逐步調整，以加速中國向「市場經濟」轉型，而另一說則採取強硬態度，認爲中國在加入之前，應先完全符合，先履行各項條件始可。以故，入會談判被視爲迫使中國改變之工具。

　　值得注意者，國際間有認爲中國加入WTO，將擴大世界貿易大餅（trade pie），容許較大程度勞工之國際分工，增加比較利益，最後將提高全球所得及生產；惟亦有認爲中國加入之後，將取代諸多開發中國家之出口，且因低價傾銷結果，將破壞全球貿易現所維持之均勢與均衡狀態，並將改變現有比較利益之型態，而不無隱憂存在。[16]

　　至於有關我國與中國入會孰先孰後問題。事實上，在1992年9月，GATT理事會已決定在審查我國入會議定書，並通過入會之前，應先審查中國入會工作小組對中國地位議定書之報告，並通過該紀錄在案。基於此一國際現實，我國如欲突破此一瓶頸，有實際上之困難。此所以難怪行政部門負責WTO事務之主管，每聞最近中國入會有大進展時，常表示「樂觀其成」，蘊藏幾許無奈。

陸、國際環境對越南入會問題之影響

　　越南加入WTO，除該國國內產業結構、經濟型態及內國法規等之調整，以適應國際環境，符合國際規範而外，在其加入之過程，國際間對其加入之地位，其加入與現有區域組織及WTO其他會員國之互動關係及交互影響等，茲歸納四項說明如下：

---

[15] 臺商赴東南亞投資，可視爲國內企業國際化策略成功經驗之一，對往後臺商轉往中國投資，多少造就所謂「指導效應」。臺商對外投資，早期以小額直接投資爲主，近年來則採用合資、策略聯盟，以加速全球化之腳步。除臺商之外，歐、美、日商亦希望借重臺商及臺灣經理人，打入中國市場，此一發展，亟值正視。參見「台商國際化行動，時勢造英雄」，工商時報（1998.4.23），版4臺商全球化策略探索系列之三報導。

[16] 國際觀察家指出，中國充分參與世界貿易，將造成世界經濟各個出口「比較利益」之改變。中國一旦致力於拓展出口，勢必將取代其他亞洲國家，尤其開發中國家類似產品之出口。很多已開發國家均甚重視中國市場，因而熱切與中國進行貿易。開發中國家具有比較利益產品之出口，與中國甚爲類似，很可能爲中國所吸收，尤其如其出口未有進口國所承諾配額之保障時爲然。

一、以開發中國家地位加入

直到今日，GATT/WTO尚欠缺解決有關開發中國家問題之指導原則。因此，觀察家認為越南是否以開發中國家加入，將是入會談判過程中一項較為敏感而困難之問題。[17]

GATT/WTO對於界定「開發中國家」一詞，頗為鬆散，且大多未經試驗。根據美國著名國際貿易法學者傑克遜在所著「世界貿易與GATT法」（World Trade and the Law of the GATT）一書中指出，傳統上，一個國家是否為開發中國家，每自由決定。事實上，現有WTO會員國中超過四分之三會員國主張彼等為開發中國家或甚至為低度開發國家，例如貧窮國家。[18]

GATT第18條及第四篇，以及東京回合談判所確認之「授權條款」，已經提出對開發中國家給予「不同優惠待遇」（differential and more favourable treat-ment），尤其經由GSP計畫。而且GATT對基於收支平衡目的及發展目的，以保障所謂「幼稚產業」，則得採取防衛措施。

依照WTO協定，所謂不同優惠待遇之概念已作大幅修正。在各個協定中，除給予開發中國家特別較長之轉型期間（transition periods）之外，有關不同及較為優惠待遇已大受限制，除非是低度開發國家情形，始為例外。固然，烏拉圭回合所達成WTO各個協定之中，對開發中經濟、轉型期經濟及已開發經濟之待遇，確有所區別。所以作此修正乃因鑑於優惠貿易並非是一可依靠之長期性策略，因為優惠在開發中國家可能導致「市場扭曲」（market distortions）之結果。

越南政府已明確表示，該國係以一開發中國家之地位申請加入WTO，在談判中越南要求以開發中國之地位並無不當。越南理當得以堅持一開發中國家地位，以便能夠取得較長之轉型期，及更有利之待遇，載入WTO之入會議定書中。其實，其他WTO會員國所關切者，不管越南係以何種地位加入，只要以開發中國家地位加入，對越南及其他WTO會員國，並不帶來更大利益或義務。因入會議定書談判時，需要載明加入WTO前之特定條件及市場開放承諾之特定減讓。事實上，越南主張以開發中國家地位，並無太大意義。

---

[17] 基於中國入會究竟將以開發中國家或已開發國家之地位加入，在國際間發生爭議之經驗，一新申請國加入之地位為國際社會所關切，因而並非申請國主觀意願問題而已。而必須接受國際社會之公評與檢視。由於越南市場不若中國、俄羅斯之廣大，及具有政治影響力，因而越南以一開發中國家地位加入WTO，在理論上可能較不生爭議，此因越南平均國民所得偏低，為一開發中國家，認定上應無疑問。

[18] See John H. Jackson, *World Trade and the Law of the GATT*, Bobbs-Merrill (1969), p. 625.

二、互不適用條款引用問題

越南加入WTO之另一個問題為依據GATT第35條及WTO協定第13條規定，越南與特定WTO會員國間，引用「互不適用」條款（non-application provision）之問題。[19]此不僅是越南本身之問題，亦影響及於其他WTO會員國之權利義務問題。GATT第35條乃用以容許締約國相互不適用該一協定，當彼等對於他一會員國之貿易與商業政策有歧見時，亦得不依該協定第2條規定，提供關稅減讓。依該協定第35條規定，符合下列二個條件時：(一)二締約國間彼此作關稅談判；(二)二締約國之其中一國在成為締約國之初，未同意適用該協定者，即得主張互不適用。

WTO成立協定第13條規定，對於引用「互不適用」條款之條件已較前放寬。引用第35條，現已修正，容許現為WTO會員國雖已與申請加入國進行關稅談判，並不喪失得主張GATT第35條之權利。現有WTO會員國或申請加入國如欲主張第13條，僅需將其決定通知部長會議即可。

何以若干WTO會員國可能希望主張WTO協定第13條規定以對付越南，其理由之一，乃因若干國家，尤其美國國內法規定，對於共產國家如越南及中國，並不適用無條件之最惠國待遇。依照美國1974年貿易法第402條規定（即Jackson-Vanik修正案），美國給予共產國家最惠國待遇者，僅限於該國容許自由移民者。該一規定亦容許美國總統得暫時性給予共產國家最惠國待遇，如美國總統決定該國自由移民之目標已有相當進展亦可，不過美國總統必須向國會報告該國移民之狀況，並答覆國會舉行年度檢討之質疑。

顯然，前揭Jackson-Vanik修正案，具有防止美國接受越南成為一個完全WTO會員國之作用。因WTO要求各會員國同意對其他會員國給予無條件之最惠國待遇，通常，美國為避免陷入兩難，而主張GATT第35條或WTO協定第13條，以便使共產國家得不完全適用WTO義務。此種例外情形，法律上要求美國締結各別之雙邊協定，使共產國家亦得基於雙邊關係即享有GATT/WTO之利益，同時容許美國得每年繼續檢討是否給予最惠國待遇。

三、美越經貿關係改善之影響

越戰結束後二十年，美國與越南建立正式的外交關係，之後兩國進行締結雙

---

[19] 我國與中國間，亦存在入會時是否引用「互不適用」或稱「排除」條款之問題。依該條款適用對象，乃指申請入會國對現為WTO會員國，或現為WTO會員國對申請入會國所主張，並不可能發生入會國對尚非為WTO會員國引用該一條款之問題。以故，中國既堅持要先我國加入WTO，中國基本上並無任何機會對我國主張適用該一條款，如我國先中國加入WTO，亦無可能引用該一條款，此一認知，甚為重要。

邊貿易協定談判,包括越南加入WTO議題,並涉及美方關切之市場開放及智慧財產權保護。美越所締結此一協定對於越南加入WTO,具有重要助益。

依美越貿易協定,美國承認越南之最惠國待遇,但仍須每年經由國會檢討。從而,美國總統必須先認定越南容許自由及公開之移民。如美國總統決定豁免將大幅促進自由移民之目標,則亦得依Jackson-Vanik修正案承認年度之豁免。獲得該一豁免亦將為越南申請美國進出口銀行及海外私人投資公司(overseas private investment corporation, OPIC)貸款保證計畫作準備。

不過,觀察家認為美國不太可能提供越南有關GSP待遇,此種待遇比MFN待遇更為優惠。美國GSP計畫通常乃對開發中國家產品給予免稅進入美國市場之機會,惟享有此一優惠之受惠國亦需符合一定條件。其中,包括該國必須遵守國際承認之勞工權利,美國總統有權給予豁免。其他因素,包括如屬共產國家如中國及越南,不得豁免。此外必須是WTO會員國,提供美國MFN者。對於越南而言,建立美越雙邊貿易及經濟關係,甚為重要。蓋對於越南產品,美國是一個龐大市場,美國是越南目前迫切需要資本、技術及管理技術之重要來源。加以美國是越南入會談判主要對象之一,如美國未能滿意越南入會條件,美國可能對越南主張「互不適用」條款,如此勢必嚴重減損越南成為WTO會員國之預期利益。此外,美國國會每年進行檢討是否繼續給予最惠國待遇,將造成雙邊貿易與經濟關係之不確定性。國際社會仍將繼續處於不確定局面,此點對於中國亦然,而表示嚴重關切。

四、加入東協之後續效應

東協預定在2003年實現AFTA計畫,而繼貿易之後,將陸續出現金融、貨幣市場統合行動。據稱東協各國開始計畫仿效歐盟貨幣統一之作法,提出成立單一貨幣之構想,泰國財長他農於1997年9月中旬作此提議並列入1997年底舉行之東協領袖宣言「2020年藍圖」之中。惟因東協各國經濟實力差距懸殊,且金融與匯率制,各行其是,尚未進行政策協調整合,東協未來邁向貨幣統合之路,仍將面臨諸多困難。[20]

越南基於發展與安全之目的,已於1995年7月28日加入東協,同年12月15日越南簽署AFTA之共同優惠關稅計畫協定之議定書。依此,越南承諾基於互惠原則將最惠國待遇及國民待遇延伸及於東協各會員國。包括營業稅(turnover tax)、奢侈稅、匯率決定、外匯管制及相關措施,均有其適用。並在東協會員

[20] 參見「東協提出成立單一貨幣構想」,工商時報(1997.9.22),版6。

國有要求時，提供相關資訊。此外，越南必須準備關稅減讓清單，自1996年1月1日起開始作關稅減讓，到2006年，關稅稅率將降至0%至5%間。

東協為全球幣值動盪地帶之一，例如曾經發生泰銖大幅貶值，造成東亞地區經濟之振盪，惟在發生此一事件之前，其為經濟快速成長地區之一。東協會員國承諾在21世紀初形成FTZ。東協國家為越南重要貿易夥伴及投資來源。到1995年中期，東協國家在越南計有200個以上投資計畫，總值超過24億美元以上，約占越南外來投資額16%。當越南依據AFTA開始履行承諾時，越南與其他東協國家之貿易與投資，勢必將加速進行。

作為一強有力之集團，東協在區域性及全球性事務上，已愈來愈扮演重要之角色。例如，東協會員國積極參與APEC之活動，而APEC在2020年可能成為一FTZ，東協國家參加GATT/WTO談判。其結果，越南成為東協之會員國，對於越南加入WTO，包括來自東協會員國或非東協會員國者在內，均產生更大支持。越南加入APEC，得到東協國家及其他APEC會員國之充分支持。

因區域貿易協定為GATT/WTO所容許（GATT第24條），越南既已成為東協之會員國，以故，加盟WTO，基本上並無太大問題。惟當東協包括越南之後，越南與其他東協國家之優惠關稅協定，WTO曾加以審查。WTO對於未來如何執行AFTA，亦曾加以審查，以便能夠確保符合GATT 1994第24條之規定。因其他東協國均已加入WTO，越南已如願加入WTO，成為會員國。

柒、結論及建議

一、結論部分

越南加入WTO，對於越南及WTO其他會員國而言，既是挑戰亦是機會。其所以為一種挑戰，乃因越南政經情勢穩定，可謂具有轉型期經濟與低所得開發中國家綜合體之特質。此種特質對於越南申請入會，存在若干基本問題，包括：(一)經濟與市場改革；(二)進口管制與市場開放；(三)出口補貼及政府任務；(四)服務業自由化及投資限制；(五)經濟發展之特別及不同待遇等。

以一轉型經濟，越南將面對為符合WTO規範，而改革經濟制度之挑戰，因越南以往實施統制經濟由國家控管，WTO會員國及整套作業要求對於越南及其他轉型經濟將造成不可避免之挑戰。雖然，WTO協定對於轉型期在若干部分已有特別之安排，惟此等規定能適用於越南者，畢竟相當有限。

　　對於入會談判，越南比較可能主張以開發中國家之地位加入，國際觀察家普遍認為WTO會員國對於越南為一開發中國家，並無異議。惟無論如何，WTO對於開發中國家原所容許之特別及優惠待遇，大部分均將取消。以開發中國家加入，並無法避免國內產業遭受外國競爭，並給予國內產業較多保護。固然，依照WTO協定，容許開發中國家因國際收支失衡，得使用配額之手段。開發中國家亦可能依據補貼協定，所列附表七之國家名單，主張特別地位。

　　雖然，越南在致力於整合成為世界貿易制度之一部分時，面對相當大挑戰，惟加入WTO，亦將獲得重大之機會。加拿大國際貿易法專家建議越南領導人應繼續坦誠與WTO會員國合作，共同解決此等有關越南加入WTO所環繞之抉擇問題。尤其，越南有必要尋求主要貿易夥伴，包括東協國家及加拿大等之支持，以便實現成為WTO會員國。[21]

二、建議部分

　　越南加入WTO所面臨之主要問題及其解決之策略，茲歸納為四點釋明如下：

(一) 在深化經濟改革方面

　　越南應繼續加強經濟改革步驟，以便儘可能符合WTO規範。對於凡不符合WTO規範之要求者，應列為優先改革之目標。凡經濟政策不符合WTO者，應重作考慮，而新引進之政策應符合WTO為宜，並應釐定改革時間表，提交工作小組及WTO會員國，以供檢視及提出建議。其結果，WTO會員國乃能對越南領導人對國家未來之改革有較大之信心。此外，亦將能增加對外貿易體制之透明化，並確保越南政策能符合WTO規範。在談判過程中，部分WTO會員國希望越南能提出TPRM，以協助WTO秘書處或其他國際機構瞭解其政策所在。

(二) 在關稅減讓方面

　　越南必須著手修正工業產品及農產品之關稅表，及服務業市場開放承諾表，以拉近開發中國家之平均水準，並且應減少或消除非關稅障礙，以增加對貿易夥伴之市場開放。在越南政府向WTO提出正式要求之前，應該完成關稅降低及其

---

[21] 在西方國家中對越南表示友善者，首推加拿大。例如加國總理Jean Chrétien在1994年11月訪問越南時，曾表示加拿大支持越南加入WTO立場。並傳達願意見到加拿大與越南在多邊貿易制度下，能夠建立緊密之貿易與經濟關係。加拿大對於進入越南市場能夠獲得改善及增加可預測度及透明化，保有濃厚興趣。以故，加國希望越南能提出一完善計畫及承諾表，使越南之貿易與法律體制能夠符合WTO之義務及履行商品、農產品、服務業開放市場之承諾，以符合加國之出口利益。

他減讓影響評估，以便與其他WTO國家談判產品範圍及轉型期協定。越南應記取中國申請加入GATT/WTO多年，直到2001年12月始加入。原因固多，其中關稅偏高及商業領域開放程度不夠，為重要原因之一部分。[22]

(三) 在結構調整方面

越南理當考慮進一步重組國內結構，以強化經濟改革及經濟開放。越南政府之組織結構應朝向市場經濟，並重視改革過程。對於越南政情頗為瞭解，且對經濟轉型國家加入WTO頗有研究之加拿大國際貿易法學者哈特指出，越南參與WTO將需要有新的組織架構，越南公務員亦應充實知識與技能之新需求。尤其，直接參與入會談判之官員以及參與政府決策之高層，對於WTO體制應有充分認識。商業團體及社會大眾亦應增加管道，取得有關WTO資料。在此方面，越南應進一步研究加入WTO之影響，訓練貿易專業人才，增加大眾對於WTO問題之認識，洵為當前越南加入WTO，所應積極著手規劃者。

(四) 在健全法律制度方面

越南執政當局應考慮逐步開放政治參與，並且建立一個以法治為基礎之社會。按經濟與政治具有某種程度之牽連，經濟自由化促成政治朝向民主化。中、東歐國家在經濟改革之後，已拋棄集權統治，充分說明此一發展趨勢。而經濟發展要能夠獲得維持，則需充分尊重法律。唯有容許媒體得自由採訪，揭露賄賂事實，且讓企業界人士得自由蒐集資訊，以便能作成經營決策。事實上，越南後續經濟發展能夠成功，唯有依賴法治，始能獲得保障。

根據資料顯示，越南政府於1996年1月底，經由內閣會議通過六項重要議案：1.改善投資申請程序；2.修改相關土地法規，以刺激房地產榮景；3.推行公證制度；4.加強財政金融管理；5.加強中央與地方政府之協調配合及增加各省市人委會主席之職權；6.改善公務人員任用制度，顯然已朝向制度化方向規劃。

現階段越南欠缺一適當法律架構，以涵蓋WTO各個領域，如IPRs、銀行、保險、電訊及貿易救濟等。當務之急，越南政府應建立一套法律架構，俾能確保

---

[22] 中國入會進程，實際已牽動我國加入WTO之時機。以故，對於中國何時入會，同為國人所關切。國際觀察家有認為，中國在雙邊協定如能成功，在貿易上亦可獲益。中國與其他重要貿易夥伴之雙邊關係，益加強化，則中國尋求加入WTO，則愈不迫切。（The stronger China's bilateral ties are with other major world traders, the less urgent it is for China to seek accession to the WTO.）因而有提議成立一個中介團體（mediator），由獨立團體組成，以檢視相關問題，並對中國加入步驟提出強烈要求。必須設定確定入會期限（realistic deadlines should be imposed），並為各參與談判會員國所遵守。其目的在打開僵局。而且因情勢變遷甚快，宜儘速進行。如靜止不加以推動，勢必使加入產生困難，有關談判會員國可能又提出新要求，而使問題更加複雜化。此一獨立團體應考慮中國入會之速度（pace）、準則（criteria）及程度（extent），以及提供特別及暫時地位予中國之可能性。

越南及其他WTO會員國所進行之國際貿易行爲能夠符合國際規範之要求，避免發生爭端。[23]

---

[23] 國際間有部分學者認爲在某種情況之下，WTO需要中國，較中國需要WTO爲甚。渠等指出，GATT/WTO於1998年5月慶祝成立五十週年慶。如果入會談判拖延太久，而在此同時，中國如已與友好國家達成雙邊貿易及投資之協議，中國將迅速取得主導地位（driver's seat）。屆時，WTO需要中國，將較中國需要WTO爲甚。（the situation would then become one in which the WTO needs China more than the reverse.）參與談判之WTO會員國必須考慮中國參與WTO多邊貿易之利益。似乎不失爲一種另類思考。現中國與我國已於2002年1月1日前後加入WTO。

第 17 章

我國加入WTO以後著作權法修正旨趣*

壹、概說

國際社會早在19世紀時期即已重視IPRs之保護，乃於1883年在巴黎簽訂「保護工業財產權巴黎公約」（Paris Convention for the Protection of Industrial Property）；嗣於1886年簽訂「保護文學及藝術著作之伯恩公約」（Berne Convention for the Protection of Literary and Artistic Works）二項有關商標、專利及著作權之國際公約。迨1980年代初期，因仿冒品貿易問題，引起主要貿易大國之關切，1986年9月WTO前身GATT烏拉圭回合談判開議之後，乃將此一問題納入議程，並在美國及歐盟之堅持下，終於在該回合談判於1993年12月15日結束之前，達成TRIPS，俾期能強化智慧財產權保護之執行效果。

一、IPRs之性質與範圍

我國稱爲「智慧財產權」，中國民間或官方均稱爲「知識產權」，就外文原意而言，譯爲「智慧財產權」較「知識產權」爲適切，即使中國學者亦不諱言，而作如是觀。[1]

IPRs乃出於法律之擬制，而與天賦人權有別，指一國以法律規定，對其內外國民特定心智活動成果，承諾在一定期間內給予專有權利之保障。依此，IPRs具有下列特性：

（一）無形性：IPRs爲一種「權利」；而非物體本身，無形乃IPRs之基本特徵，此爲與「有形財產」主要分野所在。因無形之本質，平常難以觸摸而感存

---

* 本文原載於立法院：「立法院院聞」，第33卷第2期（2005年2月），頁63-82；第33卷第3期（2005年3月），頁76-91。2024年6月略作文字修正。

[1] 中國知識產權法學者鄭成思認爲將intellectual property譯爲「知識產權」，將發生排除「技術秘密」（know-how）之適用，參見鄭成思，知識產權法，法律出版社（2001年2月），頁3以下；另據鄭志海、薛榮久主編，入世與知識產權保護，中國對外經濟貿易出版社（2000年9月），頁3以下，認爲外文譯爲「智慧財產權」或「智力財產權」較妥。

在，每當因權利歸屬或遭受侵害而發生訴訟時，因主張權利而彰顯其為權利人。以故，英美法系有將之視為「訴訟中之準物權」者，而部分大陸法系國家則將其歸類為「以權利為標的之物權」。大陸法系國家並未完全排除權利為物之概念。例如，民法物權編中有所謂「權利質權」，因IPRs具有財產權性質，如將其視為準物權之一種，似亦無不可。

由於IPRs之無形性，即使權利人將其權利全部移轉或讓與，仍有可能利用所創造之智力成果獲得利益。因而，法律上對此一權利之保護、侵權認定，乃至涉及IPRs商品之貿易，均較無此一權利商品為複雜，而容易發生爭議或訴訟。

(二) 專有性：所謂專有性應係指基於法律規定，授予持有人享有所有權而言，此種權利之內容，不侷限於使用權，而同時具有所有權之意涵，除使用之外，尚得持有、受益及處分之權利。此在專利權、著作權及營業秘密，其持有人享有所有權，甚為明確，而在商標方面，我國在2003年5月修正商標法之前，法律所授予者為商標「專用權」，而非商標「專有權」，惟自2003年5月該法修正之後，已將商標「使用權」修正為商標「所有權」之概念，從而商標持有人乃取得完整之權利。[2]修正之後，已與多數國家之立法例，趨於一致，包括中國在內。

又因IPRs持有人享有專有權，從而在享有此一權利之特定時空間中享有獨占及排他之權能，此種心智活動之成果，非經權利人之授權或同意，他人不得任意加以使用，否則即難免發生侵權之虞。又此種權利一旦經由授予特定人持有之後，不容許他人後來取得同一權利，即使此一權利已因一定期間而消滅之後，因已成為公共財，他人亦無從重複申請取得，凡此均屬IPRs具有專有性之表徵。

(三) 時間性：法律保護特定人享有專有權往往有一定期間之限制，在所規定期間之內固享有專有權，惟一旦超過該一期限，則開放公眾使用，歸入所謂公共財之領域，以著作權而言，依德國著作權法規定，其保護期限為作者有生之年加死後七十年，而在中國則為作者終身及其死後五十年。[3]可見各國法律規定未必一致。美國在雙邊談判場合曾要求我國延長保護期限與美國、德國等相同，並未

---

[2] 商標法在修正前，其第2條原規定「凡因表彰自己營業之商品，確具使用意思，欲專用商標者，應依本法申請註冊」，修正後為「凡因表彰自己之商品或服務，欲取得商標權者，應依本法申請註冊」。本條有二點重要修正，其一將其適用範圍擴大及於服務，其二將「商標專用權」修正為「商標權」，從而加大其權利之內涵，不僅限於「使用」而已，其餘如第27條（修正前第21條）、第29條（新增）及第35條（修正前第28條）亦均已配合修正，將取得「商標專用權」修正為取得「商標權」，從而，已與先進國家之立法例，包括德國、英國及日本之立法例從同。

[3] 依中國著作權法第21條規定，公民作品之保護期為作者終生及其死亡後五十年，如為合作作品，截止於最後死亡作者死亡後第五十年之12月31日；法人及其他組織之作品，其保護期為五十年，但作品自創作完成後五十年未發表者，不再保護；電影或攝影作品之保護期限亦為五十年。

獲得我國同意。

值得注意者，IPRs專有權之時間性，如專利權及著作權有固定期限，一旦期限屆滿，其專有權即歸於消失。惟如商標權，多數國家在所定期限屆滿後，多容許延展，且不限次數，通常在每個所定十年期限過後，有另個十年期限，從而乃有「百年商標」及「百年老店」存在，惟既需申請延展，且不違反當時法律及公序良俗情況下允許，仍不失其具有時間性之本質。[4]

(四) 地域性：時間性及地域性均為IPRs具有「有限性」特性之一部分。權利人享有專有權之期限，乃就時間而言，如就空間而言，IPRs具有地域性，其意乃指在A國受到保護之IPRs，在B國或C國未必當然適用，蓋因各國有各國之文化或價值之認定標準，未可從同。

一般而言，IPRs之權利取得，適用「權利登記地法」或「權利主張地法」，而與有形財產權適用「財產取得地法」或「物之所在地法」者不同。以故，每要求IPRs權利人應向所擬享有權利地之國家，申請註冊或完成一定程序，如通知或報備等，即使是多數國家對於著作權採取「創作主義」者亦然。否則，即難免發生無法保護之疑慮。

不過，隨著經濟全球化之發展，國與國間往來益加密切，IPRs之國際保護有日益擴大趨勢。例如，基於區域性FTA之簽訂，有可能使IPRs保護範圍延伸及於簽署該一協定之各個會員國；依巴黎公約規定，凡在一締約國申請註冊之商標，可享受自初次申請之日起為期六個月之優先權，在此優先權期限內，如申請人再向其他會員國提出相同商標之申請，其後申請之日期可視為首次申請日期；又依伯恩公約所揭示之「自動保護」（automatic protection）原則，WTO及伯恩公約會員國之國民及會員國有固定居所之其他非伯恩公約會員國國民，其文學藝術著作完成時，應自動享有著作權，非會國國民如在會員國無固定居所，則其著作首次在會員國發行時，即享有著作權。凡此，均是IPRs保護地域性擴大之反映。

(五) 可複製性：IPRs既為無形之權利，在完成交易時，通常附麗在有形商品或作品等載體，包括專利、商標、著作權、積體電路布局或營業秘密，常以商品、作品或其他有形物品加以體現。例如專利權人授權企業家製成產品銷售，作者寫作，經由出版社出書，演唱家經由表演、錄音或錄影方式向讀者或觀眾、聽眾展示或傳播，IPRs具有複製性，以專利權而言，應具有工業利用價值，可以商品化，以商標權而言，應具有識別性而行銷市面；以著作權而言，著作權人享有

---

[4] 我國現行商標法第27條：「商標自註冊公告當日起，由權利人取得商標權，商標權期間為十年。（第1項）商標權期間得申請延展，每次延展專用期間為十年。（第2項）」

重製權,以重製其作品,或授權他人重製其作品,從而體現其權利,而與一般商品有所不同。

(六) 私權性:依TRIPS協定前言指出,承認IPRs為「私有權利」(private rights),即私權,並承認各國IPRs保護體系最基本之公共政策目標,包括發展目標與技術目標。該協定概指IPRs為私權,則舉凡該協定第二章所臚列之著作權、商標權、地理標誌、外觀設計、專利權、積體電路布局及未披露資訊等,均屬於私權之範圍,或具有私權之性質。惟此種權利乃基於法律之創制或擬制,需受法律約制,而不得濫用。

值得注意者,私權與刑罰之關係究竟如何?侵害私權者,是否僅有民事責任而無刑事責任問題。我國現行法從TRIPS協定,亦認IPRs屬於私權,惟現有IPRs法律體系中,除專利法已完成「除罪化」以外,現行商標法及著作權法等均設有刑罰規定。可以確定者為,侵害私權並不排除「刑罰」,例如刑法有關「竊盜罪」,所侵害者為「私人法益」,構成刑罰。以商標、商號、原產地及原產國之違反而言,我國刑法列為「妨害農工商罪」態樣之一,所侵害者屬於「社會法益」,亦構成刑罰或罰金之處罰。

其次,有關IPRs保護範圍,並非一成不變,隨著經濟及科技發展,有逐步加大加深之趨勢。我國早期所認知之IPRs,幾乎限於專利、商標及著作權三者而已。商標權及專利權合稱為「工業所有權」(industrial property)。惟美國則將IPRs之領域予以擴大,依1988年美國「綜合貿易暨競爭力法」規定,於傳統所保護之專利、商標及著作權外加矽晶體(亦稱半導體)保護及營業秘密二者,由於美國與我國雙邊談判壓力及事實上因應科技發展需要,除早期頒布「商標法」、「專利法」及「著作權法」之外,亦陸續頒布「積體電路電路布局保護法」及「營業秘密法」。現階段我國IPRs領域與美國相同,亦包括五種之多。

至於TRIPs協定所列舉七種IPRs,乃係上開五種之外,追加「地理標誌」及「工業設計」二種所構成,其實,依其他國際公約或部分國家國內法,「地理標誌」屬於廣義「商標權」之型態,而「工業設計」則納入「專利權」範圍,可見,TRIPS協定所保護七種IPRs,與我國及美國所認知者,已頗為接近。不過,不可否認,TRIPS既列舉七種,顯示WTO有意擴大IPRs保護範圍,並比較各會員國更為強調「地理標誌」及「工業設計」之保護及其重要性,其用意甚為明顯。

二、TRIPS協定形成背景與特徵

現有若干保護IPRs之國際公約,主要貿易大國並不滿意,認為現行巴黎公約對專利未設最低專利期限;對於營業秘密之保護未有專屬之國際公約;對電腦軟

體及錄音製作應當加強保護，現有公約對仿冒品之處理缺乏有效執行之能力，且未設有爭端解決機構，以有效處理與IPRs之有關問題。

自1980年代以後，國際貿易實務涉及仿冒品貿易問題益趨嚴重，GATT於1982年11月首次將此一問題之解決列入議程。1985年，GATT理事會設立專家小組研究結果，建議應採取多邊行動，以資對付。惟對於GATT是否爲適當解決此一問題場所，已開發及開發中國家之立場並不一致。

已開發國家以美國及瑞士等爲代表，認爲應將IPRs列爲多邊貿易談判議題，美國代表甚至揚言，如不將IPRs列入作爲新談判議題，不惜拒絕參加新回合談判。已開發國家並主張應制定保護各個領域IPRs之標準，並且必須通過爭端解決機制，以落實對IPRs之保護。至於開發中國家以印度、巴西、埃及、阿根廷及南斯拉夫等爲代表，認爲保護IPRs爲WIPO之任務，應當將制止仿冒品貿易與廣泛之IPRs保護加以區隔。開發中國家所顧慮者爲保護IPRs會造成對合法貿易之障礙，強化保護將形成跨國企業之壟斷，提高藥品及食品價格，對公共福利將造成不利影響。

不過，在已開發國家提供誘因情況下，包括農產品、紡織品及成衣協定之定期回歸，服務貿易協定強化爭端解決機制，提供開發中及低度開發國家較長期間之過渡期，以及開發中國家爲引進外資，亦需提供適度保護IPRs環境等因素之考慮後，開發中國家終於讓步，願意就IPRs問題進行談判，並進而達成TRIPS協定。

TRIPS協定，在著作權方面，係以「伯恩公約」爲基準，該協定第9條明定，會員國應遵守伯恩公約第1條至第21條及附錄之規定。該協定除部分係重複強調伯恩公約之基本原則外，特別強調IPRs之執行，包括一般義務、民事、行政程序及救濟、臨時措施、邊境措施、刑事程序、爭端防止及解決等，此等部分乃伯恩公約制定時較爲忽略部分。以故，TRIPS協定與伯恩公約之間，洵具有補充關係。

依TRIPS協定內容與其他保護IPRs國際公約比較，具有如下特徵：[5]
(一) 內容廣泛，涉及IPRs之各個領域。
(二) 保護水準高，在多方面超過現有國際公約對IPRs之保護水準。
(三) 將GATT/WTO關於有形商品貿易之原則及規定延伸到IPRs之保護領域。

---

[5]　論者有認爲TRIPS協定爲當前國際間有關智財權領域中涉及面廣、保護水準高、保護力度大及制約力強之一項國際公約。參見李順德，TRIPS與我國的知識產權法律制度（上／下），科技成果縱橫，第1期（2002年），頁15-17；第2期（2002年），頁15-19；該文標題所稱我國，是指中國而言。

(四) 強化IPRs執法程序及保護措施。

(五) 強化協定之執行措施及爭端解決機制,將履行協定保護產權與貿易制裁加以緊密結合。

(六) 設置「與貿易有關IPRs理事會」作為常設機構,用以監督該協定之實施。

由於多數IPRs為已開發國家所開創,加強此一權利之保護,自然比較有利於已開發國家,而使開發中及低度開發國家處於相對不利之地位。自1998年以後,TRIPS理事會所進行之議題包括,生物多樣性保育與傳統知識及專利權之關係,葡萄酒、烈酒及酒類以外產品地理標誌(geographical indications)保護問題,開發中國家專利藥品取得困難與公共衛生危機之問題等。

另在WIPO論壇討論者,包括遺傳資源(genetic resources)、傳統知識與民俗之保護問題、藥品取得與專利權之調和問題,以及在「生物多樣性公約」(Convention on Biological Diversity, CBD)下推動遺傳資源取得之利益共享(benefit sharing)之原則等。

目前仍在進行之WTO杜哈回合談判。有關保護IPRs問題,亦屬重點討論議題之一。依「杜哈發展議程」(Doha Development Agenda)中即包含有「與貿易有關智慧財產權協定及公共健康宣言」(Declaration on the TRIPS Agreement and Public Health),將數項TRIPS協定相關議題列入談判議程,包括:(一)TRIPS協定與CBD之關係;(二)葡萄酒及烈酒之多邊通知與註冊制度;(三)擴大酒類產品地理標誌之保護;(四)TRIPS協定與公共健康等。據稱2003年11月WTO秘書處已完成藥品專利強制授權網站之建置,對於藥品進出口需求數量等相關資訊之取得,助益甚大。

貳、美國2004年特別301條款調查報告

2004年5月3日,美國貿易代表署(USTR)發布「2004年特別301條款年度報告」,就美國全球各個主要貿易夥伴在IPRs之保護措施及效果予以檢討。當時美國貿易代表佐立克表示,美國為世界領先之創新者,美國思想及IPRs保護乃美國成就競爭力與經濟繁榮之關鍵因素。

該報告指出,部分國家或地區對IPRs保護不力,商業盜版行為普遍,尤其是CD、VCD、DVD之盜版問題有日益嚴重趨勢,一般仿冒消費品仍對全球造成威

脅。仿冒品從汽車零組件到藥品等，不但損害IPRs所有權人，對於消費者健康與安全問題，亦帶來嚴重困擾或潛在危險。[6]

依該報告，對於中國保護IPRs之作爲甚爲關切。最近，二國在中美商業貿易聯合委員會會議期間達成一系列協議及瞭解備忘錄，其中即包括打擊盜版行爲。美國將對中國進行所謂非定期性之2005年初檢討，以檢視中國履行加入WTO承諾及有關IPRs保護與執行之進展情形。[7]

此外，美國注意及各國IPRs保護與管理作業對科技產業之創新與研究發展有頗爲重要之意義。美國國會要求行政部門檢查並準備一份有關製藥業之日常工作、IPRs保護法律及其他措施之報告，連同特別301條款報告，俾有助於進一步瞭解IPRs保護及其管理作業對下一代藥品之創新與開發之影響。

美國貿易法之精神在於促進自由貿易，而「特別301條款」基本精神在於防止侵害IPRs，改善與貿易對手國之IPRs保護法制。依美國「1988年綜合貿易暨競爭力法」（Omnibus Trade and Competitiveness Act of 1988）規定，凡對美國及其他外國人之IPRs保護不周之貿易對手國，USTR於每年3月底至4月初向國會提交「各國貿易障礙報告」（NTE），並公布當年「特別301條款」調查結果，列出貿易對手國之名單，若有未充分保護、或拒不給予美國IPRs權利人開放市場之公平機會者，即一一列出觀察名單之項目。USTR依各國保護程度，分別有四種不同指標，即「優先指定國家」（priority foreign country）、「優先觀察國家」（priority watch country）、「一般觀察名單」（watch list）及「306條款之監測國」（section 306 monitoring）等四種。

依據2004年特別301條款調查報告，尚包括五個國家或地區將作非定期性之檢討，即以色列作夏季檢討；馬來西亞、波蘭及我國（臺灣）作秋季檢討；至於中國則於2005年初進行檢討。正因此故，由於美國對我國IPRs保護作秋季檢討，我國爲期能自美國2004年特別301條款之「優先觀察國家」名單中除名或降級，有關「著作權法」部分條文修正草案之審議，趕在立法院於2004年8月中旬所舉

---

[6] 據稱，美國司法部設立專案小組針對保護IPRs問題提出建議，美國政府預定將根據建議，對盜用他人音樂及電影之不法之徒，以立法及行政管理方式，雙管齊下進行打擊。美國司法部部長艾希克羅表示，「盜用IPRs之小偷，對美國經濟與美國人之健康、安全，是一項不折不扣之威脅」，乃於2004年10月12日宣布將仿效反恐、反毒戰爭模式，針對全球盜版商及其顧客對電影及音樂之盜版行爲，採取有史以來最強而有力、最積極之法律行動，打擊IPRs犯罪行爲。參見聯合報（2004.10.14），版12。
[7] 2004年6月下旬美國商務部長埃文斯到中國訪問乃以IPRs保護及中國要求「市場經濟」地位爲主要議題，渠表示，美國繼續對中國及世界其他國家強調，執行IPRs保護法規及對違法者給予嚴厲處罰至關重要，並希望確保中國履行吳儀副總理於2004年4月訪美同意強化IPRs法律及對違法者之嚴厲應處，至於中國所期盼獲得「市場經濟地位」之要求，埃文斯表示中國必須滿足若干條件，包括可自由兌換之貨幣，允許工人及管理者在設定勞工工資問題之自由對話。

行之臨時會三讀通過,以求取符合國家之最大利益。

參、著作權法邁向國際化與現代化之修正

　　凡加入成為WTO會員國者,其加入前之法令應符合WTO各項協定之規定,此為成為會員國之基本義務及最低要求。如符合WTO相關協定,與本國所追求之政策目標,並無牴觸,其修正使與符合,並不生困難,亦無須調適問題。反之,如與國情與需要,並不相符,則必須付出一定代價或作某種程度之讓步,此時難免發生適應之陣痛。基本上,我國最近數次有關著作權法之修正性質,屬於前者,而非後者,應是一項良善之發展。

　　在我國加入WTO之過程中,經由與WTO相關會員國所舉行之雙邊諮商談判中,我國所作承諾,涉及相關法律者,亦必須反映在相關法律之修正。

　　近年來,數位化網際網路科技為全球資訊傳播與電子商務(e-commerce)帶來前景,惟在此同時亦對著作權之保護造成某種程度之衝擊,有鑑於此,WIPO乃於1996年12月下旬通過「WIPO著作權條約」(WIPO Copyright Treaty, WCT)及「WIPO表演及錄音物條約」(WIPO Performance and Phonograms Treaty, WPPT)等二項國際條約。

　　各國為因應數位化網際網路環境之形成,乃相應配合修改國內著作權法。我國既為地球村之一員,且為全球第20位貿易國,雖非屬WIPO此一聯合國專門機構之會員國,而既已成為WTO會員國,亦有配合修改必要。

　　我國著作權法經過2003年7月大幅度檢討修正之後,已增列著作人之公開傳輸權及散布權、錄音著作公開演出之報酬請求權、表演人之出租權等各項權利,因而豐富各種不同著作人之權利內涵,且因以「暫時性重製」為「重製」之一種型態,並配合增列「中繼性傳輸」,以及設定權利管理電子資訊保護等,可以配合現階段我國數位化網際網路科技發展之需要,符合著作權法邁向科技化及現代化目標,且因經由此次大幅檢討修正之後,而更加符合TRIPS協定,進而加快文化產業順應國際化之需要。茲列明修正重點如下:

一、明列「暫時性重製」屬於「重製」之範圍,並增訂「重製權」之排除規定

　　以往對於所謂「暫時性重製」是否為「重製」(reproduction)曾有爭議,

在未有法律明定之前，各法院之判決可能發生不同結果。惟事實上，多數採取「肯定說」，因如採取「否定說」時，甚難解決諸如未經授權，以一套軟體透過連線設計在RAM暫時性重製可供數百臺以上電腦共用而不違法之此種不合理情況發生，何況依TRIPS協定，乃至伯恩公約第9條規定，著作人既享有不論「以任何方式或形式」（in any manner or form）授權重製其著作之專有權利，在法理上已提供「暫時性重製」（temporary reproduction）屬於「重製」之依據。以故，我國為因應數位化網路科技之發展，乃將「重製」（reproduction）作適當界定，舉凡直接（direct）、間接（indirect）、永久（permanent）或暫時（temporary）之重複製作，均包括在內，以加強保護著作人之權利。此條之修正，狀似平常，實則為有效取締盜版之重要關鍵。此外，為符合實際需要，並避免動輒觸法，另增訂第22條第3項規定，對於專為網路合法中繼性傳輸，或合法使用著作，屬於技術操作過程中之過渡性、附帶性而不具獨立經濟意義之暫時性重製，則並不適用，但不包括電腦程式。至於網路合法中繼性傳輸之暫時性重製情形，包括網路瀏覽、快速存取或其他為達成傳輸功能之電腦或機械本身技術上所不可避免之現象，此在第22條第4項亦已明定。

二、增訂公開傳輸權、散布權、錄音著作公開演出之報酬請求權、表演人之出租權等權利，並修正公開播送之定義

著作權之權利種類及範圍，與著作人權益之享有影響甚鉅，修正之後，計增列公開傳輸權、散布權、賦予錄音著作公開演出、享有報酬請求權、表演人享有出租權等，按公開傳輸權之增列，乃為因應網路及非屬傳統廣播電視媒介傳輸科技之發展，享有公開傳輸權之後，如欲將他人著作置放網路上流通，必須得到著作權人之同意；[8]散布權增列之後，著作權人有權禁止盜版品之散布，著作人就其著作享有以買賣或其他移轉著作案件或其重製物所有權之方式加以散布之權利；又此次修法之後，賦予錄音著作享有公開演出報酬請求權，使著作權人對百貨公司、賣場、飛機上或餐廳等利用錄音之公開場所可以主張報酬請求權，增訂表演人對其固著於錄音著作之表演享有出租權，此外，並修正「公開播送」之定

---

[8] 目前網路上有所謂P2P（peer to peer）技術，乃指網路上之傳輸平臺，使用者可經由平臺向網路上之同伴（peer）請求傳輸所需檔案，由於P2P技術多被用以交換影音檔案，因此被影音業者視為必須消除對象。據稱，目前國際唱片交流基金會（IFPI）與國內二大P2P業者Kuro、Ezpeer間之訴訟，已經在地檢署進行調查，而國際間之P2P網路更是如雨後春筍般成立，現有稱為「After Napster」網站，甚至蒐集全球P2P軟體網站，供使用者連結。據報導，Kuro目前在臺灣、中國均設立據點，提供服務。在臺灣Kuro現有會員突破30萬人，年營業額超過1億9,000萬元，部分唱片業者將營業額下跌，歸咎於Kuro之出現。修正後著作權法既賦予著作權人「公開傳輸權」，因此未來未經授權而將檔案上傳，或在網路上與不特定人或特定多數人交換，均將觸法，面臨刑事責任問題。參見工商時報（2003.4.23），版4。

義，以釐清其與公開傳輸行為之區隔。

此等權利之增訂，於1996年12月下旬所通過之國際公約已有所依據。按「公開傳輸權」乃係參酌WCT第8條及WPPT第10條及第14條規定而增訂；散布權係參酌WCT第6條、WPPT第8條及第12條規定而增訂，並明定散布權耗盡原則；賦予錄音著作享有公開演出報酬請求權係依WPPT第15條規定；至於增訂表演人對其固著於錄音製作之表演享有出租權者乃依WPPT第9條之規定，可見各有所本，而非我國獨創。

三、增訂權利管理電子資訊保護規定

在數位化網際網路科技環境下，著作權人於著作原件或其重製物，或於著作向公眾傳達時，所附關於權利管理電子資訊如未經著作權人授權而予以移除或變更，將使接觸該著作之人無從知悉正確之權利管理電子資訊，從而依該資訊正確利用該著作，對於著作權人權益之影響，遠甚於非電子權利管理資訊之移除或變更，或應特別確保其完整性不被侵害，故參照WCT第12條及WPPT第19條規定，增列權利管理電子資訊之專章，要求給予適當有效保護及救濟。

至於利用人合法利用著作時，如因行為當時技術之限制，非移除或變更著作權權利管理電子資訊即無法合法利用時，或屬於錄製或傳輸系統轉換時，轉換技術上必要之移除或變更，並不可歸責於利用人，自不應予限制。

四、確認專屬授權無須繳交公證書

著作權法於2001年11月修正時，增列著作財產權讓與再授權之規定，固無不合，惟因規定該一授權須經公證人作成公證書此一前提要件，此與伯恩公約第5條第2項所規定，著作權之享有與行使不得要求履行一定形式要件者顯有未合，此次修正時乃將需提出公證書之規定刪除。又現行法規定，專屬授權之被授權人在被授權範圍內，得以著作財產權人之地位行使權利，至於是否得以自己名義為訴訟上之行為，並不明瞭，為資明確，乃予增列。

五、調整各種合理使用相關規定

合理使用為避免構成侵權之避風港，雖有喻為著作權法禁止重製行為之「黑洞」者，惟就社會公益及人民之法律感情而言，有其存在必要。否則，在禁止重製之大原則下，人民之日常生活，尤其是網路時代帶來之網路生活，將感受不便，且有動輒得咎之虞。以故，適當規範合理使用之態樣及範圍，乃有其必要。

有關合理使用之規定，早即散見於著作權法之中。此次配合高科技發展，修

正著作權法，增訂公開傳輸權及散布權等，相應配合涉及合理使用之相關規定。例如從事時事報導工作，利用其報導過程中所接觸之著作，其可能管道，除原列廣播、攝影、錄影、新聞紙等之外，增列「網路」一種，以資適用；為便利民眾合理利用政府出版品，促進公共利益，對於以公法人名義公開發表之著作，在合理範圍內得重製或公開播送，仍有未足，修正後增列公開傳輸，以迎接網路時代之來臨。

又如對視覺障礙者、聽覺機能障礙者利益之合理使用、廣播或電視機構暫時錄製物之保存期間、有線電視系統經營者轉播無線電視臺播送著作之合理使用、著作原件之合法出租、合理使用之散布行為等，容有未盡周詳，或與國際標準有所出入，乃有進一步調整必要。此外，為使一般大眾對於合理使用之範圍明確認知，以免動輒構成侵權，乃修正著作權人團體與利用人團體得就著作之合理使用範圍達成協議，作為是否合理使用判斷參考，於協議過程中，並得諮詢著作權專責機關之意見。

六、增訂製版權之讓與或信託辦理登記規定

按信託法第4條第1項規定，以應登記或註冊之財產權為信託者，非經信託登記，不得對抗第三人。現行著作權法對於製版權之取得固採登記主義，惟關於製版權之讓與或信託，則無登記之規定，乃配合增訂應辦理登記。

七、強化著作權或製版權爭議調解之效力

基於著作權爭議案件具高度專業性，著作權專責機關之著作權審議及調解委員會委員均為專業人員所組成，其所為調解可減輕爭議雙方民刑事訴訟程序之勞費，並疏減司法機關案件負荷，而現行調解制度僅具民法上和解之效果，無法獲得重視，乃增訂強化著作權或製版權爭議調解之功能，使調解經法院核定後，當事人就該事件不得再行起訴、告訴或自訴，並使其與法院之民事確定判決具有同一之效力。

八、明定使用盜版電腦程式著作之責任

現行法僅就明知係侵害電腦程式著作財產權之重製物而仍作為直接營利之使用者，始視為侵害著作權而予以處罰。惟使用侵害電腦程式著作財產權重製物之責任，國外立法例並不以「直接營利」上之使用行為為限，我國加入WTO後，宜遵照國際標準，以期與國際接軌，乃修正為明知以侵害電腦程式著作財產權之重製物作為「營業」之使用，即視為侵害著作權，即刪除「直接」二字。

九、修正侵害著作權及製版權之民、刑事責任

TRIPS協定第41條至第43條規定，會員國應提供有效防止及遏止侵害IPRs之行為及進一步之侵害。茲為使著作權人對民事損害獲得足夠賠償，乃規定依侵害情節酌定賠償額，一般之侵害為新臺幣100萬元，其屬故意且情節重大者則以新臺幣500萬元為上限。另有關著作權侵害之刑事責任，現行法有關自由刑部分並不低，對經濟性犯罪，行政部門主張以金錢上處罰作為手段，而提高各項侵害罰金刑之處罰，以期能夠遏止。至於以盜版光碟方式侵害重製權及散布權者，因光碟容量大，往往同時侵害多數著作財產權人之權利，且多以電腦軟體、影音創作為標的，不法獲利高、成本低，盜版及散布容易，對著作權人造成重大損害，損及國家產業競爭力，惡性嚴重，因而加重其罰金刑之處罰，並增訂為「非告訴乃論」之罪。[9]

十、明定供犯罪所用或因犯罪所得之物，得予沒收

為有效遏阻著作權侵害之繼續與擴大，明定供犯罪所用或因犯罪所得之物，得予沒收。又以盜版光碟方式侵害重製權與散布權者，其犯行尤其嚴重，乃明定其得沒收之物不以屬於犯人者為限。並增訂得由司法警察機關逕為沒入，除沒入款項繳交國庫外，其餘部分則銷燬。

十一、增訂回溯保護過渡期間應支付使用報酬，過渡期滿不得再行銷售或出租

我國加入WTO之後，依TRIPS協定第70條第4項規定，回溯保護過渡期間之適用，應至少使權利人可獲得合理之補償金，乃增訂本法修正後至2003年12月31日前已依法利用或改作著作者，應支付一般經由磋商所應支付合理之使用報酬，以期符合該協定。又應支付使用報酬而未支付者，僅為債權債務關係，並不發生著作權侵權之民、刑事責任問題，另為避免對於市面流通之著作重製物究竟是否屬於依法重製之客體，是否受散布權之規範，造成認定上之困難而發生爭議，非但影響著作人權益，並且造成法律秩序上之不安定，乃明定於二年過渡期間屆滿後，不得再銷售或出租。

---

[9] 部分業者認為增列「非告訴乃論」之罪之結果，只是將原本單純之合約，升高為沒有轉圜餘地之刑事案件，影響及於通路業者之經銷意願。惟該一修正，係以目前發生嚴重侵權之光碟為對象，非屬光碟者並不適用。此一修正似與美方經由諮商，要求嚴格取締盜版光碟有關。

肆、著作權法邁向國際化與現代化之補充修正

　　著作權法最近一次修正，係在2004年8月24日經立法院完成立法程序，總統於同年9月1日公布。此次修正旨趣在於補充2003年7月修正之未足，其間相隔僅一年餘，洵具有追加修正之性質。事實上，包括科技保護措施、侵權最低刑罰之設定，乃至有效執行邊境措施、賦予海關主動查扣權等，在2003年7月修正該法時，行政部門草案已予提及，惟因在立法院審議過程，對於同受美方關切之上開三項議題，朝野黨團並未取得共識，因而未能獲得通過。

　　美國USTR所公布2004年特別301條款調查報告中，我國仍列入所謂「優先觀察」名單之中，且即將對我國作「秋季檢討」，已見前述，為能及時化解，經由行政部門提案或有緩不濟急之虞，立法院由邱垂貞委員等33人提案，為發展我國數位產業，解決著作權法執行實務上之困難暨符合國際著作權發展趨勢，以落實著作權保護，特擬具「著作權法」部分條文修正草案，列入2004年8月中旬舉行之立法院第5屆第5會期臨時會，列為討論議案之一，且因時間緊迫，並決定逕送院會進行二、三讀，由朝野黨團協商後，送請院會完成立法程序。

　　茲將此次具有補充修正性質之著作權法部分條文修正之重點列明如下：

一、增訂防盜拷保護機制

　　國內數位內容及影音業者頻頻反應，著作權應納入防盜拷措施，以利產業發展。在2003年著作權法修正時，行政院所提修正草案，原擬增列有關「科技保護措施」，惟當時因時空環境並未成熟，且另有委員提案擬制定「科技保護法」（草案），惟該一草案迄未順利通過，加以「科技保護措施」之適用較為廣泛，此次修正案乃改稱為「防盜拷措施」，不僅增列所稱「防盜拷措施」之定義，乃指著作權人所採取有效禁止或限制他人擅行進入或利用著作之設備、器材、零件、技術或其他科技方法。並增列第80條之2：「著作權人所採取禁止或限制他人擅自進入著作之防盜拷措施，未經合法授權不得予以破解、破壞或以其他方法規避之。」（第1項）「破解、破壞或規避防盜拷措施之設備、器材、零件、技術或資訊，未經合法授權不得製造、輸入、提供公眾使用或為公眾提供服務。」（第2項）

　　至於違反第80條之2第2項規定者，同法第96條之1設有處罰規定（即一年以下自由刑及2萬元以上25萬元以下罰金）。若行為造成著作權人受損害者，依第90條之3，負擔民事賠償責任，數人共同違反者，負連帶賠償責任，而破解、破

壞或規避防盜拷措施之設備、器材或零件者，依第90條之1，可在其輸入時，申請海關先予查扣，若該條設備、器材或零件為侵權行為作成之物或主要供侵害所用之物，權利人亦得請求銷毀或為其他必要之處置。此一修正，旨在符合國內數位產業，保護著作權之迫切需求，有助於所謂E-Taiwan願景之達成，以為善用網際網路、發展數位產業及電子商務奠基。

惟論者有認為所謂「防盜拷措施」，應回歸國際上通用所稱「技術措施」，蓋該條所禁止者只是非法進入（接觸）著作之行為，而不包括非法重製著作之行為，而稱「防盜拷」易使人發生防止他人非法重製之誤會。[10]將來再修正著作權法時，宜併予考慮。

二、限定網路「中繼性傳輸」以合法者為限

2003年7月修正著作權法時，該法第22條有關暫時性重製之規定係參考歐盟2001年資訊社會著作權及相關權利協調指令第5條第1項規定，有關重製權之排除係限於「合法使用著作」之情形，而現行法在朝野黨團協商時修改為「使用合法著作」，與歐盟指令所稱「合法使用著作」，其適用範圍有所差距。又使用合法單機版，作為內部網路多機使用之行為，依各國實務均認為構成侵害重製權，現行法所稱「使用合法著作」，可能發生使非法行為變成合法行為之疑慮，實務上已發生此一質疑，故有修正必要。此外，著作權法第22條第3項及第4項係重製權之排除規定，其適用範圍不宜過廣，否則，易發生「原則」與「例外」倒置情形。乃將網路中繼性傳輸情形予以修正，限定以「合法中繼性傳輸」為限。至於非「合法中繼性傳輸」所發生之暫時性重製，參考香港著作權法第23條第6項、新加坡著作權法第15條第1項第1款、澳洲著作權法第43條，及第111條第1項，則回歸合理使用之判斷標準。

三、刪除錄音著作表演人公開演出之報酬請求權

依現行法第26條第4項規定，錄音著作如有重製表演之情形者，由錄音著作之著作人及表演人共同請求支付使用報酬。其由一方先行請求者，應將使用報酬分配予他方，實務上，此種情形，多透過契約予表演人分享利益。以故，並無規

10　參見中央研究院法律學研究所研究員劉孔中教授，「著作權修法更增疑慮」，中國時報（2004.9.2），版15「時論廣場」。依中國2001年10月修正「著作權法」第47條第6款規定，亦稱「技術措施」。依該條第6款規定，未經著作權人或者與著作權有關的權利人許可，故意避開或者破壞權利人為其作品、錄音錄影製品等採取的保護著作權或者與著作權有關的權利的技術措施。除法律、行政法規另有規定的除外，分別構成民刑事責任。

定賦予著作人及表演人共同請求支付報酬之必要，而予刪除。

四、刪除有關報酬爭議依法仲裁規定

著作權糾紛案件，權利人得尋求民事訴訟程序保障其權利，為TRIPS所明定。我國憲法第16條規定人民有請願、訴願及訴訟權利。如非基於當事人雙方同意，對於糾紛案件不宜強制規定非採取仲裁判斷不可。以故，依現行法第82條第2項規定，著作權仲介團體與利用人間，對使用報酬爭議之調解，經著作調解審議及調解委員會調解不成立時，應依法仲裁，並無必要，爰予刪除。今後凡調解不成立時，改由當事人自行決定進行仲裁與否，或依訴訟程序請求救濟。

五、對於侵害著作人格權者回復以刑罰處罰

著作權法第87條第1款原規定，以「侵害著作人名譽之方法利用其著作權者」視為侵害著作權，而構成處罰，在2003年6月對該法修正案進行朝野黨團協商時，有委員認為該款規定，屬於民法所定人格權之侵害，依民法規定處理即可，而予刪除。惟此次修正時，則以對於人格權之侵害，如僅依民法規定處理，將僅有民事責任，負損害賠償責任，賠償所受損害及所失利益，而無任何刑事責任可言，此與侵害著作財產權負有刑事責任者，會否失卻應有之平衡，而有保護著作權人權益不周之虞，此次修正時，為落實保護著作人格權，而回復修正前原有規定，將其視為侵害著作權，構成依著作權法第93條規定之處罰，包括刑責（二年以下自由刑）及罰金（新臺幣50萬元以下），應較合理。[11]

六、刪除重製構成侵權刑責門檻

2003年7月修正著作權法時，對於以重製方法或以公開口述、公開播送、公開上映、公開演出、公開傳輸、公開展示、改作、編輯或出租之方法侵害他人著作財產權者，區分為「意圖營利」與「非意圖營利」而異其處罰，意圖營利部分，需負較重刑責，前者為五年以下自由刑，後者為三年以下自由刑，而對於非意圖營利者，超過一定門檻，則負較輕刑責，分別為三年、二年或一年以下自由刑；至於在該一門檻之下者，則無任何刑責。此一門檻包括修正前著作權法第91條第2項、第92條第2項及第93條第2項，學者有稱其為所謂著作權法之「五三條款」，即指重製份數超過五份或侵害總額超過新臺幣3萬元，始構成刑責。反面

---

[11] 2003年7月修法時增列錄音著作公開演出之報酬請求權，2004年9月修正時則予刪除；另2003年7月修法時刪除侵害著作人人格權之處罰，而2004年9月修正時再予回復。由於著作權法已有國際化趨勢，為避免影響關係人權益及避免遭受政策搖擺未定疑慮，此種情況似宜力求避免。

觀之，如重製份數在五份以下（含五份）或侵害總額在新臺幣3萬元以下（含3萬元），則不構成刑責。

惟由於法院之審判實務，對於該條所稱「意圖營利」與「非意圖營利」，每難以作明確判斷，例如日常生活中常發生影印店非法影印、公司為營利目的而盜版軟體、廠商賣硬體送盜版軟體，乃至任何個人將光碟盜錄，將光碟名稱作成目錄僱工當街分送或隨報紙派送訂戶，以誘引一般不特定人訂購，以求販售獲利，或僅少量盜錄贈送親友等行為，法院判決有認為構成意圖營利，有認為並不構成意圖營利，而屬非意圖營利，見解相當分歧。加以「五三條款」所具體標示之五份（五件）或新臺幣3萬元之標準，既有此一門檻之規定之後，如由不同人行使，或以化整為零方式，即可達到規避目的，被認為乃是公權力取締效果不彰原因之一，該一門檻規定，本基於立法善意，保護經濟弱勢者，如學生等，據稱原屬內部衡量是否構成侵權之不成文所作承諾之標準，2003年7月修正時加以外部化及明文化，反而造成反效果，為當初始料所未及，從而乃遭到外國強烈質疑，要求重作檢討。

又依現行法，企業為營業目的而非法重製光碟，如以盜版電腦程式為營業之用，大多數案件被認為屬於「意圖營利」，而加重處罰，其法定刑上限為五年自由刑，且屬於「公訴」範圍，並非告訴乃論，則權利人與利用人間反而將因而失去民事和解之可能，對於企業造成困擾。

為解決該等困擾，此次修正著作權法乃將第91條原規定所稱「意圖營利」與「非意圖營利」之界線或區隔打破，且將所謂「五三條款」所設定之門檻拆除。以達到落實保護著作權人權益之目的。

七、設定盜版光碟處罰之最低刑度

美國認為很多國家發生嚴重盜版光碟問題，如美國特別301條款調查報告所指出，在亞洲國家之中，被認為最嚴重之國家為中國，而韓國、泰國及我國（臺灣）等亦被列為嚴重地區之一，美國認為由於侵權行為至為嚴重，對美國企業發展電腦軟體之影響甚鉅，損失金額甚為龐大，而迭要求亞洲國家能速謀改善，以免遭受美國特別301條款之報復。

為有效遏阻盜版光碟之製造與散布，此次我國著作權法修正，除將原在「光碟管理條例」中規定之罰則移列著作權法之外，對於可罰性最高之侵害，亦即「為銷售、出租而盜版光碟」與「銷售盜版光碟」二種侵害之罰則予以加重，將原規定自由刑之下限，由「拘役」提高為「六個月」自由刑。至於可罰性較低之侵權型態之處罰，則並未改變。此一修正，行政部門認為將兼顧著作權保護與刑

事政策間之平衡。以往美國及歐盟等認為我國對盜版光碟處罰缺乏效果，或處罰較輕等各種指責，在此次修正之後，因既已設有最低刑罰之處罰標準，此種情況，預料將有所改善。

八、明定供個人參考或合理使用不構成侵權

為確保社會大眾利用上法律之安全，此次著作權法修正時，於第91條增列第4項規定，「著作僅供個人參考或合理使用者，不構成著作權侵害」。依此，只要符合該一規定條件者，法律已明文保障，不會構成侵害著作權，應可緩和一般人在打破營利與非營利界線及刪除「五三條款」之後所可能發生隨時入罪或人人可能入罪之疑慮。

為免法院將來適用著作權法第91條等時發生適用上之疑慮，乃增列立法說明，載明「縱使是超越合理使用範圍，構成侵害，是否舉發，是否處罰，檢察官與法官仍應考量侵害之金額及數量，予以裁量」，此段文字之註記，乃該一修正案進行黨團協商時，行政部門在立法部門堅持下所作讓步，在以往立法例上，創下特例，應是一項可喜之發展。易言之，依此一註記，法院在偵查及審判階段，仍有充分考量空間，而有刑法原理一般所謂「微罪不舉或微罪不罰」之適用。

此次著作權法修正通過同時，作成附帶決議，要求「著作權專責機關協助利用人與權利人團體對有關著作合理使用範圍之界定，有關圖書館影印、教學用影印及教育機構遠距離教學之利用，應於2004年12月31日前完成之」。未來經智慧財產局完成上述合理使用協議之後，據稱將送全國權利人、利用人、司法檢警單位與法院參考，利用人之利用如在協議範圍內者，不會發生侵權問題。

九、為營業而使用盜版軟體應負民刑事責任

修正前著作權法第87條第5款原規定，明知係侵害電腦程式著作財產權之重製物而作為營業之使用者，視為侵害著作權。此次修正時將「明知」之條件刪除，凡有侵害電腦程式著作財產權之重製物作為營業之使用之事實者，即視為侵害著作權。[12]修正之後，將使凡為營業而使用盜版軟體者皆視為侵權而應負民刑事責任，而不問使用者之是否知情，因而加重營業上使用電腦軟體者之注意義務。

---

[12] 現行法第3條第1項第5款對於「重製」之定義既界定包括直接、間接、永久或暫時之重複製作在內。從而電腦程式之「暫時性重製」已是「重製」，何以修正後第87條第5款仍須規定，以侵害電腦程式著作權之重製物作為營業之用者，「視為」侵害著作權或製版權，其間似有矛盾之處。參見蕭雄淋律師於2003年5月立法院經濟及能源委員會所舉行公聽會所提「對著作權法修正草案書面意見」，有關暫時性重製部分之理由(六)部分。

十、強化邊境措施，授予海關暫緩通關放行權

　　為加強保障著作權人之權益，加強邊境管制措施，亦為此次修法重點之一，實則此在TRIPS協定第58條已規定，如各會員國要求主管當局主動採取行動，並根據其獲得之「表面證據」（prima facie），對有關正在侵害IPRs之貨品暫停放行者：(一)主管當局可在任何時間向權利人索取任何有助於行使此等權力之資料；(二)進口商或權利人應被立即告知暫停放行之行動。如進口商向主管當局對暫停放行提出上訴，有關暫停放行應符合第55條所規定條件；(三)在採取或擬採取行動為出於善意情況下，各會員國始得免除公共當局與其他官員應承擔之採取適當救濟措施之責任。該條規定乃列在TRIPS協定有關「與邊境措施相關特別要求」之章節項下。

　　著作權法第90條之1，在修正之前，對於輸入或輸出侵害著作財產權之物者，僅規定由著作權人或製版權人提出申請，海關方能依法查扣，海關保持不介入態度，因而並無主動查扣權。修正之後，除原有被動權限之外，因鑑於盜版品之跨國貿易將使侵權規模擴大，乃賦予海關對於涉嫌侵害物暫緩通關放行之裁量權限，對於進出口貨品外觀顯有侵害著作權之嫌者，英美法上所謂「表面證據」，即一般所謂具有「合理懷疑」之情況下，得通知權利人於最短期間內（空運出口貨物在四小時內；空運進口及海運進出口貨物為一個工作日內）到海關協助認定。此一規定旨在維護合法廠商貿易之權益，且因時間較短，海關通關作業不致因採取此一措施而遭受影響。[13]

　　此外，尚有一項重要修正，值得注意，即著作物之真品平行輸入，依2003年7月修正著作權法第93條第3款規定，固無刑事責任，而僅有民事損害賠償責任，惟平行輸入之著作物如為光碟者，因需優先適用第91條之1第3項及第92條之規定，連同同法第100條規定合併以觀，不僅有高度刑責，且屬「非告訴乃論」之罪。惟當2004年9月著作權法修正之後，因第91條第3項，除增列最低刑罰（六個月以上自由刑）及提高罰金額度（由原定150萬元以下罰金，修正為20萬以上200萬元以下罰金）之外，加列但書規定，「但違反第八十七條第四款規定輸入之光碟，不在此限」。該一但書增列之原意，應係在排除同法第100條規定，對於出租或出售違反禁止平行輸入規定而輸入之光碟，遂由2003年7月修正案之「非告

---

[13] 著作權法於2004年9月修正以前，立法院全院聯席會在通過93年度國際貿易局預算時所通過決議之一，由於國內DVD碟片廠商在歐洲遭飛利浦公司強力打壓，國內廠商在未經司法審判前，即遭海關逕行扣貨，嚴重影響國內碟片廠權益，經濟部及國際貿易局應協調駐WTO代表處等儘速共同協助國內廠商爭取合理對待。該案如發生在著作權法修正之後，且符合法律所規定暫緩放行之條件者，海關查扣措施即不能謂為無據。

訴乃論」，到2004年9月修正案之「告訴乃論」。惟該法第91條之1第3項加列但書之法意，似不盡明確，而容易發生誤解。

伍、現行著作權法爭議重點議題之回顧與檢討

　　我國著作權法經過近年來數次修正之後，是否已達完善之境，而無須再作檢討，似乎並不盡然，由於著作權法關涉一般人民生活至深且鉅，即使僅是少數條文之修改，亦可能對著作權人或社會大眾或企業經營有所影響。茲僅就其中若干具有爭議性之重點議題，酌作檢討，部分涉及立法原則問題，部分則屬立法策略或立法技術問題。

一、著作權保障應否兼顧公益調和問題

　　經過數次修正後之著作權法，不僅加長著作權保護年限，增加回溯保護條款，增加權利行使種類，包括公開傳輸權、公開展示權、散布權及防盜拷措施，乃至對於侵害著作權之處罰，設定最低刑罰，大幅提高併科罰金額度等，有無偏向著作人權益之保障，而忽略社會公益之調和，不無疑問。[14]

　　國內學者專家對於我國著作權法之修正，多數認為應兼顧社會公益之調和，而非以保障著作人權益為唯一目的。事實上，我國著作權法第1條開宗明義揭櫫三大立法目標：(一)保障著作人著作權益；(二)調和社會公共利益；(三)促進國家文化發展。可見，立法之初對於兼顧公益與私益已有認知，立法基礎並無問題，其成為問題者乃在以往數次修正，在外國強大壓力，尤其美國特別301條款之下，著作權法之修正，在提供權益保障方面，似有向著作人方向移動及傾斜，容或是一項不爭事實。惟平心而論，諸如延長著作權保護年限，以及增加著作人權利種類與內容，乃為符合TRIPS協定及因應數位化內容產業發展之需要，原無任何不妥，至於基於嚴格取締需要而設定最低刑罰及高額罰金，會否影響及於刑法處罰體系之均衡性，其妥適性如何？似尚不無檢討改善餘地。

　　按權利有其絕對性與相對性，在絕對性情況下，權利有如大餅，當私益增加，可能造成公益之壓縮，而在相對性情況下，私益之增加，可能促使公益亦相對加多。惟在著作權所涉及公益與私益之分配情形，前者所可能發生之現象，似

---

[14]　參見立法院經濟及能源委員會編印，「著作權法部分條文修正草案」公聽會報告（2003年5月），頁25以下。

較普遍。易詞言之，私益之增加，將使公益難以獲得必要之調和。又值注意者，所謂「過度立法」與「超前立法」之含義並不相同。「超前立法」之本質較為中性，本身並無良法或惡法之區別，僅是超越時代所需，而「過度立法」則似涉及價值判斷之問題，一般國家並不鼓勵過度立法，以免因過於嚴苛結果，傷及國民之「法律感情」。

二、以「暫時性重製」為「重製」之妥適性及其影響

　　為配合數位化網際網路之發展，著作權法責無旁貸，需要就「暫時性重製」之法律性質作定位，確認是否即為「重製」之一種型態，以及其可能影響。2003年5月5日所舉行修法公聽會乃以「本法修法將暫時重製納入重製範圍，是否合理，對於日常生活，有何衝擊？」作為討論題綱之一，對此一議題，國內學術界及實務界見解，並不一致。

　　目前多數之立法趨勢，包括美國、歐洲及伯恩公約都認為是重製，以故在理論上爭議不大；甚至有認為「暫時性重製」就是「重製」，如有任何衝擊在修法之前即已存在。

　　惟亦有認為暫時性重製可先由司法解釋處理，俟先進國家著作權法立法明確再作跟進。如需立法，得在第87條以「視為侵害著作權」之方式處理。日本迄今有關重製之定義及重製權之規定並無修正，日本在網路及電腦較我國先進，我國如貿然修正，對國內資訊產業將有所衝擊。

　　行政部門表示，「暫時性重製」為一中性概念，是否構成侵權，須視將來行為之效果而定，且已有相關配套措施設計，包括第22條有關「中繼性傳輸」，及第65條有關「合理使用」之規定，應不致對日常生活造成衝擊。且事實上，主管機關早即認為暫時性重製屬於重製權範圍，而受著作權法之保護，此次修正則為杜爭議，予以明文化而已。[15]

　　立法院2003年6月6日三讀通過「著作權法部分條文修正案」，對於「暫時性重製」為「重製」，此一具有爭議性議題，[16]採取肯定說，於第3條第1項第5款規

---

[15]　美國著作權法之重要著作*Nimmer on Copyright*一書，認為「重製」須具備三要件：1.有形要件（tangibility requirement）：即須將著作以具體物質（material object）形體化；2.固定要件（fixation requirement）：即將著作固定於具體之物質上，此著作之固定，必須足以恆久或穩定使人感知著作之內容，而非短暫時間；3.可理解要件：即著作之再現，可經由直接感知或經由機械感知，CD可經由機械而感知聲音，故CD為重製品。

[16]　蕭雄淋律師等認為我國現階段暫時不宜明文規定「暫時性重製」為「重製」，所舉理由多達七點，詳請參氏等所提「對著作權法修正草案書面意見」（2003年5月）。氏曾提出質疑，學生到網咖上網，而網咖之電腦軟體為非法軟體，學生使用之電腦非自己所有，其操作使用電腦乃屬重製行為，無法主張著作權法第51條之個人合理使用時，亦將發生侵權問題，因而認為不宜如此將著作權法之犯罪行為擴及到使用人。

定，對重製定義為，指「以印刷、複印、錄音、錄影、筆錄或其他方法直接、間接、永久或暫時之重複製作。於劇本、音樂著作或其他類似著作或播送時予以錄音或錄影，或依建築設計圖或建築模型建造建築物者，亦屬之」。惟因有鑑於可能對人民日常生活或資訊科技產業有所衝擊或困擾，在修法通過同時，作成「附帶決議」，責成行政部門應在本法修正公布施行一年內，就暫時性重製之相關規定，向立法院提出施行成效評估報告。

依經濟部對數位內容所作定義，乃指將圖像、文字、影像、語音等運用資訊科技加以數位化並整合運用產品或服務。主要區分數位遊戲、電腦動畫、數位學習、數位影音應用、行動內容、網路服務、內容軟體與數位出版典藏等類。我國在2002年時，數位內容產值超過1,500億元，據估計到2006年時，其產值將達3,700億元，並且可以增加4萬個工作機會。

有鑑於我國在數位產業之發展潛力，現階段政府正推動2兆雙星計畫，數位內容產業與生物科技等皆為重點推動產業。據經濟部統計，2003年我國數位內容產業國內市場占有率為88%，國際市場占有率為12%，預計到2006年國內市場占有率將降為70%，而國際市場占有率則可望提高為30%。為加速推動此一產業，除有意設置「數位內容學院」之外，亦將提供此一產業之優惠貸款。

數位科技之發展，已從平面、立體、影音效果各種方式激發創作者之潛能。而網際網路之發展，使各種創作之傳播，超越國界之限制，幾乎已無遠弗屆，透過網際網路，雖人未親赴日內瓦WTO現場，亦得經由網路取得WTO各項資訊，包括WTO秘書長之演說詞，WTO平日諮商議題，及各委員會召開會議結論等重要資訊。

由於修正後著作權法案第22條已增列第3項規定，於專為網路合法中繼性傳輸，或合法使用著作，屬技術操作過程中必要之過渡性、附帶性而不具獨立經濟意義之暫時性重製，不適用之。但電腦程式著作，不在此限。受經濟部委託研究之理律法律事務所在研究報告指出，該項規定已排除著作權法重製權保障之外，以故，一般數位資訊產業者如何使用合法著作，只要符合該一要件規定，非屬有意識地，而係技術操作之機械性之暫時性重製，依主管機關對暫時性重製之解釋函令，並無觸法之虞。即使不符合該項規定，因著作權法第44條至第65條另設有「合理使用」之規定，數位資訊產業對暫時性重製之立法，所造成之侵害著作權之疑慮可大幅降低。為避免國人及數位資訊產業因對法律之誤解，而導致影響數位資訊產業之發展，研究報告乃建議主管機關應多作宣導。[17]

---

[17] 參見經濟部智慧財產局委託理律法律事務所2004年5月完成「2003年6月6日立法院三讀通過新修正著作權法之附帶決議」研究報告第四章「暫時性重製對數位資訊產業之影響評估報告」，頁109以下。

　　至於有關重製與暫時性重製之國際公約及主要國家之立法例，如表17-1。

表17-1　國際有關重製與暫時性重製立法例

	重製定義	暫時性重製
伯恩公約第9條	・任何方式或形式 ・所有型態重製 ・永久／暫時 ・直接／間接 ・包含暫時性重製	・准許重製之例外情形由各聯盟國國內法定之三階段判斷： 　1.限於相關特定情形 　2.未與著作之正常利用相衝突 　3.不至於不合理地損害著作人之合法利益
WIPO著作權條約WCT草案第7條	・任何方式或形式 ・永久或暫時 ・直接或間接 ・包含暫時性重製	・使著作供感知 ・偶然或不可避免 ・得以法律限制 ・著作權人授權或法律允許情況下重製
WIPO表演人及錄音物條約WPPT草案	・任何方式或形式 ・永久或暫時 ・直接或間接 ・包含暫時性重製	・僅在使被固著之表演供感知 ・偶然或附帶性質 ・得以法律限制 ・表演人授權或法律允許被固著之表演為限
歐盟	・任何方式及形式 ・全部或部分 ・直接或間接 ・永久或暫時 ・包含暫時性重製	・無直接定義 ・以排除規定反面推論受排除者： 　*暫時性或附隨性 　*技術過程中不可缺及必要之部分 　*唯一目的係為： 　1.作為網路中第三者之傳輸中介 　2.合法使用 　*無獨立之經濟重要性者
美國	・以現在或將來之任何方法 ・固著於錄音物之外的實體物 ・得感知著作之內容或得藉由裝置而傳播	・法無明文 ・根據PEAK案判決而來 ・暫時地存在於RAM中屬於重製
中國	・印刷、複印、拓印、錄音、錄像、翻錄、翻拍等方式 ・將作品製成一份或者多份的權利 ・作品製成數字化製品（1999年12月9日國家版權局之規定）	・無法律定義 ・是否屬於重製行為未規定 ・以網路傳播權、處理網路重製發行問題

表17-1　國際有關重製與暫時性重製立法例（續）

	重製定義	暫時性重製
日本	・有形的 ・再製 ・實務及學說認為不包含暫時性重製	學說關於「暫時性」之判斷標準 ・儲存時間長短 ・儲存媒體 ・重製人有無為重製之意思 ・重製人有無預定刪除儲存之資料
我國	・印刷、複印、錄音、錄影、攝影、筆錄或其他方法 ・演出或播送時予以錄音或錄影 ・依建築設計圖或建築模型建造建築物 ・直接、間接、永久或暫時之重複製作	1.專為網路中繼性傳輸 　—網路瀏覽 　—快速存取 　—達成傳輸功能之電腦或機械本身技術上所不可避免之現象 2.使用合法著作 3.屬技術操作過程中必要之過渡性、附帶性而不具獨立經濟意義 4.排除電腦程式

資料來源：理律法律事務所（2003年12月20日）。

三、著作物之真品平行輸入應否禁止及處罰問題

　　我國著作權法未修正前提及「散布」，修正後賦予著作人完整之「散布權」，且將「出租權」納入，並無爭議。

　　對於與「散布權」關係密切之著作物真品平行輸入（俗稱「水貨」）應否禁止，如禁止而違反應否處罰，或僅禁止而不構成刑罰，在該次公聽會席上，成為熱門議題之一，行政部門立場，由於我國與美國在1993年簽訂有「北美事務協調委員會與美國在臺協會著作權保護協定」及相關協議，曾經承諾禁止著作物之平行輸入。[18]此次行政部門所提出之修正草案，對於以第87條各款方法之一侵害他人之著作權者，包括第4款規定，未經著作財產權人同意而輸入著作原件或其重製物者，回復依第93條第3款予以處罰。

　　論者認為真品平行輸入如係個人攜帶並不構成犯罪，禁止平行輸入為目前多數國家之立法趨勢，若我國法律允許平行輸入，將導致我國真品無法進入其他國家，而其他國家之真品則得進入我國之不公平現象。惟亦有認為，著作權產品亦

---

[18] 依該協定第14條規定，受本協定保護之著作，其侵害物，在該著作享有合法保護之締約任何一方領域內，應予扣押。侵害物係指侵害依國內法及本協定所規定之專屬權利之任何著作版本；包括進口版本，倘該版本之進口商縱係於進口地自行製作該版本亦構成侵害著作權者。（第1項）扣押應依締約各該方領域內法令為之。（第2項）

為商品一種，與一般製造商品無異，很少國家對非仿冒之真品輸入判定有罪。真品既非仿冒品，應不需得到著作人同意，且因目前不准真品輸入，在代理商壟斷下，多數進口商品價格高於國際行情，對於一般消費者不利，且如禁止著作物之真品平行輸入，將限制知識傳播，並使經濟弱勢之學生在取得便宜圖書及相關資訊之機會受到壓迫。而美國特別301條款重點在於盜版、仿冒及執行不力方面，並未涉及著作物平行輸入問題。我國政府如限制人民購買合法重製管道，禁止合法購買，反將導致盜版猖獗而更加嚴重。

　　我國著作權法修正結果，對於著作物之真品平行輸入行為，仍「視為」侵害著作權或製版權之一種態樣，除光碟係另條規定之外，並不適用第93條第3款之規定處罰，回復與2003年7月修正時之相同狀態。按有關著作物真品平行輸入之第87條第4款既被視為「侵害」著作權或製版權，除屬於光碟者外，並無刑責，在立法技術上應否自第87條各款中抽離，另立專條，明定其所應負擔民事上之損害賠償責任，以資明確。

　　又著作物真品平行輸入如為光碟，並不適用第93條第3款規定，而優先適用第91條之1第3項規定，構成刑責。且依著作權法第100條規定，並非「告訴乃論」，而屬少數「非告訴乃論」之罪之一。[19]修正後著作權法第91條之1第3項增列但書規定「但違反第八十七條第四款規定輸入光碟者，不在此限」。此一但書規定，究屬在排除第91條之1本文有關構成刑責處罰，抑或在排除同法第100條有關非告訴乃論，極易滋生疑義。據悉，其原意應屬後者，而非前者。易言之，著作物之真品平行輸入，如為光碟者，並非不處罰，而係自2003年7月修正時之「非告訴乃論」轉變為2004年9月修正後之「告訴乃論」而已。從而，則修正後現行法第91條之1第3項但書規定之妥適性如何？似值得檢討。

四、國際間有無「著作權侵害除罪化」之立法趨勢

　　依WTO架構下之TRIPS協定仍有刑事處罰規定，按TRIPS協定第61條規定，各會員國應規定刑事程序與處罰，在適當情況下，可使用之救濟手段尚應包括扣押、沒收及銷毀侵權貨品及主要用於侵權活動之任何材料及工具。各會員國可規定適用於其他IPRs侵權行為之刑事程序與處罰，尤其是故意，並具有商業規模之侵權案件。[20]

---

[19]　依現行法第100條規定，屬於「非告訴乃論」之罪者，限於下列三種情形：1.侵權重製光碟意圖銷售或出租者（第91條第3項）；2.侵權重製光碟而散布或意圖散布而公開陳列或持有（第91條之1第3項）；3.常業犯（第94條）。

[20]　WTO/TRIPS協定第61條原文如下："Members shall provide for criminal procedures and penalties to be applied

　　2003年7月著作權法之修正，行政部門強調對於侵權之處罰，在自由刑方面維持不變，而罰金刑則大幅提高，在高額罰金之下，固然可以使侵權人無利可圖，如行政部門所期待者，惟在刑事政策上，罰金之原本作用，並非在抵銷侵權人之不法所得。因為侵權人之不法所得可經由法院宣告沒收或追繳即可。依修正後著作權法第91條第3項規定，以重製於光碟之方法即意圖銷售或出租而擅自以重製之方法侵害他人之著作財產權，除自由刑以外，得併科達新臺幣500萬之罰金。至於如為第91條第3項之罪之常業犯，除自由刑高達七年之外，所得併科罰金亦達新臺幣800萬元之新高紀錄。

五、我國著作權法有關刑罰刑度與罰金額度與亞洲鄰近國家之比較

　　我國著作權法所稱「常業犯」與TRIPS協定第61條所稱「故意違法」（committed wilfully）及具「商業規模」（on a commercial scale）之關聯性，以及常業犯是否必然具有商業規模及以營利為目的及我國著作權法刑罰「刑度」、罰金「額度」及其處罰範圍，與亞洲鄰近國家之比較，值得加以檢討。

　　根據主管機關所蒐集資訊顯示，對於散布盜版光碟犯罪行為之處罰，包括印尼、泰國、馬來西亞、菲律賓、中國、美國、英國等，都已經將其改為公訴罪。在處罰刑度方面，我國維持最高本刑七年未改變，主要為針對重大案件。相較於其他國家，馬來西亞為十年，香港八年，中國三至七年，菲律賓則為六年。以故，行政部門乃認為我國著作權法對於盜版光碟之處罰，應為允當。至於罰金部分，此次修正時將罰金額度大幅提高，針對盜版盜錄光碟之常業犯，依第94條第2項規定，提高至新臺幣800萬元之上限，與其他國家比較，美國最高處罰為100萬美元，加拿大折合新臺幣為2,000萬元，日本為1億日圓，韓國折合新臺幣為800萬元，新加坡為200萬，香港為200萬，而我國則係比照韓國之標準。

　　中國頒布之著作權法，無論是1990年9月頒布或2001年10月為配合加入WTO所修正頒布者，未設罰則章，有關侵權之處罰，於刑法中規定，依據中國刑法第二章第七節「侵犯知識產權罪」，有關侵害著作權之處罰，僅有二條，即第217條及第218條規定。而我國著作權法有關罰則多達16條設定處罰，包括刑罰及罰

---

at least in cases of wilful trademark counterfeiting or copyright piracy on a commercial scale. Remedies available shall include imprisonment and/or monetary fines sufficient to provide a deterrent, consistently with the level of penalties applied for crimes of a corresponding gravity. In appropriate cases, remedies available shall also include the seizure, forfeiture and destruction of the infringing goods and of any materials and implements the predominant use of which has been in the commission of the offence. Members may provide for criminal procedures and penalties to be applied in other cases of infringement of intellectual property rights, in particular where they are committed wilfully and on a commercial scale."

金者亦有八條之多，除其中第96條屬於單科罰金者外，多屬刑罰與得併科罰金者，我國所規定之處罰範圍，是否遠較中國寬廣，有無需要檢討，部分有無可能改爲以「行政罰」處理，似不無研究餘地。現階段，在國際間中國被指爲侵害著作權最嚴重國家之一，是否因處罰偏低，處罰範圍偏狹，或因執行不力所造成，顯然後者因素居多。

　　嚴格言之，鑑於侵害著作權之態樣較多，中國刑法有關侵害著作權之處罰，僅有二條，似乎過於「簡單化」，而我國著作權法有關處罰之罰則則多達八條，則又似乎過於「複雜化」，如何在「簡單化」與「複雜化」中求取中道，使該罰者罰之，不該罰者不罰，凡此亦屬「人權」之一部分，行政與立法部門似均宜愼重考慮。

六、我國應否制定「經濟刑法」，以求取處罰均衡效果

　　基於「罪刑法定主義」之理論，有關刑責之構成，包括刑罰及罰金，均應有法律依據。國際間有關因行爲違反法律規定，而課刑事責任者，約有三種不同模式。

　　(一) 將各種不同犯罪型態均一律納入「刑法」規定，刑法之外無刑罰可言。採取此一模式之最大益處，在於能夠在同一法律中，平衡考慮各種不同犯罪行爲處罰之輕重問題。目前中國採取此一模式。

　　(二) 制定「經濟刑法」，以單一之「經濟刑法」爲「刑法」之特別法，因經濟活動往往存在或潛藏厚利之經濟誘因，違反情況可能特別多，因而乃在「刑法」之外，整合各種經濟犯罪型態，制定「經濟刑法」。採取此一模式之最大益處，在於可將不同型態之經濟犯罪，納入單一而爲各別之「經濟刑法」之中，可避免全部納入刑法，造成刑法規模之過度膨脹，目前德國即採取此一模式，而頒布「經濟刑法」。

　　(三) 對各種不同經濟犯罪，因各別需要，制定各種不同類別之法律，而在各別法律中分別制定「罰則」，課以刑責。採取此一模式之最大弊病在於制定各別法律中，可能基於不同之時空背景，或不同之外在壓力因素，未能就通盤立場作平衡之考慮，而發生偏差情形，如本可以行政罰處罰者而以刑罰處罰，反之，如原應課以刑罰者反政以行政罰處罰，以及在同爲刑罰或行政罰間有不當之輕重之別。其益處則在便於各種不同法律之修正，不至於牽一髮而動全身。目前我國採取此一模式。

　　現階段我國刑法第十九章：「妨害農工商罪」僅有五條條文，規定妨害販運農工物品罪（第251條）、妨害農事水利罪（第252條）、僞造仿造商標商號罪

（第253條）、販賣陳列輸入僞造仿造商標商號之貨物罪（第254條）及對商品爲虛僞標記與販賣陳列輸入商品罪（第255條），其範圍甚爲有限，無法含括各種不同經濟型態之犯罪，因未制定單一之「經濟刑法」，由權責機關因不同需要，擬定各種不同之經濟法律。

不可否認，制定單一而統一之「經濟刑法」，因涉及諸多財經法案，可能是一項龐大之法律工程，並不容易。從而，如近期內對「著作權法」再作修正時，似可將罰則列爲修正調整重點之一，蓋現行「著作權法」似存在結構性調整問題，尤其「罰則」章爲然。舉例而言，著作權法之罰則，與周邊法律，如與商標法、公平交易法及貿易法等法律之間之罰則，在處罰刑度及罰金額度上，有無偏差，頗爲重要。

陸、結論及建議

一、結論部分

加入WTO使我國成爲國際經濟社會之一員，對我國而言，誠爲一大盛事。惟對於外國著作權之保護則發生重大變化。蓋在我國於2002年1月加入之前，所保護外國人之著作權，限於與我國締結或達成有相互保護著作權協定或協議者，僅有美國、英國、瑞士及香港，而在加入之後，基於WTO之最惠國待遇原則及TRIPS，需對各WTO會員國開放，作同等保護。其實，其結果有助於我國引進外國之著作物，亦有助於我國著作物之輸出，從而，加速我國文化產業之發展，並進而對我國在「創意產業」方面邁向國際化及現代化，均有推波助瀾之效用與效果。

WIPO秘書長鮑格胥曾謂，鼓勵智力創作爲社會經濟及文化發展先決條件之一。各國對從事文學、藝術作品創作者給予精神與物資鼓勵，並提供著作人有關人格權及著作財產權之保護，殊有必要。我國在清朝時期，頒布有「大清著作權律」，而1928年國民政府頒布之「著作權法」對該律亦多所參考。著作權法自頒布迄今，已歷經12次修正，近年來修正更爲頻繁。目前全世界200餘國中，頒布有「著作權法」之國家或地區據統計達150個以上，可見其普及率甚高，亦顯示各國對制定此一法律之重視，視爲人類文明進步之原動力。

加拿大McMaster大學策略管理教授邦提斯（Nick Bontis）於2004年10月應邀來臺參加有關智慧資本論壇國際研討會時謂，人類智慧進步，到今日知識時代，

係以豐富之知識作爲資源，而與農業及工業時代不同。又謂，隨著知識經濟時代來臨，知識型企業之價值來源，轉變爲知識資本爲主體之無形資產，智慧資本之創造、蓄積與管理，將成爲知識型企業發展之基礎。[21]最近，我國企業界提出所謂「技術權利化」，認爲創業是個人財產，創業者應將公司握有之IPRs當作資產組合予以管理與保護。[22]而在政府部門亦提出所謂「技術入股」之概念，將融入相關法律，包括「促進產業升級條例」等之配合修正。

就大體而言，我國著作權法經過2003年7月及2004年9月二次修正之後，現行著作權法與「伯恩公約」、「世界著作權公約」及WTO/TRIPS，已頗爲接近或符合，對於降低與WTO會員國發生貿易摩擦或IPRs爭端之機會，有所助益。尤其遭受美國特別301條款所作貿易報復之威脅，亦可望減輕。

美國政府曾在多次不同場合表示，改善IPRs保護爲美臺雙方恢復TIFA談判之前提，而達成TIFA協定則爲雙方簽訂FTA之基礎，如未能保護IPRs，要求簽署FTA簡直是緣木求魚。我國著作權法最近一次修正之後，對於美方所關切之科技保護措施（防盜拷）、侵害著作權最低刑罰、及由海關加強邊境措施（主動查扣，暫緩通關放行），均已有善意回應，而對於美歐國家最近所關切，跨國製藥公司之資料專屬權問題，亦已配合修改「藥事法」。凡此，對於未來與美國簽訂FTA，均有直間接幫助。

以美國商會爲例，甚爲關切我國著作權法最近一次之修正，[23]該商會於2004年10月中旬發表談話，呼籲美國政府將我國自特別301條款名單中除名，並將建議美國與我國恢復雙邊TIFA談判，在臺美國商會並表示願意協助我國發展知識密集型產業及更成熟之服務業，使我國經濟能夠順利轉型，以便拓展雙方商機。[24]最近訊息傳來，USTR已於2005年1月18日公布「特別301條款不定期檢討

---

[21] 據稱經濟部技術處推動學界科專計畫，應用學界累積之基礎研發能量及既有設施，開發整合性之技術能力與資源，投入產業技術之研發工作。2003年7月1日，補助政治大學商學院與資策會共同成立「台灣智慧資本研究中心」（Taiwan Intellectual Capital Research Center, TICRC），促使其成爲國內外智慧資本之權威研究機構。

[22] 業界代表有建議新創產業業者，爲達到「技術權利化」，企業在進行智財權之全球布局時，申請專利之地點未必皆以美國第一，有時中國之專利權更有價值。參見工商時報（2004.11.7），版4。

[23] 立法院最近一次通過著作權法部分條文之修正之後，智慧財產局於2004年10月中旬率團赴美國遊說，拜會美國USTR助理貿易代表佛瑞曼（Charles Freeman）、國際IPRs聯盟會長史密斯（Eric Smith）等之外，並與權利人團體，包括商業軟體協會（BSA）、美國電影協會（MPAA）、美國錄音產業協會（RIAA）、遊戲軟體協會（ESA）、美國出版商協會（AAP）等交換意見。史密斯曾表示，我國完成著作權法之修正爲一大進步，惟渠仍表示，希望我國能加速對非法網站之處理，解決侵權問題，同時並期盼由教育部擬定具體措施，改善校園侵權問題。

[24] 美國商會會長吳王小珍在立法院召開臨時會審議著作權法之前，曾率團拜會王院長表達關切，而在完成修法之後亦曾經表示感謝之意。梁表示包括2004年8月立法院快速通過著作權法修正案、正在審議中之跨國製藥公司之資料專屬權，顯示臺灣政府展現拼經濟之積極意願，而且最近一連串討論如何讓跨國公司更容易進入政府採購市場，包括公共建設等，都令人振奮。

報告」，肯定我國保護智慧財產權之努力，已有明顯長足進步，乃宣布將我國自「優先觀察」名單，改列「一般觀察」名單。期待未來能夠獲得除名。

二、建議部分

今後，我國面對美國特別301條款，在立法與執行層面，如何因應，可能所見不同，謹提供三點建議如下：

(一) 智財權可能延伸保護範圍

美國要求我國加強保護IPRs，似有脈絡可循，由查禁仿冒商標、侵害專利權，而後到侵害著作權，及取締盜版光碟，將來俟侵害著作權事件告一段落之後，未來可能移轉到積體電路布局、營業秘密之保護，乃至地理標誌及工業設計等方面。惟因在各項IPRs中，以著作權涉及權益之侵害最為嚴重，且其現象最為普遍，與日常生活有關，受損害之金額亦最大，而最為美國及歐盟國家所關切。

我國著作權法經過最近一次於2004年9月修正公布之後，有關侵害著作財產權之處罰，在刑罰方面不能不謂重，在併科罰金方面亦不能不謂高，未來現行法能否發揮功效，端視各相關主管機關是否能有效執行，無疑地，執行將是最後關鍵所在。

(二) 從學校教育著手，增列「電子商務」等課程

不可否認，在著作權法對於侵權案件，設定最低刑罰及大幅提高罰金之後，在短期間之內，確將收到一定程度之遏阻效果，惟因厚利所在仍無法完全阻卻心存僥倖，鋌而走險者，且其結果在於「治標」，而非「治本」。治本之道，仍宜從學校養成教育著手。據稱，在已開發國家及開發中國家如新加坡及菲律賓之法學教育，已有以「智慧財產權法」取代傳統之「物權法」，以「電子商務」取代傳統之「契約法」之趨勢，其用意不在完全取消「物權法」與「契約法」課程之講授，而在強調「智慧財產權法」及「電子商務」此二新興課程之重要。

國際上現似有「智財立國」之趨勢。中國重點大學之一之西安交通大學現已設有「電子商務學系」。[25]按「電子商務」為近年來APEC及WTO新回合談判探討主要議題之一。此一發展，值得我國關注。

---

[25] 作者於2004年7月中旬應中華青年交流協會之邀，參加在福州舉行之第3屆兩岸大學生辯論比賽，擔任評審之一。於比賽結束後，依主辦單位安排，飛往西安古城，並參訪西安交通大學，發現該校現已設有「電子商務學系」此一頗為前衛之科系。

(三) 會員國無保留遵守協定義務

　　我國因已加入WTO而有關TRIPS協定為一強制性協定，凡加入者均應遵守，且依TRIPS協定，加入國家未經其他成員國同意不得對該協定之某一部分提出保留（reservation），[26]TRIPS協定要求各國對侵權者處以刑罰及罰金，惟因各國國情不盡相同，TRIPS協定本身並未釐定處罰之具體標準。如以明顯較高標準要求，以執行TRIPS協定，當為國際社會所歡迎。我國最近二次修正著作權法，即以力求符合TRIPS為依歸。

　　按著作權法之性質，介於「倫理法律」與「技術法律」之間，既不宜如民法、刑法等屬於「倫理法律」者，可以經數年或歷十數年不作修正，屹立不搖，以維持法律之安全性；亦不宜如「海關進口稅則」、「促進產業升級條例」等屬於「技術法律」者，可因外在環境變化或特殊原因而隨時或年年修正，以維持法律之適用性。現行著作權法經過最近二次修正之後，雖已約略符合TRIPS協定之要求，惟WTO新回合談判仍未結束。且部分係因國情需要而作規定，一旦因需要或情勢改變，並非不能修正。誠如美國法理學大師卡多索所言：「日暮投宿之逆旅，並非行程終點，法律仍需準備明日之行程。」

---

[26]　依WTO/TRIPS第72條規定，未經其他會員國同意，不得對本協定之任何規定提出保留。（Reservation may not be entered in respect of any of the provisions of this Agreement without the consent of the other Members.）

第 18 章

我國制頒金融機構合併法案芻議：從美國GS法修正經驗說起*

壹、概說

行政院經濟建設委員會前身經濟革新委員會於1985年8月中旬曾經通過「金融機構合併及改制架構以及制定有關法律之建議」報告書，依該報告書，當時即曾建議財政部參照「銀行法」、「公司法」、「合作社法」及其他國家金融機構合併改制之有關法律，並配合我國金融體系未來發展之需要，儘速制定「金融機構合併及改制法」。

歐美及日本等先進國家之金融機構，其銀行業務之經營，朝向國際化及自由化乃至多元化之方向發展，各類金融機構有逐步走向「同質化」（homogenization）之傾向。為因應經濟與金融機構經營環境之轉變，先進國家早在三十餘年以前即已先後制定有關金融機構間合併及改制之法案。其最著者包括美國1960年「金融機構合併法」（Bank Merger Act of 1960）及1968年日本「金融機構合併及改制法」。

我國經濟之發展，由農業社會走向工業社會，經濟結構復與往昔有所不同。但有關金融機構之經營方式，如引進自動櫃員機等，並大幅開放外商銀行在臺設立分行及新設銀行之經營以外，在銀行經營業務之範圍及金融商品之開發等方面，變動不大，金融中介管道尚未暢通。

我國為發展成為亞太營運中心及金融中心，對於現行金融制度需要作大幅改革。行政院於1999年10月12日送立法院審議「金融機構合併法案」，曾列為立法院第4屆立法委員第2會期優先審議法案之一。[1]

---

* 本文原載於立法院：「立法院院聞」，第28卷第5期（2000年5月），頁81-97。2024年6月略作文字修正。

[1] 行政院於1999年10月所提出之「金融機構合併法草案」，並未如期於1999年12月底前通過，該案現似責由行政部門配合國際趨勢再作檢討。我國現已有控股公司、綜合銀行等之設立，應是一項正面而可喜之發展。

　　行政院前經革會建議，爲強化我國金融體系，導入競爭原理，並促進金融機構之健全發展，宜允許同種類及不同種類金融機構間得以相互合併，以擴大其經營規模與業務範圍，或就現有金融機構改制爲他種金融機構，以順應社會需求之必要。

　　行政院於1999年10月送由立法院審議之「金融機構合併法草案」，顯較經革會所建議者保守，以合併對象而言，無論目前國際趨勢或經革會建議，均已朝向所謂「綜合銀行」（universal banking）經營發展，而現擬草案，仍限於同種類金融機構之合併，例如草案第5條第2項至第4項規定，銀行業之銀行與銀行業之其他金融機構合併，其存續或新設機構應爲銀行；證券及期貨業之證券商與證券及期貨業之其他金融機構合併，其存續機構或新設機構應爲證券商；保險業之產物保險公司與保險合作社合併，其存續機構或新設機構應爲產物保險公司。另同條第1項但書規定，但法令規定不得兼營者，不得合併。凡此，均係排斥不同種類金融機構申請合併之明文規定，依此，如依行政院原擬草案，我國在「金融機構合併法」完成立法程序之後，銀行仍不得兼營證券業，甚爲明顯。

　　我國在2001年內將與中國同時加入WTO，金融服務業與商業服務、通訊服務、營造及相關工程服務、經濟服務、教育服務、環境服務、健康及社會服務、觀光旅遊服務、娛樂、文化及運動服務、運輸服務等同屬WTO架構下「服務貿易總協定」（General Agreement on Trade in Services, GATS）之一環，金融服務業與其他服務業同，亦須符合市場開放、透明性、漸進自由化、最惠國待遇、國民待遇及擴大開發中國家參與諸原則。[2]爲強化我國金融服務業之國際競爭力，亟須思有所突破，鼓勵現有已設立過多之金融機構實施合併，以符合經濟規模原則，應是其中一項重要步驟。

　　行政院在所提「金融機構合併法草案」總說明中指出，爲提升金融機構之規模經濟效率，經營效能及維護金融安定，乃參考美國、日本、德國等先進國家有關金融機構合併之制度法令及我國促進產業升級條例等有關合併之相關規範，而擬具該一草案，並納入租稅及規費優惠等措施，以提高金融機構之合併誘因，提供良好之法律環境，以促進金融機構整合，增強我國金融機構之國際競爭力，並促進我國金融體系之健全發展。該草案並未分章，全文共有19條條文。

---

[2]　依歐洲國際經濟法學者André Sapir教授指出，GATS包括一項未來談判條款，要求在2000年1月以前進行新一回合之服務貿易談判。「GATS 2000」此一廣泛協定，必須尋求改善GATS之制度設計及各會員國之特別承諾表。*See* André Sapir, "The General Agreement on Trade in Services: From 1994 to the Year 2000," *Journal of world Trade* (February 1999), 33(1): 51-66; 邱政宗，現代國際貿易法（下），永然出版社（1994年8月），頁235以下。

　　鑑於「金融機構合併法」爲我國推動金融改革之重要法案，相關立法設制之合理與周延與否，影響我國今後之金融體制及有無國際競爭力，乃至有無機會成爲亞太金融中心之一，而能與新加坡、香港、上海、東京並駕齊驅，關係甚大，乃針對行政院所提之立法政策與立法技術有關問題，參考美日立法前例，略作探討，以供參考。[3]

貳、美國GS法之發生與發展

　　1930年代美國銀行介入證券業務之不正當行爲，促使美國政府決心對銀行弊端進行根本改革。美國參議院議員卡特・格拉斯（Carter Glass）乃將以銀行與證券業務分離爲主要訴求，提交參議院通過。而在此同時，美國衆議院議員亨利・B・斯蒂格爾（Henry B. Steagall）提出以創設存款保險制度爲主要訴求之法案，亦獲衆議院通過。該二項法案送交二院協調會議討論，經部分修正後通過。1933年6月16日經羅斯福總統簽署，此即美國著名之1933年銀行法（Banking Act of 1933），以參議員格拉斯與衆議員斯蒂格爾二人之名命名爲格拉斯—斯蒂格爾法（Glass-Steagall Act，簡稱GS法）。

　　事實上，該法表明爲：An act to provide the safer and more effective use of the assets of banks, to regulate interbank control, to prevent the undue diversion of funds into speculative operations and for other purpose，而1933年銀行法則爲其略稱。該法全文34條，其主要內容包括「商業銀行」與「投資銀行」業務之分離、禁止支付票據存款利息、賦與聯邦準備理事會訂定存款利率上限之權限，乃至創設聯邦存款保險公司（Federal Deposit Insurance Corporation, FDIC）等，其中銀行與證券業分離及FDIC之成立，其影響甚爲深遠。我國直到1990年代始完成中央存款保險公司條例之立法工作，距離美國1933年之GS法，其間相距達六十年之久。

一、防火牆之基本概念

　　按「防火牆」（firewalls）一詞，乃美國聯邦理事會主席葛林斯班（Alan

3　我國現有金融機構規模太小，在加入WTO以後，極難與國外大型金融機構競爭，現階段採取合併不失爲快速提高競爭力之捷徑，但政府相關單位仍應避免產生少數金融機構獨占或寡占情形，並及早訂定金融機構市場占有率衡量標準，以作爲合併審核上之依據。以美國爲例，當金融機構之資本適足率低於8%時，政府即可禁止其分配盈餘或增資，進而迫使其合併。

Greenspan）於1987年11月18日在美國眾議院銀行、金融及都市問題委員會之金融監督、規則及保險小組委員會作證時所提出之用語。葛氏支持銀行與證券問題之改革，並提出為防止銀行子公司與證券子公司所引起之問題，必須有一道「牆」（wall）或「制度上之防火牆」（institutional firewalls）之設置。葛氏提出「法人分離防火牆」（corporate separateness fire walls）之觀念。

　　葛林斯班證詞指出，防火牆之目的在於構築將銀行與證券業務分離之架構，以防範銀行或證券業務任何部門之風險擴大並波及銀行或證券部門或二個部門，以維護銀行經營之安全性及健全運作。葛氏認為防火牆有二項基本原則(一)銀行或其子公司與證券子公司間之分離應予制度化，可採取控股公司方式；(二)為達到分離目的，必須設立防火牆，以規範銀行子公司與證券子公司之不正當交易。[4]

　　依葛氏見解，防火牆架構之重點如下：

　　(一) 銀行子公司不得貸款給證券子公司，亦不得自證券子公司購入資產。

　　(二) 銀行子公司不得對證券子公司承銷之證券提供保證。

　　(三) 銀行子公司不得對證券子公司承銷之證券發行公司提供支付還本或付息之貸款。

　　(四) 銀行子公司不得對其顧客提供貸款以購買證券子公司承銷之證券。

　　(五) 銀行子公司與證券子公司間董監事及高級職員之兼任應予適當之限制。

　　(六) 證券子公司之債券並非銀行子公司之債務，對此應予適當揭示，以免客戶混淆。

　　(七) 證券子公司之資本應予充實。

　　按所謂「防火牆」原為學理上之名詞，為一般新聞媒體所樂予使用，以規範銀行與證券業務分離及防範利益衝突發生之手段與方法。而實務界與國際法則稱此為防衛（safe-guard）、障礙（barriers）、限制（limitation or restrictions），包括聯邦準備理事會、聯邦存款保險公司、美國證券業務協會或美國金融主管官員所使用，以釋明為避免發生利益衝突與其他弊端所採行分離之方法。

二、美國主要金融法案概況

　　1930年代美國發生經濟大恐慌，為挽救金融危機乃於1933年通過銀行法，設立聯邦公開市場委員會、聯邦存款保險公司，以規範銀行與證券業務分離、協調

---

[4]　有關葛林斯班證詞的詳細引述，參見施敏雄，美國銀行與證券業務分離制度及防火牆基本理念，臺北市銀月刊，第273期（1992年6月），頁2-14。

政府公債交易及開辦存款保險業務，保障存款人之權益。

有關現階段美國限制商業銀行經營地區及業務項目之主要金融立法，分別列舉如下：

(一) 1927年之麥法登法（McFadden Act）

美國銀行係採取聯邦與各州政府雙軌制（dual banking system）。1863年美國國家銀行法嚴格限制聯邦之國家銀行不得越州設立分行，以拓展其銀行業務，惟各州銀行卻不受此限制。因而，在州銀行法許可下，一州可同意外州銀行在其州內設立分行。為統一法令，消除此種紛歧現象，1927年美國通過麥法登法案，修改國家銀行法相關規定，規定聯邦銀行及州銀行均不得越州營業。

(二) 1933年GS法

按在1933年以前，美國商業銀行原得兼營證券及投資業務，故商業銀行為支付客戶平時存款利息所需資金，可同時以投資（invest）、承銷（underwrite）債券及股票之方式籌措，同時擔任投資人及承銷商之雙重角色。1920年代美國銀行濫用此一方式結果，造成銀行倒閉，並成為1929年10月美國發生股市崩盤之禍因。為挽救此一金融危機，美國乃於1933年通過銀行法，其中部分條文，嚴格限制聯邦及州銀行經營政府公債以外之證券承銷及投資業務。

(三) 1956年銀行控股公司法（Bank Holding Company Act）

美國商業銀行以銀行控股公司型態經營，由來已久。為避免控股公司銀行從事與銀行業務無關之商業行為，並限制跨州購併其他銀行，美國國會乃歷時七年之久討論，於1956年通過控股公司銀行法案，將控股公司銀行納入聯邦準備理事會管轄。另規定控股公司銀行乃指分別擁有或控制二家以上銀行25%以上股權之公司。控股公司銀行從事之業務項目，需與銀行具有密切關係（closely related to baking）。

該法公布後十年期間，控股公司銀行運作正常，業務呈現穩定成長。惟自1965年起，逐漸興起以投資一家銀行之控股公司。該類公司因非該法定義下之控股公司銀行，而不受該法拘束，故其營業項目多逾越一般銀行控股公司法規之範圍，越州從事保險、房地產及證券交易等非銀行之業務。該法於1970年修正，增加聯邦準備理事會對擁有一家銀行控股公司之管轄權。並列舉允許及禁止控股公司銀行從事業務項目之清單。

(四) 1960年銀行合併法（Bank Merger Act of 1960）

美國國會於1960年通過「銀行合併法」，修正聯邦存款保險公司規定，除非經過適當監督機關核准，銀行不得合併、取得其他銀行之資產或負債，或與其他銀行結合（consolidate）。值得注意者，依該法規定，當銀行提出合併申請時，主管機關需考慮合併銀行之財務狀況及其歷史、資本適足性、未來盈餘展望、管理、社區之便利與需要、乃至對於競爭之影響。除非對公共利益有利，否則不得核准。此與我國公平交易法第12條規定，需其結合結果對整體經濟利益大於限制競爭之不利益，始予許可者頗為接近。

又美國銀行合併法於1966年修正時，提出單一競爭標準，以供主管機關、法務部及法院作為評估合併之合法性標準，其標準為：

1. 任何計畫中之合併，在美國任何地區將形成壟斷、或將助長任何企圖壟斷或共謀壟斷者。

2. 任何其他計畫之合併案，將造成全國任何區域大幅降低競爭或趨於產生壟斷，或以任何方式限制交易，除非計畫中之合併交易違反競爭效果，明顯可能因該合併而使該社會之便利與需要受到不利益者。

三、GS法主要目的

根據我國研究美國GS法之專家分析，美國GS法制定之主要目的包括：[5]

(一) 維持銀行之穩健經營：商業銀行以證券子公司積極介入證券業務，乃1930年代美國銀行倒閉之重要原因。GS法限制銀行不得兼營風險性高之證券業務，有利於銀行之穩健經營，並保護存款人存款之安全。

(二) 避免利益衝突：GS法事先預見銀行與證券業務之利益衝突，採取銀行與證券業務分離之規定，將風險預為隔離，避免利益衝突之發生，可促進銀行之健全發展。根據聯邦最高法院判例，就銀行之穩健經營與利益衝突之風險而言，利益衝突較穩健經營更受重視。

(三) 防止經濟力之過度集中：少數大銀行介入證券業務，將造成金融之寡占，使經濟力量過度集中。防止經濟力過度集中雖非GS法立法當時之主要目的，惟立法之後確存在此種功能。

(四) 銀行與證券業務範圍之調整：由於GS法禁止銀行介入證券業務，使證

---

[5] GS法規定不但影響美國自1930年代以來銀行及證券相關政策與規定，亦為日本戰後制定其銀行與證券分離規定之藍本。參見施敏雄，利益衝突與美國銀行證券業務分離的規定，臺灣經濟金融月刊，第329期（1992年6月），頁1-9。

券業者免於銀行業強大之競爭，對證券業者具有保護作用。基於GS法之實施，商業銀行僅得以證券子公司方式經營證券業務，而兼營存放款業務之投資銀行亦必須在商業銀行與投資銀行業務間選擇其一。亦即由於銀行與證券業務之分離，促成二種業務機構與經營範圍之調整。此外，美國於制頒GS法之後，同年亦完成1933年證券法及翌年頒布1934年證券交易所法。從而使銀行與證券業務規範之法規，益趨完備。

進而言之，美國制定GS法乃因鑑於銀行與證券業務如利用其內部資訊，可能產生利益衝突、背信及其他不正當行為；銀行業以維護存款資金之安全與證券業以仲介資金之運用性質不同，應予分離，並使客戶瞭解其業務及責任之相異性；再者銀行業容易產生內在管理上之風險，而證券業則容易受到外在市場偶發之變動風險影響，設法予以隔離可避免內外風險相互影響之連動效果。

參、美國GS法內容及修正

一、GS法主要內容

美國GS法全文共34條，其中直接限制或規範銀行與證券業務分離之條文，計有第16條、第20條、第21條及第32條共四條條文，茲分列釋明如下：

(一) 第16條：該條規定對於銀行業務之限制包括：銀行可接受顧客委託，依其客戶之計算從事證券買賣，但原則上不得依銀行計算，從事證券買賣；不得從事有價證券之承銷業務為原則；不得依自己計算買進或持有有價證券；不得從事公司債之自營或承銷業務。

(二) 第20條：規範銀行不得參與以「從事證券業務為主之公司」之業務。因此銀行不能設立以經營證券為主要業務之公司以從事證券業務。惟非會員銀行不在規範之列。再者，會員銀行亦得設立非以「從事證券業務為主之公司」，以介入證券業務。為貫徹GS法之旨意，美國法院判例逐漸形成子公司證券業務收益占總收益之5%及承銷證券占證券市場5%之限制。

(三) 第21條：該條禁止經營證券業務之法人及個人從事收受存款業務，亦即規定證券業務與銀行業務不得兼營。此一條文適用對象包括銀行、證券公司及收受存款機構，非聯邦準備銀行之會員銀行亦在規範之外。基於本條規定，銀行如欲介入證券業務，可採取二種方式，其一為以銀行子公司方式；其二為以控股公司銀行之證券子公司方式。

(四) 第32條：該條乃對經營證券業務為主之法人，對其董事及職員，規定不得兼任聯邦準備銀行會員銀行之董事及職員。

易言之，GS法乃以商業銀行與投資銀行之業務分離之方式，隔開二種不同業務，以免因資訊之濫用而造成利益衝突之情形。

美國GS法禁止商業銀行從事政府公債以外證券承銷業務之規定，每每被指為是近年來造成美國銀行競爭力積弱不振之重要原因。日本證券交易法第65條規定，雖亦有類似美國GS法之限制，卻已自1984年起逐步開放。惟日本現行「金融機構合併及改制法」仍未見銀行業與證券業得申請合併，兼營二種業務之明文。

美國GS法第20條規定，禁止銀行相關組織「從事以證券為主之業務」（engaged principally in securities activities）。聯邦準備理事會為逐步放寬對商業銀行從事證券業務之限制，自1987年起，容許銀行擁有之非銀行子公司（nonbanking subsidiary）從事不超過其收入10%之證券業務，以便在不違背GS法第20條立法精神下，逐步間接開放銀行承銷商業本票、地方政府收入公債（municipal revenue bonds）、抵押擔保證券（mortgage-back securities）及資產擔保證券（asset-back securities）等非銀行准許經營之證券項目。此類銀行擁有獨立之非銀行子公司，特稱為所謂GS法第20條子公司（section 20 subsidiary）。

此外，美國對於原頒聯邦存款保險制度亦加以修正。自1933年FDIC成立時，其支付每一存款戶保險金額上限原僅2,500美元，後來提高約為3萬美元。但FDIC目前支付每一存款戶保險金額之上限則高達10萬美元。另美國銀行支付FDIC之保費為世界之冠，約較德國高出5倍，較日本高出10倍之譜。FDIC向其承保之商業銀行徵收保費採取單一費率（flat rate），並未衡量承保銀行之經營風險。以致存款人因有恃無恐，而未必考慮其存款銀行之信用度，銀行如因經營不善而倒閉，存款人可自FDIC獲得賠償，FDIC最後幾乎承擔各項風險。為資改善，FDIC已研擬以承保銀行所冒經營風險之大小，作為衡量徵收保費之標準，取代原所採取之單一費率標準。

二、美國銀行法修正重點

美國GS法對銀行業務之經營實施層層限制與保護。包括規定銀行不能兼營銀行以外之業務，如證券、投資及保險等，不能跨州開設分行，要開設分行必須經由銀行控股公司方式，此等限制增加銀行經營成本甚大。另一方面，存款利率嚴格管制，支票存款不能支付利息，目的在保障銀行有低成本之資金，同時消除銀行與銀行間之價格競爭。此等規定原在防止過度競爭，以保障銀行獲利。惟隨

電腦科技之發達，非銀行入侵到銀行業，銀行之中介功能漸失其重要性，但卻受法令限制，而限制銀行發展。

又存款保險制度之過度保障，存款人無須擔心銀行成敗，放心將儲蓄交給銀行，加以管理鬆弛，銀行乃大膽改走高風險路線。許多不肖業者對銀行資金大加揮霍，甚至進行內線放款或稱關係人放款，另方面由於美國之銀行家數過多，面對激烈競爭，許多銀行為爭取業績，高利吸收存款，低利放款客戶，又無殷實擔保，遭遇不景氣，自然發生重重危機。

面對金融機構之危機，美國財政部在1991年3月提出銀行法修正草案，其修正重點如下：[6]

(一) 解除不必要限制，俾銀行有較廣之業務發展空間：例如採取有條件准許跨州開設分行，許可兼營證券及部分保險業務，允許企業參與商業銀行之經營等。

(二) 強化銀行經營之資本結構，使銀行具有較強之力量以對抗不景氣。此次修正即以強化銀行資本結構為核心。根據法案規定，銀行依其資本結構之適足性分為五類（5 zones）。第一類銀行，其銀行資本適足性超過最低標準；第二類符合標準；第三類到第五類則低於最低標準。

依美國新銀行法之規定，僅有第一類及第二類可以跨州設立分行，可以兼營證券及保險業務。第三類到第五類之銀行，不但不准擴充，而且需要提出業務及財務改善計畫，切實執行，否則可以撤換負責人。此類銀行並且接受嚴密監督。此外，存款保險費率，亦可得隨資本適足性之良好與否而予調整。依照以往實務經驗，銀行保有適足之資本，可以增加銀行之獲利力並且可增強對抗不景氣。

(三) 統一事權並加強管理：美國鑑於銀行主管機關政出多門，有財政部金融局（Office of the Comptroller of the Currency, OCC）、聯邦準備銀行（Federal Reserve System, FED）、儲貸合會管理局（Office of Thrift Supervision, OTS）及FDIC等，事權分散，管理績效不彰，因而法案將管理機關簡化為二個，亦即由新成立之聯邦銀行管理聯邦註冊銀行，而由聯邦準備銀行管理州註冊銀行，以統一事權，強化管理能力，同時對問題銀行，可以提早接管，以防止弊端擴大。

(四) 縮小存款保險範圍，防止存款人過分依賴存保制度，同時提高保險費率，強化存款保險基金。希能藉此改革，減少銀行走向高風險經營，並減輕納稅人負擔。

---

[6] 參見賴英照，「新銀行的他山之石——從美國銀行業前所未有的危機談起」，中國時報（1991.7.4），版10。該文指出，藉助美國經驗，我國應妥善檢討規劃我國銀行之典章制度，解除不合時宜管制，以國際性眼光，設計我國之金融制度，使我國銀行有合理之生存發展空間。

三、近來發展狀況

不久前，國際先驅論壇報於1999年10月下旬傳出美國將取消金融業跨業限制，全球金融市場將大洗牌之訊息，現美國修正金融法案已經國會正式通過，美國金融業將面臨未來全球重新排名之局面。美國花旗集團負責人發表書面聲明表示，讓美國金融業從過時之管理架構中解放出來，新法案可釋放產業之創造力，並確保美系銀行在全球之競爭力。按美國花旗集團之總資產約為6,700億美元，僅次於德國銀行，排名全球第二，惟卻係美系銀行中唯一能在全球排名名列前茅者，處在美國銀行業中反而是個異數。[7]

根據1999年11月3日工商時報社論指出，美國國會參眾兩院與白宮已對「金融現代法草案」的主要內容達成協議，該法案將准許美國的銀行業、證券業與保險業相互經營對方的業務，因而正式、全盤打破現行的GS法對銀行業、證券業與保險業彼此兼營的限制，日後美國金融業跨業合併的大門將為之洞開。這項法案可望於日內獲得美國國會通過，而柯林頓總統亦暗示將予以簽署。法案一旦實施，不只將徹底改寫美國金融業的競爭版圖，對世界各國金融業及國際金融市場的競爭態勢亦有深刻影響。現該案業經美國國會通過，並經美國總統簽署在案。

就全球觀點，由於以往美國主張銀行與證券、投資分業，美系銀行排不上全球性之大銀行，現美國國會已通過取消銀行跨業限制，美國銀行經過併購再併購之後，將變得愈來愈大。何況美系之大銀行相對而言，較日本銀行具有靈活性，儘管資產規模不如日本銀行，但在基金管理能力比日本占優勢。日本銀行購併雖然將規模擴大，但資本報酬率較差，日本業者將面臨斥資更多科技預算之外國競爭者之強力挑戰。

肆、金融政策層面觀點

一、成立「綜合銀行」之必要性

近年來，世界各先進國家為因應經濟金融之鉅大變化，並配合金融證券化之發展，乃至滿足金融機構客戶或消費者多樣化之需求，紛紛進行金融改革，而其

---

[7] 參見1999年10月23日國際先驅論壇報所載，工商時報（88.11.1）版6加以摘譯。該文指出，全球八大銀行中有七家是歐系或亞洲之銀行，因為此等地區之銀行在成立「金融超市」時所需面對之限制，遠少於美國銀行。所謂金融超市乃指由單一金融機構提供消費者銀行、保險、證券等整合性之一次購足服務。

中改革重點之一，即爲建立所謂「綜合銀行」制度。

　　「綜合銀行」、「銀行百貨」或「銀行超市」者，乃指銀行本身可兼營證券業務者，如銀行本身不兼營，則設立證券子公司兼營，則可視爲綜合銀行過渡型，亦即經由制定「銀行控股公司法」而達到兼營之目的者，亦歸屬此一類型。

　　根據資料顯示，綜合銀行起源甚早，全球最早之綜合銀行爲1822年由荷蘭設立之Soiete generals de Paysbas銀行，其經營業務，除存放款之外，尚及發行債券、股票及公債之承銷，並且得投資於礦業、鐵路局、製糖公司、採鉛公司等企業。嗣1830年德國非股份有限公司型態之獨資或合夥經營之銀行，除經營存款業務、供給短中期放款外，並得經營證券業務，組成聯合貸款團，參加國內之證券發行及承銷業務。1848年德國發生經濟恐慌，許多個人銀行身陷經營危機，而個人銀行，遂紛紛改組成爲股份有限公司型態之綜合銀行，從而垂爲德國銀行之經營模式。

　　歐洲國家諸如德國、瑞士、法國、英國乃至歐盟之金融機構所實施者類多屬於「綜合銀行」或「準綜合銀行」之模式，所謂準綜合銀行乃指以銀行控股公司之方法設立證券子公司以經營證券業務，而美國及日本原堅持實施銀行與證券分離之金融政策，近年來已大肆改革，先採取設立子公司方式，介入其他業務，可視爲到達德國綜合銀行之過渡模式。以故，可謂綜合銀行之經營模式，已蔚然成爲世界之潮流，值得重視此一情勢之發展。[8]

　　行政院所提「金融機構合併法草案」第5條第1項規定，「非農、漁會信用部之金融機構合併，應由擬合併之機構共同主管機關申請許可。但法令規定不得兼營者，不得合併」。又同條第2項規定，銀行業之銀行與銀行業之其他金融機構合併，其存續機構或新設機構應爲銀行。依該等規定以觀，即使金融機構合併法完成立法之後，如依行政院原擬草案通過，則銀行僅能與同法第4條第1款所界定爲銀行業者，包括銀行、信用合作社、農會信用部、漁會信用部、票券金融公司、信用卡業務機構及郵政儲金匯業局合併，而無法跨種類與證券及期貨業，包括證券商、證券投資信託事業、證券投資顧問事業、證券金融事業、期貨商、槓桿交易商、期貨信託事業、期貨經理事業及期貨顧問事業者，或保險業，包括保險公司及保險合作社辦理合併，甚爲明顯，從而因該等規定，使我國銀行之經營邁向「綜合銀行」或「準綜合銀行」之路，在法律上已遭受阻礙，而無法運作，其間利弊得失，頗值斟酌。

8　有關德國、瑞士、法國、英國、歐盟、美國及日本所實施之綜合銀行制度之介紹，參見李紹盛、李儀坤，綜合銀行制度與防火牆，臺北市銀月刊，第261期（1991年6月），頁41-58。

　　我國既有意發展成為亞太營運中心，亞太營運中心包括六大計畫，其中之一即成為亞太金融中心，如銀行經營業務項目，無法作大幅度突破，即使有大型銀行出現，例如三商銀（包括第一銀行、華南銀行與彰化銀行三家）、臺灣銀行與土地銀行之合併成真，使經營資本大幅增加，而能列入世界一百大銀行之列，而其營業項目依舊，此種合併是否能夠有大作為及大突破，不無疑問。嗣行政院已在1999年12月23日宣布同意財政部所提臺灣銀行、土地銀行與中央信託局三家國營行局合併案。此為我國首樁大型銀行合併案。合併後之銀行將是我國最大金融機構。國際排名據稱可望大幅躍升至第46名。

　　拙見以為，我國似宜仿效美國修正後之銀行法，將銀行分為數類（zones），凡資本額達到規定額度或超過一定額度之第一類或第二類銀行，經財政部核准者，得兼營證券及投資業務，而使其具有「綜合銀行」或「準綜合銀行」之功能，以便具有國際競爭力，至於未達到該一特定標準之銀行，則僅能經營傳統之銀行業務，以免發生經營風險。不僅銀行法需要作適度修正，金融機構合併法相關規定，如合併種類是否限於同種類或及於不同種類，亦需要作相當大幅度之放寬，始克有濟。

　　有鑑於此，對於行政院提案該法第5條擬議修正，共提出(甲)案及(乙)案二案，以供參酌，(甲)案乃仿效美國立法例現況，對於銀行業之銀行，其資本額達到財政部規定標準，並經財政部許可（或核准）者，得兼營非銀行業之金融業務。（第1項）前項銀行業得兼營非銀行金融業務所應具備資本額標準，由財政部定之。以積極態度，賦予法據，以利推動「綜合銀行」之成型。至於綜合銀行如在現階段尚無法完全成型，亦可退而求其次，採取放寬金融業合併之種類著手，不限於同種類之金融機構始得合併，因而必須修正行政院提案該法第5條第2項規定，修正後之條文為：「銀行業之銀行與其他金融機構合併，其存續機構或新設機構應為銀行。」易詞言之，將與銀行合併之機構，由原草案所規定之「銀行業之其他金融機構」，修正放寬為「其他金融機構」為已足，而不限於銀行業，俾亦得與證券業或保險業進行合併，以擴大其合併對象。以現實生活面而言，證券業經營不善者亦所在多有，如有任何倒閉事件發生亦顯將影響持股人之權益，如容許證券業與銀行合併，能強化原有證券商之經營體質，對於持股人乃能增加其權益之保障。

　　至於原提案第5條第3項，則建議修正為：「證券及期貨業主證券商與銀行業以外之其他金融機構合併，其存續機構或新設機構應為證券商。」即將行政院原提案所規定之合併對象為「證券及期貨業」，修正放寬為「銀行業以外」之其他金融機構，俾能擴大其合併對象及於保險業，以加大其合併對象之彈性。此外，

原提案第5條第4項建議修正爲：「保險業之保險公司與銀行業或證券及期貨業以外之金融機構合併，其存續機構或新設機構應爲保險公司。」此一修正與行政院原提案有二點主要差異，其一爲原提案僅限於產物保險公司，修正後擴大適用於產物及人壽保險在內，將與保險公司合併對象由原規定限於保險合作社，修正擴大爲銀行業或證券及期貨業以外之金融機構，易詞言之，保險公司與保險公司合併亦可適用本項之規定，而不限於產物保險公司與保險合作社之合併有其適用而已，放寬此一規定，以適用各種情況之合併案件。

二、整合基礎金融機構之必要性

依據財政部之構想，未來我國金融機構合併型態可分爲三種：(一)大型行庫合併，以躋身國際百大銀行之列；(二)基於互補性合併，以提升競爭力並強化體質；(三)問題金融機構合併，以化解金融危機。[9]此三種合併方式對於中央存保公司而言，以第三方式之合併影響最大，蓋前二種方式之合併，對於金融機構本身可謂利多於弊，而問題金融之合併，通常採取概括承受方式，對承受銀行而言，往往需承受並負擔龐大虧損，銀行本身原本並無意願，惟因政府政策需要，而不得不承受。

根據財政部統計，不包括外國銀行，目前本國銀行包括分行在內總計2,680家，信用合作社468家，農漁會信用部1,255家，郵政儲金匯業局1,544家。以臺灣面積3萬6,000平方公里計算，平均每6平方公里有一家金融機構，其密度居全球之冠。

由於基層金融，包括各地之農會信用部及漁會信用部在內，逾放比率甚爲嚴重，財政部提出之改革構想爲，估計農漁會逾放金額必有半數爲呆帳，再扣除抵押品後，眞正呆帳約爲300億元，由政府編列預算，尋求由銀行合併或競標，使信用部成爲銀行之分支機構，繼續服務地方。惟農漁會信用部成爲銀行之分支機構，必須與農會脫離，將使農會推廣費用缺乏經費來源，其可行性有待研究。至於農會提出之構想則爲由省農會推動全國性農會銀行，北部46個農會團體擬成立「北區聯合農業銀行」，再者，除財政部及農會意見之外，中央存款保險公司則建議將全國287個主要農業信用部，依合併前各農會信用部之淨值比率分派推廣費用，至於合併淨值爲負數之農會，則應由政府編列預算，給予最低之推廣經費。此種合併乃以同一縣市農會進行合併爲基礎，但亦可由鄰近二個縣市農會予

---

9 「農漁會逾放達一千七百億，部分淨值呈負數──存保擔子重，將提高保費」，中央日報（1999.9.20），版3。

以合併，其優點在保持農會原貌，而其缺點亦同在對現況改變不大，縣級農會反而由原無信用部，而提升爲信用部之首腦，論者認爲亦有未妥。

921大地震以後，發生災區農會經營困境問題，有關農漁會信用部如何整合問題，再受關注。1999年10月中旬，行政院農委會重提設立全國農漁業銀行之構想，並倡議分級管理政策，希望能醫治已延宕多年之沉痾。農委會所謂分級管理，即針對個別農漁會之經營狀況，予以歸類分級，並適用不同之管理政策。

據報導，農委會擬議內容要點爲：(一)由政府指定一家農業銀行改組爲全國農漁銀行。按漁業亦屬廣義農業之一部分，如稱爲全國農業銀行，似較妥適；(二)農漁會以其淨值10%認購全國農漁銀行股份；農漁會股權占60%，其餘由政府及公營銀行出資；(三)全國農漁銀行之業務除本身之農業金融之外，尚肩負對農漁會信用部之業務輔導、資金調度、查核糾正、危機處理及概括承受等。[10]

鑑於行政院原提案，對於農、漁會信用部之何去何從，無論自願性或合併或強制合併，均偏重與銀行合併，至於是否成立全國性農業銀行，並實施分級管理，則未有任何著墨，惟恐未來基層金融機構整合方向不明，在本案即金融機構合併法草案，宜有明文規範，以利遵循。況且財政部與農委會對於成立全國性農漁或稱農業銀行，已逐步取得共識，爰建議在本法案賦予明文依據，以利此一棘手問題能夠早日獲得解決。[11]

伍、競爭政策層面觀點

一、區隔「結合」與「合併」差異性

在我國鼓勵金融機構合併之同時，亦應考慮「公平交易法」禁止有關壟斷

---

[10] 參見「我們對於設立全國農漁銀行的看法」，經濟日報（1999.10.19）社論。長期以來，政府主管機關偏好由銀行承受問題基層機構之處理模式。設立全國農漁銀行事實上爲此一構想之延伸，將以往逐案指定銀行承受，轉變爲集中由農漁銀行作通案之包裹處理。設立此一銀行功能相當複雜而且任務艱鉅，允宜周詳規劃，謀定而後動。對於成立此一專業銀行，基本上持贊同態度。

[11] 一般輿論咸以農漁會信用部一旦與農會分離，則農業推廣經費將無著落，農會能否繼續存在，亦成問題，且與農、漁會信用部合併者，如屬一般商業銀行，則與農民何干，以故建議與農、漁會信用部合併之銀行應限於農民銀行、土地銀行及合作金庫三者，另農委會及財政部據報導已取得共識，將來宜成立全國性農業（或稱農漁）銀行，而由農、漁會信用部認股，以爲可行，爲資明確法律依據，爰建議增列專條規定：「農、漁會信用部得與相關金融機關合併或聯合成立全國性農業銀行，實施分級管理，其辦法由主管機關洽商有關機關定之。」詳參邱政宗，金融機構合併法草案評估報告，立法院法制局「法案評估報告」編號328（1999年11月3日），頁46。

之問題。以避免「金融機構合併法」與「公平交易法」所可能造成的法律衝突問題。

依我國公平交易法第6條第1項規定：「本法所稱結合，謂事業有左列情形之一者而言：一、與他事業合併者。二、持有或取得他事業之股份或出資額，達到他事業有表決權股份或資本總額三分之一以上者。三、受讓或承租他事業全部或主要部分之營業或財產者。四、與他事業經常共同經營或受他事業委託經營者。五、直接或間接控制他事業之業務經營或人事任免者。」依該條第1項第1款規定以觀，事業與他事業合併者，亦屬公平交易法所指結合情形之一種，而有公平交易法之適用。

又依公平交易法第11條第1項規定：「事業結合時，有左列情形之一者，應向中央主管機關申請許可：一、事業因結合而使其市場占有率達四分之一者。二、參與結合之一事業，其市場占有率達四分之一者。三、參與結合之一事業，其上一會計年度之銷售金額，超過中央主管機關所公告之金額者。」此一規定在金融機關進行合併時，自亦有其適用，為提醒申請合併金融機構注意及之，在金融機構合併法中亦宜有相關規定，以資配合。

除公平交易法第11條之外，該法第12條規定：「對於前條之申請，如其結合，對整體經濟之利益大於限制競爭之不利益者，中央主管機關得予許可。」又同法第13條第1項規定：「事業結合，應申請許可而未申請，或經申請未獲許可而為結合者，中央主管機關得禁止其結合、限期命其分設事業、處分全部或部分股份、轉讓部分營業、免除擔任職務或為其他必要之處分。」凡此規定，於金融機構相互間進行合併時，均有其適用。

為避免「金融機構合併法」與「公平交易法」之規定造成「法律衝突」，以故，在金融機構合併法制定時，宜對「合併」與「結合」之關係有所交代，俾使鼓勵合併與造成壟斷有明顯區隔。以故，建議該法增列專條規定：「金融機構與其他同種類或不同種類合併，因其結合，具有公平交易法第十一條第一項所規定情形者，申請合併之金融機構，應先向行政院公平交易委員會申請認許。」

二、公平價格收買股份問題

為使金融機構之合併能夠順利進行，建議參考日本「金融機構之合併及改制法」之立法例，明文規定，金融機構對於在其指定期間提出異議而具有正當理由之債權人、基金受益人、證券投資人或期貨交易人，應清償、了結債券或提供相當之擔保或以清償之目的，將相當之財產信託予經營信託業務之銀行或信託公司。

　　至於農、漁會讓與其信用部予銀行或以其信用部作價投資銀行者，農、漁會會員於讓與或作價投資決議之前，已以書面爲反對之意思表示，並於讓與或作價投資決議時，否認讓與或作價投資之合併契約書，得於合併前對該農、漁會或於合併後對承受讓與或作價投資之銀行請求兌現其票據或借貸債權。

　　金融機構與其他同種類或不同種類金融機構合併者，其創設或存續金融機構爲公司組織者，適用公司法第185條至第188條有關債權人得請求以當時公平價格收買所有股份之規定。惟此一債權人得請求以公平價格收買所有股份之規定，於依本法規定，由主管機關命令合併者，不適用之。蓋在命令合併之場合，往往該被合併之金融機構已發生鉅額虧損，債權人應分擔損失，自無法要求以公平合理價格收買股份。

　　拙見以爲，爲使金融機構合併過程中，避免發生糾葛或過度之擠兌現象，對於反對合併之債權人提供合理保障乃符合公平及正義原則，避免因多數人雖同意合併，而犧牲少數有合理正當權益者，造成所謂多數暴力情形。因鑑於行政院原提草案，對於合併有異議者未提供合理保障或保障顯有未足，僅以其合併爲不得對抗債權人之要件，似顯有不足，亟宜參照日本立法例，對債權人提供必要及充足保障，以免合併進行過程，糾紛迭起。

三、合理補償機制設計問題

　　基於保障客戶權益，財政部常有指定某一特定公營銀行承受發生信用危機而有擠兌情形之農、漁會信用部或信用合作社，或逕予概括承受時，往往造成該一承受銀行難以負擔之重任，對於承受銀行實不公平，對公營銀行已釋民股股份之股東無法享受應有年度分配之盈餘或紅利者，亦不公平，因而在制度上宜有補償承受損失銀行之設計。目前我國雖已通過中央存款保險條例，由中央存保公司負擔部分損失，而對承受銀行提供財務協助，惟往往所提供之財物協助，距離因承受所受實際損失有相當差距，今後仍宜朝提高所提供財務協助之成數爲努力目標，否則亦得請求財政部提供一定額度之財務補助，始爲合理。俾使命令承受問題基礎金融機構能夠步上正軌，朝向合理化方向發展。

　　1999年1月修正通過之中央存款保險條例中，對於問題金融機構合併，增設由存保公司提供財務協助之誘因機制，殊屬必要，因而加重存保在合併過程中扮演之角色。以臺灣銀行概括承受屏東縣東港信用合作社而言，東港信合社已損失23億6,000萬元，存保公司必須負擔12億9,000萬元，雖較東港信合社宣告倒閉，存保總計須負擔28億元之存戶理賠爲少，但以存保公司前累計多年理賠特別準備金僅26億元而言，概括承受對存保公司而言負擔太沉重。

　　根據當時財政部統計，國內現有51家信用合作社及314家農、漁會信用部其逾期放款比率上升13%，其中不乏超過50%者，而農、漁會信用部之逾放金額已超過1,700億元，部分農、漁會淨值已呈負數。

　　事實上，以存保公司現有理賠準備規模，未來將難以承擔風險，為加強存保理賠能力，存保公司擬以大幅提高存保費率因應。據稱，目前存保公司一年所有要保機構保費收入約10億元左右，存保公司預定將現行中心費率1.75‰，提高3至4倍，加速累積理賠特別準備金，並使經營失敗銀行所造成損失，由全體要保機構共同分擔。

　　因鑑於命令承受銀行有合理要求補償之必要，為建立補償機制，乃建議增列專條規定，得申請依中央存款保險條例之規定，由中央存保公司提供財務協助，或請求主管機關給予一定額度之財務補助。

陸、立法策略與技術層面觀點

一、架構體系之完整性問題

　　行政院所提「金融機構合併法」草案第1條規定：「為規範金融機構之合併，擴大金融機構經濟規模與提升經營效率，及維護適當之競爭環境，特制定本法。」又第2條第1項規定：「金融機構之合併，依本法之規定，本法未規定者，依其他有關法令之規定。」顯然將「立法目的」與法規「適用順序」分成二條加以規定，有造成立法不經濟之虞。[12]

　　近代立法趨勢，為達到法律條文精簡目的，常將立法目的與法規適用順序合併一條，以前後段，或分成二項之方式規定，或者於規定立法目的之後，不另以專條規定法規適用順序，亦頗為常見，以避免有關立法方面形式規定過多之不適當情況發生。此種立法案例甚多，不勝枚舉。

　　有關該法之體例，建議分章規定，以建立應有之法律架構體系。該法似可分為「總則」、「合併程序」、「合併方式」、「合併效力」及「附則」共五章。

---

[12] 按立法目的為本法將來發生法律解釋疑義時，所需參考當時立法意旨之重要依據。爰建議對行政部門提案第1條條文，慎加審酌，拙見以為宜調整本法第1條立法宗旨之層次，宜先「競爭」、「規模」再及「效率」，至於「規範」金融機構之合併，似乏特殊意義，以本法有關租稅優惠，有獎勵合併效果，似可改以鼓勵合併稱之。以故，本法第1條上段建議修正為：「為維護金融機構正當之競爭環境，擴大經濟規模與提升經營效率，鼓勵金融機構相互間之合併，特制定本法。」

二、應否增列金融機構改制問題

　　從立法例而言，1960年美國制定「金融機構合併法」，而日本則於1968年制定「金融機構合併及改制法」，按所稱「改制」日文之原稱為「轉換」。在此二種外國立法例之中，我國應該何去何從，頗值斟酌。[13]按美國金融機構之種類較為單純，而我國金融機構之種類較為複雜，及於所謂信用合作社及農、漁會信用部等，與日本之制度較為接近。如何使基層金融機構除合併一途之外，亦得以改制方式成為較上層之金融機構如銀行等，似有此一需要，而無需一一從頭申請，可以達到簡化程序之目的，此所以有關金融機構之改制有其存在之理由。

　　日本之「金融機構合併法及改制法」，原係昭和43年（即1968年）6月1日制定，其後歷經數度修正，該法計分總則（第1條至第6條）、合併（第7條至第22條）、轉換（即合併，第23條至第28條）、雜則（第29條至第31條）、罰則（第32條至第39條）及附則等各章。改制列有專章，其第三章「改制」所規定條文內容分別為：改制計畫書之承認、關於合併規定之準用、資本總額及負責人之補償責任、改制之登記、改制無效之訴及事業年度等。

　　以故，我國如欲仿日本立法例，使本法之適用及於金融機構之改制者，則勢必需要增列專章規定，規範及於金融機構之改制始可，而非僅於附則增列專條規定準用合併之規定所可濟事。

　　惟鑑於我國有關金融機構鼓勵合併處於草創階段，如分二階段立法，第一階段先以金融機構之合併為主要對象，實施若干年之後，進入第二階段立法，再規範及於金融機構之改制似亦無不可。

　　茲所應澄清者為，如採取二階段立法固無不可，而非金融機構之「改制」無規範之必要，否則將使金融機構之改制將無法律依據可資遵循。

三、金融機構合併法律效果問題

　　拙見以為本法似宜參考日本立法例，分章規定，以期綱舉目張，其中宜設有「合併效力」之專章，該章中對於金融機構之合併生效時點及合併之具體法律效果宜有所規定，以資依循。乃建議增列專條規定，金融機構與其他同種類或不同種類金融機構合併，其存續或創設之金融機構，在該總機構所在地完成變更或設立登記時，發生效力。存續或創設之金融機構應承受已消滅金融機構之權利義

13　依外國立法例以觀，惟美國「銀行合併法」之規定，係就公平交易法之觀點，以謀求與企業「結合」與造成壟斷相區隔。而日本「金融機構合併及改制法」之立法目的，則在創造金融機構公平之競爭環境，進而提高金融效率及促進國民經濟之健全發展。可見，美國法著眼於公平競爭，而日本法則在提升競爭力，立法目的，並不盡相同。

務。以明存續或創設金融機構之責任，以達到定分止爭，避免發生不必要之爭議。

柒、結論

我國銀行法第58條雖有銀行合併之規定，惟該條僅適用於銀行與銀行間之合併，且僅及合併之許可及變更登記事項，過於狹義，不足以因應各種金融機構合併之需要，因而乃有制定專法之必要。而且在外國立法例上，如美國1960年頒布「銀行合併法」（Banking Merger Act of 1960），日本1968年頒布「金融機構合併及改制法」，歐洲之德國、法國及瑞士倡導「綜合銀行」，英國則以控股公司之方式而容許設立綜合銀行以兼營銀行、證券及投資業務，對於強化銀行經營及國際競爭力，均有莫大助益。[14]

行政院前經革會早在1985年8月即曾建議應參考日本立法例制定「金融機構合併及改制法」，距今已歷十四年有餘，始見行政部門提出此一法案。國內發生地區性之金融風暴，前仆後繼，已有多起，而921大地震，災區農會信用部之信用危機，更是雪上加霜。不過，所謂「亡羊補牢猶未晚」，行政院期待「金融機構合併法」草案能列入立法院第4屆立法委員第2會期優先審議法案之一，洵有其原因。惟該一法案嗣因故未能通過，亟待繼續審議。

根據1999年10月23日國際先驅論壇報報導，全球前八大銀行中有七家是歐系或亞洲之銀行，蓋因此等地區之銀行在成立「金融超市」或稱「金融百貨」時所需面對之限制遠少於美國銀行，所謂金融超市即由單一金融機構提供消費者銀行、保險、證券等整合性之一次購足服務。在金融機構合併潮流之下，昨日之金融霸主今日可能被新整合之競爭者超越，最近日本銀行三合一之案例更將金融業之規模推向1兆美元之新境界，1999年8月間，日本富士銀行、第一勸業銀行及日本興業銀行宣布合併，一旦完成合併，總資產規模將可突破1兆美元，超越德國銀行之7,560億美元，成為全球最大之商業銀行。

全球金融業方剛經過一番購併整合，如今又將面臨因美國金融法案之歷史性變革而引發激烈之市場競爭。美國取消金融業跨業限制之後，全球金融市場將面

---

14 我國中央銀行曾於2000年初指出，美國於1999年11月間廢除不准銀行、證券與保險業合併之禁令，將可使其金融業更能有效整合資源，發揮經濟規模，並降低成本，可預見美國金融業將出現合併與重組風潮，歐洲為增加競爭力亦可望跟進，值得我國借鏡。

臨大洗牌。德國銀行發言人表示，此舉對每個金融業者而言，意味著更激烈之全球化競爭，並將導致更大規模之美系銀行整合成型。以總資產評比，德國銀行目前為全球最大之銀行。

美國國會在日前終於突破數十年之僵局，同意廢止大蕭條時代所立下之法規，當時為杜絕金融機構危機產生連鎖之骨牌效應，因此該法明訂銀行、證券、保險業不得跨業經營。雖然大型金融機構早已找到迂迴方式避開此一限制，但此項於1933年立法實施之GS法，無論如何仍是美國銀行業者致力於對抗整合性之外國競爭強敵時之一大阻礙。

行政部門原擬「金融機構合併法」草案，據稱雖曾參考美國、日本及德國之立法例，美國原係堅持銀行與證券分業者，嗣則轉向以控股公司方式達到經營綜合銀行之型態，最近則取消跨業限制，對金融制度作大幅改革，已如上述，而歐洲銀行，包括德國、法國及瑞士等向即容許經營綜合銀行業務，我國現行「銀行法」及所擬定之「金融機構合併法」，仍以同為銀行或以同種銀行之合併者為限或為主，限制銀行業與證券、投資或保險業者合併，是否仍嫌保守，無法朝向先進國家所實施制度之主流發展，是否能謂允妥，不無疑問。

總之，行政部門原擬「金融機構合併法草案」確有立法必要，以處理日益嚴重之基層金融機構問題。惟為配合國際潮流與趨勢，對於歐洲所盛行及美國、日本最近亦改弦更張推動所謂「綜合銀行」、「銀行百貨」、「銀行超市」者，我國似宜採取更為開放之腳步，採取同一步調，大幅修改現行「銀行法」，並在「金融機構合併法」增列相關條文，以利推動，庶幾可以提升我國金融業之國際競爭力。[15]在此同時，要推動成為亞太營運中心之金融中心，始有實現可能。

---

[15] 日本金融業者有建議我國應採「先合併，再修法」策略，以加速我國銀行合併時程，始能趕在加入WTO前，提升競爭力。論者有認為此一建議，頗具參考價值。

壹、會員國[1]

編號	會員國名稱	加入日期
1	阿富汗（Afghanistan）	2016.7.29
2	阿爾巴尼亞（Albania）	2000.9.8
3	安哥拉（Angola）	1996.11.23
4	安地卡及巴布達（Antigua and Barbuda）	1995.1.1
5	阿根廷（Argentina）	1995.1.1
6	亞美尼亞（Armenia）	2003.2.5
7	澳洲（Australia）	1995.1.1
8	奧地利（Austria）	1995.1.1
9	巴林（Bahrain, Kingdom of）	1995.1.1
10	孟加拉（Bangladesh）	1995.1.1
11	巴貝多（Barbados）	1995.1.1
12	比利時（Belgium）	1995.1.1
13	貝里斯（Belize）	1995.1.1
14	貝南（Benin）	1996.2.22
15	玻利維亞（Bolivia, Plurinational State of）	1995.9.12
16	波札那（Botswana）	1995.5.31
17	巴西（Brazil）	1995.1.1
18	汶萊（Brunei Darussalam）	1995.1.1
19	保加利亞（Bulgaria）	1996.12.1
20	布吉那法索（Burkina Faso）	1995.6.3

---

[1] 2024年2月26日至3月2日舉行第13屆WTO部長會議（MC13）中，通過萬摩聯盟（Comoros）及東帝汶（Timor-Leste）入會案，現有WTO會員國將增至166個。因該二國經WTO通過後，尚有國內批准程序需要完成，始能生效，以故暫未列入表內。

編號	會員國名稱	加入日期
21	蒲隆地（Burundi）	1995.7.23
22	維德角（Cabo Verde）	2008.7.23
23	柬埔寨（Cambodia）	2004.10.13
24	喀麥隆（Cameroon）	1995.12.13
25	加拿大（Canada）	1995.1.1
26	中非共和國（Central African Republic）	1995.5.31
27	查德（Chad）	1996.10.19
28	智利（Chile）	1995.1.1
29	中國（China）	2001.12.11
30	哥倫比亞（Colombia）	1995.4.30
31	剛果（Congo）	1997.3.27
32	哥斯大黎加（Costa Rica）	1995.1.1
33	象牙海岸（Côte d'Ivoire）	1995.1.1
34	克羅埃西亞（Croatia）	2000.11.30
35	古巴（Cuba）	1995.4.20
36	賽普勒斯（Cyprus）	1995.7.30
37	捷克（Czech Republic）	1995.1.1
38	剛果民主共和國（Democratic Republic of the Congo）	1997.1.1
39	丹麥（Denmark）	1995.1.1
40	吉布（Djibouti）	1995.5.31
41	多米尼克（Dominica）	1995.1.1
42	多明尼加（Dominican Republic）	1995.3.9
43	厄瓜多（Ecuador）	1996.1.21
44	埃及（Egypt）	1995.6.30
45	薩爾瓦多（El Salvador）	1995.5.7
46	愛沙尼亞（Estonia）	1999.11.13
47	史瓦帝尼（Eswatini）	1995.1.1
48	歐盟（European Union (formerly EC)）	1995.1.1
49	斐濟（Fiji）	1996.1.14

編號	會員國名稱	加入日期
50	芬蘭（Finland）	1995.1.1
51	法國（France）	1995.1.1
52	加彭（Gabon）	1995.1.1
53	甘比亞（Gambia）	1996.10.23
54	喬治亞（Georgia）	2000.6.14
55	德國（Germany）	1995.1.1
56	迦納（Ghana）	1995.1.1
57	希臘（Greece）	1995.1.1
58	格瑞那達（Grenada）	1996.2.22
59	瓜地馬拉（Guatemala）	1995.7.21
60	幾內亞（Guinea）	1995.10.25
61	幾內亞比索（Guinea-Bissau）	1995.5.31
62	蓋亞那（Guyana）	1995.1.1
63	海地（Haiti）	1996.1.30
64	宏都拉斯（Honduras）	1995.1.1
65	香港（Hong Kong, China）	1995.1.1
66	匈牙利（Hungary）	1995.1.1
67	冰島（Iceland）	1995.1.1
68	印度（India）	1995.1.1
69	印尼（Indonesia）	1995.1.1
70	愛爾蘭（Ireland）	1995.1.1
71	以色列（Israel）	1995.4.21
72	義大利（Italy）	1995.1.1
73	牙買加（Jamaica）	1995.3.9
74	日本（Japan）	1995.1.1
75	約旦（Jordan）	2000.4.11
76	哈薩克（Kazakhstan）	2015.11.30
77	肯亞（Kenya）	1995.1.1
78	南韓（Korea, Republic of）	1995.1.1

編號	會員國名稱	加入日期
79	科威特（Kuwait, the State of）	1995.1.1
80	吉爾吉斯（Kyrgyz Republic）	1998.12.20
81	寮人民民主共和國（Lao People's Democratic Republic）	2013.2.2
82	拉脫維亞（Latvia）	1999.2.10
83	賴索托（Lesotho）	1995.5.31
84	賴比瑞亞（Liberia）	2016.7.14
85	列支敦斯登（Liechtenstein）	1995.9.1
86	立陶宛（Lithuania）	2001.5.31
87	盧森堡（Luxembourg）	1995.1.1
88	澳門（Macao, China）	1995.1.1
89	馬達加斯加（Madagascar）	1995.11.17
90	馬拉威（Malawi）	1995.5.31
91	馬來西亞（Malaysia）	1995.1.1
92	馬爾地夫（Maldives）	1995.5.31
93	馬利（Mali）	1995.5.31
94	馬爾他（Malta）	1995.1.1
95	茅利塔尼亞（Mauritania）	1995.5.31
96	模里西斯（Mauritius）	1995.1.1
97	墨西哥（Mexico）	1995.1.1
98	摩爾多瓦（Moldova, Republic of）	2001.7.26
99	蒙古（Mongolia）	1997.1.29
100	蒙特內哥羅（Montenegro）	2012.4.29
101	摩洛哥（Morocco）	1995.1.1
102	莫三比克（Mozambique）	1995.8.26
103	緬甸（Myanmar）	1995.1.1
104	納米比亞（Namibia）	1995.1.1
105	尼泊爾（Nepal）	2004.4.23
106	荷蘭（Netherlands）	1995.1.1
107	紐西蘭（New Zealand）	1995.1.1

編號	會員國名稱	加入日期
108	尼加拉瓜（Nicaragua）	1995.9.3
109	尼日（Niger）	1996.12.13
110	奈及利亞（Nigeria）	1995.1.1
111	北馬其頓（North Macedonia）	2003.4.4
112	挪威（Norway）	1995.1.1
113	阿曼王國（Oman）	2000.11.9
114	巴基斯坦（Pakistan）	1995.1.1
115	巴拿馬（Panama）	1997.9.6
116	巴布亞紐幾內亞（Papua New Guinea）	1996.6.9
117	巴拉圭（Paraguay）	1995.1.1
118	秘魯（Peru）	1995.1.1
119	菲律賓（Philippines）	1995.1.1
120	波蘭（Poland）	1995.7.1
121	葡萄牙（Portugal）	1995.1.1
122	卡達（Qatar）	1996.1.13
123	羅馬尼亞（Romania）	1995.1.1
124	俄羅斯（Russian Federation）	2012.8.22
125	盧安達（Rwanda）	1996.5.22
126	聖克里斯多福及尼維斯（Saint Kitts and Nevis）	1996.2.21
127	聖露西亞（Saint Lucia）	1995.1.1
128	聖文森及格瑞那丁（Saint Vincent and the Grenadines）	1995.1.1
129	薩摩亞（Samoa）	2012.5.10
130	沙烏地阿拉伯（Saudi Arabia, Kingdom of）	2005.12.11
131	塞內加爾（Senegal）	1995.1.1
132	賽席爾（Seychelles）	2015.4.26
133	獅子山共和國（Sierra Leone）	1995.7.23
134	新加坡（Singapore）	1995.1.1
135	斯洛伐克（Slovak Republic）	1995.1.1
136	斯洛維尼亞（Slovenia）	1995.7.30

編號	會員國名稱	加入日期
137	索羅門群島（Solomon Islands）	1996.7.26
138	南非共和國（South Africa）	1995.1.1
139	西班牙（Spain）	1995.1.1
140	斯里蘭卡（Sri Lanka）	1995.1.1
141	蘇利南（Suriname）	1995.1.1
142	瑞典（Sweden）	1995.1.1
143	瑞士（Switzerland）	1995.7.1
144	臺灣、澎湖、金門及馬祖個別關稅領域（Chinese Taipei）	2002.1.1
145	塔吉克共和國（Tajikistan）	2013.3.2
146	坦尚尼亞（Tanzania）	1995.1.1
147	泰國（Thailand）	1995.1.1
148	多哥（Togo）	1995.5.31
149	東加王國（Tonga）	2007.7.27
150	千里達及拖巴哥（Trinidad and Tobago）	1995.3.1
151	突尼西亞（Tunisia）	1995.3.29
152	土耳其（Türkiye）	1995.3.26
153	烏干達（Uganda）	1995.1.1
154	烏克蘭（Ukraine）	2008.5.16
155	阿拉伯聯合大公國（United Arab Emirates）	1996.4.10
156	英國（United Kingdom）	1995.1.1
157	美國（United States）	1995.1.1
158	烏拉圭（Uruguay）	1995.1.1
159	萬那杜（Vanuatu）	2012.8.24
160	委內瑞拉（Venezuela, Bolivarian Republic of）	1995.1.1
161	越南（Viet Nam）	2007.1.11
162	葉門（Yemen）	2014.6.26
163	尚比亞（Zambia）	1995.1.1
164	辛巴威（Zimbabwe）	1995.3.5

資料來源：https://www.wto.org/english/thewto_e/whatis_e/tif_e/org6_e.htm、https://www.trade.gov.
tw/Pages/Detail.aspx?nodeID=4442&pid=725682

貳、觀察員

編號	觀察員名稱
1	阿爾及利亞（Algeria）
2	安道爾（Andorra）
3	亞塞拜然（Azerbaijan）
4	巴哈馬（Bahamas）
5	白俄羅斯（Belarus）
6	不丹（Bhutan）
7	波士尼亞與赫塞哥維納（Bosnia and Herzegovina）
8	葛摩（Comoros）
9	庫拉索（Curaçao）
10	赤道幾內亞（Equatorial Guinea）
11	衣索比亞（Ethiopia）
12	教廷（Holy See）
13	伊朗（Iran）
14	伊拉克（Iraq）
15	黎巴嫩（Lebanese Republic）
16	利比亞（Libya）
17	聖多美普林西比（Sao Tomé and Principe）
18	塞爾維亞（Serbia）
19	索馬利亞（Somalia）
20	南蘇丹（South Sudan）
21	蘇丹（Sudan）
22	敘利亞（Syrian Arab Republic）
23	東帝汶（Timor-Leste）
24	土庫曼（Turkmenistan）
25	烏茲別克（Uzbekistan）

資料來源：https://www.wto.org/english/thewto_e/whatis_e/tif_e/org6_e.htm

附錄二 ▶▶▶ 2024年第13屆WTO部長會議（MC13）重要成果

第13屆WTO部長會議（MC13）於2024年2月26日至3月2日在阿拉伯聯合大公國首都阿布達比舉行，包括164個會員國及受邀參加的重要國際組織均派員與會。

WTO部長會議是WTO最高的決策機構，二年舉行一次，會議就多邊貿易議題作出政策決定來指引後續工作方向。MC12聚焦在疫後經濟復甦合作，MC13則聚焦在當前世界貿易挑戰，議題包括WTO改革、恢復爭端解決體系正常運作、利用貿易促進環境永續發展、電子商務等。

近年我國經貿合作成果豐碩，未來期盼加入更多區域經濟組織，四天的部長會議中代表團除廣泛與各國部長交換意見並尋求共識之外，向各國介紹我國近年在全球經貿合作上獲得的重要成果，包括臺美21世紀貿易倡議首批協定的簽署、臺加投資促進及保障協議、以及臺英提升貿易夥伴關係協議等。

我們在貿易包容性、永續性、透明性上所作努力，已獲得全球高度認同，期待日後能與更多國家進行經貿合作，並期盼能加入更多區域性經濟組織，共同為更自由、開放及包容世界貿易規則之發展作出貢獻。

有關我國參加第13屆WTO部長會議，茲分我國立場、中國立場、WTO秘書長談話及大會決議，根據相關報導，分別列明如下：

壹、我國立場

根據行政院經貿談判辦公室，在我國代表團由鄧政務委員振中率相關部會代表參加之行前記者會指出，在此一國際場域，我國將提出五大主張即：

一、非市場經濟體的不公平補貼行為，WTO應有效處理：過去數年，部分非市場經濟國家，有濫用補貼導致產能過剩現象，包括鋼鐵、太陽能板、石化等產業，都是明顯的案例。我國認為WTO應有效規範非市場經濟體的不公平產業補貼，並應開始進入實質討論。

二、爭端解決機制應盡速恢復有效運作與執行：完整及健全的WTO爭端解決機制乃維護全球貿易秩序不可或缺之一環，惟迄今已逾四年無法有效運作與執

行。盼能在2024年底前達成實質成果。

　　三、促進漁業永續發展，捕獲量大及補貼多的國家應受嚴格規範：在漁業方面，我國一向支持爲促進漁業永續發展，以避免造成海洋資源的枯竭，我方呼籲及支持各國採取措施管制非法、未受規範、未報告的漁業行爲，並主張漁獲量大國及補貼金額前10大國家，皆應受到較嚴格的補貼規範，以維護公平競爭及漁業資源有效管理。

　　四、確保各國糧食安全，不應任意限制出口：在農業政策上，我方呼籲糧食安全對各國都是重要問題，各國不應任意限制出口，而危及其他會員的糧食安全。

　　五、向全球展示更自由開放與包容的臺灣，爭取經貿合作機會：我方將主張世界貿易應更具包容性，注重中小企業、婦女與原住民等弱勢群體對世界經濟及貿易發展參與，開發該等群體經濟潛力，使其不被忽略及邊緣化。

貳、中國立場

　　美國貿易代表署於2004年2月23日公布「2023年中國世貿組織適法性報告」，美國貿易代表戴琪（Katherine Tai）在聲明中指出，中國自2001年12月加入至今已經二十二年，仍然採取由政府指導之非市場經濟作法，顯然違背WTO所確立之規範與原則，並不足取。對此一指控，中國商務部WTO司則強調中方已切實履行WTO之入會承諾，並反控美國在WTO爭端解決機構（DSB）已裁決美國相關措施違反WTO規則之情況下，拒絕執行DSB所作裁決，而使WTO上訴機構陷入幾乎癱瘓狀態。

　　中國參加此一部長會議，由中國商務部長王文濤率團，成員包括商務部副部長李飛、中國常駐WTO代表國大使李成鋼等。在此一國際場域，中國所提出之主張，包括下列重點：

　　一、支持恢復爭端解決機制之正常運轉。

　　二、制定農業談判工作計畫，回應低度開發國家及糧食淨進口，以及開發中國家在糧食安全方向之訴求。

　　三、推動達成漁業補貼第二階段協定。

　　四、允諾中國支持將投資便利化協定納入WTO之法律架構，而不僅以貿易便捷化爲限。

　　五、儘快結束WTO新議題，有關電子商務談判，維持電子傳輸暫免關稅。

　　六、推動多邊貿易規則能夠與時俱進，進而兼顧低度開發及開發中國家之經濟發展與貿易利益。

參、WTO秘書長談話

　　美國與中國分別為全球第一及第二大經濟體，雙邊貿易額頗為龐大，歷年來，尤其在中國於2001年12月11日加入WTO以後，美國對中國處於大幅貿易逆差，引起美國行政部門及國會甚大不滿，急欲思有所改善。不過此一展現，最近已有所改變。

　　在2023年，美中雙邊貿易額驟減17%，美國華府智庫、美國「戰略及國際研究中心」（CSIS）之貿易專家芮恩希指出，由於中美貿易戰，造成雙邊緊張關係，在2023年美中貿易呈現衰退，確實有二國正遠離對方之跡象。2023年美國自中國進口金額為4,270億美元，銳減幅度達20%，而中國自美國進口不到1,480億美元，下降幅度為4%，雙邊貿易差距為2,790億美元。事實上，在2022年，美中雙邊貿易，尚曾創新高。由於中美貿易戰之緣故，近年來很多美國大型之跨國企業已將其生產基地移出中國，前往東協國家或印度等地。其中因素，尚包括課徵高額之報復性關稅在內。

　　WTO秘書長伊衛拉在第13屆WTO部長會議（MC13）中曾經發表談話，美中貿易戰，雙邊貿易逞現大幅衰退，可能造成之後果及影響，頗為憂心，認為長此以後，將對世界經濟造成實質損害，乃提醒WTO會員國，應非常小心應對。

　　美國主導之「印太經濟架構」（IPEF）與中國主導之「一帶一路倡議」，將使世界形成二大貿易集團，而相互抗衡。WTO秘書長伊衛拉洞悉此一種發展趨勢，乃在此一重要之國際場域，適時適地指出，美中均正試圖在非洲及亞洲部分國家地區，提升經濟影響力，希望確保取得自然資源管道，並建立具有韌性之供應鏈，將使WTO各會員國擔憂全球分裂成二大貿易集團，並非較好之發展。

　　根據WTO秘書處之研究指出，一旦全球出現二大貿易集團相互抗衡，造成分歧之結果，將使全球經濟之GDP下降5%，伊衛拉認為，當前之經濟成長已因利率提高及通膨而苦，此一損失很大。

肆、MC13重要成果

　　第13屆WTO部長會議（MC13）會中通過葛摩聯盟（Comoros）及東帝汶（Timor-Leste）二國入會案以外，其重要成果可分二類八項如下：

一、部長宣言（Ministerial Declarations）部分

　　(一) 通過阿布達比部長宣言（Abu Dhabi Ministerial Declaration）。

　　(二) 有效準確執行食品安全檢驗與動植物防疫檢疫（SPS）及TBT協定之特殊差別待遇。

二、部長決議（Ministerial Decisions）部分

　　(一) 制定小型經濟工作計畫（Work Programme）。

　　(二) 支持LDCs（低度開發）畢業國家之優惠措施。

　　(三) 強化會員國常態性合作（Regulatory Cooperation），以降低技術性貿易障礙（TBT）措施。

　　(四) 爭端解決之改革：重申MC12承諾在2024年恢復完整且良好運作爭端解決機制之目標。

　　(五) 電子商務（electronic commerce）工作計畫：會員國同意於MC14或2026年3月31日以前，以日期較早者為準，維持對電子傳輸暫免課徵關稅之現行作法。

　　(六) 與貿易有關之智慧財產權協定（TRIPS）非違反協定控訴者（non-violation and situation complaints）：將TRIPS之非違反協定控訴之暫停延長至MC14。

　　據法新社報導，針對全球貿易若干重大改革，仍陷僵局，未能達成共識，此一結果，令人對WTO此一多邊貿易組織之有效性問題有所疑慮。由於地緣政治之緊張與威脅，若干地區出現反全球化在經濟環境不利情況下，各會員國之間，存在難以調和之分歧問題，包括：

　　(一) 農漁業問題部分：此一部分會中未能達成共識，部分與會代表認為若干主要會員國將國家利益置於集體責任之上所造成。印度及南非等雖一度反對又再予延長。但在阿拉伯聯合大公國呼籲下，態度最後軟化。

　　(二) 新漁業協議草案部分：會中雖有提出討論，但印度因國內農民抗議，而2024年5月，印度下議院舉行改選在即，印度堅決主張制定旨在維護糧食安全之公共存糧儲備之長久規則，以取代WTO目前之臨時措施。

　　(三) 非市場經濟國家提供補貼問題部分：限制經濟體提供補貼之第一項國際協定，在2022年已經完成，交由足夠經濟體完成國內批准程序即可生效實施。至於第二項國際協定部分，本屆部長會議並未達成協議。與會代表持反對意見者，如該部分宣付實施，將造成變相助長工業漁船船隊掏空全球海洋之危機。

　　由於美國川普政府時代之杯葛，WTO上訴機構近年來處於停擺狀態，致使會員國之貿易爭端上訴到此一機構，未能及時有效處理，並執行WTO各項協定，影響甚大。據稱累積案件已大量堆積。很多會員國均提及此一議題，包括中國及我國在內。會中決議，由各會員國在2024年持續協商，以謀求解決，避免因陷入僵局而引發危機。另自1998年起，WTO即已決議，不同意對數位產品之電子傳輸課徵關稅，該一禁令，幾經定期延展，此次部長會議，經過研商，最後決定針對電子商務關稅之暫停課徵之禁令，再予暫時延長二年，以兼顧各方利益。

附錄三 ▶▶▶ 2023年「世界貿易報告」及對我國舉行「貿易政策檢討」會議概況

壹、2023年世界貿易報告

　　WTO/MC13舉行之後，於2024年第二季發布「2023年世界貿易報告」，主題為「再全球化以創造安全、具包容性及永續性之未來」（Re-globalization for a secure, inclusive and sustainable future）。值得注意者，WTO再度提出「全球化」，稱為「再全球化」（Re-globalization），旨在促進國際合作。

　　依該報告指出，以往各國貿易政策方針由原先多邊體系，轉向區域整合甚至單邊貿易政策傾斜，造成主要貿易大國間之貿易衝突。又稱，今日全球經濟面臨三個主要挑戰：一、全球經濟安全（national and economic security）；二、減緩貧窮（poverty alleviation）；及三、環境永續性（environmental sustainability）。

　　GATT/WTO之成立，奠定多邊貿易體制之基礎，各成員均有一共同認知，即藉由各國之「相互依持」（interdependence）及合作（cooperation），以致力尋求「和平」（peace）及「共享繁榮」（shared prosperity）為主要目標。以故，WTO新一杜哈（Doha）回合談判，對於相關議題，仍需兼顧開發中及低度開發國家之利益；對於穩定關鍵零組件之供應，以確保經濟安全；乃至為因應全球氣候變遷，減碳排放，尋求貿易綠色轉型，均同表關切。[1]

貳、對我國舉行貿易政策檢討會議[2]

　　我國於2002年1月1日加入WTO。二十二年來，我國對外貿易總額增加2.5倍，顯示與世界貿易的連結更為緊密，亦因加入WTO，加速經濟自由化與帶動產業競爭力提升的體制改革，成為可信賴貿易夥伴與仰賴之供應來源。協助其他會員國強化自身的供應鏈韌性與安全，例如在半導體方面，我國2022年總產值約

---

[1]　參見WTO網站。
[2]　參見經濟部國際貿易署網站。

為1,500億美元，其中先進製程的半導體，我國在全球市占率約為七成，在疫情期間我國努力生產足夠晶片，以維持全球汽車、電腦等供應鏈的穩定。

　　WTO於2023年11月9日完成我國第五次貿易政策檢討會議。本次會議的與談人及WTO會員國一致肯定我國積極參與WTO及支持多邊貿易體系，以及我國常駐WTO代表團之積極表現。會員國也高度稱許我國過去五年來穩健的經貿表現，尤其在疫情期間之經濟持續強勁成長及追求創新與產業升級，展現彰顯我國經濟的韌性。

　　該次檢討會議由WTO貿易政策檢討機制輪值主席沙烏地阿拉伯大使Mr. Saqer Abdullah ALMOQBEL擔任我國貿易政策檢討會議主席，由巴拉圭大使Raul Cano RICCIARDI擔任與談人，共有23個成員發言，就我國的經貿體制、經濟發展情形、雙邊經貿投資關係提出評論意見；計有18個會員國向我國提出超過400個書面問題，涵蓋農業、服務業、產業、能源、投資等類議題。會議主席及成員高度稱許我國在期限前完成相關問題之回應，彰顯我國對WTO透明化原則之重視。[3]

　　中國在會中以口頭方式關切我國限制中國貨品進口措施，我國團長經濟部陳政務次長正棋回應說明，我國加入WTO時，中國並非WTO會員國，因此未能依據WTO規定，就彼此的貿易體制及措施進行協商。我國並未違反WTO規範。我國認為，兩岸同屬WTO會員國，相關貿易問題可循WTO規範及機制處理，我方願與中方依循WTO規範在WTO架構下協商，處理雙方貿易爭議問題。

---

[3]　經濟部國際貿易署新聞稿（2023.11.9），https://www.trade.gov.tw/Pages/Detail.aspx?nodeid=40&pid=773536

國家圖書館出版品預行編目資料

WTO與貿易政策體制／邱政宗著. －－初
　版.－－臺北市：五南圖書出版股份有限公
　司, 2024.10
　面；　公分
　ISBN 978-626-393-799-4（平裝）

1.CST：世界貿易組織　2.CST：貿易政策
3.CST：貿易協定

558.1　　　　　　　　　　113014198

1UG6

WTO與貿易政策體制

作　　　者 ― 邱政宗（152.5）

企劃主編 ― 劉靜芬

責任編輯 ― 黃郁婷

文字校對 ― 徐鈺涵、楊婷竹

封面設計 ― 封怡彤

出 版 者 ― 五南圖書出版股份有限公司

發 行 人 ― 楊榮川

總 經 理 ― 楊士清

總 編 輯 ― 楊秀麗

地　　　址：106臺北市大安區和平東路二段339號4樓

電　　　話：(02)2705-5066

網　　　址：https://www.wunan.com.tw

電子郵件：wunan@wunan.com.tw

劃撥帳號：01068953

戶　　　名：五南圖書出版股份有限公司

法律顧問　林勝安律師

出版日期　2024年10月初版一刷

定　　　價　新臺幣600元

經典永恆·名著常在

五十週年的獻禮——經典名著文庫

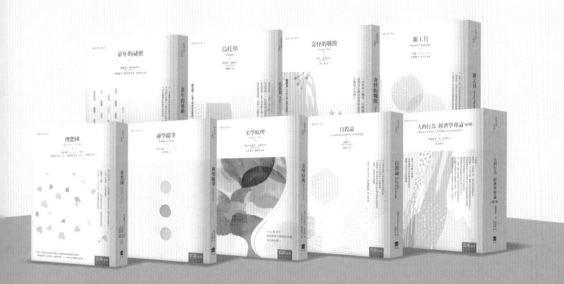

　　五南，五十年了，半個世紀，人生旅程的一大半，走過來了。
　　思索著，邁向百年的未來歷程，能為知識界、文化學術界作些什麼？
　　在速食文化的生態下，有什麼值得讓人雋永品味的？

歷代經典·當今名著，經過時間的洗禮，千錘百鍊，流傳至今，光芒耀人；
　　不僅使我們能領悟前人的智慧，同時也增深加廣我們思考的深度與視野。
　　我們決心投入巨資，有計畫的系統梳選，成立「經典名著文庫」，
　　希望收入古今中外思想性的、充滿睿智與獨見的經典、名著。
　　　　　　這是一項理想性的、永續性的巨大出版工程。
不在意讀者的眾寡，只考慮它的學術價值，力求完整展現先哲思想的軌跡；
　　為知識界開啟一片智慧之窗，營造一座百花綻放的世界文明公園，
　　　　　　　任君遨遊、取菁吸蜜、嘉惠學子！